공기업 NCS 고졸채용

통합기본서

시대에듀

2026 최신판 시대에듀 공기업 NCS 고졸채용 통합기본서

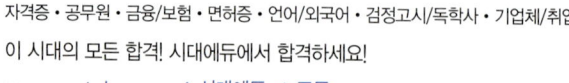

PREFACE

머리말

공기업은 양질의 일자리를 창출하고자 다각도로 채용을 진행하고 있으며, 필기시험에 국가직무능력표준(NCS)을 도입하여 우리 사회에 직무 위주의 채용 문화를 정착시키는 데 기여하고 있다. 문제 유형은 대표적으로 모듈형, 피듈형, PSAT형 3가지로 구분할 수 있고, 출제되는 영역은 공기업마다 상이하다. 따라서 공기업 채용을 준비하는 수험생들은 지원하는 공기업이 어떤 영역을 어떤 스타일로 출제하는지 미리 파악해 두는 것이 중요하다. 무엇보다 필기시험에서 고득점을 받기 위해서는 다양한 유형에 대한 폭넓은 학습과 문제풀이능력을 높이는 등의 철저한 준비가 필요하다.

공기업 필기시험 합격을 위해 시대에듀에서는 NCS 도서 시리즈 누적 판매량 1위의 출간 경험을 토대로 다음과 같은 특징을 가진 도서를 출간하였다.

도서의 특징

❶ **기출복원문제를 통한 출제 유형 확인!**

- 2025년 상반기 주요 공기업 NCS 기출문제를 복원하여 공기업별 필기 유형을 파악할 수 있도록 하였다.

❷ **모든 NCS 유형(모듈형 · 피듈형 · PSAT형) 맞춤 문제를 통한 실력 상승!**

- 직업기초능력평가 최신 모듈이론 + 대표유형 적중문제 + 심화문제를 수록하여 필기시험에 단계별로 대비할 수 있도록 하였다.

❸ **최종점검 모의고사를 통한 완벽한 실전 대비!**

- 철저한 분석을 통해 실제 유형과 유사한 최종점검 모의고사 3회분을 수록하여 자신의 실력을 점검할 수 있도록 하였다.

❹ **다양한 콘텐츠로 최종 합격까지!**

- 주요 공기업 최신 면접 기출질문을 수록하여 채용 전반에 대비할 수 있도록 하였다.
- 온라인 모의고사 응시 쿠폰을 무료로 제공하여 필기시험을 준비하는 데 부족함이 없도록 하였다.

끝으로 본 도서를 통해 공기업 채용을 준비하는 모든 수험생 여러분이 합격의 기쁨을 누리기를 진심으로 기원한다.

SDC(Sidae Data Center) 씀

NCS 문제 유형 소개 NCS TYPES

PSAT형

| 수리능력

04 다음은 신용등급에 따른 아파트 보증률에 대한 사항이다. 자료와 상황에 근거할 때, 갑(甲)과 을(乙)의 보증료의 차이는 얼마인가?(단, 두 명 모두 대지비 보증금액은 5억 원, 건축비 보증금액은 3억 원이며, 보증서 발급일로부터 입주자 모집공고 안에 기재된 입주 예정 월의 다음 달 말일까지의 해당 일수는 365일이다)

- (신용등급별 보증료)=(대지비 부분 보증료)+(건축비 부분 보증료)
- 신용평가 등급별 보증료율

구분	대지비 부분	건축비 부분				
		1등급	2등급	3등급	4등급	5등급
AAA, AA	0.138%	0.178%	0.185%	0.192%	0.203%	0.221%
A^+		0.194%	0.208%	0.215%	0.226%	0.236%
A^-, BBB^+		0.216%	0.225%	0.231%	0.242%	0.261%
BBB^-		0.232%	0.247%	0.255%	0.267%	0.301%
BB^+ ~ CC		0.254%	0.276%	0.296%	0.314%	0.335%
C, D		0.404%	0.427%	0.461%	0.495%	0.531%

※ (대지비 부분 보증료)=(대지비 부분 보증금액)×(대지비 부분 보증료율)×(보증서 발급일로부터 입주자 모집공고 안에 기재된 입주 예정 월의 다음 달 말일까지의 해당 일수)÷365

※ (건축비 부분 보증료)=(건축비 부분 보증금액)×(건축비 부분 보증료율)×(보증서 발급일로부터 입주자 모집공고 안에 기재된 입주 예정 월의 다음 달 말일까지의 해당 일수)÷365

- 기여고객 할인율 : 보증료, 거래기간 등을 기준으로 기여도에 따라 6개 군으로 분류하며, 건축비 부분 요율에서 할인 가능

구분	1군	2군	3군	4군	5군	6군
차감률	0.058%	0.050%	0.042%	0.033%	0.025%	0.017%

〈상황〉

- 갑 : 신용등급은 A^+이며, 3등급 아파트 보증금을 내야 한다. 기여고객 할인율에서는 2군으로 선정되었다.
- 을 : 신용등급은 C이며, 1등급 아파트 보증금을 내야 한다. 기여고객 할인율은 3군으로 선정되었다.

① 554,000원
② 566,000원
③ 582,000원
④ 591,000원
⑤ 623,000원

특징
- ▸ 대부분 의사소통능력, 수리능력, 문제해결능력을 중심으로 출제(일부 기업의 경우 자원관리능력, 조직이해능력을 출제)
- ▸ 자료에 대한 추론 및 해석 능력을 요구

대행사
- ▸ 엑스퍼트컨설팅, 커리어넷, 태드솔루션, 한국행동과학연구소(행과연), 휴노 등

모듈형

| 문제해결능력

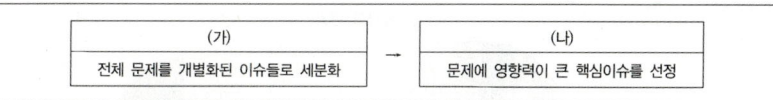

41 문제해결절차의 문제 도출 단계는 (가)와 (나)의 절차를 거쳐 수행된다. 다음 중 (가)에 대한 설명으로 적절하지 않은 것은?

(가)	→	(나)
전체 문제를 개별화된 이슈들로 세분화		문제에 영향력이 큰 핵심이슈를 선정

① 문제의 내용 및 영향 등을 파악하여 문제의 구조를 도출한다.
② 본래 문제가 발생한 배경이나 문제를 일으키는 메커니즘을 분명히 해야 한다.
③ 현상에 얽매이지 말고 문제의 본질과 실제를 봐야 한다.
④ 눈앞의 결과를 중심으로 문제를 바라봐야 한다.
⑤ 문제 구조 파악을 위해서 Logic Tree 방법이 주로 사용된다.

특징

- ▸ 이론 및 개념을 활용하여 푸는 유형
- ▸ 채용 기업 및 직무에 따라 NCS 직업기초능력평가 10개 영역 중 선발하여 출제
- ▸ 기업의 특성을 고려한 직무 관련 문제를 출제
- ▸ 주어진 상황에 대한 판단 및 이론 적용을 요구

대행사

- ▸ 인트로맨, 휴스테이션, ORP연구소 등

피듈형(PSAT형 + 모듈형)

| 자원관리능력

07 다음 자료를 근거로 판단할 때, 연구모임 A～E 중 세 번째로 많은 지원금을 받는 모임은?

〈지원계획〉

- 지원을 받기 위해서는 한 모임당 5명 이상 9명 미만으로 구성되어야 한다.
- 기본지원금은 모임당 1,500천 원을 기본으로 지원한다. 단, 상품개발을 위한 모임의 경우는 2,000천 원을 지원한다.
- 추가지원금

등급	상	중	하
추가지원금(천 원/명)	120	100	70

※ 추가지원금은 연구 계획 사전평가결과에 따라 달라진다.

- 협업 장려를 위해 협업이 인정되는 모임에는 위의 두 지원금을 합한 금액의 30%를 별도로 지원한다.

〈연구모임 현황 및 평가결과〉

특징

- ▸ 기초 및 응용 모듈을 구분하여 푸는 유형
- ▸ 기초인지모듈과 응용업무모듈로 구분하여 출제
- ▸ PSAT형보다 난도가 낮은 편
- ▸ 유형이 정형화되어 있고, 유사한 유형의 문제를 세트로 출제

대행사

- ▸ 사람인, 스카우트, 인크루트, 커리어케어, 트리피, 한국사회능력개발원 등

주요 공기업 적중 문제 TEST CHECK

코레일 한국철도공사

2025년 적중

교통사고 ▶ 키워드

※ 다음은 K국의 교통사고 사상자 2,500명에 대해 조사한 자료이다. 이어지는 질문에 답하시오. **[3~4]**

〈교통사고 현황〉

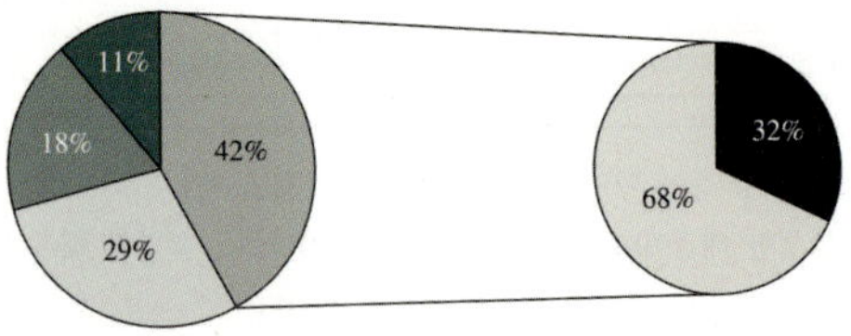

■ 사륜차와 사륜차 ■ 사륜차와 이륜차 ■ 사망자 ■ 부상자
■ 사륜차와 보행자 ■ 이륜차와 보행자

※ 사상자 수와 가해자 수는 같다.

〈교통사고 가해자 연령〉

구분	20대	30대	40대	50대	60대 이상
비율	38%	21%	11%	8%	( )

※ 교통사고 가해자 연령 비율의 합은 100%이다.

한국전력공사

2025년 적중

IF 함수 ▶ 키워드

06 다음은 J공사에 지원한 지원자들의 PT면접 점수를 정리한 자료이며, 각 사원들의 점수 자료를 통해 면접 결과를 정리하고자 한다. 이를 위해 [F3] 셀에 〈보기〉와 같은 함수식을 입력하고, 채우기 핸들을 이용하여 [F6] 셀까지 드래그 했을 경우, [F3] ~ [F6] 셀에 나타나는 결괏값으로 옳은 것은?

	A	B	C	D	E	F
1						(단위 : 점)
2	이름	발표내용	발표시간	억양	자료준비	결과
3	조재영	85	92	75	80	
4	박슬기	93	83	82	90	
5	김현진	92	95	86	91	
6	최승호	95	93	92	90	

보기

=IF(AVERAGE(B3:E3)>=90,"합격","불합격")

	[F3]	[F4]	[F5]	[F6]
①	불합격	불합격	합격	합격
②	합격	합격	불합격	불합격

국민건강보험공단

당뇨병 ▶ 키워드

2025년 적중

05 다음 글을 읽고 이어질 내용을 논리적 순서대로 바르게 나열한 것은?

AIDS(Acquired Immune Deficiency Syndrome)는 HIV(Human Immunodeficiency Virus)의 감염으로 인해 일어나는 증후군으로서, HIV에 의해 면역세포가 파괴되어 정상적인 면역력을 갖지 못하게 되는 상태를 말한다. HIV 감염 몇 년 후에 면역세포가 일정량 이상 파괴된 상태를 AIDS라 부른다. 따라서 대부분의 감염자는 AIDS보다는 HIV 감염으로 부르는 것이 정확하다.

(가) HIV에 감염되면 몇 주 내에 감염 초기증상이 발생할 수 있으나, 이는 HIV 감염에서만 일어나는 특이한 증상이 아니므로 증상을 가지고 HIV 감염을 논하기는 어렵다. 의사들의 의견 또한 이러하며, 검사만이 HIV 감염여부에 대해 알 수 있는 통로라고 한다.
(나) 그럼에도 불구하고 HIV는 현재 완치될 수 없는 병이며 감염자에게 심대한 정신적 고통을 주게 되므로, HIV를 예방하기 위해서 불건전한 성행위를 하지 않는 것이 가장 중요하다 할 것이다.
(다) HIV의 감염은 일반적으로 체액과 체액의 교환으로 이루어지는데, 일반적으로 생각하는 성행위에 의한 감염은 이러한 경로로 일어난다. 대부분의 체액에는 HIV가 충분히 있지 않아, 실제로는 성행위 중 상처가 나는 경우의 감염확률이 높다고 한다.
(라) 이와 같은 경로를 거쳐 HIV 감염이 확인되어도 모든 사람이 AIDS로 진행하는 것은 아니다. 현재 HIV는 완치는 불가능하지만 당뇨병과 같이 악화를 최대한 늦출 수 있는 질병으로서, 의학 기술의 발전으로 약을 잘 복용한다면 일반인과 같이 생활할 수 있다고 한다.

① (가) – (나) – (라) – (다)
② (가) – (다) – (라) – (나)
③ (다) – (가) – (라) – (나)
④ (라) – (가) – (나) – (다)

건강보험심사평가원

문단 나열 ▶ 유형

2025년 적중

※ 다음 문단을 논리적 순서대로 바르게 나열한 것을 고르시오. **[1~3]**

01

(가) 하지만 지금은 고령화 시대를 맞아 만성질환이 다수다. 꾸준히 관리받아야 건강을 유지할 수 있다. 치료보다 치유가 대세다. 이 때문에 미래 의료는 간호사 시대라고 말한다. 그럼에도 간호사에 대한 활용은 시대 흐름과 동떨어져 있다.
(나) 인간의 질병 구조가 변하면 의료 서비스의 비중도 바뀐다. 과거에는 급성질환이 많았다. 맹장염(충수염)이나 위궤양 등 수술로 해결해야 할 상황이 잦았다. 따라서 질병 관리 대부분을 의사의 전문성에 의존해야 했다.
(다) 현재 2년 석사과정을 거친 전문 간호사가 대거 양성되고 있다. 하지만 이들의 활동은 건강보험 의료수가에 반영되지 않고, 그러니 병원이 전문 간호사를 적극적으로 채용하려 하지 않는다. 의사의 손길이 닿지 못하는 곳은 전문성을 띤 간호사가 그 역할을 대신해야 함에도 말이다.
(라) 고령 장수 사회로 갈수록 간호사의 역할은 커진다. 병원뿐 아니라 다양한 공간에서 환자를 돌보고 건강관리가 이뤄지는 의료 서비스가 중요해졌다. 간호사 인력 구성과 수요는 빠르게 바뀌어 가는데 의료 환경과 제도는 한참 뒤처져 있어 안타깝다.

① (나) – (가) – (다) – (라)
② (나) – (라) – (가) – (다)
③ (다) – (가) – (라) – (나)
④ (다) – (라) – (가) – (나)

주요 공기업 적중 문제 TEST CHECK

서울교통공사

공기질 ▶ 키워드

2025년 적중

08 다음은 1호선 지하역사 공기질 측정결과에 대한 자료이다. 〈보기〉 중 옳지 않은 것을 모두 고르면?

〈1호선 지하역사 공기질 측정결과〉

역사명	측정항목 및 기준								
	PM-10	CO_2	HCHO	CO	NO_2	Rn	석면	O_3	TVOC
	$\mu g/m^3$	ppm	$\mu g/m^3$	ppm	ppm	Bq/m^3	이하/cc	ppm	$\mu g/m^3$
기준치	140	1,000	100	9	0.05	148	0.01	0.06	500
1호선 평균	91.4	562	8.4	0.5	0.026	30.6	0.01 미만	0.017	117.7
서울역	86.9	676	8.5	0.6	0.031	25.7	0.01 미만	0.009	56.9
시청	102.0	535	7.9	0.5	0.019	33.7	0.01 미만	0.022	44.4
종각	79.4	562	9.5	0.6	0.032	35.0	0.01 미만	0.016	154.4
종각3가	87.7	495	6.4	0.6	0.036	32.0	0.01 미만	0.008	65.8
종로5가	90.1	591	10.4	0.4	0.020	29.7	0.01 미만	0.031	158.6
동대문	89.4	566	9.2	0.7	0.033	28.5	0.01 미만	0.016	97.7
동묘앞	93.6	606	8.3	0.5	0.018	32.0	0.01 미만	0.023	180.4
신설동	97.1	564	4.8	0.4	0.015	44.5	0.01 미만	0.010	232.1
제기동	98.7	518	8.0	0.5	0.024	12.0	0.01 미만	0.016	98.7
청량리	89.5	503	11.4	0.6	0.032	32.5	0.01 미만	0.014	87.5

보기

㉠ CO가 1호선 평균보다 낮게 측정된 역사는 종로5가역과 신설동역이다.
㉡ HCHO가 가장 높게 측정된 역과 가장 낮게 측정된 역의 평균은 1호선 평균 HCHO 수치보다 높다.
㉢ 시청역은 PM-10이 가장 높게 측정됐지만, TVOC는 가장 낮게 측정되었다.
㉣ 청량리역은 3가지 항목에서 1호선 평균이 넘는 수치가 측정됐다.

① ㉠, ㉡
② ㉠, ㉢
③ ㉡, ㉢
④ ㉡, ㉣
⑤ ㉢, ㉣

K-water 한국수자원공사

맞춤법 ▶ 유형

2025년 적중

04 다음 중 밑줄 친 부분의 맞춤법이 옳지 않은 것은?

① 바리스타로서 자부심을 가지고 커피를 내렸다.
② 어제는 왠지 피곤한 하루였다.
③ 용감한 시민의 제보로 진실이 드러났다.
④ 점심을 먹은 뒤 바로 설겆이를 했다.

한국중부발전

글의 제목 ▶ 유형

2025년 적중

01 다음 글의 제목으로 가장 적절한 것은?

기온이 높아지는 여름이 되면 운전자들은 자동차 에어컨을 켜기 시작한다. 그러나 겨우내 켜지 않았던 에어컨에서는 간혹 나오는 바람이 시원하지 않거나 퀴퀴한 냄새가 나는 경우가 있다. 이러한 증상이 나타난다면 에어컨 필터를 점검해 봐야 한다. 자동차에서 에어컨을 켜게 되면 외부의 공기가 냉각기를 거쳐 차량 내부로 들어오게 되는데, 이때 에어컨 필터는 외부의 미세먼지, 매연, 세균 등의 오염물질을 걸러주는 역할을 한다. 이 과정에서 필터 표면에 먼지가 쌓이는데 필터를 교체하지 않고 오랫동안 방치하면 먼지에 들러붙은 습기로 인해 곰팡이가 생겨 퀴퀴한 냄새의 원인이 된다. 이를 방치하여 에어컨 바람을 타고 곰팡이의 포자가 차량 내부에 유입되면 알레르기나 각종 호흡기 질환의 원인이 된다. 그러므로 자동차 에어컨 필터는 주기적으로 교체해 주어야 한다. 일반적인 교체 주기는 봄·가을처럼 6개월마다 교체하거나, 주행거리 10,000km마다 하는 것이 적당하다. 최근에는 심한 미세먼지로 인해 3개월 주기로 교체하기도 하며, 운전자가 비포장 도로 등의 먼지가 많은 곳을 자주 주행한다면 5,000km에 한 번씩 교체해야 한다.

자동차 에어컨 필터 교체는 정비소에 가서 교체하거나, 운전자 스스로 교체할 수 있다. 운전자가 셀프로 교체하는 경우 다양한 필터를 자신의 드라이빙 환경에 맞춰 선택할 수 있고, 비용도 1만 원 안팎으로 저렴하게 교체할 수 있다. 제품 설명서나 교체 동영상 등을 참고하면 혼자서도 쉽게 에어컨 필터를 교체할 수 있다. 에어컨 필터는 필터의 종류에 따라 크게 순정 필터, 헤파(HEPA; High Efficiency Particulate Air) 필터, 활성탄 필터로 구분된다. 순정 필터는 자동차 출고 시 장착되는

한국남동발전

비행기 시각 ▶ 유형

2025년 적중

※ K공사에서 근무하는 A부장은 적도기니로 출장을 가려고 한다. 이어지는 질문에 답하시오. **[3~4]**

〈경유지, 도착지 현지시각〉

국가(도시)	현지시각
한국(인천)	2024. 08. 05 AM 08:40
중국(광저우)	2024. 08. 05 AM 07:40
에티오피아(아디스아바바)	2024. 08. 05 AM 02:40
적도기니(말라보)	2024. 08. 05 AM 00:40

〈경로별 비행시간〉

비행경로	비행시간
인천 → 광저우	3시간 50분
광저우 → 아디스아바바	11시간 10분
아디스아바바 → 말라보	5시간 55분

〈경유지별 경유시간〉

경유지	경유시간
광저우	4시간 55분
아디스아바바	6시간 10분

도서 200% 활용하기 STRUCTURES

기출복원문제로 출제경향 파악

2025년 상반기
주요 공기업 NCS 기출복원문제

정답 및 해설 p.002

※ 다양한 직업기초능력평가 기출문제를 수록하기 위해 대졸 및 고졸의 기출문제를 함께 사용했음을 알려드립니다.

※ 다음 글의 내용으로 적절하지 않은 것을 고르시오. [1~2]

| 코레일 한국철도공사 / 의사소통능력

01

요즘은 콘텐츠 이용 편의를 위해 오디오북을 제공하는 책들을 종종 접할 수 있다. 하지만 모든 책들이 오디오북화되고 있는 것은 아닌데, 이는 제작 환경에서 발생하는 막대한 비용 때문이다. 10시간짜리 오디오북을 만들기 위해서는 그 이상의 실제 녹음 시간이 필요하다. 또한 편집 과정에 들어가는 시간과 비용, 전문 성우에게 지급하는 비용까지 고려하면 결국 제작 비용의 한계에 부딪히게 된다.
이러한 현실에서 고안된 방법이 AI 음성 합성 기술이다. 이 기술을 통해 오디오북 제작 비용과 시간은 줄이고, 오디오북 제작률은 높여 이용자의 편의를 높일 수 있게 된 것이다.
하지만 이 기술에도 한계는 존재하는데, 이는 현재 AI 음성 합성 기술이 사람의 감정까지 담아 표현할 수 없다는 것이다. 이에 따라 현재는 전문 성우가 반드시 필요하지는 않은 경제, 과학 등과 관련된 비문학 도서들은 AI 음성 합성 기술로 제작하고, 소설·동화 등 문학 도서는 전문 성우들이 낭독하는 방식으로 제작이 되고 있다.

① AI 음성 합성 기술이 전문 성우의 녹음보다 더 효율적이다.
② AI 음성 합성 기술이 오디오북 제작에서 전문 성우의 역할을 대체할 수 있다.
③ 문학보다는 비문학이 AI 음성 합성 기술을 통한 오디오북화에 더 유리하다.
④ 전문 성우들의 오디오북 녹음에는 많은 시간이 소요되어 제작에 어려움을 겪고 있다.
⑤ 전문 성우들의 오디오북 녹음에는 막대한 비용이 소요되어 현실적으로 제작이 어렵다.

| 코레일 한국철도공사 / 의사소통능력

02

민족의 대명절인 설날과 추석은 가족과 친지를 만나기 위해 전국 각지로 이동하는 사람들이 급증하는 시기다. 이때 코레일의 기차 이용률은 평소보다 훨씬 높아진다. 예매가 시작되면 몇 분 만에 전 노선의 승차권이 매진되고, 예매 경쟁률이 수십 배에 달하는 경우도 흔하다. 그만큼 명절 기간 기차는 국민들의 중요한 이동 수단으로 자리 잡았지만, 최근에는 '노쇼' 문제로 인해 심각한 어려움을 겪고 있다. 이 문제는 명절 기간에 더욱 두드러지며, 해마다 노쇼 비율이 증가하는 추세이다.
2024년 설 연휴 기간 코레일이 판매한 승차권은 약 408만 매에 이른다. 추석 연휴 역시 약 120만 매가 판매되어 명절에 기차 이용 수요가 얼마나 폭발적인지 알 수 있다. 하지만 이 중 상당수가 실제 탑승하지 않아 공석으로 남는 일이 반복되고 있다. 2024년 설날 노쇼 비율은 무려 46%에 달했으며, 이 중 약 19만 매 이상의 좌석이 재판매되지 못해 빈 좌석으로 운행되었다. 추석 연휴에도 비슷한 수준의 노쇼와 공석 운행 문제가 발생했다. 이는 단순히 좌석이 비어 있는 것 이상의 심각한 문제를 야기한다.
공석 운행은 여러 측면에서 부정적인 영향을 끼친다. 우선, 실제로 기차를 타고자 하는 실수요자들이 좌석을 구하지 못하는 상황이 발생한다. 예매 경쟁이 매우 치열한 명절 기간에 노쇼로 인해 좌석이 비어 있음에도 불구하고, 다른 승객들이 그 좌석을 이용하지 못하는 것은 매우 불합리하다. 결국 노쇼는 국민들의 이동권을 제한하는 결과를 낳는다. 두 번째로, 공석 운행은 철도 운영의 효율성을 떨어뜨린다. 빈 좌석을 채우지 못한 채 열차를 운행하는 것은 불필요한 에너지와 인력, 비용 낭비로 이어진다. 이는 코레일뿐 아니라 국가적으로도 큰 손실이다. 세 번째로, 노쇼 문제는 사회적 비용 증가로 연결된다. 노쇼를 줄이기 위한 정책 마련과 시스템 개선에 투입되는 비용, 그리고 이에 따른 환불 정책 변경 등은 모두 국민의 부담으로 돌아올 수밖에 없다.
이러한 문제를 해결하기 위해 코레일은 다양한 대책을 시행하고 있다. 2025년부터 명절 특별수송기간에 출발 후 20분까지의 위약금을 기존 15%에서 30%로 상향 조정하는 등 노쇼 억제에 나서고 있으며, 취소·반환 기준 시점을 앞당겨 승객들이 불필요한 예약을 조기에 취소할 수 있도록 유도하고 있다. 이와 함께 좌석 재판매율을 높이기 위한 시스템 개선 작업도 진행 중이다.
하지만 노쇼 문제는 단순히 코레일의 노력만으로 해결되기 어렵다. 근본적인 제도 개선과 국민 인식 변화가 함께 이루어져야 한다. 예매 시스템의 투명성 강화, 노쇼에 대한 법적 제재 강화, 그리고 국민들의 책임감 있는 예약 문화 정착이 필요하다. 또한 실수요자 중심의 예약 정책과 더불어, 노쇼 발생 시 불이익을 명확히 하는 제도적 장치도 마련되어야 한다. 이러한 종합적인 접근이 이루어질 때 비로소 명절 노쇼 문제를 효과적으로 줄이고, 국민 모두가 편리하고 공정하게 기차를 이용할 수 있을 것이다.

① 명절에는 승차권 예매 경쟁이 평소보다 수십 배에 달한다.

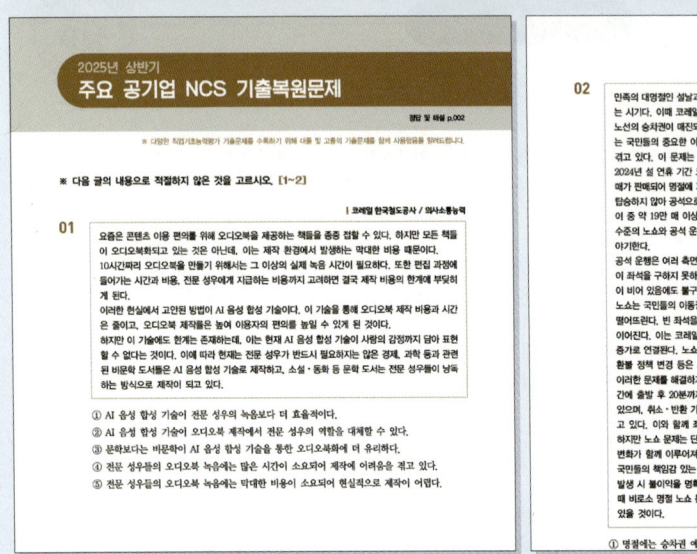

▸ 2025년 상반기 주요 공기업 NCS 기출문제를 복원하여 공기업별 필기 유형을 파악할 수 있도록 하였다.

모듈이론 + 대표유형 적중문제 + 심화문제로 단계적 학습

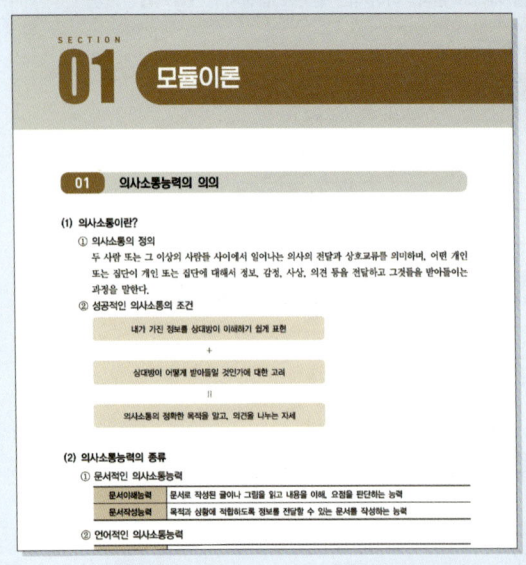

SECTION 01 **모듈이론**

01 의사소통능력의 의의

(1) 의사소통이란?

① 의사소통의 정의
두 사람 또는 그 이상의 사람들 사이에서 일어나는 의사의 전달과 상호교류를 의미하며, 어떤 개인 또는 집단이 개인 또는 집단에 대해서 정보, 감정, 사상, 의견 등을 전달하고 그것들을 받아들이는 과정을 말한다.

② 성공적인 의사소통의 조건

내가 가진 정보를 상대방이 이해하기 쉽게 표현
+
상대방이 어떻게 받아들일 것인가에 대한 고려
||
의사소통의 정확한 목적을 알고, 의견을 나누는 자세

(2) 의사소통능력의 종류

① 문서적인 의사소통능력

문서이해능력	문서로 작성된 글이나 그림을 읽고 내용을 이해, 요점을 판단하는 능력
문서작성능력	목적과 상황에 적합하도록 정보를 전달할 수 있는 문서를 작성하는 능력

② 언어적인 의사소통능력

SECTION 03 **대표유형 적중문제**

정답 및 해설 p.016

| 01 | 모듈형

01 다음 중 비공식적 의사소통의 장점은?

① 정확한 정보를 교환할 수 있다.
② 내용의 전달이 신속하지 못하다.
③ 의사소통 과정에 융통성이 없다.
④ 구성원끼리 더 친밀감을 느낄 수 있다.
⑤ 의사소통 과정에 신속성이 없다.

02 다음 설명에 해당하는 보고서로 옳은 것은?

재무제표와 달리 영업상황을 문장 형식으로 기재하여 보고하는 문서

① 결산보고서 ② 출장보고서
③ 재무보고서 ④ 회의보고서
⑤ 영업보고서

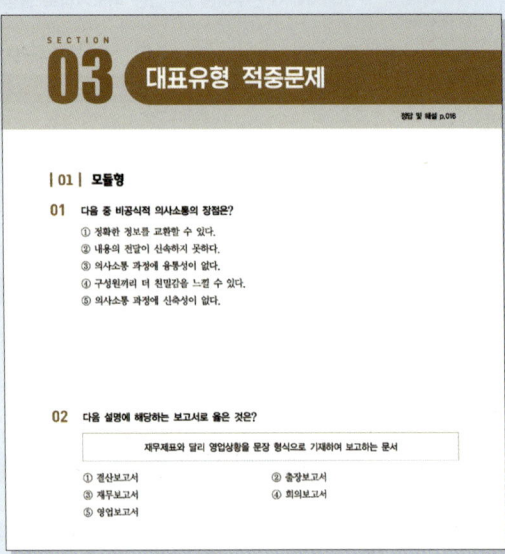

▸ NCS 출제 영역별 모듈이론을 수록하여 NCS 문제에 대한 내용을 익히고 점검할 수 있도록 하였다.
▸ 모듈형 · 피듈형 · PSAT형 대표유형 적중문제 및 심화문제를 수록하여 NCS를 단계별로 학습할 수 있도록 하였다.

OMR을 활용한 실전 연습

모바일 OMR

제1회 모의고사(필수영역)

문항 수 : 60문항 응시시간 : 70

정답 및 해설 p.05

| 01 | 의사소통능력

01 다음 글의 내용으로 가장 적절한 것은?

'청렴(淸廉)'은 현대 사회에서 좁게는 반부패와 동의어로 사용되며 넓게는 투명성과 책임성 등을 포괄하는 통합적 개념으로 사용되고 있다. 유학자들은 청렴을 효제와 같은 인륜의 덕목보다는 하위에 두었지만 군자라면 마땅히 지켜야 할 일상의 덕목으로 중시하였다. 조선의 대표적 유학자였던 이황과 이이는 청렴을 사회 규율이자 개인 처세의 지침으로 강조하였다. 특히 공적 업무에 종사하는 사람이라면 사회 규율로서의 청렴이 개인의 처세와 직결된다는 점에 유념해야 한다고 보았다.
청렴에 대한 논의는 정약용의 『목민심서』에서 본격적으로 나타난다. 정약용은 청렴이야말로 목민관이 지켜야 할 근본적인 덕목이며 목민관의 직무는 청렴이 없이는 불가능하다고 강조하였다. 정약용은 청렴을 당위의 차원에서 주장하는 기존의 학자들과 달리 행위자 자신에게 실질적 이익이 된다는 점을 들어 설득하고자 한다. 그는 청렴은 큰 이득이 남는 장사라고 말하며, 지혜롭고 욕심이 큰 사람은 청렴을 택하지만 지혜가 짧고 욕심이 작은 사람은 탐욕을 택한다고 설명한다. 정약용은 "지자(知者)는 인(仁)을 이롭게 여긴다."라는 공자의 말을 빌려 "지혜로운 자는 청렴함을 이롭게 여긴다."라고 하였다. 비록 재물을 얻는 데 뜻이 있더라도 청렴함을 택하는 것이 결과적으로는 지혜로운 선택이라고 정약용은 말한다. 목민관의 작은 탐욕은 단기적으로 보면 눈 앞의 재물을 취하여 이익을 얻을 수 있겠지만 궁극에는 개인의 몰락과 가문의 불명예를 가져올 수 있기 때문이다.
정약용은 청렴을 지키는 것은 두 가지 효과가 있다고 보았다. 첫째, 청렴은 다른 사람에게 긍정적 효과를 미친다. 목민관이 청렴할 경우 백성을 비롯한 공동체 구성원에게 좋은 혜택이 돌아갈 것이다. 둘째, 청렴한 행위를 하는 것은 목민관 자신에게도 좋은 결과를 가져다 준다. 청렴은 그 자신의 덕을 높이는 것일 뿐 아니라 자신의 가문에 빛나는 명성과 영광을 가져다 줄 것이다.

① 정약용은 청렴이 목민관이 반드시 지켜야 할 덕목임을 당위론 차원에서 정당화하였다.

공기업 NCS 고졸채용 필기시험 답안카드

성명 / 지원 분야 / 문제지 형별기재란 ( )형 Ⓐ Ⓑ / 수험번호 / 감독위원 확인 (인)

※ 본 답안카드는 마킹연습용 모의 답안카드입니다.

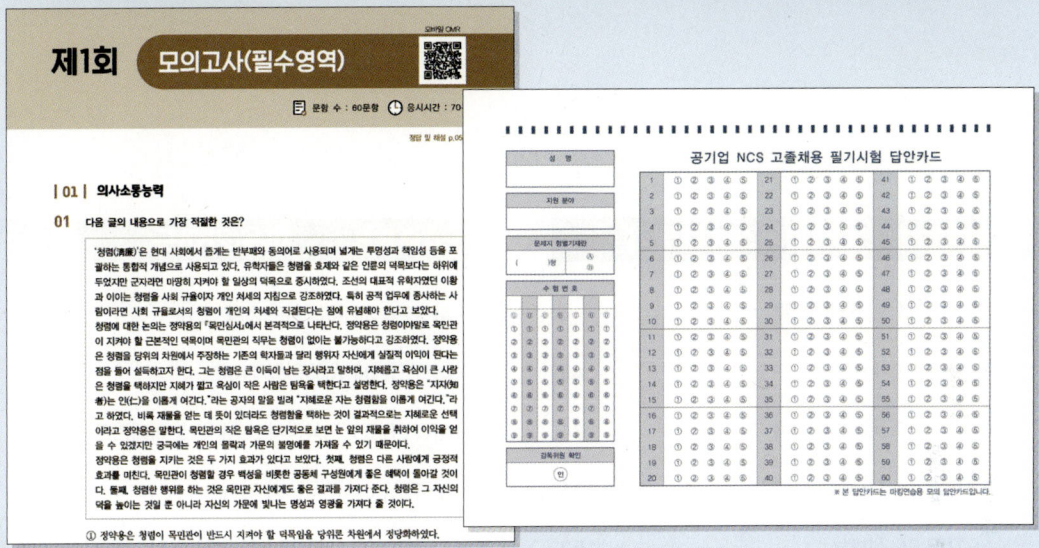

▸ 최종점검 모의고사 3회분(필수영역 + 핵심영역 + 통합)과 OMR 답안카드를 수록하여 실제로 시험을 보는 것처럼 마무리 연습을 할 수 있도록 하였다.

▸ 모바일 OMR 답안채점/성적분석 서비스를 통해 필기시험에 대비할 수 있도록 하였다.

상세한 해설로 정답과 오답을 완벽하게 이해

2025년 상반기
주요 공기업 NCS 기출복원문제

01	02	03	04	05	06	07	08	09	10	11	12	13	14	15	16	17	18	19	20
②	③	⑤	③	③	①	④	⑤	①	⑤	②	④	②	③	④	①	①	⑤	⑤	③
21	22	23	24	25	26	27	28	29	30	31	32	33	34	35	36	37	38	39	40
③	③	①	①	③	③	①	④	③	④	③	②	②	①	①	②	②	④	①	③
41	42	43	44	45	46	47	48	49	50										
②	③	①	②	③	②	③	③	④	③										

01 정답 ②

마지막 문단을 보면 현재 AI 음성 합성 기술이 사람의 감정까지 담아 표현할 수 없다는 한계점이 존재한다고 했다. 따라서 현재는 AI 음성 합성 기술이 오디오북 제작에서 전문 성우의 역할을 대체할 수 있다고 보기는 어렵다.

오답분석
① 세 번째 문단을 통해 AI 음성 합성 기술이 비용과 시간 측면에서 전문 성우 녹음보다 효율적임을 알 수 있다.
③ 마지막 문단에서 문학 도서의 경우 AI 음성 합성 기술이 사람의 감정까지 담아 표현할 수 없는 반면, 비문학 도서들은 전문 성우가 반드시 필요하지는 않으므로 AI 음성 합성 기술로 제작이 가능하다고 하였다.
④·⑤ 두 번째 문단에서 전문 성우의 오디오북 녹음에는 많은 시간이 필요하며, 비용 또한 많이 들어 현실적인 한계에 부딪히고 있다고 하였다.

02 정답 ③

2024년 설날 노쇼 비율은 46%이지만, 이 중 19만 매가량이 재판매가 되지 않아 공석으로 운행되었다.

오답분석
① 첫 번째 문단에서 명절에 예매 경쟁률이 수십 배에 달하는 경우도 흔하다고 하였다.
② 세 번째 문단에서 노쇼 문제는 사회적 비용 증가로 연결되며, 이에 따른 비용이나 정책 변경은 국민의 부담으로 돌아올 것이라고

03 정답 ⑤

선주는 문제점을 자신의 탓으로 돌리며 상대방에게 부탁을 하고 있다. 따라서 관용의 격률에 해당하는 사례이다.

오답분석
① 민재는 상대방을 칭찬하는 표현을 최대화해서 말하고 있다. 따라서 타인에 대한 비난은 최소화하고 칭찬은 최대화하여 말하는 표현법인 찬동의 격률에 해당하는 사례로 볼 수 있다.
② 지우는 문제점을 상대방의 탓으로 돌리며 상대방에게 부탁을 하고 있다. 따라서 관용의 격률에 해당하지 않는다.
③ 다예는 자신의 이익을 위해 상대방에게 부담을 주며 말하고 있다. 따라서 관용의 격률에 해당하지 않는다.
④ 동현은 상대에게 부담이 되는 표현은 최소화하면서 도움을 요청하고 있다. 따라서 상대방의 부담은 최소화하고 이익은 최대화하여 말하는 표현법인 요령의 격률에 해당하는 사례로 볼 수 있다.

04 정답 ③

먼저 분자와 분모를 따로 계산하면 다음과 같다.

- 분자 : $18\times(15^2+12+3)$
  $\rightarrow 18\times(225+12+3)$
  $\therefore 18\times240=4,320$
- 분모 : $90^2-2\times45\times4$
  $\rightarrow 8,100-(2\times45\times4)$
  $\therefore 8,100-360=7,740$

주어진 식을 정리하면 다음과 같다.

$\frac{4,320}{7,740}+1=\frac{4,320+7,740}{7,740}=\frac{12,060}{7,740}$

$\frac{12,060}{7,740}$을 기약분수로 만들기 위해 최대공약수 180으로 약분하면 $\frac{67}{43}$이므로 $p=43$, $q=67$이다.

따라서 $p+q=110$이다.

05 정답 ③

K시 전철의 기본요금은 1회 1,500원이고, 아침에 20% 할인을 받으면 $1,500\times0.8=1,200$원이다. A씨의 전철 이용 횟수는 총 $22\times2=44$회이며, 할인은 출근 시간에만 적용된다. 그러므로 퇴근 시 이용하는 전철 요금은 $1,500\times22=33,000$원이다.
한 달 전철 요금을 62,000원 이하로 유지하고자 하므로 출근 시 지불 가능한 전철 요금은 $62,000-33,000=29,000$원이다.
할인을 받은 일수를 x일이라 하면, 할인을 받지 않은 일수는 $(22-x)$일이므로 다음과 같은 식이 성립한다.

$1,200x+1,500(22-x)\le29,000$
$\rightarrow 1,200x+33,000-1,500x\le29,000$
$\rightarrow -300x\le-4,000$
$\therefore x\ge13.33\cdots$

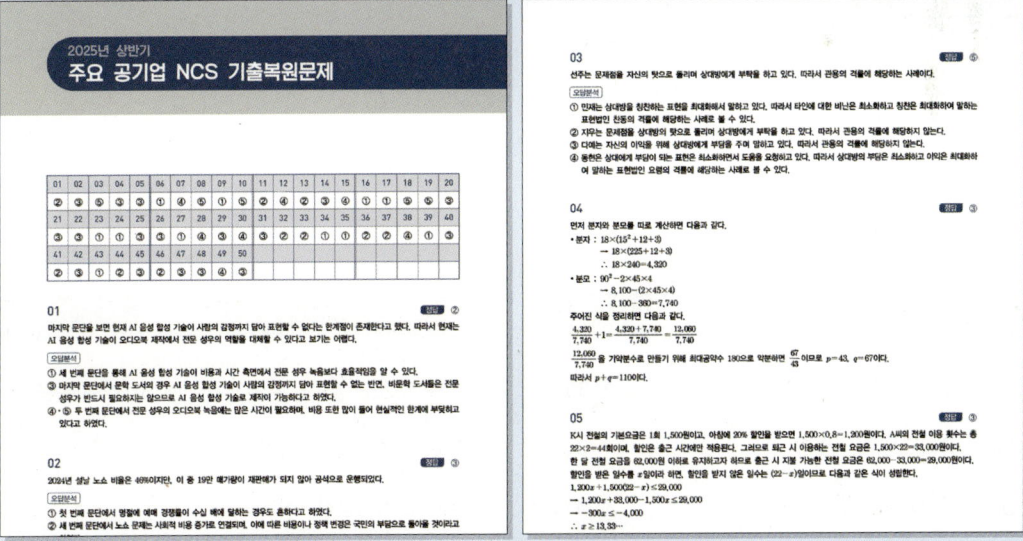

▸ 정답과 오답에 대한 상세한 해설을 수록하여 혼자서도 충분히 학습할 수 있도록 하였다.

이 책의 차례 CONTENTS

Add+

2025년 상반기 주요 공기업 NCS 기출복원문제

※ 기출복원문제는 수험생들의 후기를 통해 시대에듀에서 복원한 문제로 실제 문제와 다소 차이가 있을 수 있으며,

2025년 상반기

주요 공기업 NCS 기출복원문제

정답 및 해설 p.002

※ 다양한 직업기초능력평가 기출문제를 수록하기 위해 대졸 및 고졸의 기출문제를 함께 사용했음을 알려드립니다.

※ 다음 글의 내용으로 적절하지 않은 것을 고르시오. [1~2]

| 코레일 한국철도공사 / 의사소통능력

01

> 요즘은 콘텐츠 이용 편의를 위해 오디오북을 제공하는 책들을 종종 접할 수 있다. 하지만 모든 책들이 오디오북화되고 있는 것은 아닌데, 이는 제작 환경에서 발생하는 막대한 비용 때문이다.
> 10시간짜리 오디오북을 만들기 위해서는 그 이상의 실제 녹음 시간이 필요하다. 또한 편집 과정에 들어가는 시간과 비용, 전문 성우에게 지급하는 비용까지 고려하면 결국 제작 비용의 한계에 부딪히게 된다.
> 이러한 현실에서 고안된 방법이 AI 음성 합성 기술이다. 이 기술을 통해 오디오북 제작 비용과 시간은 줄이고, 오디오북 제작률은 높여 이용자의 편의를 높일 수 있게 된 것이다.
> 하지만 이 기술에도 한계는 존재하는데, 이는 현재 AI 음성 합성 기술이 사람의 감정까지 담아 표현할 수 없다는 것이다. 이에 따라 현재는 전문 성우가 반드시 필요하지는 않은 경제, 과학 등과 관련된 비문학 도서들은 AI 음성 합성 기술로 제작하고, 소설・동화 등 문학 도서는 전문 성우들이 낭독하는 방식으로 제작이 되고 있다.

① AI 음성 합성 기술이 전문 성우의 녹음보다 더 효율적이다.
② AI 음성 합성 기술이 오디오북 제작에서 전문 성우의 역할을 대체할 수 있다.
③ 문학보다는 비문학이 AI 음성 합성 기술을 통한 오디오북화에 더 유리하다.
④ 전문 성우들의 오디오북 녹음에는 많은 시간이 소요되어 제작에 어려움을 겪고 있다.
⑤ 전문 성우들의 오디오북 녹음에는 막대한 비용이 소요되어 현실적으로 제작이 어렵다.

02

민족의 대명절인 설날과 추석은 가족과 친지를 만나기 위해 전국 각지로 이동하는 사람들이 급증하는 시기다. 이때 코레일의 기차 이용률은 평소보다 훨씬 높아진다. 예매가 시작되면 몇 분 만에 전 노선의 승차권이 매진되고, 예매 경쟁률이 수십 배에 달하는 경우도 흔하다. 그만큼 명절 기간 기차는 국민들의 중요한 이동 수단으로 자리 잡았지만, 최근에는 '노쇼' 문제로 인해 심각한 어려움을 겪고 있다. 이 문제는 명절 기간에 더욱 두드러지며, 해마다 노쇼 비율이 증가하는 추세이다.

2024년 설 연휴 기간 코레일이 판매한 승차권은 약 408만 매에 이른다. 추석 연휴 역시 약 120만 매가 판매되어 명절에 기차 이용 수요가 얼마나 폭발적인지 알 수 있다. 하지만 이 중 상당수가 실제 탑승하지 않아 공석으로 남는 일이 반복되고 있다. 2024년 설날 노쇼 비율은 무려 46%에 달했으며, 이 중 약 19만 매 이상의 좌석이 재판매되지 못해 빈 좌석으로 운행되었다. 추석 연휴에도 비슷한 수준의 노쇼와 공석 운행 문제가 발생했다. 이는 단순히 좌석이 비어 있는 것 이상의 심각한 문제를 야기한다.

공석 운행은 여러 측면에서 부정적인 영향을 끼친다. 우선, 실제로 기차를 타고자 하는 실수요자들이 좌석을 구하지 못하는 상황이 발생한다. 예매 경쟁이 매우 치열한 명절 기간에 노쇼로 인해 좌석이 비어 있음에도 불구하고, 다른 승객들이 그 좌석을 이용하지 못하는 것은 매우 불합리하다. 결국 노쇼는 국민들의 이동권을 제한하는 결과를 낳는다. 두 번째로, 공석 운행은 철도 운영의 효율성을 떨어뜨린다. 빈 좌석을 채우지 못한 채 열차를 운행하는 것은 불필요한 에너지와 인력, 비용 낭비로 이어진다. 이는 코레일뿐 아니라 국가적으로도 큰 손실이다. 세 번째로, 노쇼 문제는 사회적 비용 증가로 연결된다. 노쇼를 줄이기 위한 정책 마련과 시스템 개선에 투입되는 비용, 그리고 이에 따른 환불 정책 변경 등은 모두 국민의 부담으로 돌아올 수밖에 없다.

이러한 문제를 해결하기 위해 코레일은 다양한 대책을 시행하고 있다. 2025년부터 명절 특별수송기간에 출발 후 20분까지의 위약금을 기존 15%에서 30%로 상향 조정하는 등 노쇼 억제에 나서고 있으며, 취소·반환 기준 시점을 앞당겨 승객들이 불필요한 예약을 조기에 취소할 수 있도록 유도하고 있다. 이와 함께 좌석 재판매율을 높이기 위한 시스템 개선 작업도 진행 중이다.

하지만 노쇼 문제는 단순히 코레일의 노력만으로 해결되기 어렵다. 근본적인 제도 개선과 국민 인식 변화가 함께 이루어져야 한다. 예매 시스템의 투명성 강화, 노쇼에 대한 법적 제재 강화, 그리고 국민들의 책임감 있는 예약 문화 정착이 필요하다. 또한 실수요자 중심의 예약 정책과 더불어, 노쇼 발생 시 불이익을 명확히 하는 제도적 장치도 마련되어야 한다. 이러한 종합적인 접근이 이루어질 때 비로소 명절 노쇼 문제를 효과적으로 줄이고, 국민 모두가 편리하고 공정하게 기차를 이용할 수 있을 것이다.

① 명절에는 승차권 예매 경쟁이 평소보다 수십 배에 달한다.

② 노쇼로 인해 발생하는 비용은 결국 국민의 부담으로 돌아온다.

③ 2024년 설날에 판매된 승차권 중 46%는 노쇼로 인해 공석으로 운행되었다.

④ 2025년부터 명절 특별수송기간에는 승차권 취소 위약금이 평소보다 높아진다.

⑤ 노쇼 문제를 해결하기 위해서는 코레일의 노력뿐만 아니라 국민 의식 변화와 정부의 제도 개선이 필요하다.

| 코레일 한국철도공사 / 의사소통능력

03 **다음 제시된 표현법에 대한 사례로 가장 적절한 것은?**

> 관용의 격률이란 자신의 이익은 최소화하고 부담은 최대화하여 말하는 표현법이다. 관용의 격률에 따르면 자신의 부담이 커질수록 상대에게는 예의 있는 표현으로 여겨지기 때문에 어떠한 문제를 자신 탓으로 돌려 말하는 것이라고도 해석된다.

① 민재 : 조은 씨는 좋겠네요. 아들이 훤칠한데 공부까지 잘해서요.
② 지우 : 설명이 너무 어려워서 이해가 되지 않아요. 더 쉽게 설명해 주시겠어요?
③ 다예 : 제가 다음 주에 발표가 있으니, 이번 주까지 자료 정리해서 보내줄 수 있나요?
④ 동현 : 짐을 옮겨야 되는데 너무 무거워서, 미안한데 잠깐 도와줄 수 있을까요?
⑤ 선주 : 제가 시력이 안 좋아서 잘 보이지가 않네요. 조금 더 크게 보여주실 수 있나요?

| 코레일 한국철도공사 / 수리능력

04 **다음 수식을 계산한 결과는 $\frac{q}{p}$의 기약분수 형태로 나타낼 수 있으며, p와 q는 서로소이다. 이때, $p+q$의 값은?**

$$\frac{18\times(15^2+12+3)}{90^2-2\times45\times4}+1$$

① 90
② 100
③ 110
④ 120
⑤ 130

| 코레일 한국철도공사 / 수리능력

05 **K시의 전철 요금은 1회 탑승 시 1,500원이며, 오전 6시 30분 이전에 탑승할 경우 20%의 할인이 적용된다. K시에 사는 A씨는 전철을 이용하여 한 달간 총 22일의 출근과 퇴근을 할 예정이다. 한 달 전철 요금을 62,000원 이하로 유지하려면 A씨가 할인을 받아야 하는 날은 최소 며칠이어야 하는가?(단, A씨는 오후 6시에 회사에서 퇴근한다)**

① 12일
② 13일
③ 14일
④ 15일
⑤ 16일

| 코레일 한국철도공사 / 수리능력

06 K공사의 사내 보안시스템은 숫자 1부터 6까지를 사용해 4자리 비밀번호를 설정할 수 있다. 이때, 다음 〈조건〉을 만족하는 4자리 비밀번호는 모두 몇 가지인가?

> **조건**
> - 각 자릿수에는 1부터 6까지의 숫자 중 하나가 들어간다.
> - 같은 숫자는 최대 2번까지만 사용할 수 있다.
>
> 예 1123, 2331, 4455 가능 / 1112, 2122, 4444 불가능

① 1,170가지 ② 1,196가지
③ 1,236가지 ④ 1,241가지
⑤ 1,296가지

| 코레일 한국철도공사 / 수리능력

07 다음은 K쇼핑몰에서 판매된 상품에 대한 월별 리뷰 수와 반품 및 환불률을 조사한 자료이다. 상품을 구매한 사람이 모두 1건씩 리뷰를 작성하였다고 가정할 때, 조사기간 동안 발생한 반품 건수와 환불 건수를 모두 합하면?

〈K쇼핑몰 월별 리뷰 수 및 반품·환불 비율〉

(단위 : 건, %)

구분	리뷰 수	반품률	환불률
1월	1,000	3	2
2월	1,200	2	3
3월	1,500	4	1
4월	1,300	3	2

① 240건 ② 246건
③ 248건 ④ 250건
⑤ 252건

| 코레일 한국철도공사 / 수리능력

08 **다음은 서울시 전철 3개 주요 역사에서 시간대별 탑승 및 하차 인원수를 정리한 자료이다. 이에 대한 설명으로 옳은 것은?**

〈서울시 전철 3개 주요 역사 시간대별 탑승 및 하차 인원수〉

(단위 : 명)

구분	역삼역		시청역		구로디지털단지역	
	탑승	하차	탑승	하차	탑승	하차
07:00 ~ 09:00 (출근시간)	1,150	350	620	870	2,300	400
12:00 ~ 14:00 (점심시간)	480	520	530	500	900	950
17:00 ~ 19:00 (퇴근시간)	390	1,250	420	1,480	280	2,150

① 역삼역은 모든 시간대에서 탑승 인원이 하차 인원보다 많다.
② 시청역은 점심시간대보다 퇴근시간대에 탑승 인원이 더 많다.
③ 역삼역은 전 시간대를 통틀어 탑승보다 하차 인원이 많은 유일한 역이다.
④ 시청역은 출근시간대 대비 퇴근시간대 하차 인원의 증가 폭이 역삼역보다 크다.
⑤ 구로디지털단지역은 퇴근시간대 하차 인원이 출근시간대 하차 인원의 5배 이상이다.

| 코레일 한국철도공사 / 문제해결능력

09 **다음 사례에서 나타나는 창의적 사고 개발방법으로 가장 적절한 것은?**

> 3개의 노선이 교차하는 환승역인 K역은 복잡한 역사 구조로 인해 승객들이 길을 헤매는 문제가 있다. A주임은 이러한 문제를 창의적으로 해결하기 위해 지하철역과 비슷하게 사람이 많고 구조가 복잡한 쇼핑센터의 사례를 탐색하였다. 탐색 결과 쇼핑센터에서 입점 가게 위치를 스마트폰 증강현실 지도로 보여주는 기술이 있음을 확인하고, 이를 바탕으로 K역에 적용하여 QR코드를 찍고, 환승구역이나 나가는 곳을 입력하면, 그 위치를 스마트폰 증강현실을 통해 안내하는 서비스를 기획하였다.

① NM법
② Synectics
③ 체크리스트
④ SCAMPER
⑤ 브레인스토밍

| 코레일 한국철도공사 / 문제해결능력

10 다음 사례에서 나타나는 A씨의 논리적 오류로 가장 적절한 것은?

> 매일 지하철을 이용하여 출퇴근하는 A씨는 혼잡해진 지하철 상황에 불만을 가지고 있다. 어느 날 혼잡한 출근시간에 지하철이 흔들려 어떤 학생이 A씨와 부딪히게 되었다. 부딪힌 학생은 즉시 A씨에게 사과하였지만, A씨는 화를 내며 요즘 젊은이들은 전부 조심성도 없고 남을 배려하지도 않는다고 학생을 비난하였다.

① 무지의 오류
② 결합의 오류
③ 애매성의 오류
④ 과대 해석의 오류
⑤ 성급한 일반화의 오류

| 코레일 한국철도공사 / 문제해결능력

11 다음은 철도사업을 수행하는 K공사에 대한 SWOT 분석 결과이다. 기회(Opportunity)요인에 해당하는 사례를 〈보기〉에서 모두 고르면?

> **보기**
> ㄱ. 신재생 관련 법안 개정으로 인한 철도 이용객 수 증가
> ㄴ. 높은 국내 철도망 운영 노하우
> ㄷ. 도시철도에 대한 민간투자의 확대
> ㄹ. 정부의 교통요금 동결 정책 지속
> ㅁ. 직원 수 부족으로 인해 저조한 고객 만족도
> ㅂ. 글로벌 공동 철도 프로젝트 참여

① ㄱ, ㄴ, ㅁ
② ㄱ, ㄷ, ㅂ
③ ㄴ, ㄷ, ㄹ
④ ㄴ, ㅁ, ㅂ
⑤ ㄷ, ㅁ, ㅂ

12 다음은 한국철도공사의 문제해결 사례이다. 〈보기〉의 사례와 문제해결 방법을 바르게 연결한 것은?

보기

ㄱ. 한국철도공사는 65세 이상의 노인을 위한 복지 정책으로 노인 무임승차제도를 실시하고 있다. 그러나 한국철도공사의 재정문제와 더불어 이용자 세대별 형평성 문제로 인해 무임승차 혜택에 대해 이용자들의 갈등이 첨예해졌다. 이 문제를 해결하기 위해 A차장은 노인 이용자 대표를 한국철도공사에 초청하여 노인 무임승차제도 혜택 축소를 목적으로 합의점을 찾기 위한 토론회를 개최하였다.

ㄴ. 최근 한국철도공사의 고객센터에는 노인들이 매표 키오스크를 사용하기 불편하다는 불만이 자주 들어오고 있다. A센터장은 직원들에게 이 사실을 알리고, 노인 이용자가 편하게 키오스크를 사용할 수 있는 방법을 모색하기 위해 노인 역할극 및 브레인스토밍을 통해 아이디어를 모으도록 유도하였다. 그 결과 직원들의 아이디어를 결합하여 키오스크를 조작하는 동안 잠시 기대어 앉을 수 있는 간이 의자와 주요 기능을 크게 강조하는 방안이 채택되어 노인 이용자들이 편하게 이용할 수 있게 되었다.

ㄷ. 신입사원 B는 철도회사 업무에 익숙하지 않아 발생하는 실수로 팀 내부에서 갈등을 일으키고 있다. 이를 해결하기 위해 A팀장은 B사원에게 철도업무에서 실수가 있을 때, 어떤 상황이 일어날 수 있는지 넌지시 이야기하며 헷갈리는 일이 있을 때는 팀원들의 도움을 받는 것이 좋다고 조언하였고, 다른 팀원들에게는 신입사원 시절에는 모두가 실수가 많았다며 B사원이 업무에 빨리 적응할 수 있도록 도와달라고 격려하였다. 이후 B사원과 다른 팀원들의 노력으로 B사원은 빠르게 업무에 적응하게 되었다.

	ㄱ	ㄴ	ㄷ
①	소프트 어프로치	하드 어프로치	퍼실리테이션
②	소프트 어프로치	퍼실리테이션	하드 어프로치
③	하드 어프로치	소프트 어프로치	퍼실리테이션
④	하드 어프로치	퍼실리테이션	소프트 어프로치
⑤	퍼실리테이션	소프트 어프로치	하드 어프로치

13 다음 중 제시된 단어와 가장 비슷한 어휘는?

된서리

① 타계(他界)
② 타격(打擊)
③ 타점(打點)
④ 타락(墮落)
⑤ 타산(打算)

14 다음 중 빈칸에 들어갈 단어로 가장 적절한 것은?

정조는 애민주의를 ______하며 백성들을 위한 정책을 펼쳤다.

① 표징(表徵)
② 표집(標集)
③ 표방(標榜)
④ 표류(漂流)
⑤ 표리(表裏)

※ 다음 글의 주제로 가장 적절한 것을 고르시오. [15~16]

| 한국전력공사 / 의사소통능력

15

> 온실가스를 적게 배출하면서도 높은 경제성을 가진 원자력 발전소는 원전에서 나오는 방사성 물질의 차단이나, 외부 오염물질의 유입을 방지하기 위한 강력한 공기조화시스템(공조시스템)이 필요하다. 특히 공기 중으로 떠다닐 수 있는 에어로졸 형태의 방사성 물질 크기는 1 ~ 10㎛ 정도의 아주 작은 물질이지만, 높은 밀도의 방사성 기체는 인체에 치명적일 수 있으며, 환경 오염문제 또한 발생할 수 있다. 따라서 원자력 발전소의 공조시스템에는 이러한 미립자를 걸러내기 위하여 헤파필터(HEPA Filter)를 사용하고 있다.
> 헤파필터는 'High Efficiency Particulate Air Filter'의 약자로, 공기 중의 아주 미세한 입자까지 효과적으로 걸러내는 고성능 필터이다. 일상 생활에서는 주로 공기청정기, 진공청소기, 에어컨 등에 사용되며, 0.3㎛ 크기의 입자(MPPS; Most Penetrating Particle Size)를 99.97% 이상 포획할 수 있는 고성능 필터이다. 헤파필터는 주로 유리섬유나 폴리프로필렌 같은 합성섬유로 만들어지는데, 0.5 ~ 2.0㎛의 섬유가 불규칙하게 얽혀 있는 거미줄 구조로 구성되어 있다. 오염물질이 포함된 공기가 헤파필터를 통과할 때, 헤파필터의 간격보다 큰 오염물질은 걸러지고 그보다 작은 오염물질은 공기 흐름을 따라 진행하다 섬유에 닿아 달라붙게 된다. 헤파필터는 등급에 따라 E10(85%), E11(95%), E12(99.5%), H13(99.75%), H14(99.975%) 등으로 나뉘며, 등급이 높을수록 더 작은 입자까지 더 많이 걸러낼 수 있다. 특히 H13 이상을 트루 헤파필터라고 부르며 원자력 발전소의 경우 H13 이상의 트루 헤파필터를 사용하는 등 일반적인 산업용 필터보다 더욱 엄격한 기준을 충족해야 한다.
> 이처럼 헤파필터는 원자력 발전소의 안전을 지키는 핵심 장치로 방사성 입자와 미세먼지, 바이러스까지도 효과적으로 제거하는 중요한 역할을 한다. 특히 헤파필터의 정화 성능을 보장하기 위하여 ASME AG-1이나 KEPIC-MH 등 국내외에서 기술기준을 정해 시설, 유지, 보수 등 관리법의 기준을 제시하고 있으며, 엄격한 안전관리가 필요한 원자력 발전소 특성상 없어서는 안 될 중요한 안전 설비이다.

① 헤파필터의 여과 원리
② 헤파필터의 등급별 성능
③ 방사성 물질의 위험과 대처 방법
④ 원자력 발전소에서의 헤파필터의 역할
⑤ 원자력 발전소의 발전 효율과 미래 전망

16

결핵은 기원전 7000년경 석기 시대의 화석에서도 흔적이 발견될 만큼 인류와 오랜 시간을 함께 해온 질병이다. 결핵균(Mycobacterium Tuberculosis)에 의해 발병하는 결핵은 치료법이 없던 시기에는 수많은 사람의 생명을 앗아가 백색 페스트라고 불릴 정도로 전염성과 치명률이 높은 질병이다.
그러나 결핵균에 감염된다 하더라도 모든 사람이 즉시 결핵이 발병하지는 않는다. 상당수의 감염자는 결핵균에 노출된 후에도 바로 증상을 보이지 않는데, 이를 일컬어 잠복결핵감염(LTBI; Latent TuBerculosis Infection)이라 한다. 잠복결핵감염은 결핵균에 감염되어 있지만, 몸속에 들어온 결핵균이 활동하지 않아 결핵 증상이 없고, 몸 밖으로 균이 배출되지 않아 전염성 또한 없는 상태이다. 증상과 전염성이 없어 잠복결핵감염은 별것 아닌 것 같아 보이지만, 이는 면역체계가 결핵균을 억제하고 있기 때문이며, 면역력이 약해지는 경우 언제든지 결핵으로 이어질 가능성이 있음을 의미한다. 잠복결핵감염이 결핵으로 악화되는 경우는 약 5 ~ 10% 수준으로 특히 고령자, 당뇨병 환자, 면역억제 치료를 받는 환자 등 면역력이 저하된 사람들에게서 더욱 빈번하게 발생한다. 잠복결핵감염이 활동성 결핵으로 진행된 경우 이미 다른 요인에 의해 면역력이 떨어진 상황이므로 독성이 더욱 강력하며, 본인은 물론 주변 사람들에게도 광범위하게 결핵을 전파할 수 있어 공중보건상의 심각한 문제를 야기한다.
잠복결핵감염은 증상이 없기 때문에 본인이 감염 사실을 인지하지 못하는 경우가 많다. 따라서 결핵 발생률이 높은 국가에서는 결핵 환자와 밀접하게 접촉한 사람, 면역 저하자, 의료업계 종사자 등 고위험군을 대상으로 잠복결핵감염 검사를 권고하고 있다. 대표적인 검사 방법으로는 투베르쿨린 피부반응 검사(TST)와 인터페론 감마 분비 검사(IGRA)가 있다. 만일 잠복결핵감염에 양성 반응이 있을 경우 3 ~ 9개월 동안 꾸준한 투약 치료가 필요하며, 적절한 치료를 받을 경우 결핵 발병 확률의 60 ~ 90%까지 예방할 수 있다.
잠복결핵감염의 위험성은 단순히 개인의 건강 문제를 넘어 사회 전체의 공중보건과 직결되는 문제이므로 무증상이라고 방치할 것이 아니라, 적극적인 검사와 예방적 치료를 통해 결핵의 확산을 차단하는 노력이 필요하다. 특히 우리나라의 경우 보건소나 가까운 의료 기관에서 잠복결핵감염 치료를 전액 무료로 받을 수 있으므로 평소에 잠복결핵감염에 관심을 가지고, 미연에 예방하는 것이 가장 중요할 것이다.

① 잠복결핵감염의 위험성
② 잠복결핵감염의 치료 과정
③ 잠복결핵의 증상과 전염성
④ 효과적인 결핵의 억제 방법
⑤ 잠복결핵감염이 활동성 결핵으로 이어지는 과정

17 다음은 J식당의 메뉴에 따른 판매가격과 재료비 및 고정비용에 대한 정보이다. 손익분기점을 넘기 위해 필요한 판매량이 가장 많은 메뉴는?

〈J식당 메뉴의 판매가격 · 재료비 · 고정비용〉

(단위 : 원)

구분	판매가격	재료비	고정비용
제육볶음	10,000	2,000	2,800,000
오징어볶음	12,000	2,000	3,300,000
돈가스	9,000	1,500	2,600,000
라면	6,000	800	1,800,000
고등어구이	11,000	2,000	3,100,000

※ 판매가격과 재료비는 1인분당 비용임

※ 손익분기점을 넘기 위해서는 순이익[(판매가격)−(재료비)]이 고정비용을 초과해야 함

① 제육볶음
② 오징어볶음
③ 돈가스
④ 라면
⑤ 고등어구이

직업기초능력평가

의사소통능력

01 의사소통능력의 분류

구분	문서적인 의사소통능력	언어적인 의사소통능력
장점	권위감, 정확성, 전달성, 보존성이 높음	유동성이 높음
단점	의미의 곡해	정확성이 낮음

02 키슬러의 대인관계 의사소통 유형

유형	특징	제안
지배형	자신감이 있고 지도력이 있으나, 논쟁적이고 독단이 강하여 대인 갈등을 겪을 수 있음	타인의 의견을 경청하고 수용하는 자세가 필요
실리형	이해관계에 예민하고 성취지향적으로 경쟁적이며 자기중심적임	타인의 입장을 배려하고 관심을 갖는 자세가 필요
냉담형	이성적인 의지력이 강하고 타인의 감정에 무관심하며 피상적인 대인관계를 유지함	타인의 감정상태에 관심을 가지고 긍정적 감정을 표현하는 것이 필요
고립형	혼자 있는 것을 선호하고 사회적 상황을 회피하며 지나치게 자신의 감정을 억제함	대인관계의 중요성을 인식하고 타인에 대한 비현실적인 두려움의 근원을 성찰하는 것이 필요
복종형	수동적이고 의존적이며 자신감이 없음	적극적인 자기표현과 주장이 필요
순박형	단순하고 솔직하며 자기주관이 부족함	자기주장을 적극적으로 표현하는 것이 필요
친화형	따뜻하고 인정이 많고 자기희생적이며 타인의 요구를 거절하지 못함	타인과의 정서적인 거리를 유지하는 노력이 필요
사교형	외향적이고 인정하는 욕구가 강하며 타인에 대한 관심이 많고 쉽게 흥분함	심리적인 안정을 취하고 지나친 인정욕구에 대한 성찰이 필요

03 문서이해의 절차

문서의 목적을 이해하기

↓

이러한 문서가 작성된 배경과 주제를 파악하기

↓

문서에 쓰여진 정보를 밝혀내고, 문서가 제시하고 있는 현안문제를 파악하기

↓

문서를 통해 상대방의 욕구와 의도 및 내게 요구되는 행동에 관한 내용을 분석하기

↓

문서에서 이해한 목적 달성을 위해 취해야 할 행동을 생각하고 결정하기

↓

상대방의 의도를 도표나 그림 등으로 메모하여 요약·정리해 보기

04 문서 종류별 작성법

종류	작성법
공문서	• 날짜는 연도와 월일을 반드시 함께 언급해야 한다. • 내용이 복잡할 경우 '–다음–', '–아래–'와 같은 항목을 만들어 구분한다. • 마지막엔 반드시 '끝'자로 마무리한다.
설명서	• 이해하기 어려운 전문용어의 사용은 가급적 삼가야 한다. • 복잡한 내용은 도표화한다. • 명령문보다 평서형으로, 동일한 문장보다는 다양한 표현으로 작성한다.
기획서	• 기획서의 목적과 핵심 메시지가 정확히 기록되었는지 확인한다. • 표나 그래프의 경우, 적절하게 사용되었는지 확인한다. • 인용한 자료의 출처가 정확한지 확인한다.

05 경청의 방해요인

요인	내용
짐작하기	상대방의 말을 듣고 받아들이기보다 자신의 생각에 들어맞는 단서들을 찾아 자신의 생각을 확인하는 것
대답할 말 준비하기	자신이 다음에 할 말을 생각하기에 바빠서 상대방이 말하는 것을 잘 듣지 않는 것
걸러내기	상대의 말을 듣기는 하지만 상대방의 메시지를 온전하게 듣지 않는 것
판단하기	상대방에 대한 부정적인 판단 때문에, 또는 상대방을 비판하기 위해 상대방의 말을 듣지 않는 것
조언하기	본인이 다른 사람의 문제를 지나치게 해결해 주고자 하는 것을 말하며, 말끝마다 조언하려고 끼어들면 상대방은 제대로 말을 끝맺을 수 없음
슬쩍 넘어가기	문제를 회피하려 하거나 상대방의 부정적 감정을 회피하기 위해서 유머 등을 사용하는 것으로, 이로 인해 상대방이 진정한 고민을 놓치게 됨
비위 맞추기	상대방을 위로하기 위해서 너무 빨리 동의하는 것으로, 상대방에게 자신의 생각이나 감정을 충분히 표현할 시간을 주지 못하게 됨

06 상황에 따른 의사표현법

종류	내용
지적	• 충고나 질책의 형태로 나타남 • '칭찬 – 질책 – 격려'의 샌드위치 화법을 사용할 것 • 충고는 최후의 수단으로 은유적으로 접근할 것
칭찬	• 대화 서두의 분위기 전환용으로 사용할 것 • 상대에 어울리는 중요한 내용을 포함할 것
요구	• 부탁 : 구체적으로 부탁하며, 거절을 당해도 싫은 내색을 하지 않을 것 • 업무상 지시 · 명령 : 강압적 표현보다는 청유식 표현을 활용할 것
거절	• 거절에 대한 사과와 함께 응할 수 없는 이유를 설명할 것 • 단호하게 거절하지만, 정색하는 태도는 지양할 것

07 검산방법의 종류

역연산법	본래의 풀이와 반대로 연산을 해 가면서 본래의 답이 맞는지를 확인해 나가는 방법
구거법	원래의 수와 각 자리 수의 합이 9로 나눈 나머지와 같다는 원리를 이용하는 것으로, 각각의 수를 9로 나눈 나머지가 같은지를 확인하는 방법

08 도표의 작성절차

작성하려는 도표의 종류 결정

⬇

가로축과 세로축에 나타낼 것을 결정

⬇

가로축과 세로축의 눈금의 크기 결정

⬇

자료를 가로축과 세로축이 만나는 곳에 표시

⬇

표시된 점에 따라 도표 작성

⬇

도표의 제목 및 단위 표기

09 도표의 종류별 활용

종류	내용
선 그래프	시간적 추이(시계열 변화)를 표시할 때 적합 예 연도별 매출액 추이 변화
막대 그래프	수량 간의 대소 관계를 비교하고자 할 때 적합 예 영업소별 매출액
원 그래프	내용의 구성비를 분할하여 나타내고자 할 때 적합 예 제품별 매출액 구성비
점 그래프	지역분포를 비롯한 기업 등의 평가나 위치, 성격을 표시할 때 적합 예 광고비율과 이익률의 관계
층별 그래프	합계와 각 부분의 크기를 백분율로 나타내고 시간적 변화를 보고자 할 때 적합 예 상품별 매출액 추이
거미줄 그래프	다양한 요소를 비교할 때 적합 예 매출액의 계절변동

10 응용 수리 빈출 공식

종류	내용
거리 · 속력 · 시간	(거리)=(속력)×(시간), $(속력)=\frac{(거리)}{(시간)}$, $(시간)=\frac{(거리)}{(속력)}$
소금물의 농도	$[소금물의\ 농도(\%)]=\frac{(소금의\ 양)}{(소금물의\ 양)}\times 100$
비율	x가 $a\%$ 증가 : $x\times\left(1+\frac{a}{100}\right)$, x가 $a\%$ 감소 : $x\times\left(1-\frac{a}{100}\right)$
금액	• (정가)=(원가)+(이익), (이익)=(원가)×(이율) • a원에서 $b\%$ 할인한 가격 : $a\times\left(1-\frac{b}{100}\right)$ • 단리법 · 복리법(원금 : a, 이율 : r, 기간 : n, 원리합계 : S) **단리법** • 정의 : 원금에 대해서만 약정된 이자율과 기간을 곱해 이자를 계산 • $S=a\times(1+r\times n)$ **복리법** • 정의 : 원금에 대한 이자를 가산한 후 이 합계액을 새로운 원금으로 계산 • $S=a\times(1+r)^n$

종류	내용
시계	• 시침이 1시간 동안 이동하는 각도 : $\frac{360°}{12}=30°$ • 시침이 1분 동안 이동하는 각도 : $\frac{30°}{60}=0.5°$ • 분침이 1분 동안 이동하는 각도 : $\frac{360°}{60}=6°$
수	• 연속한 두 자연수 : x, $x+1$ • 연속한 세 자연수 : $x-1$, x, $x+1$ • 연속한 두 짝수(홀수) : x, $x+2$ • 연속한 세 짝수(홀수) : $x-2$, x, $x+2$ • 십의 자릿수가 x, 일의 자릿수가 y인 두 자리 자연수 : $10x+y$ • 백의 자릿수가 x, 십의 자릿수가 y, 일의 자릿수가 z인 세 자리 자연수 : $100x+10y+z$
날짜 · 요일	• 1일=24시간=1,440분=86,400초 • 월별 일수 : 1월, 3월, 5월, 7월, 8월, 10월, 12월은 31일, 4월, 6월, 9월, 11월은 30일, 2월은 28일 또는 29일 • 윤년(2월 29일)은 4년에 1번
확률	• (사건 A가 일어날 확률)$=\frac{\text{(사건 A가 일어나는 경우의 수)}}{\text{(모든 경우의 수)}}$ • 여사건의 확률 : 사건 A가 일어날 확률이 p일 때, 사건 A가 일어나지 않을 확률은 $(1-p)$이다. • 확률의 덧셈정리 : 두 사건 A, B가 동시에 일어나지 않을 때 A가 일어날 확률을 p, B가 일어날 확률을 q라고 하면, 사건 A 또는 B가 일어날 확률은 $(p+q)$이다. • 확률의 곱셈정리 : A가 일어날 확률을 p, B가 일어날 확률을 q라고 하면, 사건 A와 B가 동시에 일어날 확률은 $(p\times q)$이다.

문제해결능력

11 문제의 분류

분류	내용
발생형 문제 (보이는 문제)	• 눈앞에 발생되어 해결하기 위해 고민하는 문제를 말하며 원인지향적인 문제라고도 함 • 이탈 문제 : 어떤 기준을 이탈함으로써 생기는 문제 • 미달 문제 : 기준에 미달하여 생기는 문제
탐색형 문제 (보이지 않는 문제)	• 현재의 상황을 개선하거나 효율을 높이기 위한 문제를 말하며, 문제를 방치하면 뒤에 큰 손실이 따르거나 해결할 수 없게 되는 것 • 잠재 문제 : 문제가 잠재되어 인식하지 못하다가 결국 확대되어 해결이 어려운 문제 • 예측 문제 : 현재는 문제가 아니지만 계속해서 현재 상태로 진행될 경우를 가정했을 때 앞으로 일어날 수 있는 문제 • 발견 문제 : 현재는 문제가 없으나 좋은 제도나 기법, 기술을 발견하여 개선·향상시킬 수 있는 문제
설정형 문제 (미래의 문제)	• 장래의 경영 전략을 통해 앞으로 어떻게 할 것인가 하는 문제 • 새로운 목표를 설정함에 따라 일어나는 문제로, 목표 지향적 문제라고도 함 • 많은 창조적인 노력이 요구되므로 창조적 문제라고도 함

12 제3자를 통한 문제해결법

종류	내용
소프트 어프로치	• 대부분의 기업에서 볼 수 있는 전형적인 스타일 • 조직 구성원들이 같은 문화적 토양을 가짐 • 직접적인 표현보다는 암시를 통한 의사전달 • 결론이 애매하게 산출되는 경우가 적지 않음 • 제3자 : 결론을 미리 그려 가면서 권위나 공감에 의지함
하드 어프로치	• 조직 구성원들이 상이한 문화적 토양을 가짐 • 직설적인 주장을 통한 논쟁과 협상 • 논리, 즉 사실과 원칙에 근거한 토론 • 이론적으로는 가장 합리적인 방법 • 창조적인 아이디어나 높은 만족감을 이끌어내기 어려움 • 제3자 : 지도와 설득을 통해 전원이 합의하는 일치점 추구
퍼실리테이션	• 그룹의 지향점을 알려주고, 공감을 이룰 수 있도록 도와 주는 것 • 창조적인 해결방안 도출, 구성원의 동기와 팀워크 강화 • 퍼실리테이터의 줄거리대로 결론이 도출되어서는 안 됨 • 제3자 : 깊이 있는 커뮤니케이션을 통해 창조적인 문제해결 도모

13 브레인스토밍 진행방법

- 주제를 구체적이고 명확하게 정한다.
- 구성원의 얼굴을 볼 수 있는 좌석 배치와 큰 용지를 준비한다.
- 구성원들의 다양한 의견을 도출할 수 있는 사람을 리더로 선출한다.
- 구성원은 다양한 분야의 사람들로 5 ~ 8명 정도로 구성한다.
- 발언은 누구나 자유롭게 할 수 있도록 하며, 모든 발언 내용을 기록한다.
- 아이디어에 대해 비판해서는 안 된다.

14 창의적 사고 개발 방법

종류	내용
자유 연상법	생각나는 대로 자유롭게 발상 – 브레인스토밍
강제 연상법	각종 힌트와 강제적으로 연결지어서 발상 – 체크리스트
비교 발상법	주제의 본질과 닮은 것을 힌트로 발상 – NM법, Synetics

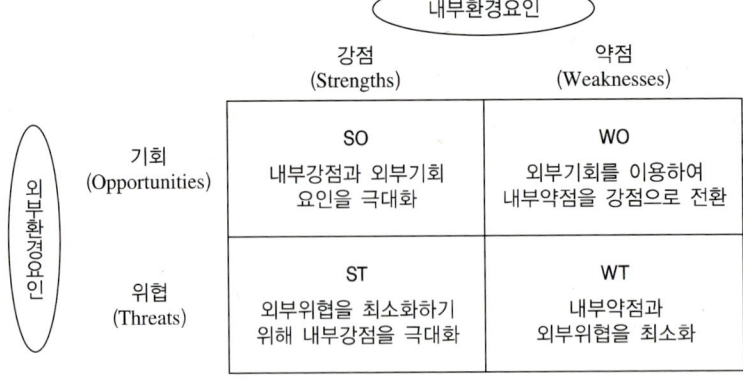

15 SWOT 분석

외부환경요인

내부환경요인	강점 (Strengths)	약점 (Weaknesses)
기회 (Opportunities)	SO 내부강점과 외부기회 요인을 극대화	WO 외부기회를 이용하여 내부약점을 강점으로 전환
위협 (Threats)	ST 외부위협을 최소화하기 위해 내부강점을 극대화	WT 내부약점과 외부위협을 최소화

자원관리능력

16 예산책정의 원칙

개발 책정 비용	>	개발 실제 비용	→	경쟁력 손실
개발 책정 비용	<	개발 실제 비용	→	적자 발생
개발 책정 비용	=	개발 실제 비용	→	이상적 상태

17 인사관리의 원칙

종류	내용
적재적소 배치의 원칙	해당 직무 수행에 가장 적합한 인재를 배치해야 한다.
공정 보상의 원칙	근로자의 인권을 존중하고 공헌도에 따라 노동의 대가를 공정하게 지급해야 한다.
공정 인사의 원칙	직무 배당 · 승진 · 상벌 · 근무 성적의 평가 · 임금 등을 공정하게 처리해야 한다.
종업원 안정의 원칙	직장에서 신분이 보장되고 계속해서 근무할 수 있다는 믿음을 갖게 하여 근로자가 안정된 회사 생활을 할 수 있도록 해야 한다.
창의력 계발의 원칙	근로자가 창의력을 발휘할 수 있도록 새로운 제안 · 건의 등의 기회를 마련하고, 적절한 보상을 하여 인센티브를 제공해야 한다.
단결의 원칙	직장 내에서 구성원들이 소외감을 갖지 않도록 배려하고, 서로 유대감을 가지고 협동 · 단결하는 체제를 이루도록 해야 한다.

정보능력

18 자료 · 정보 · 지식

구분	일반적 정의	사례
자료	객관적 실체를 전달이 가능하게 기호화한 것	스마트폰 활용 횟수
정보	자료를 특정한 목적과 문제 해결에 도움이 되도록 가공한 것	20대의 스마트폰 활용 횟수
지식	정보를 체계화하여 보편성을 갖도록 한 것	스마트폰 디자인에 대한 20대의 취향
일반적으로 '자료⊇지식⊇정보'의 포함관계로 나타낼 수 있다.		

19 정보 처리 과정

기획 → 수집 → 관리 → 활용

20 데이터베이스의 필요성

종류	내용
데이터 중복 감소	데이터를 한 곳에서만 갖고 있으므로 유지 비용이 절감된다.
데이터 무결성 증가	데이터가 변경될 경우 한곳에서 수정하는 것만으로 해당 데이터를 이용하는 모든 프로그램에 반영된다.
검색의 용이	한 번에 여러 파일에서 데이터를 찾을 수 있다.
데이터 안정성 증가	사용자에 따라 보안등급의 차등을 둘 수 있다.

21 1차 자료와 2차 자료

1차 자료	원래의 연구 성과가 기록된 자료
2차 자료	1차 자료를 효과적으로 찾아보기 위한 자료 혹은 1차 자료에 포함되어 있는 정보를 압축 · 정리한 자료

22 노하우(Know-how)와 노와이(Know-why)

노하우	• 특허권을 수반하지 않는 엔지니어 등이 가지고 있는 체화된 기술 • 경험적 · 반복적인 행위를 통해 얻게 됨
노와이	• 어떻게 기술이 성립하고 작용하는가에 관한 원리적 측면 • 이론적인 지식으로, 과학적인 탐구를 통해 얻게 됨

23 산업재해 예방 대책 5단계

안전관리 조직	• 경영자 : 사업장의 안전 목표 설정, 안전관리 책임자 선정 • 안전관리 책임자 : 안전계획 수립 · 시행 · 감독
사실의 발견	• 사고 조사, 현장 분석, 관찰 및 보고서 연구, 면담 등
원인 분석	• 발생 장소, 재해 형태, 재해 정도, 공구 및 장비의 상태 등
시정책의 선정	• 기술적 개선, 인사 조정 및 교체, 공학적 조치 등
시정책의 적용	• 안전에 대한 교육 및 훈련 실시, 결함 개선 등

24 기술 시스템의 발전 4단계

1단계
- 발명 · 개발 · 혁신의 단계
- 기술 시스템이 탄생하고 성장
- 기술자의 역할이 중요

↓

2단계
- 기술 이전의 단계
- 성공적인 기술이 다른 지역으로 이동
- 기술자의 역할이 중요

↓

3단계
- 기술 경쟁의 단계
- 기술 시스템 사이의 경쟁이 이루어짐
- 기업가의 역할이 중요

↓

4단계
- 기술 공고화 단계
- 경쟁에서 승리한 기술 시스템이 관성화
- 자문 엔지니어의 역할이 중요

25 벤치마킹의 종류

비교대상에 따른 분류	내부 벤치마킹	• 대상 : 같은 기업 내의 유사한 활용 • 자료 수집이 용이하고 다각화된 우량기업의 경우 효과가 크나, 관점이 제한적일 수 있다.
	경쟁적 벤치마킹	• 대상 : 동일 업종에서 고객을 공유하는 경쟁기업 • 기술에 대한 비교가 가능하지만, 대상의 적대적인 태도로 인해 자료 수집이 어렵다.
	비경쟁적 벤치마킹	• 대상 : 우수한 성과를 거둔 비경쟁 기업 • 혁신적인 아이디어의 창출 가능성이 높으나, 환경이 상이하다는 것을 감안하지 않으면 효과가 없다.
	글로벌 벤치마킹	• 대상 : 최고로 우수한 동일 업종의 비경쟁적 기업 • 자료 수집이 용이하나, 문화·제도적인 차이로 인한 차이를 감안하지 않으면 효과가 없다.
수행방식에 따른 분류	직접적 벤치마킹	• 직접 접촉하여 자료를 입수하고 조사하기 때문에 정확도가 높으며 지속가능하다. • 벤치마킹 대상의 선정이 어렵고 수행비용 및 시간이 과다하게 소요된다.
	간접적 벤치마킹	• 인터넷 및 문서 형태의 자료를 통해서 수행한다. • 비용과 시간이 절약되나 벤치마킹 결과가 피상적이며, 핵심 자료의 수집이 어렵다.

26 네트워크 혁명의 3대 법칙

무어의 법칙	컴퓨터의 파워가 18개월마다 2배씩 증가
메트칼프의 법칙	네트워크의 가치는 사용자 수의 제곱에 비례
카오의 법칙	창조성은 네트워크가 가진 다양성에 비례

27 조직의 유형

조직	공식성	공식조직	조직의 규모·기능·규정이 조직화된 조직
		비공식조직	인간관계에 따라 형성된 자발적 조직
	영리성	영리조직	예 사기업
		비영리조직	예 정부조직, 병원, 대학, 시민단체
	조직 규모	소규모조직	예 가족 소유의 상점
		대규모조직	예 대기업

28 경영의 4요소

경영 목적	조직의 목적을 어떤 과정과 방법을 통해 수행할 것인가를 제시함
조직 구성원	조직에서 일하고 있는 임직원으로, 이들의 역량과 직무 수행능력에 따라 경영 성과가 달라짐
자금	경영 활동에 사용할 수 있는 돈으로, 이윤 추구를 목적으로 하는 사기업에서 자금은 새로운 이윤을 창출하는 기초가 됨
경영 전략	기업 내 모든 인적·물적 자원을 경영 목적을 달성하기 위해 조직화하고, 이를 실행에 옮겨 경쟁우위를 달성하는 일련의 방침 및 활동

29 의사결정과정

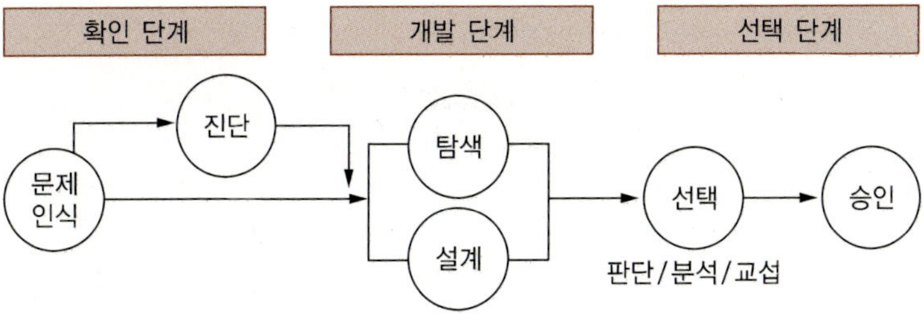

30 본원적 경쟁 전략

		전략적 우위 요소	
		고객들이 인식하는 제품의 특성	원가우위
전략적 목표	산업 전체	차별화	원가우위
	산업의 특정 부문	집중화 [(차별화)+(집중화)]	[(원가우위)+(집중화)]

31 조직 구조의 유형

기계적 조직	• 구성원들의 업무가 분명하게 정의됨 • 다수의 규칙과 규제가 존재함 • 상하 간 의사소통이 공식적인 경로를 통해 이루어짐 • 위계질서가 엄격함
유기적 조직	• 의사결정권한이 하부 구성원들에게 많이 위임됨 • 업무가 고정되지 않고 공유 가능 • 비공식적인 의사소통이 원활함 • 규제나 통제의 정도가 낮음

대인관계능력

32 팔로워십의 유형

구분	자아상	동료 / 리더의 시각	조직에 대한 자신의 느낌
소외형	• 자립적 • 일부러 반대의견 제시 • 조직의 양심	• 냉소적 • 부정적 • 고집이 셈	• 자신을 인정하지 않음 • 적절한 보상의 부재 • 불공정하며 문제가 있음
순응형	• 기쁜 마음으로 과업수행 • 팀플레이 • 리더나 조직을 믿고 헌신	• 아이디어 없음 • 인기 없는 일은 하지 않음 • 조직을 위해 자신과 가족의 요구를 양보	• 기존 질서 존중 • 리더의 의견을 거스르지 못함 • 획일적인 태도
실무형	• 조직의 운영방침에 민감 • 균형 잡힌 시각 • 규정과 규칙	• 개인의 이익 극대화 • 적당한 열의와 평범한 수완	• 규정 준수 강조 • 명령과 계획의 잦은 변경 • 리더와 부하 간의 비인간적 풍토
수동형	• 리더에 의존 • 지시에 의한 행동	• 제 몫을 하지 못함 • 감독이 반드시 필요	• 조직이 자신의 아이디어를 원치 않음 • 노력과 공헌은 소용없음 • 리더의 마음대로 함
주도형	이상적인 유형		

33 리더와 관리자의 차이점

리더	관리자
• 새로운 상황 창조자 • 혁신지향적 • '내일'에 초점을 맞춘다. • 사람을 중시 • 정신적 • 계산된 리스크를 취한다. • '무엇을 할까?'를 생각한다.	• 상황에 수동적 • 유지지향적 • '오늘'에 초점을 맞춘다. • 체제나 기구를 중시 • 기계적 • 리스크를 회피한다. • '어떻게 할까?'를 생각한다.

34 리더십의 유형

독재자 유형	방만한 상태, 가시적인 성과물이 안 보일 때
민주주의 유형	혁신적이고 탁월한 부하 직원들을 거느리고 있을 때
파트너십 유형	소규모 조직에서 재능을 소유한 조직원이 있을 때
변혁적 유형	개인, 집단, 조직에 있어서 획기적인 변화가 요구될 때

35 갈등 해결 방법

회피형	• 자신과 상대방에 대한 관심이 모두 낮은 경우 • 개인의 갈등상황으로부터 철회 또는 회피하는 것 • '나도 지고, 너도 지는 방법(I Lose, You Lose)'
경쟁형	• 지배형이라고도 함 • 자신에 대한 관심은 높고, 상대방에 대한 관심은 낮은 경우 • '나는 이기고, 너는 지는 방법(Win – Lose)', 제로섬(Zero Sum)
수용형	• 자신에 대한 관심은 낮고 상대방에 대한 관심은 높은 경우 • '나는 지고, 너는 이기는 방법(I Lose, You Win)' • 상대방이 거친 요구를 해오는 경우에 전형적으로 나타나는 반응
타협형	• 서로가 받아들일 수 있는 결정을 하기 위하여 타협적으로 주고받는 방식(Give and Take) • 갈등 당사자들이 반대의 끝에서 시작하여 중간 정도 지점에서 타협하여 해결점을 찾는 것
통합형	• 협력형(Collaborating)이라고도 함 • 자신은 물론 상대방에 대한 관심이 모두 높은 경우로서 '나도 이기고, 너도 이기는 방법(Win – Win)' • 가장 바람직한 갈등 해결 유형

36 협상의 단계

협상 시작 ⇨ 상호 이해 ⇨ 실질 이해 ⇨ 해결 대안 ⇨ 합의 문서

37 협상 전략의 종류

종류	내용
협력전략 : 문제해결전략 (Cooperative Strategy)	• 협상 참여자들이 협동과 통합으로 문제를 해결하고자 하는 협력적 문제해결전략 • 문제를 해결하는 합의에 이르기 위해서 협상 당사자들이 서로 협력하는 것 • 'I Win, You Win, We Win' 전략 • 협상전술 : 협동적 원인 탐색, 정보수집과 제공, 쟁점의 구체화, 대안 개발, 개발된 대안들에 대한 공동평가, 협동하여 최종안 선택
유화전략 : 양보전략 (Smoothing Strategy)	• 상대방이 제시하는 것을 일방적으로 수용하여 협상의 가능성을 높이려는 전략 • 상대방의 욕구와 주장에 자신의 욕구와 주장을 조정하고 순응시켜 굴복 • 'I Lose, You Win' 전략 • 협상전술 : 유화, 양보, 순응, 수용, 굴복, 요구사항의 철회 등
회피전략 : 무행동전략 (Avoiding Strategy)	• 협상을 피하거나 잠정적으로 중단하거나 철수하는 전략 • 협상의 가치가 낮거나 중단하고자 할 때나 혹은 상대방에게 필요한 양보를 얻어내고자 할 때, 또는 협상 이외의 방법으로 대안이 존재할 경우에 회피전략 사용 • 'I Lose, You Lose, We Lose' 전략 • 협상전술 : 협상을 회피·무시, 상대방의 도전에 대한 무반응, 협상안건을 타인에게 넘겨주기, 협상으로부터 철수 등
강압전략 : 경쟁전략 (Forcing Strategy)	• 상대방의 주장을 무시하고 자신의 힘으로 일방적으로 밀어붙여 상대방에게 자신의 입장을 강요하는 전략 • 상대방에 비해 자신의 힘이 강하거나 서로 인간관계가 나쁘고, 신뢰가 전혀 없는 상황에서 자신의 실질적 결과를 극대화하고자 할 때 강압전략을 사용 • 'I Win, You Lose' 전략 • 협상전술 : 위압적인 입장 천명, 협박과 위협, 협박적 설득, 확고한 입장에 대한 논쟁, 협박적 회유와 설득, 상대방 입장에 대한 강압적 설명 요청

자기개발능력

38 자기관리 단계

1단계	비전 및 목적 정립	• 자신에게 가장 중요한 것 파악 • 가치관, 원칙, 삶의 목적 정립 • 삶의 의미 파악
2단계	과제 발견	• 현재 주어진 역할 및 능력 • 역할에 따른 활동목표 • 우선순위 설정
3단계	일정 수립	• 일간, 주간, 월간 계획 수립
4단계	수행	• 수행과 관련된 요소분석 • 수행방법 찾기
5단계	반성 및 피드백	• 수행결과 분석 • 피드백

39 경력개발 계획 단계

1단계 직무정보 탐색	• 관심 직무에서 요구하는 능력 • 고용이나 승진 전망 • 직무만족도 등
2단계 자신과 환경 이해	• 자신의 능력 · 흥미 · 적성 · 가치관 • 직무 관련 환경의 기회와 장애 요인
3단계 경력목표 설정	• 장기 목표 수립 : 5~7년 • 단기 목표 수립 : 2~3년
4단계 경력개발 전략 수립	• 현재 직무의 성공적 수행 • 역량 강화 • 인적 네트워크 강화
5단계 실행 및 평가	• 실행 • 경력목표 · 전략의 수정

직업윤리

40 직업의 특징

종류	내용
계속성	주기적으로 일을 하거나, 명확한 주기가 없어도 계속 행해지며, 현재 하고 있는 일을 계속할 의지와 가능성이 있어야 함을 의미함
경제성	경제적 거래 관계가 성립되는 활동이어야 함. 따라서 무급 자원봉사나 전업 학생은 직업으로 보지 않으며, 자연 발생적인 이득의 수취나 우연하게 발생하는 경제적 과실에 전적으로 의존하는 활동도 직업으로 보지 않음
윤리성	비윤리적인 영리 행위나 반사회적인 활동을 통한 경제적 이윤추구는 직업 활동으로 인정되지 않음을 의미함
사회성	모든 직업 활동이 사회 공동체적 맥락에서 의미 있는 활동이어야 한다는 것을 말함
자발성	속박된 상태에서의 제반 활동은 경제성이나 계속성의 여부와 상관없이 직업으로 보지 않는다는 것을 말함

41 직업윤리의 5대 기본원칙

종류	내용
객관성의 원칙	업무의 공공성을 바탕으로 공과 사 구분을 명확히 하고, 모든 것을 숨김없이 투명하게 처리하는 원칙을 말함
고객 중심의 원칙	고객에 대한 봉사를 최우선으로 생각하고, 현장 중심·실천 중심으로 일하는 원칙을 말함
전문성의 원칙	자기 업무에 전문가로서의 능력과 의식을 가지고 책임을 다하며, 능력을 연마하는 것을 말함
정직과 신용의 원칙	업무와 관련된 모든 것을 숨김없이 정직하게 수행하고, 본분과 약속을 지켜 신뢰를 유지하는 것을 말함
공정 경쟁의 원칙	법규를 준수하고, 경쟁 원리에 따라 공정하게 행동하는 것을 말함

핵심은 쏙쏙!
실력은 쑥쑥!

핵심이론 암기노트

NCS 직업기초능력평가

18 **K주임이 다음 〈조건〉에 따라 출장을 갈 때, K주임이 C지점에 도착한 시각과 A지점에서 C지점까지 이동할 때의 평균 속력이 바르게 연결된 것은?(단, 평균 속력에는 B지점에서의 업무 시간을 포함하지 않으며, 가속·정차 등 제시된 조건 이외의 사항은 고려하지 않는다)**

조건

- K주임은 A지점에서 정오에 회사 차량을 이용하여 출장을 간다.
- K주임의 이동 경로는 A지점 → B지점 → C지점 순서이다.
- A지점에서 B지점까지 시속 100km로 이동하였다.
- B지점에서 C까지는 시속 80km로 이동하였다.
- A지점에서 C지점까지의 거리는 190km이다.
- A지점에서 B지점까지의 거리는 B지점에서 C지점까지의 거리보다 110km 길다.
- K주임은 B에 도착하여 1시간 업무를 수행하였다.

	도착 시각	평균 속력
①	오후 2시	90km/h
②	오후 2시	92km/h
③	오후 2시	95km/h
④	오후 3시	90km/h
⑤	오후 3시	95km/h

19 다음 중 J공사 직원들이 본회의를 시작할 수 있는 가장 빠른 시각은?

J공사의 직원들은 공사 프로젝트 회의를 1시간 동안 진행하려고 한다. 회의 시작 30분 전에는 반드시 회의실에서 회의 준비를 해야 하며, 본회의 이후 30분 동안 회의록을 작성해야 한다. 회의 준비, 본회의, 회의록 작성은 다음 조건에 따라 연속적으로 이루어져야 한다.

- 회의실은 오전 9시부터 오후 6시 사이에 사용할 수 있다.
- J공사의 점심시간은 12:00 ~ 13:00로 이 시간에는 회의 및 준비, 회의록 작성이 불가능하다.
- 참석자 중 1명은 15:00 ~ 16:00에 외부 미팅이 있어 이 시간에는 회의 및 준비, 회의록 작성이 불가능하다.
- 현재 회의실은 10:00 ~ 10:30, 14:00 ~ 14:30에 이미 예약되어 사용할 수 없다.

① 오전 9시 30분
② 오전 11시
③ 오후 1시
④ 오후 4시
⑤ 오후 4시 30분

20 다음은 J국가자격 필기시험 결과이다. 이를 토대로 할 때 합격한 사람은 모두 몇 명인가?

〈J국가자격 필기시험 결과〉

(단위 : 점)

구분	필기시험				가점
	객관식 1과목	객관식 2과목	논술형	약술형	
A	85	52	61	57	6
B	75	71	67	81	–
C	67	81	72	54	2
D	87	72	57	48	5
E	66	82	58	78	–

※ 한 과목이라도 50점 이하 득점 시 과락 처리
※ 전체 평균 점수에 가점을 합하여 70점 이상 득점 시 합격

① 1명
② 2명
③ 3명
④ 4명
⑤ 5명

Ⅰ 한국전력공사 / 정보능력

21 다음 중 SSD와 비교했을 때 HDD의 특징으로 옳은 것은?

① 무게가 가볍다.

② 전력 소모가 적다.

③ 가격이 저렴하다.

④ 데이터 접근 속도가 빠르다.

⑤ 외부 충격에 대한 내구력이 높다.

Ⅰ 한국전력공사 / 정보능력

22 다음 중 점수(참조 대상)가 90점 이상이면 '합격'을, 그렇지 않으면 '불합격'을 출력하는 엑셀 함수식으로 옳은 것은?

① =IF(참조 대상>90,"합격","불합격")

② =IF(참조 대상>=90,"불합격","합격")

③ =IF(참조 대상>=90,"합격","불합격")

④ =CHOOSE(참조 대상<=90,"불합격","합격")

⑤ =CHOOSE(참조 대상>=90,"합격","불합격")

23 **다음 글의 주제로 가장 적절한 것은?**

> 일생에 한 번쯤 누구나 경험할 수 있는 건강 문제인 허리 통증은 다양한 원인으로 인해 발생한다. 허리 통증은 나이 증가에 따른 허리 근력 약화, 허리에 무리를 주는 취미생활, 임신과 출산을 경험한 여성 등 개인적 요인으로 인해 발생할 수 있지만, 가장 큰 원인은 바로 직업적 요인이다.
> 첫 번째 직업적 요인은 중량물 취급이다. 중량물을 한 번만 들어도 급성 요통이나 추간판탈출증이 발생할 수 있으며, 이러한 작업을 반복하면 허리 통증의 위험이 더욱 높아질 뿐 아니라 척추와 추간판의 퇴행성 변화가 촉진되어 추간판탈출증과 척추협착증의 위험도 증가한다. 특히 10kg 이상의 물건을 들어야 할 때는 허리를 구부려 드는 것이 아니라, 물건을 몸에 밀착시키고 다리의 힘으로 들어 올려야 한다는 점에 유의해야 한다.
> 두 번째 직업적 요인은 허리의 자세이다. 허리를 앞으로 혹은 옆으로 구부리거나 비트는 동작은 허리가 구부러지는 각도가 커질수록 추간판에 가해지는 압력이 증가해 허리 부상의 위험이 높아진다. 특히 구부린 자세로 장시간 작업할 경우 허리 통증과 추간판탈출증이 유발될 수 있다. 실제로 건설 노동자나 조선업 노동자처럼 허리 구부림이 많은 업종에서 타 업종보다 허리 통증 관련 산재 신청률과 승인율이 높은 것으로 알려져 있다.
> 마지막 직업적 요인은 전신 진동이다. 전신 진동은 몸 전체가 상하로 흔들리는 상태로, 주로 버스, 트럭, 건설용 차량 운전자가 경험한다. 이러한 진동은 척추와 추간판에 자극을 가해 퇴행성 변화를 일으키고, 결국 추간판탈출증과 척추협착증의 위험을 높인다. 최근 도로 노면이 개선되고 버스 운전석 의자에 진동 흡수 기능이 도입되면서 위험성이 줄었으나, 트럭이나 건설장비 운전자는 여전히 허리 질환에 노출되어 있다.

① 허리 통증의 직업적 요인
② 허리 질환별 통증 관리 방법
③ 직업에 따라 다르게 유발되는 허리 질환
④ 직업 환경에 따라 다른 허리 통증 관련 산재 신청 빈도

24 다음은 보건의료 빅데이터 심포지엄의 발표 순서이다. 이를 참고할 때, 각 발표자의 자료 준비로 적절하지 않은 것은?

> 〈2024년 보건의료 빅데이터 활용 성과공유 심포지엄〉
>
> **1부 : 빅데이터·AI 기반 건강보험 서비스 혁신**
> 1. 인공지능(AI) 기술을 통해 공단이 어떻게 데이터 기반의 가입자 맞춤형 서비스를 제공하고, 보험자의 역할을 보다 강화할 수 있을지에 대한 비전
>   – ○○대병원 A교수
> 2. 'sLLM(소형 언어 모델)을 활용한 건강보험 내·외부 서비스 향상'을 주제로 인공지능(AI) 기술을 통한 고객 서비스와 업무 효율성 증대 사례
>   – ○○대 B교수
> 3. 공단이 보유한 방대한 건강보험 데이터를 어떻게 인공지능(AI)을 통해 분석하고 활용할 수 있는지에 대한 방안
>   – 공단 C실장(빅데이터연구개발실)
>
> **2부 : 건강보험 빅데이터를 활용한 우수 연구 성과**
> 1. 야간 인공조명이 인간의 건강에 미치는 영향에 대한 분석 결과
>   – ○○대 D교수
> 2. 결핵 빅데이터인 국가결핵통합자료원(K-TB-N Cohort) 구축을 통해 국가 결핵 관리 정책·사업의 효과를 평가, 정책을 수립·보완할 근거를 생산
>   – ○○청 E과장
> 3. 병원 내에서 발생하는 폐렴 데이터의 분석을 통해, 이를 예방하기 위한 실효성 있는 병원 내 감염관리 체계 마련 필요성 제시
>   – 공단 F팀장(빅데이터연구개발실)

① A교수 : 사람과의 직접 대면이 아닌 인공지능 기술로 대체할 수 있는 공단의 서비스에 대한 자료가 필요하겠군.

② B교수 : 인공지능 기술을 활용해 건강보험 서비스를 이용한 고객과 공단 근로자에게 편리성 및 효율성에 대한 설문조사를 진행해야겠군.

③ D교수 : 자연광에만 주로 노출된 사람과 자연광과 더불어 인공조명에 많이 노출된 사람의 건강 상태를 비교할 수 있는 자료가 필요하겠군.

④ F팀장 : 병원 내 병동별 폐렴 발생 현황과 주로 발병하는 연령대에 대한 조사가 필요하겠군.

25 다음 글을 읽고 추론한 내용으로 적절하지 않은 것은?

> 만성질환이란 증상이 극심하지는 않지만 오래 지속되는 질환인 탓에 삶의 질을 저하시키고, 관리를 소홀히 할 경우 합병증의 발생으로 사망까지 이를 수 있어, 운동이나 식이 등 꾸준한 관리가 필요한 질환을 말한다.
> 만성질환에는 당뇨·천식·심장병·허리통증 등이 있으며, 만성질환이라 하더라도 모든 운동이 좋은 것은 아니며, 질환별로 또 환자의 상태에 따라 맞는 운동 방법과 강도는 천차만별이다.
> 당뇨병의 경우 인슐린 분비량이 없거나 또는 적어 인슐린이 혈당을 낮추는 기능을 정상적으로 수행할 수 없는 상태를 말한다. 따라서 혈당 조절에 효과적인 유산소 운동을 통해 인슐린이 더 효율적으로 사용되도록 하여 혈당 수치를 낮출 수 있다. 또한 규칙적인 유산소 운동은 심혈관계를 향상시켜 심장 건강을 개선시킬 수 있다.
> 운동 중 또는 운동 후에 호흡곤란과 반복적이고 발작적인 기침이 나타날 수 있는 천식의 경우 운동 시 각별히 주의하여야 한다. 특히 건조하거나 찬 공기가 있는 환경에서 운동하거나, 갑작스레 격렬한 운동을 할 경우 천식 발작이 일어날 수 있다. 따라서 수영과 같이 건조하지 않고, 심장 박동이나 호흡수가 급격히 증가하지 않는 환경에서 운동하는 것이 도움이 될 수 있다.
> 허리 통증의 경우는 유산소 운동보다는 코어 운동이 도움이 된다. 코어 운동을 통해 척추 주위의 근육이 강화되면서 척추를 지지하는 힘이 늘어나 허리 통증이 감소되는 것이다.

① 당뇨 환자는 달리기나 등산, 수영과 같은 운동을 하는 것이 혈당 개선에 도움이 된다.
② 규칙적인 걷기 운동은 당뇨 환자와 심장병 환자의 질환을 개선시킬 수 있다.
③ 천식 환자는 심장박동 및 호흡수를 증가시키는 달리기나 줄넘기보다는 등산이 좋다.
④ 허리 통증을 가진 환자에게는 허리의 중심 부위를 강화시키는 플랭크나 브릿지와 같은 운동이 좋다.

26 다음 제시된 서론에 이어질 문단을 논리적 순서대로 바르게 나열한 것은?

국민건강보험공단은 담배 소송 제12차 변론에서 직접 손해배상 청구권을 포함해 지금까지의 주요 쟁점에 관련한 전반적 입장을 적극적으로 표명했다.

(가) 또한 흡연과 암 발생의 인과관계를 과학적 근거에 따라 분명히 하기 위해 대상 암종을 소세포암과 편평세포암으로 흡연 기간이 30년 이상이고, 하루 한 갑의 담배를 20년 이상 흡연한 대상자로 구분하였기에 이번 변론에서는 흡연과 암 발생의 인과관계를 의학적으로 또 국민 상식에 부합하도록 인정하여야 한다고 강조했다.

(나) 공단은 담배 회사들이 담배라는 제품에 대한 중독성과 건강 위해성을 인지하고 있음에도 수십 년 동안 이를 소비자에게 정확히 알리지 않고 막대한 이득을 취한 것은 소비자를 기만한 것이자 기업의 사회적 책임을 다하지 않은 중대한 문제임을 지적하며, 특히 담배 회사가 흡연 중독 피해를 개인의 선택으로 치부한 것은 소비자를 두 번 기만한 것이라며 비판했다.

(다) 마지막으로 공단은 이번 변론을 준비하면서 국민들의 보험료가 주요 재원인 건강보험 재정이 담배로 인해 발생되는 질병으로 재산상 손해가 발생한 점에 대해 당연히 담배 회사에 법적으로 책임을 물어야 한다고 주장하며, 이에 대한 국민들의 관심과 지지가 필요하다고 호소했다.

(라) 아울러 공단은 이 주장을 입증하기 위한 뒷받침 자료로 대한폐암학회와 호흡기내과 전문의 의견서, 담배 중독에 대한 한국중독정신의학회와 정신건강의학과 전문의 의견서, 대한금연학회에서 실시한 담배 중독 감정서와 이들 중 일부에 대한 흡연 경험 심층 사례 분석 결과, 공단 내부 연구 결과 등을 추가 증거로 제출하였다.

① (가) – (나) – (라) – (다)　　② (가) – (라) – (나) – (다)

③ (나) – (가) – (라) – (다)　　④ (나) – (라) – (가) – (다)

※ 다음은 K국의 지역별 및 5대 업종별 기업 현황이다. 이어지는 질문에 답하시오. **[27~28]**

〈K국의 조사 지역별 기업 현황〉

(단위 : 개소)

구분	대기업	중소기업	5인 미만	법인			기타	합계
					사단법인	재단법인		
수도권	5,000	10,000	200,000	60,000	50,000	( )	5,000	( )
강원권	500	2,000	10,000	1,000	500	( )	500	( )
충청권	2,000	3,000	30,000	2,500	( )	800	500	( )
호남권	3,000	5,000	30,000	3,000	( )	1,000	1,000	( )
영남권	3,000	5,000	20,000	2,500	1,500	( )	500	( )
전체	13,500	25,000	290,000	69,000	55,700	13,300	7,500	405,000

※ 조사 기업 종류는 대기업, 중소기업, 5인 미만, 법인, 기타만 존재함

※ 조사 지역은 수도권, 강원권, 충청권, 호남권, 영남권으로만 구성함

〈K국의 5대 업종별 기업 현황〉

(단위 : 개소)

구분	대기업	중소기업	5인 미만	법인			기타
					사단법인	재단법인	
IT업	6,000	5,000	30,000	3,000	2,000	1,000	500
건설업	2,000	5,000	70,000	4,000	3,000	1,000	300
운송업	1,000	9,000	100,000	7,000	5,000	2,000	200
마케팅업	1,000	1,000	30,000	7,000	5,000	2,000	500
제조업	1,000	2,000	5,000	8,000	5,000	3,000	500
합계	11,000	22,000	235,000	29,000	20,000	9,000	2,000

| 국민건강보험공단 / 수리능력

27 다음 중 자료에 대한 설명으로 옳지 않은 것은?

① 조사 지역별 법인 기업에서 사단법인이 차지하는 비율이 세 번째로 높은 지역은 영남권이다.
② 5대 업종의 대기업 중 IT업에 속하지 않는 기업의 수는 수도권 지역 기타 기업의 수와 같다.
③ 조사 지역에서 대기업이 20% 증가하고, 중소기업이 10% 감소한다면 전체 기업 수는 증가한다.
④ 조사 지역의 재단법인 중 강원권 재단법인이 차지하는 비율은 조사 지역의 대기업 중 강원권 대기업이 차지하는 비율보다 크다.

| 국민건강보험공단 / 수리능력

28 다음은 자료를 토대로 작성한 보고서이다. 이에 대한 내용으로 옳지 않은 것은?

〈기업 현황 보고서〉

① 조사 지역의 전체 기업 중 5인 미만인 기업은 70% 이상을 차지하고 있으며, 이는 중소기업 수의 10배 이상이다. 특히, 5인 미만인 기업은 수도권에 밀집되어 있는데 ② 조사 지역의 5인 미만 기업 중 수도권이 차지하는 비율 또한 60% 이상이다.
모든 지역에 걸쳐 대기업보단 중소기업이, 중소기업보단 5인 미만 기업의 수가 많았는데, 5인 미만 기업 수 대비 대기업의 수는 영남권이 가장 높았다. 5대 업종만을 분석했을 때 역시 대기업보단 중소기업이, 중소기업보단 5인 미만 기업이 많았으며, 사단법인이 재단법인보다 많았다. ③ 이에 따라 자료의 조사 지역의 전체 기업 중 5대 업종에 해당하지 않는 기업도 앞선 순서와 동일하였다. 또한 ④ 조사 지역의 전체 기업 중 운송업에 해당하는 기업 비율은 5인 미만 기업이 중소기업보다 높았다.

※ 다음은 K국의 연도별 7대 주요 범죄 발생 현황과 교도소별 복역자 현황에 대한 자료이다. 이어지는 질문에 답하시오. [29~30]

〈K국의 연도별 7대 주요 범죄 발생 현황〉

(단위 : 건)

구분	살인	사기	폭행	강도	절도	성범죄	방화
1989년	500	2,000	5,000	4,000	25,000	3,000	500
1990년	600	2,500	7,000	8,000	20,000	2,500	600
1991년	700	3,000	10,000	5,000	23,000	2,000	800
1992년	800	2,000	15,000	8,000	18,000	2,500	700
1993년	900	3,000	10,000	10,000	20,000	3,000	1,000
1994년	1,000	2,000	20,000	10,000	27,000	5,000	900
1995년	1,100	3,500	17,000	9,000	34,000	2,000	1,100

※ 현 시점은 2025년임

〈K국 교도소의 잔여 형량별 복역자 수〉

(단위 : 명)

구분	A교도소	B교도소	C교도소	D교도소	E교도소	F교도소
1년 미만	3,000	4,000	5,000	6,000	7,000	8,000
1년 이상 3년 미만	1,500	1,000	2,000	3,000	2,000	2,500
3년 이상 5년 미만	400	400	500	600	800	1,000
5년 이상 10년 미만	350	250	250	300	400	50
10년 이상 20년 미만	30	35	40	60	55	35
20년 이상	20	15	10	40	45	15
합계	5,300	5,700	7,800	10,000	10,300	11,600

※ K국의 교도소는 A ~ F 6개만 존재함

❙ 국민건강보험공단 / 수리능력

29 다음 중 자료에 대한 설명으로 옳지 않은 것은?

① 살인이 가장 많이 발생한 해에는 절도 역시 가장 많이 발생하였다.

② 모든 교도소에서 잔여 형량이 많을수록 복역자 수는 감소한다.

③ 범죄가 가장 많이 발생한 해는 폭행도 가장 많이 발생하였다.

④ 잔여 형량이 1년 미만인 경우가 가장 많은 교도소는 전체 복역자 수가 가장 많다.

❙ 국민건강보험공단 / 수리능력

30 다음 중 자료를 계산하여 해석한 내용으로 옳지 않은 것은?

① 1990년부터 1995년까지 전년 대비 살인 사건 발생 변화율은 매년 감소한다.

② K국 전체 교도소 복역자 수 중 D교도소 복역자 수의 비율은 20% 이하이다.

③ 1993년부터 1995년까지 7대 주요 발생 범죄 중 절도가 차지하는 비율은 45% 이하이다.

④ 교도소별 잔여 형량이 1년 미만인 복역자 수 대비 3년 이상 5년 미만인 복역자 수의 비율은 F교도소가 가장 높다.

※ 다음은 2025년 2월 10일 기준 국내 월평균 식재료 가격이다. 이어지는 질문에 답하시오. **[31~32]**

〈월평균 식재료 가격(2025.02.10 기준)〉

구분	세부항목	2024년						2025년
		7월	8월	9월	10월	11월	12월	1월
곡류	쌀 (원/kg)	1,992	1,083	1,970	1,895	1,850	1,809	1,805
채소류	양파 (원/kg)	1,385	1,409	1,437	1,476	1,504	1,548	1,759
	배추 (원/포기)	2,967	4,556	7,401	4,793	3,108	3,546	3,634
	무 (원/개)	1,653	1,829	2,761	3,166	2,245	2,474	2,543
수산물	물오징어 (원/마리)	2,286	2,207	2,267	2,375	2,678	2,784	2,796
	건멸치 (원/kg)	23,760	23,760	24,100	24,140	24,870	25,320	25,200
축산물	계란 (원/30개)	5,272	5,332	5,590	5,581	5,545	6,621	9,096
	닭 (원/kg)	5,436	5,337	5,582	5,716	5,579	5,266	5,062
	돼지 (원/kg)	16,200	15,485	15,695	15,260	15,105	15,090	15,025
	소_국산 (원/kg)	52,004	52,220	52,608	52,396	51,918	51,632	51,668
	소_미국산 (원/kg)	21,828	22,500	23,216	21,726	23,747	22,697	21,432
	소_호주산 (원/kg)	23,760	23,777	24,122	23,570	23,047	23,815	24,227

※ 주요 식재료 소매가격(물오징어는 냉동과 생물의 평균 가격, 계란은 특란의 평균 가격, 돼지는 국내 냉장과 수입 냉동의 평균 가격, 국산 소고기는 갈비, 등심, 불고기의 평균 가격, 미국산 소고기는 갈비, 갈빗살, 불고기의 평균 가격, 호주산 소고기는 갈비, 등심, 불고기의 평균 가격임)

※ 표시 가격은 주요 재료의 월평균 가격이며, 조사 주기는 일별로 조사함

31 다음 중 자료를 이해한 내용으로 옳지 않은 것은?

① 2024년 8월 대비 9월 쌀 가격의 증가율은 2024년 11월 대비 12월 무 가격의 증가율보다 크다.
② 소의 가격은 국산, 미국산, 호주산 모두 2024년 7월부터 9월까지 증가하다가 10월에 감소한다.
③ 계란 가격은 2024년 7월부터 2025년 1월까지 꾸준히 증가하고 있다.
④ 쌀 가격은 2024년 8월에 감소했다가 9월에 증가한 후 그 후로 계속 감소하고 있다.

| 국민건강보험공단 / 문제해결능력

32 K식품회사에 재직 중인 A사원은 국내 농수산물의 동향과 관련한 보고서를 쓰기 위해 자료를 토대로 2024년 12월 대비 2025년 1월 식재료별 가격의 증감률을 구하고 있으며, 다음은 A사원이 작성한 보고서의 일부이다. 다음 중 증감률이 가장 큰 재료는?(단, 소수점 셋째 자리에서 버림한다)

〈국내 농수산물 가격 동향에 따른 보고서〉

식품개발팀 A사원

저희 개발팀에서 올해 기획하고 있는 신제품 출시를 위하여 국내 농수산물 가격 동향을 조사하였습니다. 하단에 월평균 식재료 증감률을 첨부하였으니 신제품 개발 일정을 수립하는 데 참고하시면 될 것 같습니다. 자세한 사항은 식품개발팀 B과장님께 문의하십시오.

〈월평균 식재료 증감률(2025.02.10 기준)〉

구분	세부항목	2024년 12월	2025년 1월	증감률(%)
곡류	쌀(원/kg)	1,809	1,805	
채소류	양파(원/kg)	1,548	1,759	
	무(원/개)	2,474	2,543	
수산물	건멸치(원/kg)	25,320	25,200	
… 생략 …				

① 쌀
② 양파
③ 무
④ 건멸치

33 다음은 K사의 신입사원 선발 조건이다. 〈보기〉의 지원자 중 최고득점자와 최저득점자를 바르게 연결한 것은?

〈K사 신입사원 선발 조건〉

• 다음과 같은 항목에 따른 점수를 합산하여 최종점수(100점 만점)을 산정하여 점수가 가장 높은 지원자 2명을 신입사원으로 선발한다.

– 학위점수(30점 만점)

학위	학사	석사	박사
점수(점)	18	25	30

– 어학능력점수(20점 만점)

어학시험점수 (300점 만점)	0점 이상 50점 미만	50점 이상 150점 미만	150점 이상 220점 미만	220점 이상
점수(점)	8	14	17	20

– 면접점수(30점 만점)

면접	미흡	보통	우수
점수(점)	18	24	30

– 실무경험점수(20점 만점)

총 인턴근무 기간	4개월 미만	4개월 이상 8개월 미만	8개월 이상 12개월 미만	12개월 이상
점수(점)	12	16	18	20

보기

구분	학위	어학시험점수	면접	총 인턴근무 기간
A	학사	228	우수	8개월
B	석사	204	보통	11개월
C	학사	198	보통	9개월
D	박사	124	미흡	3개월

	최고득점자	최저득점자
①	A	B
②	A	D
③	B	C
④	C	D

34 다음 글과 가장 관련 있는 한자성어는?

> A씨는 대학 졸업 후 창업에 도전하기로 결심했다. 그는 자신의 아이디어에 확신을 가지고 작은 카페를 열었지만, 예상치 못한 문제들이 끊임없이 발생했다. 위치 선정이 잘못되었고, 경쟁이 치열했으며, 운영 경험 부족으로 인해 손님을 끌어들이지 못했다. 결국 1년 만에 카페는 문을 닫아야 했고, A씨는 큰 빚과 좌절감 속에서 실패를 받아들여야 했다.
> 하지만 A씨는 실패를 통해 얻은 교훈을 놓치지 않았다. 그는 자신이 부족했던 점들을 분석하며 경영과 마케팅에 대해 더 깊이 공부하기 시작했다. 또한 카페를 운영하며 쌓은 고객 관리 경험과 식음료 산업에 대한 이해를 바탕으로 새로운 방향을 모색했다. 그러던 중, 그는 소규모 카페 운영자들이 겪는 어려움 해소를 돕기 위해 전문 컨설팅 서비스를 제공하는 사업 아이디어를 떠올렸다.
> A씨는 이전의 실패를 발판 삼아 철저히 준비한 끝에 컨설팅 회사를 설립했다. 그의 서비스는 소규모 카페 운영자들에게 실질적인 도움을 제공하며 빠르게 입소문을 탔고, 사업은 성공적으로 성장했다.

① 전화위복(轉禍爲福)
② 사필귀정(事必歸正)
③ 일취월장(日就月將)
④ 우공이산(愚公移山)

35 다음 중 밑줄 친 단어의 의미가 다른 것은?

① 인간은 네 번째 <u>차원</u>인 시간을 인식하며 살아간다.
② 그의 능력은 취미의 <u>차원</u>을 넘어 예술의 경지로 나아갔다.
③ 과도한 사탕발림이 예의의 <u>차원</u>을 넘어 불편하게 다가왔다.
④ 독창적인 아이디어가 한 <u>차원</u> 높은 수준의 품질을 이끌어 내었다.

36 다음 글에 대한 설명으로 적절하지 않은 것은?

> 큐비트(Qubit)는 양자 컴퓨터에서 정보를 저장하고 처리하는 기본 단위다. 기존의 컴퓨터가 정보를 0과 1로 이루어진 비트(Bit)로 표현하는 것과 달리, 큐비트는 양자역학의 특성을 활용해 더 복잡하고 강력한 방식으로 정보를 다룬다.
>
> 큐비트는 0과 1의 상태를 동시에 가질 수 있는 양자 중첩 특성을 가지고 있다. 양자 중첩이란 빛이 입자와 파동 2가지 상태를 가진 것과 마찬가지로 미시적 세계에서 여러 양자 상태가 동시에 존재할 수 있는 현상을 뜻하며, 측정하기 전까지는 양자 상태를 정확히 파악할 수 없고 관측과 동시에 상태가 결정되는 것을 의미한다. 이처럼 큐비트 또한 측정하기 전까지 0과 1의 상태를 동시에 가진 중첩 상태가 유지되며 측정 시에는 0 또는 1 중 하나의 값으로 확정된다. 이를 통해 큐비트는 병렬 계산을 가능하게 만들어 복잡한 문제를 빠르게 해결할 수 있다.
>
> 또한 두 개 이상의 큐비트가 양자 얽힘 상태에 있으면, 한 큐비트의 상태가 다른 큐비트의 상태와 즉각적으로 연결된다. 이에 따라 한 큐비트가 측정되면 얽혀 있는 다른 큐비트의 상태 또한 자동으로 결정되므로 큐비트 간의 빠른 정보 전달과 협력 계산을 가능하게 한다.
>
> 양자 컴퓨터에 사용되는 큐비트는 다양한 방식으로 개발되고 있으며 대표적인 방식은 초전도 회로, 이온 트랩, 광자, 스핀 등이 있다. 초전도 회로는 전기적 초전도체를 활용해 양자 상태를 생성하고, 이온 트랩은 전기장으로 이온을 가두고 조작한다. 광자는 빛 입자를 이용한 정보 저장 및 전송에 사용되며, 스핀은 전자의 스핀 상태를 활용한다.
>
> 큐비트는 기존 컴퓨터보다 훨씬 더 많은 정보를 처리할 수 있다. 예를 들어, 20개의 큐비트를 활용하면 2^{20}, 즉 약 100만 개의 상태를 동시에 표현할 수 있다. 이는 암호 해독이나 복잡한 시뮬레이션 같은 문제에서 기존 컴퓨터보다 월등히 빠른 성능을 발휘한다. 하지만 현재 기술로는 큐비트를 안정적으로 유지하고 제어하는 데 한계가 있다. 환경적 요인으로 인해 양자 상태가 쉽게 붕괴되기 때문에 이를 극복하기 위한 연구가 활발히 진행 중이다.
>
> 큐비트는 양자역학의 원리를 기반으로 기존 컴퓨터와는 완전히 다른 방식으로 정보를 처리한다. 중첩과 얽힘 같은 특성 덕분에 복잡한 계산 문제를 해결하는 데 강력한 도구가 될 수 있지만, 기술적 도전 과제도 많다. 앞으로 양자 컴퓨팅 기술이 발전하면 큐비트를 활용한 혁신적인 응용이 더욱 확대될 것으로 기대된다.

① 큐비트의 값은 측정과 동시에 정해진다.
② 큐비트는 정보를 0와 1의 2진수로 나타내는 것이다.
③ 큐비트는 측정하기 전까지는 양자 중첩 상태로 존재한다.
④ 4개의 큐비트를 활용하면 16번의 상태를 동시에 표현할 수 있다.

37 다음 글에 대한 설명으로 가장 적절한 것은?

소형 모듈 원전(SMR; Small Modular Reactor)은 기존 대형 원자로와는 다른 설계와 운영 방식을 가진 차세대 원자력 발전 기술이다. SMR은 전기 출력이 300MWe 이하로 소형화된 원자로를 의미하며, 크기가 작고 유연한 설계 덕분에 다양한 환경에서 활용 가능하다. 주요 특징 중 하나는 모듈화된 설계로, 주요 기기를 모듈화하여 공장에서 제작한 뒤 현장으로 운송해 조립한다. 이로 인해 건설 기간이 단축되고 초기 투자 비용을 줄일 수 있다.

SMR은 기존 원전에 비해 안정성 또한 높다. 자연 순환 냉각 방식을 채택해 전력 공급 없이도 중력과 밀도차, 자연 대류를 활용해 원자로를 냉각할 수 있다. 이는 사고 발생 시 노심 용융 가능성을 낮추며, 방사성 물질의 저장 및 관리 측면에서도 유리하다. 또한 다양한 입지 조건에서 설치가 가능하여 전력망이 없는 지역이나 해상에서도 활용할 수 있다. 이는 탄소 배출이 적은 에너지원으로서 기후 변화 대응에도 기여할 수 있다.

SMR의 경제성도 강점이다. 공장에서 미리 제작된 모듈을 현장에서 조립하는 방식은 전통적인 대형 원전보다 건설 비용과 기간을 줄인다. 그러나 단위 출력당 건설 비용이 높아질 수 있어 대량 생산과 표준화를 통해 비용을 절감해야 한다. 기술적 검증도 중요한 과제로, 안전성과 경제성을 동시에 만족시켜야 한다. 기후 변화에 따른 환경적 취약성도 고려해야 하며, 이를 극복하기 위해 각국 정부와 민간 기업들은 협력하여 연구 개발에 투자하고 있다.

SMR은 탄소 중립 시대를 맞아 중요한 에너지원으로 주목받고 있으며, 다양한 분야에서 활용 가능성이 높다. 한국을 포함한 여러 국가가 SMR 개발에 적극적으로 나서고 있으며, 이를 통해 글로벌 에너지 시장에서 새로운 패러다임을 제시할 것으로 보인다. SMR은 단순히 기존 원전을 대체하는 것을 넘어 안전하고 지속 가능한 에너지 시스템 구축에 기여할 핵심 기술로 자리 잡아가고 있다.

① SMR은 방사성 폐기물이 발생하지 않는다.
② SMR은 기존의 원전보다 다양한 환경에서 건설이 가능하다.
③ SMR은 원전 부지에서 모듈을 생산하여 조립하는 방식으로 건설된다.
④ 선진국에서는 기존 원전 대부분이 SMR로 전환되어 탄소 중립을 실천하고 있다.

38 다음은 J공사의 컴퓨터 비밀번호 규칙에 대한 글이다. 〈보기〉 중 J공사 비밀번호 규칙에 맞지 않는 것은 모두 몇 개인가?

> J공사의 직원들은 업무를 시작하기 위해 컴퓨터에 직원별 비밀번호를 입력해야 한다. 직원들의 비밀번호는 9자리의 숫자와 문자로 구성되어 있다. 첫 번째 자리는 직원 종류별 코드로 정직원은 1, 계약직은 2, 파견직은 3이 부여된다. 두 번째 자리부터는 직원별 입사일이 YYMMDD 방식으로 부여된다. 이후 데이터의 진위 여부를 확인하기 위해 체크데이터로 앞의 숫자를 모두 더한 뒤, 2를 뺀 값에 해당하는 알파벳이 대문자로 부여된다. 마지막으로 비밀번호 식별의 용이성을 위해 첫 번째 자리의 숫자와 동일한 숫자가 부여된다.

보기

- 3011210F3
- 2981111U2
- 3051231M3
- 1241215N2
- 4200817T4
- 1942131S1
- 1840624W1
- 1211014H1
- 2210830P2
- 2191229Z2

① 2개 ② 3개
③ 4개 ④ 5개

39 다음 사례에서 나타나는 논리적 오류로 가장 적절한 것은?

> A씨는 오랜만에 고향 친구를 만났다. 약속 장소에서 A씨는 고향 친구가 말끔한 정장을 입고 나온 것을 보고, 그가 부자일 확률보다 부자이면서 좋은 차를 끌고 다닐 확률이 높다고 생각하였다.

① 결합의 오류
② 무지의 오류
③ 연역법의 오류
④ 과대해석의 오류

※ 다음은 J기업의 본사와 부속 공장 간의 도로에 대한 자료이다. 이어지는 질문에 답하시오. **[40~41]**

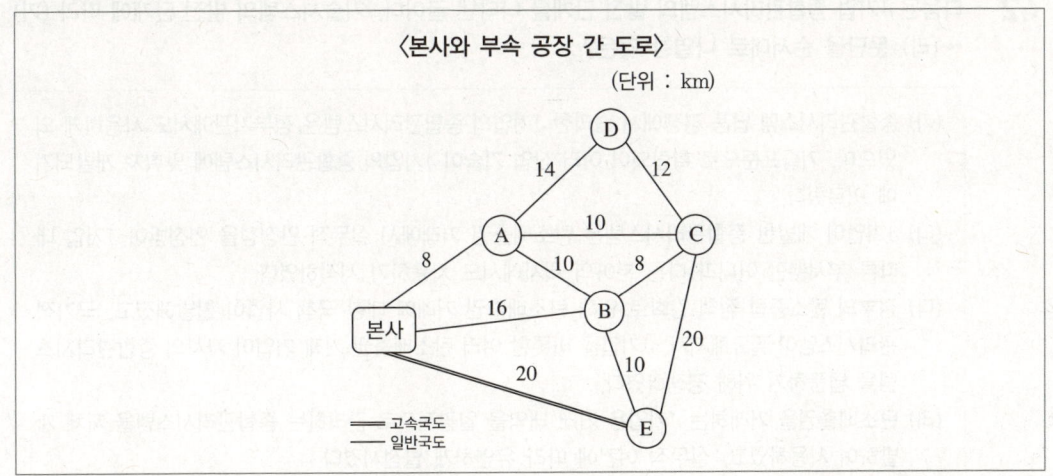

〈본사와 부속 공장 간 도로〉

(단위 : km)

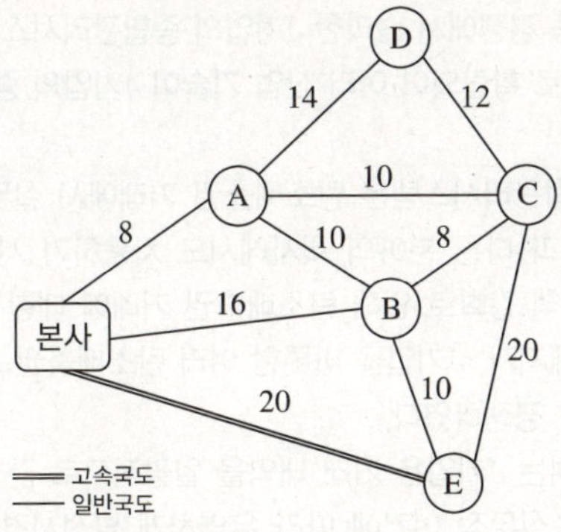

| 한국중부발전 / 자원관리능력

40 S대리는 본사에서 출발하여 모든 부속 공장을 방문한 뒤, 본사로 복귀하려고 한다. S대리가 일반국도만을 이용한다면, 최단거리는 몇 km인가?(단, 한 번 방문한 공장은 다시 방문하지 않는다)

① 72km
② 76km
③ 80km
④ 84km

| 한국중부발전 / 자원관리능력

41 S대리는 회사로부터 교통비를 지원받아 고속국도를 이용할 수 있게 되었다. S대리가 고속국도를 이용하여 모든 부속 공장을 방문한 뒤, 본사로 복귀할 때의 최단거리는 고속국도를 이용하지 않을 때의 최단거리와 몇 km 차이가 나는가?(단, 한 번 방문한 공장은 다시 방문하지 않는다)

① 6km
② 8km
③ 10km
④ 12km

| 한국중부발전 / 기술능력

42 **다음은 J기업 종합관리시스템의 발전 단계를 나타낸 글이다. 기술시스템의 발전 단계에 따라 (가)~(라) 문단을 순서대로 나열한 것은?**

> (가) 종합관리시스템 납품 경쟁에서 승리한 J기업의 종합관리시스템은 정부기관에서도 사용하게 되었으며, 기술표준으로 확립되어 여러 산업 기술이 J기업의 종합관리시스템에 맞춰져 개발되기에 이르렀다.
> (나) J기업이 개발한 종합관리시스템은 탄소배출권 거래에서 실무적 안정성을 인정받아 J기업 내 다른 부서뿐만 아니라 다른 분야의 회사에서도 차용하기 시작하였다.
> (다) 정부의 탄소중립 정책 강화로 인해 탄소배출권 거래에 대한 국책 사업이 활발해졌고, 국가적 관리시스템이 필요해지자, J기업을 비롯한 여러 탄소배출권 거래 기업이 자사의 종합관리시스템을 납품하기 위해 경쟁하였다.
> (라) 탄소배출권을 거래하는 J기업은 거래 내역을 일괄적으로 관리하는 종합관리시스템을 자체 개발하여 사용하였고, 실무적 여건에 따라 유연하게 발전시켰다.

① (다) - (가) - (나) - (라)
② (다) - (라) - (나) - (가)
③ (라) - (나) - (다) - (가)
④ (라) - (다) - (나) - (가)

| 한국중부발전 / 정보능력

43 **다음은 A주임의 상사가 평소 엑셀을 능숙하게 다루는 A주임에게 요청한 내용이다. A주임이 상사의 요청을 수행하면서 사용한 엑셀 단축키가 아닌 것은?**

> A주임, 지금 회사 거래 내역이 담긴 엑셀 파일을 수정해야 하는데, 제 컴퓨터의 마우스가 고장이 나서 단축키로만 작업을 해야 합니다. A주임이 엑셀을 능숙하게 쓴다고 들어서 도와주셨으면 합니다. [F12] 셀에서 왼쪽에 있는 값을 모두 선택하여 차트를 만들고, [F13] 셀에는 오늘 날짜를 입력해 주세요.

① 〈Ctrl〉+〈1〉
② 〈Ctrl〉+〈;〉
③ 〈Alt〉+〈F1〉
④ 〈Shift〉+〈Home〉

| K-water 한국수자원공사 / 의사소통능력

44 다음 중 단어의 뜻이 나머지와 다른 것은?

① 호도(糊塗) ② 맹아(萌芽)
③ 무마(撫摩) ④ 은폐(隱蔽)

| K-water 한국수자원공사 / 의사소통능력

45 다음 중 밑줄 친 어휘가 나머지와 다른 의미로 사용된 것은?

① 건조한 환경으로 인해 쉽게 <u>불이 붙었다</u>.
② 새로운 소재로 <u>불이 붙는</u> 것을 방지하였다.
③ 토론은 양측이 첨예하게 대립해 <u>불이 붙었다</u>.
④ 들판에 <u>불이 붙자</u> 건잡을 수 없이 퍼져 나갔다.

| K-water 한국수자원공사 / 수리능력

46 K고등학교의 운동장은 윗변이 20m, 밑변이 50m, 높이가 20m인 등변 사다리꼴 형태이다. 운동장의 가장자리에 2m마다 의자를 놓고 학생을 앉힐 때, 의자에 앉을 수 있는 학생의 수로 옳은 것은?

① 59명 ② 60명
③ 61명 ④ 62명

47 다음 중 제시된 자료를 그래프로 바르게 변환한 것은?

〈K-water 한강유역 대수력 발전소 연간 발전량〉

(단위 : GWh)

구분	2019년	2020년	2021년	2022년	2023년	2024년
소양강댐	347	551	314	600	430	490
충주댐	484	769	574	680	706	759

①
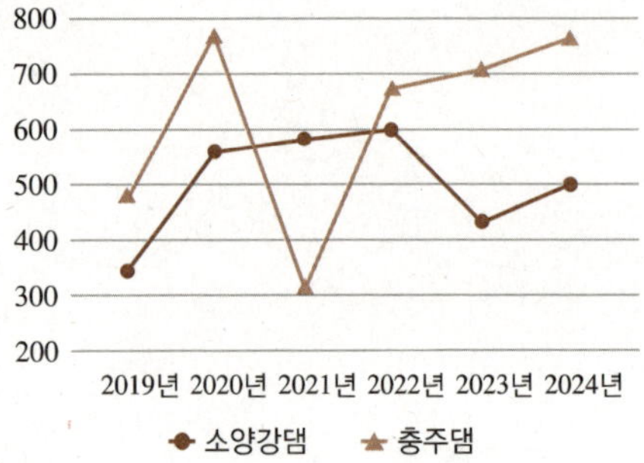

②
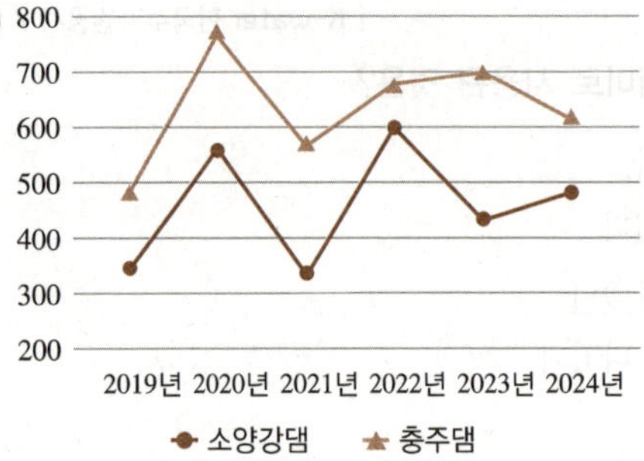

③
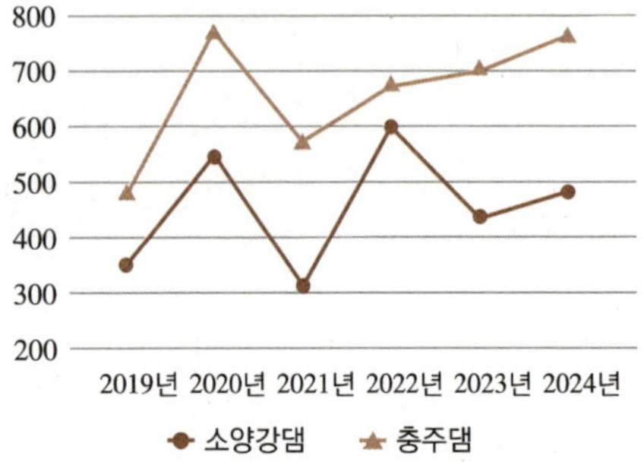

④
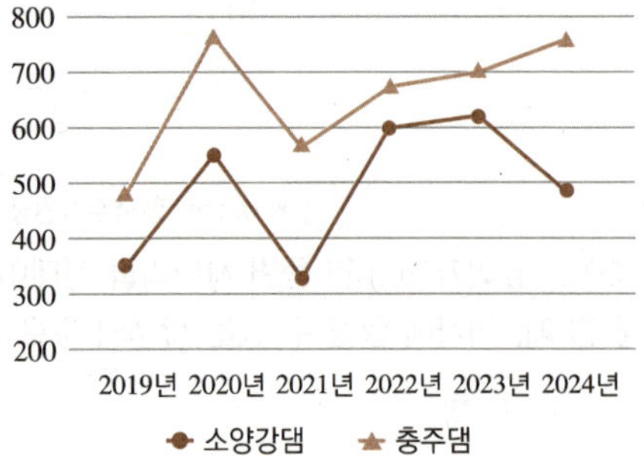

| K-water 한국수자원공사 / 자원관리능력

48 다음 중 효과적인 시간관리를 통하여 빠르고 효율적인 생산으로 작업 소요 시간을 단축시켰을 때, 기업의 입장에서 나타나는 효과로 옳지 않은 것은?

① 가격 인상
② 위험 감소
③ 정확한 예산 분배
④ 시장 점유율 증가

| K-water 한국수자원공사 / 자원관리능력

49 다음 중 효율적이고 합리적인 인사관리 원칙 중 해당 직무 수행에 가장 적합한 인재를 배치해야 한다는 원칙으로 옳은 것은?

① 단결의 원칙
② 공정 인사의 원칙
③ 종업원 안정의 원칙
④ 적재적소 배치의 원칙

| K-water 한국수자원공사 / 자원관리능력

50 다음 사례에서 나타나는 물적자원관리의 원칙으로 옳은 것은?

> 편의점 점장인 A씨는 상품의 판매량과 입고량을 파악하여 많이 팔리고, 많이 들어오는 상품은 출입구에 가깝게 위치시켰으며, 적게 팔려서 주문할 양이 적은 상품은 매장 안쪽에 배치하여 상품의 입·출하가 원활하게 이루어지도록 하였다.

① 동일성의 원칙
② 유사성의 원칙
③ 회전대응의 원칙
④ 기호화의 원칙

시대에듀

MEMO

PART 1

직업기초능력평가

CHAPTER 01
의사소통능력

합격 CHEAT KEY

의사소통능력은 평가하지 않는 공사 · 공단이 없을 만큼 필기시험에서 중요도가 높은 영역으로, 세부 유형은 문서 이해, 문서 작성, 의사 표현, 경청, 기초 외국어로 나눌 수 있다. 문서 이해 · 문서 작성과 같은 지문에 대한 주제 찾기, 내용 일치 문제의 출제 비중이 높으며, 문서의 특성을 파악하는 문제도 출제되고 있다.

01 문제에서 요구하는 바를 먼저 파악하라!

의사소통능력에서 가장 중요한 것은 제한된 시간 안에 빠르고 정확하게 답을 찾아내는 것이다. 의사소통능력에서는 지문이 아니라 문제가 주인공이므로 지문을 보기 전에 문제를 먼저 파악해야 하며, 문제에 따라 전략적으로 빠르게 풀어내는 연습을 해야 한다.

02 잠재되어 있는 언어 능력을 발휘하라!

세상에 글은 많고 우리가 학습할 수 있는 시간은 한정적이다. 이를 극복할 수 있는 방법은 다양한 글을 접하는 것이다. 실제 시험장에서 어떤 내용의 지문이 나올지 아무도 예측할 수 없으므로 평소에 신문, 소설, 보고서 등 여러 글을 접하는 것이 필요하다.

03 상황을 가정하라!

업무 수행에 있어 상황에 따른 언어 표현은 중요하다. 같은 말이라도 상황에 따라 다르게 해석될 수 있기 때문이다. 그런 의미에서 자신의 의견을 효과적으로 전달할 수 있는 능력을 평가하는 것이다. 업무를 수행하면서 발생할 수 있는 여러 상황을 가정하고 그에 따른 올바른 언어표현을 정리하는 것이 필요하다.

04 말하는 이의 입장에서 생각하라!

잘 듣는 것 또한 하나의 능력이다. 상대방의 이야기에 귀 기울이고 공감하는 태도는 업무를 수행하는 관계 속에서 필요한 요소이다. 그런 의미에서 다양한 상황에서 듣는 능력을 평가하는 것이다. 말하는 이가 요구하는 듣는 이의 태도를 파악하고, 이에 따른 판단을 할 수 있도록 언제나 말하는 사람의 입장이 되는 연습이 필요하다.

SECTION 01

모듈이론

01 의사소통능력의 의의

(1) 의사소통이란?

① 의사소통의 정의

두 사람 또는 그 이상의 사람들 사이에서 일어나는 의사의 전달과 상호교류를 의미하며, 어떤 개인 또는 집단이 개인 또는 집단에 대해서 정보, 감정, 사상, 의견 등을 전달하고 그것들을 받아들이는 과정을 말한다.

② 성공적인 의사소통의 조건

내가 가진 정보를 상대방이 이해하기 쉽게 표현

\+

상대방이 어떻게 받아들일 것인가에 대한 고려

||

의사소통의 정확한 목적을 알고, 의견을 나누는 자세

(2) 의사소통능력의 종류

① 문서적인 의사소통능력

문서이해능력	문서로 작성된 글이나 그림을 읽고 내용을 이해, 요점을 판단하는 능력
문서작성능력	목적과 상황에 적합하도록 정보를 전달할 수 있는 문서를 작성하는 능력

② 언어적인 의사소통능력

경청능력	상대방의 이야기를 듣고, 의미를 파악하며, 이에 적절히 반응하는 능력
의사표현능력	자신의 의사를 목적과 상황에 맞게 설득력을 가지고 표현하는 능력

③ 특징

구분	문서적인 의사소통능력	언어적인 의사소통능력
장점	권위감, 정확성, 전달성, 보존성이 높음	유동성이 높음
단점	의미의 곡해	정확성이 낮음

④ 일상에서의 의사소통

- 고객사에서 보내온 수취 확인서 : 문서적인 의사소통
- 수취확인 문의전화 : 언어적인 의사소통
- 업무지시 메모 : 문서적인 의사소통
- 영문 운송장 작성 : 문서적인 의사소통
- 주간 업무보고서 작성 : 문서적인 의사소통

(3) 의사소통의 저해요인과 의사소통의 유형

① 의사소통의 저해요인

㉠ 의사소통 기법의 미숙, 표현 능력의 부족, 이해 능력의 부족
'일방적으로 말하고', '일방적으로 듣는' 무책임한 태도

㉡ 판단적인 태도, 잠재적 의도
'전달했는데', '아는 줄 알았는데'라고 착각하는 태도

㉢ 과거의 경험, 선입견과 고정관념
'말하지 않아도 아는 문화'에 안주하는 태도

㉣ 기타 요인
정보의 과다, 메시지의 복잡성, 메시지의 경쟁, 상이한 직위와 과업지향성, 신뢰의 부족, 의사소통을 위한 구조상의 권한, 잘못된 의사소통 매체의 선택, 폐쇄적인 의사소통 분위기 등

② 키슬러의 대인관계 의사소통 유형

유형	특징	제안
지배형	자신감이 있고 지도력이 있으나, 논쟁적이고 독단이 강하여 대인 갈등을 겪을 수 있음	타인의 의견을 경청하고 수용하는 자세가 필요
실리형	이해관계에 예민하고 성취지향적으로 경쟁적이며 자기중심적임	타인의 입장을 배려하고 관심을 갖는 자세가 필요
냉담형	이성적인 의지력이 강하고 타인의 감정에 무관심하며 피상적인 대인관계를 유지함	타인의 감정상태에 관심을 가지고 긍정적 감정을 표현하는 것이 필요
고립형	혼자 있는 것을 선호하고 사회적 상황을 회피하며 지나치게 자신의 감정을 억제함	대인관계의 중요성을 인식하고 타인에 대한 비현실적인 두려움의 근원을 성찰하는 것이 필요
복종형	수동적이고 의존적이며 자신감이 없음	적극적인 자기표현과 주장이 필요
순박형	단순하고 솔직하며 자기주관이 부족함	자기주장을 적극적으로 표현하는 것이 필요
친화형	따뜻하고 인정이 많고 자기희생적이며 타인의 요구를 거절하지 못함	타인과의 정서적인 거리를 유지하는 노력이 필요
사교형	외향적이고 인정하는 욕구가 강하며 타인에 대한 관심이 많고 쉽게 흥분함	심리적인 안정을 취하고 지나친 인정욕구에 대한 성찰이 필요

(4) 의사소통능력의 개발방법과 의사소통전략

① 의사소통능력의 개발

㉠ 사후검토와 피드백의 활용

직접 말로 물어보거나 얼굴표정, 기타 표시 등을 통해 정확한 반응을 살핀다.

㉡ 언어의 단순화

명확하고 쉽게 이해 가능한 단어를 선택하여 이해도를 높인다.

㉢ 적극적인 경청

감정을 이입하여 능동적으로 집중하며 경청한다.

㉣ 감정의 억제

감정에 치우쳐 메시지를 곡해하지 않도록 침착하게 의사소통한다.

② 입장에 따른 의사소통전략

화자의 입장	• 의사소통에 앞서 생각을 명확히 할 것 • 문서를 작성할 때는 주된 생각을 앞에 쓸 것 • 평범한 단어를 쓸 것 • 편견 없는 언어를 사용할 것 • 사실 밑에 깔린 감정을 의사소통할 것 • 어조·표정 등 비언어적인 행동이 미치는 결과를 이해할 것 • 행동을 하면서 말로 표현할 것 • 피드백을 받을 것
청자의 입장	• 세세한 어휘를 모두 들으려고 노력하기보다는 요점 파악에 집중할 것 • 말하고 있는 바에 관한 생각과 사전 정보를 동원하여 말하는 바에 몰입할 것 • 모든 이야기를 듣기 전에 결론에 이르지 말고 전체 생각을 청취할 것 • 말하는 사람의 관점에서 진술을 반복하여 피드백할 것 • 들은 내용을 요약할 것

OX 문제

01 의사소통은 내가 상대방에게 메시지를 전달하는 과정이다. [ ]

02 전문용어는 그 언어를 사용하는 집단 구성원들 사이에서 사용될 때에나 조직 밖에서 사용할 때나 동일하게 이해를 촉진시킨다. [ ]

03 '의사소통 과정에서의 상호작용 부족', '분명하지 않은 메시지', '말하지 않아도 아는 문화에 안주하는 마음' 등은 의사소통의 저해요인에 해당한다. [ ]

01 [×] 의사소통은 내가 상대방에게 메시지를 전달하는 과정이 아니라, 상대방과의 상호작용을 통해 메시지를 다루는 과정이다.

02 [×] 전문용어의 사용은 그 언어를 사용하는 집단 구성원들 사이에서 사용될 때에는 이해를 촉진시키지만, 조직 밖의 사람들에게 즉, 고객 등의 사람들에게 사용했을 때에는 의외의 문제를 야기할 수 있기 때문에 의사소통을 할 때에는 단어 선택에 반드시 주의를 기울여야 한다.

03 [O]

02 문서이해능력

(1) 문서이해능력의 의의와 문서이해의 절차

① 문서이해능력의 의의

㉠ 문서이해능력이란?

직업현장에서 자신의 업무와 관련된 인쇄물이나 기호화된 정보 등 필요한 문서를 확인하여 문서를 읽고, 내용을 이해하고 요점을 파악하는 능력을 말한다.

㉡ 문서이해의 필요성

문서를 제대로 이해하지 못한다면 자신에게 주어진 업무가 무엇인지, 자신에게 요구된 행동이 무엇인지 파악하기 어렵다. 따라서 이를 이해하기 위해서는 문서이해능력이 필수적이다.

㉢ 문서이해의 중요성

- 같은 업무를 추진하더라도 요점을 파악하고 정리하는지의 여부가 업무 성과의 차이를 가져온다.
- 자신의 업무를 추진하는 데 있어서 문서이해를 통해 정보를 획득하고, 수집·종합하는 것이 중요하다.

② 문서이해의 절차

문서의 목적을 이해하기

↓

이러한 문서가 작성되게 된 배경과 주제를 파악하기

↓

문서에 쓰여진 정보를 밝혀내고, 문서가 제시하고 있는 현안문제를 파악하기

↓

문서를 통해 상대방의 욕구와 의도 및 내게 요구되는 행동에 관한 내용을 분석하기

↓

문서에서 이해한 목적 달성을 위해 취해야 할 행동을 생각하고 결정하기

↓

상대방의 의도를 도표나 그림 등으로 메모하여 요약·정리해 보기

(2) 문서의 종류

① 공문서

- 행정기관에서 공무를 집행하기 위해 작성하는 문서
- 정부기관이 일반회사나 단체로부터 접수하는 문서 및 일반회사에서 정부기관을 상대로 사업을 진행할 때 작성하는 문서 포함
- 엄격한 규격과 양식에 따라 정당한 권리를 가진 사람이 작성
- 최종 결재권자의 결재가 있어야 문서로서의 기능이 성립

② 보고서

특정 업무에 대한 현황이나 진행 상황 또는 연구·검토 결과 등을 보고할 때 작성하는 문서이다.

종류	내용
영업보고서	영업상황을 문장 형식으로 기재해 보고하는 문서
결산보고서	진행됐던 사안의 수입과 지출결과를 보고하는 문서
일일업무보고서	매일의 업무를 보고하는 문서
주간업무보고서	한 주간에 진행된 업무를 보고하는 문서
출장보고서	출장 후 외부 업무나 그 결과를 보고하는 문서
회의보고서	회의 결과를 정리해 보고하는 문서

③ 설명서

상품의 특성이나 사물의 성질과 가치, 작동 방법이나 과정을 소비자에게 설명하는 것을 목적으로 작성한 문서이다.

종류	내용
상품소개서	• 일반인들이 내용을 쉽게 이해하도록 하는 문서 • 소비자에게 상품의 특징을 잘 전달해 상품을 구입하도록 유도
제품설명서	• 제품의 특징·활용도를 세부적으로 언급하는 문서 • 제품의 사용법에 대해 알려주는 것이 주목적

④ 비즈니스 메모

업무상 필요한 중요한 일이나 앞으로 체크해야 할 일이 있을 때 필요한 내용을 메모 형식으로 작성하여 전달하는 글이다.

종류	내용
전화 메모	• 업무적인 내용부터 개인적인 전화의 전달사항들을 간단히 작성하여 당사자에게 전달하는 메모 • 스마트폰의 발달로 현저히 줄어듦
회의 메모	• 회의에 참석하지 못한 구성원에게 회의 내용을 적어 전달하거나 참고자료로 남기기 위해 작성하는 메모 • 업무 상황 파악 및 업무 추진에 대한 궁금증이 있을 때 핵심적인 자료
업무 메모	개인이 추진하는 업무나 상대의 업무 추진 상황을 기록하는 메모

⑤ 비즈니스 레터(E-Mail)

- 사업상의 이유로 고객이나 단체에 편지를 쓰는 것
- 직장업무나 개인 간의 연락, 직접 방문하기 어려운 고객관리 등을 위해 사용되는 비공식적 문서
- 제안서나 보고서 등 공식적인 문서를 전달하는 데도 사용됨

OX 문제

01 기획서란 회사의 업무에 대한 협조를 구하거나 의견을 전달할 때 작성하는 문서를 말한다. [ ]

02 설명서는 정확한 내용 전달을 위해 명령문으로 작성한다. [ ]

01 [×] 기획서가 아닌 기안서에 대한 설명이다. 기획서란 상대방에게 기획의 내용을 전달하여 기획을 시행하도록 설득하는 문서를 말한다.

02 [×] 설명서는 명령문이 아닌 평서문으로 작성해야 한다.

PART 1

03 문서작성능력

(1) 문서작성능력의 의의

① 문서작성의 의의

㉠ 문서의 의미

제안서 · 보고서 · 기획서 · 편지 · 메모 · 공지사항 등 문자로 구성된 것을 지칭하며 일상생활 뿐만 아니라 직장생활에서도 다양한 문서를 자주 사용한다.

㉡ 문서작성의 목적

치열한 경쟁상황에서 상대를 설득하거나 조직의 의견을 전달하고자 한다.

㉢ 문서의 구성요소

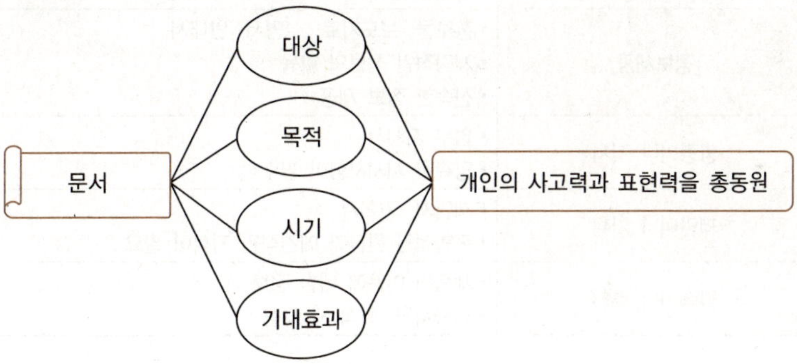

② 문서작성의 원칙

㉠ 문장구성 시 주의사항

- 문장은 짧고, 간결하게
- 상대방이 이해하기 쉽게
- 중요하지 않은 경우, 한자의 사용은 자제
- 표현은 간결하게 작성
- 문장은 긍정문의 형식으로
- 간단한 표제를 붙일 것
- 결론을 먼저 작성

㉡ 문서작성 시 주의사항

- 육하원칙에 의해 작성
- 문서의 작성시기에 맞게 작성
- 한 사안을 한 장의 용지에 작성
- 제출 전 반드시 최종점검
- 반드시 필요한 자료만 첨부
- 금액, 수량, 일자는 정확하게 기재
- 경어나 단어 사용에 신중을 기할 것

(2) 문서작성의 실제

① 상황에 따른 문서의 작성

상황	내용
요청이나 확인	• 공문서 형식 • 일정한 양식과 격식을 갖추어 작성
정보제공	• 홍보물, 보도자료, 설명서, 안내서 • 시각적인 정보의 활용 • 신속한 정보 제공
명령이나 지시	• 업무 지시서 • 명확한 지시사항이 필수적
제안이나 기획	• 제안서, 기획서 • 종합적인 판단과 예견적인 지식이 필요
약속이나 추천	• 제품의 이용에 대한 정보 • 입사지원, 이직 시 작성

② 문서의 종류에 따른 작성법

㉠ 공문서

- 날짜는 연도와 월일을 반드시 함께 언급해야 한다.
- 내용이 복잡할 경우 '-다음-', '-아래-'와 같은 항목을 만들어 구분한다.
- 마지막에는 반드시 '끝'자로 마무리한다.

㉡ 설명서

- 이해하기 어려운 전문용어의 사용은 가급적 삼가야 한다.
- 복잡한 내용은 도표화한다.
- 명령문보다 평서형으로, 동일한 표현보다는 다양한 표현으로 작성한다.

㉢ 기획서

- 기획서의 목적과 핵심 메시지가 정확히 도출되었는지 확인한다.
- 표나 그래프를 활용하는 경우, 내용이 제대로 도출되었는지 확인한다.
- 인용한 자료의 출처가 정확한지 확인한다.

㉣ 보고서

- 핵심내용을 구체적으로 제시한다.
- 간결하고 핵심적인 내용의 도출이 우선이므로 내용의 중복을 피한다.
- 보고서의 독자가 궁금한 점을 질문할 것에 대비한다.

(3) 문서표현의 시각화

① 시각화의 구성요소

문서의 내용을 시각화하기 위해서는 전하고자 하는 내용의 개념이 명확해야 하고, 수치 등의 정보는 그래프 등을 사용하여 시각화하며, 특히 강조하여 표현하고 싶은 내용은 도형을 이용할 수 있다.

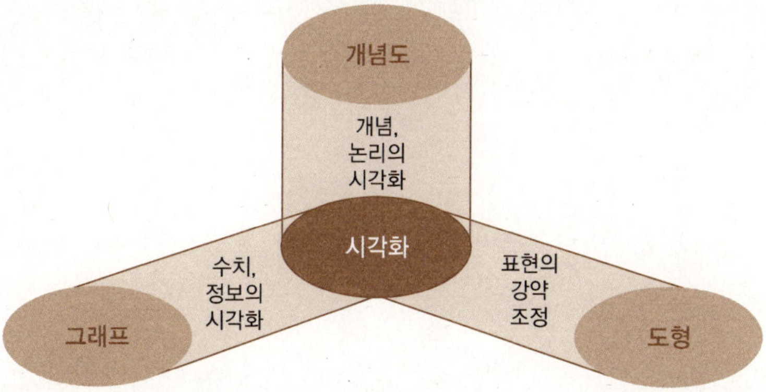

② 문서를 시각화하는 4가지 포인트

- 보기 쉬워야 한다.
- 이해하기 쉬워야 한다.
- 다채롭게 표현되어야 한다.
- 숫자는 그래프로 표시되어야 한다.

③ 시각화 방법

종류	내용
차트 시각화	데이터 정보를 쉽게 이해할 수 있도록 시각적으로 표현하며, 주로 통계 수치 등을 도표나 차트를 통해 명확하고 효과적으로 전달
다이어그램 시각화	개념이나 주제 등 중요한 정보를 도형, 선, 화살표 등 여러 상징을 사용하여 시각적으로 표현
이미지 시각화	전달하고자 하는 내용을 관련 그림이나 사진 등으로 표현

OX 문제

01 문서의 첨부자료는 반드시 필요한 자료 외에는 첨부하지 않도록 하여야 하며, 문서의 작성시기는 문서가 담고 있어야 하는 내용에 상당한 영향을 미친다. [ ]

02 문서에 기록되는 문장은 부정문 형식으로 작성해도 괜찮다. [ ]

03 다이어그램 시각화란 개념이나 주제 등 중요한 정보를 도형, 선, 화살표 등 여러 상징을 사용하여 시각적으로 표현하는 시각화 방식이다. [ ]

01 [○]
02 [×] 문장은 긍정문의 형식으로 작성해야 한다.
03 [○]

04 경청능력

(1) 경청능력의 의의

① 경청능력이란?

㉠ 경청의 의미

다른 사람의 말을 주의 깊게 들으며, 공감하는 능력을 말한다.

㉡ 경청의 효과

대화의 상대방이 안도감을 느끼게 되며, 이 효과로 인해 말과 메시지, 감정이 효과적으로 상대방에게 전달된다.

② 경청의 중요성

경청을 통해	+	대화의 상대방을(의)	⇨	• 한 개인으로 존중하게 된다. • 성실한 마음으로 대하게 된다. • 입장에 공감하며 이해하게 된다.

③ 올바른 경청의 방해요인

요인	내용
짐작하기	상대방의 말을 듣고 받아들이기보다 자신의 생각에 들어맞는 단서들을 찾아 자신의 생각을 확인하는 것
대답할 말 준비하기	자신이 다음에 할 말을 생각하기에 바빠서 상대방이 말하는 것을 잘 듣지 않는 것
걸러내기	상대의 말을 듣기는 하지만 상대방의 메시지를 온전하게 듣지 않는 것
판단하기	상대방에 대한 부정적인 판단 때문에, 또는 상대방을 비판하기 위해 상대방의 말을 듣지 않는 것
다른 생각하기	상대방이 말을 할 때 다른 생각을 하는 것으로 현실이 불만스럽지만 이러한 상황을 회피하고 있다는 신호임
조언하기	본인이 다른 사람의 문제를 지나치게 해결해 주고자 하는 것을 말하며, 말끝마다 조언하려고 끼어들면 상대방은 제대로 말을 끝맺을 수 없음
언쟁하기	단지 반대하고 논쟁하기 위해서만 상대방의 말에 귀를 기울이는 것
자존심 세우기	자존심이 강한 사람에게서 나타나는 태도로 자신의 부족한 점에 대한 상대방의 말을 듣지 않으려 함
슬쩍 넘어가기	문제를 회피하려 하거나 상대방의 부정적 감정을 회피하기 위해서 유머 등을 사용하는 것으로, 이로 인해 상대방의 진정한 고민을 놓치게 됨
비위 맞추기	상대방을 위로하기 위해서 너무 빨리 동의하는 것으로, 상대방에게 자신의 생각이나 감정을 충분히 표현할 시간을 주지 못하게 됨

(2) 효과적인 경청방법

① 적극적 경청과 소극적 경청

적극적 경청	상대의 말에 집중하고 있음을 행동을 통해 표현하며 듣는 것으로 질문, 확인, 공감 등으로 표현됨
소극적 경청	상대의 말에 특별한 반응 없이 수동적으로 듣는 것

② 적극적 경청을 위한 태도

- 비판적 · 충고적인 태도를 버린다.
- 상대방이 말하고 있는 의미 전체를 이해한다.
- 단어 이외의 표현에도 신경을 쓴다.
- 상대방이 말하고 있는 것에 반응한다.
- 감정을 흥분시키지 않아야 한다.

③ 경청의 올바른 자세

- 상대를 정면으로 마주하는 자세는 그와 함께 의논할 준비가 되었음을 알리는 자세이다.
- 손이나 다리를 꼬지 않는 소위 개방적 자세를 취하는 것은 상대에게 마음을 열어 놓고 있다는 표시이다.
- 상대방을 향하여 상체를 기울여 다가앉은 자세는 자신이 열심히 듣고 있다는 사실을 강조하는 것이다.
- 우호적인 눈의 접촉을 통해 자신이 관심을 가지고 있다는 사실을 알리게 된다.

④ 효과적인 경청을 위한 트레이닝

종류	내용
준비	사전에 나누어준 계획서 등을 미리 읽어 강연 등에 등장하는 용어에 친숙해질 필요가 있음
집중	말하는 사람의 속도와 말을 이해하는 속도 사이에 발생하는 간격을 메우는 방법을 학습해야 함
예측	대화를 하는 동안 시간 간격이 있으면, 다음에 무엇을 말할 것인가를 추측하려고 노력해야 함
연관	상대방이 전달하려는 메시지가 무엇인가를 생각해 보고 자신의 삶, 목적, 경험과 관련시켜 보는 습관이 필요함
질문	질문에 대한 답이 즉각적으로 이루어질 수 없다고 하더라도 질문을 하려고 하면 경청하는데 적극적이 되고 집중력이 높아지게 됨
요약	대화 도중에 주기적으로 대화의 내용을 요약하면 상대방이 전달하려는 메시지를 이해하고, 사상과 정보를 예측하는데 도움이 됨
반응	상대방에 대한 자신의 지각이 옳았는지 확인할 수 있으며, 상대방에게 자신이 정확하게 의사소통을 하였는가에 대한 정보를 제공함

(3) 경청훈련

① 대화법을 통한 경청훈련

㉠ 주의 기울이기

바라보기, 듣기, 따라하기가 이에 해당하며, 산만한 행동은 중단하고 비언어적인 것, 즉 상대방의 얼굴과 몸의 움직임뿐만 아니라 호흡하는 자세까지도 주의하여 관찰해야 한다.

㉡ 상대방의 경험을 인정하고 더 많은 정보 요청하기

화자가 인도하는 방향으로 따라가고 있다는 것을 언어적 · 비언어적인 표현을 통하여 상대방에게 알려주는 것은 상대방이 더 많은 것을 말할 수 있는 수단이 된다.

㉢ 정확성을 위해 요약하기

상대방에 대한 자신의 이해의 정확성을 확인할 수 있게 하며, 자신과 상대방의 메시지를 공유할 수 있도록 한다.

㉣ 개방적인 질문하기

단답형의 대답이나 반응보다 상대방의 다양한 생각을 이해하고, 상대방으로부터 보다 많은 정보를 얻기 위한 방법이다.

㉤ '왜?'라는 질문 피하기

'왜?'라는 질문은 보통 진술을 가장한 부정적 · 추궁적 · 강압적인 표현이므로 사용하지 않는 것이 좋다.

② 공감적 태도와 공감적 반응

공감적 태도	상대방이 하는 말을 상대방의 관점에서 이해하고 느끼는 것으로 성숙한 인간관계를 유지하기 위해 필요
공감적 반응	상대방의 이야기를 자신의 관점이 아닌 그의 관점에서 이해하며, 상대방의 말 속에 담겨 있는 감정과 생각에 민감하게 반응

OX 문제

01 상대방의 이야기를 들어주는 것과 경청의 의미는 같다. [ ]

02 경청은 상대방으로 하여금 개방적이고 솔직한 의사소통을 하도록 촉진하는 기능을 가진다. [ ]

03 효과적인 경청을 위해서는 상대방의 말을 적당히 걸러내며 듣는 것이 필요하다. [ ]

01 [×] 단순히 이야기를 듣는 것은 수동적인 데 반해 경청은 능동적인 의미의 탐색이므로, 이야기를 들어주는 것과 경청의 의미는 다르다.

02 [○]

03 [×] 상대방의 말을 듣기는 하지만 듣는 사람이 임의로 그 내용을 걸러내며 들으면, 상대방의 의견을 제대로 이해할 수 없다.

05 의사표현능력

(1) 의사표현능력이란?

① 의사표현의 의미

말하는 이가 자신의 생각과 감정을 듣는 이에게 음성언어나 신체언어로 표현하는 행위로서, 말하는 이의 목적을 달성하는 데 효과가 있다고 생각하는 말하기를 말한다.

② 의사표현의 종류

종류	내용
공식적 말하기	사전에 준비된 내용을 대중을 상대로 하여 말하는 것 예 연설, 토의, 토론 등
의례적 말하기	정치적·문화적 행사에서와 같이 의례 절차에 따라 말하는 것 예 식사, 주례, 회의 등
친교적 말하기	매우 친근한 사람들 사이에서 이루어지는 것으로, 자연스런 상황에서 떠오르는 대로 주고받는 말하기

(2) 의사표현의 중요성

언어에 의해 그려지는 이미지로 인해 자신의 이미지가 형상화될 수 있다. 즉, 자신이 자주 하는 말로써 자신의 이미지가 결정된다는 것이다.

(3) 효과적인 의사표현법

종류	내용
지적	• 충고나 질책의 형태로 나타남 • '칭찬 – 질책 – 격려'의 샌드위치 화법을 사용할 것 • 충고는 최후의 수단으로 은유적으로 접근할 것
칭찬	• 대화 서두의 분위기 전환용으로 사용 • 상대에 어울리는 중요한 내용을 포함할 것
요구	• 부탁 : 구체적으로 부탁하며, 거절을 당해도 싫은 내색을 하지 않을 것 • 업무상 지시, 명령 : 강압적 표현보다는 청유식 표현을 활용할 것
거절	• 거절에 대한 사과와 함께 응할 수 없는 이유를 설명할 것 • 요구를 들어주는 것이 불가능할 경우 단호하게 거절하지만, 정색하는 태도는 지양할 것
설득	• 강요는 금물임 • 문 안에 한 발 들여놓기 기법 : 말하는 이가 요청하고 싶은 도움이 100이라면 처음에는 상대방이 'YES'라고 할 수 있도록 50, 60 정도로 부탁을 하고 점차 도움의 내용을 늘려서 상대방의 허락을 유도하는 방법 • 얼굴 부딪히기 기법 : 말하는 이가 원하는 도움의 크기가 50이라면 처음에 100을 상대방에게 요청하고 거절을 유도하는 것이다. 이후 이미 한 번 도움을 거절한 듣는 이는 말하는 이에게 미안한 마음을 가지게 되고, 좀 더 작은 도움을 요청받으면 미안한 마음을 보상하기 위해 100보다 작은 요청을 들어줄 수 있음

(4) 의사표현에 영향을 미치는 요소

① 연단공포증

청중 앞에서 이야기를 해야 하는 상황일 때 정도의 차이는 있지만 누구나 가슴이 두근거리는 등의 현상을 느끼게 된다. 이러한 연단공포증은 소수가 경험하는 심리상태가 아니라, 90% 이상의 사람들이 호소하는 불안이므로 이를 걱정할 필요는 없으며, 오히려 이러한 심리현상을 잘 통제하면서 표현을 한다면 청자는 그것을 더 인간답다고 생각하게 된다.

② 말

종류	내용
장단	표기가 같은 말이라도 소리가 길고 짧음에 따라 전혀 다른 뜻이 되는 단어의 경우 긴 소리와 짧은 소리를 구분하여 정확하게 발음해야 한다.
발음	발음이 분명하지 못하면 듣는 이에게 정확하게 의사를 전달하기 어렵다. 천천히 복식호흡을 하며 깊은 소리로 침착하게 이야기하는 습관을 가져야 한다.
속도	발표할 때의 속도는 10분에 200자 원고지 15장 정도가 적당하다. 이보다 빠르면 청중이 내용에 대해 생각할 시간이 부족하고 놓친 메시지가 있다고 느끼며, 말하는 사람이 바쁘고 성의 없다는 느낌을 주게 된다. 반대로 느리게 말하면, 분위기가 처지게 되어 청중이 내용에 집중을 하지 못한다. 발표에 능숙하게 되면 청중의 반응을 감지하면서 분위기가 처질 경우 좀 더 빠르게, 내용상 중요한 부분을 짚고 넘어가고자 할 경우는 조금 여유 있게 말하는 등의 조절을 할 수 있다.
쉼	의도적으로 쉼을 잘 활용함으로써 논리성, 동질감 등을 확보할 수 있다.

③ 몸짓

종류	내용
몸의 방향	몸의 방향을 통해 대화 상대를 향하는가 혹은 피하는가가 판단된다. 예를 들어 대화 도중에 끼어든 제3자가 있다고 상상했을 때, 말하는 이가 제3자를 불편하게 생각하는 경우 살짝 몸을 돌릴 수 있다. 몸의 방향은 의도적일 수도 있고, 비의도적일 수도 있으나 말하는 이가 그 사람을 '피하고' 있음을 표현하는 방식이 된다.
자세	특정 자세를 보고 그 사람의 분노, 슬픔, 행복과 같은 일부 감정들을 맞히는 것이 90% 이상 일치한다는 연구 결과가 있다. 자신뿐 아니라 지금 대화를 나누고 있는 상대방의 자세에 주의를 기울임으로써 우리는 언어적 요소와는 다른 중요한 정보를 얻을 수 있다.
몸동작	몸짓의 가장 흔한 유형은 몸동작으로, 화자가 말을 하면서 자연스럽게 동반하는 움직임이다. 누군가 우리에게 길을 물어볼 때 자연스럽게 말과 함께 손가락과 몸짓을 통해 길을 알려준다. 몸동작은 말로는 설명하기 어려운 것들을 설명하는 데 자주 사용되며, 몸동작이 완전히 배제된 의사표현은 때로 어색함을 줄 수 있다. 또한, "최고다."라는 긍정적 신호를 보내기 위해 엄지를 들어 올리는 등의 상징적 동작은 말을 동반하지 않아도 의사표현이 가능하게 한다. 상징적 동작은 문화권에 따라 다를 수 있으므로, 다른 문화권의 사람들과 의사소통을 해야 할 경우에는 문화적 차이를 고려해야 한다.
유머	유머는 의사표현을 더욱 풍요롭게 도와준다. 하지만 하루아침에 유머를 포함한 의사표현을 할 수 있는 것은 아니며, 평소 일상생활 속에서 부단히 유머 감각을 훈련하여야만 자연스럽게 상황에 맞는 유머를 즉흥적으로 구사할 수 있다.

OX 문제

01 개방적인 질문은 상대방의 다양한 생각을 이해하게 도와준다. [ ]

02 의사표현의 종류에는 공식적인 말하기와 의례적인 말하기가 있으며, 친구들끼리의 친교적 대화는 포함되지 않는다. [ ]

03 상대방의 잘못을 지적할 때는 샌드위치 화법으로 칭찬과 격려를 같이 사용한다. [ ]

04 상대방에게 부탁해야 할 때는 상대방의 사정은 고려하지 않고 일단 자신의 요구사항부터 제시해야 한다. [ ]

05 효과적인 의사표현을 위해서는 말하는 이가 자신이 전달하고 싶은 메시지가 무엇인지 분명하게 인식해야 한다. [ ]

01 [○]

02 [×] 의사표현의 종류는 상황이나 사태와 관련하여 공식적 말하기, 의례적 말하기, 친교적 말하기로 구분하며, 구체적으로 대화, 토론, 보고, 연설, 인터뷰, 낭독, 구연, 소개하기, 전화로 말하기, 안내하는 말하기 등이 있다. 따라서 친구들끼리의 친교적 대화도 포함된다.

03 [○]

04 [×] 상대방에게 부탁할 때는 먼저 상대방이 그 부탁을 들어줄 수 있는지 상황부터 확인해야 한다.

05 [○]

06 기초외국어능력

(1) 기초외국어능력이란?

우리만의 언어가 아닌 세계의 언어로 의사소통을 가능하게 하는 능력을 말하며, 필요한 문서이해나 문서작성, 의사표현, 경청 등 기초적인 의사소통을 기초적인 외국어로서 가능하게 하는 능력을 말한다.

(2) 기초외국어능력의 중요성

외국인들과의 업무가 잦은 특정 직무뿐만 아니라 컴퓨터 활용 및 공장의 기계 사용, 외국산 제품의 사용법을 확인하는 경우 등 기초외국어를 모르면 불편한 경우가 많다.

(3) 외국인과의 비언어적 의사소통

① 표정으로 알아채기

웃는 표정은 행복과 만족, 친절을 표현하는 데 비해, 눈살을 찌푸리는 표정은 불만족과 불쾌를 나타낸다. 또한 눈을 마주 쳐다보는 것은 흥미와 관심이 있음을, 그리고 그렇게 하지 않음은 무관심을 말해준다.

② 음성으로 알아채기

어조가 높으면 적대감이나 대립감을 나타내고, 낮으면 만족이나 안심을 나타낸다. 또한 목소리가 커졌으면 내용을 강조하는 것이거나 흥분, 불만족 등의 감정 상태를 표현하는 것이다. 또한 말의 속도와 리듬이 매우 빠르거나 짧게 얘기하면 공포나 노여움을 나타내는 것이며, 너무 자주 말을 멈추면 결정적인 의견이 없음을 의미하거나 긴장 또는 저항을 의미한다.

OX 문제

01 외국인과의 의사소통 시 자주 말을 중지하는 것은 결정적인 의견이 없음을 의미하거나 긴장 또는 저항을 의미한다. [ ]

02 기초외국어능력은 외국인과의 유창한 의사소통능력을 말한다. [ ]

01 [O]

02 [×] 기초외국어능력은 일 경험 중에 필요한 공문서, 기계 설명서 등 문서이해나 문서작성, E-mail과 전화응대 등 의사표현과 같은 기초적인 의사소통을 기초적인 외국어로 가능하게 하는 능력을 말한다.

SECTION

02 의사소통능력 맛보기

01 **김상수 부장은 박정수 부장의 조언에 따라 부하직원들에게 〈보기〉와 같이 말하였다. 이때, 김상수 부장이 박정수 부장의 조언을 제대로 활용하지 못한 것을 모두 고르면?**

김상수 부장 : 요즘 우리 부서 직원들이 실수를 자주 하는데, 어떻게 꾸짖어야 하는지 잘 모르겠어. 혹시 내가 말을 잘못해서 상처받지 않을까 하고 그냥 참고 있는데, 좋은 방법이 없을까?

박정수 부장 : 아, 그럴 때는 상황에 맞는 의사표현법을 써야지. 상대방의 기분을 해치지 않으면서도 효과적으로 내 의사를 전달할 수 있게 말이야.

김상수 부장 : 그래? 몇 가지 방법 좀 알려줄 수 있어?

박정수 부장 : 부하 직원이 잘못을 저질렀을 때는 본인이 알 수 있도록 확실하게 지적해야 해. 괜히 돌려 말한다고 모호한 말로 얘기하면 설득력이 떨어져.

김상수 부장 : 그렇군.

박정수 부장 : 그리고 질책만 하지 말고, 칭찬을 먼저하고 질책을 한 다음, 끝에 격려의 말을 한다면 더 좋을 거야.

김상수 부장 : 그래. 너무 질책만 하면 의기소침해질 수 있으니까.

박정수 부장 : 또 충고해야 할 때는 속담이나 예화를 들어 비유법으로 깨우쳐 주면 듣는 사람도 이해하기가 쉽겠지. 그리고 충고는 가급적이면 최후의 수단으로 하는 것이 좋아. 그나저나, 우리 부서 강과장이 연단공포증이 있어서 큰일이야. 지난번에 실적 발표를 하면서 덜덜 떨던 거 자네도 기억하나? 앞으로 많은 사람 앞에서 발표할 일이 많을 텐데 어떻게 해줘야 할지 모르겠어.

보기

ㄱ. '두 마리 토끼를 잡으려다 한 마리도 못 잡는다.'라는 말이 있지 않나. 너무 욕심 부리지 말고 지금 진행하고 있는 프로젝트부터 끝내도록 하게.
ㄴ. 보고서 21페이지의 표가 잘못되었어. 2022년이 아니라 2023년 수치로 넣도록 해.
ㄷ. 최근 고객으로부터 자네가 불친절하다는 항의를 들었어. 고객대응 매뉴얼을 다시 한 번 정독하고 앞으로는 이런 얘기가 나오지 않도록 하게.
ㄹ. 계약서를 이렇게 쓰면 어떻게 하나. 그래도 채대리는 꼼꼼한 성격이니 다음부터는 이런 실수가 없을 거야. 기운 내도록 해.
ㅁ. 최사원의 이번 기획안이 참 좋네. 세부 계획의 내용이 좀 부족한데 그 부분을 상세하게 수정하면 잘 될 걸세.

① ㄱ ② ㄴ
③ ㄹ ④ ㄴ, ㄷ
⑤ ㄷ, ㄹ, ㅁ

정답 ③

상대방을 질책해야 할 때는 질책을 가운데 두고 칭찬을 먼저 한 다음에 격려의 말을 해야 한다. ㄹ의 경우에는 질책 – 칭찬 – 격려 순으로 구성되어 잘못된 의사표현법에 해당한다.

오답분석

ㄱ. 충고를 하면서 비유법을 활용하고 있다.
ㄴ·ㄷ. 잘못된 부분을 돌려 얘기하지 않고 확실하게 지적하고 있다.
ㅁ. 질책을 가운데 두고 칭찬을 먼저 한 다음, 마지막으로 격려의 말을 하고 있다.

풀이 전략!

실제 대화를 통해 올바른 의사소통방법에 대해 묻는 문제로, 거의 매번 출제되는 유형이다. 특히 상대방의 잘못을 지적할 때는 지금 당장 꾸짖고 있는 내용에만 한정해야 한다는 것에 주의할 필요가 있다. 이것저것 함께 꾸짖으면 효과가 없으며, '칭찬의 말', '질책의 말', '격려의 말' 순서대로 질책을 가운데 두고 칭찬을 먼저 한 다음 끝에 격려의 말을 하면 상대방이 부드럽게 받아들일 수 있다. 모호한 표현은 설득력을 약화시키므로 확실하게 지적하되 비유를 활용하기도 한다. 통상 오답으로 그동안 잘못했던 일을 한꺼번에 지적하는 사례가 등장하는 경우가 많다.

02 다음 글의 내용으로 가장 적절한 것은?

우리가 조선의 왕을 부를 때 흔히 이야기하는 태종, 세조 등의 호칭은 묘호(廟號)라고 한다. 왕은 묘호뿐 아니라 시호(諡號), 존호(尊號) 등도 받았으므로 정식 칭호는 매우 길었다. 예를 들어 선조의 정식 칭호는 '선조소경정륜입극성덕홍렬지성대의격천희운현문의무성예달효대왕(宣祖昭敬正倫立極盛德洪烈至誠大義格天熙運顯文毅武聖睿達孝大王)'이다. 이 중 '선조'는 묘호, '소경'은 명에서 내려준 시호, '정륜입극성덕홍렬'은 1590년에 올린 존호, '지성대의격천희운'은 1604년에 올린 존호, '현문의무성예달효대왕'은 신하들이 올린 시호이다.

묘호는 왕이 사망하여 삼년상을 마친 뒤 그 신주를 종묘에 모실 때 사용하는 칭호이다. 묘호에는 왕의 재위 당시의 행적에 대한 평가가 담겨 있다. 시호는 왕의 사후 생전의 업적을 평가하여 붙여졌는데, 중국 천자가 내린 시호와 조선의 신하들이 올리는 시호 두 가지가 있었다. 존호는 왕의 공덕을 찬양하기 위해 올리는 칭호이다. 기본적으로 왕의 생전에 올렸지만 경우에 따라서는 '추상존호(追上尊號)'라 하여 왕의 승하 후 생전의 공덕을 새롭게 평가하여 존호를 올리는 경우도 있었다.

왕실의 일원들을 부르는 호칭도 경우에 따라 달랐다. 왕비의 아들은 '대군'이라 부르고, 후궁의 아들은 '군'이라 불렀다. 또한 왕비의 딸은 '공주'라 하고, 후궁의 딸은 '옹주'라 했으며, 세자의 딸도 적실 소생은 '군주', 부실 소생은 '현주'라 불렀다. 왕실에 관련된 다른 호칭으로 '대원군'과 '부원군'도 있었다. 비슷한 듯 보이지만 크게 차이가 있었다. 대원군은 왕을 낳아준 아버지, 즉 생부를 가리키고, 부원군은 왕비의 아버지를 가리키는 말이었다. 조선시대에 선조, 인조, 철종, 고종은 모두 방계에서 왕위를 계승했기 때문에 그들의 생부가 모두 대원군의 칭호를 얻게 되었다. 그런데 이들 중 살아 있을 때 대원군의 칭호를 받은 이는 고종의 아버지 흥선대원군 한 사람뿐이었다. 왕비의 아버지를 부르는 호칭인 부원군은 경우에 따라 책봉된 공신(功臣)에게도 붙여졌다.

① 세자가 왕이 되면 적실의 딸은 옹주로 호칭이 바뀔 것이다.

② 조선시대 왕의 묘호에는 명나라 천자로부터 부여받은 것이 있다.

③ 왕비의 아버지가 아님에도 부원군이라는 칭호를 받은 신하가 있다.

④ 우리가 조선시대 왕을 지칭할 때 사용하는 일반적인 칭호는 존호이다.

⑤ 흥선대원군은 왕의 생부이지만 고종이 왕이 되었을 때 생존하지 않았더라면 대원군이라는 칭호를 부여받지 못했을 것이다.

정답 ③

왕비의 아버지를 부르는 호칭인 '부원군'은 경우에 따라 책봉된 공신에게도 붙여졌다고 하였으므로 적절한 내용이다.

오답분석

① 세자의 딸 중 적실 소생은 '군주'라고 칭했으며, '옹주'는 후궁의 딸을 의미한다.
② 왕의 사후에 생전의 업적을 평가하여 붙이는 것을 '시호'라 하는데, 이 '시호'에는 중국 천자가 내린 시호와 조선의 신하들이 올리는 시호 두 가지가 있었다고 하였다. 묘호는 왕이 사망하여 삼년상을 마친 뒤 그 신주를 종묘에 모실 때 사용하는 칭호인데, 이를 중국의 천자가 내린 것인지는 알 수 없다.
④ 우리가 조선의 왕을 부를 때 흔히 이야기하는 태종, 세조 등의 호칭은 묘호라고 하며, 존호는 왕의 공덕을 찬양하기 위해 올리는 칭호이다.
⑤ 대원군이라는 칭호는 생존 여부와는 무관하게 왕을 낳아준 아버지를 모두 지칭하는 말이므로 적절하지 않은 내용이다.

풀이 전략!

흔히 제시문의 첫 부분에 나오는 구체적인 내용들은 중요하지 않은 정보라고 판단하여 넘기곤 한다. 하지만 의외로 첫 부분에 등장하는 내용이 선택지로 구성되는 경우가 상당히 많은 편이며, 물론, 첫 부분의 내용으로 구성된 선택지가 답이 되는 경우는 드물지만 이것이 글 전체의 흐름을 알게 해주는 길잡이와 같은 역할을 하는 경우가 빈번하므로 지엽적인 정보라고 하더라도 꼼꼼하게 챙기도록 하자.

SECTION

03 대표유형 적중문제

정답 및 해설 p.016

| 01 | 모듈형

01 **다음 중 비공식적 의사소통의 장점은?**

① 정확한 정보를 교환할 수 있다.
② 내용의 전달이 신속하지 못하다.
③ 의사소통 과정에 융통성이 없다.
④ 구성원끼리 더 친밀감을 느낄 수 있다.
⑤ 의사소통 과정에 신축성이 없다.

02 **다음 설명에 해당하는 보고서로 옳은 것은?**

재무제표와 달리 영업상황을 문장 형식으로 기재하여 보고하는 문서

① 결산보고서
② 출장보고서
③ 재무보고서
④ 회의보고서
⑤ 영업보고서

03 **다음 중 문서적인 의사소통에 대한 설명으로 적절하지 않은 것은?**

① 업무지시 메모, 업무보고서 작성 등이 있다.
② 문서적인 의사소통은 정확하지 않을 수 있다.
③ 언어적인 의사소통보다 권위감이 있다.
④ 언어적인 의사소통에 비해 유동성이 크다.
⑤ 언어적인 의사소통보다 전달성이 높고 보존성이 크다.

PART 1

04 다음은 문제중심학습(PBL)에 대한 글이다. 〈보기〉에서 제시된 문장 다음에 이어질 내용을 논리적 순서대로 바르게 나열한 것은?

개인의 일상생활은 물론 사회생활에서도 의사소통능력은 매우 중요하지만, 과거에는 이러한 중요성에도 불구하고 의사소통능력에 대해 단순 암기위주의 수업으로 진행해왔다.

보기

ㄱ. 이러한 문제중심학습(PBL)은 학생들로 하여금 학습에 더 능동적이게 참여하도록 할 뿐 아니라 자기 주도적으로 문제를 해결할 수 있는 문제해결능력도 기를 수 있도록 도와준다.
ㄴ. 따라서 의사소통능력에 관한 지식은 교수자가 단순히 기존에 확립되어 있는 지식을 학습자들에게 이해시키는 강의 교수법이 아닌, 실제 현장에서 일어나는 사례를 예로 들어 실제 현장에서 학습자들이 적용시킬 수 있는 문제중심학습(PBL)이 더 적절할 것이다.
ㄷ. 하지만 의사소통은 단순 암기위주로 배울 수 있는 특정한 장소와 시간에 관한 단편적인 지식이 아니다. 의사소통은 본래 실제 상황에서 발생하는 현상을 잘 관찰하고 이해를 해야만 얻어질 수 있는 고차원적인 지식이기 때문이다.
ㄹ. 단, 이때 교수자는 학생들이 다양한 문제해결능력을 기를 수 있도록 자신의 생각이나 행동들을 객관적 기준으로 생각하지 않게 하는 것이 중요하다.

① ㄱ－ㄴ－ㄷ－ㄹ
② ㄱ－ㄹ－ㄷ－ㄴ
③ ㄴ－ㄷ－ㄱ－ㄹ
④ ㄷ－ㄱ－ㄹ－ㄴ
⑤ ㄷ－ㄴ－ㄱ－ㄹ

05 다음 글과 가장 관련 있는 한자성어는?

정부는 호화생활을 누리면서도 세금을 내지 않는 악의적 고액·상습 체납자에 대해 제재를 강화하기로 하였다. 정부가 추진하는 방안에 따르면 정당한 사유 없이 국세를 상습적으로 체납할 경우 최대 30일간 유치장에 가둘 수 있다. 여권 미발급자에게는 출국 금지 조치가 취해질 수 있고, 당사자뿐 아니라 가까운 친인척에 대해서도 금융거래정보 조회가 이뤄질 수 있다. 이는 악성 체납자를 뿌리 뽑겠다는 정부의 강력한 의지 표시이다.
국세청에 따르면 고가 아파트에 살고 외제차를 몰면서 2억 원 이상의 세금 납부를 미루고 있는 고액 체납자는 3만 5,000명이 넘는다. 이들의 체납액은 102조 6,000억 원에 달하지만, 추적 실적은 1조 1,555억 원으로 징수율이 1.1%에 불과하다.
이처럼 호화생활 고액 체납자는 강력한 제재로 다스려야 마땅하다. 성실하게 세금을 납부하는 대다수 국민에게 상대적 박탈감을 주고, 계층 간의 위화감으로 사회 통합에 걸림돌이 될 수 있기 때문이다.

① 일벌백계(一罰百戒)
② 유비무환(有備無患)
③ 일목파천(一目破天)
④ 가정맹어호(苛政猛於虎)
⑤ 오십보백보(五十步百步)

06 다음은 커뮤니케이션 네트워크의 형태를 정리한 것이다. 제시된 상황에서 나타나는 네트워크 형태로 가장 적절한 것은?

〈커뮤니케이션 네트워크 형태〉

1) 쇠사슬형
   - 공식적인 명령 계통에 따라 수직적, 수평적 형태
   - 단순 반복 업무에 있어 신속성과 효율성이 높음
   - 단방향 소통으로 왜곡 발생 가능성이 높음
2) 수레바퀴(Wheel)형
   - 조직 구조 중심에 리더가 존재
   - 구성원들의 정보 전달이 한 사람에게 집중
   - 상황 파악과 문제 해결이 신속
   - 복잡한 문제 해결에 한계
3) Y형
   - 다수의 구성원을 대표하는 인물이 존재
   - 관료적이고 위계적인 조직에서 발견
   - 라인과 스텝이 혼합되어 있는 집단에서 흔히 나타남
4) 원(Circle)형
   - 뚜렷한 서열이 없는 경우에 나타나는 형태
   - 같은 목적을 위해 원활하게 소통이 이루어지는 형태
   - 업무 진행 및 의사 결정이 느림
   - 구성원의 참여도와 만족도가 높음
5) 완전연결(All Channel)형
   - 가장 이상적인 형태로 리더가 존재하지 않음
   - 누구나 커뮤니케이션을 주도할 수 있음
   - 가장 구조화되지 않은 유형
   - 조직 안에서 정보교환이 완전히 이루어짐
   - 가장 효과적이며 구성원 간의 만족도와 참여도가 높음

〈상황〉

- 홍보 팀장은 참여하지 않고, 나머지 팀원이 자유롭게 의견을 공유하고 있다.
- 정보공유가 완전하게 이루어지고 있다.
- 구성원들의 참여도와 만족도가 높다.
- 토의방식이 구조화를 갖추고 있지 않은 상태로 리더가 없다.
- 위에서 주어진 상황에 맞게 여행 홍보팀이 토의한 내용이다.

오부장 : 본부장 회의에서 나온 결론은 매출 향상을 위해서는 여행상품이 연령대, 소득 격차 등에 따라 세분화될 필요가 있다는 겁니다. 이건 특히 제가 아주 강조한 의견이기도 합니다. 지금까지 얘기한 걸 다들 들었을 것이라 생각하고 이제 여러분들이 여행상품 세분화에 대한 실행 방안은 어떤 게 있을지 의견을 말씀해 주세요.

김대리 : 부장님, 그럼 혹시 권역별 특성에 맞는 상품 개발에 대한 논의도 있었나요?

나사원 : 네, 저는 고객의 안전이 최우선이라는 콘텐츠를 권역별로 세분화를 한다면 매출 향상에 도움이 될 것 같다고 생각했습니다.

박사원 : 부장님 의견에 전적으로 동의합니다. 소득 격차에 대한 기준을 정해야 할 것 같아요.

이차장 : 글쎄요, 여행상품 세분화로 매출 향상이 될 수 있을지 의문입니다.

김과장 : 제 의견도 이차장님과 같아요. 다양한 세분화보단 더 나은 콘텐츠로 홍보를 진행해야 한다고 생각해요.

① 원(Circle)형
② Y형
③ 수레바퀴(Wheel)형
④ 완전연결(All Channel)형
⑤ 쇠사슬형

07 다음 중 키슬러의 대인관계 의사소통을 참고할 때, P과장에게 해 줄 조언으로 가장 적절한 것은?

A직원 : Z과장님이 본사로 발령 나시면서, 홍보팀에 과장님이 새로 부임하셨다며, 어떠셔? 계속 지방에 출장 중이어서 이번에 처음 뵙는데 궁금하네.

B직원 : P과장님? 되게 능력이 있으시다고 들었어. 회사에서 상당한 연봉을 제시해 직접 스카우트 했다고 들었거든. 근데, 좀 직원들에게 관심이 너무 많으셔.

C직원 : 맞아. Z과장님은 업무를 지시하시고 나서는 우리가 보고할 때까지 아무 간섭 안 하시고 보고 후에 피드백을 주셔서 일하는 중에는 부담이 덜했잖아. 그런데 새로 온 P과장님은 업무 중간중간에 어디까지 했냐? 어떻게 처리되었냐? 이렇게 해야 한다, 저렇게 해야 한다, 계속 말씀하셔서 너무 눈치 보여. 물론 바로바로 피드백을 받을 수 있어 수정이 수월하긴 하지만 말이야.

B직원 : 맞아. 그것도 그거지만 나는 회식 때마다 이전 회사에서 했던 프로젝트에 대해 계속 자랑하셔서 이젠 그 대사도 외울 지경이야. 물론 P과장님의 능력이 출중하다는 건 우리도 알기는 하지만 말이야⋯.

① 독단적으로 결정하시면 대인 갈등을 겪으실 수도 있으니 직원들과의 상의가 필요합니다.
② 자신만 생각하지 마시고, 타인에게 관심을 갖고 배려해 주세요.
③ 직원들과 어울리지 않으시고 혼자 있는 것만 선호하시면 대인관계를 유지하기 어려워요.
④ 인정이 많으신 것은 좋으나 직원들의 요구를 적절하게 거절할 필요성이 있어요.
⑤ 타인에 대한 높은 관심과 인정받고자 하는 욕구는 낮출 필요성이 있어요.

08 다음은 경청훈련에 대한 설명이다. 밑줄 친 ㉠에 들어갈 내용으로 가장 적절한 것은?

______㉠______는 보통 '누가・언제・어디서・어떻게'라는 어휘로 시작하며, 상대방의 다양한 생각을 이해하고 상대방으로부터 많은 정보를 얻기 위한 방법이다. 서로에 대한 이해 정도를 높일 수 있고, "직장을 옮기는 것에 대해 어떤 생각을 하고 있어요?", "당신, 기운이 없어 보이는군요. 무슨 일이 있어요?" 등의 표현을 예로 들 수 있다.

① '왜?'라는 질문 피하기
② 정확성을 위해 요약하기
③ 주의 기울이기
④ 개방적인 질문하기
⑤ 상대방의 경험을 인정하고 더 많은 정보 요청하기

※ 다음 대화를 읽고 이어지는 질문에 답하시오. **[9~10]**

희준 : 민재야, 안녕. 오래 기다렸지?
민재 : 아냐. 나도 방금 왔어.
희준 : 어? 근데 너 표정이 왜 그래? 아까 통화할 때도 목소리가 좋지 않더니 무슨 일 있는 거야?
민재 : 아냐. 이 근처에 볼 일이 있어서 왔는데 네 얼굴도 볼 겸해서 만나자 한 거야.
희준 : 아니긴 뭐가 아냐. 나한테 말해봐.
민재 : 음, 있잖아…
희준 : 아, 목소리 톤하며 표정 보니 알겠다. 여자친구랑 싸운 거지?
민재 : 아니, 그런 건 아니고, 사실 나 준비하던 시험에서 떨어졌어.
희준 : 그렇구나. 열심히 준비했는데 안타깝네.
민재 : 다음 시험 준비하기엔 너무 지쳐서 이제 그냥 포기하려고.
희준 : ㉠ 그래, 잘 생각했다. 어디 여행이라도 다니면서 좀 쉬다 새로 시작하는 것도 나쁘지 않지.

09 다음 대화에서 희준이 보인 경청의 방해요인에 대한 설명으로 가장 적절한 것은?

① 대화가 너무 사적이거나 위협적이면 주제를 바꾸거나 농담으로 넘기려 하고 있다.
② 단지 반대하고 논쟁하기 위해서 상대방의 말에 귀를 기울이고 있다.
③ 상대방에게 관심을 기울이지 않고 상대방이 말을 할 때 자꾸 다른 생각을 하고 있다.
④ 상대방에 대한 부정적인 판단을 하거나 상대방을 비판하기 위해 상대방의 말을 듣지 않고 있다.
⑤ 상대방의 말을 믿고 받아들이기보다 자신의 생각에 들어맞는 단서들을 찾아 자신의 생각을 확인하고 있다.

10 다음 대화의 밑줄 친 ㉠에서 나타난 맞장구 표현에 해당하는 것은?

① 치켜 올리듯 가볍게 하는 맞장구
② 동의하는 맞장구
③ 정리하는 맞장구
④ 재촉하는 맞장구
⑤ 감탄하는 맞장구

| 02 | 피듈형

01 다음 글의 제목으로 가장 적절한 것은?

> 높은 휘발유세는 자동차를 사용함으로써 발생하는 다음과 같은 문제들을 줄이는 교정적 역할을 수행한다. 첫째, 휘발유세는 사람들의 대중교통수단 이용을 유도하고, 자가용 사용을 억제함으로써 교통 혼잡을 줄여준다. 둘째, 교통사고 발생 시 대형 차량이나 승합차가 중소형 차량에 비해 보다 치명적인 피해를 줄 가능성이 높다. 이와 관련해서 휘발유세는 휘발유를 많이 소비하는 대형 차량을 운행하는 사람에게 보다 높은 비용을 치르게 함으로써 교통사고 위험에 대한 간접적인 비용을 징수하는 효과를 가진다. 셋째, 휘발유세는 휘발유 소비를 억제함으로써 대기오염을 줄이는 데 기여한다.

① 휘발유세의 용도
② 높은 휘발유세의 정당성
③ 휘발유세의 지속적 인상
④ 에너지 소비 절약
⑤ 휘발유세의 감소 원인

02 다음 글과 가장 관련 있는 한자성어는?

> 중국에 거주하는 J씨는 최근 신고를 받고 출동한 공안에 의해 체포・구금되는 신세로 전락했다. J씨를 신고한 인물은 그의 친어머니로, J씨는 아버지가 구매한 수입 자동차를 훔쳐 타고 달아난 혐의를 받고 있다.
> 어머니의 진술에 의하면 호화로운 사치 생활을 즐기던 J씨는 사회생활을 위해 반드시 고가의 자동차가 필요하다고 요구해왔다. 부모가 요구를 들어주지 않자, 그는 최근 들어 약 8억 원에 달하는 사채를 지는 방식으로 무리한 사치 생활을 이어왔던 것으로 확인됐다. 특히 J씨는 최근 아버지의 주민등록등본과 회사 사업자 등록증 등을 훔쳐 달아난 뒤, 이를 이용해 약 17억 원의 사채를 추가로 대출하려 한 혐의도 받고 있다.
> 어머니는 경찰 진술을 통해 "우리 부부는 원래부터 돈이 많은 사람이 아니다."라면서 "농민 출신의 우리 부부가 한두 푼씩을 아껴가면서 지금의 부유한 상황에까지 이른 것이기 때문에 돈을 버는 것이 얼마나 어려운 것인지 잘 알고 있다."라고 했다. "큰돈을 한 번에 쥐여 주기보다는 바닥에서부터 고생하며 돈의 가치를 배우기를 원했다."라면서 "이제는 아들을 내가 자제할 수 없다."라고 덧붙였다.
> 한편, 신고를 받고 J씨를 체포・구금한 공안국은 "고가의 자동차를 훔쳐 타고 도주한 뒤 이후 사채업자 등에 되팔았다."라며 "이 행위는 현지법상 최소 징역 10년 형을 받는 중형"이라고 설명했다.
> 하지만 어머니는 이 같은 상황에 대해 "아들이 정신을 차리고 남은 인생을 올곧게 살아가기 위해서는 이 방법밖에는 달리 도리가 없다."라며 정당한 처벌을 요구했다.

① 반포지효(反哺之孝)
② 지록위마(指鹿爲馬)
③ 불구대천(不俱戴天)
④ 대의멸친(大義滅親)
⑤ 권토중래(捲土重來)

※ 다음 글을 읽고 이어지는 질문에 답하시오. [3~4]

항원은 감기바이러스, 알레르기 등 면역 반응을 일으키는 원인으로 생명체의 체내에 침입하는 모든 이물질의 일종이다. 대개 병원균, 바이러스 등 외부 침입 물질을 항원으로 취급하지만 체내 합성 물질, 심지어 암세포도 항원의 일종으로 볼 수 있다. 이에 대항하는 것이 항체이다. 항체는 항원을 인식하고 결합하여 항원의 기능을 억제한다. 이 과정에서 우리 몸은 침입한 항원에 대항하는 항체를 생산하는 법을 기억했다가 해당 항원이 재침입하면 기억했던 항원에 대한 항체를 빠르게 생산하여 재침입한 항원을 무력화한다. 이를 항원－항체반응이라고 한다.

그럼에도 우리는 일상에서 감기에 걸리곤 한다. 그렇다면 감기도 바이러스고 항원인데 왜 감기에 걸리는지에 대한 의문이 생길 것이다. 바이러스는 항원 변이를 통해 진화한다. 우리 몸은 이 진화한 항원을 기존 항원과는 다른 새로운 항원으로 인식하여 기존 만든 항체가 쓰지 않고 진화한 항체에 알맞은 항체를 새로 만들게 된다. 즉, 감기바이러스는 수시로 변이하는 항원이므로 한 번 침입한 항원에 대한 항체를 보관하였다 다시 쓸 수 없다는 것이다. 변이 바이러스가 무서운 점이 이것이다. 기존 항원과 다른 항원으로 받아들이므로 새로운 항체를 만들어야 하고 항체 생산이 완료될 때까지 항원이 치명적인 독소를 생산한다면 위험할 것이다.

항체는 너무 적어서도 안 되고 너무 많아서도 안 된다. 당연하지만 항체가 부족하면 체내에 침입한 항원과 대항할 힘이 없다는 의미다. 그렇지만 ㉠ 항체가 너무 많다면 오히려 체내 정상적인 세포를 공격할 수 있다. 항원이 침입하였을 때도 항체의 생산량 또한 너무 적어서도 안 되고 너무 많아서도 안 되며 적정한 수준으로 항체를 생산하여야 한다. 항체는 항상 적정한 수준으로 유지되어야 하며 항원이 침입하였을 때는 항원에 대항할 수 있는 적정한 양의 항체를 생산할 수 있어야 한다.

올해 1월 방역당국은 약 99%의 국민이 코로나19 항체를 보유한 것으로 발표한 바 있다. 하지만 국민 대부분이 코로나19 항체를 보유한 것으로 집단면역이 형성되었다고 판단할 수 없으며 국내외 연구 결과에 따르면 항체의 효과는 3개월 후 효과가 급감하므로 섣부른 판단은 할 수 없다고 밝혔다. 이어서 60대 이상의 고연령층을 포함한 고위험군은 여전히 백신 추가접종이 필요하므로 코로나19 백신을 추가로 접종을 적극적으로 권장하였다.

03 다음 중 윗글을 읽고 이해한 내용으로 적절하지 않은 것은?

① 수혈받을 때 항원－항체반응이 일어나지 않도록 조심해야겠네.
② 변이가 빠른 바이러스는 항체를 보유했더라도 그 바이러스에 다시 감염될 수 있겠네.
③ 외할아버지 연세가 78세이시니 백신 접종을 받아보시게 하는 것이 좋겠어.
④ 에볼라 바이러스와 같은 치사율이 매우 높은 바이러스는 의외로 감염률이 낮을 수 있겠네.
⑤ 같은 바이러스에 감염돼도 항체 생성 능력이 떨어지면 완치 기간이 더 길겠네.

04 다음 중 윗글의 밑줄 친 ㉠에 해당하는 한자성어는?

① 과유불급(過猶不及)
② 오매불망(寤寐不忘)
③ 와신상담(臥薪嘗膽)
④ 금의환향(錦衣還鄕)
⑤ 막역지우(莫逆之友)

05 다음 글의 밑줄 친 ㉠~㉤의 수정 방안으로 옳지 않은 것은?

> 최근 비만에 해당되는 인구가 증가하고 있다. 비만은 다른 질병들을 ㉠ 유발할 수 있어 주의를 필요로 ㉡ 하는 데, 특히 학생들의 비만이 증가하여 제일 큰 문제가 되고 있다. 학생들의 비만 원인으로 교내 매점에서 판매되는 제품에 설탕이 많이 ㉢ 함유되어 있음이 거론되고 있다. 예를 들어 매점의 주요 판매 품목인 탄산음료, 빵 등은 다른 제품들에 비해 설탕 함유량이 높다. 학생들의 비만 문제를 해결하기 위한 방안으로 매점에서 판매되는 설탕 함유량이 높은 제품에 설탕세를 ㉣ 메겨서 학생들의 구매를 억제하자는 주장이 있다.
>
> 영국의 한 과학자는 생쥐에게 일정 기간 동안 설탕을 주입한 후 변화를 관찰하여 설탕이 비만에 상당한 영향력을 미치고 있으며, 운동 능력도 저하시킬 수 있다는 실험 결과를 발표하였다. 권장량 이상의 설탕은 비만의 주요한 요인이 될 수 있고, 이로 인해 다른 질병에 노출될 가능성도 ㉤ 높이는 것이다. 이렇게 비만을 일으키는 주요한 성분 중 하나인 설탕이 들어간 제품에 대해 그 함유량에 따라 부과하는 세금을 '설탕세'라고 한다. 즉, 설탕세는 설탕 함유량이 높은 제품의 가격을 올려 소비를 억제하기 위한 방법이라고 할 수 있다.

① ㉠은 사동의 뜻을 가진 '유발시킬'로 수정해야 한다.
② ㉡의 '-ㄴ데'는 연결 어미로 '하는데'와 같이 붙여 써야 한다.
③ ㉢은 문맥상 같은 의미인 '포함되어'로 바꾸어 쓸 수 있다.
④ ㉣은 잘못된 표기이므로 '매겨서'로 수정해야 한다.
⑤ ㉤은 피동의 뜻을 가진 '높아지는'으로 수정해야 한다.

| 03 | PSAT형

01 다음 글을 통해 추론할 수 있는 내용으로 가장 적절한 것은?

> 사람의 눈은 지름 약 2.3cm의 크기로 앞쪽이 볼록 튀어나온 공처럼 생겼으며 탄력이 있다. 눈의 가장 바깥 부분은 흰색의 공막이 싸고 있으며 그 안쪽에 검은색의 맥락막이 있어 눈동자를 통해서만 빛이 들어가도록 되어 있다. 눈의 앞쪽은 투명한 각막으로 되어 있는데, 빛은 이 각막을 통과하여 그 안쪽에 있는 렌즈 모양의 수정체에 의해 굴절되어 초점이 맞추어져 망막에 상을 맺는다. 이 망막에는 빛의 자극을 받아들이는 시신경세포가 있다.
> 이 시신경세포는 원뿔 모양의 '원추세포'와 간상세포(桿狀細胞)로도 불리는 막대 모양의 '막대세포'라는 두 종류로 이루어진다. 원추세포는 눈조리개의 초점 부근 좁은 영역에 주로 분포되어 있으며, 그 세포 수는 막대세포에 비해 매우 적다. 이에 반해 막대세포는 망막 전체에 걸쳐 분포되어 있고 그 세포 수는 원추세포에 비해 매우 많다. 원추세포와 막대세포는 각각 다른 색깔의 빛에 민감한데, 원추세포는 파장이 500나노미터 부근의 빛(노랑)에, 막대세포는 파장이 560나노미터 부근의 빛(초록)에 가장 민감하다.
> 원추세포는 그 수가 많지 않으므로, 우리 눈은 어두운 곳에서 색을 인식하는 능력은 많이 떨어지지만 밝은 곳에서는 제 기능을 잘 발휘하는데, 노란색 근처의 빛(붉은색 – 주황색 – 노란색 구간)이 특히 눈에 잘 띈다. 노란색이나 붉은색으로 경고나 위험 상황을 나타내는 것은 이 때문이다. 이 색들은 밝은 곳에서 눈에 잘 띄어 안전을 위해 효율적이지만 날이 어두워지면 무용지물이 될 수도 있다.
> 인간의 눈은 우리 주위에 가장 흔한 가시광선에 민감하도록 진화되어 왔다고 할 수 있다. 즉, 우리 주위에 가장 흔하고 강한 노란빛에 민감하도록 진화해 왔을 것이며, 따라서 우리가 노란색에 가장 민감함은 자연스러운 것이다. 그러나 시신경세포의 대부분은 막대세포들인데, 이 막대세포는 비타민 A에서 생긴 로돕신이라는 물질이 있어 빛을 감지할 수 있다. 로돕신은 빛을 받으면 분해되어 시신경을 자극하고, 이 자극이 대뇌에 전달되어 물체를 인식한다. 그 세포들은 비록 색을 인식하지는 못하지만, 초록색 빛을 더 민감하게 인식한다. 즉, 비록 색깔을 인식하지 못한다 할지라도 어두운 곳에서는 초록색 물체가 잘 보인다.

① 시신경세포의 로돕신이 시신경을 자극함으로써 물체의 색을 인식할 수 있다.
② 눈조리개의 초점 부근 좁은 영역에 분포하는 세포는 막대 모양을 하고 있다.
③ 막대세포의 수보다 원추세포의 수가 많다면 밝은 곳에서도 초록색 물체가 잘 보일 것이다.
④ 어두운 터널 내에는 노란색의 경고 표지판보다 초록색의 경고 표지판을 설치하는 것이 더 효과적이다.
⑤ 위험 지역에 노란색이나 붉은색의 경고등을 설치하는 것은 우리 눈의 막대세포의 수와 관련이 있다.

02 다음 글의 밑줄 친 ㉠~㉤에 대한 반응으로 적절하지 않은 것은?

> K공사는 올해부터 지자체 및 전문가는 물론 일반 국민들도 가뭄에 대한 다양한 정보를 손쉽게 제공받을 수 있는 '가뭄 정보 포털' 서비스를 시작했다. 가뭄 정보 포털은 국가가 가뭄 피해 예방을 위해 구축한 종합 가뭄 의사 결정 지원 서비스로, 국민, 정부·지자체, 학계 전문가 각각의 성격에 걸맞도록 다양한 정보를 제공하는 국내 유일의 가뭄 종합시스템이다.
>
> 국민들은 가뭄 정보 포털 내 ㉠ <u>우리 동네 가뭄 정보 서비스</u>를 통해 거주 지역의 가뭄 관련 정보를 제공받을 수 있으며, 가뭄 단계별 대응 행동요령과 가뭄 관련 상식, 생활 속 물 절약 방법 등에 대해 알 수 있다.
>
> 정부 기관 담당자에게는 전국의 가뭄 현황 및 전망 정보를 공유함으로써 정책 수립에 도움을 주고, 해당 지자체 담당자에게는 특화된 지역 중심의 맞춤형 가뭄 정보를 제공하여 가뭄에 대한 선제적 대응과 의사 결정을 지원하는 가뭄 종합상황판 서비스를 제공한다.
>
> 학계 전문가에게는 가뭄 분석을 위한 기초 자료(수원 정보, 시계열 관측 자료), 국내·외 연구 논문을 ㉡ <u>통합 데이터 뷰어 서비스</u>를 통해 제공함으로써 활용 가능한 연구를 진행할 수 있도록 지원한다.
>
> K공사는 구축한 가뭄 관련 정보를 세계적으로 공유할 수 있도록 올해 ㉢ <u>영문 포털</u>을 새롭게 오픈했으며, 이를 통해 ㉣ <u>빅데이터를 활용한 가뭄 분석 서비스</u>, 위성영상 자료 등을 이용할 수 있다. 이 밖에도 여러 종류의 IT 기기에서 가뭄 정보 포털을 확인할 수 있도록 ㉤ <u>반응형 웹 서비스</u>도 새로 시작했다.
>
> K공사는 포털을 통해 신속하고 다양한 가뭄 정보를 제공함으로써, 국민들의 가뭄 대처 실행력을 증진시키고, 정부·지자체의 가뭄 대응 의사 결정을 지원해 가뭄에 선제적으로 대처하고 피해를 예방할 수 있을 것으로 기대한다.

① ㉠ : 평소 일기 예보에 잘 언급되지 않는 지역에서 농사를 짓고 있는 농민에게 유용할 수 있겠어.

② ㉡ : 강수량 변화와 관련된 연구를 진행 중인 교수님이 많은 도움을 얻었다고 했어.

③ ㉢ : 아직 한국어가 서툰 외국인도 관련 정보를 쉽게 얻을 수 있겠어.

④ ㉣ : 분석 자료를 통해 전년도 학기 연구 과제에서 좋은 점수를 받을 수 있었어.

⑤ ㉤ : 스마트폰이나 태블릿 PC에서도 포털 접속이 수월해졌어.

03 다음 글의 주장으로 가장 적절한 것은?

옛날 태학에서는 사람들에게 풍악을 가르쳤기 때문에 명칭을 '성균관(成均館)'이라 하였다. 그러나 지금 태학에서는 풍악을 익히지 않으니 이 이름을 쓰는 것은 옳지 않고 '국자감'으로 바꾸는 것이 옳다. 국자(國子)란 원래 왕실의 적자(嫡者)와 공경대부의 적자인데, 지금 태학에는 국자만 다니는 것이 아니기에 명칭과 실상이 서로 어긋나지만 국자감이 그래도 본래 의미에 가깝다.
옛날에 사람을 가르치는 법은 원래 두 길이었다. 국자는 태학에서 가르쳤는데 대사악(大司樂)이 주관했고, 서민은 향학에서 가르쳤는데 대사도(大司徒)가 주관하였다. 순 임금이 "기여, 너에게 악(樂)을 맡도록 명하노니 주자(胄子)를 가르치되 곧으면서 온화하게 하라." 했으니, 이것은 태학에서 국자를 가르친 것이다. 순 임금이 "설이여, 백성들이 서로 친근하지 않는구나. 너를 사도(司徒)로 삼으니, 공경하게 오교(五敎)를 펼쳐라." 했으니, 이것은 향학에서 서민을 가르친 것이다. 『주례』에 대사악이 육덕(六德)으로 국자를 가르쳤는데 이것도 순 임금이 기에게 명하던 그 법이고, 대사도가 향삼물(鄕三物)로 만민을 가르쳤는데 이것도 순 임금이 설에게 명하던 그 법이었다. 오늘날은 국자가 어떤 인물인지, 성균이 어떤 의미인지 알지 못하여, 서민의 자식이 국자로 자칭하고, 광대의 노래를 성균에 해당시키니 어찌 잘못된 것이 아니겠는가?
왕제(王制)는 한(漢)나라의 법이다. 왕제가 시행된 이래로 국자와 서민이 함께 태학에 들어가게 되었다. 그 제도가 2천 년이나 내려왔으니, 옛 제도는 회복할 수 없게 되었다. 비록 그렇지만 국자를 가르치던 법을 없어지게 해서는 안 된다. 우리나라 제도에 종학(宗學)이 있어 종실 자제를 교육했었는데, 지금은 혁파되었다. 태학은 종실 자제를 교육하던 곳인데 까닭 없이 서민에게 양보하고 따로 학교를 세워 종학이라 한 것도 잘못된 일인데 지금은 그것마저 혁파되었으니 개탄할 일이 아닌가? 지금 태학의 명륜당은 종학으로 만들어 종실의 자제 및 공경의 적자가 다니게 하고, 비천당은 백성들이 다니는 학교로 만들어 별도로 운영하는 것이 합당할 것이다.

① 종실 자제 위주의 독립된 교육은 잘못된 일이다.
② 성균관에서 풍악을 가르치던 전통을 회복해야 한다.
③ 향학의 설립을 통해 백성에 대한 교육을 강화해야 한다.
④ 왕제보다는 『주례』의 교육 전통을 따르는 것이 바람직하다.
⑤ 국자와 서민의 교육 내용을 통합하는 교육 과정이 필요하다.

04 다음 중 옵트인 방식을 도입하자는 주장에 대한 근거로 사용하기에 적절하지 않은 것은?

> 스팸 메일 규제와 관련한 논의는 스팸 메일 발송자의 표현의 자유와 수신자의 인격권 중 어느 것을 우위에 둘 것인가를 중심으로 전개되어 왔다. 스팸 메일의 규제 방식은 옵트인(Opt-in) 방식과 옵트아웃(Opt-out) 방식으로 구분된다. 전자는 광고성 메일을 금지하지는 않되 수신자의 동의를 받아야만 발송할 수 있게 하는 방식으로, 영국 등 EU 국가들에서 시행하고 있다. 그러나 이 방식은 수신 동의 과정에서 발송자와 수신자 양자에게 모두 비용이 발생하며, 시행 이후에도 스팸 메일이 줄지 않았다는 조사 결과도 나오고 있어 규제 효과가 크지 않을 수 있다.
>
> 반면 옵트아웃 방식은 일단 스팸 메일을 발송할 수 있게 하되 수신자가 이를 거부하면 이후에는 메일을 재발송할 수 없도록 하는 방식으로, 미국에서 시행되고 있다. 그런데 이러한 방식은 스팸 메일과 일반적 광고 메일의 선별이 어렵고, 수신자가 수신 거부를 하는 데 따르는 불편과 비용을 초래하며 불법적으로 재발송되는 메일을 통제하기 힘들다. 또한, 육체적·정신적으로 취약한 청소년들이 스팸 메일에 무차별적으로 노출되어 피해를 입을 수 있다.

① 옵트아웃 방식을 사용한다면 수신자가 수신 거부를 하는 것이 더 불편해질 것이다.

② 옵트인 방식은 수신에 동의하는 데 따르는 수신자의 경제적 손실을 막을 수 있다.

③ 옵트아웃 방식을 사용한다면 재발송 방지가 효과적으로 이루어지지 않을 것이다.

④ 옵트인 방식은 수신자 인격권 보호에 효과적이다.

⑤ 날로 수법이 교묘해져 가는 스팸 메일을 규제하기 위해서는 수신자 사전 동의를 받아야 하는 옵트인 방식을 채택하는 것이 효과적이다.

05 김대리는 요즘 업무에 집중이 잘되지 않아 고민이 많다. 그러던 중 인터넷에서 다음과 같은 기사를 읽었다. 이에 대한 내용으로 적절하지 않은 것은?

〈번아웃 증후군〉

'번아웃(Burn Out)'의 사전적 정의는 '(신체적 또는 정신적인) 극도의 피로, (로켓의) 연료 소진'이다. 어떤 일을 하면서 또는 그 일이 끝나고 난 뒤, 자신이 갖고 있던 에너지를 다 써버린 느낌이 든다면 '번아웃 증후군'을 의심해 봐야 한다.

'번아웃 증후군'이란 한 가지 일에 몰두하던 사람이 극도의 신체적 · 정서적 피로로 인해 무기력증 · 자기혐오 · 직무거부 등에 빠지는 것을 말한다. 직장인에게 자주 나타나 '직장인 번아웃 증후군'이라고도 부른다. 이상이 높고 자기 일에 열정을 쏟는 적극적인 성격의 사람, 지나치게 적응력이 강한 사람에게 주로 나타난다. 쉽게 말해서 돌연 보람과 성취감을 잃고 슬럼프에 빠지는 것이다.

번아웃 증후군에 걸리면 의욕이 저하되고, 성취감이 안 느껴지고, 공감 능력이 떨어지는 등의 증상이 나타난다. 그 뒤 '모든 일을 그만두고 싶다.'는 생각이 들다가, 예전에는 기뻤던 일이 더 이상 기쁘게 느껴지지 않는 지경에 이른다고 한다. 이외에도 불면증, 과다수면, 폭식 등의 증상이 있다.

〈번아웃 증후군 자가진단 체크리스트〉

1. 일하기에는 몸이 너무 지쳤다는 생각이 든다.
2. 퇴근할 때 녹초가 된다.
3. 아침에 출근할 생각만 하면 피곤해진다.
4. 일하는 것에 부담감과 긴장감을 느낀다.
5. 일이 주어지면 무기력하고 싫증이 느껴진다.
6. 자신이 하는 일에 관심조차 없다.
7. 주어진 업무를 할 때 소극적이고 방어적이다.
8. 성취감을 못 느낀다.
9. 스트레스를 풀기 위해 쾌락 요소(폭식, 흡연 등)만 찾는다.
10. 최근 짜증이 늘고 불안감이 잘 느껴진다.

※ 10개 항목 중 3개 이상에 해당하면 번아웃 증후군을 의심해 봐야 함

번아웃 증후군은 신체 질병은 아니지만 방치하면 심각한 문제로 이어지기 쉽기 때문에 적극적으로 대처해야 한다.

① 번아웃 증후군에 걸리는 데는 성격도 큰 역할을 하지.
② 무기력증이 주된 증상이니까 휴식이 가장 필요해.
③ 모자라는 것 못지않게 과해도 안 돼. 몰입으로 문제가 생길 수 있다고는 생각하지 못했는데.
④ 원하는 목표를 달성하려고 노력하다가 걸릴 수도 있고, 오히려 목표를 달성함으로써 걸릴 수도 있어.
⑤ 이 증후군에 걸린 사람은 환경을 바꾸지 않는 것이 좋아. 적응을 하려면 또 에너지를 써야 하니까 말야.

PART 1

SECTION 04

심화문제

정답 및 해설 p.019

※ 다음 글을 읽고 이어지는 질문에 답하시오. [1~2]

자본 구조가 기업의 가치와 무관하다는 명제로 표현되는 ㉠ 모딜리아니 – 밀러 이론은 완전 자본시장 가정, 곧 자본 시장에 불완전성을 가져올 수 있는 모든 마찰 요인이 전혀 없다는 가정에 기초한 자본 구조 이론이다. 이 이론에 따르면 기업의 영업 이익에 대한 법인세 등의 세금이 없고 거래 비용이 없으며 모든 기업이 완전히 동일한 정도로 위험에 처해 있다면, 기업의 가치는 기업 내부 여유 자금이나 주식 같은 자기 자본을 활용하든지 부채 같은 타인 자본을 활용하든지 간에 어떤 영향도 받지 않는다.
모딜리아니 – 밀러 이론이 제시된 이후, 완전 자본 시장 가정의 비현실성에 주안점을 두어 세금, 기업의 파산에 따른 처리 비용(파산 비용), 경영자와 투자자, 채권자 같은 경제 주체들 사이의 정보량의 차이(정보 비대칭) 등을 감안하는 자본 구조 이론들이 발전해 왔다. 불완전 자본 시장을 가정하는 이러한 이론들 중에는 상충 이론과 자본 조달 순서 이론이 있다.
상충 이론이란 부채의 사용에 따른 편익과 비용을 비교하여 기업의 최적 자본 구조를 결정하는 이론이다. 이러한 편익과 비용을 구성하는 요인들에는 여러 가지가 있지만, 그중 편익으로는 법인세 감세 효과만을, 비용으로는 파산 비용만 있는 경우를 가정하여 이 이론을 설명해 볼 수 있다.
여기서 법인세 감세 효과란 부채에 대한 이자가 비용으로 처리됨으로써 얻게 되는 세금 이득을 가리킨다. 이렇게 가정할 경우 상충 이론은 부채의 사용이 증가함에 따라 법인세 감세 효과에 의해 기업의 가치가 증가하는 반면, 기대 파산 비용도 증가함으로써 기업의 가치가 감소하는 효과도 나타난다고 본다. 이 상반된 효과를 계산하여 기업의 가치를 가장 크게 하는 부채 비율, 곧 최적 부채 비율이 결정되는 것이다.
이와는 달리 자본 조달 순서 이론은 정보 비대칭의 정도가 작은 순서에 따라 자본 조달이 순차적으로 이루어진다고 설명한다. 이 이론에 따르면, 기업들은 투자가 필요할 경우 내부 여유 자금을 우선적으로 쓰며, 그 자금이 투자액에 미달될 경우에 외부 자금을 조달하게 되고, 외부 자금을 조달해야 할 때에도 정보 비대칭의 문제로 주식의 발행보다 부채의 사용을 선호한다는 것이다.
상충 이론과 자본 조달 순서 이론은 기업들의 부채 비율 결정과 관련된 이론적 예측을 제공한다. 기업 규모와 관련해 상충 이론은 기업 규모가 클 경우 부채 비율이 높을 것이라고 예측한다. 그러나 자본 조달 순서 이론은 기업 규모가 클 경우 부채 비율이 낮을 거라고 예측한다. 성장성이 높은 기업들에 대해 상충 이론은 법인세 감세 효과보다는 기대 파산 비용이 더 크기 때문에 부채 비율이 낮을 것이라고 예측하는 반면, 자본 조달 순서 이론은 성장성이 높을수록 더 많은 투자가 필요할 것이므로 부채 비율이 높을 것이라고 예측한다.
밀러는 모딜리아니 – 밀러 이론을 수정 보완하는 자신의 이론을 제시하였다. 그는 자본 구조의 설명에 있어 파산 비용이 미치는 영향이 미약하여 이를 고려할 필요가 없다고 보았다. 이와 함께 법인세의 감세 효과가 기업의 자본 구조 결정에 크게 반영되지는 않는다는 점에 착안하여 자본 구조 결정에 세금이 미치는 효과에 대한 재정립을 시도하였다. 현실에서는 법인세뿐만 아니라 기업에 투자한 채권자들이 받는 이자 소득에 대해서도 소득세가 부과되는데, 이러한 소득세는 채권자의 자산 투자에 영향을 미침으로써 기업의 자금 조달에도 영향을 미칠 수 있다. 밀러는 이러한 현실을 반영하여 경제 전체의 최적 자본 구조 결정 이론을 제시하였다. ㉡ 밀러의 이론에 의하면, 경제 전체의 자본 구조가 최적일 경우에는 법인세율과 이자 소득세율이 정확히 일치함으로써 개별 기업의 입장에서 보면 타인 자본의 사용으로 인한 기업 가치의 변화는 없다. 결국 기업의 최적 자본 구조는 결정될 수 없고 자본 구조와 기업의 가치는 무관하다는 것이다.

01 다음 중 윗글의 밑줄 친 ㉠과 ㉡의 관계를 설명한 내용으로 가장 적절한 것은?

① 파산 비용이 없다고 가정한 ㉠의 한계를 극복하기 위해 ㉡은 파산 비용을 반영하였다.

② 개별 기업을 분석 단위로 삼은 ㉠과 같은 입장에서 ㉡은 기업의 최적 자본 구조를 분석하였다.

③ 기업의 가치 산정에 법인세만을 고려한 ㉠의 한계를 극복하기 위해 ㉡은 법인세 외에 소득세도 고려하였다.

④ 현실 설명력이 제한적이었던 ㉠의 한계를 극복하기 위해 ㉡은 기업의 가치 산정에 타인 자본의 영향이 크다고 보았다.

⑤ 자본 시장의 마찰 요인을 고려한 ㉡은 자본 구조와 기업의 가치가 무관하다는 ㉠의 명제를 재확인하였다.

02 다음 중 윗글을 토대로 제시된 상황에 대해 바르게 판단한 것은?

> 기업 평가 전문가 A씨는 상충 이론에 따라 B기업의 재무 구조를 평가해 주려고 한다. B기업은 자기 자본 대비 타인 자본 비율이 높으며 기업 규모는 작으나 성장성이 높은 기업이다. 최근에 B기업은 신기술을 개발하여 생산 시설을 늘려야 하는 상황이다.

① A씨는 B기업의 규모가 작기 때문에 부채 비율이 높은 것이라고 평가할 것이다.

② A씨는 B기업의 이자 비용에 따른 법인세 감세 효과가 클 것이라고 평가할 것이다.

③ A씨는 B기업의 높은 자기 자본 대비 타인 자본 비율이 그 기업의 가치에 영향을 미칠 것이라고 평가할 것이다.

④ A씨는 B기업이 기대 파산 비용은 낮고 투자로부터 기대되는 수익은 매우 높기 때문에 투자 가치가 높다고 평가할 것이다.

⑤ A씨는 B기업의 생산 시설 확충을 위한 투자 자금은 자기 자본보다 타인 자본으로 조달하는 것이 더 낫다고 평가할 것이다.

03 다음 글을 읽고 제시된 상황을 해석한 내용으로 적절하지 않은 것은?

자기 조절은 목표 달성을 위해 자신의 사고, 감정, 욕구, 행동 등을 바꾸려는 시도인데, 목표를 달성한 경우는 자기 조절의 성공을, 반대의 경우는 자기 조절의 실패를 의미한다. 이에 대한 대표적인 이론으로는 앨버트 반두라의 '사회 인지 이론'과 로이 바우마이스터의 '자기 통제 힘 이론'이 있다. 반두라의 사회 인지 이론에서는 인간이 자기 조절 능력을 선천적으로 가지고 있다고 본다. 이런 특징을 가진 인간은 가치 있는 것을 획득하기 위해 행동하거나 두려워하는 것을 피하기 위해 행동한다. 반두라에 따르면, 자기 조절은 세 가지의 하위 기능인 자기 검열, 자기 판단, 자기 반응의 과정을 통해 작동한다. 자기 검열은 자기 조절의 첫 단계로, 선입견이나 감정을 배제하고 자신이 지향하는 목표와 관련하여 자신이 놓여 있는 상황과 현재 자신의 행동을 감독, 관찰하는 것을 말한다. 자기 판단은 목표 성취와 관련된 개인의 내적 기준인 개인적 표준, 현재 자신이 처한 상황, 그리고 자신이 하게 될 행동 이후 느끼게 될 정서 등을 고려하여 자신이 하고자 하는 행동을 결정하는 것을 말한다. 그리고 자기 반응은 자신이 한 행동 이후에 자신에게 부여하는 정서적 현상을 의미하는데, 자신이 지향하는 목표와 관련된 개인적 표준에 부합하는 행동은 만족감이나 긍지라는 자기 반응을 만들어 내고 그렇지 않은 행동은 죄책감이나 수치심이라는 자기 반응을 만들어 낸다.
한편, 바우마이스터의 자기 통제 힘 이론은 사회 인지 이론의 기본적인 틀을 유지하면서 인간의 심리적 현상에 대해 자연과학적 근거를 찾으려는 경향이 대두되면서 등장하였다. 이 이론에서 말하는 자기 조절은 개인의 목표 성취와 관련된 개인적 표준, 자신의 행동을 관찰하는 모니터링, 개인적 표준에 도달할 수 있게 하는 동기, 자기 조절에 들이는 에너지로 구성된다. 바우마이스터는 그중 에너지의 양이 목표 성취의 여부에 결정적인 영향을 준다고 보기 때문에 자기 조절에서 특히 에너지의 양적인 측면을 중시한다. 바우마이스터에 따르면, 다양한 자기 조절 과업에서 개인은 자신이 가지고 있는 에너지를 사용하는데, 에너지의 양은 제한되어 있어서 지속적으로 자기 조절에 성공하기 위해서는 에너지를 효율적으로 사용해야 한다. 그런데 에너지를 많이 사용한다 하더라도 에너지가 완전히 고갈되는 상황은 벌어지지 않는다. 그 이유는 인간이 긴박한 욕구나 예외적인 상황을 대비하여 에너지의 일부를 남겨 두기 때문이다.

S씨는 건강관리를 자기 삶의 가장 중요한 목표로 삼았다. 우선 그녀는 퇴근하는 시간이 규칙적인 자신의 근무 환경을, 그리고 과식을 하고 운동을 하지 않는 자신을 관찰하였다. 그래서 퇴근 후의 시간을 활용하여 일주일에 3번 필라테스를 하고, 균형 잡힌 식단에 따라 식사를 하겠다고 다짐하였다. 한 달 후 S씨는 다짐한 대로 운동을 해서 만족감을 느꼈다. 그러나 균형 잡힌 식단에 따라 식사를 하지는 못했다.

① 반두라에 따르면 S씨는 선천적인 자기 조절 능력을 통한 자기 검열, 자기 판단, 자기 반응의 자기 조절 과정을 거쳤다.
② 반두라에 따르면 S씨는 식단 조절에 실패함으로써 죄책감이나 수치심을 느꼈을 것이다.
③ 반두라에 따르면 S씨는 건강관리를 가치 있는 것으로 생각하고 이를 획득하기 위해 운동을 시작하였다.
④ 바우마이스터에 따르면 S씨는 건강관리라는 개인적 표준에 도달하기 위해 자신의 근무환경과 행동을 모니터링하였다.
⑤ 바우마이스터에 따르면 S씨는 운동하는 데 모든 에너지를 사용하여 에너지가 고갈됨으로써 식단 조절에 실패하였다.

04 다음 글의 빈칸에 들어갈 단어로 가장 적절한 것은?

죄가 언론 보도의 주요 소재가 되고 있다. 그 이유는 언론이 범죄를 취잿감으로 찾아내기가 쉽고 편의에 따라 기사화할 수 있을 뿐만 아니라, 범죄 보도를 통하여 시청자의 관심을 끌 수 있기 때문이다. 이러한 보도는 범죄에 대한 국민의 알 권리를 충족시키는 공적 기능을 수행하기 때문에 사회적으로 용인되는 경향이 있다. 그러나 지나친 범죄 보도는 범죄자나 범죄 피의자의 초상권을 침해하여 법적·윤리적 문제를 일으키기도 한다.

일반적으로 초상권은 얼굴 및 기타 사회 통념상 특정인임을 식별할 수 있는 신체적 특징을 타인이 함부로 촬영하여 공표할 수 없다는 인격권과 이를 광고 등에 영리적으로 이용할 수 없다는 재산권을 포괄한다. 언론에 의한 초상권 침해의 유형으로는 본인의 동의를 구하지 않은 무단 촬영·보도, 승낙의 범위를 벗어난 촬영·보도, 몰래 카메라를 동원한 촬영·보도 등을 들 수 있다.

법원의 판결로 이어진 대표적인 사례로는 교내에서 불법으로 개인 지도를 하던 대학 교수를 현행범으로 체포하려는 현장을 방송 기자가 경찰과 동행하여 취재하던 중 초상권을 침해한 경우를 들 수 있다. 법원은 '원고의 동의를 구하지 않고, 연습실을 무단으로 출입하여 취재한 것은 원고의 사생활과 초상권을 침해하는 행위'라고 판시했다. 더불어 취재의 자유를 포함하는 언론의 자유는 다른 법익을 침해하지 않는 범위 내에서 인정되며, 비록 취재 당시 원고가 현행범으로 체포되는 상황이라 하더라도, 원고의 연습실과 같은 사적인 장소는 수사 관계자의 동의 없이는 출입이 금지되고, 이를 무시한 취재는 원칙적으로 불법이라고 판결했다.

이 사례는 법원이 언론의 자유와 초상권 침해의 갈등을 어떤 기준으로 판단하는지 보여 주고 있다. 또한 이 판결은 사적 공간에서의 취재 활동이 어디까지 허용되는가에 대한 법적 근거를 제시하고 있다. 언론 보도에 노출된 범죄 피의자는 경제적·직업적·가정적 불이익을 당할 뿐만 아니라, 인격이 심하게 훼손되거나 심지어는 생명을 버리기까지도 한다. 따라서 사회적 공기(公器)인 언론은 개인의 초상권을 존중하고 언론 윤리에 부합하는 범죄 보도가 될 수 있도록 신중을 기해야 한다. 범죄 보도가 초래하는 법적·윤리적 논란은 언론계 전체의 신뢰도에 치명적인 손상을 가져올 수도 있다. 이는 범죄가 언론에는 매혹적인 보도 소재이지만, 자칫 ________이/가 될 수도 있음을 의미한다.

① 시금석
② 부메랑
③ 아킬레스건
④ 악어의 눈물
⑤ 뜨거운 감자

※ 다음 글을 읽고 이어지는 질문에 답하시오. [5~7]

현대 사회에서 스타는 대중문화의 성격을 규정짓는 가장 중요한 열쇠이다. 스타를 생산, 관리, 활용, 거래, 소비하는 전체적인 순환 메커니즘이 바로 스타 시스템이다. 이것이 자본주의 대중문화의 가장 핵심적인 작동 원리로 자리 잡게 되면서 사람들은 스타가 되기를 열망하고, 또 스타 만들기에 진력하게 되었다.
스크린과 TV 화면에 보이는 스타는 화려하고 강하고 영웅적이며, 누구보다 매력적인 인간형으로 비춰진다. 사람들은 스타에 열광하는 순간 스타와 자신을 무의식적으로 동일시하며 그 환상적 이미지에 빠진다. 스타를 자신들이 스스로 결여되어 있다고 느끼는 부분을 대리 충족시켜 주는 대상으로 생각하기 때문이다. 그런 과정이 가장 전형적으로 드러나는 장르가 영화이다.
영화는 어떤 환상도 쉽게 먹혀 들어갈 수 있는 조건에서 상영되며 기술적으로 완벽한 이미지를 구현하여 압도적인 이미지로 관객을 끌어들인다. 컴컴한 극장 안에서 관객은 부동자세로 숨죽인 채 영화에 집중하게 되며 자연스럽게 영화가 제공하는 이미지에 매료된다. 그리고 그 순간 무의식적으로 자신을 영화 속의 주인공과 동일시하게 된다. 관객은 매력적인 대상과 자신을 동일시하면서 자신의 진짜 모습을 잊고 이상적인 인간형을 간접 체험하게 되는 것이다.
스크린과 TV 화면에 비친 대중이 선망하는 스타의 모습은 현실적인 이미지가 아니라 허구적인 이미지에 불과하다. 사람들은 스타 역시 어쩔 수 없는 약점과 한계를 안고 사는 한 인간일 수밖에 없다는 사실을 아주 쉽게 망각해 버리곤 한다. 이렇게 스타에 대한 열광의 성립은 대중과 스타의 관계가 기본적으로 익명적일 수밖에 없다는 데서 가능해진다. 자본주의의 특징 가운데 하나는 필요 이상의 물건을 생산하고 그것을 팔기 위해 갖은 방법으로 소비자들의 욕망을 부추긴다는 것이다. 스타는 그 과정에서 소비자들의 구매 욕구를 불러일으키는 가장 중요한 연결고리 역할을 함과 동시에 그들도 상품처럼 취급되어 소비되는 경향이 있다. 스타 시스템은 대중문화의 안과 밖에서 스타의 화려하고 소비적인 생활 패턴의 소개를 통해 사람들의 욕망을 자극하게 된다. 또한 스타들을 상품의 생산과 판매를 위한 도구로 이용하며, 끊임없이 오락과 소비의 영역을 확장하고 거기서 이윤을 발생시킨다. 이 모든 것이 가능한 것은 많은 대중이 스타를 닮고자 하는 욕구를 가지고 있어 스타의 패션과 스타일, 소비 패턴을 모방하기 때문이다.
스타 시스템을 건전한 대중문화의 작동 원리로 발전시키기 위해서는 우선 대중문화 산업에 종사하고 싶어 하는 사람들을 위한 활동 공간과 유통 구조를 확보하여 실험적이고 독창적인 활동을 다양하게 벌일 수 있는 토양을 마련해 주어야 한다. 나아가 이러한 예술 인력을 스타 시스템과 연결하는 중간 메커니즘도 육성해야 할 것이다.

05 다음 중 윗글의 논지 전개상 특징에 대한 설명으로 가장 적절한 것은?

① 상반된 이론을 제시한 후 절충적 견해를 이끌어내고 있다.
② 현상에 대한 문제점을 언급한 후 해결 방안을 제시하고 있다.
③ 권위 있는 학자의 견해를 들어 주장의 정당성을 입증하고 있다.
④ 대상을 하위 항목으로 구분하여 논의의 범주를 명확히 하고 있다.
⑤ 현상의 변천 과정을 고찰하고 향후의 발전 방향을 제시하고 있다.

06 다음 중 윗글을 토대로 〈보기〉의 밑줄 친 ㉠~㉣을 이해한 내용으로 적절하지 않은 것은?

보기

인간은 자기에게 욕망을 가르쳐주는 모델을 통해 자신의 욕망을 키워간다. 이런 모델을 ㉠ 욕망의 매개자라고 부른다. 욕망의 매개자가 존재한다는 사실은 욕망이 '대상-주체'의 이원적 구조가 아니라 '주체-모델-대상'의 삼원적 구조를 갖고 있음을 보여준다. 더구나 ㉡ 욕망의 주체와 모델은 ㉢ 욕망 대상을 두고 경쟁하는 욕망의 경쟁자이다. 이런 경쟁은 종종 욕망 대상의 가치를 실제보다 높게 평가하게 된다. 이렇게 과대평가된 욕망 대상을 소유한 모델은 주체에게는 ㉣ 우상적 존재가 된다.

① ㉠은 ㉡이 무의식적으로 자신과 동일시하는 인물이다.
② ㉡은 스타를 보고 열광하는 사람들을 말한다.
③ ㉢은 ㉡이 지향하는 이상적인 대상이다.
④ ㉢은 ㉠과 ㉡이 동시에 질투를 느끼는 인물이다.
⑤ ㉣은 ㉡의 진짜 모습을 잊게 하는 환상적인 인물이다.

07 다음 중 윗글에 대한 비판적 이해로 가장 적절한 것은?

① 대중과 스타의 관계가 익명적 관계임을 근거로 대중과 스타의 관계를 무의미한 것으로 치부하고 있어.
② 스타 시스템이 대중문화를 대변하고 있다는 데 치중하여 스타 시스템의 부정적인 측면을 간과하고 있어.
③ 스타 시스템과 스타가 소비 대중에게 가져다 줄 전망만을 주로 다룸으로써 대책 없는 낙관주의에 빠져 있어.
④ 스타를 스타 시스템에 의해 조종되는 수동적인 존재로만 보고, 그들도 주체성을 지니고 행동한다는 사실을 간과하고 있어.
⑤ 대중이 스타를 무비판적으로 추종하는 면을 지적하여 그런 욕망으로부터 벗어나기 위한 방법을 제시하기에 급급하고 있어.

08 다음 글의 논지로 가장 적절한 것은?

> 물리학의 근본 법칙들은 실재 세계의 사실들을 정확하게 기술하는가? 이 질문에 확신을 가지고 그렇다고 대답할 사람은 많지 않을 것이다. 사실 다양한 물리 현상들을 설명하는 데 사용되는 물리학의 근본 법칙들은 모두 이상적인 상황만을 다루고 있는 것 같다. 정말로 물리학의 근본 법칙들이 이상적인 상황만을 다루고 있다면 이 법칙들이 실재 세계의 사실들을 정확히 기술한다는 생각에는 문제가 있는 듯하다.
>
> 가령 중력의 법칙을 생각해 보자. 중력의 법칙은 "두 개의 물체가 그들 사이의 거리의 제곱에 반비례하고 그 둘의 질량의 곱에 비례하는 힘으로 서로 당긴다."라는 것이다. 이 법칙은 두 물체의 운동을 정확하게 설명할 수 있는가? 그렇지 않다는 것은 분명하다. 만약 어떤 물체가 질량뿐만이 아니라 전하를 가지고 있다면 그 물체들 사이에 작용하는 힘은 중력의 법칙만으로 계산된 것과 다를 것이다. 즉, 위의 중력의 법칙은 전하를 가지고 있는 물체의 운동을 설명하지 못한다.
>
> 물론 사실을 정확하게 기술하는 형태로 중력의 법칙을 제시할 수 있다. 이를테면 중력의 법칙은 "중력 이외의 다른 어떤 힘도 없다면, 두 개의 물체가 그들 사이의 거리의 제곱에 반비례하고 그 둘의 질량의 곱에 비례하는 힘으로 서로 당긴다."라고 수정될 수 있다. 여기서 '중력 이외의 다른 어떤 힘도 없다면'이라는 구절이 추가된 것에 주목하자. 일단, 이렇게 바뀐 중력의 법칙이 참된 사실을 표현한다는 것은 분명해 보인다. 그러나 이렇게 바꾸면 한 가지 중요한 문제가 발생한다.
>
> 어떤 물리 법칙이 유용한 것은 물체에 작용하는 힘들을 통해 다양하고 복잡한 현상을 설명할 수 있기 때문이다. 물리 법칙은 어떤 특정한 방식으로 단순한 현상만을 설명하는 것을 목표로 하지 않는다. 중력의 법칙 역시 마찬가지다. 그것이 우리가 사는 세계를 지배하는 근본적인 법칙이라면 중력이 작용하는 다양한 현상들을 설명할 수 있어야 한다. 하지만 '중력 이외의 다른 어떤 힘도 없다면'이라는 구절이 삽입되었을 때, 중력의 법칙이 설명할 수 있는 영역은 무척 협소해진다. 즉, 그것은 오로지 중력만이 작용하는 아주 특수한 상황만을 설명할 수 있을 뿐이다. 결과적으로 참된 사실들을 진술하기 위해 삽입된 구절은 설명력을 현저히 감소시킨다. 이 문제는 거의 모든 물리학의 근본 법칙이 가지고 있다.

① 물리학의 근본 법칙은 그 영역을 점점 확대하는 방식으로 발전해 왔다.

② 물리적 자연 현상이 점점 복잡하고 다양해짐에 따라 물리학의 근본 법칙도 점점 복잡해진다.

③ 더 많은 실재 세계의 사실들을 기술하는 물리학의 법칙이 그렇지 않은 법칙보다 뛰어난 설명력을 가진다.

④ 물리학의 근본 법칙들은 이상적인 상황을 다루고 있어 실재 세계의 사실들을 정확하게 기술하는 데 어려움이 없다.

⑤ 참된 사실을 정확하게 기술하려고 물리 법칙에 조건을 추가하면 설명 범위가 줄어 다양한 물리 현상을 설명하기 어려워진다.

※ 다음 글을 읽고 이어지는 질문에 답하시오. **[9~10]**

> (가) 사실 19세기 중엽은 전화 발명으로 무르익은 시기였고, 전화 발명에 많은 사람이 도전했다고 볼 수 있다. 한 개인이 전화를 발명했다기보다 여러 사람이 전화 탄생에 기여했다는 이야기로 이어질 수 있다. 하지만 결국 최초의 공식 특허를 받은 사람은 벨이며, 벨이 만들어낸 전화 시스템은 지금도 세계 통신망에 단단히 뿌리를 내리고 있다.
>
> (나) 그러나 벨의 특허와 관련된 수많은 소송은 무치의 죽음, 벨의 특허권 만료와 함께 종료되었다. 그레이와 벨의 특허 소송에서도 벨은 모두 무혐의 처분을 받았고, 1887년 재판에서 전화의 최초 발명자는 벨이라는 판결이 났다. 그레이가 전화의 가능성을 처음 인지한 것은 사실이지만, 전화를 완성하기 위한 후속 조치를 취하지 않았다는 것이었다.
>
> (다) 하지만 벨이 특허를 받은 이후 누가 먼저 전화를 발명했는지에 대해 치열한 소송전이 이어졌다. 여기에는 그레이를 비롯하여 안토니오 무치 등 많은 사람이 관련되어 있었다. 특히 무치는 1871년 전화에 대한 임시 특허를 신청하였지만, 돈이 없어 정식 특허로 신청하지 못했다. 2002년 미국 하원 의회에서는 무치가 10달러의 돈만 있었다면 벨에게 특허가 부여되지 않았을 것이라며 무치의 업적을 인정하기도 했다.
>
> (라) 알렉산더 그레이엄 벨은 전화를 처음 발명한 사람으로 알려져 있다. 1876년 2월 14일 벨은 설계도와 설명서를 바탕으로 전화에 대한 특허를 신청했고, 같은 날 그레이도 전화에 대한 특허 신청서를 제출했다. 1876년 3월 7일 미국 특허청은 벨에게 전화에 대한 특허를 부여했다.

09 다음 중 윗글의 (가) ~ (라) 문단을 논리적 순서대로 바르게 나열한 것은?

① (가) – (다) – (라) – (나)
② (가) – (라) – (다) – (나)
③ (라) – (가) – (다) – (나)
④ (라) – (나) – (가) – (다)
⑤ (라) – (다) – (나) – (가)

10 다음 중 윗글의 내용으로 가장 적절한 것은?

① 법적으로 전화를 처음으로 발명한 사람은 벨이다.
② 그레이는 벨보다 먼저 특허 신청서를 제출했다.
③ 무치는 1871년 전화에 대한 정식 특허를 신청하였다.
④ 현재 세계 통신망에는 그레이의 전화 시스템이 사용되고 있다.
⑤ 그레이는 전화의 가능성을 인지하지 못하였다.

CHAPTER 02
수리능력

합격 CHEAT KEY

수리능력은 사칙 연산 · 통계 · 확률의 의미를 정확하게 이해하고 이를 업무에 적용하는 능력으로, 기초 연산과 기초 통계, 도표 분석 및 작성의 문제 유형으로 출제된다. 수리능력 역시 채택하지 않는 공사 · 공단이 거의 없을 만큼 필기시험에서 중요도가 높은 영역이다.

특히, 난이도가 높은 공사 · 공단의 시험에서는 도표 분석, 즉 자료 해석 유형의 문제가 많이 출제되고 있고, 응용 수리 역시 꾸준히 출제하는 공사 · 공단이 많기 때문에 기초 연산과 기초 통계에 대한 공식의 암기와 자료 해석 능력을 기를 수 있는 꾸준한 연습이 필요하다.

01 응용 수리의 공식은 반드시 암기하라!

응용 수리는 공사 · 공단마다 출제되는 문제는 다르지만, 사용되는 공식은 비슷한 경우가 많으므로 자주 출제되는 공식을 반드시 암기하여야 한다. 문제에서 묻는 것을 정확하게 파악하여 그에 맞는 공식을 적절하게 적용하는 꾸준한 노력과 공식을 암기하는 연습이 필요하다.

02 자료의 해석은 자료에서 즉시 확인할 수 있는 지문부터 확인하라!

수리능력 중 도표 분석, 즉 자료 해석 능력은 많은 시간을 필요로 하는 문제가 출제되므로, 증가·감소 추이와 같이 눈으로 확인이 가능한 지문을 먼저 확인한 후 복잡한 계산이 필요한 지문을 확인하는 방법으로 문제를 풀이한다면 시간을 조금이라도 아낄 수 있다. 또한, 여러 가지 보기가 주어진 문제 역시 지문을 잘 확인하고 문제를 풀이한다면 불필요한 계산을 생략할 수 있으므로 항상 지문부터 확인하는 습관을 들여야 한다.

03 도표 작성에서 지문에 작성된 도표의 제목을 반드시 확인하라!

도표 작성은 하나의 자료 혹은 보고서와 같은 수치가 표현된 자료를 도표로 작성하는 형식으로 출제되는데, 대체로 표보다는 그래프를 작성하는 형태로 많이 출제된다. 지문을 살펴보면 각 지문에서 주어진 도표에도 소제목이 있는 경우가 대부분이다. 이때, 자료의 수치와 도표의 제목이 일치하지 않는 경우 함정이 존재하는 문제일 가능성이 높으므로 도표의 제목을 반드시 확인하는 것이 중요하다.

SECTION

01 모듈이론

01 수리능력의 의의

(1) 수리능력의 기초

① 수리능력이란?

사칙연산과 기초적인 통계를 이해하고, 도표의 의미를 파악하거나 도표를 이용해서 결과를 효과적으로 제시하는 능력을 의미한다.

② 수리능력의 분류

분류	내용
기초연산능력	기초적인 사칙연산과 계산방법을 이해하고 활용하는 능력
기초통계능력	평균, 합계와 같은 기초적인 통계기법을 활용하여 자료의 특성과 경향성을 파악하는 능력
도표분석능력	도표의 의미를 파악하고, 필요한 정보를 해석하는 능력
도표작성능력	도표를 이용하여 결과를 효과적으로 제시하는 능력

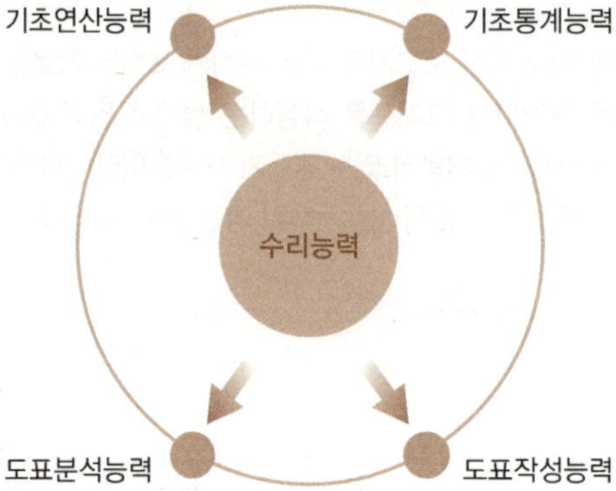

③ 수리능력의 중요성

㉠ 수학적 사고를 통한 문제해결

수학적 원리를 활용하면 업무 중 문제 해결이 더욱 쉽고 편해진다.

㉡ 직업세계의 변화에 적응

수리능력은 논리적이고 단계적인 학습을 통해서만 향상된다. 수십 년에 걸친 직업세계의 변화에 적응하기 위해 수리능력을 길러야 한다.

㉢ 실용적 가치의 구현

수리능력의 향상을 통해 일상생활과 업무수행에 필요한 수학적 지식을 습득하며, 생활수준의 발전에 따라 실용성도 늘어난다.

(2) 도표의 분석 및 해석

① 도표의 의의

내용을 선·그림·원 등으로 시각화하여 표현하는 것이며, 한 눈에 내용을 파악할 수 있다는 데에 그 특징이 있다.

② 도표작성의 목적

㉠ 타인에 대한 보고·설명 : 회의에서의 설명, 상급자에게 보고

㉡ 현재의 상황분석 : 상품별 매출액의 경향

㉢ 관리목적 : 진도표

③ 도표 작성시 주의사항

- 보기 쉽게 깨끗이 그린다.
- 하나의 도표에 여러 가지 내용을 넣지 않는다.
- 특별히 순서가 정해 있지 않는 것은 큰 것부터, 왼쪽에서 오른쪽으로, 또는 위에서 아래로 그린다.
- 눈금의 간격을 부적절하게 설정할 경우 수치가 왜곡될 수 있으므로 주의한다.
- 수치를 생략할 경우에는 잘못 이해하는 경우가 생기니 주의한다.
- 컴퓨터에 의한 전산 그래프를 최대한 이용한다.

④ 도표 해석시 주의사항

- 요구되는 지식의 수준
- 도표에 제시된 자료의 의미에 대한 정확한 숙지
- 도표로부터 알 수 있는 것과 없는 것의 구별
- 총량의 증가와 비율 증가의 구분
- 백분위수와 사분위수의 이해

⑤ 도표 해석 시 필요한 단위의 환산

종류	단위 환산
길이	1cm=10mm, 1m=100cm, 1km=1,000m
넓이	$1cm^2=100mm^2$, $1m^2=10,000cm^2$, $1km^2=1,000,000m^2$
부피	$1cm^3=1,000mm^3$, $1m^3=1,000,000cm^3$, $1km^3=1,000,000,000m^3$
들이	$1m\ell=1cm^3$, $1d\ell=100cm^3=100m\ell$, $1\ell=1,000cm^3=10d\ell$
무게	1kg=1,000g, 1t=1,000kg=1,000,000g
시간	1분=60초, 1시간=60분=3,600초
할푼리	1푼=0.1할, 1리=0.01할

OX 문제

01 도표는 연산의 결과를 확인하기 위해 작성한다. [ ]

02 수리능력이 중요한 이유로는 수학적 사고를 통한 문제해결, 직업세계의 변화에 적응, 실용적 가치의 구현, 정확하고 간결한 의사소통 등을 들 수 있다. [ ]

01 [×] 도표는 '보고·설명을 하기 위해', '상황분석을 위해', '관리 목적으로' 사용되며, 연산의 결과를 확인하기 위해 작성하는 것은 아니다.

02 [○]

02 기초연산능력

(1) 사칙연산과 검산

① 사칙연산의 의의

수에 관한 덧셈, 뺄셈, 곱셈, 나눗셈의 네 종류의 계산법으로, 사칙계산이라고도 한다. 특히 업무를 원활하게 수행하기 위해서는 기본적인 사칙연산뿐만 아니라 복잡한 사칙연산까지도 수행할 수 있어야 한다.

② 기초연산능력이 요구되는 상황

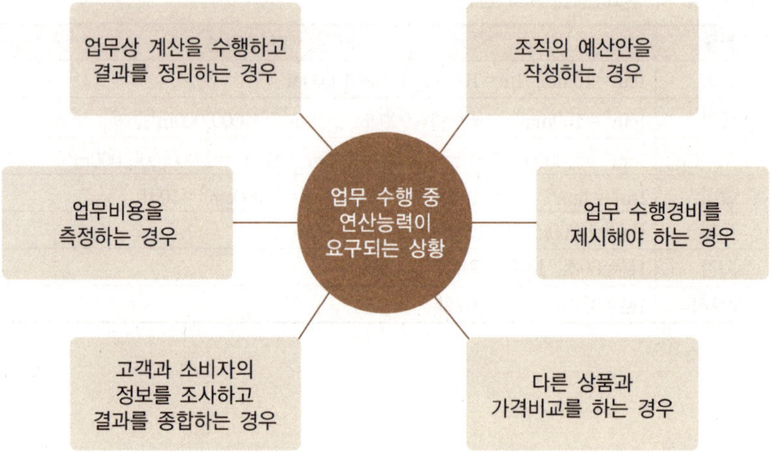

③ 검산

㉠ 검산의 의의

연산의 결과를 확인하는 과정을 의미하며, 업무를 수행하는데 있어서 연산의 결과를 확인하는 검산과정을 거치는 것은 필수적이다.

㉡ 검산방법의 종류

역연산법	본래의 풀이와 반대로 연산을 해가면서 본래의 답이 맞는지를 확인해나가는 방법
구거법	원래의 수와 각자리 수의 합이 9로 나눈 나머지와 같다는 원리를 이용하는 것으로, 각각의 수를 9로 나눈 나머지가 같은지를 확인하는 방법

㉢ 구거법의 예

3,456+341=3,797에서 좌변의 3+4+5+6을 9로 나눈 나머지는 0, 3+4+1을 9로 나눈 나머지는 8이고, 우변의 3+7+9+7을 9로 나눈 나머지는 8인데, 구거법에 의하면 좌변의 나머지의 합(8)과 우변의 나머지(8)가 같으므로 이 계산은 옳은 것이 된다.

(2) 응용수리

① 방정식 · 부등식의 활용

㉠ 거리 · 속력 · 시간

$(거리)=(속력)\times(시간)$, $(속력)=\dfrac{(거리)}{(시간)}$, $(시간)=\dfrac{(거리)}{(속력)}$

㉡ 농도

$[소금물의\ 농도(\%)]=\dfrac{(소금의\ 양)}{(소금물의\ 양)}\times100$, $(소금의\ 양)=\dfrac{[소금물의\ 농도(\%)]}{100}\times(소금물의\ 양)$

㉢ 비율

x가 $a\%$ 증가 : $x\times\left(1+\dfrac{a}{100}\right)$, x가 $a\%$ 감소 : $x\times\left(1-\dfrac{a}{100}\right)$

㉣ 금액

i) (정가)=(원가)+(이익), (이익)=(원가)×(이율)

ii) a원에서 $b\%$ 할인한 가격$=a\times\left(1-\dfrac{b}{100}\right)$

iii) 단리법 · 복리법(원금 : a, 이율 : r, 기간 : n, 원리합계 : S)

단리법	복리법
• 정의 : 원금에 대해서만 약정된 이자율과 기간을 곱해 이자를 계산 • $S=a\times(1+r\times n)$	• 정의 : 원금에 대한 이자를 가산한 후 이 합계액을 새로운 원금으로 계산 • $S=a\times(1+r)^n$

㉤ 날짜 · 요일

i) 1일=24시간=1,440(=24×60)분=86,400(=1,440×60)초

ii) 월별 일수 : 1, 3, 5, 7, 8, 10, 12월은 31일, 4, 6, 9, 11월은 30일, 2월은 28일 또는 29일

iii) 윤년(2월 29일)은 4년에 1번

ⓑ 시계

i) 시침이 1시간 동안 이동하는 각도 : $\frac{360°}{12}=30°$

ii) 시침이 1분 동안 이동하는 각도 : $\frac{30°}{60}=0.5°$

iii) 분침이 1분 동안 이동하는 각도 : $\frac{360°}{60}=6°$

ⓢ 수

i) 연속한 두 자연수 : x, $x+1$

ii) 연속한 세 자연수 : $x-1$, x, $x+1$

iii) 연속한 두 짝수(홀수) : x, $x+2$

iv) 연속한 세 짝수(홀수) : $x-2$, x, $x+2$

v) 십의 자릿수가 x, 일의 자릿수가 y인 두 자리 자연수 : $10x+y$

vi) 백의 자릿수가 x, 십의 자릿수가 y, 일의 자릿수가 z인 세 자리 자연수 : $100x+10y+z$

② 경우의 수

㉠ 어떤 사건이 일어날 수 있는 모든 가짓수

㉡ 합의 법칙 : 두 사건 A와 B가 동시에 일어나지 않을 때, 사건 A가 일어나는 경우의 수를 m, 사건 B가 일어나는 경우의 수를 n이라 하면, 사건 A 또는 B가 일어나는 경우의 수는 $(m+n)$이다.

㉢ 곱의 법칙 : 사건 A가 일어나는 경우의 수를 m, 사건 B가 일어나는 경우의 수를 n이라 하면, 사건 A와 B가 동시에 일어나는 경우의 수는 $(m\times n)$이다.

③ 순열 · 조합

순열	조합
• 서로 다른 n개에서 r개를 순서대로 나열하는 경우의 수 • ${}_nP_r=\frac{n!}{(n-r)!}$ • ${}_nP_n=n!$, $0!=1$, ${}_nP_0=1$	• 서로 다른 n개에서 r개를 순서에 상관없이 나열하는 경우의 수 • ${}_nC_r=\frac{n!}{(n-r)!\times r!}$ • ${}_nC_r={}_nC_{n-r}$, ${}_nC_0={}_nC_n=1$

④ 확률

㉠ (사건 A가 일어날 확률)$=\frac{\text{(사건 A가 일어나는 경우의 수)}}{\text{(모든 경우의 수)}}$

㉡ 여사건의 확률 : 사건 A가 일어날 확률이 p일 때, 사건 A가 일어나지 않을 확률은 $(1-p)$이다.

㉢ 확률의 덧셈정리 : 두 사건 A, B가 동시에 일어나지 않을 때 A가 일어날 확률을 p, B가 일어날 확률을 q라고 하면, 사건 A 또는 B가 일어날 확률은 $(p+q)$이다.

㉣ 확률의 곱셈정리 : A가 일어날 확률을 p, B가 일어날 확률을 q라고 하면, 사건 A와 B가 동시에 일어날 확률은 $(p\times q)$이다.

03 기초통계능력

(1) 통계의 의의

① 통계란?

집단현상에 대한 구체적인 양적 기술을 반영하는 숫자를 의미하며, 특히 사회집단 또는 자연집단의 상황을 숫자로 나타낸 것을 말한다.

② 통계의 기능

- 많은 수량적 자료를 처리가능하고 쉽게 이해할 수 있는 형태로 축소시킨다.
- 표본을 통해 연구대상 집단의 특성을 유추할 수 있게 한다.
- 의사결정의 보조수단으로 이용된다.
- 관찰 가능한 자료를 통해 논리적으로 결론을 추출·검증할 수 있게 한다.

③ 통계의 속성

㉠ 단위와 표지

집단을 구성하는 각 개체를 단위라 하며, 단위가 가지고 있는 공통의 성질을 표지라고 한다.

㉡ 표지의 분류

속성통계	질적인 표지	남녀, 산업, 직업 등
변수통계	양적인 표지	연령, 소득금액 등

(2) 통계자료의 해석

① 기본적인 통계치

종류	내용
빈도	어떤 사건이 일어나거나 증상이 나타나는 정도
빈도분포	빈도를 표나 그래프로 종합적이면서도 일목요연하게 표시하는 것
평균	모든 사례의 수치를 합한 후 총 사례 수로 나눈 값
백분율	백분비라고도 하며, 전체의 수량을 100으로 하여, 해당되는 수량이 그 중 몇이 되는가를 가리키는 수를 %로 나타낸 것
범위	분포의 흩어진 정도를 가장 간단히 알아보는 방법으로, 최고값에서 최저값을 뺀 값을 의미
분산	각 관찰값과 평균값과의 차이를 제곱한 값의 평균을 의미하며, 구체적으로는 각 관찰값과 평균값과의 차이를 제곱한 값을 모두 합하여 개체의 수로 나눈 값
표준편차	분산의 제곱근 값을 의미하며, 개념적으로는 평균으로부터 얼마나 떨어져 있는가를 나타내는 개념으로 분산과 개념적으로 동일함

② 다섯 숫자 요약

종류	내용
최솟값(m)	원자료 중 값의 크기가 가장 작은 값
최댓값(M)	원자료 중 값의 크기가 가장 큰 값
중앙값(Q_2)	최솟값부터 최댓값까지 크기에 의하여 배열하였을 때 중앙에 위치하는 값
하위 25%값(Q_1)	원자료를 크기순으로 배열하여 4등분한 값을 의미하며, 백분위 수의 관점에서 25백분위수, 제75백분위수로 표기
상위 25%값(Q_3)	

③ 평균값과 중앙값

㉠ 원자료에 대한 대푯값으로써 평균값과 중앙값은 엄연히 다른 개념이지만 모두 중요한 역할을 하게 되므로 통계값을 제시할 때에는 어느 수치를 이용했는지를 명확하게 제시해야 한다.

㉡ 평균값이 중앙값보다 높다는 의미는 자료 중에 매우 큰 값이 일부 있음을 의미하며, 이와 같은 경우는 평균값과 중앙값 모두를 제시해줄 필요가 있다.

OX 문제

01 통계란 선 · 그림 · 원 등으로 그림을 그려서 내용을 시각적으로 표현하여, 다른 사람이 한눈에 자신의 주장을 알아볼 수 있게 한 것이다. [ ]

02 통계는 관찰 가능한 자료를 통해 논리적으로 어떠한 결론을 추출 · 검증한다. [ ]

03 평균은 관찰값(자료값) 전부에 대한 정보를 담고 있으나, 극단적인 값이나 이질적인 값에 의해 쉽게 영향을 받아 전체를 바르게 대표하지 못할 가능성이 있다. [ ]

04 빈도란 어떤 사건이 일어나거나 증상이 나타나는 정도를 말한다. [ ]

05 통계란 어떤 현상의 상태를 양으로 나타낸 것이다. [ ]

01 [×] 통계가 아닌 도표에 대한 설명이다.
02 [O]
03 [O]
04 [O]
05 [O]

04 도표분석능력

(1) 도표의 활용

종류	내용
선 그래프	시간적 추이(시계열 변화)를 표시할 때 적합 예 연도별 매출액 추이 변화
막대 그래프	수량간의 대소 관계를 비교하고자 할 때 적합 예 영업소별 매출액
원 그래프	내용의 구성비를 분할하여 나타내고자 할 때 적합 예 제품별 매출액 구성비
점 그래프	지역분포를 비롯한 기업 등의 평가나 위치, 성격을 표시할 때 적합 예 광고비율과 이익률의 관계
층별 그래프	합계와 각 부분의 크기를 백분율로 나타내고 시간적 변화를 보고자 할 때 적합 예 상품별 매출액 추이
거미줄 그래프	다양한 요소를 비교할 때 적합 예 매출액의 계절변동

(2) 도표의 형태별 특징

① 선 그래프

시간의 경과에 따라 수량에 의한 변화의 상황을 선의 기울기로 나타내는 그래프로, 시간적 변화에 따른 수량의 변화를 표현하기에 적합하다.

〈중학교 장학금, 학비감면 수혜현황〉

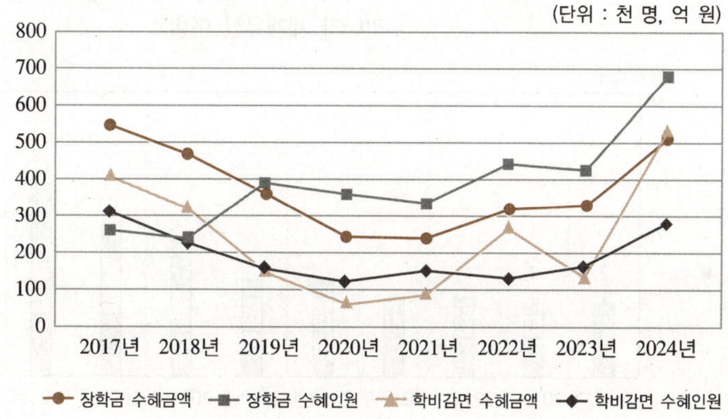

② 막대 그래프

비교하고자 하는 수량을 막대 길이로 표시하고 그 길이를 비교하여 각 수량간의 대소관계를 나타내는 그래프로, 전체에 대한 구성비를 표현할 때 다양하게 활용할 수 있다.

〈연도별 암 발생 추이〉

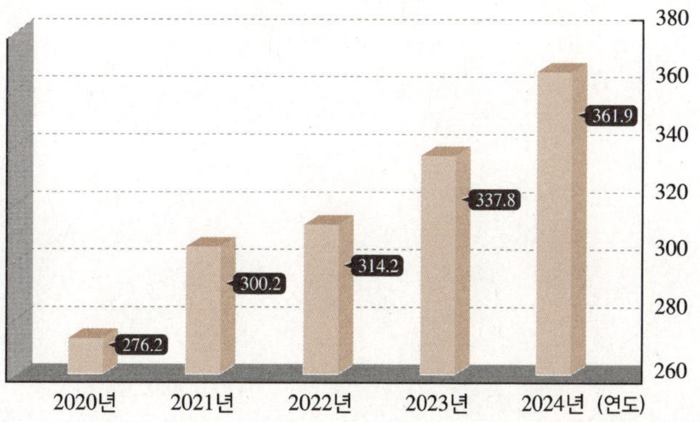

③ 원 그래프

내용의 구성비를 원을 분할하여 작성하는 그래프로, 전체에 대한 구성비를 표현할 때 다양하게 활용할 수 있다.

〈입후보자의 득표수〉

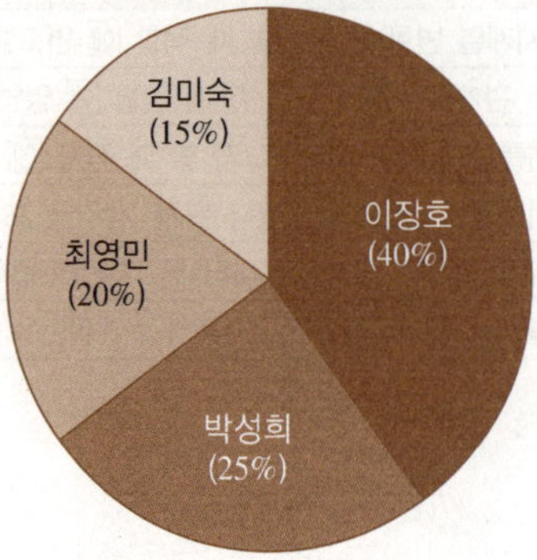

④ 층별 그래프

선의 움직임보다는 선과 선 사이의 크기로써 데이터 변화를 나타내는 그래프로, 시간적 변화에 따른 구성비의 변화를 표현하고자 할 때 활용할 수 있다.

〈우리나라 세계유산 현황〉

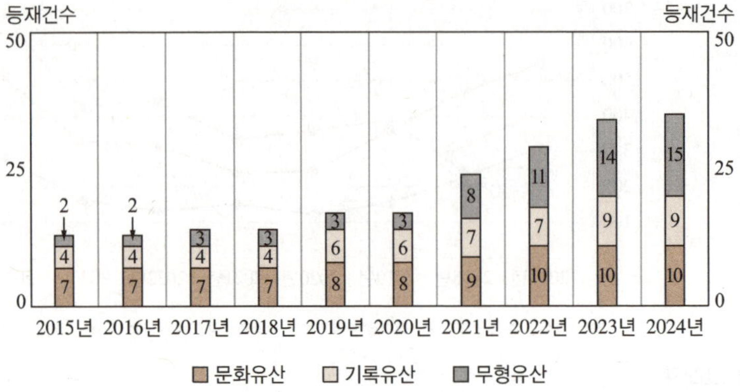

⑤ 점 그래프

종축과 횡축에 두 개의 요소를 두고, 각 항목이 어떤 위치에 있는가를 알고자 하는 데 쓰인다.

〈OECD 국가의 대학졸업자 취업률 및 경제활동인구 비중〉

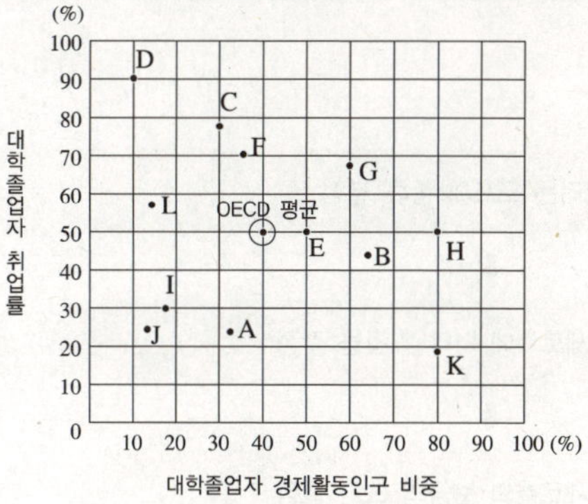

⑥ 거미줄 그래프(레이더 차트)

비교하는 수량을 직경으로 나누어 원의 중심에서의 거리에 따라 각각의 관계를 나타낸다.

〈외환위기 전후 한국의 경제상황〉

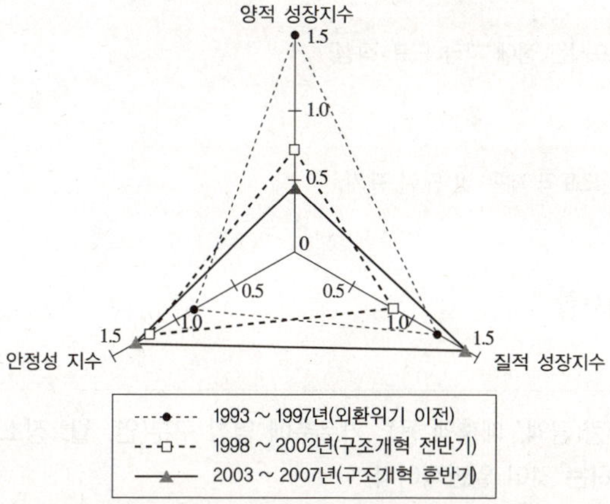

OX 문제

01 원 그래프는 내역이나 내용의 구성비를 분할하여 나타내고자 하는 경우에 작성하며, 선 그래프는 꺾은 선으로 시간적 추이를 표시하고자 할 때 작성한다. [ ]

02 그래프 중에서 다양한 요소의 비교를 가장 잘 나타내는 것은 방사형 그래프이다. [ ]

03 그래프 중에서 자료의 분포상태를 가장 잘 나타내는 것은 점 그래프이다. [ ]

01 [O]
02 [O]
03 [O]

05 도표작성능력

(1) 도표의 작성절차

작성하려는 도표의 종류 결정

⬇

가로축과 세로축에 나타낼 것을 결정

⬇

가로축과 세로축의 눈금의 크기 결정

⬇

자료를 가로축과 세로축이 만나는 곳에 표시

⬇

표시된 점에 따라 도표 작성

⬇

도표의 제목 및 단위 표기

(2) 도표 작성시 유의사항

① 선 그래프

- 세로축에 수량(금액, 매출액 등), 가로축에 명칭 구분(연, 월, 장소 등)을 표시하고 축의 모양은 L자형으로 하는 것이 일반적이다.
- 선의 높이에 따라 수치를 파악하는 경우가 많으므로 세로축의 눈금을 가로축의 눈금보다 크게 하는 것이 효과적이다.
- 선이 두 종류 이상인 경우는 각각에 대해 명칭을 기입해야 하며, 중요한 선을 다른 선보다 굵게 하는 등의 노력을 기울일 필요가 있다.

② 막대 그래프

- 세로형이 보다 일반적이나 가로형으로 작성할 경우 사방을 틀로 싸는 것이 좋다.
- 가로축은 명칭 구분(연, 월, 장소 등), 세로축은 수량(금액, 매출액)을 표시하는 것이 일반적이다.
- 막대의 수가 많은 경우에는 눈금선을 기입하는 것이 알아보기에 좋다.
- 막대의 폭은 모두 같게 하여야 한다.

③ 원 그래프

- 12시의 선을 시작선으로 하며, 이를 기점으로 하여 오른쪽으로 그리는 것이 일반적이다.
- 구성비율이 큰 순서로 그리되, '기타' 항목은 구성비율의 크기에 관계없이 가장 뒤에 그린다.
- 각 항목의 명칭은 같은 방향으로 기록하는 것이 일반적이나, 각도가 작아서 명칭을 기록하기 힘든 경우에는 지시선을 사용하여 기록한다.

④ 층별 그래프

- 가로로 할 것인지 세로로 할 것인지는 작성자의 기호나 공간에 따라 판단하나, 구성비율 그래프는 가로로 작성하는 것이 좋다.
- 눈금은 선 그래프나 막대 그래프보다 적게 하고 눈금선을 넣지 않아야 하며, 층별로 색이나 모양이 모두 완전히 다른 것이어야 한다.
- 세로 방향일 경우 위로부터 아래로, 가로 방향일 경우 왼쪽에서 오른쪽으로 나열하면 보기가 좋다.

(3) 도수분포표의 작성

① 도수분포표의 의의

자료의 범위가 넓은 연속적 변수인 경우에 사용하는 것으로, 각 계급을 중복되지 않는 일정한 구간으로 정하여 그 구간에 속하는 자료의 개수를 정리한 것을 말한다.

〈도수분포표의 예〉

계급구간(초임연봉)	도수	상대도수	누적도수	누적상대도수
1,500만 원 미만	15	0.15	15	0.15
1,500만 원 이상 2,000만 원 미만	45	0.45	60	0.60
2,000만 원 이상 2,500만 원 미만	25	0.25	85	0.85
2,500만 원 이상 3,000만 원 미만	10	0.10	95	0.95
3,000만 원 이상	5	0.05	100	1.00
총합	100	1.00	–	–

② 도수분포표의 작성원칙

- 각 구간의 폭은 같은 것이 바람직하다.
- 계급의 수는 분포의 특성이 나타날 수 있게 6개 이상 15개 미만이 바람직하다.
- 계급에 속하는 도수가 없거나 너무 적지 않게 구간을 결정한다.
- 극한값을 반영하기 위하여 제일 아래 계급이나 위 계급을 개방할 수도 있다.

③ 도수분포표의 작성절차

- 1단계 : 자료의 최댓값과 최솟값을 찾아 범위(=최댓값−최솟값)를 구한다.
- 2단계 : 자료의 수와 범위를 고려하여 계급의 수를 잠정적으로 결정한다.
- 3단계 : 잠정적으로 계급의 폭(=범위/계급의 수)를 올림하여 소수를 정리한 후 계급의 폭을 조정한다.
- 4단계 : 첫 계급의 하한과 마지막 계급의 상한을 조정한다(계급의 시작은 0, 1, 5, 10으로, 상한은 0, 5, 9, 10으로 정하는 것이 바람직하다).
- 5단계 : 각 계급에 속하는 도수 등을 계산한다.

OX 문제

01 원 그래프를 작성할 때 '기타' 항목의 구성비율이 가장 큰 경우에는 가장 앞에 그리는 것이 좋다. [ ]

02 막대 그래프를 작성할 때에는 막대의 폭은 모두 같도록 하여야 한다. [ ]

03 엑셀 프로그램을 활용하여 그래프를 그릴 때는 풀다운 메뉴 중 삽입을 사용한다. [ ]

04 층별 그래프를 작성할 때에는 층별로 색이나 모양은 다르게 하고, 같은 항목끼리는 선으로 연결하여 보기 쉽도록 하는 것이 좋다. [ ]

05 엑셀 프로그램을 활용하여 그래프를 그리는 경우, 범례는 별도로 작성하여 붙여넣기를 해야 한다. [ ]

01 [×] 원 그래프를 작성할 때에는 '기타' 항목의 구성비율이 가장 크다고 할지라도 가장 마지막에 그리는 것이 좋다.

02 [O]

03 [O]

04 [O]

05 [×] 별도로 작성하는 것이 아니라 그래프를 작성할 때에 같이 입력한다.

SECTION

02 수리능력 맛보기

01 다음 자료를 도표로 나타내고자 할 때, 가장 적절한 그래프는?

〈K타이어 전국 가맹점 연간 매출액〉

(단위 : 억 원)

가맹점	2021년	2022년	2023년	2024년
서울 1호점	120	150	180	280
부산 2호점	150	140	135	110
대구 3호점	30	70	100	160

① 원 그래프
② 점 그래프
③ 띠 그래프
④ 선 그래프
⑤ 꺾은선 그래프

정답 ④

선 그래프는 시간의 경과에 따른 수량의 변화를 선의 기울기로 나타내는 그래프로서, 해당 자료를 표현하기에 가장 적절하다.

오답분석

① 원 그래프 : 작성 시 정각 12시의 선을 시작선으로 하며, 이를 기점으로 하여 오른쪽으로 그리는 것이 보통이다. 또한 분할선은 구성비율이 큰 순서로 그리되, '기타' 항목은 구성비율의 크기에 관계없이 가장 뒤에 그리는 것이 일반적이다.
② 점 그래프 : 지역분포를 비롯하여 도시, 지방, 기업, 상품 등의 평가나 위치, 성격 등을 표시하는 데 주로 이용된다.
③ 띠 그래프 : 전체에 대한 부분의 비율을 나타내는 데 많이 쓰인다.
⑤ 꺾은선 그래프 : 시간이 흐름에 따라 변해가는 모습을 나타내는 데 많이 쓰이며, 날씨 변화, 에너지 사용 증가율, 물가의 변화 등을 나타내기에는 막대 그래프보다 꺾은선 그래프가 유용하다. 그래서 꺾은선 그래프를 읽을 때는 변화의 추이를 염두에 두고 자료를 분석하는 것이 좋다.

풀이 전략!

단순히 문제풀이를 위해서뿐만 아니라 도표는 우리 삶의 여러 부분에서 다양하게 활용되며, 활용되는 국면에 따라 도표의 종류를 달리할 필요가 있다. 따라서 업무 수행을 원활하게 하기 위해서는 각각의 도표가 어떤 경우에 활용되는지에 대해 숙지하고 있을 필요가 있다.

02 다음은 작년 한 해 동안의 극한기후 유형별 발생일수와 발생지수에 대한 자료이다. 이에 대한 설명으로 옳은 것은?

〈작년 극한기후 유형별 발생일수와 발생지수〉

유형	폭염	한파	호우	대설	강풍
발생일수(일)	16	5	3	0	1
발생지수	5.00	( )	( )	1.00	( )

※ 극한기후 유형은 폭염, 한파, 호우, 대설, 강풍만 존재함

〈산정식〉

(극한기후 발생지수)$=4\times\left(\frac{A-B}{C-B}\right)+1$

- A=당해 연도 해당 극한기후 유형 발생일수
- B=당해 연도 폭염, 한파, 호우, 대설, 강풍의 발생일수 중 최솟값
- C=당해 연도 폭염, 한파, 호우, 대설, 강풍의 발생일수 중 최댓값

① 발생지수가 가장 높은 유형은 한파이다.
② 호우의 발생지수는 2.00 이상이다.
③ 대설과 강풍의 발생지수의 합은 호우의 발생지수보다 크다.
④ 극한기후 유형별 발생지수의 평균은 3.00 이상이다.
⑤ 폭염의 발생지수는 강풍의 발생지수의 5배이다.

정답 ③

먼저 산정식에서 B는 0이고, C는 16이므로 극한기후 발생지수 산정식은 $\frac{A}{4}+1$로 단순화시킬 수 있다. 이를 이용하여 빈칸을 채워 넣으면 다음과 같다.

유형	폭염	한파	호우	대설	강풍
발생일수(일)	16	5	3	0	1
발생지수	5.00	$\frac{9}{4}$	$\frac{7}{4}$	1.00	$\frac{5}{4}$

대설(1.00)과 강풍$\left(\frac{5}{4}\right)$의 발생지수의 합은 $\frac{9}{4}$이므로, 호우의 발생지수 $\frac{7}{4}$보다 크다. 따라서 옳은 내용이다.

오답분석

① 발생지수가 가장 높은 것은 폭염(5.00)이므로 옳지 않은 내용이다.

② 호우의 발생지수는 $\frac{7}{4}$이므로 2.00에 미치지 못한다. 따라서 옳지 않은 내용이다.

④ 제시된 극한기후 유형별 발생지수를 모두 더하면 $\frac{(20+9+7+4+5)}{4}=\frac{45}{4}$이므로, 이의 평균은 $\left(\frac{45}{20}=\frac{9}{4}\right)$임을 알 수 있다. 이는 3에 미치지 못하는 수치이므로 옳지 않은 내용이다.

⑤ 폭염의 발생지수는 $\frac{20}{4}$이고, 강풍의 발생지수는 $\frac{5}{4}$이므로 전자는 후자의 4배이다. 따라서 옳지 않은 내용이다.

풀이 전략!

빈칸이 4개 이하이면서 덧셈, 뺄셈과 같이 간단한 사칙연산으로만 이루어진 경우에는 미리 채워놓고 시작하는 것이 현명하다. 표의 크기가 작고, 빈칸의 개수가 적을수록 그것이 선택지에 활용될 가능성은 높아지며, 빈칸이 4개 이하라면 확실하다고 봐도 무방하다. 하지만 반대로 빈칸의 수가 적더라도 항목의 수가 많은 경우라면 기계적으로 먼저 채워놓기보다는 일단 선택지를 보고 판단하는 것이 좋다. 자료의 크기가 커진다면 꼭 그 빈칸이 아니더라도 선택지로 활용될 수 있는 것들이 많아지기 때문이다.

SECTION

03 대표유형 적중문제

정답 및 해설 p.021

| 01 | 모듈형

01 A열차는 용산역에서 출발해 청량리역으로 가는 중이며 가는 길에는 440m 길이의 다리가 있다. A열차가 20m/s의 속력으로 다리를 완전히 통과하는 데 30초가 걸렸을 때, A열차의 길이는?

① 140m
② 150m
③ 160m
④ 170m
⑤ 180m

02 다음 중 농도가 7%인 소금물 300g에 들어있는 소금의 양은 얼마인가?

① 18g
② 19g
③ 20g
④ 21g
⑤ 22g

03 다음 글을 참고할 때, 증가율을 나타내는 그래프로 가장 적절한 것은?

> 읽기능력이란 문자 텍스트에만 국한된 것이 아니라 통계표, 도표(그래프), 그림이나 사진 등 다양한 형태의 텍스트가 나왔을 때 이를 읽어낼 수 있는 능력을 포함한다. 주로 복잡한 통계 자료를 나타낼 때는 이를 정리해서 간단한 숫자의 표로 정리하기도 하는데, 때론 이를 더 보기 쉽도록 그림으로 나타내기도 한다. 이렇게 그림으로 나타낸 것을 우리는 도표 즉, 그래프라고 부른다.

① 막대 그래프
② 꺾은선 그래프
③ 원 그래프
④ 띠 그래프
⑤ 그림 그래프

※ 다음은 새로 착공된 K공장에 들여온 공장용 기계들의 구입 가격과 전기요금 및 관리비, 그리고 1년 뒤 중고로 판매했을 때의 가격을 나타낸 것이다. 이어지는 질문에 답하시오. **[4~5]**

〈2023년〉

구분	구입 가격(만 원)	전기요금(원/월)	관리비(원/월)
(가) 기계	1,900	300,000	100,000
(나) 기계	1,600	300,000	200,000
(다) 기계	1,300	400,000	100,000

〈2024년〉

구분	중고 판매 가격(만 원)
(가) 기계	0
(나) 기계	1,000
(다) 기계	• 100회 미만으로 사용하였을 경우 : 500 • 100회 이상 사용하였을 경우 : 200

04 (가) ~ (다) 기계의 2023년 구입 가격의 평균치와 2024년에 중고로 팔았을 때의 가격의 평균치를 바르게 나열한 것은?(단, 판매 시점의 (가) ~ (다) 기계는 모두 90회 사용하였다)

	구입 가격의 평균	판매 가격의 평균
①	1,550만 원	300만 원
②	1,550만 원	500만 원
③	1,600만 원	300만 원
④	1,600만 원	500만 원
⑤	1,600만 원	530만 원

05 (가) ~ (다) 기계를 구입한 후 공장에 전기요금이 발생하지 않는 자가발전 시스템을 도입하려고 한다. 5년 동안 사용할 것을 가정할 때, 지불 총액이 가장 적은 기계를 모두 고르면?

① (가)
② (다)
③ (가), (나)
④ (나), (다)
⑤ (가), (나), (다)

※ 다음은 K기업 직원 (가)～(바)의 사내 업무 평가 점수이다. 이어지는 질문에 답하시오. **[6~7]**

직원	(가)	(나)	(다)	(라)	(마)	(바)
점수	83점	76점	75점	85점	91점	79점
편차	0	-3	x	3	9	-3

06 다음 중 직원 (다)의 편차 x의 값으로 옳은 것은?

① 4
② 1
③ 0
④ -4
⑤ -6

07 다음 중 직원 (가)～(바)의 사내 업무 평가 점수의 중앙값은?

① 79
② 80
③ 81
④ 83
⑤ 86

08 슬기, 효진, 은경, 민지, 은빈 5명은 여름휴가를 떠나기 전 원피스를 사러 백화점에 갔다. 모두 마음에 드는 원피스 하나를 발견해 각자 원하는 색깔의 원피스를 고르기로 하였다. 원피스가 노란색 2벌, 파란색 2벌, 초록색 1벌이 있을 때, 5명이 각자 1벌씩 고를 수 있는 경우의 수는?

① 28가지
② 30가지
③ 32가지
④ 34가지
⑤ 36가지

09 전체 인원이 1,000명인 고등학교에서 성별에 따른 학력평가 평균 점수를 알아보니 남학생은 45점, 여학생은 60점이었다. 남학생과 여학생 전체 평균점수가 51점일 때, 여학생은 총 몇 명인가?

① 400명
② 450명
③ 500명
④ 550명
⑤ 600명

10 K회사는 사옥 옥상 정원에 있는 가로 644cm, 세로 476cm인 직사각형 모양의 뜰 가장자리에 조명을 설치하려고 한다. 네 모퉁이에는 반드시 조명을 설치하고, 일정한 간격으로 조명을 추가 배열하려고 할 때, 필요한 조명의 최소 개수는?(단, 조명의 크기는 고려하지 않는다)

① 68개
② 72개
③ 76개
④ 80개
⑤ 84개

| 02 | 피듈형

01 K사는 최근 미세먼지와 황사로 인해 실내 공기질이 많이 안 좋아졌다는 건의가 들어와 내부 검토 후 예산 400만 원으로 공기청정기 40대를 구매하기로 하였다. 다음 두 업체 중 어느 곳에서 공기청정기를 구매하는 것이 유리하며, 얼마나 더 저렴한가?

업체	할인 정보	가격
S전자	• 8대 구매 시 2대 무료 증정 • 구매 금액 100만 원당 2만 원 할인	8만 원/대
B마트	• 20대 이상 구매 : 2% 할인 • 30대 이상 구매 : 5% 할인 • 40대 이상 구매 : 7% 할인 • 50대 이상 구매 : 10% 할인	9만 원/대

※ 1,000원 단위 이하는 절사함

① S전자, 82만 원
② S전자, 148만 원
③ S전자, 160만 원
④ B마트, 20만 원
⑤ B마트, 48만 원

02 민수가 아이들에게 노트를 나눠주려고 하는데 남는 노트가 없이 나눠주려고 한다. 7권씩 나눠주면 13명이 노트를 못 받고, 마지막으로 노트를 받은 아이는 2권밖에 받지 못해서 6권씩 나눠주었더니 10명이 노트를 못 받고, 마지막으로 노트를 받은 아이는 2권밖에 받지 못했다. 그렇다면 몇 권씩 나눠주어야 노트가 남지 않으면서 공평하게 나눠줄 수 있겠는가?

① 1권
② 2권
③ 3권
④ 4권
⑤ 5권

03 다음은 2024년 1월, 6월, 12월에 20 ~ 70대를 대상으로 조사한 정당 A ~ E의 지지율과 응답자에 대한 자료이다. 이에 대한 설명으로 옳지 않은 것은?

〈정당 A ~ E의 지지율〉

(단위 : %)

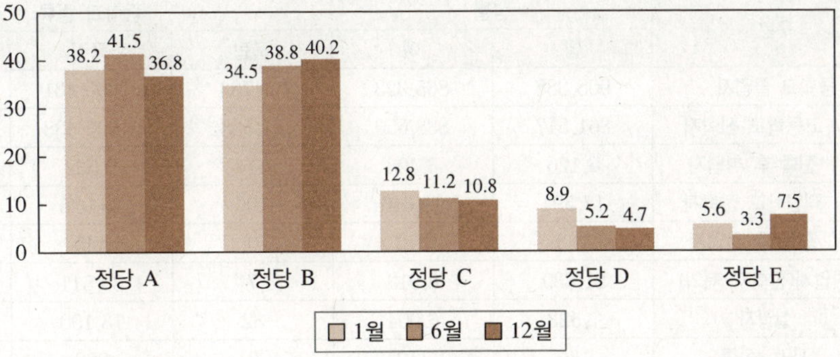

〈정당 지지율 조사 응답자〉

(단위 : 명)

연령 \ 성별	남성	여성	전체
20 ~ 30대	295	305	600
40 ~ 50대	370	335	705
60 ~ 70대	330	365	695

※ 모든 응답자는 정당 A ~ E 중에서 한 정당만 지지함

※ 2024년 1월, 6월, 12월 응답자 인원은 모두 동일함

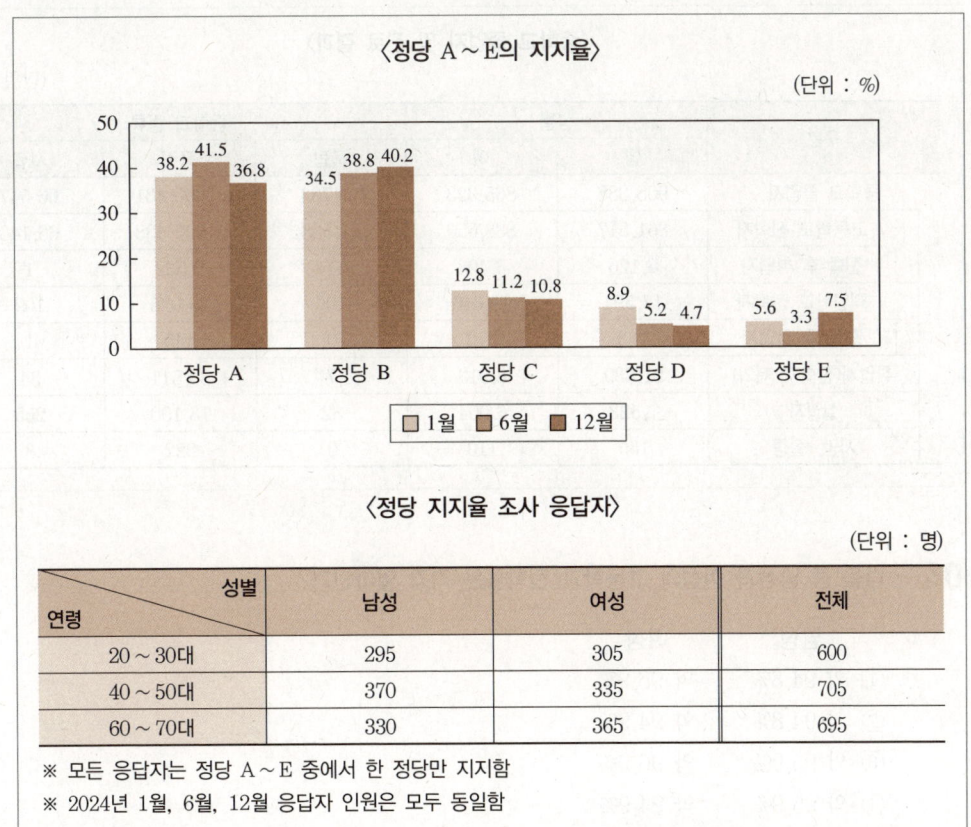

① 응답기간 중 정당 A와 정당 B의 지지율의 합은 항상 70% 이상이다.

② 응답기간 중 지지율 증감추이가 동일한 정당은 정당 C와 정당 D이다.

③ 지지율이 하위인 두 정당의 지지율 합은 항상 정당 C의 지지율보다 낮다.

④ 2024년 6월 조사에서 모든 연령대에서의 정당 A와 정당 B를 지지하는 인원수 차이는 54명이다.

⑤ 2024년 1월 조사에서 20대부터 50대까지 응답자가 모두 정당 A, B, C 중 한 곳을 지지했다면, 이 중 정당 B의 지지자 수는 최소 285명이다.

※ 다음은 어느 나라의 중학교 졸업자의 그해 진로에 대한 조사 결과이다. 이어지는 질문에 답하시오. **[4~5]**

〈중학교 졸업자 및 진로 결과〉

(단위 : 명)

구분	성별		중학교 종류		
	남	여	국립	공립	사립
중학교 졸업자	908,388	865,323	11,733	1,695,431	66,547
고등학교 진학자	861,517	838,650	11,538	1,622,438	66,146
진학 후 취업자	6,126	3,408	1	9,532	1
직업학교 진학자	17,594	11,646	106	29,025	109
진학 후 취업자	133	313	0	445	1
취업자(진학자 제외)	21,639	8,913	7	30,511	34
실업자	7,523	6,004	82	13,190	255
사망, 실종	155	110	0	222	3

04 다음 중 남성과 여성의 고등학교 진학률은 각각 얼마인가?

	남성	여성
①	약 94.8%	약 96.9%
②	약 94.8%	약 94.9%
③	약 95.9%	약 96.9%
④	약 95.9%	약 94.9%
⑤	약 96.8%	약 96.9%

05 공립 중학교를 졸업한 남자 중 취업자는 몇 %인가?

① 50%
② 60%
③ 70%
④ 80%
⑤ 알 수 없음

06 다음은 2021년 하반기부터 2024년 하반기까지의 일일 스팸 수신량에 대한 자료이다. 이에 대한 설명으로 옳지 않은 것은?

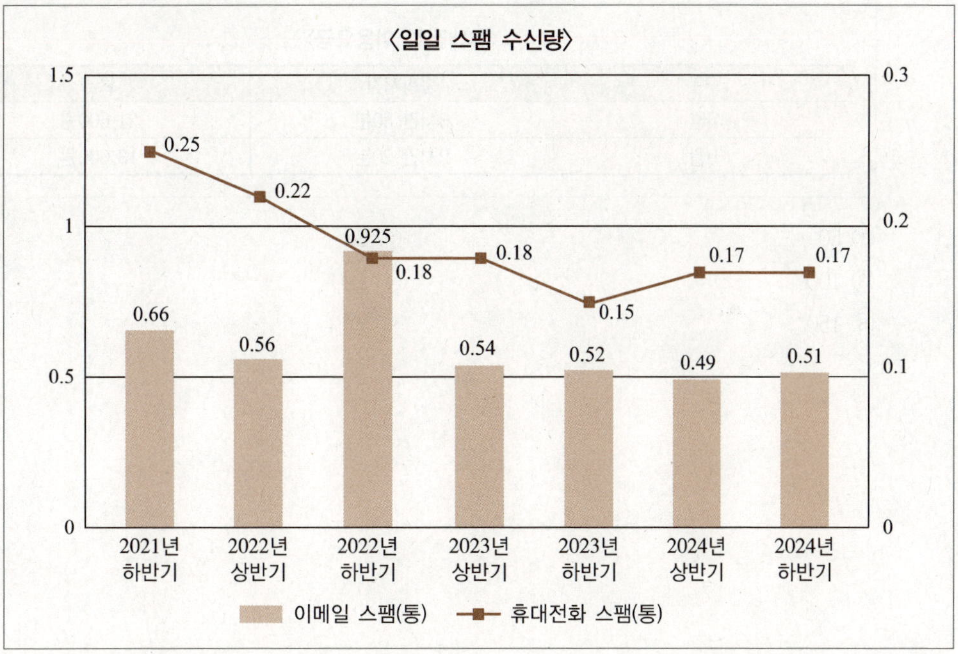

① 이메일과 휴대전화 모두 스팸 수신량이 가장 높은 시기는 2022년 하반기이다.

② 이메일 스팸 수신량이 휴대전화 스팸 수신량보다 항상 많다.

③ 이메일과 휴대전화 스팸 수신량 사이에 밀접한 관련이 있다고 보기 어렵다.

④ 이메일 스팸 총수신량의 평균은 휴대전화 스팸 총수신량 평균의 3배 이상이다.

⑤ 컴퓨터 사용량과 이메일 스팸 수신량이 정비례 관계에 있다고 한다면, 2022년 하반기 우리나라 국민의 평균 컴퓨터 사용량이 제일 높았을 것이다.

07 K통신회사는 휴대전화의 통화시간에 따라 월 2시간까지는 기본요금, 2시간 초과 3시간까지는 분당 a원, 3시간 초과부터는 $2a$원을 부과한다. 다음과 같이 요금이 청구되었을 때, a의 값은 얼마인가?

〈휴대전화 이용요금〉

구분	통화시간	요금
8월	3시간 30분	21,600원
9월	2시간 20분	13,600원

① 50
② 80
③ 100
④ 120
⑤ 150

08 귤 상자 2개에 각각 귤이 들어있다고 한다. 한 상자 당 귤이 안 익었을 확률이 10%, 썩었을 확률이 15%이고 나머지는 잘 익은 귤일 때, 두 사람이 각각 다른 상자에서 귤을 꺼낼 때 한 사람은 잘 익은 귤을 꺼내고, 다른 한 사람은 썩거나 안 익은 귤을 꺼낼 확률은 몇 %인가?

① 31.5%
② 33.5%
③ 35.5%
④ 37.5%
⑤ 39.5%

| 03 | PSAT형

01 다음은 2021 ~ 2024년 갑국의 방송통신 매체별 광고매출액에 대한 자료이다. 이에 대한 설명으로 옳은 것을 〈보기〉에서 모두 고르면?

〈2021 ~ 2024년 방송통신 매체별 광고매출액〉

(단위 : 억 원)

매체	세부 매체 \ 연도	2021년	2022년	2023년	2024년
방송	지상파TV	15,517	14,219	12,352	12,310
	라디오	2,530	2,073	1,943	1,816
	지상파DMB	53	44	36	35
	케이블PP	18,537	17,130	16,646	( )
	케이블SO	1,391	1,408	1,275	1,369
	위성방송	480	511	504	503
	소계	38,508	35,385	32,756	31,041
온라인	인터넷(PC)	19,092	20,554	19,614	19,109
	모바일	28,659	36,618	45,678	54,781
	소계	47,751	57,172	65,292	73,890

보기

ㄱ. 2021 ~ 2024년 동안 모바일 광고매출액의 전년 대비 증가율은 매년 30% 이상이다.

ㄴ. 2022년의 경우 방송 매체 중 지상파TV 광고매출액이 차지하는 비중은 온라인 매체 중 인터넷(PC) 광고매출액이 차지하는 비중보다 작다.

ㄷ. 케이블PP의 광고매출액은 매년 감소한다.

ㄹ. 2021년 대비 2024년 광고매출액 증감률이 가장 큰 세부 매체는 모바일이다.

① ㄱ, ㄴ　　② ㄱ, ㄷ

③ ㄴ, ㄷ　　④ ㄴ, ㄹ

⑤ ㄷ, ㄹ

02 다음은 4대 유통업태의 성별, 연령대별 구매액 비중에 대한 자료이다. 이에 대한 설명으로 옳은 것을 〈보기〉에서 모두 고르면?

〈4대 유통업태의 성별, 연령대별 구매액 비중〉

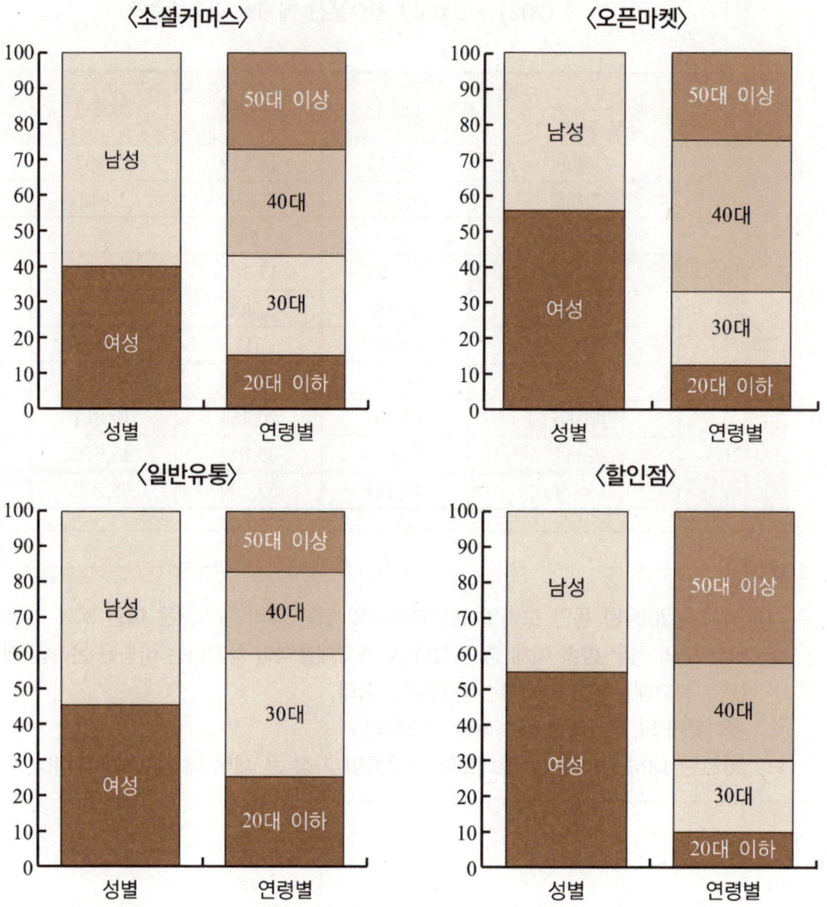

※ 유통업태는 소셜커머스, 오픈마켓, 일반유통, 할인점으로만 구성됨

보기

ㄱ 유통업태별 전체 구매액 중 50대 이상 연령대의 구매액 비중이 가장 큰 유통업태는 할인점이다.
ㄴ 유통업태별 전체 구매액 중 여성의 구매액 비중이 남성보다 큰 유통업태 각각에서는 40세 이상의 구매액 비중이 60% 이상이다.
ㄷ 4대 유통업태 각각에서 50대 이상 연령대의 구매액 비중은 20대 이하보다 크다.
ㄹ 유통업태별 전체 구매액 중 40세 미만의 구매액 비중이 50% 미만인 유통업태에서는 여성의 구매액 비중이 남성보다 크다.

① ㄱ, ㄴ
② ㄱ, ㄷ
③ ㄴ, ㄷ
④ ㄱ, ㄴ, ㄹ
⑤ ㄴ, ㄷ, ㄹ

※ 다음은 A국의 교통사고 사상자 2,500명 대해 조사한 자료이다. 이어지는 질문에 답하시오. **[3~4]**

〈교통사고 현황〉

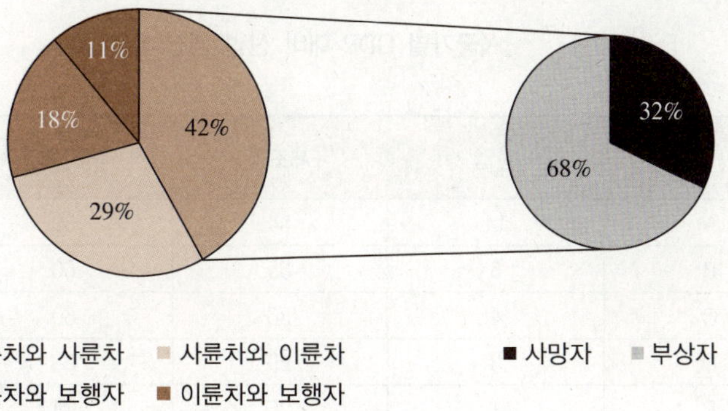

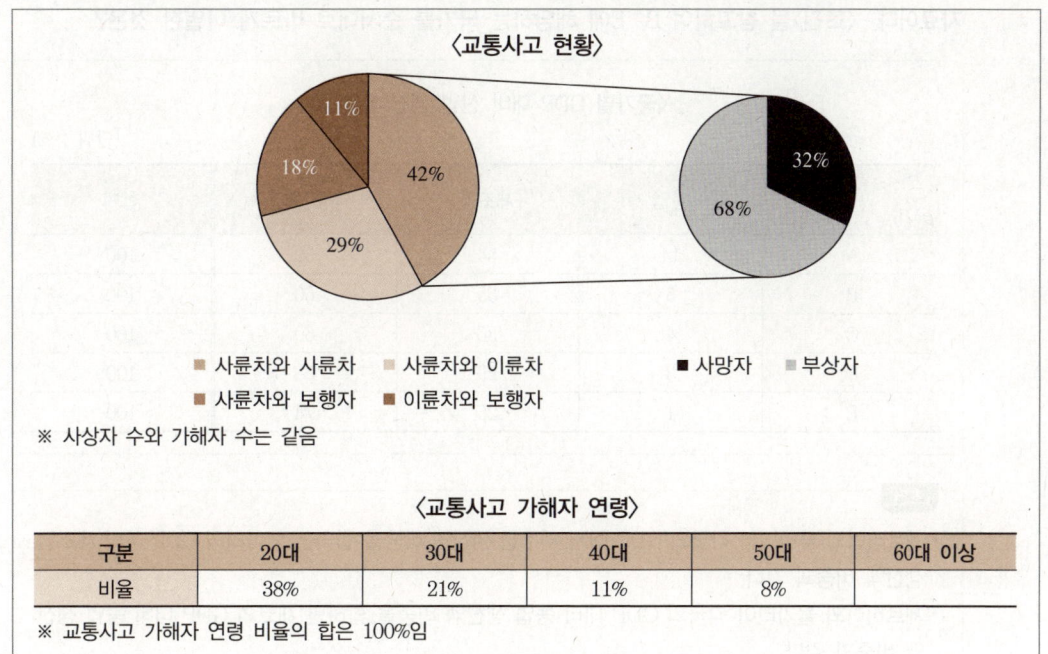

※ 사상자 수와 가해자 수는 같음

〈교통사고 가해자 연령〉

구분	20대	30대	40대	50대	60대 이상
비율	38%	21%	11%	8%	

※ 교통사고 가해자 연령 비율의 합은 100%임

03 다음 중 자료에 대한 설명으로 옳지 않은 것은?

① 교통사고 가해자 연령에서 60대 이상의 비율은 30대보다 높다.
② 사륜차와 사륜차 교통사고 사망사건 가해자가 모두 20대라고 할 때, 20대 가해 건수의 35% 이상을 차지한다.
③ 이륜차와 관련된 교통사고의 가해자 연령대가 모두 30대 이하라고 할 때, 30대 이하 가해 건수의 70% 이상을 차지한다.
④ 보행자와 관련된 교통사고의 40%는 사망사건이라고 할 때, 보행자 관련 사망 건수는 사륜차와 사륜차의 교통사고 건수보다 적다.
⑤ 사륜차와 이륜차 교통사고 사망자와 부상자의 비율이 사륜차와 사륜차 교통사고 사망자와 부상자 비율의 반대라고 할 때, 사륜차와 이륜차 교통사고 사망자 수가 사륜차와 사륜차 교통사고 사망자 수보다 많다.

04 이륜차 또는 보행자와 관련된 교통사고 중 가해자 20%가 20대라고 할 때, 이 인원이 20대 가해자에서 차지하는 비율은 얼마인가?(단, 비율은 소수점 첫째 자리에서 버림한다)

① 10% ② 15%
③ 20% ④ 25%
⑤ 30%

05 다음은 루마니아, 불가리아, 세르비아, 체코, 헝가리 5개국의 GDP 대비 산업 생산액 비중에 대한 자료이다. 〈조건〉을 참고하여 B, E에 해당하는 국가를 순서대로 바르게 나열한 것은?

〈국가별 GDP 대비 산업 생산액 비중〉

(단위 : %)

산업 국가	농업	제조업	서비스업	합계
A	14	54	32	100
B	5	35	60	100
C	4	36	60	100
D	3	29	68	100
E	1	25	74	100

조건

- 세르비아와 루마니아 각국의 GDP 대비 제조업 생산액 비중을 합하면 헝가리의 GDP 대비 제조업 생산액 비중과 같다.
- 세르비아와 불가리아 각국의 GDP 대비 농업 생산액 비중을 합하면 체코의 GDP 대비 농업 생산액 비중과 같다.

	B	E
①	체코	세르비아
②	체코	루마니아
③	불가리아	세르비아
④	불가리아	루마니아
⑤	세르비아	불가리아

정답 및 해설 p.024

01 다음은 A～J지역의 지역발전 지표에 대한 자료이다. 〈조건〉을 토대로 (가)～(라)에 들어갈 수 있는 값을 순서대로 바르게 나열한 것은?

〈A～J지역의 지역발전 지표〉

(단위 : %, 개)

지역 \ 지표	재정 자립도	시가화 면적 비율	10만 명당 문화시설 수	10만 명당 체육시설 수	주택 노후화율	주택 보급률	도로 포장률
A	83.8	61.2	4.1	111.1	17.6	105.9	92.0
B	58.5	24.8	3.1	(다)	22.8	93.6	98.3
C	65.7	35.7	3.5	103.4	13.5	91.2	97.4
D	48.3	25.3	4.3	128.0	15.8	96.6	100.0
E	(가)	20.7	3.7	133.8	12.2	100.3	99.0
F	69.5	22.6	4.1	114.0	8.5	91.0	98.1
G	37.1	22.9	7.7	110.2	20.5	103.8	91.7
H	38.7	28.8	7.8	102.5	19.9	(라)	92.5
I	26.1	(나)	6.9	119.2	33.7	102.5	89.6
J	32.6	21.3	7.5	113.0	26.9	106.1	87.9

조건

- 재정 자립도가 E보다 높은 지역은 A, C, F이다.
- 시가화 면적 비율이 가장 낮은 지역은 주택노후화율이 가장 높은 지역이다.
- 10만 명당 문화시설 수가 가장 적은 지역은 10만 명당 체육시설 수가 네 번째로 많은 지역이다.
- 주택보급률이 도로포장률보다 낮은 지역은 B, C, D, F이다.

	(가)	(나)	(다)	(라)
①	58.6	20.9	100.9	92.9
②	60.8	19.8	102.4	92.5
③	63.5	20.1	115.7	92.0
④	65.2	20.3	117.1	92.6
⑤	65.8	20.6	118.7	93.7

02 다음은 2020 ~ 2024년의 시행된 국가고시 현황에 대한 자료이다. 이를 참고하여 작성한 그래프로 옳지 않은 것은?(단, 응시자와 합격자 수는 일의 자리에서 반올림한다)

〈국가고시 현황〉

(단위 : 명)

구분	2020년	2021년	2022년	2023년	2024년
접수자	3,540	3,380	3,120	2,810	2,990
응시율	79.40%	78.70%	82.70%	75.10%	74.20%
합격률	46.60%	44.70%	46.90%	47.90%	53.20%

※ $[\text{응시율}(\%)]=\frac{(\text{응시자 수})}{(\text{접수자 수})}\times 100$

※ $[\text{합격률}(\%)]=\frac{(\text{합격자 수})}{(\text{응시자 수})}\times 100$

① 연도별 미응시자 수 추이

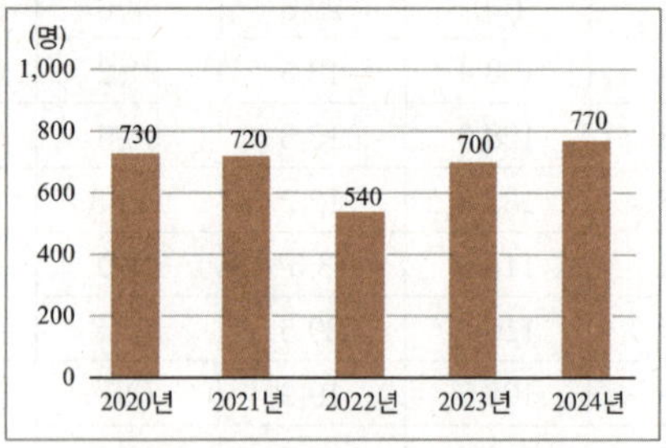

② 연도별 응시자 중 불합격자 수 추이

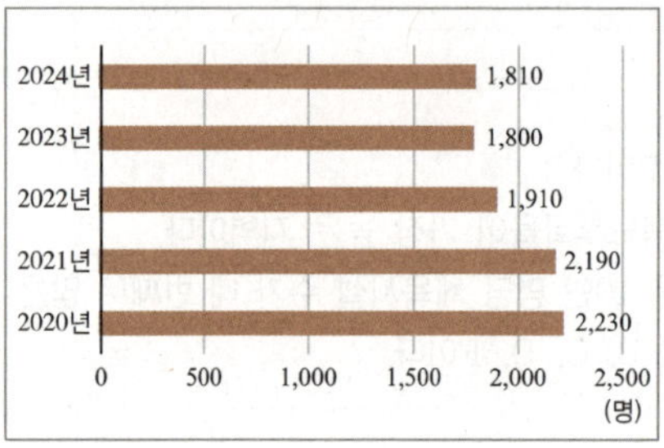

③ 2021 ~ 2024년 전년 대비 접수자 수 변화량

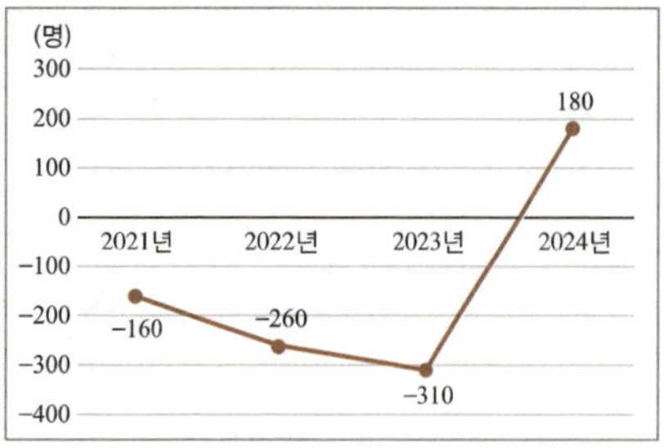

④ 2021 ~ 2024년 전년 대비 합격자 수 변화량

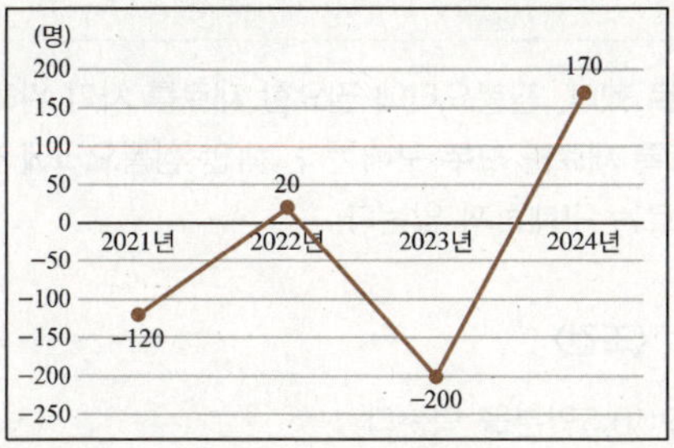

⑤ 2021 ~ 2024년 전년 대비 합격률 증감량

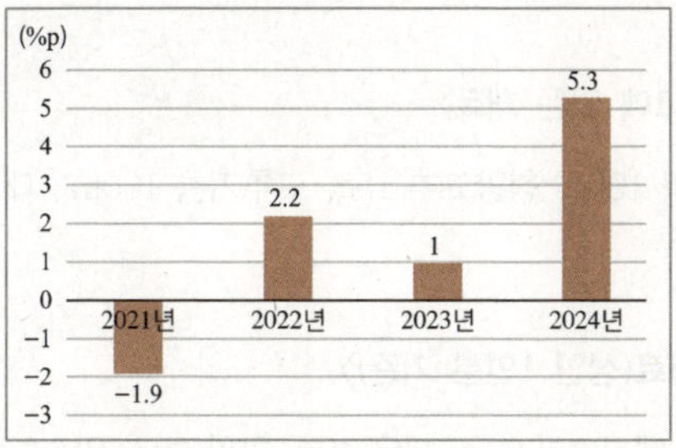

03 다음은 연도별 국내은행 대출 현황을 나타낸 자료이다. 이에 대한 설명으로 옳지 않은 것은?

〈연도별 국내은행 대출 현황〉

(단위 : 조 원)

구분	2016년	2017년	2018년	2019년	2020년	2021년	2022년	2023년	2024년
가계대출	437.1	447.5	459.0	496.4	535.7	583.6	620.0	647.6	655.7
주택담보대출	279.7	300.9	309.3	343.7	382.6	411.5	437.2	448.0	460.1
기업대출	432.7	449.2	462.0	490.1	537.6	546.4	568.4	587.3	610.4
부동산담보대출	156.7	170.9	192.7	211.7	232.8	255.4	284.4	302.4	341.2

※ (은행대출)=(가계대출)+(기업대출)

① 2020년 대비 2024년 부동산담보대출 증가율이 가계대출 증가율보다 높다.
② 주택담보대출이 세 번째로 높은 연도에서 부동산담보대출이 기업대출의 50% 이상이다.
③ 2021 ~ 2024년 동안 가계대출의 전년 대비 증가액은 기업대출보다 매년 높다.
④ 2018년 은행대출은 2021년 은행대출의 80% 이상 차지한다.
⑤ 2017 ~ 2024년 동안 전년 대비 주택담보대출이 가장 많이 증가한 해는 2020년이다.

04 **다음 글을 근거로 판단할 때, 甲이 구매해야 할 재료와 그 양으로 옳은 것은?**

> 甲은 아내, 아들과 함께 짬뽕을 만들어 먹기로 했다. 짬뽕요리에 필요한 재료를 사기 위해 근처 전통시장에 들른 甲은 아래 〈조건〉을 만족하도록 재료를 모두 구매한다. 다만 짬뽕요리에 필요한 각 재료의 절반 이상이 냉장고에 있으면 그 재료는 구매하지 않는다.
>
> **〈조건〉**
>
> - 甲과 아내는 각각 성인 1인분, 아들은 성인 0.5인분을 먹는다.
> - 매운 음식을 잘 먹지 못하는 아내를 고려하여 '고추'라는 단어가 들어간 재료는 모두 절반만 넣는다.
> - 아들은 성인 1인분의 새우를 먹는다.
>
> **〈냉장고에 있는 재료〉**
>
> 면 200g, 오징어 240g, 돼지고기 100g, 양파 100g, 청양고추 15g, 고추기름 100ml, 대파 10cm, 간장 80ml, 마늘 5g
>
> **〈짬뽕요리 재료(성인 1인분 기준)〉**
>
> 면 200g, 해삼 40g, 소라 30g, 오징어 60g, 돼지고기 90g, 새우 40g, 양파 60g, 양송이버섯 50g, 죽순 40g, 고추기름 20ml, 건고추 8g, 청양고추 10g, 대파 10cm, 마늘 10g, 청주 15ml

① 면 200g
② 양파 50g
③ 새우 100g
④ 건고추 7g
⑤ 돼지고기 125g

05 다음은 국내 신규 박사학위 취득자 분포에 대한 자료이다. 이에 대한 설명으로 옳은 것을 〈보기〉에서 모두 고르면?

〈연령별 박사학위 취득자 분포〉

(단위 : 명)

구분	남성	여성
30세 미만	196	141
30세 이상 35세 미만	1,811	825
35세 이상 40세 미만	1,244	652
40세 이상 45세 미만	783	465
45세 이상 50세 미만	577	417
50세 이상	1,119	466
합계	5,730	2,966

〈전공계열별 박사학위 취득자 분포〉

(단위 : 명)

구분	남성	여성
인문계열	357	368
사회계열	1,024	649
공학계열	2,441	332
자연계열	891	513
의약계열	581	537
교육・사범계열	172	304
예술・체육계열	266	260
합계	5,732	2,963

조건

㉠ 남성 박사학위 취득자 중 50세 이상이 차지하는 비율은 여성 박사학위 취득자 중 50세 이상이 차지하는 비율보다 높다.

㉡ 전공계열별 박사학위 취득자 중 여성보다 남성의 비율이 높은 순위는 1위가 공학계열, 2위가 사회계열, 3위가 자연계열 순서이다.

㉢ 남성의 연령별 박사학위 취득자 수가 많은 순서와 여성의 연령대별 박사학위 취득자 수가 많은 순서는 같다.

㉣ 연령대가 올라갈수록 남녀 박사학위 취득자 수의 차이는 점점 커지고 있다.

① ㉠, ㉡　② ㉠, ㉢

③ ㉠, ㉣　④ ㉡, ㉢

⑤ ㉡, ㉣

CHAPTER 03

문제해결능력

합격 CHEAT KEY

문제해결능력은 업무를 수행하면서 여러 가지 문제 상황이 발생하였을 때, 창의적이고 논리적인 사고를 통하여 이를 올바르게 인식하고 적절히 해결하는 능력으로, 하위 능력에는 사고력과 문제처리능력이 있다.

문제해결능력은 NCS 기반 채용을 진행하는 대다수의 공사·공단에서 채택하고 있으며, 다양한 자료와 함께 출제되는 경우가 많아 어렵게 느껴질 수 있다. 특히, 난이도가 높은 문제로 자주 출제되기 때문에 다른 영역보다 더 많은 노력이 필요할 수는 있지만 그렇기에 차별화를 할 수 있는 득점 영역이므로 포기하지 말고 꾸준하게 노력해야 한다.

01 질문의 의도를 정확하게 파악하라!

문제해결능력은 문제에서 무엇을 묻고 있는지 정확하게 파악하여 먼저 풀이 방향을 설정하는 것이 가장 효율적인 방법이다. 특히, 조건이 주어지고 답을 찾는 창의적·분석적인 문제가 주로 출제되고 있기 때문에 처음에 정확한 풀이 방향이 설정되지 않는다면 문제를 제대로 풀지 못하게 되므로 첫 번째로 출제 의도 파악에 집중해야 한다.

02 중요한 정보는 반드시 표시하라!

출제 의도를 정확히 파악하기 위해서는 문제의 중요한 정보를 반드시 표시하거나 메모하여 하나의 조건, 단서도 잊고 넘어가는 일이 없도록 해야 한다. 실제 시험에서는 시간의 압박과 긴장감으로 정보를 잘못 적용하거나 잊어버리는 실수가 많이 발생하므로 사전에 충분한 연습이 필요하다.

03 반복 풀이를 통해 취약 유형을 파악하라!

문제해결능력은 특히 시간관리가 중요한 영역이다. 따라서 정해진 시간 안에 고득점을 할 수 있는 효율적인 문제 풀이 방법을 찾아야 한다. 이때, 반복적인 문제 풀이를 통해 자신이 취약한 유형을 파악하는 것이 중요하다. 정확하게 풀 수 있는 문제부터 빠르게 풀고 취약한 유형은 나중에 푸는 효율적인 문제 풀이를 통해 최대한 고득점을 맞는 것이 중요하다.

SECTION 01

모듈이론

01 문제해결능력의 의의

(1) 문제의 의의

① 문제와 문제점

문제	업무를 수행함에 있어서 답을 요구하는 질문이나 의논하여 해결해야 하는 사항
문제점	문제의 원인이 되는 사항으로 문제해결을 위해서 조치가 필요한 대상

난폭운전으로 전복사고가 일어난 경우는 '사고의 발생'이 문제이며, '난폭운전'은 문제점이다.

② 문제의 유형

㉠ 기능에 따른 분류 : 제조 문제, 판매 문제, 자금 문제, 인사 문제, 경리 문제, 기술상 문제

㉡ 시간에 따른 분류 : 과거 문제, 현재 문제, 미래 문제

㉢ 해결방법에 따른 분류 : 논리적 문제, 창의적 문제

③ 문제의 분류

발생형 문제 (보이는 문제)	• 눈앞에 발생되어 해결하기 위해 고민하는 문제를 말하며, 원인지향적인 문제라고도 함 • 이탈 문제 : 어떤 기준을 이탈함으로써 생기는 문제 • 미달 문제 : 기준에 미달하여 생기는 문제
탐색형 문제 (보이지 않는 문제)	• 현재의 상황을 개선하거나 효율을 높이기 위한 문제를 말하며, 문제를 방치하면 뒤에 큰 손실이 따르거나 해결할 수 없게 되는 것 • 잠재 문제 : 문제가 잠재되어 인식하지 못하다가 결국 확대되어 해결이 어려운 문제 • 예측 문제 : 현재는 문제가 아니지만 계속해서 현재 상태로 진행될 경우를 가정하고 앞으로 일어날 수 있는 문제 • 발견 문제 : 현재는 문제가 없으나 좋은 제도나 기법, 기술을 발견하여 개선·향상시킬 수 있는 문제
설정형 문제 (미래의 문제)	• 장래의 경영전략을 통해 앞으로 어떻게 할 것인가 하는 문제 • 새로운 목표를 설정함에 따라 일어나는 문제로, 목표 지향적 문제라고도 함 • 많은 창조적인 노력이 요구되므로 창조적 문제라고도 함

(2) 문제해결의 의의

① 문제해결이란?

목표와 현상을 분석하고, 이 분석 결과를 토대로 과제를 도출하여 최적의 해결책을 찾아 실행·평가해가는 활동을 말한다.

② 문제해결의 장애요소

- 문제를 철저하게 분석하지 않는 것
- 고정관념에 얽매이는 것
- 쉽게 떠오르는 단순한 정보에 의지하는 것
- 너무 많은 자료를 수집하려고 노력하는 것

③ 문제해결에 필요한 기본적 사고

㉠ 전략적 사고

현재 당면하고 있는 문제와 해결방법에만 집착하지 말고, 그 문제와 해결방안이 상위 시스템과 어떻게 연결되어 있는지를 생각하는 것이 필요하다.

㉡ 분석적 사고

전체를 각각의 요소로 나누어 그 요소의 의미를 도출한 다음 우선순위를 부여하고, 구체적인 문제해결방법을 실행하는 것이 요구된다.

종류	요구되는 사고
성과 지향의 문제	기대하는 결과를 명시하고 효과적으로 달성하는 방법을 사전에 구상하고 실행에 옮길 것
가설 지향의 문제	현상 및 원인분석 전에 지식과 경험을 바탕으로 일의 과정이나 결과・결론을 가정한 다음 검증 후 사실일 경우 다음 단계의 일을 수행할 것
사실 지향의 문제	일상 업무에서 일어나는 상식・편견을 타파하여 객관적 사실로부터 사고와 행동을 시작할 것

㉢ 발상의 전환

기존에 가지고 있는 사물과 세상을 바라보는 인식의 틀을 전환하여 새로운 관점에서 바로 보는 사고를 지향하는 것이 필요하다.

㉣ 내・외부자원의 효과적 활용

기술, 재료, 방법, 사람 등 필요한 자원 확보 계획을 수립하고, 내・외부자원을 효과적으로 활용하도록 해야 한다.

(3) 제3자를 통한 문제해결

종류	내용
소프트 어프로치	• 대부분의 기업에서 볼 수 있는 전형적인 스타일 • 조직 구성원들이 같은 문화적 토양을 가짐 • 직접적인 표현보다는 암시를 통한 의사전달 • 결론이 애매하게 산출되는 경우가 적지 않음 • 제3자 : 결론을 미리 그려 가면서 권위나 공감에 의지함
하드 어프로치	• 조직 구성원들이 상이한 문화적 토양을 가짐 • 직설적인 주장을 통한 논쟁과 협상 • 논리, 즉 사실과 원칙에 근거한 토론 • 이론적으로는 가장 합리적인 방법 • 제3자 : 지도와 설득을 통해 전원이 합의하는 일치점 추구 • 창조적인 아이디어나 높은 만족감을 이끌어내기 어려움
퍼실리테이션	• 그룹의 지향점을 알려주고, 공감을 이룰 수 있도록 도와주는 것 • 창조적인 해결방안 도출, 구성원의 동기와 팀워크 강화 • 퍼실리테이터의 줄거리대로 결론이 도출되어서는 안됨 • 제3자 : 깊이 있는 커뮤니케이션을 통해 창조적인 문제해결 도모

(4) 퍼실리테이션

① 퍼실리테이션을 통해 배양되는 능력

- 객관적으로 사물을 보는 능력
- 다른 사람의 견해를 편견 없이 들을 수 있는 청취 능력
- 다양한 관점에서 사물을 볼 수 있는 관찰력
- 현상에 대한 분석력
- 인간관계 능력
- 논리적인 사고 능력

② 퍼실리테이션에 필요한 기본 역량

- 문제의 탐색과 발견
- 문제해결을 위한 구성원 간의 커뮤니케이션 조정
- 합의를 도출하기 위한 구성원들 사이의 갈등 관리

OX 문제

01 문제란 해결하기를 원하지만 실제로 해결해야 하는 방법을 모르고 있는 상태를 말한다. [ ]

02 발생형 문제란 현재의 상황을 개선하거나 효율을 높이기 위한 문제를 말한다. [ ]

03 앞으로 어떻게 할 것인가에 대한 문제는 설정형 문제라고 한다. [ ]

04 현상 및 원인분석 전에 일의 과정이나 결론을 가정한 후 일을 수행하는 것은 가설 지향의 문제에 해당한다. [ ]

05 객관적 사실로부터 사고와 행동을 시작하는 것은 성과 지향의 문제에 해당한다. [ ]

01 [○]

02 [×] 탐색형 문제에 대한 설명이다. 발생형 문제란 현재 직면하여 해결하기 위해 고민하는 문제를 말한다.

03 [○]

04 [○]

05 [×] 사실 지향의 문제에 대한 설명이다. 성과 지향의 문제에는 기대하는 결과를 명시하고 효과적으로 달성하는 방법을 사전에 구상하는 것이 해당한다.

02 사고력

(1) 창의적 사고와 브레인스토밍

① 창의적 사고란?

당면한 문제를 해결하기 위해 경험적 지식을 해체하여 새로운 아이디어를 다시 도출하는 것으로, 개인이 가지고 있는 경험과 지식을 통해 참신한 아이디어를 산출하는 힘이다.

② 창의적 사고의 특징

- 발전적(확산적) 사고
- 새롭고 유용한 아이디어를 생산해 내는 정신적인 과정
- 기발하거나, 신기하며 독창적인 것
- 유용하고 적절하며, 가치가 있는 것
- 기존의 정보들을 새롭게 조합시킨 것

③ 브레인스토밍

미국의 알렉스 오즈번이 고안한 그룹발산기법으로, 창의적인 사고를 위한 발산방법 중 가장 흔히 사용되는 방법이다. 집단의 효과를 살려서 아이디어의 연쇄반응을 일으켜 자유분방한 아이디어를 내고자 하는 것이다.

④ 브레인스토밍 진행 방법

- 주제를 구체적이고 명확하게 정한다.
- 구성원의 얼굴을 볼 수 있는 좌석 배치와 큰 용지를 준비한다.
- 구성원들의 다양한 의견을 도출할 수 있는 사람을 리더로 선출한다.
- 구성원은 다양한 분야의 사람들로 5~8명 정도로 구성한다.
- 발언은 누구나 자유롭게 할 수 있도록 하며, 모든 발언 내용을 기록한다.
- 아이디어에 대해 비판해서는 안 된다.

(2) 창의적 사고의 개발 방법

① 자유 연상법 – 생각나는 대로 자유롭게 발상 – 브레인스토밍

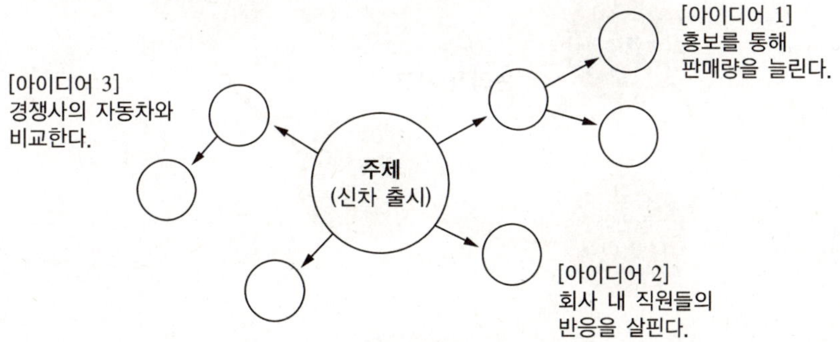

② 강제 연상법 - 각종 힌트와 강제적으로 연결지어서 발상 - 체크리스트

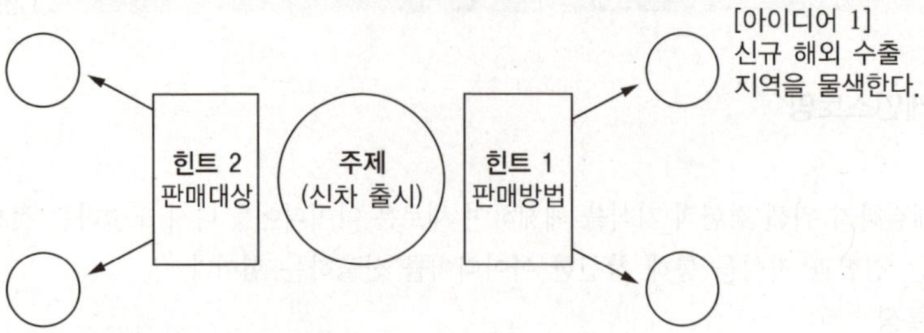

③ 비교 발상법 - 주제의 본질과 닮은 것을 힌트로 발상 - NM법, Synetics

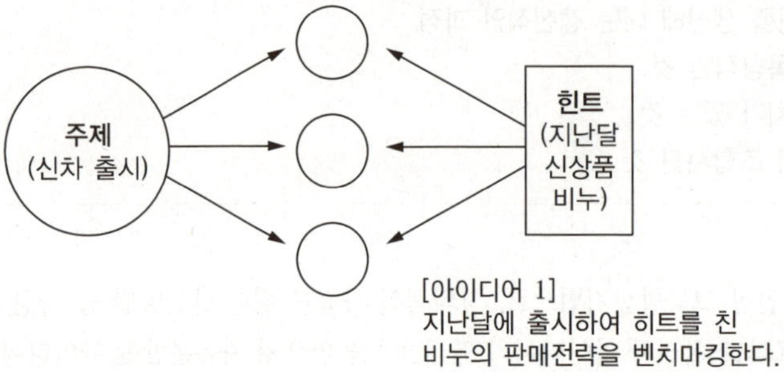

(3) 논리적 사고의 의의

① 논리적 사고란?

- 사고의 전개에 있어서 전후의 관계가 일치하고 있는가를 살피고, 아이디어를 평가하는 능력을 말한다.
- 업무 수행 중에 자신이 만든 계획이나 주장을 주위 사람에게 이해시켜 실현시키기 위해서는 체계적인 설득 과정을 거쳐야 하는데, 이때 필요로 하는 것이 논리적 사고이다.

② 논리적 사고의 5요소

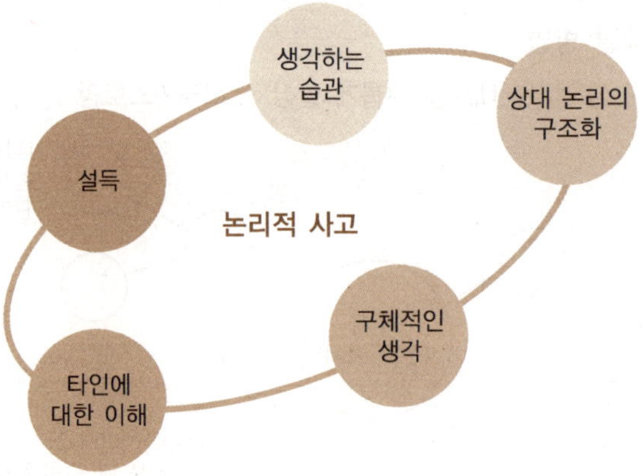

③ 논리적 사고를 개발하기 위한 방법

㉠ 피라미드 기법

보조 메시지들을 통해 주요 메인 메시지를 얻고, 다시 메인 메시지를 종합한 최종적인 정보를 도출해 내는 방법이다.

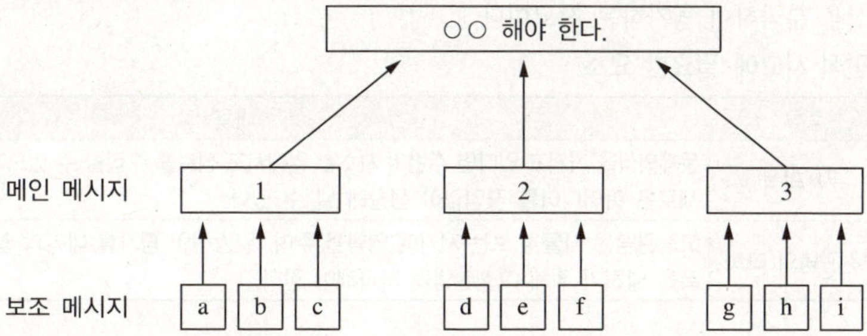

㉡ So What 기법

"그래서 무엇이지?" 하고 자문자답하는 의미로 눈앞에 있는 정보로부터 의미를 찾아내어 가치 있는 정보를 이끌어 내는 사고이다. "So what?"은 단어나 체언만으로 표현하는 것이 아니라 주어와 술어가 있는 글로 표현함으로써 "어떻게 될 것인가?", "어떻게 해야 한다."라는 내용이 포함되어야 한다.

[상황]

ㄱ. 우리 회사의 자동차 판매대수가 사상 처음으로 전년 대비 마이너스를 기록했다.
ㄴ. 우리나라의 자동차 업계 전체는 일제히 적자 결산을 발표했다.
ㄷ. 주식 시장은 몇 주간 조금씩 하락하는 상황에 있다.

[So What?을 사용한 논리적 사고의 예]

a. 자동차 판매의 부진
b. 자동차 산업의 미래
c. 자동차 산업과 주식시장의 상황
d. 자동차 관련 기업의 주식을 사서는 안 된다.
e. 지금이야말로 자동차 관련 기업의 주식을 사야 한다.

[해설]

a. 상황 ㄱ만 고려하고 있으므로 So What의 사고에 해당하지 않는다.
b. 상황 ㄷ을 고려하지 못하고 있으므로 So What의 사고에 해당하지 않는다.
c. 상황 ㄱ ~ ㄷ을 모두 고려하고는 있으나 자동차 산업과 주식시장이 어떻게 된다는 것을 알 수 없으므로 So What의 사고에 해당하지 않는다.
d · e. "주식을 사지 마라(사라)."라는 메시지를 주고 있으므로 So What의 사고에 해당한다.

(4) 비판적 사고

① 비판적 사고

어떤 주제나 주장 등에 대해서 적극적으로 분석하고 종합하며 평가하는 능동적인 사고를 말한다. 이는 문제의 핵심을 중요한 대상으로 하며, 지식과 정보를 바탕으로 한 합당한 근거에 기초를 두고 현상을 분석하여 평가하는 사고이다.

② 비판적 사고에 필요한 요소

종류	내용
문제의식	문제의식을 가지고 있다면 주변의 사소한 일에서도 정보를 수집할 수 있으며, 이러한 정보를 통해서 새로운 아이디어를 끊임없이 생산해 낼 수 있다.
고정관념의 타파	고정관념은 사물을 보는 시각에 영향을 주며, 일방적인 평가를 내리기 쉽게 한다. 따라서 지각의 폭을 넓히기 위해 고정관념을 타파해야 한다.

OX 문제

01 창의적 사고란 기존의 정보를 객관적으로 분석하는 것을 말한다. [ ]

02 자유 연상법은 생각나는 대로 자유롭게 발상하는 방법으로, 체크리스트가 대표적인 방법이다. [ ]

03 비교 발상법은 주제의 본질과 닮은 것을 힌트로 발상해 내는 것으로, NM법이나 Synetics가 대표적이다. [ ]

04 논리적인 사고의 구성요소에서 자신의 사상을 강요하지 않고 자신이 함께 일을 진행하는 상대와 의논해 나가는 가운데, 자신이 깨닫지 못했던 새로운 가치를 발견하고 생각해 낼 수 있는 과정은 설득에 해당한다. [ ]

05 비판적 사고를 방해하는 것으로서, 사물을 바라보는 편협적인 시각을 의미하는 것을 고정관념이라고 한다. [ ]

01 [×] 기존의 정보를 객관적으로 분석하는 일은 논리적 사고 혹은 비판적 사고의 개념이다.
02 [×] 자유 연상법의 대표적인 방법은 브레인스토밍이며, 체크리스트는 강제 연상법의 대표적인 방법이다.
03 [O]
04 [O]
05 [O]

03 문제처리능력

(1) 문제 인식의 절차

절차	환경 분석	주요 과제 도출	과제 선정
내용	Business System상 거시 환경 분석 예 3C 분석, SWOT 분석	분석자료를 토대로 성과에 미치는 영향과 의미를 검토하여 주요 과제 도출	후보과제를 도출하고 효과 및 실행가능성 측면에서 평가하여 과제 도출

① 환경 분석(3C 분석)

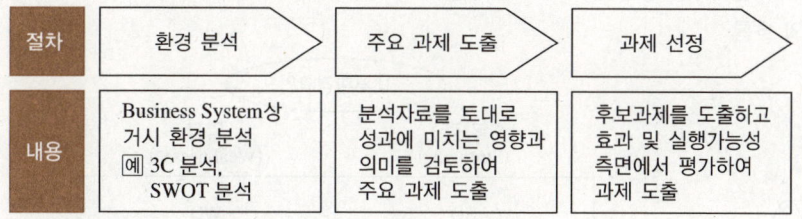

사업환경을 구성하고 있는 요소인 자사, 경쟁사, 고객을 3C라고 하며, 3C에 대한 체계적인 분석을 통해서 환경 분석을 수행할 수 있다.

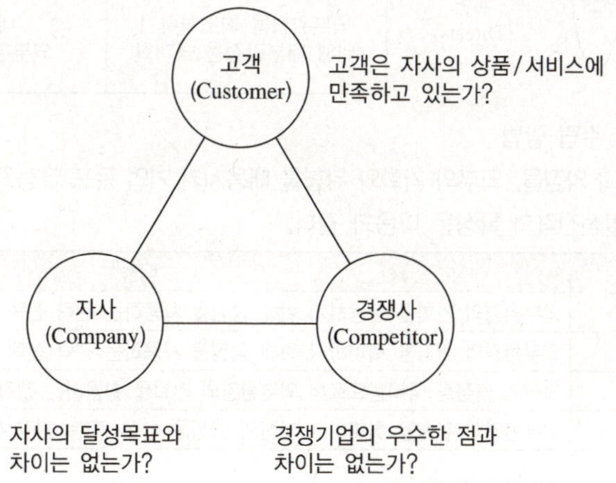

② 주요 과제 도출

과제안을 작성할 때는 과제들 간의 수준은 동일한지, 표현은 구체적인지, 주어진 기간 내에 해결 가능한 안인지를 확인해야 한다.

③ 과제 선정

과제안 중 효과 및 실행 가능성 측면을 평가하여 우선순위를 부여한 후 우선순위가 높은 안을 선정하며, 우선순위 평가 시에는 과제의 목표, 자원현황 등을 종합적으로 고려하여 평가한다.

(2) SWOT 분석

① SWOT 분석의 의의

기업내부의 강점 · 약점과 외부환경의 기회 · 위협요인을 분석 및 평가하며, 이들을 서로 연관지어 전략을 개발하고 문제해결 방안을 개발하는 방법이다.

② SWOT 분석의 흐름

외부환경요인 \ 내부환경요인	강점 (Strengths)	약점 (Weaknesses)
기회 (Opportunities)	SO 내부강점과 외부기회 요인을 극대화	WO 외부기회를 이용하여 내부약점을 강점으로 전환
위협 (Threats)	ST 외부위협을 최소화하기 위해 내부강점을 극대화	WT 내부약점과 외부위협을 최소화

③ SWOT 전략 수립 방법

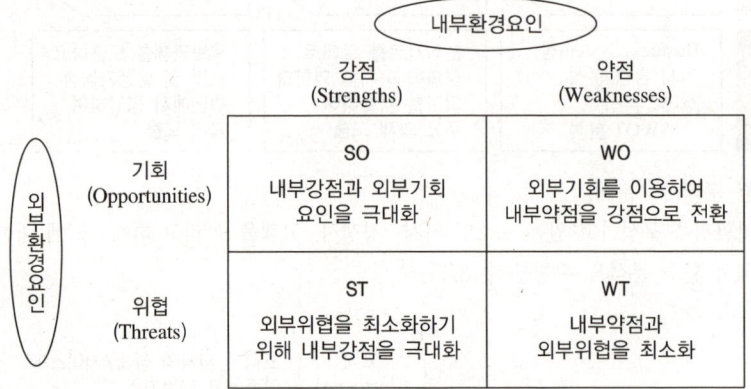

내부의 강점과 약점을, 외부의 기회와 위협을 대응시켜 기업 목표 달성을 위한 SWOT 분석을 바탕으로 구축한 발전전략의 특성은 다음과 같다.

종류	내용
SO전략	외부환경의 기회를 활용하기 위해 강점을 사용하는 전략 선택
ST전략	외부환경의 위협을 회피하기 위해 강점을 사용하는 전략 선택
WO전략	자신의 약점을 극복함으로써 외부환경의 기회를 활용하는 전략 선택
WT전략	외부환경의 위협을 회피하고 자신의 약점을 최소화하는 전략 선택

④ SWOT 분석의 구체적인 방법

종류	내용
외부환경 분석	• 좋은 쪽으로 작용하는 것은 기회, 나쁜 쪽은 위협으로 분류 • 언론매체, 개인 정보망 등을 통하여 입수한 상식적인 세상의 변화 내용을 시작으로 당사자에게 미치는 영향을 순서대로 점차 구체화 • 인과관계가 있는 경우 화살표로 연결 • 동일한 데이터라도 자신에게 긍정적으로 전개되면 기회로, 부정적으로 전개되면 위협으로 구분 • 외부환경분석 시에는 SCEPTIC 체크리스트를 활용 Social(사회), Competition(경쟁), Economic(경제), Politic(정치), Technology(기술), Information(정보), Client(고객)
내부환경 분석	• 경쟁자와 비교하여 나의 강점과 약점을 분석 • 강점과 약점의 내용 : 보유하거나 동원 가능하거나 활용 가능한 자원 • 내부환경 분석에는 MMMITI 체크리스트를 활용 Man(사람), Material(물자), Money(돈), Information(정보), Time(시간), Image(이미지)

(3) 표적집단면접(Focus Group Interview)

① 표적집단면접의 의미

6～8인으로 구성된 그룹에서 특정 주제에 대해 논의하는 과정으로, 숙련된 사회자의 컨트롤 기술에 의해 집단의 이점을 십분 활용하여 구성원들의 의견을 도출하는 방법이다.

② 표적집단면접 진행 절차

절차	조사 목적 수립	대상자 분석	그룹 수 결정	대상자 리쿠르트	가이드라인 작성
내용	확보해야 하는 정보는?	정보 획득 대상의 특징은?	정보를 획득하는 가장 적절한 그룹 수는?	대상자를 어떻게 선발할 것인가?	일반적인 주제에서 심층적인 주제로 작성

③ 표적집단면접 시 주의사항

- 인터뷰 종료 후 전체 내용에 대한 합의를 한다.
- 가이드라인에 따라 내용을 열거하고, 열거된 내용의 상호 관련을 생각하면서 결론을 얻어 나간다.
- 가능한 그룹으로 분석 작업을 진행한다.
- 동의 혹은 반대의 경우 합의 정도와 강도를 중시한다.
- 조사의 목적에 따라 결론을 이끌 수 있도록 한다.
- 앞뒤에 흩어져 있는 정보들을 주제에 대한 연관성을 고려하여 수집한다.
- 확실한 판정이 가능한 것은 판정을 하지만 그렇지 못한 경우는 판정을 내려서는 안 된다.

(4) 문제 도출

① 세부 절차

절차	문제 구조 파악	핵심 문제 선정
내용	문제를 작고, 다룰 수 있는 이슈들로 세분화	문제에 영향력이 큰 이슈를 핵심이슈로 선정

② 문제 구조 파악

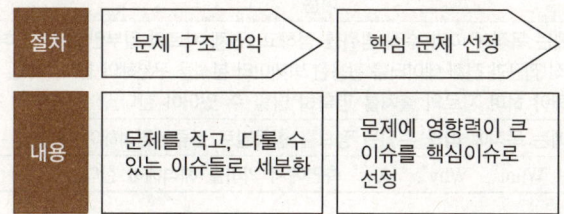

㉠ 전체 문제를 개별화된 세부 문제로 쪼개는 과정으로 문제의 내용 및 미치고 있는 영향 등을 파악하여 문제의 구조를 도출해내는 것이다. 이를 위해서는 문제가 발생한 배경이나 문제를 일으키는 메커니즘을 분명히 해야 하며, 문제의 본질을 다면적으로 보아야 한다.

㉡ Logic Tree 방법

주요 과제를 나무모양으로 분해·정리하는 기술로서, 제한된 시간 동안 문제의 원인을 깊이 파고든다든지, 해결책을 구체화할 때 유용하게 사용된다. 이를 위해서는 전체 과제를 명확히 해야 하며, 분해해 가는 가지의 수준을 맞춰야 하고, 원인이 중복되거나 누락되지 않고 각각의 합이 전체를 포함해야 한다.

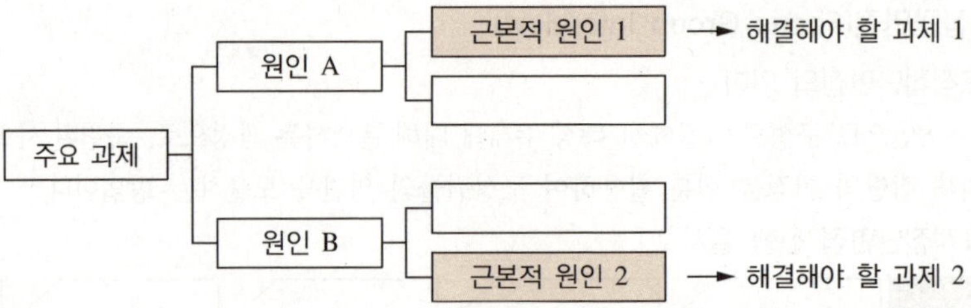

(5) 원인 분석

① 세부 절차

절차	Issue 분석	Data 분석	원인 파악
내용	• 핵심이슈설정 • 가설설정 • Output 이미지 결정	• Data 수집계획 수립 • Data 정리 / 가공 • Data 해석	근본원인을 파악하고 원인과 결과를 도출

② Issue 분석

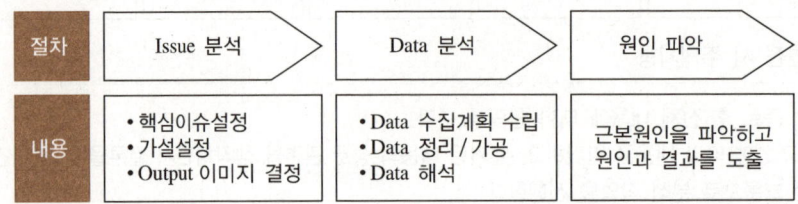

절차	내용
핵심이슈설정	업무에 가장 크게 영향을 미치는 문제로 선정하며, 사내·외 고객 인터뷰 등을 활용한다.
가설설정	이슈에 대해 자신의 직관, 경험 등에 의존하여 일시적인 결론을 예측하는 것이며, 설정된 가설은 관련자료 등을 통해 검증할 수 있어야 하며, 논리적이며 객관적이어야 한다.
Output 이미지 결정	가설검증 계획에 의거하여 분석결과를 미리 이미지화하는 것이다.

③ Data 분석

절차	내용
Data 수집계획 수립	데이터 수집 시에는 목적에 따라 수집 범위를 정하고, 전체 자료의 일부인 표본을 추출하는 전통적인 통계학적 접근과 전체 데이터를 활용한 빅데이터 분석을 구분해야 한다. 이때, 객관적인 사실을 수집해야 하며 자료의 출처를 명확히 밝힐 수 있어야 한다.
Data 정리/가공	데이터 수집 후에는 목적에 따라 수집된 정보를 항목별로 분류·정리해야 한다.
Data 해석	정리된 데이터는 "What", "Why", "How" 측면에서 의미를 해석해야 한다.

④ 원인 파악

절차	내용
단순한 인과관계	원인과 결과를 분명하게 구분할 수 있는 경우로, 어떤 원인이 앞에 있어 여기에서 결과가 생기는 인과관계를 의미한다.
닭과 계란의 인과관계	원인과 결과를 구분하기가 어려운 경우로, 브랜드의 향상이 매출확대로 이어지고, 매출확대가 다시 브랜드의 인지도 향상으로 이어지는 경우가 이에 해당한다.
복잡한 인과관계	단순한 인과관계와 닭과 계란의 인과관계의 유형이 복잡하게 서로 얽혀 있는 경우로, 대부분의 경영상 과제가 이에 해당한다.

(6) 해결안 개발

① 세부 절차

절차	해결안 도출	해결안 평가 및 최적안 선정
내용	문제로부터 최적의 해결안을 도출하고, 아이디어를 명확화	최적안 선정을 위한 평가 기준을 선정하고, 우선순위 선정을 통해 최적안 선정

② 해결안 도출 과정

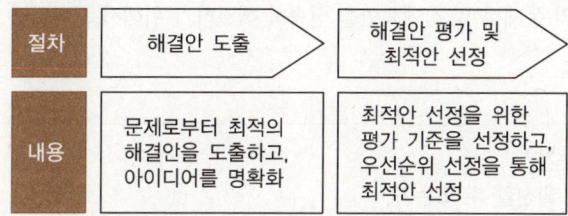

- 근본원인으로 열거된 내용을 어떠한 방법으로 제거할 것인지를 명확히 한다.
- 독창적이고 혁신적인 방안을 도출한다.
- 전체적인 관점에서 보아 해결의 방향과 방법이 같은 것을 그룹으로 묶는다.
- 최종 해결안을 정리한다.

③ 해결안 평가 및 최적안 선정

문제(What), 원인(Why), 방법(How)을 고려해서 해결안을 평가하여 가장 효과적인 해결안을 선정해야 하며, 중요도와 실현 가능성 등을 고려해서 종합적인 평가를 내리고 채택 여부를 결정하는 과정이다.

④ 해결안 개발의 예시

해결안	중요도		실현 가능성			종합평가	채택여부
	고객만족도	문제해결	개발기간	개발능력	적용가능성		
해결안 1							
해결안 2							
해결안 3							
해결안 4							

(7) 실행 및 후속조치

① 세부 절차

절차	실행계획 수립	실행	후속조치
내용	최종 해결안을 실행하기 위한 구체적인 계획 수립	실행계획에 따른 실행 및 모니터	실행 결과에 대한 평가

② 실행계획 수립

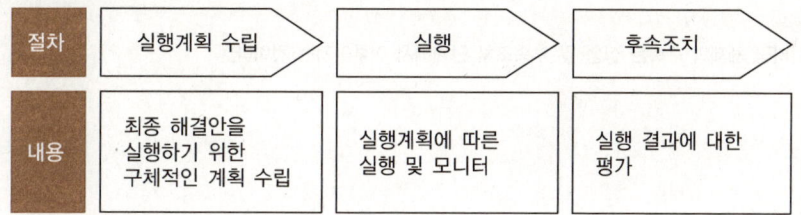

세부 실행내용의 난이도를 고려하여 가급적 구체적으로 세우는 것이 좋으며, 해결안별 실행계획서를 작성함으로써 실행의 목적과 과정별 진행내용을 일목요연하게 파악하도록 하는 것이 필요하다.

③ 실행 및 후속조치

㉠ 파일럿 테스트를 통해 문제점을 발견하고, 해결안을 보완한 후 대상 범위를 넓혀서 전면적으로 실시해야 한다. 그리고 실행상의 문제점 및 장애요인을 신속히 해결하기 위해서 모니터링 체제를 구축하는 것이 바람직하다.

㉡ 모니터링 시 고려 사항

> • 바람직한 상태가 달성되었는가?
> • 문제가 재발하지 않을 것을 확신할 수 있는가?
> • 사전에 목표한 기간 및 비용은 계획대로 지켜졌는가?
> • 혹시 또 다른 문제를 발생시키지 않았는가?
> • 해결책이 주는 영향은 무엇인가?

OX 문제

01 전체 문제를 세부 문제로 쪼개는 과정을 통해 문제의 구조를 파악하는 방법을 Logic Tree 방법이라고 한다. [ ]

02 해결안을 평가하고 채택할 때 사용되는 실현 가능성의 평가 기준은 개발 기간, 고객 만족, 적용 가능성 등을 들 수 있다. [ ]

03 해결안 평가 및 최적안 선정은 문제(What), 원인(Why), 방법(How)을 고려해서 해결안을 평가하고, 가장 효과적인 해결안을 선정해야 한다. [ ]

04 실행계획을 수립할 때에는 실행상의 문제점을 해결하기 위한 모니터링 체제를 구축해야 한다. [ ]

05 문제해결 절차 중 선정된 문제를 분석하여 해결해야 할 것이 무엇인지를 명확히 하는 단계는 문제 도출 단계이다. [ ]

01 [○]

02 [×] 개발 기간, 개발 능력, 적용 가능성은 해결안이 실현 가능한지를 평가하는 기준인 반면, 고객 만족은 해결안의 평가 기준이지만 실현 가능성이 아니라 해결안이 적절한지에 대한 기준이다.

03 [○]

04 [×] 모니터링 체제의 구축은 실행 및 후속조치 단계에서 이루어지는 것이다.

05 [○]

SECTION

02 문제해결능력 맛보기

PART 1

01 **다음 글의 내용이 참일 때, 최종 선정되는 단체로 옳은 것은?**

> ○○부는 우수 문화예술 단체 A ~ E 다섯 중 한 곳을 선정하여 지원하려 한다. 이번 선정 방침은 다음 두 가지다. 첫째, 어떤 형태로든 지원을 받고 있는 단체는 최종 후보가 될 수 없다. 둘째, 최종 선정 시 올림픽 관련 단체를 엔터테인먼트 사업(드라마, 영화, K-pop) 단체보다 우선한다.
> A단체는 자유무역협정을 체결한 갑국에 드라마 컨텐츠를 수출하고 있지만 올림픽과 관련된 사업은 하지 않는다. B단체는 올림픽의 개막식 행사를, C단체는 폐막식 행사를 각각 주관하는 단체다. E단체는 오랫동안 한국 음식문화를 세계에 보급해 온 단체다. A단체와 C단체 중 적어도 한 단체가 최종 후보가 되지 못한다면, 대신 B단체와 E단체 중 적어도 한 단체는 최종 후보가 된다. 반면 게임 개발로 각광을 받은 단체인 D단체가 최종 후보가 된다면, 한국과 자유무역협정을 체결한 국가와 교역을 하는 단체는 모두 최종 후보가 될 수 없다. 후보 단체들 중 가장 적은 부가가치를 창출한 단체는 최종 후보가 될 수 없고, 최종 선정은 최종 후보가 된 단체 중에서만 이루어진다. 올림픽의 개막식 행사를 주관하는 모든 단체는 이미 ○○부로부터 지원을 받고 있다. 그리고 위 문화예술 단체 가운데 한국 음식문화 보급과 관련된 단체의 부가가치 창출이 가장 저조하였다.

① A단체
② B단체
③ C단체
④ D단체
⑤ E단체

정답 ③

ⅰ) 먼저 주어진 조건만으로 소거되는 단체를 찾아보면, 어떤 형태로든 지원을 받고 있는 단체는 최종 후보가 될 수 없다는 점에서 B단체를 제거할 수 있으며, 부가가치 창출이 가장 적었던 E단체 역시 최종 후보가 될 수 없다.

ⅱ) 다음으로 제시된 조건을 정리해보면 [A(×) ∨ C(×)] → [B(○) ∨ E(○)]으로 나타낼 수 있으며, 이를 대우로 변환하면 [B(×) ∧ E(×)] → [A(○)∧ C(○)]으로 표시할 수 있다. 이 조건식과 앞서 B단체와 E단체가 모두 최종 후보가 될 수 없다는 것을 결합하면, 결국 A단체와 C단체가 최종 후보에 올라간다는 것을 알 수 있다.

ⅲ) 이제 D가 최종 후보가 될 경우 자유무역협정을 체결한 국가와 교역을 하는 단체는 모두 최종 후보가 될 수 없다는 두 번째 조건을 정리하면 [D(○) → A(×)] 으로 나타낼 수 있으며, 이를 대우로 변환하면 (A○ → D×)로 표시할 수 있다. 그런데 앞서 A단체는 최종 후보에 올라가는 것이 확정되어 있는 상태이기 때문에 D단체는 후보가 될 수 없다는 것을 알 수 있다.

결국 최종 후보는 A단체와 C단체만 남은 상황인데, 조건에서 올림픽 단체를 엔터테인먼트 사업단체보다 우선한다고 하였으므로 폐막식 행사를 주관하는 C단체가 최종 선정된다.

풀이 전략!

> 거의 대부분의 논리문제는 대우명제를 결합하여 숨겨진 논리식을 찾는 수준을 벗어나지 않는다. 따라서 '~라면'이 포함된 조건식이 등장한다면 일단 대우명제로 바꾼 것을 같이 적어주는 것이 좋다. 조금 더 과감하게 정리한다면, 제시된 조건식은 그 자체로는 사용되지 않고 대우명제로만 사용되는 경우가 대부분이다.

02 **다음 글에서 말하고 있는 문제해결방법인 퍼실리테이션에 대한 설명으로 가장 적절한 것은?**

> A협회에서는 지난달 1일 대한민국 퍼실리테이션/퍼실리테이터 협의회를 개최하였다. 퍼실리테이션이란 리더가 전권을 행사하는 기존의 조직과는 달리 그룹 구성원들이 심도 높은 의사소통 등 효과적인 기법과 절차에 따라 문제해결 과정에 적극적으로 참여하고 상호 작용을 촉진해 문제를 해결하고 목적을 달성하는 활동을 의미한다. 퍼실리테이터란 이러한 퍼실리테이션 활동을 능숙하게 해내는 사람 또는 퍼실리테이션을 수행하는 조직의 리더라고 정의할 수 있다. 이번 협의회에서는 4차 산업혁명의 기술을 활용한 디지털 혁신이 산업 생태계 및 공공 부분 등 사회 전반의 패러다임을 바꾸고 있는 상황에서, 퍼실리테이션의 중요성을 강조하는 자리를 마련하였다. 개최사를 맡은 한국대학교 최선아 교수는 지금까지의 조직변화와 사회변화를 위한 퍼실리테이션의 역할을 다시 한 번 생각하고, 시대 변화에 따른 역할과 기능을 탐색하는 노력을 통해 퍼실리테이션의 방향성을 제시하는 것이 필요하다고 언급하였다. 또한 퍼실리테이션을 통한 성공적인 문제해결 사례로 K기업의 워크숍 사례를 소개하였다. 이 워크숍에서는 미래 조직관점에서 퍼실리테이터의 역할과 요구, 조직 내 갈등 해결, 협력적 의사결정, 변화 촉진 등의 다양한 문제해결을 위한 내용이 포함되어 있다고 밝혔다.

① 문제해결방법의 종류인 소프트 어프로치와 하드 어프로치를 혼합한 방법이라 할 수 있다.

② 서로의 생각을 직설적으로 주장하고 논쟁이나 협상을 통해 서로의 의견을 조정해 가는 방법이다.

③ 주관적 관점에서 사물을 보는 관찰력과 추상적인 사고 능력으로 문제를 해결한다.

④ 직접적인 표현이 바람직하지 않다고 여기며, 무언가를 시사하거나 암시를 통하여 의사를 전달하고 서로를 이해하게 함으로써 문제해결을 도모한다.

⑤ 깊이 있는 커뮤니케이션을 통해 서로의 문제점을 이해하고 공감함으로써 창조적인 문제해결을 도모하여, 초기에 생각하지 못했던 창조적인 해결 방법이 도출된다.

정답 ⑤

퍼실리테이션(Facilitation)이란 '촉진'을 의미하며, 어떤 그룹이나 집단이 의사결정을 잘하도록 도와주는 일을 의미한다. 깊이 있는 커뮤니케이션을 통해 서로의 문제점을 이해하고 공감함으로써, 초기에는 미처 생각하지 못했던 창조적인 문제해결방법이 도출된다.

오답분석

② 하드 어프로치에 대한 설명이다. 하드 어프로치란 상이한 문화적 토양을 가지고 있는 구성원을 가정하여 서로의 생각을 직설적으로 주장하고 논쟁이나 협상을 통해 의견을 조정해 가는 방법이다. 이때 중심적 역할을 하는 것이 논리, 즉 사실과 원칙에 근거한 토론이다.

③ 퍼실리테이션의 효과에 대한 설명이다. 퍼실리테이션의 효과로는 객관적으로 사물을 보는 관찰력, 논리적 사고 능력, 편견 없이 듣는 청취력, 원만한 인간관계 능력, 문제를 탐색 및 발견하는 능력, 자신의 변혁 추구 능력, 문제해결을 위한 구성원 간의 커뮤니케이션 조정 능력, 합의 도출을 위한 구성원 간의 갈등 관리능력 등이 있다.

④ 소프트 어프로치에 대한 설명이다. 소프트 어프로치란 조직 구성원들은 같은 문화적 토양을 가지고 이심전심으로 서로를 이해하는 상황을 가정한다.

풀이 전략!

퍼실리테이션에 관련된 문제가 자주 출제되고 있다. 특히 그 중에서도 중요한 것은 퍼실리테이터가 존재한다고 하더라도 구성원이 문제해결을 할 때는 자율적으로 실행하는 것이며, 제3자가 합의점이나 줄거리를 준비해 놓고 예정대로 결론이 도출되어 가도록 해서는 안 된다는 것이다. 따라서 구성원의 역할이 유동적이라고 볼 수 있으며, 반대로 전통적인 조직에서의 구성원의 역할은 고정적이라고 볼 수 있다.

03 대표유형 적중문제

정답 및 해설 p.026

| 01 | 모듈형

01 SWOT 분석에 대한 설명으로 옳지 않은 것은?

① 조직 내부의 강점, 약점을 외부의 기회, 위협 요인과 대응시켜 전략을 개발하는 방법이다.
② WO전략은 내부 약점을 극복하여 외부 환경의 기회를 활용하는 전략이다.
③ ST전략은 내부의 강점을 이용하여 외부의 기회를 포착하는 전략이다.
④ 문제를 해결하기 위한 전략을 수립하는 과정에서 외부의 환경과 내부의 역량을 동시에 분석하는 방법이다.
⑤ WT전략은 외부의 위협에 대해 대응할 수 있는 조직 내부의 역량이 부족하거나, 약점밖에 없는 상태이므로 사업을 축소하거나 철수를 고려하는 전략이다.

02 다음 상황에 논리적 사고를 개발하는 방법 중 'So what? 기법'을 사용한 예로 옳은 것은?

- 우리 회사의 자동차 판매대수가 사상 처음으로 전년 대비 마이너스를 기록했다.
- 우리나라의 자동차 업계 전체는 일제히 적자 결산을 발표했다.
- 주식 시장은 몇 주간 조금씩 하락하는 상황에 있다.

① 자동차 판매가 부진하다.
② 자동차 산업의 미래가 좋지 않다.
③ 자동차 산업과 주식시장의 상황이 복잡하다.
④ 자동차 관련 기업의 주식을 사서는 안 된다.
⑤ 자동차 판매를 높이기 위해 가격을 낮춘다.

03 **다음 중 빈칸 ㉠~㉢에 들어갈 내용을 바르게 나열한 것은?**

> ___㉠___(이)란 업무를 수행함에 있어서 답을 요구하는 질문이나 의논하여 해결해야 되는 사항을 의미한다. ___㉠___은/는 흔히 ___㉡___와/과 구분하지 않고 사용되는데, ___㉡___(이)란 ___㉢___의 원인이 되는 사항으로 해결을 위해서 손을 써야 할 대상을 말한다.

	㉠	㉡	㉢
①	문제	문제점	결과
②	문제	문제점	문제
③	문제점	오류	문제
④	문제점	문제	문제점
⑤	문제점	문제	결과

04 **다음 중 문제를 해결할 때 필요한 분석적 사고에 대한 설명으로 옳은 것은?**

① 전체를 각각의 요소로 나누어 그 요소의 의미를 도출한 다음 우선순위를 부여하고 구체적인 문제해결방법을 실행하는 것이 요구된다.

② 성과 지향의 문제는 일상업무에서 일어나는 상식, 편견을 타파하여 사고와 행동을 객관적 사실로부터 시작해야 한다.

③ 가설 지향의 문제는 기대하는 결과를 명시하고 효과적인 달성 방법을 사전에 구상하고 실행에 옮겨야 한다.

④ 사실 지향의 문제는 현상 및 원인분석 전에 지식과 경험을 바탕으로 일의 과정이나 결과, 결론을 가정한 다음 검증 후 사실일 경우 다음 단계의 일을 수행해야 한다.

⑤ 개별 요소가 나타나는 문제의 해결보다는 조직의 분위기에 부합하는 방향으로만 문제해결 방안을 수립해야 한다.

05 **정과장은 신입직원들을 대상으로 기업의 미래사업이라는 주제에 대해 토론을 하고자 한다. 정과장은 직원들이 최대한 자유롭게 다양한 아이디어를 제시할 수 있도록 동기부여를 해야겠다고 생각했다. 이런 상황에서 정과장이 직원들에게 할 수 있는 말로 가장 적절한 것은?**

① 우리 기업의 비전이나 미션을 생각해 보고, 그에 부합하는 주제로 이야기를 시작해 보면 좋을 것 같아요.

② 오늘의 토론주제는 미래사업입니다. 어차피 정답도 없고, 지금 현실을 꼭 반영하지 않아도 되니까 이 순간 머리에 떠오르는 것을 아무거나 자유롭게 얘기해 보세요.

③ 현재 우리 기업에서 주력으로 하고 있는 사업들이 무엇인지 한번 생각해 보고 그와 관련된 단어들을 이야기해 보면 좋을 것 같아요.

④ 기업 홈페이지 사업안내에 제시되어 있는 사업 분야 중 미래에도 지속적 경영이 가능한 주제를 골라서 이에 대한 이야기를 해주세요.

⑤ 자신의 부서업무를 바탕으로 미래사업 분야와 관련된 아이디어를 적어도 하나씩 발표하면 좋을 것 같아요.

06 **다음 사례에 적용된 문제해결방법 중 원인 파악 단계의 결과로 가장 적절한 것은?**

> 1980년대 초반에 헝가리 부다페스트 교통 당국은 혼잡한 시간대에 대처하기 위해 한 노선에 버스를 여러 대씩 운행시켰다. 그러나 사람들은 45분씩 기다려야 했거나 버스 서너 대가 한꺼번에 온다고 짜증을 냈다. 사람들은 버스 운전사가 멍청하거나 아니면 악의적으로 배차를 그렇게 한다고 여겼다. 다행스럽게도 시 당국은 금방 문제의 원인을 파악했고 해결책도 찾았다. 버스 세 대 이상을 노선에 투입하고 간격을 똑같이 해 놓으면, 버스의 간격은 일정하게 유지되지 않는다. 앞서 가는 버스는 승객을 많이 태우게 되고, 따라서 정차 시간이 길어진다. 바로 뒤 따라가는 버스는 승객이 앞 차만큼 많지 않기 때문에 정차 시간이 짧아진다. 이러다 보면 어쩔 수 없이 뒤차가 앞차를 따라 잡아서 버스가 한참 안 오다가 줄줄이 두세 대씩 한꺼번에 몰려오게 된다. 버스들이 자기 조직화 때문에 한꺼번에 다니게 되는 것이다.
> 상황을 이해하고 나면 해결책도 나온다. 버스 관리자는 이 문제가 같은 노선의 버스는 절대로 앞차를 앞지르지 못하게 되어 있기 때문임을 인지했다. 이 문제를 없애기 위해 당국은 운전사들에게 새로운 규칙을 따르게 했다. 같은 노선의 버스가 서 있는 것을 보면 그 버스가 정류장의 승객을 다 태우지 못할 것 같아도 그냥 앞질러 가라는 것이다. 이렇게 하면 버스들이 한꺼번에 줄줄이 오는 것을 막게 되어 더 효율적으로 운행할 수 있다.

① 버스 운전사의 운전 미숙

② 부다페스트의 열악한 도로 상황

③ 유연하지 못한 버스 운행 시스템

④ 의도적으로 조절한 버스 배차 시간

⑤ 정차된 같은 노선의 버스를 앞지르는 규칙

※ 다음은 GE 맥킨지 매트릭스 모델에 대한 자료이다. 이어지는 질문에 답하시오. **[7~8]**

산업매력도 \ 사업의 강점	고	중	저
고	A (청신호)	(청신호)	C (주의신호)
중	(청신호)	E (주의신호)	(적신호)
저	B (주의신호)	(적신호)	D (적신호)

07 다음 중 GE 맥킨지 매트릭스 모델에 대한 설명으로 옳지 않은 것은?

① BCG 매트릭스보다 발전된 기법으로 평가받고 있다.

② 좌상의 청신호 지역은 지속적으로 성장시키는 전략이 필요하다.

③ 대각선 상의 주의신호 지역은 선별적인 투자 전략이 필요하다.

④ 우하의 적신호 지역은 사업을 철수하거나 투자를 최소화해야 한다.

⑤ 사업단위 간의 상호작용을 고려하므로 실제 산업에 적용하기 쉽다.

08 다음 중 자료의 A～E사업에 대한 설명으로 옳지 않은 것은?

① A사업은 매력적인 사업으로, 집중적으로 투자하여 시장 지위를 유지하면서 새로운 진출을 모색해야 한다.

② B사업은 강점은 있지만 시장 매력이 적은 사업으로, 시장 지위를 보호해야 한다.

③ C사업은 시장 매력은 있지만 강점이 없는 사업으로, 선택적으로 투자하고 사업의 회수 및 철수시기를 파악해야 한다.

④ D사업은 시장 매력이 낮고 강점이 없는 사업으로, 사업을 축소하거나 매각해야 한다.

⑤ E사업은 현상을 유지하면서 앞으로의 계획을 수립해야 한다.

| 02 | 피듈형

01 K공사 홍보실에 근무하는 A사원은 12일부터 15일까지 워크숍을 가게 되었다. 워크숍을 떠나기 직전 A사원은 자신의 스마트폰 날씨예보 어플을 통해 워크숍 장소인 춘천의 날씨를 확인해 보았다. 다음 중 A사원이 확인한 날씨예보의 내용으로 적절한 것은?

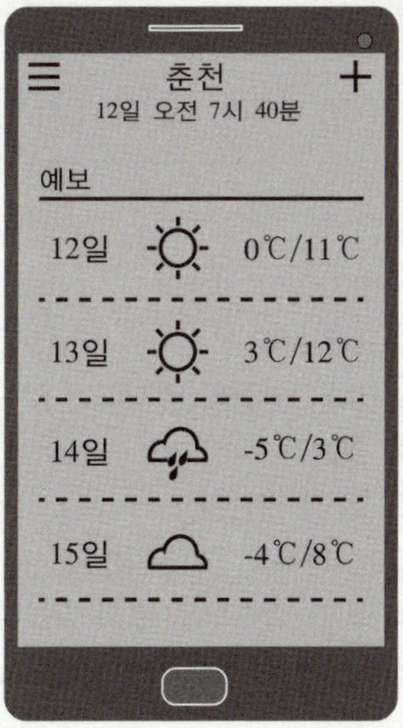

① 워크숍 기간 중 오늘이 일교차가 가장 크므로 감기에 유의해야 한다.
② 내일 춘천지역의 미세먼지가 심하므로 주의해야 한다.
③ 워크숍 기간 중 비를 동반한 낙뢰가 예보된 날이 있다.
④ 모레 춘천지역의 최고·최저기온이 모두 영하이므로 야외활동 시 옷을 잘 챙겨 입어야 한다.
⑤ 글피엔 비는 내리지 않지만 최저기온이 영하이다.

02 K공단 기획팀은 신입사원 입사로 인해 자리 배치를 바꾸려고 한다. 다음 자리 배치표와 〈조건〉을 참고하여 자리를 배치하였을 때, 배치된 자리와 직원을 바르게 나열한 것은?

〈자리 배치표〉

출입문				
1 – 신입사원	2	3	4	5
6	7	8 – A사원	9	10

• 기획팀 팀원 : A사원, B부장, C대리, D과장, E차장, F대리, G과장

조건

• B부장은 출입문과 가장 먼 자리에 앉는다.
• C대리와 D과장은 마주보고 앉는다.
• E차장은 B부장과 마주보거나 B부장의 옆자리에 앉는다.
• C대리는 A사원 옆자리에 앉는다.
• E차장 옆자리에는 아무도 앉지 않는다.
• F대리와 마주보는 자리에는 아무도 앉지 않는다.
• D과장과 G과장은 옆자리 또는 마주보고 앉지 않는다.
• 빈자리는 2자리이며 옆자리 또는 마주보는 자리이다.

① 2 – G과장
② 3 – B부장
③ 5 – E차장
④ 6 – F대리
⑤ 9 – C대리

03 K공사의 직원들은 산악회를 결성하여 정기적으로 등산을 하고 있다. 이번 산악회에는 A ~ H직원 중 5명이 참가한다고 할 때, 다음 〈조건〉에 따라 반드시 산악회에 참가하는 사람은?

조건

• B, C, F 중에서 두 명만이 참가한다.
• C, E, G 중에서 두 명만이 참가한다.
• D, E, F 중에서 두 명만이 참가한다.
• H가 참가하지 않으면 A도 참가하지 않는다.

① B
② D
③ G
④ H
⑤ 알 수 없음

04 문제해결절차의 문제 도출 단계는 (가), (나)의 절차를 거쳐 수행된다. 다음 중 (가) 절차에 대한 설명으로 적절하지 않은 것은?

(가)	→	(나)
전체 문제를 개별화된 이슈들로 세분화		문제에 영향력이 큰 핵심이슈를 선정

① 문제의 내용 및 영향 등을 파악하여 문제의 구조를 도출한다.
② 본래 문제가 발생한 배경이나 문제를 일으키는 메커니즘을 분명히 해야 한다.
③ 현상에 얽매이지 말고 문제의 본질과 실제를 봐야 한다.
④ 눈앞의 결과를 중심으로 문제를 바라봐야 한다.
⑤ 문제 구조 파악을 위해서 Logic Tree 방법이 주로 사용된다.

05 A씨의 회사에서 신제품을 개발하여 중국시장에 진출하고자 한다. A씨의 상사가 3C 분석 결과를 건네며, 사업 계획에 반영하고 향후 해결해야 할 회사의 전략 과제가 무엇인지 정리하여 보고하라는 지시를 내렸다. 다음 중 회사에서 해결해야 할 전략 과제로 적절하지 않은 것은?

〈자사의 3C 분석 결과〉

고객(Customer)	경쟁사(Competitor)	자사(Company)
• 중국시장은 매년 10% 성장 • 20 ~ 30대 젊은 층이 중심 • 온라인 구매가 약 80% 이상 • 인간공학 지향	• 중국기업들의 압도적인 시장점유 • 중국기업들 간의 치열한 가격경쟁 • A/S 및 사후관리 취약 • 생산 및 유통망 노하우 보유	• 국내시장 점유율 1위 • A/S 등 고객서비스 부문 우수 • 해외 판매망 취약 • 온라인 구매시스템 미흡(보안, 편의 등) • 높은 생산원가 구조 • 높은 기술개발력

① 중국시장의 판매유통망 구축
② 온라인 구매시스템 강화
③ 고객서비스 부문 강화
④ 원가 절감을 통한 가격 경쟁력 강화
⑤ 인간공학을 기반으로 한 제품 개발 강화

06 K공사에 근무하는 A대리는 국내 신재생에너지 산업에 대한 SWOT 분석 결과 자료를 토대로, SWOT 분석에 의한 경영전략에 따라 〈보기〉와 같이 판단하였다. 다음 〈보기〉에서 전략에 따른 내용이 잘못 연결된 것은?

〈국내 신재생에너지 산업에 대한 SWOT 분석 결과〉

구분	분석 결과
강점(Strength)	• 해외 기관과의 협업을 통한 풍부한 신재생에너지 개발 경험 • 에너지 분야의 우수한 연구개발 인재 확보
약점(Weakness)	• 아직까지 화석연료 대비 낮은 전력 효율성 • 도입 필요성에 대한 국민적 인식 저조
기회(Opportunity)	• 신재생에너지에 대한 연구가 세계적으로 활발히 추진 • 관련 정부부처로부터 충분한 예산 확보
위협(Threat)	• 신재생에너지 특성상 설비 도입 시의 높은 초기 비용

보기

㉠ SO전략 : 개발 경험을 통해 쌓은 기술력을 바탕으로 향후 효과적인 신재생에너지 산업 개발 가능
㉡ ST전략 : 우수한 연구개발 인재들을 활용하여 초기비용 감축방안 연구 추진
㉢ WO전략 : 확보한 예산을 토대로 우수한 연구원 채용
㉣ WT전략 : 세계의 신재생에너지 연구를 활용한 전력 효율성 개선

① ㉠, ㉡
② ㉠, ㉢
③ ㉡, ㉢
④ ㉡, ㉣
⑤ ㉢, ㉣

| 03 | PSAT형

01 K공사 기획팀은 새해 사업계획과 관련해 회의를 하고자 한다. 회의 참석자들에 대한 정보가 다음 〈조건〉과 같을 때, 회의에 참석할 사람을 모두 고르면?

> **조건**
>
> • 기획팀에는 A사원, B사원, C주임, D주임, E대리, F팀장이 있다.
> • 새해 사업계획 관련 회의는 화요일 오전 10시부터 11시 30분 사이에 열린다.
> • C주임은 같은 주 월요일부터 수요일까지 대구로 출장을 간다.
> • 담당 업무 관련 연락 유지를 위해 B사원과 D주임 중 한 명만 회의에 참석 가능하다.
> • F팀장은 반드시 회의에 참석한다.
> • 새해 사업계획 관련 회의에는 주임 이상만 참여 가능하다.
> • 회의에는 가능한 모든 인원이 참석한다.

① A사원, C주임, E대리
② A사원, E대리, F팀장
③ B사원, C주임, F팀장
④ C주임, D주임, E대리
⑤ D주임, E대리, F팀장

02 A팀과 B팀은 보안등급 상에 해당하는 문서를 나누어 보관하고 있다. 이에 따라 두 팀은 보안을 위해 아래와 같은 규칙에 따라 각 팀의 비밀번호를 지정하였다. 다음 중 A팀과 B팀에 들어갈 수 있는 암호배열은?

> 〈규칙〉
>
> • 1 ~ 9까지의 숫자로 (한 자리 수)×(두 자리 수)=(세 자리 수)=(두 자리 수)×(한 자리 수) 형식의 비밀번호로 구성한다.
> • 가운데에 들어갈 세 자리 수의 숫자는 156이며 숫자는 중복 사용할 수 없다. 즉, 각 팀의 비밀번호에 1, 5, 6이란 숫자가 들어가지 않는다.
>
> □ × □□ = 156 = □□ × □
>
> A팀 (□ × □□) B팀 (□□ × □)

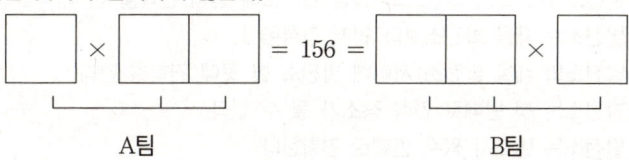

① 23
② 27
③ 29
④ 37
⑤ 39

※ K사는 A ~ E의 5개 팀으로 나누어 각각 다른 발전소로 견학을 가고자 한다. 5대 발전소별 견학 운영 조건이 다음과 같을 때 이어지는 질문에 답하시오. **[3~4]**

〈5대 발전소 견학 운영 조건〉

구분	견학 시간	제한 인원	견학 장소
고리 발전소	90분	50명	홍보관
새울 발전소	120분	40명	발전시설, 에너지체험관
한울 발전소	90분	50명	발전소 전체
월성 발전소	90분	40명	홍보관, 에너지체험관
한빛 발전소	120분	50명	발전소 전체

※ 발전소 전체는 홍보관, 발전시설, 에너지체험관을 모두 포함함

03 다음 〈조건〉에 따라 A ~ E팀이 견학할 발전소를 정할 때, 팀과 견학 장소를 바르게 연결한 것은?

조건

- 한 발전소에 두 팀 이상 견학을 갈 수 없다.
- A, C팀의 견학 희망 인원은 각각 45명이고, B, D, E팀의 견학 희망 인원은 각각 35명이다.
- A, D팀의 견학 희망 장소는 발전소 전체이다.
- C팀의 견학 희망 장소는 홍보관이며, B팀은 발전시설 견학을 희망하지 않는다.
- A, E팀의 견학 희망 시간은 최소 100분이다.
- 그 외 희망 사항이 없는 팀은 발전소 견학 운영 조건을 따르는 것으로 한다.

① A팀 – 새울 발전소
② B팀 – 고리 발전소
③ C팀 – 월성 발전소
④ D팀 – 한울 발전소
⑤ E팀 – 한빛 발전소

04 다음 〈조건〉에 따라 발전소의 견학 순서를 정할 때, 항상 두 번째로 견학을 가게 되는 발전소는?

조건

- 한빛 발전소보다 고리 발전소와 월성 발전소에 먼저 견학을 간다.
- 한울 발전소는 새울 발전소보다 먼저 견학한다.
- 월성 발전소와 새울 발전소 사이에 발전소 한 곳에 견학을 간다.
- 새울 발전소는 첫 번째로 견학 장소가 될 수 없다.
- 한울 발전소는 반드시 짝수 번째로 견학한다.

① 고리 발전소
② 새울 발전소
③ 한울 발전소
④ 월성 발전소
⑤ 한빛 발전소

05 A씨는 영업비밀 보호를 위해 자신의 컴퓨터 속 각 문서의 암호를 다음 규칙에 따라 만들었다. 파일 이름이 아래와 같을 때, 이 파일의 암호는 무엇인가?

〈규칙〉

1. 비밀번호 중 첫 번째 자리에는 파일 이름의 첫 문자가 한글일 경우 @, 영어일 경우 #, 숫자일 경우 *로 특수문자를 입력한다.
   → 고슴Dochi=@, haRAMY801=#, 1app루=*
2. 두 번째 자리에는 파일 이름의 총 자리 개수를 입력한다.
   → 고슴Dochi=@7, haRAMY801=#9, 1app루=*5
3. 세 번째 자리부터는 파일 이름 내에 숫자를 순서대로 입력한다. 숫자가 없을 경우 0을 두 번 입력한다.
   → 고슴Dochi=@700, haRAMY801=#9801, 1app루=*51
4. 그 다음 자리에는 파일 이름 중 한글이 있을 경우 초성만 순서대로 입력한다. 없다면 입력하지 않는다.
   → 고슴Dochi=@700ㄱㅅ, haRAMY801=#9801, 1app루=*51ㄹ
5. 그 다음 자리에는 파일 이름 중 영어가 있다면 뒤에 덧붙여 순서대로 입력하되, a, e, i, o, u만 'a=1, e=2, i=3, o=4, u=5'로 변형하여 입력한다(대문자·소문자 구분 없이 모두 소문자로 입력한다).
   → 고슴Dochi=@700ㄱㅅd4ch3, haRAMY801=#9801h1r1my, 1app루=*51ㄹ1pp

2022매운전골Cset3인기준recipe8

① @23202238ㅁㅇㅈㄱㅇㄱㅈcs2trecipe

② @23202238ㅁㅇㅈㄱㅇㄱㅈcs2tr2c3p2

③ *23202238ㅁㅇㅈㄱㅇㄱㅈcs2trecipe

④ *23202238ㅁㅇㅈㄱㅇㄱㅈcs2tr2c3p2

⑤ *23202238ㅁㅇㅈㄱㅇㄱㅈcsetrecipe

SECTION

04 심화문제

정답 및 해설 p.029

01 **갑 ~ 정이 공을 막대기로 쳐서 구멍에 넣는 경기를 하였다. 다음 규칙과 경기 결과에 근거하여 판단할 때, 〈보기〉에서 옳은 것을 모두 고르면?**

〈규칙〉

- 경기 참가자는 시작점에 있는 공을 막대기로 쳐서 구멍 안에 넣어야 한다. 참가자에게는 최대 3회의 기회가 주어지며, 공을 넣거나 3회의 기회를 다 사용하면 한 라운드가 종료된다.
- 첫 번째 시도에서 공을 넣으면 5점, 두 번째 시도에서 공을 넣으면 2점, 세 번째 시도에서 공을 넣으면 0점을 얻게 되며, 세 번째 시도에서도 공을 넣지 못하면 −3점을 얻게 된다.
- 총 2라운드를 진행하여 각 라운드에서 획득한 점수를 합산하여 높은 점수를 획득한 참가자 순서대로 우승, 준우승, 3등, 4등으로 결정한다.
- 만일 경기 결과 동점이 나올 경우, 1라운드 고득점 순으로 동점자의 순위를 결정한다.

〈경기 결과〉

다음은 네 명이 각 라운드에서 공을 넣기 위해 시도한 횟수를 표시하고 있다.

구분	1라운드	2라운드
갑	3회	3회
을	2회	3회
병	2회	2회
정	1회	3회

보기

ㄱ. 갑은 다른 선수의 경기 결과에 따라 3등을 할 수 있다.
ㄴ. 을은 다른 선수의 경기 결과에 따라 준우승을 할 수 있다.
ㄷ. 병이 우승했다면 1라운드와 2라운드를 합쳐서 네 명이 구멍 안에 넣은 공은 최소 5개 이상이다.
ㄹ. 정이 우승했다면 획득한 점수는 5점이다.

① ㄱ, ㄷ
② ㄱ, ㄹ
③ ㄴ, ㄷ
④ ㄱ, ㄴ, ㄹ
⑤ ㄴ, ㄷ, ㄹ

02 **A기업에서 다음 면접방식으로 면접을 진행할 때, 심층면접을 할 수 있는 최대 인원수와 마지막 심층면접자의 기본면접 종료 시각을 순서대로 바르게 나열한 것은?**

〈면접방식〉

- 면접은 기본면접과 심층면접으로 구분된다. 기본면접실과 심층면접실은 각 1개이고, 면접대상자는 1명씩 입실한다.
- 기본면접과 심층면접은 모두 개별면접의 방식을 취한다. 기본면접은 심층면접의 진행 상황에 관계없이 10분 단위로 계속되고, 심층면접은 기본면접의 진행 상황에 관계없이 15분 단위로 계속된다.
- 기본면접을 마친 면접대상자는 순서대로 심층면접에 들어간다.
- 첫 번째 기본면접은 오전 9시 정각에 실시되고, 첫 번째 심층면접은 첫 번째 기본면접이 종료된 시각에 시작된다.
- 기본면접과 심층면접 모두 낮 12시부터 오후 1시까지 점심 및 휴식 시간을 가진다.
- 각각의 면접 도중에 점심 및 휴식 시간을 가질 수 없고, 1인을 위한 기본면접 시간이나 심층면접 시간이 확보되지 않으면 새로운 면접을 시작하지 않는다.
- 기본면접과 심층면접 모두 오후 1시에 오후 면접 일정을 시작하고, 기본면접의 일정과 관계없이 심층면접은 오후 5시 정각에는 종료되어야 한다.

※ 면접대상자의 이동 및 교체 시간 등 다른 조건은 고려하지 않음

	인원수	종료 시각
①	27명	오후 2시 30분
②	27명	오후 2시 40분
③	28명	오후 2시 30분
④	28명	오후 2시 40분
⑤	28명	오후 2시 50분

03 **A～C에게 분홍색 모자 1개와 노란색 모자 1개, 하늘색 모자 2개를 보여 주고 눈을 감게 한 후 모자를 씌웠다. 세 사람은 벽을 기준으로 벽－A－B－C 순서로 서 있으며, 이때 앞에 있는 사람의 모자만 볼 수 있다. 〈조건〉을 토대로 할 때, 항상 옳은 것은?(단, 세 사람 모두 다른 사람의 말을 들을 수 있으며, 거짓말은 하지 않았다)**

보기

C : 내 모자 색깔이 뭔지 모르겠어.
B : 음, 나도 내 모자가 무슨 색인지 도무지 모르겠다.
A : 아, 난 알겠다! 내 모자 색깔이 뭔지.

① A의 모자는 하늘색이다.
② A는 C의 말만 듣고도 자신의 모자 색깔을 알 수 있다.
③ B의 모자는 하늘색이다.
④ B의 모자는 빨간색이다.
⑤ C의 모자는 하늘색이 아니다.

PART 1

04 경영기획실에서 근무하는 A씨는 매년 부서별 사업계획을 정리하는 업무를 맡고 있다. 부서별 사업계획을 간략하게 정리한 보고서를 보고 A씨가 할 수 있는 생각으로 옳은 것은?

〈사업별 기간 및 소요예산〉

- A사업 : 총사업기간은 2년으로, 첫해에는 1조 원, 둘째 해에는 4조 원의 예산이 필요함
- B사업 : 총사업기간은 3년으로, 첫해에는 15조 원, 둘째 해에는 18조 원, 셋째 해에는 21조 원의 예산이 필요함
- C사업 : 총사업기간은 1년으로, 총소요예산은 15조 원임
- D사업 : 총사업기간은 2년으로, 첫해에는 15조 원, 둘째 해에는 8조 원의 예산이 필요함
- E사업 : 총사업기간은 3년으로, 첫해에는 6조 원, 둘째 해에는 12조 원, 셋째 해에는 24조 원의 예산이 필요함

올해를 포함한 향후 5년간 위의 5개 사업에 투자할 수 있는 예산은 아래와 같다.

〈연도별 가용예산〉

(단위 : 조 원)

1차연도(올해)	2차연도	3차연도	4차연도	5차연도
20	24	28.8	34.5	41.5

〈규정〉

(1) 모든 사업은 한번 시작하면 완료될 때까지 중단할 수 없다.
(2) 예산은 당해 사업연도에 남아도 상관없다.
(3) 각 사업연도의 예산은 이월될 수 없다.
(4) 모든 사업을 향후 5년 이내에 반드시 완료한다.

① B사업을 세 번째 해에 시작하고, C사업을 최종연도에 시행한다.
② A사업과 D사업을 첫해에 동시에 시작한다.
③ 첫해에는 E사업만 시작한다.
④ D사업을 첫해에 시작한다.
⑤ 첫해에 E사업과 A사업을 같이 시작한다.

05 K회사는 창립 10주년을 맞이하여 전 직원 단합대회를 준비하고 있다. 이를 위해 사장은 여행상품 중 한 가지를 직원 투표 결과를 통해 결정하려고 한다. 직원 투표 결과와 여행지별 1인당 경비가 다음과 같고 행사를 위한 부서별 고려사항을 참고하여 선택할 때, 〈보기〉에서 옳은 것을 모두 고르면?

〈직원 투표 결과〉

(단위 : 표)

상품내용		투표 결과					
상품명	1인당 비용(원)	총무팀	영업팀	개발팀	홍보팀	공장1	공장2
A	500,000	2	1	2	0	15	6
B	750,000	1	2	1	1	20	5
C	600,000	3	1	0	1	10	4
D	1,000,000	3	4	2	1	30	10
E	850,000	1	2	0	2	5	5

〈여행 상품별 정보 정리〉

상품명	날짜	장소	식사제공	차량지원	편의시설	체험시설
A	5/10 ~ 5/11	해변	○	○	×	×
B	5/10 ~ 5/11	해변	○	○	○	×
C	6/7 ~ 6/8	호수	○	○	○	×
D	6/15 ~ 6/17	도심	○	×	○	○
E	7/10 ~ 7/13	해변	○	○	○	×

〈부서별 고려사항〉

- 총무팀 : 행사 시 차량 지원 가능함
- 영업팀 : 6월 초순에 해외 바이어와 가격 협상 회의 일정이 예정됨
- 공장1 : 3일 연속 공장 비가동시 품질의 저하가 예상됨
- 공장2 : 7월 중순 공장의 이전 계획이 있음

보기

㉠ 필요한 여행 상품 비용은 총 1억 500만 원이다.
㉡ 투표 결과, 가장 인기가 있는 여행 상품은 B이다.
㉢ 공장1의 A, B 투표 결과가 바뀐다면, 여행 상품의 선택도 변경된다.

① ㉠　　② ㉠, ㉡
③ ㉠, ㉢　　④ ㉡, ㉢
⑤ ㉠, ㉡, ㉢

CHAPTER 04

자원관리능력

합격 CHEAT KEY

자원관리능력은 현재 NCS 기반 채용을 진행하는 많은 공사·공단에서 핵심영역으로 자리 잡아, 대부분의 시험에서 출제되고 있다.

세부 유형은 비용 계산, 해외파견 지원금 계산, 주문 제작 단가 계산, 일정 조율, 일정 선정, 행사 대여 장소 선정, 최단거리 구하기, 시차 계산, 소요시간 구하기, 해외파견 근무 기준에 부합하는 또는 부합하지 않는 직원 고르기 등으로 나눌 수 있다.

01 시차를 먼저 계산하라!

시간 자원 관리의 대표유형 중 시차를 계산하여 일정에 맞는 항공권을 구입하거나 회의시간을 구하는 문제에서는 각각의 나라 시간을 한국 시간으로 전부 바꾸어 계산하는 것이 편리하다. 조건에 맞는 나라들의 시간을 전부 한국 시간으로 바꾸고 한국 시간과의 시차만 더하거나 빼면 시간을 단축하여 풀 수 있다.

02 선택지를 잘 활용하라!

계산을 해서 값을 요구하는 문제 유형에서는 선택지를 먼저 본 후 자리 수가 몇 단위로 끝나는지 확인해야 한다. 예를 들어 412,300원, 426,700원, 434,100원인 선택지가 있다고 할 때, 제시된 조건에서 100원 단위로 나올 수 있는 항목을 찾아 그 항목만 계산하는 방법이 있다. 또한, 일일이 계산하는 문제가 많다. 예를 들어 640,000원, 720,000원, 810,000원 등의 수를 이용해 푸는 문제가 있다고 할 때, 만 원 단위를 절사하고 계산하여 64, 72, 81처럼 요약하는 방법이 있다.

03 최적의 값을 구하는 문제인지 파악하라!

물적 자원 관리의 대표유형에서는 제한된 자원 내에서 최대의 만족 또는 이익을 얻을 수 있는 방법을 강구하는 문제가 출제된다. 이때, 구하고자 하는 값을 x, y로 정하고 연립방정식을 이용해 x, y 값을 구한다. 최소 비용으로 목표생산량을 달성하기 위한 업무 및 인력 할당, 정해진 시간 내에 최대 이윤을 낼 수 있는 업체 선정, 정해진 인력으로 효율적 업무 배치 등을 구하는 문제에서 사용되는 방법이다.

04 각 평가항목을 비교하라!

인적 자원 관리의 대표유형에서는 각 평가항목을 비교하여 기준에 적합한 인물을 고르거나, 저렴한 업체를 선정하거나, 총점이 높은 업체를 선정하는 문제가 출제된다. 이런 유형은 평가항목에서 가격이나 점수 차이에 영향을 많이 미치는 항목을 찾아 $1\sim2$개의 선택지를 삭제하고, 남은 $3\sim4$개의 선택지만 계산하여 시간을 단축할 수 있다.

SECTION

01 모듈이론

01 자원관리능력의 의의

(1) 자원과 자원관리

① 자원이란?

사전적으로는 인간생활에 도움이 되는 자연계의 일부를 말하며, 물질적 자산(물적자원), 재정적 자산(예산), 인적 자산(인적자원)으로 나누기도 한다. 최근에는 여기에 시간도 중요한 자원 중 하나로 보고 있다.

② 자원의 유한성

주어진 시간은 제한되기 마련이어서 정해진 시간을 어떻게 활용하느냐가 중요하며, 돈과 물적자원 역시 제한적일 수밖에 없다. 또한 인적자원 역시 제한된 사람들을 알고 활용할 수 밖에 없다. 이러한 자원의 유한성으로 인해 자원을 효과적으로 확보・유지・활용하는 자원관리는 매우 중요하다고 할 수 있다.

③ 자원관리의 분류

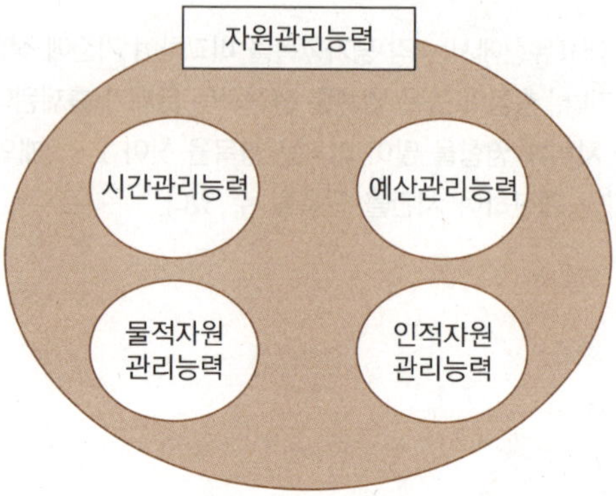

④ 자원낭비의 요인

종류	내용
비계획적 행동	계획 없이 충동적이고 즉흥적으로 행동하여 자신이 활용할 수 있는 자원들을 낭비하게 되는 것
편리성 추구	자원을 활용하는데 있어서 너무 편한 방향으로만 활용하는 것
자원에 대한 인식 부재	자신이 가지고 있는 중요한 자원을 인식하지 못하는 것
노하우 부족	자원관리의 중요성을 인식하면서도 효과적인 방법을 활용할 줄 모르는 것

(2) 자원관리의 과정

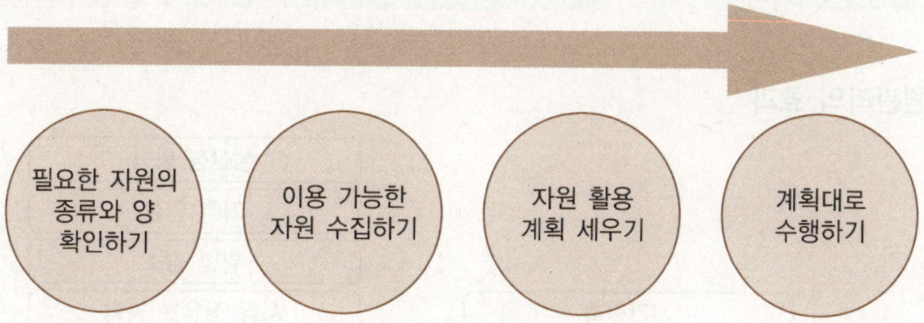

자원관리 기본 과정

① 필요한 자원의 종류와 양 확인하기
업무를 추진하는 데 있어서 어떤 자원이 필요하며, 또 얼마만큼 필요한지를 파악하는 단계이다.

② 이용 가능한 자원 수집하기
실제 준비나 활동을 하는 데 있어서 계획과 차이를 보이는 경우가 빈번하기 때문에, 자원을 여유 있게 확보하는 것이 안전하다.

③ 자원 활용 계획 세우기
자원을 실제 필요한 업무에 할당하여 계획을 세워야 하며, 목적을 이루는 데 핵심이 되는 것에 우선순위를 두고 계획을 세울 필요가 있다.

④ 계획대로 수행하기
최대한 계획대로 수행하는 것이 바람직하며, 불가피하게 수정해야 하는 경우에는 전체 계획에 미칠 수 있는 영향을 고려해야 한다.

OX 문제

01 자원을 확보하는 데 있어 중요한 것은 실제 수행상에서의 차이 발생에 대비하여 여유 있게 확보하는 것이다. [ ]

02 주어진 과제나 활동의 우선순위를 고려하여 달성하고자 하는 최종 목적을 이루는 데 가장 핵심이 되는 것에 우선순위를 두고 자원을 활용하는 계획을 세우는 것은 자원 활용 계획 수립 단계이다. [ ]

03 자원은 기업 활동을 위해 사용되는 모든 시간, 예산, 물적 · 인적자원을 의미한다. [ ]

04 자원관리 과정은 자원 확인, 자원 수집, 자원 활용 계획 수립, 계획 수행의 과정으로 이루어진다. [ ]

01 [O]
02 [O]
03 [O]
04 [O]

02 시간자원관리능력

(1) 시간자원관리의 효과

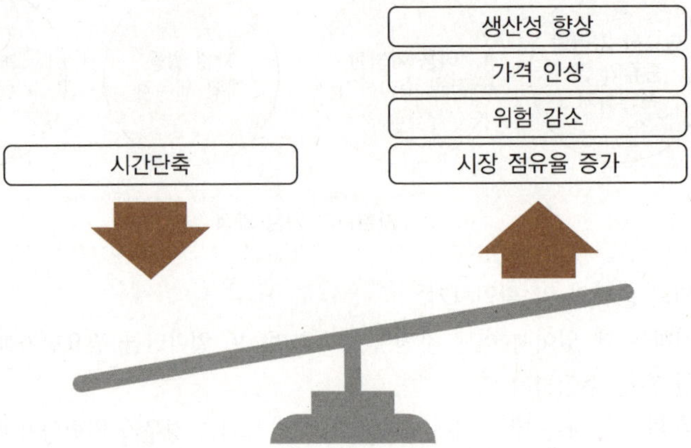

※ '가격 인상'은 기업의 입장에서 일을 수행할 때 소요되는 시간을 단축함으로써 비용이 절감되고, 상대적으로 이익이 늘어남으로써 사실상 '가격 인상' 효과가 있다는 의미이다.

(2) 시간낭비

① 시간낭비의 요인

• 목적이 불명확하다. • 여러 가지 일을 한 번에 많이 다룬다. • 하루의 계획이 구체적이지 않다. • 서류정리를 하다가 서류를 숙독한다. • 메모 등을 찾는 시간이 걸리는 편이다. • 팀워크가 부족하다. • 예정외의 방문자가 많다. • 불완전하거나 지연된 정보가 많다. • 일을 끝내지 않고 남겨둔다. • 회의 시간이 길다. • 커뮤니케이션이 부족하다. • 통지문서가 많다. • 일을 느긋하게 처리하는 경향이 있다. • 기다리는 시간이 많다. • 권한위임을 충분히 하지 않는다.	• 우선순위가 없이 일을 한다. • 일에 도움이 되지 않는 일을 한다. • 책상 위가 항상 번잡하다. • 파일링시스템이 부적당하다. • 일에 대한 의욕이 없다. • 전화를 너무 많이 한다. • 'NO'라고 말하지 못한다. • 극기심이 결여되어 있다. • 주의가 산만하다. • 회의에 대한 준비가 불충분하다. • 잡담이 많다. • 메모 회람이 많다. • 모든 것에 대해 사실을 알고 싶어 한다. • 초조하고 성질이 급하다. • 권한위임한 업무의 관리가 부족하다.

② 시간관리에 대한 오해

시간관리에 대한 오해

시간관리는 상식에 불과하다. 나는 회사에서 일을 잘하고 있기 때문에 시간관리도 잘한다고 말할 수 있다.

나는 시간에 쫓기면 일을 더 잘하는데, 시간을 관리하면 오히려 나의 이런 강점이 없어질지도 모른다.

나는 약속을 표시해 둔 **달력**과 해야 할 일에 대한 **목록만으로 충분하다.**

시간관리 자체는 유용할지 모르나 **창의적인 일을 하는 나에게는 잘 맞지 않는다.** 나는 일상적인 업무에 얽매이는 것이 싫다.

(3) 시간계획

① 시간계획의 의의

> 시간이라고 하는 자원을 최대한 활용하기 위하여, 가장 많이 반복되는 일에 가장 많은 시간을 분배하고, 최단시간에 최선의 목표를 달성하는 것을 의미한다.

② SMART 법칙

SMART 법칙은 목표를 어떻게 설정할 것인지와 그 목표를 성공적으로 달성하기 위해 꼭 필요한 필수요건들을 S.M.A.R.T.라는 5개 철자에 따라 제시한 것이다.

구분	의미	내용
S(Specific)	구체적으로	• 목표를 구체적으로 작성한다. 예 나는 토익점수 700점을 넘을 것이다.
M(Measurable)	측정가능하도록	• 수치화, 객관화 시켜 측정이 가능한 척도를 세운다. 예 나는 2시간 안에 10페이지 분량의 보고서를 작성한다.
A(Action-Oriented)	행동지향적으로	• 사고 및 생각에 그치는 것이 아닌 행동을 중심으로 목표를 세운다. 예 매일 부모님을 생각하기(×) 매일 아침 부모님에게 전화드리기(○)
R(Realistic)	현실성 있게	• 실현 가능한 목표를 세운다. 예 하루 만에 5개 국어 마스터하기(×) 1년 안에 토익 700점 넘기기(○)
T(Time limited)	시간적 제약이 있게	• 목표를 설정함에 있어 제한 시간을 둔다. 예 오늘 안에, 이번 주까지 등

③ 시간계획 작성의 순서

㉠ 명확한 목표 설정

㉡ 일의 우선순위 판단(Stenphen R. Covey)

중요성	결과와 연관되는 사명과 가치관, 목표에 기여하는 정도
긴급성	즉각적인 처리가 요구되고 눈앞에 보이며, 심리적으로 압박감을 주는 정도

	긴급함	긴급하지 않음
중요함	Ⅰ 긴급하면서 중요한 일 • 위기상황 • 급박한 문제 • 기간이 정해진 프로젝트	Ⅱ 긴급하지 않지만 중요한 일 • 예방 생산 능력 활동 • 인간관계 구축 • 새로운 기회 발굴 • 중장기 계획, 오락
중요하지 않음	Ⅲ 긴급하지만 중요하지 않은 일 • 잠깐의 급한 질문 • 일부 보고서 및 회의 • 눈앞의 급박한 상황 • 인기 있는 활동	Ⅳ 긴급하지 않고 중요하지 않은 일 • 바쁜 일, 하찮은 일 • 우편물, 전화 • 시간낭비거리 • 즐거운 활동

㉢ 예상 소요 시간 결정

모든 일마다 자세한 계산을 할 필요는 없으나, 규모가 크거나 힘든 일의 경우에는 정확한 소요 시간을 계산하여 결정하는 것이 효과적이다.

㉣ 시간 계획서 작성

해야 할 일의 우선순위와 소요 시간을 바탕으로 작성하며 간단한 서식, 일정관리 소프트웨어 등 다양한 도구를 활용할 수 있다.

④ 60 : 40의 법칙

계획된 행동(60%)	계획 외의 행동(20%)	자발적 행동(20%)

|◀── 총시간 ──▶|

⑤ 시간계획 시 고려요소

종류	내용
행동과 시간/저해요인의 분석	어디에서 어떻게 시간을 사용하고 있는가를 점검
일과 행동의 목록화	해당 기간에 예정된 행동을 모두 목록화
규칙성-일관성	시간계획을 정기적·체계적으로 체크하여 일관성 있게 일을 마칠 수 있게 해야 함
현실적인 계획	무리한 계획을 세우지 않도록 해야 하며, 실현 가능한 것만을 계획화해야 함
유연성	머리를 유연하게 하여야 함. 시간계획은 그 자체가 중요한 것이 아니고, 목표달성을 위해 필요한 것
시간의 손실	발생된 시간 손실은 가능한 한 즉시 메워야 함. 밤을 세우더라도 미루지 않는 자세가 중요함
기록	체크리스트나 스케줄표를 활용하여 계획을 반드시 기록하여 전체상황을 파악할 수 있게 하여야 함

미완료된 일	꼭 해야만 할 일을 끝내지 못했을 경우, 차기 계획에 반영함
성과	예정 행동만을 계획하는 것이 아니라 기대되는 성과나 행동의 목표도 기록
시간 프레임	적절한 시간 프레임을 설정하고 특정의 일을 하는 데 소요되는 꼭 필요한 시간만을 계획에 삽입할 것
우선순위	여러 일 중에서 어느 일이 가장 우선적으로 처리해야 할 것인가를 결정하여야 함
권한위양	기업의 규모가 커질수록 그 업무활동은 점점 복잡해져서 관리자가 모든 것을 다스리기가 어려우므로, 사무를 위임하고 책임을 지움
시간의 낭비요인	예상 못한 방문객 접대, 전화 등의 사건으로 예정된 시간이 부족할 경우를 대비하여 여유 시간 확보
여유 시간	자유롭게 된 시간(이동시간 또는 기다리는 시간)도 계획에 삽입하여 활용할 것
정리 시간	중요한 일에는 좀 더 시간을 할애하고, 중요도가 낮은 일에는 시간을 단축시켜 전체적인 계획을 정리
시간 계획의 조정	자기 외 다른 사람(비서・부하・상사)의 시간 계획을 감안하여 계획 수립

OX 문제

01 시간계획이란 시간이라는 자원을 최대한 활용하기 위하여 가장 많이 반복되는 일에 가장 많은 시간을 분배하고, 최단시간에 최선의 목표를 달성하는 것을 의미한다. [ ]

02 시간계획 수립 시 계획 외의 행동이라 함은 예정 외의 행동에 대비한 시간을 의미한다. [ ]

01 [○]
02 [○]

03 예산자원관리능력

(1) 예산자원관리능력의 의의

① 예산이란?

필요한 비용을 미리 헤아려 계산하는 것 또는 그 비용을 의미한다.

② 예산자원관리

아무리 예산을 정확하게 수립하였다 하더라도 활동이나 사업을 진행하는 과정에서 계획에 따라 적절히 관리하지 않으면 아무런 효과가 없다. 따라서 활동이나 사업에 소요되는 비용을 산정하고, 예산을 편성하는 것뿐만 아니라 예산을 통제하는 과정이 필요하며, 이 과정을 예산자원관리라 한다.

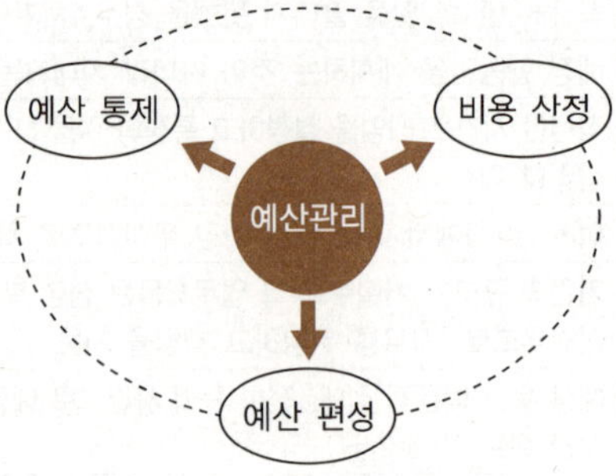

③ 예산자원관리의 필요성

예산자원관리란 이용 가능한 예산을 확인하고, 어떻게 사용할 것인지 계획하여 그 계획대로 사용하는 능력을 의미하며, 최소의 비용으로 최대의 효과를 얻기 위해 요구된다.

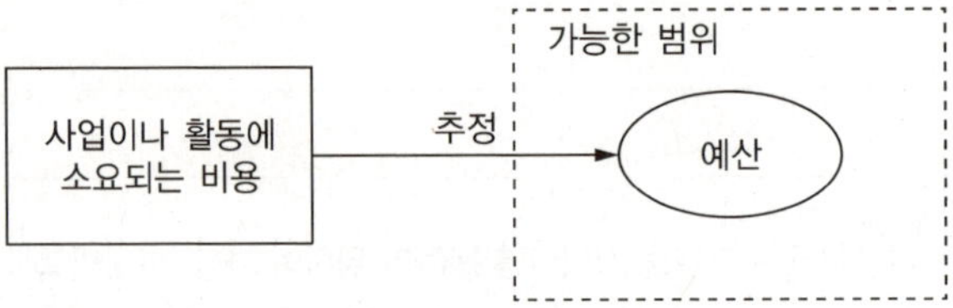

④ 예산책정의 원칙

개발 책정 비용	>	개발 실제 비용	→	경쟁력 손실
개발 책정 비용	<	개발 실제 비용	→	적자 발생
개발 책정 비용	=	개발 실제 비용	→	이상적 상태

(2) 예산의 구성요소

① 직접비용

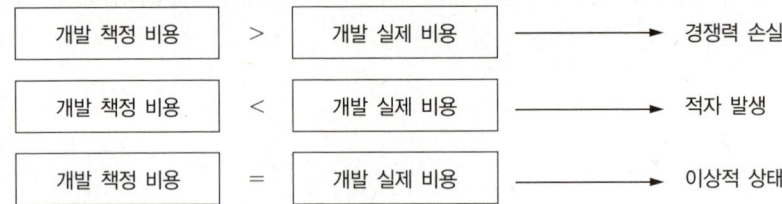

간접비용에 상대되는 용어로서, 제품 생산 또는 서비스를 창출하기 위해 직접 소비된 것으로 여겨지는 비용을 말한다.

② 직접비용의 구성

종류	내용
재료비	제품의 제조를 위하여 구매된 재료에 지출된 비용
원료와 장비	제품을 제조하는 과정에서 소모된 원료나 과제를 수행하기 위해 필요한 장비에 지출된 비용. 이 비용에는 실제 구매·임대한 비용이 모두 포함
시설비	제품을 효과적으로 제조하기 위한 목적으로 건설되거나 구매된 시설에 지출한 비용
여행(출장)경비 및 잡비	제품 생산 또는 서비스를 창출하기 위해 출장이나 타 지역으로의 이동이 필요한 경우와 기타 과제 수행 상에서 발생하는 다양한 비용을 포함
인건비	제품 생산 또는 서비스 창출을 위한 업무를 수행하는 사람들에게 지급되는 비용. 계약에 의해 고용된 외부 인력에 대한 비용도 인건비에 포함. 일반적으로 인건비는 전체 비용 중에서 가장 비중이 높은 항목

③ 간접비용

제품을 생산하거나 서비스를 창출하기 위해 소비된 비용 중에서 직접비용을 제외한 비용으로, 제품 생산에 직접 관련되지 않은 비용을 말한다.

예 보험료, 건물관리비, 광고비, 통신비, 사무비품비, 각종 공과금 등

(3) 예산수립과 예산집행

① 예산수립절차

② 필요한 과업 및 활동 규명 : 과업세부도

과제 및 활동의 계획을 수립하는데 있어서 가장 기본적인 수단으로 활용되는 그래프로, 필요한 모든 일들을 중요한 범주에 따라 체계화시켜 구분해 놓은 것을 말한다. 다음은 생일파티를 진행하기 위한 과업세부도의 예이다.

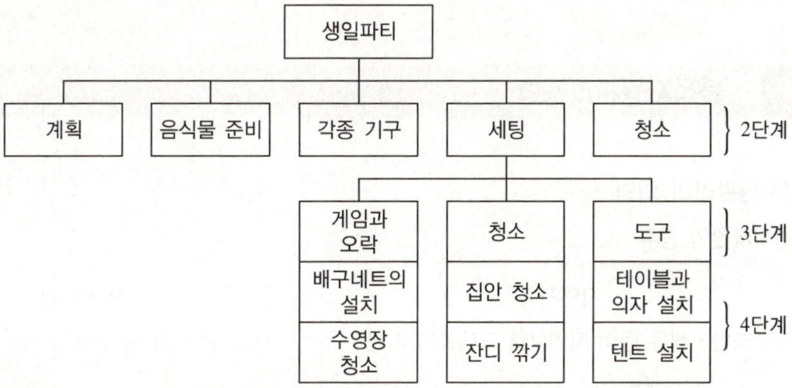

③ 우선순위 결정

과제를 핵심적인 활동과 부수적인 활동으로 구분한 후, 핵심활동 위주로 예산을 편성한다.

④ 예산 배정

- 과업세부도와 예산을 서로 연결하여 배정할 경우 어떤 항목에 얼마만큼의 비용이 소요되는지를 정확하게 파악할 수 있다.
- 이를 통해 과제 수행에 필요한 예산 항목을 빠뜨리지 않고 확인할 수 있으며, 전체 예산을 정확하게 분배할 수 있다.
- 큰 단위의 예산을 수립하고자 할 때에는 해당 기관의 규정을 잘 확인하여야 한다.

⑤ 예산 집행

효과적으로 예산을 관리하기 위해서는 예산 집행 과정에 대한 관리가 중요하다. 개인 차원에서는 가계부 등을 작성함으로 인해 관리할 수 있으며, 프로젝트나 과제와 같은 경우는 예산 집행 실적 워크시트를 작성함으로써 효과적인 예산관리를 할 수 있다.

OX 문제

01 예산은 '필요한 과업 및 활동 규명 → 예산 배정 → 우선순위 결정'의 과정을 거쳐 수립된다. [ ]

02 예산자원관리능력은 최소의 비용으로 최대의 효과를 얻기 위해 요구되는 능력이다. [ ]

03 예산관리에서 중요한 점은 무조건 적은 비용을 들여야 한다는 것이다. [ ]

04 인건비에는 계약에 의해 고용된 외부 인력에 대한 비용도 포함한다. [ ]

01 [×] 예산은 '필요한 과업 및 활동 규명 → 우선순위 결정 → 예산 배정'의 과정을 거쳐 수립된다.

02 [O]

03 [×] 예산관리에서 중요한 점은 무조건 적은 비용을 들이는 것이 아니라 개발 책정 비용과 실제 비용의 차이를 비슷한 상태로 만드는 것이며, 이것이 가장 이상적인 상태라고 할 수 있다.

04 [O]

04 물적자원관리능력

(1) 물적자원관리의 의의

① 물적자원의 종류

자연자원	인공자원
석탄·석유 등의 자연상태 그대로의 자원	시설 및 장비 등 인위적으로 가공한 자원
 석유 석탄	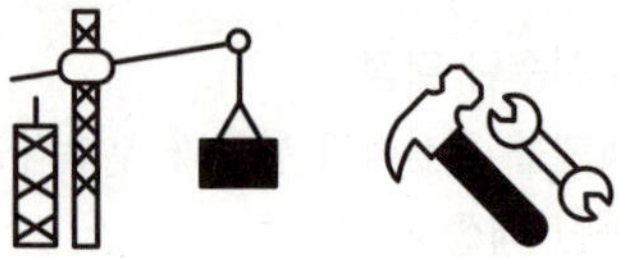 시설 장비

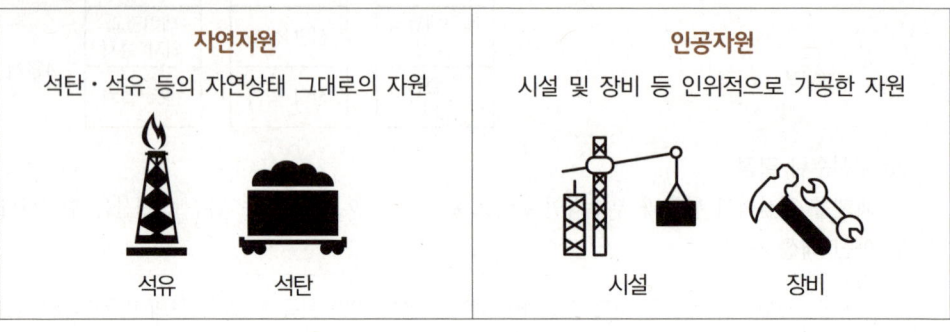

② 물적자원관리의 중요성

물적자원을 효과적으로 관리하지 않으면 경제적 손실과 더불어 과제 및 사업의 실패를 낳을 수 있다.

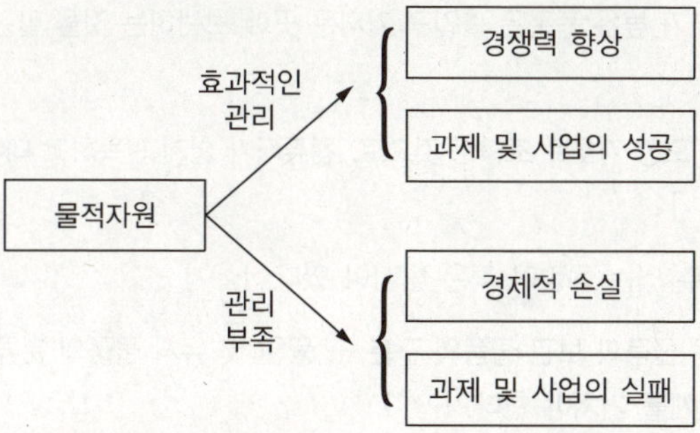

③ 물적자원 활용의 방해요인

- 보관 장소를 파악하지 못하는 경우
- 훼손된 경우
- 분실한 경우
- 분명한 목적 없이 물건을 구입한 경우

(2) 물적자원관리 과정과 기법

① 물적자원관리의 과정

과정	내용
사용 물품과 보관 물품의 구분	• 물품활용의 편리성 • 반복 작업 방지
↓	
동일 및 유사 물품의 분류	• 동일성의 원칙 • 유사성의 원칙
↓	
물품 특성에 맞는 보관 장소 선정	• 물품의 형상 • 물품의 소재

② 바코드와 QR코드

바코드	컴퓨터가 쉽게 판독하고 데이터를 빠르게 입력하기 위하여 굵기가 다른 검은 막대와 하얀 막대를 조합시켜 문자나 숫자를 코드화한 것
QR코드	• 격자무늬 패턴으로 정보를 나타내는 매트릭스 형식의 바코드 • 바코드가 용량 제한에 따라 가격과 상품명 등 한정된 정보만 담는 데 비해, QR코드는 넉넉한 용량을 강점으로 다양한 정보를 담을 수 있음

③ 전자태그(RFID) 물품관리 시스템

- 물품에 RFID 태그를 부착하여 취득 · 보관 · 사용 · 처분까지 물품의 수명기간 동안 실시간, 무선으로 물품을 추적 관리하는 시스템
- RFID 관리시스템 구축으로 인해 63 ~ 87%의 생산성이 향상될 것으로 기대되고, 장부에 의한 재물조사 방식에 비해 시간이 약 75% 절감됨

OX 문제

01 회전대응 보관의 원칙은 입·출하의 빈도가 높은 품목은 출입구 가까운 곳에 보관하는 것을 말한다. [ ]

02 QR코드란 문자나 숫자를 흑과 백의 막대 모양 기호로 조합한 것으로, 컴퓨터가 쉽게 판독하고 데이터를 빠르게 입력하기 위하여 쓰인다. [ ]

03 QR코드는 바코드에 비해 정보를 담을 수 있는 용량이 적은 단점이 있다. [ ]

04 효과적인 물적자원관리를 위해서는 '사용 물품과 보관 물품의 구분 → 동일 및 유사 물품의 분류 → 물품 특성에 맞는 보관 장소 선정'의 단계를 거쳐야 한다. [ ]

01 [○]

02 [×] 바코드에 대한 설명이다.

03 [×] 기존의 바코드는 기본적으로 가로 배열에 최대 20여 자의 숫자 정보만 넣을 수 있는 1차원적 구성이지만, QR코드는 가로·세로를 활용하여 숫자는 최대 7,089자, 문자는 최대 4,296자, 한자도 최대 1,817자 정도를 기록할 수 있는 2차원적 구성이다.

04 [○]

05 인적자원관리능력

(1) 인적자원의 의의

① 인적자원관리란?

- 기업이 필요한 인적자원을 조달·확보·유지·개발하여 경영조직 내에서 구성원들이 능력을 최고로 발휘하게 하는 것
- 근로자 스스로가 자기만족을 얻게 하는 동시에 경영 목적을 효율적으로 달성하게끔 관리하는 것

② 효율적이고 합리적인 인사관리 원칙

종류	내용
적재적소 배치의 원칙	해당 직무 수행에 가장 적합한 인재를 배치해야 한다.
공정 보상의 원칙	근로자의 인권을 존중하고 공헌도에 따라 노동의 대가를 공정하게 지급해야 한다.
공정 인사의 원칙	직무 배당·승진·상벌·근무 성적의 평가·임금 등을 공정하게 처리해야 한다.
종업원 안정의 원칙	직장에서 신분이 보장되고 계속해서 근무할 수 있다는 믿음을 갖게 하여 근로자가 안정된 회사 생활을 할 수 있도록 해야 한다.
창의력 계발의 원칙	근로자가 창의력을 발휘할 수 있도록 새로운 제안·건의 등의 기회를 마련하고, 적절한 보상을 하여 인센티브를 제공해야 한다.
단결의 원칙	직장 내에서 구성원들이 소외감을 갖지 않도록 배려하고, 서로 유대감을 가지고 협동·단결하는 체제를 이루도록 해야 한다.

(2) 개인차원과 조직차원에서의 인적자원관리

① 개인차원에서의 인적자원관리

㉠ 인맥의 분류

종류	내용
핵심인맥	자신과 직접적인 관계가 있는 사람들
파생인맥	핵심인맥으로부터 파생되어 자신과 연결된 사람들

㉡ 개인이 인맥을 활용할 경우 이를 통해 각종 정보와 정보의 소스를 획득하고, 참신한 아이디어와 해결책을 도출하며, 유사시 필요한 도움을 받을 수 있다는 장점이 있다.

② 조직차원에서의 인적자원관리

㉠ 인적자원관리의 중요성

기업체의 경우 인적자원에 대한 관리가 조직의 성과에 큰 영향을 미치는데, 이는 기업의 인적자원이 가지는 특성에서 비롯된다.

㉡ 인적자원의 특성

종류	내용
능동성	물적자원으로부터의 성과는 자원 자체의 양과 질에 의해 지배되는 수동적인 특성을 지니고 있는 반면, 인적 자원의 경우는 욕구와 동기, 태도와 행동 그리고 만족감 여하에 따라 성과가 결정됨
개발가능성	인적자원은 자연적인 성장과 성숙, 그리고 교육 등을 통해 개발될 수 있는 잠재능력과 자질을 보유하고 있다는 것
전략적 중요성	조직의 성과는 인적자원, 물적자원 등을 효과적이고 능률적으로 활용하는데 달려 있음

(3) 인맥관리방법

① 명함관리

㉠ 명함의 가치

- 자신의 신분을 증명한다.
- 자신을 PR하는 도구로 사용할 수 있다.
- 자신의 정보를 전달하고 상대방에 대한 정보를 얻을 수 있다.
- 대화의 실마리를 제공할 수 있다.
- 후속 교류를 위한 도구로 사용할 수 있다.

㉡ 명함에 메모해 두면 좋은 정보

- 언제, 어디서, 무슨 일로 만났는지에 관한 내용
- 소개자의 이름
- 학력이나 경력
- 상대의 업무내용이나 취미, 기타 독특한 점
- 전근·전직 등의 변동 사항
- 가족사항
- 거주지와 기타 연락처
- 대화를 나누고 나서의 느낀 점이나 성향

② 소셜네트워크(SNS; Social Network Service)

㉠ 초연결사회

정보통신기술 발달하면서 사람·정보·사물 등을 네트워크로 촘촘하게 연결한 사회를 말하는데, 초연결사회에서는 직접 대면하지 않고 시간과 공간을 초월하여 네트워크상에서 인맥을 형성하고 관리한다.

㉡ 소셜네트워크 서비스(SNS)와 더불어 인맥 구축과 채용에 도움이 되는 비즈니스 특화 인맥관리서비스(BNS; Business social Network Service)로 관심이 증대되고 있다.

(4) 인력 배치의 원리

① 인력 배치의 3원칙

㉠ 적재적소주의

팀의 효율성을 높이기 위해 팀원의 능력이나 성격을 바탕으로 적합한 위치에 배치하여 팀원 개개인의 능력을 최대로 발휘해 줄 것을 기대하는 것이다.

㉡ 능력주의

능력을 발휘할 수 있는 기회와 장소를 부여하고, 그 성과를 바르게 평가하고, 평가된 능력과 실적에 대해 그에 상응하는 보상을 주는 원칙을 말하며, 적재적소주의 원칙의 상위개념이다.

㉢ 균형주의

모든 팀원에 대한 평등한 적재적소, 즉 팀 전체의 적재적소를 고려할 필요가 있다는 것이다.

② 배치의 3가지 유형

종류	내용
양적 배치	부분의 작업량과 조업도, 여유 또는 부족 인원을 감안하여 소요인원을 결정하여 배치하는 것
질적 배치	적재적소주의와 동일한 개념
적성 배치	팀원의 적성 및 흥미에 따라 배치하는 것

③ 과업세부도

할당된 과업에 따른 책임자와 참여자를 명시하여 관리함으로써 업무 추진에 차질이 생기는 것을 막기 위한 문서이다. 다음은 과업세부도의 예이다.

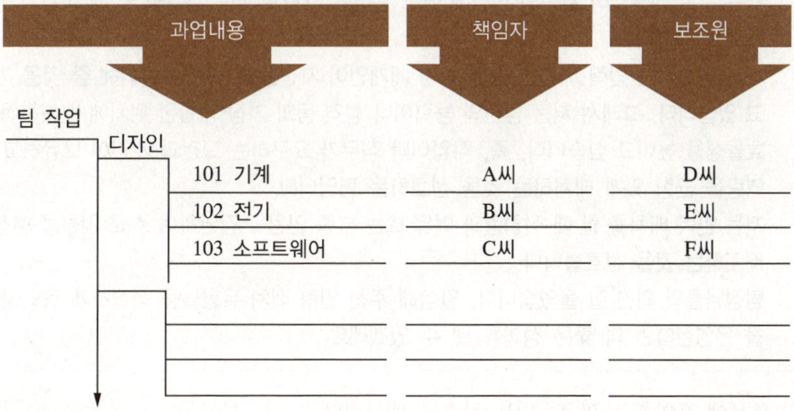

OX 문제

01 과업세부도란 과제 및 활동의 계획을 수립할 때 가장 기본적인 수단으로 활용되는 그래프로, 필요한 모든 일들을 중요한 범주에 따라 체계화하여 구분해 놓은 것이다. [ ]

02 명함은 자신의 신분을 증명하고, 대화의 실마리를 제공할 수 있다. [ ]

03 적재적소 배치의 원리란 해당 직무 수행에 가장 적합한 인재를 배치해야 한다는 것이다. [ ]

04 공정 인사의 원칙이란 직장 내에서 구성원들이 소외감을 갖지 않도록 배려하고, 서로 유대감을 가지고 협동·단결하는 체제를 이루게 하는 것이다. [ ]

01 [○]

02 [○]

03 [○]

04 [×] 공정 인사의 원칙이 아닌 단결의 원칙에 대한 설명이다. 공정 인사의 원칙이란 직무 배당·승진·상별·근무 평정·임금을 공평하게 처리해야 한다는 것을 의미한다.

SECTION

02 자원관리능력 맛보기

01 **다음 대화에서 알 수 있는 오팀장이 선호하는 인력 배치 유형의 특징으로 옳은 것은?**

오팀장 :	저는 주로 팀원들이 자신의 적성에 맞고 흥미를 가지고 있는 업무를 할 때 성과가 높아진다고 생각합니다.
이팀장 :	제 의견으로는 인력 배치를 통해 팀원 개개인이 자신들의 역량을 발휘해 줄 것을 기대하고 있습니다. 그래서 저는 팀원의 능력이나 성격 등과 가장 적합한 위치에 배치하여 팀의 효율성을 높이고 싶습니다. 즉, 작업이나 직무가 요구하는 요건과 개인이 보유하고 있는 역량을 균형 있게 배치하는 것을 선호하는 편입니다.
김팀장 :	저는 인력 배치를 할 때 작업량과 여유 또는 부족 인원을 감안하여 소요 인원을 결정하여 배치하는 것을 선호합니다.
박부장 :	팀장님들의 의견 잘 들었습니다. 말씀해 주신 인력 배치 유형들을 적절하게 조화하여 팀을 운영한다면 더 좋은 성과를 낼 수 있겠네요.

① 자신의 업무에 흥미를 느낄 수 있는 곳으로 배치된다.
② 작업량과 조업도, 여유 또는 부족 인원을 감안하여 소요 인원을 결정 및 배치한다.
③ 능력이나 성격 등을 고려하여, 가장 적합한 위치에 배치한다.
④ 개인에게 능력을 발휘할 수 있는 기회와 장소를 부여한다.
⑤ 모든 팀원을 평등하게 고려해서 배치한다.

정답 ①

오팀장이 선호하는 인력 배치 유형은 적성 배치로, 팀원들이 각자의 적성에 맞고 흥미를 가지고 있는 업무를 할 때 성과가 높아진다고 가정하여 배치한다.

오답분석

② 양적 배치 : 작업량과 조업도, 여유 또는 부족 인원을 감안하여 소요 인원을 결정 및 배치하는 것에 해당한다.
③ 질적 배치 : 능력이나 성격 등과 가장 적합한 위치에 배치하는 것에 해당한다.
④ 능력주의 : 개인에게 능력을 발휘할 수 있는 기회와 장소를 부여하는 것으로, 효과적인 인력 배치를 위한 3가지 원칙 중 하나에 해당한다.
⑤ 균형주의 : 효과적인 인력 배치를 위한 3가지 원칙 중 하나로, 모든 팀원에 대한 평등한 적재적소, 즉 팀 전체의 적재적소를 고려할 필요가 있다는 것이다.

풀이 전략!

인적자원관리와 관련된 문제 중 가장 중요한 것을 꼽으라면 단연 배치유형별 특징을 묻는 문제를 들 수 있다. 이에 대한 것은 다음 내용을 숙지하고 있지 않으면 풀이가 불가능한 경우가 많으므로 확실하게 정리해 두도록 하자.

인력 배치 유형	내용
적성 배치	인력 배치 시 팀원들이 적성에 맞고 흥미를 가질 때 성과가 높아진다는 가정하에, 각 팀원들의 적성 및 흥미에 따라 배치하는 인력 배치 유형이다.
질적 배치	인력 배치 시 팀원들을 능력이나 성격 등과 가장 적합한 적재적소에 배치하여 팀원 개개인의 능력을 최대로 발휘해 줄 것을 기대하는 것으로서, 작업이나 직무가 요구하는 요건과 개인이 보유하고 있는 조건이 서로 균형 있고 적합하게 대응되어야 하는 인력 배치 유형이다.
양적 배치	인력 배치 시 작업량과 여유 또는 부족 인원을 감안해서 소요 인원을 결정하여 배치하는 인력 배치 유형이다.

02 다음은 갑 회사의 공채 지원자 평가 자료와 평가 점수 및 평가 등급의 결정방식에 대한 자료이다. 이에 대한 설명으로 옳지 않은 것은?

〈갑 회사의 공채 지원자 평가 자료〉

(단위 : 점)

구분 / 지원자	창의성 점수	성실성 점수	체력 점수	최종 학위	평가 점수
가	80	90	95	박사	( )
나	90	60	80	학사	310
다	70	60	75	석사	300
라	85	( )	50	학사	255
마	95	80	60	학사	295
바	55	95	65	학사	280
사	60	95	90	석사	355
아	80	( )	85	박사	375
자	75	90	95	석사	( )
차	60	70	( )	학사	290

〈평가 점수 및 평가 등급의 결정방식〉

- 최종 학위 점수는 학사 0점, 석사 1점, 박사 2점이다.
- (지원자 평가 점수)=(창의성 점수)+(성실성 점수)+[(체력 점수)×2]+(최종 학위 점수)×20
- 평가 등급 및 평가 점수

평가 등급	평가 점수
S	350점 이상
A	300점 이상 350점 미만
B	300점 미만

① '가'의 평가 점수는 400점으로, 지원자 중 가장 높다.

② '라'의 성실성 점수는 '다'보다 높지만 '마'보다는 낮다.

③ '아'의 성실성 점수는 '라'와 같다.

④ S등급인 지원자는 4명이다.

⑤ '차'는 체력 점수를 원래 점수보다 5점 더 받는다면 A등급이 된다.

정답 ③

제시된 평가 점수와 평가 등급의 결정방식에 따라 갑 회사의 공채 지원자 평가 자료의 빈칸을 채우면 다음과 같다.

구분 지원자	창의성 점수	성실성 점수	체력 점수	최종 학위	평가 점수
가	80	90	95	박사	(400)
나	90	60	80	학사	310
다	70	60	75	석사	300
라	85	(70)	50	학사	255
마	95	80	60	학사	295
바	55	95	65	학사	280
사	60	95	90	석사	355
아	80	(85)	85	박사	375
자	75	90	95	석사	(375)
차	60	70	(80)	학사	290

따라서 '아'의 성실성 점수(85점)는 '라'의 성실성 점수(70점)와 같지 않으므로 옳지 않다.

오답분석

① '가'의 평가 점수는 400점이고, 전체 지원자 중 가장 높으므로 옳은 내용이다.
② '라'의 성실성 점수(70점)는 '다'(60점)보다 높지만 '마'(80점)보다 낮으므로 옳은 내용이다.
④ 평가 점수가 350점 이상인 지원자에게 S등급이 부여되므로, 이를 충족하는 지원자는 '가, 사, 아, 자' 4명이다.
⑤ '차'가 체력 점수에서 5점을 더 얻는다면 2배 가중한 값인 10점만큼 전체 평가 점수가 상승하게 되어 300점을 얻게 된다. 제시된 기준에 따르면 300점 이상 350점 미만인 경우 A등급이 부여된다고 하였으므로 옳은 내용이다.

풀이 전략!

계산식이 주어지고 무엇인가를 계산해야 하는 문제는 많을 경우에는 거의 절반 이상의 비중을 차지한다. 이 문제들은 사칙연산에 약한 취준생에게는 시간을 잡아먹는 문제가 될 수 있고, 평소에 조건이나 단서를 놓치는 등의 실수가 잦은 취준생에게는 오답을 체크할 확률이 높은 문제이다. 따라서 평소 문제를 많이 풀면서 자신의 강점과 약점을 파악한 후, 풀 수 없는 문제는 패스하고 풀 수 있는 문제에 집중하여 정답률을 높이는 것이 핵심 전략이라고 할 수 있다. 한 가지 확실한 것은 아무리 계산 문제에 자신이 없다고 하여도, 이 문제들을 모두 스킵해서는 절대로 합격할 수 없다는 사실이다.

03 대표유형 적중문제

정답 및 해설 p.031

| 01 | 모듈형

01 다음 중 예산수립의 절차를 바르게 나열한 것은?

ㄱ. 필요한 과업 및 활동 규명
ㄴ. 예산 배정
ㄷ. 우선순위 결정

① ㄱ－ㄴ－ㄷ
② ㄱ－ㄷ－ㄴ
③ ㄴ－ㄷ－ㄱ
④ ㄷ－ㄱ－ㄴ
⑤ ㄷ－ㄴ－ㄱ

02 기획팀의 A대리는 같은 팀의 B대리와 동일한 업무를 진행함에도 불구하고 항상 업무 마감 기한을 제대로 지키지 못해 어려움을 겪고 있다. B대리의 업무 처리 과정을 지켜본 결과 B대리는 업무 처리에 소요되는 시간을 미리 계획하여 일정을 여유 있게 조절하는 것을 알 수 있었다. A대리가 B대리의 업무 처리 과정을 따라 실천한다고 할 때 얻을 수 있는 효과로 적절하지 않은 것은?

① A대리의 업무 스트레스가 줄어들 것이다.
② 기업의 생산성 향상에 도움을 줄 수 있을 것이다.
③ A대리는 다양한 역할 수행을 통해 균형적인 삶을 살 수 있을 것이다.
④ A대리의 업무 목표를 달성할 수 있을 것이다.
⑤ A대리는 앞으로 가시적인 업무에 전력을 다할 수 있을 것이다.

03 다음 중 자원관리과정을 순서대로 바르게 나열한 것은?

ㄱ. 필요한 자원의 종류와 양 확인하기	ㄴ. 계획대로 수행하기
ㄷ. 자원 활용 계획 세우기	ㄹ. 이용 가능한 자원 수집하기

① ㄱ－ㄴ－ㄷ－ㄹ　② ㄱ－ㄹ－ㄷ－ㄴ
③ ㄴ－ㄷ－ㄹ－ㄱ　④ ㄷ－ㄹ－ㄱ－ㄴ
⑤ ㄹ－ㄱ－ㄷ－ㄴ

04 자원의 낭비요인을 (가) ~ (라) 4가지로 나누어볼 때, 다음 중 〈보기〉의 사례에 해당하는 낭비요인을 순서대로 바르게 나열한 것은?

〈자원의 낭비요인〉

(가) 비계획적 행동 : 자원을 어떻게 활용할 것인가에 대한 계획 없이 충동적이고 즉흥적으로 행동하여 자원을 낭비하게 된다.
(나) 편리성 추구 : 자원을 편한 방향으로만 활용하는 것을 의미하며, 물적자원뿐만 아니라 시간, 돈의 낭비를 초래할 수 있다.
(다) 자원에 대한 인식 부재 : 자신이 가지고 있는 중요한 자원을 인식하지 못하는 것으로, 무의식적으로 중요한 자원을 낭비하게 된다.
(라) 노하우 부족 : 자원관리의 중요성을 인식하면서도 자원관리에 대한 경험이나 노하우가 부족한 경우를 말한다.

보기

㉠ A는 가까운 거리에 있는 패스트푸드점을 직접 방문하지 않고 배달 앱을 통해 배달료를 지불하고 음식을 주문한다.
㉡ B는 의자를 만들어 달라는 고객의 주문에 공방에 남은 재료와 주문할 재료를 떠올리고는 일주일 안으로 완료될 것이라고 이야기하였지만, 생각지 못한 재료의 배송 기간으로 제작 시간이 부족해 약속된 기한을 지키지 못하였다.
㉢ 현재 수습사원인 C는 처음으로 프로젝트를 담당하게 되면서 나름대로 계획을 세우고 열심히 수행했지만, 예상치 못한 상황이 발생하자 당황하여 처음 계획했던 대로 진행할 수 없었고 결국 아쉬움을 남긴 채 프로젝트를 완성하였다.
㉣ D는 TV에서 홈쇼핑 채널을 시청하면서 품절이 임박했다는 쇼호스트의 말을 듣고는 무작정 유럽 여행 상품을 구매하였다.

	(가)	(나)	(다)	(라)
①	㉡	㉣	㉠	㉢
②	㉢	㉠	㉡	㉣
③	㉢	㉣	㉡	㉠
④	㉣	㉠	㉡	㉢
⑤	㉣	㉢	㉡	㉠

05 **다음은 인력확보 계획의 2가지 방식을 설명한 것이다. 이에 대한 내용으로 옳지 않은 것은?**

> 1. 적응전략방식 : 미래시점에 필요한 인력을 그때의 시점에 확보하는 방식이다.
> 2. 계획전략방식 : 미래시점에 필요한 인력을 미리 예측하여 사전에 확보하고 미래의 환경변화를 예측하여 인력의 확보를 준비하는 방식을 말한다.

① 적응전략방식은 직무와 인력 간의 적합성을 극대화하기 어렵다.

② 적응전략방식은 예측위험성에 대한 비용이 감소될 수 있다.

③ 적응전략방식은 시장기회를 상실할 수 있다.

④ 계획전략방식은 외부노동시장의 의존성을 줄일 수 있다.

⑤ 계획전략방식은 근로자의 교육비용이 증가될 수 있다.

06 **다음 중 제시된 사례에 대한 물적자원관리의 방해요인을 잘못 연결한 것은?**

> - A는 손톱깎이를 사용한 뒤 항상 아무 곳에나 놓는다. 그래서 손톱깎이가 필요할 때마다 한참 동안 집 안 구석구석을 찾아야 한다.
> - B는 길을 가다가 귀여운 액세서리를 발견하면 그냥 지나치지 못한다. 그래서 B의 화장대 서랍에는 액세서리가 쌓여 있다.
> - C는 지난주에 휴대폰을 잃어버려 얼마 전에 새로 구입하였다. 그런데 오늘 또 지하철에서 새로 산 휴대폰을 잃어버리고 말았다.
> - D는 작년에 친구로부터 선물받은 크리스마스 한정판 화장품을 잃어버린 후 찾지 못했고, 다시 구입하려고 하니 이미 판매가 끝난 상품이라 구입할 수 없었다.
> - E는 건조한 실내 공기에 작년에 사용하고 넣어 두었던 가습기를 찾았으나, 창고에서 꺼내 온 가습기는 곰팡이가 피어 작동하지 않았다.

① A – 보관 장소를 파악하지 못하는 경우

② B – 분명한 목적 없이 물건을 구입하는 경우

③ C – 물품을 분실한 경우

④ D – 보관 장소를 파악하지 못하는 경우

⑤ E – 물품이 훼손된 경우

| 02 | 피듈형

01 K공사의 해외사업부는 9월 중에 2박 3일로 워크숍을 떠나려고 한다. 다음 자료와 〈조건〉을 고려했을 때, 워크숍 일정으로 가장 적절한 날짜는?

〈미세먼지 PM10 등급〉

구간	좋음	보통	약간 나쁨	나쁨	매우 나쁨
예측농도($\mu g/m^3$ · 일)	0 ~ 30	31 ~ 80	81 ~ 120	121 ~ 200	201 이상

〈9월 미세먼지 예보〉

(단위 : $\mu g/m^3$)

일	월	화	수	목	금	토
	1 / 204	2 / 125	3 / 123	4 / 25	5 / 132	6 / 70
7 / 10	8 / 115	9 / 30	10 / 200	11 / 116	12 / 121	13 / 62
14 / 56	15 / 150	16 / 140	17 / 135	18 / 122	19 / 98	20 / 205
21 / 77	22 / 17	23 / 174	24 / 155	25 / 110	26 / 80	27 / 181
28 / 125	29 / 70	30 / 85				

조건

- 첫째 날과 둘째 날은 예측농도가 '좋음 ~ 약간 나쁨' 사이여야 한다.
- 워크숍 일정은 평일로 하되, 불가피할 시 토요일을 워크숍 마지막 날로 정할 수 있다.
- 매달 둘째, 넷째 주 수요일은 기획회의가 있다.
- 셋째 주 금요일 저녁에는 우수성과팀 시상식이 있다.
- 9월 29 ~ 30일은 중국 현지에서 열리는 컨퍼런스에 참여해야 한다.

① 1 ~ 3일
② 8 ~ 10일
③ 17 ~ 19일
④ 25 ~ 27일
⑤ 28 ~ 30일

02 **다음 중 물적자원에 대한 설명으로 옳지 않은 것은?**

① 세상에 존재하는 모든 물체가 물적자원에 포함되는 것은 아니다.
② 물적자원은 자연자원과 인공자원으로 나눌 수 있다.
③ 자연자원은 석유, 석탄, 나무 등을 가리킨다.
④ 인공자원은 사람들이 인위적으로 가공하여 만든 것이다.
⑤ 물적자원을 얼마나 확보하고 활용할 수 있느냐가 큰 경쟁력이 된다.

03 **다음 중 물품의 특성에 맞는 보관 장소를 선정할 때 고려해야 할 요소에 해당하지 않은 것은?**

> 물품은 개별 물품의 특성을 고려하여 적절하게 보관할 수 있는 장소를 선정해야 한다. 예를 들어 종이류와 유리, 플라스틱 등은 그 재질의 차이로 인해서 보관 장소를 다르게 하는 것이 좋다. 특히 유리의 경우 쉽게 파손될 우려가 있기 때문에 따로 보관하는 것이 중요하다.

① 재질　　② 무게
③ 부피　　④ 모양
⑤ 사용빈도

04 다음은 K공사 사원들의 주말 당직 일정표이다. 오전 9시부터 오후 4시까지 반드시 한 명 이상이 사무실에 당직을 서야 하며, 한 사람이 토요일과 일요일 연속하여 당직을 설 수는 없다. 또한 월 2회 이상, 최대 10시간 미만으로 당직을 서야 한다. 다음 중 당직 일정을 수정해야 하는 사람은? (단, 점심시간 12 ~ 13시는 당직시간에서 제외한다)

〈주말 당직 일정표〉

당직일	당직자	당직일	당직자
첫째 주 토요일	유지선 9 ~ 14시 이윤미 12 ~ 16시	첫째 주 일요일	임유리 9 ~ 16시 서유진 13 ~ 16시 이준혁 10 ~ 14시
둘째 주 토요일	정지수 9 ~ 13시 이윤미 12 ~ 16시 길민성 12 ~ 15시	둘째 주 일요일	이선옥 9 ~ 12시 최기태 10 ~ 16시 김재욱 13 ~ 16시
셋째 주 토요일	최기태 9 ~ 12시 김재욱 13 ~ 16시	셋째 주 일요일	유지선 9 ~ 12시 이준혁 10 ~ 16시
넷째 주 토요일	이윤미 9 ~ 13시 임유리 10 ~ 16시 서유진 9 ~ 16시	넷째 주 일요일	이선옥 9 ~ 12시 길민성 9 ~ 14시 정지수 14 ~ 16시

① 유지선
② 이준혁
③ 임유리
④ 서유진
⑤ 길민성

05 기획팀 A사원은 다음 주 금요일에 열릴 세미나 장소를 섭외하라는 부장님의 지시를 받았다. 세미나에 참여할 인원은 총 17명이며, 모든 인원이 앉을 수 있는 테이블과 의자, 발표에 사용할 빔프로젝터 1개가 필요하다. A사원은 모든 회의실의 잔여상황을 살펴보고 가장 적합한 대회의실을 선택하였고, 필요한 비품은 다른 회의실과 창고에서 확보한 후 부족한 물건을 주문하였다. 주문한 비품이 도착한 후 물건을 확인했지만 수량을 착각해 빠트린 것이 있었다. 다시 주문하게 된다면 A사원이 주문할 물품 목록으로 옳은 것은?

〈회의실별 비품현황〉

(단위 : 개)

구분	대회의실	1회의실	2회의실	3회의실	4회의실
테이블(2인용)	1	1	2	–	–
의자	3	2	–	–	4
빔프로젝터	–	–	–	–	–
화이트보드	–	–	–	–	–
보드마카	2	3	1	–	2

〈창고 내 비품보유현황〉

(단위 : 개)

구분	테이블(2인용)	의자	빔프로젝터	화이트보드	보드마카
창고	–	2	1	5	2

〈1차 주문서〉

1. 테이블(2인용) 4개
2. 의자 1개
3. 화이트보드 1개
4. 보드마카 2개

① 빔프로젝터 : 1개, 의자 : 3개
② 빔프로젝터 : 1개, 테이블 : 1개
③ 테이블 : 1개, 의자 : 5개
④ 테이블 : 9개, 의자 : 6개
⑤ 테이블 : 9개, 의자 : 3개

| 03 | PSAT형

01 A씨와 B씨는 카셰어링 업체인 K카를 이용하여 각각 일정을 소화하였다. K카의 이용요금표와 일정이 다음과 같을 때, A씨와 B씨가 지불해야 하는 요금을 바르게 나열한 것은?

〈K카 이용요금표〉

<table>
<tr><th rowspan="3">구분</th><th rowspan="3">기준요금
(10분)</th><th colspan="4">누진 할인요금</th><th rowspan="3">주행요금</th></tr>
<tr><th colspan="2">대여요금(주중)</th><th colspan="2">대여요금(주말)</th></tr>
<tr><th>1시간</th><th>1일</th><th>1시간</th><th>1일</th></tr>
<tr><td>모닝</td><td rowspan="2">880원</td><td>3,540원</td><td>35,420원</td><td>4,920원</td><td>49,240원</td><td>160원/km</td></tr>
<tr><td>레이</td><td>3,900원</td><td>39,020원</td><td>5,100원</td><td>50,970원</td><td rowspan="3">170원/km</td></tr>
<tr><td>아반떼</td><td rowspan="2">1,310원</td><td rowspan="2">5,520원</td><td rowspan="2">55,150원</td><td rowspan="2">6,660원</td><td rowspan="2">65,950원</td></tr>
<tr><td>K3</td></tr>
</table>

※ 주중 / 주말 기준
- 주중 : 일 20:00 ~ 금 12:00
- 주말 : 금 12:00 ~ 일 20:00(공휴일 및 당사 지정 성수기 포함)

※ 최소 예약은 30분이며 10분 단위로 연장할 수 있음(1시간 이하는 10분 단위로 환산하여 과금함)

※ 예약시간이 4시간을 초과하는 경우에는 누진 할인요금이 적용됨(24시간 한도)

※ 연장요금은 기준요금으로 부과함

※ 이용시간 미연장에 따른 반납지연 페널티 금액은 초과한 시간에 대한 기준요금의 2배가 됨

〈일정〉

• A씨
- 차종 : 아반떼
- 예약시간 : 3시간(토요일, 11:00 ~ 14:00)
- 주행거리 : 92km
- A씨는 지난주 토요일, 친구 결혼식에 참석하기 위해 인천에 다녀왔다. 인천으로 가는 길은 순탄하였으나 돌아오는 길에는 고속도로에서 큰 사고가 있었던 모양인지 예상했던 시간보다 1시간 30분이 더 걸렸다. A씨는 이용시간을 연장해야 한다는 사실을 몰라 하지 못했다.

• B씨
- 차종 : 레이
- 예약시간 : 목요일, 금요일 00:00 ~ 08:00
- 주행거리 : 243km
- B씨는 납품지연에 따른 상황을 파악하기 위해 강원도 원주에 있는 거래처에 들러 이틀에 걸쳐 일을 마무리한 후 예정된 일정에 맞추어 다시 서울로 돌아왔다.

	A씨	B씨
①	61,920원	120,140원
②	62,800원	122,570원
③	62,800원	130,070원
④	63,750원	130,070원
⑤	63,750원	130,200원

02 다음은 A ~ E자동차의 성능을 비교한 자료이다. K씨의 가족은 서울에서 거리가 140km 떨어진 곳으로 여행을 가려고 한다. 가족 구성원은 총 4명이며 모두가 탈 수 있는 차를 렌트하려고 할 때, 어떤 자동차를 이용하는 것이 가장 비용이 적게 드는가?(단, 비용은 일의 자리에서 반올림한다)

〈자동차 성능 현황〉

구분	종류	연료	연비
A자동차	하이브리드 자동차	일반 휘발유	25km/L
B자동차	전기 자동차	전기	6km/kW
C자동차	가솔린 자동차	고급 휘발유	22km/L
D자동차	가솔린 자동차	일반 휘발유	20km/L
E자동차	가솔린 자동차	고급 휘발유	22km/L

〈연료별 비용〉

구분	비용
전기	500원/kW
일반 휘발유	1,640원/L
고급 휘발유	1,870원/L

〈자동차 인원〉

구분	인원
A자동차	5인용
B자동차	2인용
C자동차	4인용
D자동차	6인용
E자동차	4인용

① A자동차
② B자동차
③ C자동차
④ D자동차
⑤ E자동차

03 A은행 B지점에서는 6월 둘째 주(6월 9일 ~ 6월 13일) 중에 2회에 걸쳐 전 직원을 대상으로 '고객 개인정보 유출 방지'에 관한 교육을 지역 문화회관에서 진행하려고 한다. 자료를 토대로 B지점이 교육을 진행할 수 있는 요일과 시간대를 모두 나열한 것은?(단, 교육은 1회당 3시간씩 진행된다)

〈문화회관 이용 가능 요일〉

구분	월요일	화요일	수요일	목요일	금요일
9시 ~ 12시	○	×	○	×	○
12시 ~ 13시	점심시간(운영 안 함)				
13시 ~ 17시	×	○	○	×	×

〈주간 주요 일정표〉

일정	내용
6월 9일 월요일	08:30 ~ 09:30 주간조회 및 부서별 회의 14:00 ~ 15:00 팀별 전략 회의
6월 10일 화요일	09:00 ~ 10:00 경쟁력 강화 회의
6월 11일 수요일	11:00 ~ 13:00 부서 점심 회식 17:00 ~ 18:00 팀 회식
6월 12일 목요일	15:00 ~ 16:00 경력사원 면접
6월 13일 금요일	특이사항 없음

※ 주요 일정이 있는 시간 이외에 문화회관 이용 시간과 일정 시간이 겹치지 않는다면 언제든지 교육을 받을 수 있음

① 월요일 오전, 수요일 오후, 금요일 오전
② 화요일 오전, 수요일 오후, 목요일 오전
③ 화요일 오후, 수요일 오전, 금요일 오전
④ 화요일 오후, 수요일 오후, 금요일 오전
⑤ 수요일 오전, 수요일 오후, 금요일 오전

※ 다음은 K공단의 수발실에서 근무하는 직원들에 대한 4분기 근무평정 자료이다. 이어지는 질문에 답하시오. **[4~5]**

〈정보〉

- 수발실은 공단으로 수신되거나 K공단에서 발송하는 문서를 분류, 배부하는 업무를 한다. 문서 수발이 중요한 업무인 만큼, K공단은 매분기 수발실 직원별로 사고 건수를 조사하여 다음의 벌점 산정 방식에 따라 벌점을 부과한다.
- K공단은 이번 4분기 수발실 직원들에 대해 벌점을 부과한 후, 이를 반영하여 성과급을 지급하고자 한다.

〈벌점 산정방식〉

- 분기 벌점은 사고 유형별 건수와 유형별 벌점의 곱의 총합으로 계산한다.
- 전분기 무사고였던 직원의 경우, 해당분기 벌점에서 5점을 차감하는 혜택을 부여받는다.
- 전분기에 무사고였더라도, 해당분기 발신사고 건수가 4건 이상인 경우 벌점차감 혜택을 적용받지 못한다.

〈사고 건수당 벌점〉

(단위 : 점)

사고 종류	수신사고		발신사고	
	수신물 오분류	수신물 분실	미발송	발신물 분실
벌점	2	4	4	6

〈4분기 직원별 오류발생 현황〉

(단위 : 건)

직원	수신물 오분류	수신물 분실	미발송	발신물 분실	전분기 총사고 건수
A	–	2	–	4	2
B	2	3	3	–	–
C	2	–	3	1	4
D	–	2	2	2	8
E	1	–	3	2	–

04 벌점 산정방식에 따를 때, 수발실 직원 중 두 번째로 높은 벌점을 부여받는 직원은?

① A직원
② B직원
③ C직원
④ D직원
⑤ E직원

05 K공단은 수발실 직원들의 등수에 따라 4분기 성과급을 지급하고자 한다. 수발실 직원들의 경우 해당 분기 벌점이 적을수록 부서 내 등수가 높다고 할 때, 다음 중 B직원과 E직원이 지급받을 성과급 총액은 얼마인가?

〈성과급 지급 기준〉

- (성과급)=(부서별 성과급 기준액)×(등수별 지급비율)
- 수발실 성과급 기준액 : 100만 원
- 등수별 성과급 지급비율

등수	1등	2～3등	4～5등
지급비율	100%	90%	80%

※ 분기당 벌점이 30점을 초과하는 경우 등수와 무관하게 성과급 기준액의 50%만 지급함

① 100만 원
② 160만 원
③ 180만 원
④ 220만 원
⑤ 200만 원

06 K공사는 현재 신입사원을 채용하고 있다. 서류전형과 면접전형을 마치고 다음의 평가지표 결과를 얻었다. K공사 내 평가지표별 가중치를 이용하여 각 지원자의 최종 점수를 계산하고, 점수가 가장 높은 두 지원자를 채용하려고 한다. 이때, K공사가 채용할 두 지원자는?

〈지원자별 평가지표 결과〉

(단위 : 점)

구분	면접 점수	영어 실력	팀내 친화력	직무 적합도	발전 가능성	비고
A지원자	3	3	5	4	4	군필자
B지원자	5	5	2	3	4	군필자
C지원자	5	3	3	3	5	–
D지원자	4	3	3	5	4	군필자
E지원자	4	4	2	5	5	군 면제자

※ 군필자(만기제대)에게는 5점의 가산점을 부여함

〈평가지표별 가중치〉

구분	면접 점수	영어 실력	팀내 친화력	직무 적합도	발전 가능성
가중치	3	3	5	4	5

※ 가중치는 해당 평가지표 결과 점수에 곱함

① A, D지원자
② B, C지원자
③ B, E지원자
④ C, D지원자
⑤ D, E지원자

정답 및 해설 p.033

01 K공사에 근무하는 A씨는 사정이 생겨 퇴사하게 되었다. A씨의 근무기간 및 기본급 등의 기본정보가 다음과 같다면, A씨가 받게 되는 퇴직금의 세전금액은 얼마인가?(단, A씨의 퇴직일 이전 3개월간 기타수당은 720,000원이며, 퇴직일 이전 3개월간 총일수는 80일이다)

- 입사일자 : 2023년 9월 1일
- 퇴사일자 : 2025년 9월 4일
- 재직일수 : 730일
- 월기본급 : 2,000,000원
- 월기타수당 : 월별 상이
- 퇴직 전 3개월 임금총액 계산(세전금액)

퇴직 이전 3개월간 총일수	기본급(3개월분)	기타수당(3개월분)
80일	6,000,000원	720,000원

- (퇴직금)=(1일 평균임금)×(30일)×[(재직일수)÷365]
- (1일 평균임금)=[퇴직일 이전 3개월간 지급 받은 임금총액(기본급)+(기타수당)]÷(퇴직일 이전 3개월간 총일수)

① 5,020,000원
② 5,030,000원
③ 5,040,000원
④ 5,050,000원
⑤ 5,060,000원

02 K공사는 직원들에게 매월 25일 월급을 지급하고 있다. A대리는 이번 달 급여명세서를 보고 자신의 월급이 잘못 나왔음을 알았다. 다음 〈조건〉을 참고하여 다음 달 A대리가 상여금과 다른 수당들이 없다고 할 때, 소급된 금액과 함께 받을 월급은 총 얼마인가?(단, 4대 보험은 국민연금, 건강보험, 장기요양, 고용보험이며 금액의 10원 미만은 절사한다)

〈급여명세서〉

(단위 : 원)

성명 : A	직위 : 대리	지급일 : 2024-6-25	
지급항목	지급액	공제항목	공제액
기본급	2,000,000	소득세	17,000
야근수당(2일)	80,000	주민세	1,950
휴일수당	-	고용보험	13,000
상여금	50,000	국민연금	90,000
기타	-	장기요양	4,360
식대	100,000	건강보험	67,400
교통비	-	연말정산	-
복지후생	-		
		공제합계	193,710
지급 총액	2,230,000	차감수령액	2,036,290

조건

- 국민연금은 9만 원이고, 건강보험은 기본급의 6.24%이며 회사와 50%씩 부담한다.
- 장기요양은 건강보험 총금액의 7.0% 중 50%만 내고 고용보험은 13,000원이다.
- 잘못 계산된 금액은 다음 달에 소급한다.
- 야근수당은 하루당 기본급의 2%이며, 상여금은 5%이다.
- 다른 항목들의 금액은 급여명세서에 명시된 것과 같으며 매달 같은 조건이다.

① 1,865,290원
② 1,866,290원
③ 1,924,290원
④ 1,966,290원
⑤ 1,986,290원

03 다음은 4분기 성과급 지급 기준이다. 부서원 갑 ~ 무에 대한 성과평가가 다음과 같을 때, 다음 중 성과급을 가장 많이 받을 직원 2명은?

〈성과급 지급 기준〉

• 성과급은 성과평가에 따라 다음 기준으로 지급한다.

등급	A	B	C	D
성과급	200만 원	170만 원	120만 원	100만 원

• 성과평가등급은 성과점수에 따라 다음과 같이 산정된다.

성과점수	90점 ~ 100점	80점 ~ 90점	70점 ~ 80점	70점 미만
등급	A	B	C	D

• 성과점수는 개인실적점수, 동료평가점수, 책임점수, 가점 및 벌점을 합산하여 산정한다.
  - 개인실적점수, 동료평가점수, 책임점수는 각각 100점 만점으로 산정된다.
  - 세부 점수별 가중치는 개인실적점수 40%, 동료평가점수 30%, 책임점수 30%이다.
  - 가점 및 벌점은 개인실적점수, 동료평가점수, 책임점수에 가중치를 적용하여 합산한 값에 합산한다.

• 가점 및 벌점 부여기준
  - 분기 내 수상내역 1회, 신규획득 자격증 1개당 가점 2점 부여
  - 분기 내 징계내역 1회당 다음에 따른 벌점 부여

징계	경고	감봉	정직
벌점	1점	3점	5점

〈부서원 성과평가〉

(단위 : 점)

직원	개인실적점수	동료평가점수	책임점수	비고
갑	85	70	80	수상 2회(4분기), 경고 2회(3분기)
을	80	80	70	경고 1회(4분기)
병	75	85	80	자격증 1개(4분기)
정	70	70	90	정직 1회(4분기)
무	80	65	75	경고 1회(3분기)

① 갑, 병 ② 갑, 무

③ 을, 병 ④ 을, 정

⑤ 정, 무

04 K공사 인재개발원에 근무하고 있는 S대리는 〈조건〉에 따라 신입사원 교육을 위한 스크린을 구매하려고 한다. 다음 중 가장 적절한 제품은 무엇인가?

조건

- 조명도는 5,000lx 이상이어야 한다.
- 예산은 150만 원이다.
- 제품에 이상이 생겼을 때 A/S가 신속해야 한다.
- 위 조건을 모두 충족할 시 가격이 저렴한 제품을 가장 우선으로 선정한다.

※ lux(럭스) : 조명이 밝은 정도를 말하는 조명도에 대한 실용단위로 기호는 lx임

	제품	가격(만 원)	조명도(lx)	특이사항
①	A	180	8,000	2년 무상 A/S 가능
②	B	120	6,000	해외직구(해외 A/S)
③	C	100	3,500	미사용 전시 제품
④	D	150	5,000	미사용 전시 제품
⑤	E	130	7,000	2년 무상 A/S 가능

05 어느 버스회사에서 A시에서 B시를 연결하는 버스 노선을 개통하기 위해 새로운 버스를 구매하려고 한다. 다음 〈조건〉과 같이 노선을 운행하려고 할 때, 최소 몇 대의 버스를 구매해야 하며 이때 필요한 운전사는 최소 몇 명인가?

조건

1) 새 노선의 왕복 시간 평균은 2시간이다(승하차 시간을 포함).
2) 배차시간은 15분 간격이다.
3) 운전사의 휴식시간은 매 왕복 후 30분씩이다.
4) 첫차는 05시 정각에, 막차는 23시에 A시를 출발한다.
5) 모든 차는 A시에 도착하자마자 B시로 곧바로 출발하는 것을 원칙으로 한다.
   즉, A시에 도착하는 시간이 바로 B시로 출발하는 시간이다.
6) 모든 차는 A시에서 출발해서 A시로 복귀한다.

	버스	운전사
①	6대	8명
②	8대	10명
③	10대	12명
④	12대	14명
⑤	14대	16명

CHAPTER 05

정보능력

합격 CHEAT KEY

정보능력은 업무를 수행함에 있어 기본적인 컴퓨터를 활용하여 필요한 정보를 수집 · 분석 · 활용하는 능력으로, 업무와 관련된 정보를 수집하고, 이를 분석하여 의미 있는 정보를 얻는 능력을 의미한다. 세부 유형은 컴퓨터 활용, 정보 처리로 나눌 수 있다.

01 평소에 컴퓨터 활용 스킬을 틈틈이 익혀라!

윈도우(OS)에서 어떠한 설정을 할 수 있는지, 응용프로그램(엑셀 등)에서 어떠한 기능을 활용할 수 있는지를 평소에 직접 사용해 본다면 문제를 보다 수월하게 해결할 수 있다. 여건이 된다면 컴퓨터 활용 능력에 관련된 자격증 공부를 하는 것도 이론과 실무를 익히는 데 도움이 될 것이다.

02 문제의 규칙을 찾는 연습을 하라!

일반적으로 코드체계나 시스템 논리체계를 제공하고 이를 분석하여 문제를 해결하는 유형이 출제된다. 이러한 문제는 문제해결능력과 같은 맥락으로 규칙을 파악하여 접근하는 방식으로 연습이 필요하다.

03 현재 보고 있는 그 문제에 집중하라!

정보능력의 모든 것을 공부하려고 한다면 양이 너무나 방대하다. 그렇기 때문에 수험서에서 본인이 현재 보고 있는 문제들을 집중적으로 공부하고 기억하려고 해야 한다. 그러나 엑셀의 함수 수식, 연산자 등 암기를 필요로 하는 부분들은 필수적으로 암기를 해서 출제가 되었을 때 오답률을 낮출 수 있도록 한다.

04 사진 · 그림을 기억하라!

컴퓨터 활용 능력을 파악하는 영역이다 보니 컴퓨터 속 옵션, 기능, 설정 등의 사진 · 그림이 문제에 같이 나오는 경우들이 있다. 그런 부분들은 직접 컴퓨터를 통해서 하나하나 확인을 하면서 공부한다면 더 기억에 잘 남게 된다. 조금 귀찮더라도 한 번씩 클릭하면서 확인해 보도록 한다.

SECTION

01 모듈이론

01 정보능력의 의의

(1) 정보의 의의

① 정보능력의 의미

컴퓨터를 활용하여 필요한 정보를 수집·분석·활용하는 능력이다.

② 자료(Data)·정보(Information)·지식(Knowledge)

구분	일반적 정의	사례
자료	객관적 실체를 전달이 가능하게 기호화한 것	스마트폰 활용 횟수
정보	자료를 특정한 목적과 문제 해결에 도움이 되도록 가공한 것	20대의 스마트폰 활용 횟수
지식	정보를 체계화하여 보편성을 갖도록 한 것	스마트폰 디자인에 대한 20대의 취향
일반적으로 '자료⊇지식⊇정보'의 포함관계로 나타낼 수 있다.		

③ 정보의 특성

㉠ 적시성 : 정보는 원하는 시간에 제공되어야 한다.

㉡ 독점성 : 정보는 공개가 되고 나면 정보가치가 급감하나(경쟁성), 정보획득에 필요한 비용이 줄어드는 효과도 있다(경제성).

구분	공개 정보	반(半)공개 정보	비(非)공개 정보
경쟁성	낮음	⇨	높음
경제성	높음	⇨	낮음

(2) 정보화 사회

① 정보화 사회의 의의

정보가 사회의 중심이 되는 사회로, IT기술을 활용해 필요한 정보가 창출되는 사회이다.

② 정보화 사회의 특징

- 정보의 사회적 중요성이 요구되며, 정보 의존성이 강화된다.
- 전 세계를 하나의 공간으로 여기는 수평적 네트워크 커뮤니케이션이 가능해진다.
- 경제 활동의 중심이 유형화된 재화에서 정보·서비스·지식의 생산으로 옮겨간다.
- 정보의 가치 생산을 중심으로 사회 전체가 움직이게 된다.

③ 미래 사회의 특징

- 지식 및 정보 생산 요소에 의한 부가가치 창출
- 세계화의 진전
- 지식의 폭발적 증가

④ 정보화 사회의 필수 행위

정보 검색, 정보 관리, 정보 전파

⑤ 미래사회의 6T

정보기술(IT), 생명공학(BT), 나노기술(NT), 환경기술(ET), 문화산업(CT), 우주항공기술(ST)

(3) 컴퓨터의 활용 분야

① 기업 경영 분야

경영정보시스템(MIS) 의사결정지원시스템(DSS)	기업 경영에 필요한 정보를 효과적으로 활용하도록 지원하여 경영자가 신속히 의사결정을 할 수 있게 함
전략정보시스템(SIS)	기업의 전략을 실현해 경쟁 우위를 확보하기 위한 목적으로 사용
사무자동화(OA)	문서 작성과 보관의 자동화, 전자 결재 시스템이 도입되어 업무 처리의 효율을 높여 줌
전자상거래(EC)	기업의 입장에서는 비용을 절감할 수 있으며, 소비자는 값싸고 질 좋은 제품을 구매할 수 있게 함

② 행정 분야

행정 데이터베이스	민원 처리, 행정 통계 등의 행정 관련 정보의 데이터베이스 구축
행정 사무자동화	민원 서류의 전산 발급

③ 산업 분야

공업	컴퓨터를 이용한 공정 자동화
산업	산업용 로봇의 활용
상업	POS 시스템

④ 전자상거래(EC)

- 컴퓨터나 정보통신망 등 전자화된 기술을 이용해 기업과 소비자가 상품과 서비스를 사고파는 것을 의미한다.
- 홈쇼핑, 홈뱅킹, 인터넷 서점 등이 이에 해당한다.
- 모든 기업과 모든 소비자를 대상으로 기업의 상품 및 서비스가 제공된다.
- 전자상거래가 활성화되면 기업은 물류 비용을 줄일 수 있으며, 소비자는 값싸고 질 좋은 제품을 집에서 구매할 수 있게 된다.

(4) 정보 처리 과정

기획 ➡ 수집 ➡ 관리 ➡ 활용

① 기획

정보 활동의 가장 첫 단계이며, 정보 관리의 가장 중요한 단계이다.

5W	What(무엇을)	정보의 입수대상을 명확히 한다.
	Where(어디에서)	정보의 소스를 파악한다.
	When(언제)	정보의 요구시점을 고려한다.
	Why(왜)	정보의 필요 목적을 염두에 둔다.
	Who(누가)	정보 활동의 주체를 확정한다.
2H	How(어떻게)	정보의 수집 방법을 검토한다
	How much(얼마나)	정보 수집의 효용성을 중시한다

② 수집

㉠ 다양한 정보원으로부터 목적에 적합한 정보를 입수하는 것이다.

㉡ 정보 수집의 최종적인 목적은 '예측'을 잘하기 위함이다.

③ 관리

㉠ 수집된 다양한 형태의 정보를 사용하기 쉬운 형태로 바꾸는 것이다.

㉡ 정보관리의 3원칙

목적성	사용 목적을 명확히 설명해야 한다.
용이성	쉽게 작업할 수 있어야 한다.
유용성	즉시 사용할 수 있어야 한다.

④ 정보활용능력

- 정보가 필요하다는 문제 상황을 인지할 수 있는 능력
- 문제해결에 적합한 정보를 찾고 선택할 수 있는 능력
- 찾은 정보를 문제해결에 적용할 수 있는 능력
- 윤리의식을 가지고 합법적으로 정보를 활용할 수 있는 능력

OX 문제

01 정보란 정보 작성을 위하여 필요한 데이터를 말하는 것으로, 이는 '아직 특정의 목적에 대하여 평가되지 않은 상태의 숫자나 문자들의 단순한 나열'을 뜻한다. [ ]

02 지식이란 자료를 가공하여 이용 가능한 정보로 만드는 과정이다. [ ]

03 정보관리의 3원칙이란 목적성, 용이성, 유용성을 말한다. [ ]

04 정보관리의 3원칙 중 용이성이란 해당 정보를 즉시 사용할 수 있어야 한다는 것을 의미한다. [ ]

01 [×] 정보가 아닌 자료에 대한 설명이다. 정보란 자료를 일정한 프로그램에 따라 컴퓨터가 처리·가공함으로써 '특정한 목적을 달성하는 데 필요하거나 특정한 의미를 가진 것으로 다시 생산된 것'을 뜻한다.

02 [×] 지식이 아닌 정보처리에 대한 설명이다. 지식이란 '어떤 특정의 목적을 달성하기 위해 과학적 또는 이론적으로 추상화되거나 정립되어 있는 일반화된 정보'를 뜻한다.

03 [○]

04 [×] 용이성이 아닌 유용성에 대한 설명이다. 용이성이란 쉽게 작업할 수 있어야 한다는 것을 의미한다.

02 컴퓨터 활용능력

(1) 인터넷 서비스의 종류

① 전자우편

- 인터넷을 이용하여 다른 이용자들과 정보를 주고받는 통신 방법을 말한다.
- 포털 · 회사 · 학교 등에서 제공하는 전자우편 시스템에 계정을 만들어 이용 가능하다.

② 웹하드

웹서버에 대용량의 저장 기능을 갖추고 사용자가 개인의 하드디스크와 같은 기능을 인터넷을 통해 이용할 수 있게 하는 서비스를 말한다.

③ 메신저

컴퓨터를 통해 실시간으로 메시지와 데이터를 주고받을 수 있는 서비스이며, 응답이 즉시 이루어져 가장 보편적으로 사용되는 서비스이다.

④ 클라우드

- 사용자들이 별도의 데이터 센터를 구축하지 않고도, 인터넷 서버를 활용해 정보를 보관하고 있다가 필요할 때 꺼내 쓰는 기술을 말한다.
- 모바일 사회에서는 장소와 시간에 관계없이 다양한 단말기를 통해 사용 가능하다.

⑤ SNS

온라인 인맥 구축을 목적으로 개설된 커뮤니티형 웹사이트를 말하며, 트위터, 페이스북, 인스타그램과 같은 1인 미디어와 정보 공유 등을 포괄하는 개념이다.

⑥ 전자상거래

협의의 전자상거래	인터넷이라는 전자적인 매체를 통해 재화나 용역을 거래하는 것
광의의 전자상거래	소비자와의 거래뿐만 아니라 관련된 모든 기관과의 행위를 포함

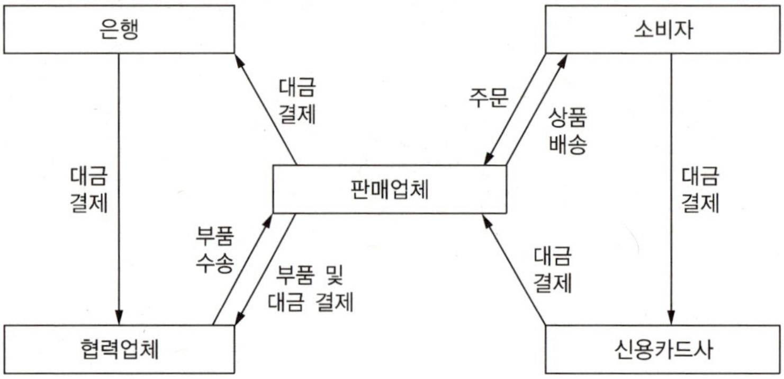

(2) 인터넷 정보 검색

① 정보 검색 단계

검색 주제에 대한 사전 지식을 확보하면 정보검색에 드는 시간을 절약할 수 있다.
첫째, 뉴스 정보인가?
둘째, 인터넷 정보원을 활용해야 하는가?
셋째, 논문자료에서 찾을 수 있는가?
넷째, 해당 주제와 관련 있는 학회나 관공서 사이트에서 찾을 수 있는가?

❶ 검색주제 선정 ➡ ❷ 정보원 선택 ➡ ❸ 검색식 작성 ➡ ❹ 결과 출력

② 검색 엔진의 유형

종류	내용
키워드 검색 방식	• 정보와 관련된 키워드를 직접 입력하여 정보를 찾는 방식 • 방법이 간단하나 키워드를 불명확하게 입력하면 검색이 어려움
주제별 검색 방식	• 주제별, 계층별로 문서들을 정리해 DB를 구축한 후 이용하는 방식 • 원하는 정보를 찾을 때까지 분류된 내용을 차례로 선택해 검색
자연어 검색 방식	문장 형태의 질의어를 형태소 분석을 거쳐 각 질문에 답이 들어 있는 사이트를 연결해 주는 방식
통합형 검색 방식	• 검색 엔진 자신만의 DB를 구축하지 않음 • 검색어를 연계된 다른 검색 엔진에 보낸 후 검색 결과를 보여줌

③ 정보 검색 시 주의사항

- 논문 등 특정 데이터들은 특화된 검색 엔진을 이용하는 것이 효율적이다.
- 키워드는 구체적으로 입력하는 것이 좋으며, 결과 내 재검색 기능을 활용한다.
- 검색 연산자는 검색 엔진에 따라 다소 차이가 있을 수 있다.

(3) 업무용 소프트웨어

① 워드프로세서

㉠ 문서를 작성 · 편집 · 저장 · 인쇄할 수 있는 프로그램을 말하며, 키보드 등으로 입력한 문서의 내용을 화면으로 확인하면서 쉽게 고칠 수 있어 편리하다.

㉡ 훈글과 MS-Word가 가장 대표적으로 활용되는 프로그램이다.

㉢ 워드프로세서의 주요 기능

종류	내용
입력	키보드나 마우스를 통해 문자 · 그림 등을 입력할 수 있는 기능
표시	입력한 내용을 표시 장치를 통해 나타내 주는 기능
저장	입력된 내용을 저장하여 필요할 때 사용할 수 있는 기능
편집	문서의 내용이나 형태 등을 변경해 새롭게 문서를 꾸미는 기능
인쇄	작성된 문서를 프린터로 출력하는 기능

② 스프레드시트

㉠ 수치나 공식을 입력하여 그 값을 계산해 내고, 결과를 차트로 표시할 수 있는 프로그램을 말하며, 다양한 함수를 이용해 복잡한 수식도 계산할 수 있다.

㉡ 엑셀이 가장 대표적으로 활용되는 프로그램이다.

㉢ 스프레드시트의 구성단위

스프레드시트는 셀, 열, 행, 영역의 4가지 요소로 구성된다. 그중에서 셀은 가로행과 세로열이 교차하면서 만들어지는 공간을 말하며, 이는 정보를 저장하는 기본단위이다.

③ 프레젠테이션

㉠ 컴퓨터 등을 이용하여 그 속에 담겨 있는 각종 정보를 전달하는 행위를 프레젠테이션이라고 하며, 이를 위해 사용되는 프로그램들을 프레젠테이션 프로그램이라고 한다.

㉡ 파워포인트와 키노트가 가장 대표적으로 활용되는 프로그램이다.

(4) 유틸리티 프로그램

① 파일 압축 유틸리티

파일의 크기를 압축하거나 줄여 준다. 파일을 압축하면 하드 디스크 또는 플로피 디스크의 저장 용량을 적게 차지하므로 디스크의 저장 공간을 넓혀 주고, 파일을 전송하거나 내려받을 때 걸리는 시간을 단축할 수 있다.

② 바이러스 백신 프로그램

바이러스 백신 프로그램이란 컴퓨터 바이러스를 찾아내고 기능을 정지시키거나 제거하여 손상된 파일을 치료하는 기능을 가진 소프트웨어를 뜻한다. 따라서 백신 프로그램은 일종의 치료제 역할을 하는 프로그램으로, 사전에 바이러스 프로그램의 감염을 막지는 못한다.

③ 화면 캡처 프로그램

모니터 화면에 나타나는 영상을 사용자가 원하는 크기·모양 등을 선택하여 이미지 파일로 만들어 주는 프로그램이다.

④ 이미지 뷰어 프로그램

이미지 뷰어 프로그램은 그림 파일이나 디지털 카메라로 찍은 이미지 파일들을 볼 수 있도록 도와주는 유틸리티 프로그램이다. 여러 장의 이미지를 편리하게 볼 수 있도록 화면 크기에 맞게 확대·축소·연속 보기·두 장 보기 등의 기능이 있다.

⑤ 동영상 재생 프로그램

동영상 재생 프로그램은 각종 영화나 애니메이션을 감상하거나 음악을 즐길 수 있는 유틸리티 프로그램이다. 느린 속도와 빠른 속도로 선택 재생이 가능하고, 재생 시점을 임의로 조정할 수 있다.

(5) 데이터베이스

① 데이터베이스의 의의

여러 개의 서로 연관된 파일을 데이터베이스라 하며, 이 연관성으로 인해 사용자는 여러 파일에 있는 정보를 한 번에 검색할 수 있다.

데이터베이스 관리시스템	데이터와 파일의 관계를 생성·유지·검색할 수 있게 하는 소프트웨어
파일 관리시스템	한 번에 한 개의 파일만 생성·유지·검색할 수 있는 소프트웨어

② 데이터베이스의 필요성

종류	내용
데이터 중복 감소	데이터를 한 곳에서만 갖고 있으므로 유지 비용이 절감된다.
데이터 무결성 증가	데이터가 변경될 경우 한 곳에서 수정하는 것만으로 해당 데이터를 이용하는 모든 프로그램에 반영된다.
검색의 용이	한 번에 여러 파일에서 데이터를 찾을 수 있다.
데이터 안정성 증가	사용자에 따라 보안등급의 차등을 둘 수 있다.

③ 데이터베이스의 기능

종류	내용
입력 기능	형식화된 폼을 사용해 내용을 편리하게 입력할 수 있다.
검색 기능	필터나 쿼리 기능을 이용해 데이터를 빠르게 검색하고 추출할 수 있다.
일괄 관리 기능	테이블을 사용해 데이터를 관리하기 쉽고, 많은 데이터를 종류별로 분류해 일괄적으로 관리할 수 있다.
보고서 기능	데이터를 이용해 청구서나 명세서 등의 문서를 쉽게 만들 수 있다.

④ 데이터베이스의 작업순서

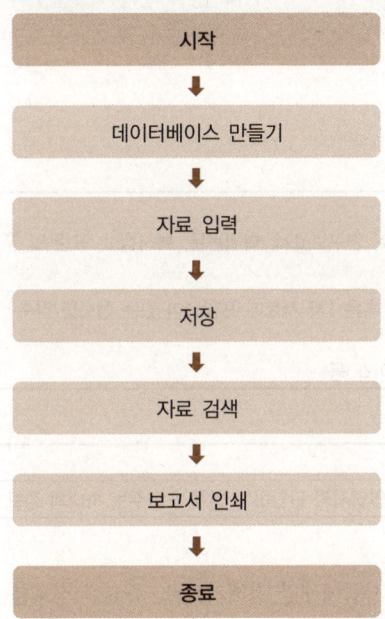

시작
↓
데이터베이스 만들기
↓
자료 입력
↓
저장
↓
자료 검색
↓
보고서 인쇄
↓
종료

OX 문제

01 정보 검색은 '검색주제 선정 → 정보원 선택 → 검색식 작성 → 결과 출력'의 과정을 거친다. [ ]

02 파일시스템은 데이터베이스 시스템에 비해서 여러 개의 파일이 서로 연관되어 있으므로, 사용자는 여러 개의 파일에 있는 정보를 한 번에 검색해서 볼 수 있는 이점이 있다. [ ]

03 데이터베이스는 데이터가 중복되지 않고 한 곳에만 기록되어 있으므로 데이터의 무결성, 즉 결함 없는 데이터를 유지하는 것이 훨씬 쉬워졌다. [ ]

04 검색 엔진 자신만의 DB를 구축하지 않으며, 검색어를 연계된 다른 검색 엔진에 보낸 후 검색 결과를 보여주는 것을 통합형 검색 방식이라고 한다. [ ]

01 [O]

02 [×] 데이터베이스 시스템은 파일시스템에 비해서 여러 개의 파일이 서로 연관되어 있으므로, 사용자는 여러 개의 파일에 있는 정보를 한 번에 검색해서 볼 수 있는 이점이 있다.

03 [O]

04 [O]

03 정보처리능력

(1) 정보의 수집

① 1차 자료와 2차 자료

1차 자료	• 원래의 연구 성과가 기록된 자료 • 단행본, 학술지와 학술지 논문, 학술회의자료, 연구보고서, 학위논문, 특허정보, 표준 및 규격자료, 레터, 출판 전 배포자료, 신문, 잡지 등
2차 자료	• 1차 자료를 효과적으로 찾아보기 위한 자료 혹은 1차 자료에 포함되어 있는 정보를 압축·정리한 자료 • 사전, 백과사전, 편람, 연감, 서지데이터베이스 등

② 인포메이션과 인텔리전스

인포메이션	하나하나의 개별적인 정보
인텔리전스	인포메이션 중에 몇 가지를 선별해 그것을 연결시켜 판단하기 쉽게 도와주는 하나의 정보 덩어리

③ 정보 수집을 잘하기 위한 방법

㉠ 신뢰관계 수립 : 중요한 정보는 신뢰관계가 좋은 사람에게만 전해지므로, 중요한 정보를 수집하려면 먼저 신뢰관계를 이루어야 한다.

㉡ 선수필승(先手必勝) : 변화가 심한 시대에는 질이나 내용보다 빠른 정보 획득이 중요하다.

㉢ 구조화 : 얻은 정보를 의식적으로 구조화하여 머릿속에 가상의 서랍을 만들어두어야 한다.

㉣ 도구의 활용 : 기억력에는 한계가 있으므로 박스·스크랩 등을 활용하여 정리하여야 한다.

(2) 정보 분석

① 정보 분석의 정의

여러 정보를 상호 관련지어 새로운 정보를 생성해내는 활동을 말한다.

② 정보 분석의 절차

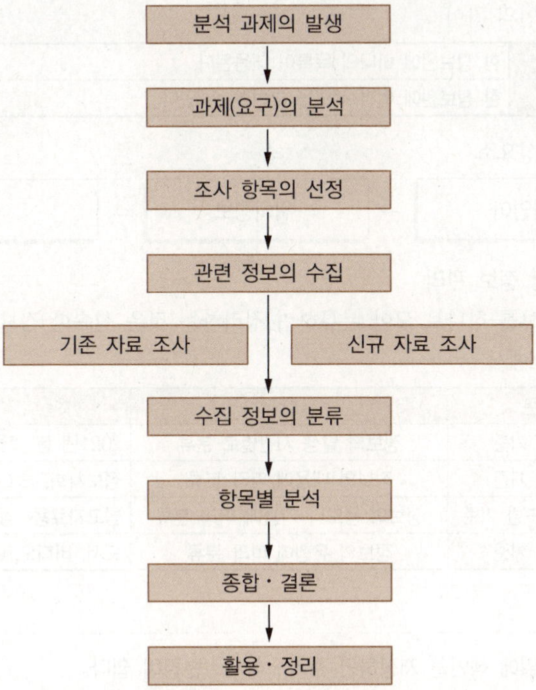

③ 정보 분석의 특징

- 좋은 자료가 있다고 해서 항상 훌륭한 분석이 되는 것은 아니다.
- 반드시 고도의 수학적 기법을 요구하는 것만은 아니다.
- 한 개의 정보만으로는 불분명한 사항일지라도 다른 정보를 통해 이를 명백히 할 수 있다.
- 서로 상반되는 정보들을 판단하여 새로운 해석을 가능하게 한다.

④ 정보의 서열화와 구조화

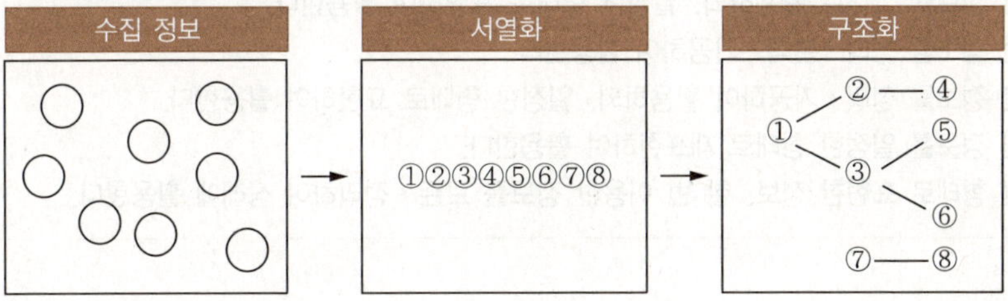

(3) 효율적인 정보 관리 방법

① 목록을 이용한 정보 관리

정보에서 중요 항목을 찾아 기술한 후 정리해 목록을 만드는 것이다.

② 색인을 이용한 정보 관리

㉠ 목록과 색인의 차이

목록	한 정보원에 하나의 목록이 대응된다.
색인	한 정보원에 여러 색인을 부여할 수 있다.

㉡ 색인의 구성요소

색인어 + 위치정보 = 색인

③ 분류를 이용한 정보 관리

㉠ 유사한 정보를 하나로 모아 분류하여 정리하는 것은 신속한 정보 검색을 가능하게 한다.

㉡ 분류 기준 예시

기준	내용	예
시간적 기준	정보의 발생 시간별로 분류	2021년 봄, 7월 등
주제적 기준	정보의 내용에 따라 분류	정보사회, ○○대학교 등
기능적/용도별 기준	정보의 용도나 기능에 따라 분류	참고자료용, 강의용, 보고서 작성용 등
유형적 기준	정보의 유형에 따라 분류	도서, 비디오, CD, 한글파일, 파워포인트 파일 등

④ 특징

- 디지털 파일에 색인을 저장하면 추가·삭제·변경이 쉽다.
- 목록은 한 정보원에 하나만 대응하지만, 색인은 여러 개를 부여할 수 있다.
- 정보 목록은 정보에서 중요 항목을 찾아 기술한 후 정리하면서 만들어진다.

(4) 정보의 활용

① 정보활용의 형태

- 수집한 정보를 그대로 활용한다.
- 수집한 정보를 그대로 활용하되, 일정한 형태로 표현하여 활용한다.
- 수집한 정보를 정리·분석·가공하여 활용한다.
- 수집한 정보를 정리·가공하여 활용하되, 일정한 형태로 표현하여 활용한다.
- 생산된 정보를 일정한 형태로 재표현하여 활용한다.
- 일정한 형태로 표현한 정보, 한 번 이용한 정보를 보존·정리하여 장래에 활용한다.

② 동적정보와 정적정보

동적정보	• 시시각각으로 변하는 정보이다. • 정보를 입수한 그 자리에서 판단해 처리하면 미련 없이 버릴 수 있다. • 변화하는 정보이기 때문에 유통기한이 있다.
정적정보	• 보존되어 멈추어 있는 정보(저장정보)이다.

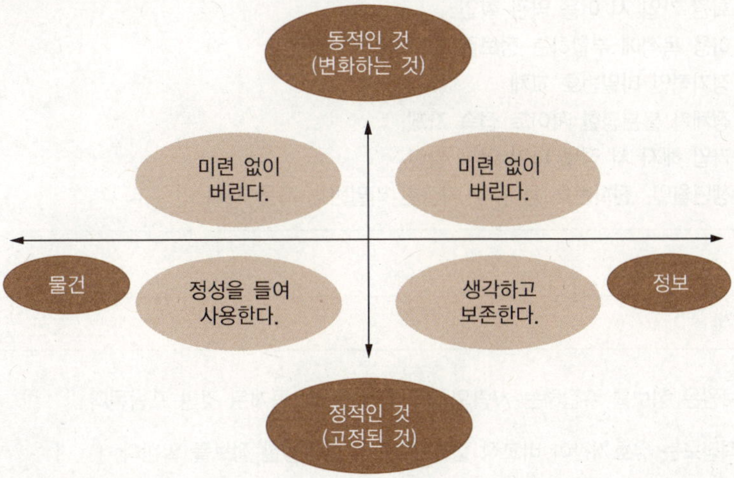

(5) 인터넷의 역기능과 네티켓

① 인터넷의 역기능

• 불건전 정보의 유통	• 언어 훼손
• 개인 정보 유출	• 인터넷 중독
• 사이버 성폭력	• 불건전한 교제
• 사이버 언어폭력	• 저작권 침해

② 네티켓

네트워크(Network) + 에티켓(Etiquette) = 네티켓(Netiquette)

③ 컴퓨터 바이러스 예방방법

- 출처가 불분명한 첨부파일은 바이러스 검사 후 사용
- 백신 프로그램의 실시간 감시 기능 활용, 정기적인 업데이트
- 정품 소프트웨어 사용
- 중요한 파일은 별도의 보조 매체에 백업
- 프로그램 복사 시 바이러스 감염 여부 확인

(6) 개인정보 보호

① 개인정보의 의미

생존하는 개인에 관한 정보로서, 정보에 포함된 성명 등에 의해 개인을 식별할 수 있는 정보를 의미하며, 단일 정보뿐만 아니라 다른 정보와 결합해 식별할 수 있는 것도 이에 해당한다.

② 개인정보의 유출 방지

- 회원 가입 시 이용 약관 확인
- 이용 목적에 부합하는 정보를 요구하는지 확인
- 정기적인 비밀번호 교체
- 정체가 불분명한 사이트 접속 자제
- 가입 해지 시 정보 파기 여부 확인
- 생년월일, 전화번호 등 유추 가능한 비밀번호 사용 자제

OX 문제

01 정보원은 정보를 수집하는 사람의 입장에서 볼 때 공개된 것만 포함된다. [ ]

02 정적정보는 유효기간이 비교적 짧고, 보존이 불가능한 정보를 말한다. [ ]

03 정보분석을 위해서는 1차 정보가 포함하는 주요 개념을 대표하는 용어(Key Word)를 추출하며, 이를 간결하게 서열화 및 구조화하여야 한다. [ ]

04 색인은 한 정보원에 하나의 색인이 대응되는 반면, 목록은 한 정보원에 여러 목록을 부여할 수 있다는 점에서 차이가 있다. [ ]

05 현행 법령상 개인정보란 생존하는 개인에 관한 정보를 뜻한다. [ ]

01 [×] 정보원은 정보를 수집하는 사람의 입장에서 볼 때 공개된 것은 물론이고, 비공개된 것도 포함된다.

02 [×] 정적정보는 유효기간이 비교적 길고, 보존이 가능한 정보를 말하며 잡지, 책 등이 이에 해당한다.

03 [○]

04 [×] 목록은 한 정보원에 하나의 목록이 대응되는 반면, 색인은 한 정보원에 여러 색인을 부여할 수 있다는 점에서 차이가 있다.

05 [○]

SECTION

02 정보능력 맛보기

PART 1

01 K기업의 최윤오 연구원은 기업의 성과관리에 대한 보고서를 작성하던 도중, 임금체계와 성과급에 대한 자료가 필요해 이를 데이터베이스에서 찾으려고 한다. 임금체계와 성과관리가 모두 언급된 자료를 검색하기 위한 검색 키워드로 '임금체계'와 '성과급'을 입력했을 때, 최윤오 연구원이 활용할 수 있는 검색 명령어를 〈보기〉에서 모두 고르면?

K기업은 사회 이슈에 대해 보고서를 발간하며, 모든 자료는 사내 데이터베이스에 보관하고 있다. 데이터베이스를 구축한지 오랜 시간이 흐르고, 축적한 자료도 많아 원하는 자료를 일일이 찾기엔 어려워 K기업에서는 데이터베이스 이용시 검색 명령을 활용하라고 권장하고 있다. K기업의 데이터베이스에서 사용할 수 있는 검색 명령어는 아래와 같다.

*	두 단어가 모두 포함된 문서를 검색
OR	두 단어가 모두 포함되거나, 두 단어 중에서 하나만 포함된 문서를 검색
|	OR 대신 사용할 수 있는 명령어
!	! 기호 뒤에 오는 단어는 포함하지 않는 문서를 검색
~	앞/뒤에 단어가 가깝게 인접해 있는 문서를 검색

보기

㉠ * ㉡ OR ㉢ ! ㉣ ~

① ㉠
② ㉠, ㉡
③ ㉠, ㉡, ㉢
④ ㉠, ㉡, ㉣
⑤ ㉡, ㉢, ㉣

정답 ④

임금체계와 성과급이 모두 언급된 자료를 검색해야 하므로, 한 단어가 포함되지 않는 문서를 검색하는 명령어 '!'는 적절하지 않다.
㉠ 임금체계 * 성과급 : 임금체계와 성과급이 모두 포함된 문서를 검색한다.
㉡ 임금체계 OR 성과급 : 임금체계와 성과급이 모두 포함되거나, 두 단어 중에서 하나만 포함된 문서를 검색한다.
㉣ 임금체계 ~ 성과급 : 임금체계와 성과급이 가깝게 인접해 있는 문서를 검색한다.

풀이 전략!

최근에는 자연어 검색방식이 매우 발달하였지만 정확한 검색결과를 얻기 위해서는 여전히 명령어를 사용한 검색방법이 활용되고 있다. 이러한 유형의 문제가 출제된다면 특정한 검색방법을 숙지하고 있는지를 묻는 것이 아닌, 검색방법이 지문에 주어지고 그 방법에 따라 명령어를 입력하면 되게끔 출제되고 있으니 큰 부담은 없는 유형이다. 따라서 이러한 유형의 문제가 출제된다면 반드시 맞춰야 한다는 것을 명심하자.

02 **현재 판매량을 제외한 판매 금액이 10,000원 이상인 것들만 모아서 따로 합계를 내고 싶을 때, 사용할 수 있는 함수식으로 옳은 것은?**

	A	B	C	D	E	F	G
1							
2	표1					표2	
3	제품	판매량	단가	금액		물품	금액
4	샴푸	6	10,000	30,000		샴푸	
5	린스	7	10,000	30,000		린스	300,000
6	비누	3	2,000	5,000		비누	90,000
7	바디워시	9	10,000	20,000		바디워시	320,000
8	비누	5	5,000	15,000			
9	린스	9	5,000	10,000			
10	샴푸	30	2,000	5,000			
11	바디워시	14	5,000	10,000			
12	면도크림	4	10,000	20,000			
13	면도기	9	20,000	40,000			
14							

① =SUM(C4:D13,“>=10,000”)

② =SUM(D4:D13,“>=10,000”)

③ =SUMIF(D4:D13,“>=10,000”)

④ =SUMIF(D4:D13,“=10,000”)

⑤ =SUMIFS(D4:D13,“=10,000”)

정답 ③

SUMIF는 조건을 만족하는 경우의 합을 구하는 함수식으로, 판매 금액을 10,000원 이상만 모아서 따로 합계를 내고 싶을 때 사용할 수 있는 옳은 함수식은 '=SUMIF(D4:D13,“>=10,000”)'이다.

오답분석

⑤ SUMIFS 함수식은 주어진 조건에 따라 지정되는 셀을 더한다.

풀이 전략!

엑셀의 함수식을 활용하는 문제는 매번 등장하는 유형이지만 실제 출제되는 문제들의 난도는 그리 높지 않은 편이다. 하지만 엑셀의 활용법 및 함수식을 숙지하고 있지 않으면 손을 댈 수 없는 유형이므로 시간적 여유가 있을 때 별도로 학습해둘 것을 추천한다. 컴퓨터 활용능력 2급 수준의 지식만 익혀놓고 있으면 충분하다.

SECTION

03 대표유형 적중문제

정답 및 해설 p.035

| 01 | 모듈형

01 다음 설명을 읽고 정보관리의 3원칙을 바르게 나열한 것은?

> '구슬이 서말이라도 꿰어야 보배'라는 속담처럼, 여러 가지 채널과 갖은 노력 끝에 입수한 정보가 우리가 필요한 시점에 즉시 활용되기 위해서는 모든 정보가 차곡차곡 정리되어 있어야 한다. 이처럼 정보의 관리란 수집된 다양한 형태의 정보를 어떤 문제해결이나 결론도출에 사용하기 쉬운 형태로 바꾸는 일이다. 정보를 관리할 때에는 특히 정보에 대한 사용목표가 명확해야 하며, 정보를 쉽게 작업할 수 있어야 하고, 또한 즉시 사용할 수 있어야 한다.

① 목적성, 용이성, 유용성
② 다양성, 용이성, 통일성
③ 용이성, 통일성, 다양성
④ 통일성, 목적성, 유용성
⑤ 통일성, 목적성, 용이성

02 다음 〈보기〉에서 정보, 자료, 지식에 대한 설명으로 옳은 것을 모두 고르면?

> 보기
>
> A. 자료와 정보 가치의 크기는 절대적이다.
> B. 정보는 특정한 상황에 맞도록 평가한 의미 있는 기록이다.
> C. 정보는 사용하는 사람과 사용하는 시간에 따라 달라질 수 있다.
> D. 지식은 평가되지 않은 상태의 숫자나 문자들의 나열을 의미한다.

① A, B
② A, C
③ B, C
④ B, D
⑤ C, D

03 **다음은 정보화 사회에서 필수적으로 해야 할 일을 설명한 글이다. 이를 이해한 것으로 옳지 않은 사례는?**

> 첫째, 정보검색이다. 인터넷에는 수많은 사이트가 있으며, 여기서 내가 원하는 정보를 찾는 것을 정보검색, 즉 소위 말하는 인터넷 서핑이라 할 수 있다. 현재 인터넷에는 수많은 사이트가 있으며, 그 많은 사이트에서 내가 원하는 정보를 찾기란 그렇게 만만치 않다. 지금은 다행히도 검색방법이 발전하여 문장검색용 검색엔진과 자연어 검색방법도 나와 네티즌들로부터 대환영을 받고 있다. 이처럼 검색이 그만큼 쉬워졌다는 것이다. 이러한 발전에 맞추어 정보화 사회에서는 궁극적으로 타인의 힘을 빌리지 않고 내가 원하는 정보는 무엇이든지 다 찾을 수가 있도록 되어야 한다. 즉, 당신은 자신이 가고 싶은 곳의 정보라든지 궁금한 사항을 스스로 해결할 정도는 되어야 한다는 것이다.
> 둘째, 정보관리이다. 인터넷에서 어렵게 검색하여 찾아낸 결과를 관리하지 못하여 머리 속에만 입력하고, 컴퓨터를 끄고 나면 잊어버리는 것은 정보관리를 못하는 것이다. 자기가 검색한 내용에 대하여 파일로 만들어 보관하든, 프린터로 출력하여 인쇄물로 보관하든, 언제든지 필요할 때 다시 볼 수 있을 정도가 되어야 하는 것이다.
> 셋째, 정보전파이다. 이것은 정보관리를 못한 사람은 어렵다. 오로지 입을 이용해서만 전파가 가능하기 때문이다. 요즘은 전자우편과 SNS를 이용해서 정보를 전달하기 때문에 정보전파가 매우 쉽다. 참으로 편리한 세상이 아닐 수 없다. 인터넷만 이용하면 편안히 서울에 앉아서 미국에도 논문을 보낼 수 있는 것이다.

① 내일 축구에서 승리하는 국가를 맞추기 위해 선발 선수들의 특징을 파악해야겠어.
② 라면을 맛있게 조리할 수 있는 나만의 비법을 SNS에 올려야지.
③ 다음 주 제주도 여행을 위해서 다음 주 날씨를 요일별로 잘 파악해서 기억해 둬야지.
④ 내가 가진 금액에 맞는 의자를 사기 위해 가격 비교 사이트를 이용해야겠다.
⑤ 작년에 작성했었던 보고서를 지금 미국에 출장 가 있는 동료에게 보내줘야겠다.

※ 다음 자료를 보고 이어지는 질문에 답하시오. [4~5]

〈코드 부여 방식〉

[제품 종류] – [생산 지역] – [일련번호]

일련번호는 생산된 순서를 나타냄. 예를 들어 일련번호가 10인 경우 10번째 생산된 장비이다.

제품 종류 코드	제품 종류	생산 지역 코드	생산 지역
DCA	디지털 카메라	WO	원주
DFC	필름 카메라	GY	경주
DSL	DSLR 카메라	YE	여수
DMC	미니 카메라	BU	부산

04 다음 중 여수에서 8번째로 생산된 DSLR 카메라의 코드를 고르면?

① DMC – YE – 8
② 8 – YE – DSL
③ DSL – YE – 8
④ GY – 8 – DCA
⑤ DFC – WO – 8

05 다음 중 'DFC – YE – 20'의 코드를 가지고 있는 생산품의 정보로 옳은 것은?

① 경주에서 20번째로 생산된 미니 카메라이다.
② 여수에서 20번째로 생산된 미니 카메라이다.
③ 여수에서 20번째로 생산된 필름 카메라이다.
④ 원주에서 10번째로 생산된 DSLR 카메라이다.
⑤ 부산에서 10번째로 생산된 디지털 카메라이다.

06 **다음 중 온라인에서의 개인정보 오남용으로 인한 피해를 예방하기 위한 행동으로 옳지 않은 것은?**

① 회원가입을 하거나 개인정보를 제공할 때 개인정보 취급방침 및 약관을 꼼꼼히 살핀다.
② 회원가입 시 비밀번호를 타인이 유추하기 어렵도록 설정하고 이를 주기적으로 변경한다.
③ 아무 자료나 함부로 다운로드하지 않는다.
④ 온라인에 자료를 올릴 때 개인정보가 포함되지 않도록 한다.
⑤ 금융거래 시 금융정보 등은 암호화하여 저장하고, 되도록 PC방, 공용 컴퓨터 등 개방 환경을 이용한다.

07 **다음 글을 읽고 알 수 있는 데이터베이스의 특징으로 옳지 않은 것은?**

데이터베이스란, 대량의 자료를 관리하고 내용을 구조화하여 검색이나 자료 관리 작업을 효과적으로 실행하는 프로그램으로 삽입, 삭제, 수정, 갱신 등을 통하여 항상 최신의 데이터를 유동적으로 유지할 수 있으며, 이와 같은 다량의 데이터는 사용자의 질의에 대한 신속한 응답 처리를 가능하게 한다. 또한 이러한 데이터를 여러 명의 사용자가 동시에 공유가 가능하고 각 데이터를 참조할 때는 사용자가 요구하는 내용에 따라 참조가 가능함은 물론 응용프로그램과 데이터베이스를 독립시킴으로써 데이터를 변경시키더라도 응용프로그램은 변경되지 않는다.

① 실시간 접근성
② 계속적인 진화
③ 동시 공유
④ 내용에 의한 참조
⑤ 데이터 논리적 의존성

08 **다음 중 엑셀의 메모에 대한 설명으로 옳지 않은 것은?**

① 새 메모를 작성하려면 바로가기 키 〈Shift〉+〈F2〉를 누른다.
② [메모서식]에서 채우기 효과를 사용하면 이미지를 삽입할 수 있다.
③ 피벗 테이블의 셀에 메모를 삽입한 경우 데이터를 정렬하면 메모도 데이터와 함께 정렬된다.
④ 메모의 텍스트 서식을 변경하거나 메모에 입력된 텍스트에 맞도록 메모 크기를 자동으로 조정할 수 있다.
⑤ 작성된 메모가 표시되는 위치를 자유롭게 지정할 수 있고, 메모가 항상 표시되도록 설정할 수 있다.

09 **다음은 자동차 관련 부품을 개발하고 있는 K사의 내부회의 내용이다. 정보의 특성을 고려할 때, 대화의 밑줄 친 ㉠~㉢ 중 옳은 것을 모두 고르면?**

> 김팀장 : 이번 A프로젝트의 기한은 9월 11일까지입니다.
> 최대리 : T사에서 차량 외부차양 개발에 대한 안을 요청했습니다. 외부차양이 내부차양에 비해 실용적인지 자료가 필요합니다.
> 김팀장 : 시간이 없네. 효율적으로 찾아봐야 하니 박주임은 1차 자료보다는 ㉠ 2차 자료를 찾아보도록 해요.
> 박주임 : 네, 그럼 성능 비교에 대한 ㉡ 논문을 찾아보겠습니다.
> 김팀장 : 김대리는 B프로젝트를 맡았으니, 기온에 따른 냉방 효과를 예측할 수 있는 ㉢ 인포메이션(Information)을 만들어 보도록 해요.
> 김대리 : 네, 알겠습니다.

① ㉠
② ㉡
③ ㉠, ㉢
④ ㉡, ㉢
⑤ ㉠, ㉡, ㉢

10 **다음 설명에 해당하는 사회로 옳은 것은?**

> 이 세상에서 필요로 하는 정보가 사회의 중심이 되는 사회로서 컴퓨터 기술과 정보통신 기술을 활용하여 사회 각 분야에서 필요로 하는 가치 있는 정보를 창출하고, 보다 유익하고 윤택한 생활을 영위하는 사회로 발전시켜 나가는 것을 뜻한다.

① 정보화사회
② 산업화사회
③ 농업사회
④ 미래사회
⑤ 시민사회

11 **다음 중 Windows의 [폴더 옵션]에서 설정할 수 있는 작업에 해당하지 않는 것은?**

① 숨김 파일 및 폴더를 표시할 수 있다.
② 색인된 위치에서는 파일 이름뿐만 아니라 내용도 검색하도록 설정할 수 있다.
③ 숨김 파일 및 폴더의 숨김 속성을 일괄 해제할 수 있다.
④ 파일이나 폴더를 한 번 클릭해서 열 것인지, 두 번 클릭해서 열 것인지를 설정할 수 있다.
⑤ 파일 확장자명을 숨길 수 있다.

12 다음은 데이터베이스에 대한 설명이다. 빈칸 ㉠, ㉡에 들어갈 말을 바르게 나열한 것은?

> 파일시스템에서는 하나의 파일은 독립적이고 어떤 업무를 처리하는 데 필요한 모든 정보를 가지고 있다. 파일도 데이터의 집합이므로 데이터베이스라고 볼 수도 있으나 일반적으로 데이터베이스라 함은 ___㉠___을 의미한다. 따라서 사용자는 여러 개의 파일에 있는 정보를 한 번에 검색해 볼 수 있다. 데이터베이스 관리시스템은 데이터와 파일, 그들의 관계 등을 생성하고, 유지하고 검색할 수 있게 해주는 소프트웨어이다. 반면에 파일관리시스템은 ___㉡___에 대해서 생성, 유지, 검색을 할 수 있는 소프트웨어다.

	㉠	㉡
①	여러 개의 독립된 파일	한 번에 복수의 파일
②	여러 개의 독립된 파일	한 번에 한 개의 파일
③	여러 개의 연관된 파일	한 번에 복수의 파일
④	여러 개의 연관된 파일	한 번에 한 개의 파일
⑤	여러 개의 연관된 파일	여러 개의 독립된 파일

13 다음 중 피벗 테이블에 대한 설명으로 옳지 않은 것은?

① 피벗 테이블의 결과가 표시되는 장소는 동일한 시트 내에만 지정된다.
② 피벗 테이블로 작성된 목록에서 행 필드를 열 필드로 편집할 수 있다.
③ 피벗 테이블 작성 후에도 사용자가 새로운 수식을 추가하여 표시할 수 있다.
④ 피벗 테이블은 많은 양의 데이터를 손쉽게 요약하기 위해 사용되는 기능이다.
⑤ 피벗 테이블에서 필터 기능을 사용할 수 있다.

14 다음 중 워드프로세서의 복사(Copy)와 잘라내기(Cut)에 대한 설명으로 옳은 것은?

① 복사하거나 잘라내기를 할 때 영역을 선택한 다음에 해야 한다.
② 한 번 복사하거나 잘라낸 내용은 한 번만 붙이기를 할 수 있다.
③ 복사한 내용은 버퍼(Buffer)에 보관되며, 잘라내기한 내용은 내문서에 보관된다.
④ 복사하거나 잘라내기를 하여도 문서의 분량에는 변화가 없다.
⑤ 〈Ctrl〉+〈C〉는 잘라내기, 〈Ctrl〉+〈X〉는 복사하기의 단축키이다.

15 A씨는 최근 회사 내 업무용 개인 컴퓨터의 보안을 강화하기 위하여 다음과 같은 메일을 받았다. 이를 토대로 A씨가 취해야 할 행동으로 옳지 않은 것은?

> 발신 : 전산보안팀
>
> ---
>
> 수신 : 전 임직원
>
> 제목 : 업무용 개인 컴퓨터 보안대책 공유
>
> 내용 :
> 안녕하십니까. 전산팀장입니다.
> 최근 개인정보 유출 등 전산보안 사고가 자주 발생하고 있어 각별한 주의가 필요한 상황입니다. 이에 따라 자사에서도 업무상 주요 정보가 유출되지 않도록 보안프로그램을 업그레이드하는 등 전산보안을 더욱 강화하고 있습니다.
> 무엇보다 업무용 개인 컴퓨터를 사용하는 분들이 특히 신경을 많이 써 주셔야 철저한 보안이 실천됩니다. 번거로우시더라도 다음과 같은 사항을 따라 주시기 바랍니다.
>
> - 인터넷 익스플로러를 종료할 때마다 검색기록이 삭제되도록 설정해 주세요.
> - 외출 또는 외근으로 장시간 컴퓨터를 켜 두어야 하는 경우에는 인터넷 검색기록을 직접 삭제해 주세요.
> - 인터넷 검색기록 삭제 시 기본 설정되어 있는 항목 외에도 '다운로드 기록', '양식 데이터', '암호', '추적방지, ActiveX 필터링 및 Do Not Track 데이터'를 모두 체크하여 삭제해 주세요(단, 즐겨찾기 웹 사이트 데이터 보존 부분은 체크 해제할 것).
> - 인터넷 익스플로러에서 방문한 웹 사이트 목록을 저장하는 기간을 5일로 변경해 주세요.
> - 자사에서 제공 중인 보안프로그램은 항시 업데이트하여 최신 상태로 유지해 주세요.
>
> 위 사항을 적용하는 데 어려움이 있을 경우에는 첨부파일에 이미지와 함께 구체적으로 설명되어 있으니 참고 바랍니다.
>
> 〈첨부〉 업무용 개인 컴퓨터 보안대책 적용 방법 설명(이미지).zip

① 자사의 보안프로그램을 실행하고 [설정]에서 업데이트를 실행한다.
② 장시간 외출할 경우에는 [인터넷 옵션]의 '일반' 카테고리에 있는 [삭제]를 클릭해 직접 삭제한다.
③ 검색기록 삭제 시 [인터넷 옵션]의 '일반' 카테고리에 있는 [삭제]를 클릭하여 기존에 설정되어 있는 항목을 포함한 모든 항목을 체크하여 삭제한다.
④ [인터넷 옵션]의 '일반' 카테고리 중 검색기록 부분에서 [설정]을 클릭하고, '기록' 카테고리의 [페이지 보관일수]를 5일로 설정한다.
⑤ 인터넷 익스플로러에서 [도구(또는 톱니바퀴 모양)]를 클릭하여 [인터넷 옵션]의 '일반' 카테고리에 있는 [종료할 때 검색 기록 삭제]를 체크한다.

| 02 | 엑셀형

01 다음 중 [D2] 셀에 수식 「=UPPER(TRIM(A2))&"KR"」를 입력했을 경우의 결괏값은?

	A	B	C	D
1	도서코드	출판사	출판년도	변환도서코드
2	mng-002	대한도서	2008	
3	pay-523	믿음사	2009	
4	mng-091	정일도서	2007	

① MNG-002-kr
② MNG-KR
③ MNG 002-KR
④ MNG-002KR
⑤ MNG-002

02 K사 인사부에 근무하는 김대리는 신입사원들의 교육점수를 다음과 같이 정리한 후 VLOOKUP 함수를 이용해 교육점수별 등급을 입력하려고 한다. [E2:F8]의 데이터 값을 이용해 (A) 셀에 함수식을 입력한 후 자동 채우기 핸들로 사원들의 교육점수별 등급을 입력할 때, (A) 셀에 입력해야 할 함수식으로 옳은 것은?

	A	B	C	D	E	F
1	사원	교육점수	등급		교육점수	등급
2	최○○	100	(A)		100	A
3	이○○	95			95	B
4	김○○	95			90	C
5	장○○	70			85	D
6	정○○	75			80	E
7	소○○	90			75	F
8	신○○	85			70	G
9	구○○	80				

① =VLOOKUP(B2,E2:F8,2,1)
② =VLOOKUP(B2,E2:F8,2,0)
③ =VLOOKUP(B2,$E$2:$F$8,2,0)
④ =VLOOKUP(B2,$E$2:$F$8,1,0)
⑤ =VLOOKUP(B2,$E$2:$F$8,1,1)

03 다음 시트에서 [B1]~[B5] 셀에 〈보기〉의 (가)~(마) 함수를 순서대로 입력하였을 때, 표시되는 결괏값이 나머지 넷과 다른 하나는?

	A	B
1	333	
2	합격	
3	불합격	
4	12	
5	7	

보기

(가) =ISNUMBER(A1)
(나) =ISNONTEXT(A2)
(다) =ISTEXT(A3)
(라) =ISEVEN(A4)
(마) =ISODD(A5)

① (가)
② (나)
③ (다)
④ (라)
⑤ (마)

04 다음 시트에서 판매수량과 추가판매의 합계를 구하기 위해 [B6] 셀에 들어갈 수식으로 옳은 것은?

	A	B	C
1	일자	판매수량	추가판매
2	06월19일	30	8
3	06월20일	48	
4	06월21일	44	
5	06월22일	42	12
6	합계	184	

① =SUM(B2,C2,C5)
② =LEN(B2:B5,3)
③ =COUNTIF(B2:B5,">=12")
④ =SUM(B2:B5)
⑤ =SUM(B2:B5,C2,C5)

05 K중학교에서 근무하는 P교사는 반 학생들의 과목별 수행평가 제출 여부를 확인하기 위해 아래와 같이 자료를 정리하였다. P교사가 [D11]~[D13] 셀에 〈보기〉와 같이 함수를 입력하였을 때, [D11]~[D13] 셀에 나타날 결괏값을 바르게 나열한 것은?

	A	B	C	D
1			(제출했을 경우 '1'로 표시)	
2	이름	A과목	B과목	C과목
3	김혜진	1	1	1
4	이방숙	1		
5	정영교	재제출 요망	1	
6	정혜운		재제출 요망	1
7	이승준		1	
8	이혜진			1
9	정영남	1		1
10				
11				
12				
13				

보기

- [D11] 셀에 입력한 함수 → 「=COUNTA(B3:D9)」
- [D12] 셀에 입력한 함수 → 「=COUNT(B3:D9)」
- [D13] 셀에 입력한 함수 → 「=COUNTBLANK(B3:D9)」

	[D11]	[D12]	[D13]
①	12	10	11
②	12	10	9
③	10	12	11
④	10	12	9
⑤	10	10	9

※ A씨는 지점별 매출 및 매입 현황을 정리하고 있다. 다음 자료를 보고 이어지는 질문에 답하시오. **[6~7]**

	A	B	C	D	E	F
1	지점명	매출	매입			
2	주안점	2,500,000	1,700,000			
3	동암점	3,500,000	2,500,000		최대 매출액	
4	간석점	7,500,000	5,700,000		최소 매출액	
5	구로점	3,000,000	1,900,000			
6	강남점	4,700,000	3,100,000			
7	압구정점	3,000,000	1,500,000			
8	선학점	2,500,000	1,200,000			
9	선릉점	2,700,000	2,100,000			
10	교대점	5,000,000	3,900,000			
11	서초점	3,000,000	1,900,000			
12	합계					

06 다음 중 매출과 매입의 합계를 구할 때 사용할 함수는?

① REPT
② CHOOSE
③ SUM
④ AVERAGE
⑤ DSUM

07 다음 중 [F3] 셀을 구하는 함수식으로 옳은 것은?

① =MIN(B2:B11)
② =MIN(C2:C11)
③ =MAX(B2:C11)
④ =MAX(C2:C11)
⑤ =MAX(B2:B11)

| 03 | 코딩형

※ 다음 프로그램의 실행 결과로 옳은 것을 고르시오. [1~4]

01

```
#include <stdio.h>
int main()
{
    int sum=0;
    int x;
    for(x=1;x<=100;x++)
       sum+=x;
    printf("1+2+… +100=%d\n", sum);
      return 0;
 }
```

① 5010
② 5020
③ 5040
④ 5050
⑤ 6000

02

```
#include <stdio.h>
void main() {
    int arr[10]={1, 2, 3, 4, 5};
    int num=10;
    int i;

    for (i=0; i<10; i++) {
      num+=arr[i];
    }
    printf("%d₩n", num);
}
```

① 10
② 20
③ 25
④ 30
⑤ 55

03

```
#include <stdio.h>
void main() {
    int temp=0;
    int i=10;

    temp=i++;
    temp=i--;

    printf("%d, %d", temp, i);
}
```

① 10, 10
② 11, 10
③ 11, 11
④ 10, 11
⑤ 0, 10

04

```
#include <stdio.h>
void main() {
    char *arr[]={"AAA","BBB","CCC"};
    printf("%s", *(arr+1));
}
```

① AAA
② AAB
③ BBB
④ CCC
⑤ AAABBBCCC

PART 1

CHAPTER 06
기술능력

합격 CHEAT KEY

기술능력은 업무를 수행함에 있어 도구, 장치 등을 포함하여 필요한 기술에 어떠한 것들이 있는지 이해하고, 실제 업무를 수행함에 있어 적절한 기술을 선택하여 적용하는 능력이다.

세부 유형은 기술 이해·기술 선택·기술 적용으로 나눌 수 있다. 제품설명서나 상황별 매뉴얼을 제시하는 문제 또는 명령어를 제시하고 규칙을 대입할 수 있는지 묻는 문제가 출제되기 때문에 이런 유형들을 공략할 수 있는 전략을 세워야 한다.

01 긴 지문이 출제될 때는 선택지의 내용을 미리 보라!

기술능력에서 자주 출제되는 제품설명서나 상황별 매뉴얼을 제시하는 문제에서는 기술을 이해하고, 상황에 알맞은 원인 및 해결방안을 고르는 문제가 출제된다. 실제 시험장에서 문제를 풀 때는 시간적 여유가 없기 때문에 보기를 먼저 읽고, 그 다음 긴 지문을 보면서 동시에 보기와 일치하는 내용이 나오면 확인해 가면서 푸는 것이 좋다.

02 모듈형에도 대비하라!

모듈형 문제의 비중이 늘어나는 추세이므로 공기업을 준비하는 취업준비생이라면 모듈형 문제에 대비해야 한다. 기술능력의 모듈형 이론 부분을 학습하고 모듈형 문제를 풀어보고 여러 번 읽으며 이론을 확실히 익혀두면 실제 시험장에서 이론을 묻는 문제가 나왔을 때 단번에 답을 고를 수 있다.

03 전공 이론도 익혀 두어라!

지원하는 직렬의 전공 이론이 기술능력으로 출제되는 경우가 많기 때문에 전공 이론을 익혀두는 것이 좋다. 깊이 있는 지식을 묻는 문제가 아니더라도 출제되는 문제의 소재가 전공과 관련된 내용일 가능성이 크기 때문에 최소한 지원하는 직렬의 전공 용어는 확실히 익혀 두어야 한다.

04 쉽게 포기하지 말라!

직업기초능력평가에서 주요 영역이 아니면 소홀한 경우가 많다. 시험장에서 기술능력을 읽어보지도 않고 포기하는 경우가 많은데 차근차근 읽어보면 지문만 잘 읽어도 풀 수 있는 문제들이 출제되는 경우가 있다. 이론을 모르더라도 풀 수 있는 문제인지 파악해 보자.

SECTION 01

모듈이론

01 기술능력의 의의

(1) 기술의 의의

① 기술의 의미

지적인 도구를 특정한 목적에 사용하는 지식 체계를 말하며, 제품이나 용역을 생산하는 원료·생산 공정 등에 관한 지식의 집합체를 의미한다.

② 노하우(Know-How)와 노와이(Know-Why)

원래 노하우의 개념이 강하였으나 시대가 지남에 따라 노하우와 노와이가 결합하는 모습을 보이고 있다.

노하우	• 특허권을 수반하지 않는 엔지니어 등이 가지고 있는 체화된 기술 • 경험적·반복적인 행위를 통해 얻게 됨
노와이	• 어떻게 기술이 성립하고 작용하는가에 관한 원리적 측면 • 이론적인 지식으로 과학적인 탐구를 통해 얻게 됨

③ 기술의 특징

- 하드웨어나 인간에 의해 만들어진 비자연적인 대상 혹은 그 이상을 의미한다.
- 기술을 설계·생산·사용하기 위해서는 노하우가 필요하므로, 기술은 노하우를 포함한다.
- 하드웨어를 생산하는 과정이다.
- 인간의 능력을 확장시키기 위한 하드웨어와 그것의 활용이다.
- 정의 가능한 문제를 해결하기 위해 순서화되고, 이해 가능한 노력을 뜻한다.

④ 광의의 기술과 협의의 기술

광의의 기술	직업 세계에서 필요로 하는 기술적 요소
협의의 기술	구체적 직무 수행 능력

⑤ 지속 가능한 발전과 기술

지속 가능한 발전	현재의 욕구를 충족시키지만, 동시에 후속 세대의 욕구 충족을 침해하지 않는 발전
지속 가능한 기술	• 지속 가능한 발전을 가능하게 하는 기술 • 고갈되지 않는 자연 에너지를 활용 • 낭비적인 소비 행태를 지양 • 기술적 효용만이 아닌 환경효용을 추구하는 기술

(2) 기술능력의 의의

① 기술교양과 기술능력

기술교양	기술의 특성 등에 대해 일정 수준의 지식을 갖추는 것
기술능력	• 기술교양의 개념을 구체화시킨 개념 • 일상적으로 요구되는 수단·도구·조작 등에 관한 기술적인 요소들을 이해하고, 적절한 기술을 선택·적용하는 능력

② 기술능력을 향상시키는 방법

전문 연수원	• 연수 분야의 노하우를 통한 체계적인 교육이 가능 • 최신 실습장비, 전산 시설 등을 활용할 수 있음 • 자체교육에 비해 교육비가 저렴하며, 고용보험 환급도 가능
E-Learning	• 원하는 시간과 장소에서 학습이 가능 • 새로운 내용을 커리큘럼에 반영하기가 수월 • 의사소통과 상호작용이 자유롭게 이루어질 수 있음
상급학교 진학	• 실무 중심의 교육이 가능하며, 인적 네트워크 형성이 가능 • 경쟁을 통해 학습 효과를 향상시킬 수 있음
OJT	• 시간 낭비가 적고 조직의 필요에 부합하는 교육이 가능 • 교육자와 피교육자 사이에 친밀감이 조성

(3) 산업재해

① 산업재해의 의미

산업 활동 중의 사고로 인해 사망·부상을 당하거나 유해 물질에 의한 중독 등으로 직업성 질환·신체적 장애를 가져오는 것

② 산업재해의 원인

교육적 원인	안전지식의 불충분, 안전수칙의 오해, 훈련의 불충분 등
기술적 원인	기계 장치의 설계불량, 구조물의 불안정, 생산 공정의 부적당 등
작업 관리상 원인	안전관리 조직의 결함, 작업 준비 불충분, 인원 배치의 부적당 등

③ 산업재해 예방 대책 5단계

안전관리 조직	• 경영자 : 사업장의 안전 목표 설정, 안전관리 책임자 선정 • 안전관리 책임자 : 안전계획 수립·시행·감독
사실의 발견	사고 조사, 현장 분석, 관찰 및 보고서 연구, 면담 등
원인 분석	발생 장소, 재해 형태, 재해 정도, 공구 및 장비의 상태 등
시정책의 선정	기술적 개선, 인사 조정 및 교체, 공학적 조치 등
시정책의 적용	안전에 대한 교육 및 훈련 실시, 결함 개선 등

④ 불안전한 행동과 상태의 제거

불안전한 행동 제거	안전수칙 제정, 상호 간 불안전한 행동 지적, 쾌적한 작업 환경 등
불안전한 상태 제거	안전성이 보장된 설비 제작, 사고 요인의 사전 제거

OX 문제

01 기술교양은 모든 사람들이 광범위한 관점에서 기술의 특성, 기술적 행동, 기술의 힘, 기술의 결과에 대해 어느 정도의 지식을 가지는 것을 의미한다. [ ]

02 E-Learning이란 조직 안에서 피교육자인 종업원이 직무에 종사하면서 받게 되는 교육 훈련방법의 하나이다. [ ]

01 [○]

02 [×] E-Learning이 아닌 OJT에 대한 설명이다. E-Learning은 인터넷을 활용하여 개인 및 조직의 목적과 연결되는 학습경험과 네트워크 기술을 이용하여 상호작용하는 자기주도적인 학습활동이다.

02 기술이해능력과 기술선택능력

(1) 기술 시스템

① 기술 시스템의 의의

개별 기술들이 네트워크로 결합하여 새로운 기술이 만들어지는 것을 말한다.

② 기술 시스템의 발전 4단계

1단계	• 발명·개발·혁신의 단계 • 기술 시스템이 탄생하고 성장 • 기술자의 역할이 중요
2단계	• 기술 이전의 단계 • 성공적인 기술이 다른 지역으로 이동 • 기술자의 역할이 중요
3단계	• 기술 경쟁의 단계 • 기술 시스템 사이의 경쟁이 이루어짐 • 기업가의 역할이 중요
4단계	• 기술 공고화 단계 • 경쟁에서 승리한 기술 시스템이 관성화 • 자문 엔지니어의 역할이 중요

(2) 기술혁신

① 기술혁신의 특성

- 과정 자체가 매우 불확실하고, 장기간의 시간을 필요로 한다.
- 지식 집약적인 활동이며, 조직의 경계를 넘나드는 특성이 있다.
- 혁신과정의 불확실성·모호함은 기업 내에서 많은 논쟁과 갈등을 유발할 수 있다.
- 기술혁신은 조직의 경계를 넘나드는 특성을 갖고 있다.

② 기술혁신의 과정과 역할

과정	혁신 활동	필요한 자질
아이디어 창안	• 아이디어를 창출하고 가능성을 검증 • 일을 수행하는 새로운 방법 고안	• 각 분야의 전문지식 • 추상화와 개념화 능력
챔피언	• 아이디어의 전파 • 혁신을 위한 자원 확보	• 정력적이고 위험을 감수 • 아이디어의 응용
프로젝트 관리	• 리더십 발휘 • 프로젝트의 기획 및 조직	• 의사결정능력 • 업무 수행 방법에 대한 지식
정보 수문장	• 조직외부의 정보를 내부에 전달 • 조직 내 정보원 기능	• 높은 수준의 기술적 역량 • 원만한 대인관계능력
후원	• 혁신에 대한 격려와 안내 • 불필요한 제약에서 프로젝트 보호	조직의 주요 의사결정에 대한 영향력

③ 기술혁신의 지식 집약성

- 지식과 경험은 인간의 개별적인 지능과 창의성, 상호 학습을 통해 축적되고 학습된다.
- 개발에 참가한 엔지니어의 지식은 문서화되기 어렵기 때문에 다른 사람들에게 쉽게 전파될 수 없다.

OX 문제

01 기술 이전의 단계는 성공적인 기술이 다른 지역으로 이동하는 단계로 기술자들의 역할이 중요하며, 기술 공고화 단계는 경쟁에서 승리한 기술 시스템이 관성화되는 단계이다. [ ]

02 기술혁신은 그 과정 자체가 매우 불확실하고, 장기간의 시간을 필요로 한다. [ ]

03 기술혁신은 노동 집약적인 활동이다. [ ]

04 기술혁신은 조직의 경계를 넘나드는 특성을 갖고 있다. [ ]

05 사전의 의도나 계획보다는 우연에 의해 이루어지는 경우도 기술혁신에 포함된다. [ ]

01 [○]
02 [○]
03 [×] 기술혁신은 지식 집약적인 활동이다.
04 [○]
05 [○]

PART 1

02 기술선택능력

(1) 기술선택

① 기술선택의 의의

기술을 외부로부터 도입할 것인지 자체 개발할 것인지를 결정하는 것이다.

② 기술선택 방법

상향식 기술선택	• 연구자나 엔지니어들이 자율적으로 기술을 선택 • 고객의 니즈와 동떨어진 기술이 선택될 수 있음
하향식 기술선택	• 경영진과 기획담당자들에 의한 체계적인 분석이 이루어짐 • 내부역량과 외부환경 분석, 전략수립을 통해 우선순위를 결정

③ 기술선택 시 우선순위

• 제품의 성능이나 원가에 미치는 영향력이 큰 기술
• 매출과 이익 창출 잠재력이 큰 기술
• 기업 간에 모방이 어려운 기술
• 기업이 생산하는 제품에 보다 광범위하게 활용할 수 있는 기술
• 최신 기술로 인해 진부화될 가능성이 적은 기술

④ 기술선택 절차

㉠ 외부 환경 분석 : 수요 변화 및 경쟁자 변화, 기술 변화 등 분석
㉡ 중장기 사업목표 설정 : 기업의 장기 비전, 중장기 매출목표 및 이익목표 설정
㉢ 내부 역량 분석 : 기술능력, 생산능력, 마케팅·영업능력, 재무능력 등 분석
㉣ 사업 전략 수립 : 사업 영역 결정, 경쟁우위 확보 방안 수립
㉤ 요구 기술 분석 : 제품 설계·디자인 기술, 제품 생산공정, 원재료·부품 제조 기술 분석
㉥ 기술 전략 수립 : 핵심기술의 선택, 기술 획득 방법 결정

(2) 벤치마킹

① 벤치마킹의 의의

특정 분야에서 뛰어난 기술 등을 배워 합법적으로 응용하는 것으로, 단순한 모방이 아니라 자사의 환경에 맞추어 재창조하는 것을 말한다.

② 벤치마킹의 종류

비교대상에 따른 분류	내부 벤치마킹	• 대상 : 같은 기업 내의 유사한 활용 • 자료 수집이 용이하고 다각화된 우량기업의 경우 효과가 크나, 관점이 제한적일 수 있다.
	경쟁적 벤치마킹	• 대상 : 동일 업종에서 고객을 공유하는 경쟁기업 • 기술에 대한 비교가 가능하지만, 대상의 적대적인 태도로 인해 자료 수집이 어렵다.
	비경쟁적 벤치마킹	• 대상 : 우수한 성과를 거둔 비경쟁 기업 • 혁신적인 아이디어의 창출 가능성이 높으나, 환경이 상이하다는 것을 감안하지 않으면 효과가 없다.
	글로벌 벤치마킹	• 대상 : 최고로 우수한 동일 업종의 비경쟁적 기업 • 자료 수집이 용이하나, 문화적·제도적 차이를 감안하지 않으면 효과가 없다.
수행방식에 따른 분류	직접적 벤치마킹	• 직접 접촉하여 자료를 입수하고 조사하기 때문에 정확도가 높으며 지속 가능하다. • 벤치마킹 대상의 선정이 어렵고, 수행비용 및 시간이 과다하게 소요된다.
	간접적 벤치마킹	• 벤치마킹 대상의 수에 제한이 없고 다양하다. • 벤치마킹 대상을 직접적으로 방문하지 않고 문서 등을 이용해 수행한다. • 비용 또는 시간이 상대적으로 많이 절감된다. • 벤치마킹 결과가 피상적이며, 정확한 자료의 확보가 어렵다.

(3) 매뉴얼

① 매뉴얼의 의의

기술선택과 적용·활용에 있어 가장 종합적이고 기본적인 안내서를 말한다.

② 매뉴얼의 종류

제품 매뉴얼	• 제품의 특징이나 기능 설명, 사용방법, 유지보수, A/S, 폐기까지 제품에 관련된 정보를 소비자에게 제공하는 것 • 사용능력 및 사용자의 오작동까지 고려해 만들어야 함
업무 매뉴얼	• 어떤 일의 진행방식, 규칙, 관리상의 절차 등을 일관성 있게 표준화해 설명하는 지침서 • 프랜차이즈 점포의 경우 '편의점 운영 매뉴얼', '제품 진열 매뉴얼', 기업의 경우 '부서 운영 매뉴얼', '품질 경영 매뉴얼' 등이 대표적임

③ 매뉴얼 작성 방법

• 내용이 정확해야 한다.
추측성 기능 설명은 사용자에게 사고를 유발할 수 있으므로 절대 금물이다.
• 사용자가 이해하기 쉬운 문장으로 작성해야 한다.
하나의 문장에는 하나의 명령 또는 밀접하게 관련된 소수의 명령만을 포함해야 하며, 수동태보다는 능동태를, 추상적 명사보다는 행위 동사를 사용한다.
• 사용자를 위한 심리적 배려가 있어야 한다.
사용자의 질문들을 예상하고 사용자에게 답을 제공한다.
• 사용자가 찾고자 하는 정보를 쉽게 찾을 수 있어야 한다.
짧고 의미 있는 제목을 사용하여 원하는 정보의 위치를 파악하는 데 도움이 된다.
• 사용하기 쉬워야 한다.
사용자가 보기 불편하게 크거나, 구조가 복잡해 찾아보기 힘들다면 아무 소용이 없다.

(4) 지식재산권

① 지식재산권의 의의

인간의 창조적 활동 또는 경험 등을 통해 창출되거나 발견한 지식·정보·기술이나 표현·표시, 그 밖에 무형적인 것으로서, 재산적 가치가 실현될 수 있는 지적 창작물에 부여된 권리를 말한다.

② 지식재산권의 체계

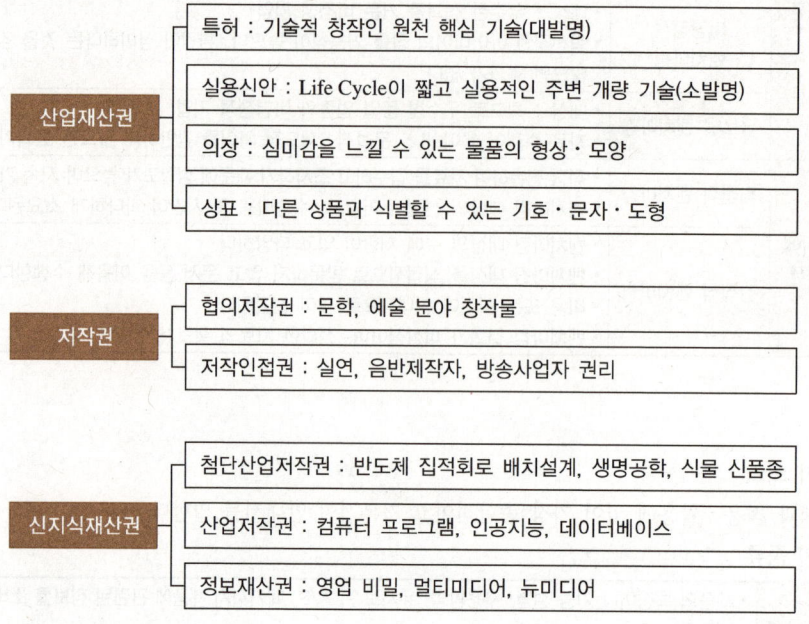

- 산업재산권
  - 특허 : 기술적 창작인 원천 핵심 기술(대발명)
  - 실용신안 : Life Cycle이 짧고 실용적인 주변 개량 기술(소발명)
  - 의장 : 심미감을 느낄 수 있는 물품의 형상·모양
  - 상표 : 다른 상품과 식별할 수 있는 기호·문자·도형
- 저작권
  - 협의저작권 : 문학, 예술 분야 창작물
  - 저작인접권 : 실연, 음반제작자, 방송사업자 권리
- 신지식재산권
  - 첨단산업저작권 : 반도체 집적회로 배치설계, 생명공학, 식물 신품종
  - 산업저작권 : 컴퓨터 프로그램, 인공지능, 데이터베이스
  - 정보재산권 : 영업 비밀, 멀티미디어, 뉴미디어

③ 지식재산권의 특징

- 국가 산업 발전 및 경쟁력을 결정짓는 산업자본이다.
- 눈에 보이지 않는 무형의 재산이다.
- 지식재산권을 활용한 다국적 기업화가 이루어지고 있다.
- 연쇄적인 기술 개발을 촉진하는 계기를 마련하고 있다.
- 타인에게 사용권을 설정하거나 권리 자체를 양도해 판매 수입 등을 얻을 수 있다.

OX 문제

01 하향식 기술선택은 기술 개발 실무를 담당하는 기술자들의 흥미를 유발하고, 그들의 창의적인 아이디어를 활용할 수 있다는 장점이 있다. [ ]

02 인터넷 및 문서 형태의 자료를 통해서 수행하는 방법은 간접적 벤치마킹에 해당하는 방법이다. [ ]

03 매뉴얼은 작성자 위주의 쉬운 문장으로 쓰여야 한다. [ ]

04 특허란 기술적 창작 수준이 소발명 정도인 실용적인 창작(고안)을 보호하기 위한 것을 말한다. [ ]

05 지식재산권은 타인에게 사용권을 설정하거나 권리 자체를 양도할 수 있다. [ ]

01 [×] 상향식 기술선택은 기술 개발 실무를 담당하는 기술자들의 흥미를 유발하고, 창의적인 아이디어를 활용할 수 있다는 장점이 있다. 하향식 기술선택은 경영진에 의한 체계적인 분석이 이루어지고, 내부역량 · 외부환경 분석 · 전략수립을 통해 우선순위를 결정한다는 특징이 있다.

02 [○]

03 [×] 매뉴얼은 작성자가 아닌 사용자가 알기 쉽도록 작성되어야 한다.

04 [×] 특허가 아닌 실용신안에 대한 설명이다. 특허란 자연법칙을 이용한 기술적 사상(Idea)의 창작으로, 기술수준이 높은 것에 대한 독점적 권리를 뜻한다.

05 [○]

PART 1

04 기술적용능력

(1) 기술적용능력

① 기술적용능력의 의의

직장생활에 필요한 기술을 실제로 적용하고 결과를 확인하는 능력을 말한다.

② 기술적용의 형태

기술을 그대로 적용	• 시간과 비용의 절감 • 기술이 적합하지 않을 경우 실패할 가능성 높음
기술을 그대로 적용하되, 불필요한 기술은 버리고 적용	• 시간과 비용의 절감, 프로세스의 효율성 • 버린 기술이 과연 불필요한가에 대한 문제 제기
기술을 분석하고 가공	• 시간과 비용의 소요 • 업무 환경에 맞는 프로세스를 구축할 수 있음

③ 기술적용 시 고려사항

- 기술적용에 따른 비용이 많이 드는가?
- 기술의 수명주기는 어떻게 되는가?
- 기술의 전략적 중요도는 어떻게 되는가?
- 잠재적으로 응용 가능성이 있는가?

(2) 기술경영

① 기술경영자의 일반적 요건

- 기술 개발이 결과 지향적으로 수행되도록 유도하는 능력
- 기술 개발 과제의 세부 사항까지 파악하는 치밀함
- 기술 개발 과제의 전 과정을 전체적으로 조망하는 능력

② 기술경영자에게 요구되는 행정능력

- 기술을 기업의 전반적인 전략 목표에 통합시키는 능력
- 새로운 기술을 습득하고 기존의 기술에서 탈피하는 능력
- 기술을 효과적으로 평가할 수 있는 능력
- 기술 이전을 효과적으로 할 수 있는 능력
- 새로운 제품 개발 시간을 단축할 수 있는 능력
- 서로 다른 분야에 걸쳐있는 프로젝트를 수행할 수 있는 능력
- 기술 전문 인력을 운용할 수 있는 능력

(3) 네트워크 혁명과 융합기술

① 네트워크 혁명의 의의

사람과 사람을 연결하는 방법, 정보를 교환하는 방법 등 대상 간의 연결 방법에 혁명적인 변화가 생기고 있는 현상을 말하며, 인터넷이 상용화된 1990년대 이후에 촉발되었다.

② 네트워크 혁명의 특징

- 정보통신 네트워크의 전 지구성에 따라 네트워크 혁명도 전 지구적이다.
- 상호 영향이 보편화되면서 사회의 위험과 개인의 불안이 증가한다.
- '이타적 개인주의'라는 공동체 철학이 부각된다.

③ 네트워크 혁명의 3가지 법칙

무어의 법칙	컴퓨터의 파워가 18개월마다 2배씩 증가
메트칼프의 법칙	네트워크의 가치는 사용자 수의 제곱에 비례
카오의 법칙	창조성은 네트워크가 가진 다양성에 비례

④ 네트워크 혁명의 역기능

- 사례 : 디지털 격차(Digital Divide), 정보화에 따른 실업, 게임 중독, 반사회적 사이트 활성화, 정보기술을 이용한 감시
- 문제점 : 네트워크의 역기능과 순기능은 잘 분리되지 않아 해결책을 찾기 어려움
- 해결방안 : 법적-제도적 기반 구축, 사회 전반에 걸친 정보화 윤리의식 강화, 시스템 보안-관리 제품의 개발

⑤ 융합기술

- 나노기술(NT), 생명공학기술(BT), 정보기술(IT), 인지과학(CS)의 4대 핵심기술(NBIC)이 상호 의존적으로 결합되는 것을 의미
- NT, BT, IT 등의 신기술 간 또는 이들과 기존 산업·학문 간의 상승적인 결합을 통해 새로운 창조적 가치를 창출함으로써 미래 경제와 사회·문화의 변화를 주도하는 기술

OX 문제

01 기술경영자는 새로운 제품개발 시간을 연장할 수 있는 능력을 가져야 한다. [ ]

02 무어의 법칙이란 네트워크의 가치는 사용자 수의 제곱에 비례한다는 법칙을 말한다. [ ]

01 [×] 기술경영자는 새로운 제품개발 시간을 연장하는 것이 아니라 단축할 수 있는 능력을 보유해야 한다.

02 [×] 무어의 법칙이 아닌 메트칼프의 법칙에 대한 설명이다. 무어의 법칙이란 컴퓨터의 파워가 18개월마다 2배씩 증가한다는 법칙을 말한다.

SECTION

02 기술능력 맛보기

01 B사원은 다음 제품 설명서의 내용을 기반으로 직원들을 위해 '사용 전 꼭 읽어야 할 사항'을 만들려고 한다. 작성된 내용으로 적절하지 않은 것은?

〈제품 설명서〉

[사용 전 알아두어야 할 사항]
1. 물통 또는 제품 내부에 절대 의류 외에 다른 물건을 넣지 마십시오.
2. 제품을 작동시키기 전 문이 제대로 닫혔는지 확인하십시오.
3. 필터는 제품 사용 전후로 반드시 청소해 주십시오.
4. 제품의 성능유지를 위해서 물통을 자주 비워 주십시오.
5. 겨울철이거나 건조기가 설치된 곳의 기온이 낮을 경우 건조시간이 길어질 수 있습니다.
6. 과도한 건조물을 넣고 기계를 작동시키면 완벽하게 건조되지 않거나 의류에 구김이 생길 수 있습니다. 최대용량 5kg 이내로 의류를 넣어 주십시오.
7. 가죽, 슬립, 전기담요, 마이크로 화이바 소재 의류, 이불, 동・식물성 충전재 사용 제품은 사용을 피해 주십시오.

[동결 시 조치방법]
1. 온도가 낮아지게 되면 물통이나 호스가 얼 수 있습니다.
2. 동결 시 작동 화면에 'ER' 표시가 나타납니다. 이 경우 일시정지 버튼을 눌러 작동을 멈춰 주세요.
3. 물통이 얼었다면, 물통을 꺼내 따뜻한 물에 20분 이상 담가 주세요.
4. 호스가 얼었다면, 호스 안의 이물질을 모두 꺼내고, 호스를 따뜻한 물 또는 따뜻한 수건으로 20분 이상 녹여 주세요.

① 사용 전, 후로 필터는 꼭 청소해 주세요.
② 건조기에 넣은 의류는 5kg 이내로 조절해 주세요.
③ 사용이 불가한 의류 제품 목록을 꼭 확인해 주세요.
④ 화면에 ER 표시가 떴을 때는 전원을 끄고 작동을 멈춰 주세요.
⑤ 호스가 얼었다면, 호스를 따뜻한 물 또는 따뜻한 수건으로 20분 이상 녹여 주세요.

정답 ④

제시문의 [동결 시 조치방법] 2에서는 화면에 'ER' 표시가 나타나면 전원 버튼이 아닌, 일시정지 버튼을 눌러 작동을 멈추라고 설명하고 있다.

오답분석

① [사용 전 알아두어야 할 사항] 3에서 필터는 제품 사용 전후로 반드시 청소하라고 기술되어 있다.
② [사용 전 알아두어야 할 사항] 6에서 과도한 건조물을 넣고 기계를 작동시키면 완벽하게 건조되지 않거나 의류에 구김이 생길 수 있으니, 최대용량 5kg 이내로 의류를 넣으라고 기술되어 있다.
③ [사용 전 알아두어야 할 사항] 7에서 건조기 사용이 불가한 제품 목록이 기술되어 있다.
⑤ [동결 시 조치방법] 4에서 호스가 얼었다면, 호스 안의 이물질을 모두 꺼내고, 호스를 따뜻한 물 또는 따뜻한 수건으로 20분 이상 녹이라고 설명하고 있다.

풀이 전략!

일상에서 흔히 접할 수 있는 가전제품 등의 설명서와 실제 해당 제품을 사용하는 상황이 주어지는 유형이다. 결론적으로 매우 쉬운 유형이지만 제시되는 설명서의 분량이 방대하여 선택지의 내용이 설명서의 어느 부분에 해당하는지를 찾는 것에 상당한 시간이 소요된다. 이 유형은 문제를 푼다는 마음으로 깊이 있게 접근하기보다는, 자신이 가전제품을 구입했다고 생각하고 가볍게 접근하는 것이 좋다.

※ 다음 글을 읽고 이어지는 질문에 답하시오. [2~3]

> 박사원은 반도체 생산기업에 기술직으로 입사한 신입사원이다. 기술 시스템 관련 교육에 참석한 박사원은 기술직뿐만 아니라 다양한 직무의 신입사원들이 함께 교육받는다는 것을 알고 의아해했다. 그러나 기술 시스템의 발전 단계를 보고 각 단계에서 중요한 역할을 하는 직무 및 사람이 다르다는 것을 알게 되어 의문이 풀렸다. 아래는 박사원이 교육받은 내용이다.
>
> • 기술 시스템의 의미
> 개별기술이 네트워크와 결합하여 만들어진 것으로, 인공물의 집합체만이 아니라 회사, 투자회사, 법적 제도, 더 나아가 정치, 과학, 자연자원을 모두 포함하는 개념이다. 기술적인 것과 사회적인 것이 결합하여 공존하므로 사회기술 시스템이라고 불리기도 한다.
>
> • 기술 시스템의 발전 단계
> 1) 발명, 개발, 혁신의 단계 : 기술 시스템이 탄생하고 성장
> 2) ㉠ : 성공적인 기술이 다른 지역으로 이동
> 3) ㉡ : 기술 시스템 사이의 경쟁
> 4) 기술 공고화 단계 : 경쟁에서 승리한 기술 시스템의 관성화

02 다음 발전 단계 중 ㉠에 해당하는 내용으로 옳은 것은?

① 기술 상세화 단계
② 기술 이전의 단계
③ 기술 이후의 단계
④ 기술 경쟁의 단계
⑤ 기술 공고화 단계

03 다음 중 ㉡ 단계에서 중요한 역할을 하는 사람은?

① 자문 엔지니어
② 기술자
③ 금융 전문가
④ 기업가
⑤ 정치인

PART 1

02

정답 ②

기술 시스템의 발전 단계

발명(Invention) · 개발(Development) · 혁신(Innovation)의 단계 → 기술 이전(Transfer)의 단계 → 기술 경쟁(Competition)의 단계 → 기술 공고화(Consolidation) 단계

03

정답 ④

기술 시스템의 발전 단계

단계	중요 역할자
발명 · 개발 · 혁신의 단계	기술자
기술 이전의 단계	기술자
기술 경쟁의 단계	기업가
기술 공고화 단계	자문 엔지니어, 금융 전문가

풀이 전략!

앞서 살펴본 영역들과 기술능력 부분은 사전적으로 알고 있어야 풀이가 가능한 문제들이 종종 출제되는 편이다. 특히 이 문제와 같이 특정한 단계에 대한 세부적인 내용을 묻는 경우가 많은데, 이를 위해서는 본 교재의 이론편에 수록된 이론들을 확실하게 숙지할 필요가 있다. 다른 영역에 비해 투입 대비 산출이 명확한 영역이 바로 기술능력이다.

SECTION

03 대표유형 적중문제

정답 및 해설 p.039

| 01 | 모듈형

01 **다음 글을 읽고 이해한 내용으로 가장 적절한 것은?**

> 최근 환경오염의 주범이었던 화학회사들이 환경 보호 정책을 표방하고 나섰다. 기업의 분위기가 변하면서 대학의 엔지니어뿐만 아니라 기업에 고용된 엔지니어들도 점차 대체기술, 환경기술, 녹색디자인 등을 추구하는 방향으로 전환해 가고 있는 것이다.
> 또한, 최근 각광받고 있는 3R의 구호[줄이고(Reduce), 재사용하고(Reuse), 재처리하자(Recycle)]는 엔지니어들로 하여금 미래 사회를 위한 자신들의 역할에 대해 방향을 제시해주고 있다.

① 개발이라는 이름으로 행해지는 개발독재의 사례로 볼 수 있어.
② 자연과학기술에 대한 연구개발의 사례로 적절하구나.
③ 균형과 조화를 위한 지속 가능한 개발의 사례로 볼 수 있어.
④ 기술이나 자금을 위한 개발수입의 사례인 것 같아.
⑤ 기업의 생산능률을 위한 조직개발의 사례로 볼 수 있겠구나.

02 **다음은 산업재해를 예방하기 위해 제시되고 있는 하인리히의 법칙이다. 이에 의거하였을 때, 산업재해의 예방을 위해 조치를 취해야 하는 단계는 무엇인가?**

> 1931년 미국의 한 보험회사에서 근무하던 하인리히는 회사에서 접한 수많은 사고를 분석하여 하나의 통계적 법칙을 발견하였다. '1 : 29 : 300 법칙'이라고도 부르는 이 법칙은 큰 사고로 인해 산업재해가 발생하면 이 사고가 발생하기 이전에 같은 원인으로 발생한 작은 사고 29번, 잠재적 사고 징후가 300번이 있었다는 것을 나타낸다.
> 하인리히는 이처럼 심각한 산업재해의 발생 전에 여러 단계의 사건이 도미노처럼 발생하기 때문에 앞 단계에서 적절히 대처한다면 산업재해를 예방할 수 있다고 주장했다.

① 사회 환경적 문제가 발생한 단계
② 개인 능력의 부족이 보이는 단계
③ 기술적 결함이 나타난 단계
④ 불안전한 행동 및 상태가 나타난 단계
⑤ 작업 관리상 문제가 나타난 단계

※ 다음 자료를 보고 이어지는 질문에 답하시오. **[3~4]**

〈기술능력 향상 교육 안내〉

교육	내용
E-Learning을 활용한 기술교육	• 원하는 시간에 원하는 내용을 원하는 순서대로 학습할 수 있다. • 비디오, 사진, 소리 등 멀티미디어를 이용한 학습이 가능하다. • ㉠ 현장 중심의 실무 교육이 어렵다.
전문 연수원을 통한 기술과정 연수	• 연수 시설을 보유하지 않고 있는 기업에 적합하다. • 이론을 겸한 실무 중심의 교육을 실시할 수 있다. • ㉡ 교수자와 동료들 간의 인간적인 접촉이 상대적으로 적으며, 중도에 탈락할 가능성이 높다.
상급학교 진학을 통한 기술교육	• 학문적이고 최신의 기술흐름을 반영한 기술교육이 가능하다. • 관련 분야 종사자들과 인적 네트워크를 형성할 수 있다. • ㉢ 일정 시간을 할애해야 하며 학습자가 직접 학습을 조절하거나 통제할 수 없다.
OJT를 활용한 기술교육	• ㉣ 조직의 필요에 합치되는 교육훈련을 실시할 수 있다. • 시간의 낭비가 적으며 교육자와 피교육자 사이에 친밀감이 조성된다. • ㉤ 모든 관리자 및 감독자는 업무 수행상 지휘감독자이자 부하직원의 능력 향상을 담당하는 교육자라는 사실에 기반한다.

03 다음 자료의 밑줄 친 ㉠~㉤ 중 기술능력 향상 교육에 대한 내용으로 옳지 않은 것은?

① ㉠
② ㉡
③ ㉢
④ ㉣
⑤ ㉤

04 다음 중 자료에서 김대리가 이사원의 실무능력을 향상시켜 주기 위해 사용한 교육방법은 무엇인가?

K은행에 취업한 이사원은 취업하기 이전에 대학교 학업에 충실하였고, 대학교와 연계된 기업에서 인턴을 수행하며 좋은 평가를 받았다. 이사원은 충분한 경험과 이론적 지식을 갖추고 있지만 출근 첫날에는 실무에 대한 파악이 전혀 되어있지 않은 상태이다. 이사원의 선임인 김대리는 자신의 업무 분담을 통해 업무 지식 및 실무에 적용하는 기술을 가르쳐 줄 생각이다. 또한 기업 내 시설을 둘러보며, 각 부서와 위치에서 어떠한 역할을 수행하고 있는지도 함께 알려줄 계획이다.

① Action Learning
② E-Learning
③ OJT(On-The-Job Training)
④ Off JT
⑤ Problem Based Learning

05 다음은 기술선택을 설명한 글이다. 이에 대한 내용으로 옳지 않은 것은?

> 기술선택이란 기업이 어떤 기술에 대하여 외부로부터 도입할 것인가 또는 그 기술을 자체 개발하여 활용할 것인가를 결정하는 것이다. 기술을 선택하는 데에 대한 의사결정은 크게 다음과 같이 두 가지 방법으로 볼 수 있다.
> 먼저 상향식 기술선택(Bottom Up Approach)은 기업 전체 차원에서 필요한 기술에 대한 체계적인 분석이나 검토 없이 연구자나 엔지니어들이 자율적으로 기술을 선택하도록 하는 것이다.
> 다음으로 하향식 기술선택(Top Down Approach)은 기술경영진과 기술기획담당자들에 의한 체계적인 분석을 통해 기업이 획득해야 하는 대상기술과 목표기술수준을 결정하는 것이다.

① 상향식 기술선택은 기술자들의 창의적인 아이디어를 얻기 어렵다는 단점이 있다.
② 상향식 기술선택은 경쟁기업과의 경쟁에서 승리할 수 없는 기술이 선택될 수 있다.
③ 상향식 기술선택은 시장의 고객들이 요구하는 제품이나 서비스를 개발하는 데 부적합한 기술이 선택될 수 있다.
④ 하향식 기술선택은 사업전략의 성공적인 수행을 위해 필요한 기술들을 열거하고, 각각의 기술에 대한 획득의 우선순위를 결정하는 것이다.
⑤ 하향식 기술선택은 먼저 기업이 직면하고 있는 외부환경과 보유 자원에 대한 분석을 통해 중・장기적인 사업목표를 설정하는 것이다.

06 다음 설명에 해당하는 벤치마킹으로 옳은 것은?

> 프로세스에 있어 최고로 우수한 성과를 보유한 동일 업종의 비경쟁적 기업을 대상으로 한다. 접근 및 자료 수집이 용이하고, 비교 가능한 업무・기술 습득이 상대적으로 용이한 반면, 문화 및 제도적인 차이로 발생되는 효과에 대한 검토가 없을 경우, 잘못된 분석 결과의 발생 가능성이 높은 단점이 있다.

① 내부 벤치마킹
② 경쟁적 벤치마킹
③ 비경쟁적 벤치마킹
④ 글로벌 벤치마킹
⑤ 간접적 벤치마킹

07 다음 글을 읽고 추론할 수 있는 기술혁신의 특성으로 옳은 것은?

> 인간의 개별적인 지능과 창의성, 상호학습을 통해 발생하는 새로운 지식과 경험은 빠른 속도로 축적되고 학습되지만, 이러한 지식은 문서화되기 어렵기 때문에 다른 사람들에게 쉽게 전파될 수 없다. 따라서 연구개발에 참가한 연구원과 엔지니어들이 그 기업을 떠나는 경우 기술과 지식의 손실이 크게 발생하여 기술 개발을 지속할 수 없는 경우가 종종 발생한다.

① 기술혁신은 그 과정 자체가 매우 불확실하다.
② 기술혁신은 장기간의 시간을 필요로 한다.
③ 기술혁신은 지식 집약적인 활동이다.
④ 기술혁신 과정의 불확실성과 모호함은 기업 내에서 많은 갈등을 유발할 수 있다.
⑤ 기술혁신은 조직의 경계를 넘나든다.

08 다음 중 벤치마킹의 주요 단계에 대한 설명으로 옳지 않은 것은?

① 개선계획 수립 : 벤치마킹 결과를 바탕으로 성과차이를 측정항목별로 분석한다.
② 범위 결정 : 벤치마킹이 필요한 상세 분야를 정의하고 목표와 범위를 결정하며 벤치마킹을 수행할 인력들을 결정한다.
③ 대상 결정 : 비교분석의 대상이 되는 기업·기관들을 결정하고, 대상 후보별 벤치마킹 수행의 타당성을 검토하여 최종적인 대상 및 대상별 수행방식을 결정한다.
④ 측정범위 결정 : 상세분야에 대한 측정항목을 결정하고, 측정항목이 벤치마킹의 목표를 달성하는데 적정한가를 검토한다.
⑤ 변화 관리 : 개선목표 달성을 위한 변화사항을 지속적으로 관리하고, 개선 후 변화사항과 예상했던 변화사항을 비교한다.

09 다음 글이 설명하는 개념으로 옳은 것은?

> 농부는 농기계와 화학비료를 써서 밀을 재배하고 수확한다. 이렇게 생산된 밀은 보관업자, 운송업자, 제분회사, 제빵 공장을 거쳐 시장에서 판매된다. 보다 높은 생산성을 위해 화학비료를 연구하고, 공장을 가동하기 위해 공작기계와 전기를 생산한다. 보다 빠른 운송을 위해서 트럭이나 기차, 배가 개발되었고, 보다 효과적인 운송수단과 농기계를 운용하기 위해 증기기관에서 석유에너지로 발전하였다. 이렇듯 우리의 식탁에 올라오는 빵은 여러 기술이 네트워크로 결합하여 시너지를 낸 결과이다.

① 기술시스템
② 기술혁신
③ 기술경영
④ 기술이전
⑤ 기술경쟁

10 다음은 기술선택을 위한 절차를 나타내는 도표이다. 밑줄 친 (A) ~ (E)에 대한 행동으로 옳은 것은?

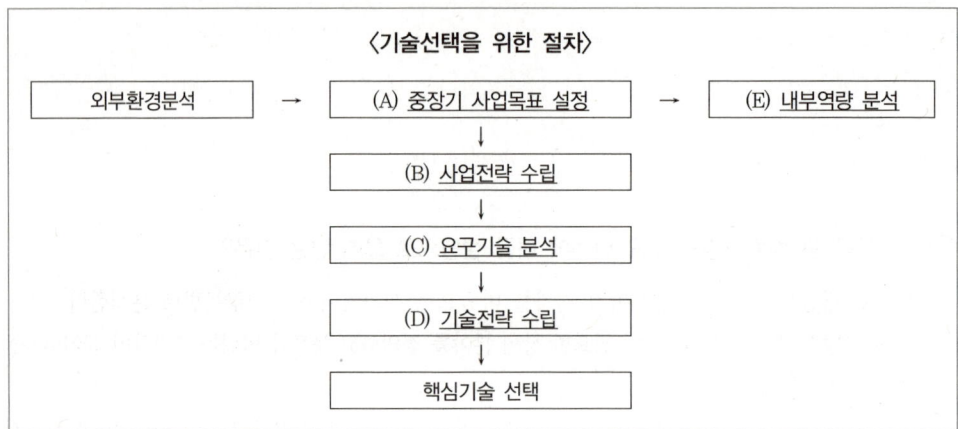

〈기술선택을 위한 절차〉

외부환경분석 → (A) 중장기 사업목표 설정 → (E) 내부역량 분석

(A) 중장기 사업목표 설정 ↓ (B) 사업전략 수립 ↓ (C) 요구기술 분석 ↓ (D) 기술전략 수립 ↓ 핵심기술 선택

① (A) : 기술획득 방법 결정
② (B) : 사업 영역 결정, 경쟁 우위 확보 방안 수립
③ (C) : 기업의 장기비전, 매출목표 및 이익목표 설정
④ (D) : 기술능력, 생산능력, 마케팅 · 영업능력, 재무능력 등 분석
⑤ (E) : 제품 설계 · 디자인 기술, 제품 생산 공정, 원재료 · 부품 제조기술 분석

11 **다음은 기술의 특징을 설명하는 글이다. 이를 읽고 이해한 내용으로 옳지 않은 것은?**

> 일반적으로 기술에 대한 특징은 다음과 같이 정의될 수 있다.
> 첫째, 하드웨어나 인간에 의해 만들어진 비자연적인 대상, 혹은 그 이상을 의미한다.
> 둘째, 기술은 '노하우(Know-How)'를 포함한다. 즉 기술을 설계하고, 생산하고, 사용하기 위해 필요한 정보, 기술, 절차를 갖는데 노하우(Know-How)가 필요한 것이다.
> 셋째, 기술은 하드웨어를 생산하는 과정이다.
> 넷째, 기술은 인간의 능력을 확장시키기 위한 하드웨어와 그것의 활용을 뜻한다.
> 다섯째, 기술은 정의 가능한 문제를 해결하기 위해 순서화되고 이해 가능한 노력이다.
> 이와 같은 기술이 어떻게 형성되는가를 이해하는 것과 사회에 의해 형성되는 방법을 이해하는 것은 두 가지 원칙에 근거한다. 먼저 기술은 사회적 변화의 요인이다. 기술체계는 의사소통의 속도를 증가시켰으며, 이것은 개인으로 하여금 현명한 의사결정을 할 수 있도록 도와준다. 또한, 사회는 기술 개발에 영향을 준다. 사회적, 역사적, 문화적 요인은 기술이 어떻게 활용되는가를 결정한다.
> 기술은 두 개의 개념으로 구분될 수 있으며, 하나는 모든 직업 세계에서 필요로 하는 기술적 요소들로 이루어지는 광의의 개념이고, 다른 하나는 구체적 직무수행능력 형태를 의미하는 협의의 개념이다.

① 기술은 건물, 도로, 교량, 전자장비 등 인간이 만들어낸 모든 물질적 창조물을 생산하는 과정으로 볼 수 있구나.

② 전기산업기사, 건축산업기사, 정보처리산업기사 등의 자격 기술은 기술의 광의의 개념으로 볼 수 있겠어.

③ 영국에서 시작된 산업혁명 역시 기술 개발에 영향을 주었다고 볼 수 있어.

④ 컴퓨터의 발전은 기술체계가 개인으로 하여금 현명한 의사결정을 할 수 있는 사례로 볼 수 있지 않을까?

⑤ 미래 산업을 위해 인간의 노동을 대체할 로봇을 활용하는 것 역시 기술이라고 볼 수 있겠지?

※ 다음은 기술경영자에게 필요한 능력에 대한 직원들의 의견이다. 이어지는 질문에 답하시오. [12~14]

소프트웨어 생산기술팀에 있는 사원들은 기술경영자에게 필요한 능력에 대해 토론하고 있다. 다음은 토론 중 사원들의 의견과 능력을 이용한 사례이다.

[의견]

이사원 : 기업의 전반적인 전략 목표에 기술을 통합시키는 능력은 중요합니다.
박주임 : 빠르고 효과적으로 새로운 기술을 습득하지만, 기존의 기술에서 탈피하는 능력은 필요 없습니다.
신과장 : 조직 내의 기술을 이용하는 것은 기본적인 능력이라 할 수 있습니다.
김대리 : 크고 복잡하며 서로 다른 분야에 걸쳐 있는 프로젝트를 수행할 수 있는 능력이 필요합니다.
박과장 : 기술 전문 인력을 운용하거나, 효과적으로 평가할 수 있는 능력 또한 필요합니다.

[사례1]

지금의 마이크로소프트사를 만든 것은 Windows 이전에 MS-DOS였다. 1981년 당시 세계 최대의 컴퓨터 회사인 IBM은 후에 IBM-PC로 불리게 되는 퍼스널 컴퓨터 개발에 착수하였으며, 마이크로소프트사에 8086용 CP/M 개발을 의뢰했다. 이에 빌 게이츠는 시애틀 컴퓨터사가 독자적으로 개발한 86-DOS의 판권을 구입한 후 IBM-PC용으로 보완하여 PC-DOS를 만들어냈으며, 이후 마이크로소프트사는 자사상표인 MS-DOS라는 이름으로 이를 시장에 내놓았다. 사용자들은 너도나도 IBM-PC를 사용하기를 원했고, IBM-PC에서 사용할 수 있는 유일한 OS는 거의 MS-DOS뿐이었다.

[사례2]

영상 스트리밍 사이트에 동영상을 업로드하면 '영상 처리 중입니다.'라는 문구가 나온다. 이는 올린 영상을 트랜스코딩하는 것인데 시간은 보통 영상 재생 길이와 맞먹는다. 즉, 한 시간의 동영상을 업로드하려면 한 시간을 영상 포맷하는 데 소비해야 하는 것이다. ○○기업은 이러한 문제점을 해결하고자 동영상 업로드 시 포맷 변환을 생략하고 바로 재생할 수 있는 '노 컷 어댑티브 스트리밍' 기술을 개발했다. 이 기술을 처음 제안한 ○○기업의 기술최고책임자 A는 "영상 길이에 맞춰 기다려야 했던 포맷 변환 과정을 건너뛴 것"이라며 "기존 영상 스트리밍 사이트가 갖고 있던 단점을 보완한 기술"이라고 설명했다. 화질을 유동적으로 변환시켜 끊김 없이 재생하는 어댑티브 스트리밍 기술은 대부분의 영상 스트리밍 사이트에 적용되고 있다. Mp4나 Fly 같은 동영상 포맷을 업로드할 경우 어댑티브 스트리밍 포맷에 맞춰 변환시켜 줘야 한다. 바로 이 에어브로드 기술은 자체 개발한 알고리즘으로 변환 과정을 생략한 것이다.

12 다음 중 기술경영자에게 필요한 능력에 대하여 적절하지 않은 의견을 말한 사람은?

① 이사원
② 박주임
③ 신과장
④ 김대리
⑤ 박과장

13 다음 중 [사례1]을 통해 배울 수 있는 기술경영자의 능력으로 가장 적절한 것은?

① 크고 복잡하며 서로 다른 분야에 걸쳐 있는 프로젝트를 수행할 수 있는 능력
② 기술을 기업의 전반적인 전략 목표에 통합시키는 능력
③ 조직 내의 기술 이용을 수행할 수 있는 능력
④ 빠르고 효과적으로 새로운 기술을 습득하고, 기존의 기술에서 탈피하는 능력
⑤ 기술 전문 인력을 운용할 수 있는 능력

14 다음 중 [사례2]를 통해 배울 수 있는 기술경영자의 능력으로 가장 적절한 것은?

① 새로운 제품개발 시간을 단축할 수 있는 능력
② 기술을 기업의 전반적인 전략 목표에 통합시키는 능력
③ 기술 전문 인력을 운용할 수 있는 능력
④ 새로운 기술을 습득하고, 기존의 기술에서 탈피하는 능력
⑤ 기술 이전을 효과적으로 할 수 있는 능력

| 02 | 피듈형

※ K인재개발원에서는 직원들의 편의를 위해 코팅기를 구입하였다. 이어지는 질문에 답하시오. [1~3]

■ 사용방법

1) 앞면에 있는 스위치를 'ON'으로 돌리면 파란불이 들어오며 예열을 시작합니다.
2) 3～5분 정도의 예열이 끝나면 예열표시등이 빨간불로 바뀌고 코팅을 할 수 있습니다.
3) 코팅할 서류를 코팅지에 넣어 주시고, 봉합된 변까지 밀어 넣습니다.
   - 각 변에 최소 3～5mm 여유 공간을 남겨 주세요.
   - 두께가 160micron 이상이거나 100micron 이하인 코팅지를 사용하지 마세요.
4) 서류를 넣은 코팅지는 봉합된 부분부터 평행으로 코팅 투입구에 넣어 주세요.
5) 코팅지는 코팅기를 통과하며 기기 뒷면 코팅 배출구에서 나옵니다.
   - 임의로 코팅지를 잡아당기면 안 됩니다.
6) 코팅지가 전부 나온 후 기기에서 분리해 주세요.
7) 사용 완료 후 스위치를 'OFF'로 돌려 주세요.
   - 사용 후 1～2시간 정도 열을 식혀 주세요.

■ 코팅지 걸림 발생 시

1) 코팅지가 기기에 걸렸을 경우 앞면의 스위치를 'OFF'로 돌린 다음 기기 전원을 차단시킵니다.
2) 기기 뒷면에 있는 'REMOVE' 스위치를 화살표 방향으로 밀면서 코팅 서류를 조심스럽게 당겨 뽑아 주세요.

■ 주의사항

- 기기가 작동 중일 때 표면이 매우 뜨거우므로 손으로 만지지 마세요.
- 기기를 사용한 후, 기계 플러그를 뽑고 열이 충분히 식은 후에 이동 및 보관을 합니다.
- 기기 위에 무겁거나 날카로운 물건을 두지 마세요.
- 기기의 내부에 물을 떨어뜨리지 마세요.
- 기기에 다른 물질을 넣지 마세요.
- 전문가의 도움 없이 절대 분해하거나 재조립 또는 수리하지 마세요.
- 기기를 장시간 사용하지 않을 경우 전원 코드를 뽑아 주세요.
- 사용 중 기기가 과열되거나 이상한 냄새가 나거나 종이 걸림이 있을 경우 신속히 전원을 끕니다.

■ 문제해결

고 장	원 인	해 결
코팅 중에 코팅물이 나오지 않을 때	• 필름을 잘라서 사용했을 경우 • 두께를 초과하는 용지로 코팅했을 경우 • 과도하게 용지를 투입했을 경우 • 코팅지가 롤러에 말린 경우	전원을 끄고 'REMOVE' 스위치를 화살표 방향으로 밀면서 말린 필름을 제거합니다.
필름을 투입했지만, 필름이 들어가지 않고 멈춰있을 때	• 투입 불량으로 접착액이 다량으로 붙어 있는 경우	전원을 끄고 냉각시킨 다음 다시 시도해 봅니다.
전원 지시등이 켜지지 않을 때	• 기기 전원 스위치가 접속되어 있지 않은 경우	전원코드 및 기기 스위치가 'ON'으로 되어 있는지 확인합니다.

01 **A사원은 하반기 결과보고에 쓰일 발표자료 제작을 위해 코팅기를 사용하였다. 다음 중 A사원의 행동으로 가장 적절한 것은?**

① 코팅기기 앞면의 스위치를 'ON'으로 놓자마자 코팅지를 투입하였다.
② 코팅지를 평행으로 놓고, 봉합된 부분의 반대 방향부터 투입구에 넣었다.
③ 120micron 코팅지에 코팅할 서류를 넣었다.
④ 코팅기를 통과하면서 나오는 코팅지를 뒷면에서 잡아당겼다.
⑤ 사용 완료 후 기기 전원을 끄고 바로 보관함 상자에 넣었다.

PART 1

02 **B팀장은 기기 관리를 위해 팀원들에게 코팅기 사용 시 주의사항에 대해 안내하고자 한다. 다음 중 코팅기 사용 시 주의해야 할 사항으로 적절하지 않은 것은?**

① 기기 사용 중에는 표면이 많이 뜨거우므로 직접적으로 손이 닿지 않도록 주의하세요.
② 기기 위에 무거운 물건이나 날카로운 물건을 올리지 마세요.
③ 사용 후에는 스위치를 'OFF'로 돌려놓고, 퇴근 시에는 전원코드를 뽑아 주세요.
④ 사용 중 이상한 냄새가 날 경우 신속히 전원을 끄도록 합니다.
⑤ 사용 중 기기에 코팅지가 걸릴 경우 기기 앞면에서 코팅 서류를 조심스럽게 꺼냅니다.

03 **C대리가 코팅기를 사용하는데 코팅물이 나오지 않았다. 다음 중 문제의 원인으로 적절하지 않은 것은?**

① 코팅 필름을 잘라서 코팅기기에 넣었다.
② 두꺼운 코팅 필름을 사용해 코팅기기에 넣었다.
③ 코팅물이 빠져나오지 않은 상태에서 새로운 코팅물을 넣었다.
④ 코팅지가 롤러 사이에 말려 있었다.
⑤ 접착액이 코팅지 주변으로 붙어 있었다.

※ 다음 자료를 참고하여 이어지는 질문에 답하시오. [4~6]

스위치	기능
○	1번과 2번 기계를 시계 방향으로 90° 회전함
●	1번과 4번 기계를 시계 방향으로 90° 회전함
□	2번과 3번 기계를 시계 방향으로 90° 회전함
■	1번과 3번 기계를 시계 반대 방향으로 90° 회전함
◐	2번과 4번 기계를 시계 반대 방향으로 90° 회전함
◑	3번과 4번 기계를 시계 반대 방향으로 90° 회전함

04 처음 상태에서 스위치를 두 번 눌렀더니 화살표 모양과 같은 상태로 바뀌었다. 어떤 스위치를 눌렀는가?

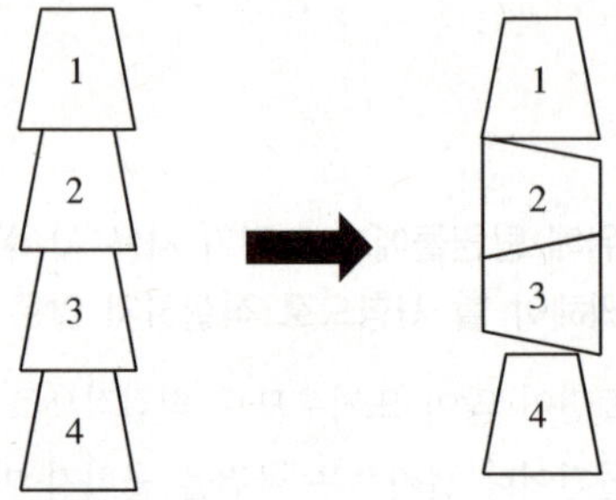

① ○■ ② □◑
③ ●■ ④ □◐
⑤ ●□

05 처음 상태에서 스위치를 두 번 눌렀더니 화살표 모양과 같은 상태로 바뀌었다. 어떤 스위치를 눌렀는가?

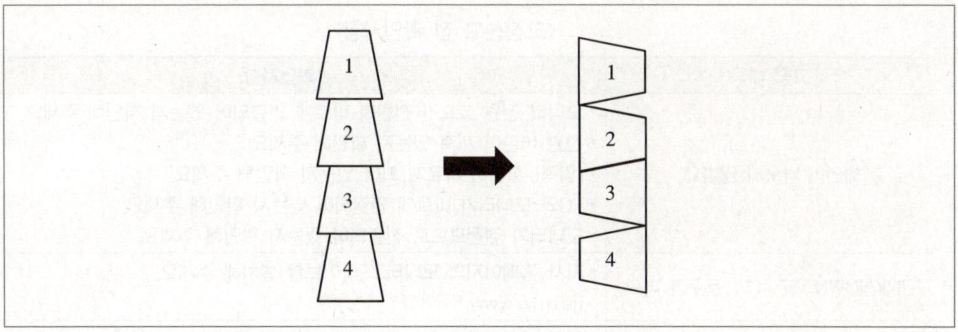

① ●◑　　② ◑◐

③ ●□　　④ ■●

⑤ ○◑

06 처음 상태에서 스위치를 세 번 눌렀더니 화살표 모양과 같은 상태로 바뀌었다. 어떤 스위치를 눌렀는가?

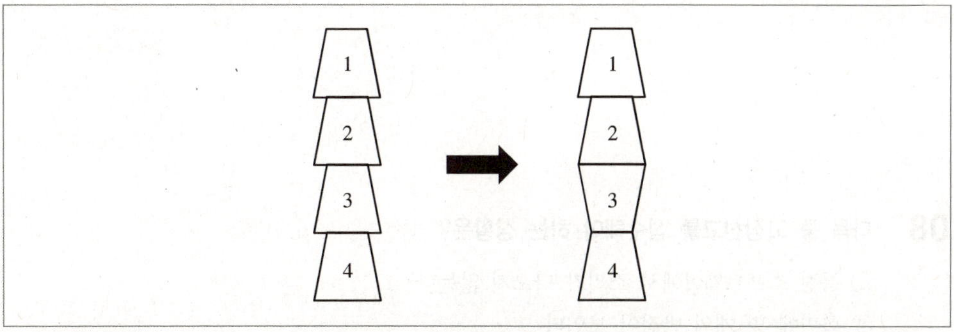

① ○□●　　② □◑○

③ ◑■●　　④ ■○□

⑤ ■○●

※ PC방에서 아르바이트를 하는 P군은 추후 모니터가 이상이 있다는 손님의 문의에 대응할 수 있도록 다음과 같은 모니터 설명서를 찾아보았다. 이를 읽고 물음에 답하시오. **[7~8]**

〈고장신고 전 확인사항〉

고장 내용	확인사항
화면이 나오지 않아요.	• 모니터 전원 코드가 전원과 바르게 연결되어 있는지 확인해 주세요. • 전원 버튼이 꺼져 있는지 확인해 주세요. • [입력] 설정이 바르게 되어 있는지 확인해 주세요. • PC와 모니터가 바르게 연결되어 있는지 확인해 주세요. • 모니터가 절전모드로 전환되어 있는지 확인해 주세요.
'UNKNOWN DEVICE' 문구가 떠요.	• 자사 홈페이지의 모니터 드라이브를 설치해 주세요. (http://www.*******.**.**)
화면이 흐려요.	• 권장 해상도로 설정되어 있는지 확인해 주세요. • 그래픽카드 성능에 따라 권장 해상도 지원이 불가능할 수 있으니 그래픽카드 제조사에 문의해 주세요.
화면에 잔상이 남아 있어요.	• 모니터를 꺼도 잔상이 남으면 고장신고로 접수해 주세요. (고정된 특정 화면을 장기간 사용하면 모니터에 손상을 줄 수 있습니다) • 몇 개의 빨간색, 파란색, 초록색, 흰색, 검은색 점이 보이는 것은 정상이므로 안심하고 사용하셔도 됩니다.
소리가 나오지 않아요.	• 모니터가 스피커 단자와 바르게 연결되어 있는지 확인해 주세요. • 볼륨 설정이 낮거나 음소거 모드로 되어 있는지 확인해 주세요.
모니터 기능이 잠겨 있어요.	• [메뉴] – [잠금 해제]를 통해 잠금을 해제해 주세요.

07 다음 중 화면이 나오지 않는다는 손님의 문의를 받았을 때의 대응 방안으로 적절하지 않은 것은?

① 모니터 전원이 켜져 있는지 확인한다.
② 모니터 드라이버를 설치한다.
③ 모니터와 PC가 바르게 연결되어 있는지 확인한다.
④ 모니터가 전원에 연결되어 있는지 확인한다.
⑤ 모니터 입력 설정이 바르게 설정되어 있는지 확인한다.

08 다음 중 고장신고를 접수해야 하는 상황은?

① 특정 소프트웨어에서 소리가 나오지 않는다.
② 화면에 몇 개의 반점이 보인다.
③ 화면이 흐리게 보인다.
④ 모니터 일부 기능을 사용할 수 없다.
⑤ 모니터를 꺼도 잔상이 남아 있다.

※ K레스토랑에서는 영유아 손님들을 위해 유아용 식탁 의자를 구비하였다. 다음 자료를 보고 이어지는 질문에 답하시오. [9~10]

우리 회사의 유아용 식탁 의자는 아이가 도움 없이 혼자 앉을 수 있는 6 ~ 7개월부터 사용할 수 있습니다.

■ 안전에 대한 유의사항
- 압사의 위험 방지를 위해 사용 전 모든 플라스틱 커버를 제거하고, 유아 및 아동의 손이 미치지 않는 곳에 두세요.
- 항상 벨트를 채워 주세요.
- 아이가 혼자 있지 않도록 해 주세요.
- 모든 구성 요소가 제대로 장착되어 있지 않으면 의자 사용을 삼가세요.
- 부품이 망가지거나 부서지면 의자 사용을 삼가세요.
- 강한 열원이나 난로가 있는 곳에서는 의자 사용을 삼가세요.
- 아이가 의자 근처에서 놀거나 의자에 올라가지 못하도록 해 주세요.
- 의자가 항상 평평하고 안정된 상태에서 사용될 수 있도록 해 주세요.
- 식탁 의자는 계단, 층계, 창문, 벽과는 거리를 두고 비치해 주세요.
- 의자에 충격이 가해지면 안정성을 해칠 우려가 있고 의자가 뒤집어질 수 있어요.
- 아이가 앉아 있는 동안에는 의자의 높낮이를 조정하지 마세요.

■ 청소 및 유지
- 젖은 천이나 중성 세제로 유아용 의자나 액세서리를 청소할 수 있습니다.
- 재료를 손상시킬 수 있는 연마 세제나 용제는 사용하지 마세요.
- 알루미늄 식탁 다리는 부식이 되지 않지만, 충격이나 긁힘으로 손상될 수 있습니다.
- 햇빛에 지속적으로 장시간 노출되면 여러 부품의 색이 변할 수 있습니다.
- 손상을 파악하기 위해 정기적으로 검사하세요.

09 다음 중 레스토랑 내 유아용 식탁 의자를 비치하기 위한 장소 선정 시 고려해야 할 사항으로 적절하지 않은 것은?

① 난방기구가 있는 곳은 피하도록 한다.
② 바닥이 평평하여 안정된 상태로 의자가 서 있을 수 있는지 확인한다.
③ 아이를 식탁 의자에 혼자 두지 않으며, 항상 벨트를 채워야 한다.
④ 계단이나 창문이 있는 곳은 피하도록 한다.
⑤ 의자에 충격이 가해질 수 있는 장소는 피하도록 한다.

10 다음 중 직원들에게 안내할 유아용 식탁 의자 청소 및 관리법으로 적절하지 않은 것은?

① 식탁 의자 사용 후에는 햇볕이 들지 않는 곳에 보관한다.
② 사용 후 젖은 천을 사용해 깨끗하게 닦는다.
③ 이동 시 식탁 다리가 부딪히거나 긁히지 않도록 주의한다.
④ 더러운 부분은 연마 세제를 사용해서 닦는다.
⑤ 정기적인 검사를 통해 손상 여부를 확인한다.

CHAPTER 07

조직이해능력

합격 CHEAT KEY

조직이해능력은 업무를 원활하게 수행하기 위해 조직의 체제와 경영을 이해하고 국제적인 추세를 이해하는 능력이다. 현재 많은 공사·공단에서 출제 비중을 높이고 있는 영역이기 때문에 미리 대비하는 것이 중요하다. 실제 업무 능력에서 조직이해능력을 요구하기 때문에 중요도는 점점 높아 질 것이다.

세부 유형은 조직 체제 이해, 경영 이해, 업무 이해, 국제 감각으로 나눌 수 있다. 조직도를 제시하는 문제가 출제되거나 조직의 체계를 파악해 경영의 방향성을 예측하고, 업무의 우선순위를 파악하는 문제가 출제된다.

01 문제 속에 정답이 있다!

경력이 없는 경우 조직에 대한 이해가 낮을 수밖에 없다. 그러나 문제 자체가 실무적인 내용을 담고 있어도 문제 안에는 해결의 단서가 주어진다. 부담을 갖지 않고 접근하는 것이 중요하다.

02 경영·경제학원론 정도의 수준은 갖추도록 하라!

지원한 직군마다 차이는 있을 수 있으나, 경영·경제이론을 접목시킨 문제가 꾸준히 출제되고 있다. 따라서 기본적인 경영·경제이론은 익혀 둘 필요가 있다.

03 지원하는 공사 · 공단의 조직도를 파악하라!

출제되는 문제는 각 공사 · 공단의 세부내용일 경우가 많기 때문에 지원하는 공사 · 공단의 조직도를 파악해 두어야 한다. 조직이 운영되는 방법과 전략을 이해하고, 조직을 구성하는 체제를 파악하고 간다면 조직이해능력에서 조직도가 나올 때 단기간에 문제를 풀 수 있을 것이다.

04 실제 업무에서도 요구되므로 이론을 익혀라!

각 공사 · 공단의 직무 특성상 일부 영역에 중요도가 가중되는 경우가 있어서 많은 취업준비생들이 일부 영역에만 집중하지만, 실제 업무 능력에서 직업기초능력평가 10개 영역이 골고루 요구되는 경우가 많고, 현재는 필기시험에서도 조직이해능력을 출제하는 기관의 비중이 늘어나고 있기 때문에 미리 이론을 익혀 둔다면 모듈형 문제에서 고득점을 노릴 수 있다.

SECTION

01 모듈이론

01 조직이해능력의 의의

(1) 조직과 조직이해능력

① 조직의 의의

두 사람 이상이 공동의 목표를 달성하기 위해 의식적으로 구성되며, 상호작용과 조정을 행하는 행동의 집합체를 말한다.

② 조직의 기능

경제적 기능	재화나 서비스를 생산
사회적 기능	조직 구성원들에게 만족감을 주고 협동을 지속시킴

(2) 조직의 유형

① 공식성에 따른 분류

비공식조직으로부터 공식화가 진행되어 공식조직으로 발전되지만, 공식조직 내에서 인간관계를 지향하면서 비공식조직이 새롭게 생성되기도 한다.

공식조직	조직의 구조·기능·규정 등이 조직화되어 있는 조직
비공식조직	개인들의 협동과 상호작용에 따라 형성된 자발적인 집단 조직

② 영리성에 따른 분류

영리조직	기업과 같이 이윤을 목적으로 하는 조직
비영리조직	정부조직을 비롯해 공익을 추구하는 조직

③ 조직 규모에 따른 분류

소규모조직	가족 소유의 상점과 같이 규모가 작은 조직
대규모조직	대기업과 같이 규모가 큰 조직, 최근에는 동시에 둘 이상의 국가에서 법인을 설립하고 경영 활동을 벌이는 다국적 기업이 증가하고 있음

(3) 조직 체제의 구성 요소

① 체제이해능력

조직은 하나의 체제(System)이며, 체제는 특정한 방식이나 양식으로 서로 결합된 부분들의 총체를 의미한다. 따라서 한 조직의 구성원은 자신이 속한 조직의 체제를 이해할 수 있어야 한다.

② 체제(System)의 구성

- 인풋(Input) : 시스템에 유입되는 것
- 업무 프로세스(Process) : 시스템의 연결망, 즉 조직의 구조를 통해서 인풋이 아웃풋으로 전환되는 과정
- 아웃풋(Output) : 업무 프로세스를 통해 창출된 시스템의 결과물

③ 조직의 목표

- 조직이 달성하려는 장래의 상태로, 조직이 존재하는 정당성 · 합법성을 제공
- 전체 조직의 성과 · 자원 · 시장 · 인력개발 · 혁신과 변화 · 생산성에 대한 목표를 포함

④ 조직의 구조

기계적 조직	구성원들의 업무나 권한이 분명하게 정의된 조직
유기적 조직	의사결정권이 하부에 위임되고 업무가 고정적이지 않은 조직

⑤ 조직도와 업무 프로세스

조직도	구성원들의 임무와 수행하는 과업, 일하는 장소 등을 알 수 있게 해줌
업무 프로세스	조직에 유입된 인풋 요소들이 최종 산출물로 만들어지기까지 구성원 간의 업무 흐름이 어떻게 연결되는지를 보여줌

⑥ 조직의 문화

- 조직 구성원들의 사고, 행동에 영향을 주며, 일체감 · 정체성을 부여하고 조직이 안정적으로 유지되게 함
- 조직문화를 긍정적인 방향으로 조성하기 위한 경영층의 노력이 강조

⑦ 조직의 규칙

- 조직의 목표나 전략에 따라 수립되어 조직 구성원들의 활동 범위를 제약, 일관성 부여
- 공식화 정도에 따라 조직의 구조가 결정되기도 함

(4) 조직의 변화

① 조직 변화의 의의

급변하는 환경에 맞춰 조직이 생존하려면 조직은 새로운 아이디어와 행동을 받아들이는 조직 변화에 적극적이어야 한다.

② 조직 변화의 과정

환경변화 인지 ▶ 조직 변화 방향 수립 ▶ 조직 변화 실행 ▶ 변화결과 평가

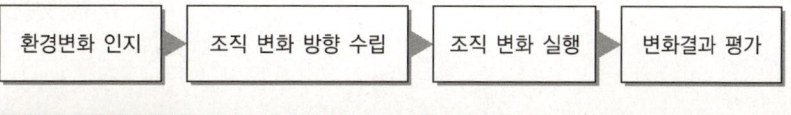

환경변화 인지	환경변화 중에 해당 조직에 영향을 미치는 변화를 인식하는 것
조직 변화 방향 수립	체계적으로 구체적인 추진 전략을 수립하고, 추진 전략별 우선순위를 마련함
조직 변화 실행	수립된 조직 변화 방향에 따라 조직을 변화시킴
변화결과 평가	조직 개혁의 진행 사항과 성과를 평가함

③ 조직 변화의 유형

제품 · 서비스의 변화	기존 제품, 서비스의 문제점을 인식하고 고객의 요구에 부응하기 위한 것
전략 · 구조의 변화	조직의 목적 달성과 효율성 제고를 위해 조직 구조 · 경영 방식 · 각종 시스템 등을 개선함
기술 변화	새로운 기술을 도입하는 것으로, 신기술이 발명되었을 때나 생산성을 높이기 위한 변화
문화의 변화	구성원들의 사고방식 · 가치체계를 변화시키는 것으로, 조직의 목적과 일치시키기 위해 문화를 유도함

OX 문제

01 조직이 발달해 온 역사를 보면 공식조직에서 자유로운 비공식조직으로 발전해 왔다. [ ]

02 체제이해능력이란 조직의 구조와 목적, 업무 프로세스, 조직문화, 규칙 및 규정 등 자신이 속한 조직의 체제를 이해하는 능력을 말한다. [ ]

03 조직 구조는 구성원들의 업무나 권한이 분명하게 정의된 유기적 조직과 의사결정권이 하부 구성원들에게 많이 위임되고 업무가 고정적이지 않은 기계적 조직으로 구분된다. [ ]

04 조직의 구조는 조직 내의 부문 사이에 형성된 관계로, 조직 구성원들의 공유된 생활양식이나 가치이다. [ ]

05 조직 변화는 기존의 조직 구조나 경영방식하에서 환경변화에 따라 제품이나 기술을 변화시키는 것이다. [ ]

01 [×] 조직이 발달해 온 역사를 보면 비공식조직으로부터 공식화가 진행되어 공식조직으로 발전해 왔다.

02 [○]

03 [×] 조직 구조는 구성원들의 업무나 권한이 분명하게 정의된 기계적 조직과 의사결정권이 하부 구성원들에게 많이 위임되고 업무가 고정적이지 않은 유기적 조직으로 구분된다.

04 [×] 조직의 구조가 아닌 조직 문화에 대한 설명이다.

05 [×] 조직 변화는 전략이나 구조의 변화를 통해 조직의 조직 구조나 경영방식을 개선하는 것을 의미한다.

02 경영이해능력

(1) 경영의 의의

① 경영이란?

조직의 목적을 달성하기 위한 전략·관리·운영 활동을 의미하며, 조직은 목적을 달성하기 위해 지속적인 관리와 운영이 요구된다.

② 경영의 4요소

경영 목적	조직의 목적을 어떤 과정과 방법을 통해 수행할 것인가를 제시함
조직 구성원	조직에서 일하고 있는 임직원들로, 이들의 역량과 직무수행능력에 따라 경영 성과가 달라짐
자금	경영 활동에 사용할 수 있는 돈으로, 이윤 추구를 목적으로 하는 사기업에서 자금은 새로운 이윤을 창출하는 기초가 됨
경영 전략	기업 내 모든 인적·물적 자원을 경영 목적을 달성하기 위해 조직화하고, 이를 실행에 옮겨 경쟁우위를 달성하는 일련의 방침 및 활동

③ 경영의 과정

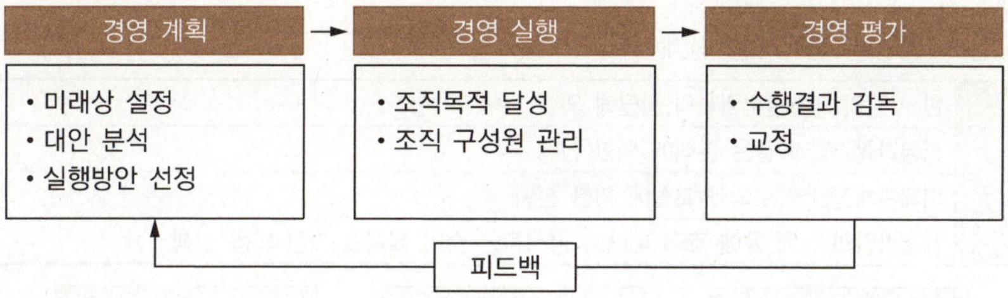

(2) 경영 활동

① 경영 활동의 유형

외부 경영 활동	조직 외부에서 조직의 효과성을 높이기 위해 이루어지는 활동으로 외적 이윤 추구 활동을 말하며, 마케팅 활동이 이에 해당함
내부 경영 활동	조직 내부에서 자원 및 기술을 관리하는 것을 말하며 인사·재무·생산 관리가 이에 해당함

② 경영참가제도

의의	근로자 또는 노동조합을 경영의 파트너로 인정하는 협력적 노사관계가 중시됨에 따라 이들을 경영의사결정 과정에 참여시키는 것
목적	경영의 민주성 제고, 노사 간의 세력 균형 추구, 새로운 아이디어 제시 또는 현장에 적합한 개선방안 마련, 경영의 효율성 향상, 노사 간 상호 신뢰 증진
종류	공동의사결정제도, 노사협의회제도, 이윤분배제도, 종업원지주제도 등

(3) 의사결정과정

① 확인 단계

의사결정이 필요한 문제를 인식하는 단계이다.

- 문제의 중요도나 긴급도에 따라서 체계적으로 이루어지기도 하고, 비공식적으로 이루어지기도 함
- 문제를 신속히 해결할 필요가 있는 경우에는 진단시간을 줄이고 즉각 대응해야 함
- 일반적으로는 다양한 문제를 리스트한 후 주요 문제를 선별하거나, 문제의 증상을 리스트한 후 그러한 증상이 나타나는 근본원인을 찾아야 함

② 개발 단계

확인된 문제의 해결방안을 모색하는 단계이다.

탐색	• 조직 내의 기존 해결 방법 중에서 새로운 문제의 해결방법을 찾는 과정 • 조직 내 관련자와의 대화나 공식적인 문서 등을 참고
설계	• 이전에 없었던 새로운 문제의 경우 이에 대한 해결안을 설계 • 시행착오적 과정을 거치면서 적합한 해결방법 모색

③ 선택 단계

실행 가능한 해결안을 선택하는 단계이다.

판단	한 사람의 의사결정권자의 판단에 의한 선택
분석	경영과학기법과 같은 분석에 의한 선택
교섭	이해관계집단의 토의와 교섭에 의한 선택
승인	해결방안의 선택 후에 조직 내에서 공식적인 승인 절차를 거친 다음 실행

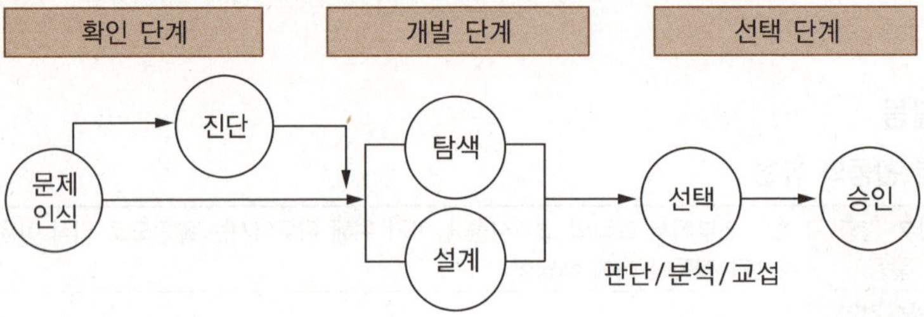

(4) 집단의사결정

① 집단의사결정의 특징

- 한 사람보다 집단이 가지고 있는 지식과 정보가 더 많으므로 집단의 의사결정이 더 효과적이다.
- 다양한 집단 구성원이 각자 다른 시각에서 문제를 바라보므로 다양한 견해를 가지고 접근할 수 있다.
- 의견이 불일치하는 경우 의사결정을 내리는 데 시간이 많이 소요된다.
- 특정 구성원에 의해 의사결정이 독점될 가능성이 있다.

② 브레인스토밍의 의의

여러 명이 한 가지의 문제를 놓고 아이디어를 비판 없이 제시해 그 중에서 최선책을 찾아내는 방법을 말한다.

③ 브레인스토밍의 규칙

- 다른 사람이 아이디어를 제시할 때에는 비판하지 않는다.
- 문제에 대한 제안은 자유롭게 이루어질 수 있다.
- 아이디어는 많이 나올수록 좋다.
- 모든 아이디어들이 제안되고 나면 이를 결합하여 해결책을 마련한다.

④ 브레인라이팅(Brain Writing)

구두로 의견을 교환하는 브레인스토밍과 달리 포스트잇 같은 메모지에 의견을 적은 다음 메모된 내용을 차례대로 공유하는 방법을 말한다.

⑤ 레드팀

조직 내부의 전략 수립에 개입되지 않은 독립적인 팀이 경쟁자들처럼 생각하고 시뮬레이션하여 기존에 세워진 가설을 검증하고, 취약점을 살피며, 나아가 대체방안을 분석하는 과정을 거쳐 복잡하게 얽힌 문제에 대해 새로운 시각으로 해결책을 제시하는 팀을 말한다.

(5) 경영 전략

① 경영 전략의 개념

조직이 환경에 적응해 목표를 달성할 수 있도록 경영 활동을 체계화하는 수단을 말한다.

② 경영 전략의 종류

조직 전략	조직의 사명을 정의함
사업 전략	사업 수준에서 각 사업의 경쟁적 우위를 점하기 위한 방향을 다룸
부문 전략	기능 부서별로 사업 전략을 구체화해 세부적인 수행 방법을 결정함

③ 본원적 경쟁 전략(Michael E. Porter)

원가우위 전략	• 원가를 절감해 해당 산업에서 우위를 점하는 전략 • 대량생산을 통해 원가를 낮추거나 새로운 생산 기술을 개발해야 함
차별화 전략	• 생산품과 서비스를 차별화해 고객에게 가치있게 인식되도록 하는 전략 • 연구・개발・광고를 통해 기술・품질・서비스・브랜드 이미지를 개선해야 함
집중화 전략	• 특정 시장과 고객에게 한정된 전략 • 경쟁 조직들이 소홀히 하고 있는 시장을 집중적으로 공략함

OX 문제

01 경영실행 단계에서는 구체적인 실행방안을 선정하고 조직 구성원을 관리한다. [ ]

02 의사결정과정 중 선택 단계에서는 새로운 문제에 대한 해결안을 계획한다. [ ]

03 브레인스토밍을 이용하여 의사결정을 할 때는 다른 사람이 아이디어를 비판하지 않는 것이 중요하다. [ ]

01 [×] 경영의 과정은 계획 · 실행 · 평가로 구분되며, 실행 단계에서는 계획 단계에서 수립된 실행방안에 따라 조직목적 달성을 위한 활동과 조직 구성원의 관리가 이루어진다.

02 [×] 조직 내 의사결정과정 중 개발 단계에서는 새로운 문제에 대한 해결안을 설계한다.

03 [O]

03 체제이해능력

(1) 조직 목표

① 조직 목표의 개념

조직이 달성하려는 장래의 상태로, 미래지향적이지만 현재 조직 행동의 방향을 결정하는 역할을 한다.

② 조직 목표의 기능

- 조직이 존재하는 정당성과 합법성 제공
- 조직 구성원 의사결정의 기준
- 수행평가의 기준
- 조직이 나아가야 할 방향 제시
- 조직 구성원 행동수행의 동기유발
- 조직설계의 기준

③ 조직 목표의 특징

- 공식적 목표와 실제적 목표가 다를 수 있음
- 조직 목표 간 위계적 상호관계가 있음
- 조직의 구성요소와 상호관계를 가짐
- 다수의 조직목표 추구 가능
- 가변적 속성

④ 목표에 영향을 미치는 요인

내적 요인	조직 리더의 결단이나 태도 변화, 조직 내 권력 구조의 변화 등
외적 요인	경쟁업체의 변화, 자원의 변화, 경제 정책의 변화 등

⑤ MBO(Management by Objectives)와 OKR(Objective Key Results)

기업의 성과관리 기법의 하나로 사업 전략 · 사업 계획에서 출발해 목표를 정하고 결과를 측정 · 평가하는 기법이다.

MBO	1년간 달성해야 하는 목표치를 제시하고, 이를 달성하기 위해 노력하는 과정에서 생산성이 향상될 것이라고 막연히 기대한다.
OKR	단기간에 구체적인 수준의 목표를 달성하라고 요구하고, 이를 확인하는 과정에서 생산성 향상을 도모하는 것이다. 구글의 '3-3-3 원칙'이 대표적으로, 이는 3개월간 3개 목표에 집중하고 목표당 3개의 핵심 결과를 도출해내도록 하는 것이다.

(2) 조직 구조

① 조직 구조의 이해

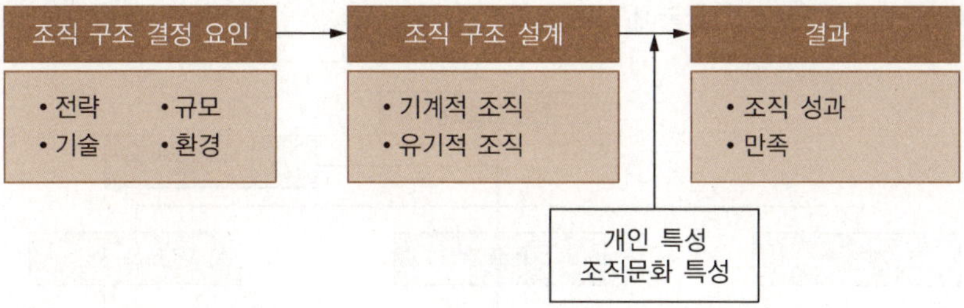

② 조직 구조의 결정 요인

전략	• 조직의 목적을 달성하기 위해 수립한 계획 • 조직이 자원을 배분하고 경쟁적 우위를 달성하기 위한 주요 방침
규모	대규모 조직은 소규모 조직에 비해 업무가 전문화 · 분화되어 있고, 많은 규칙과 규정이 존재함
기술	• 조직이 투입 요소를 산출물로 전환시키는 지식 · 절차 등을 의미 • 소량생산 기술은 유기적 조직, 대량생산 기술은 기계적 조직과 연결
환경	• 안정적이고 확실한 환경에서는 기계적 조직 • 급변하는 환경에서는 유기적 조직이 적합

③ 조직 구조의 유형

기계적 조직	• 구성원들의 업무가 분명하게 정의됨 • 다수의 규칙과 규제가 존재하며, 위계질서가 엄격함 • 상하 간 의사소통이 공식적인 경로를 통해 이루어짐
유기적 조직	• 의사결정권한이 하부 구성원들에게 많이 위임됨 • 업무가 고정되지 않고 공유 가능 • 비공식적인 의사소통이 원활함 • 규제나 통제의 정도가 낮음

(3) 조직 구조의 형태

① 기능적 조직 구조

- 최상층에 최고경영자(CEO)가 위치하고, 구성원들이 단계적으로 배열되는 구조
- 환경이 안정되었거나 일상적인 기술을 사용하는 경우에 유리함
- 기업의 규모가 작을 때 업무의 내용이 유사한 것들을 결합

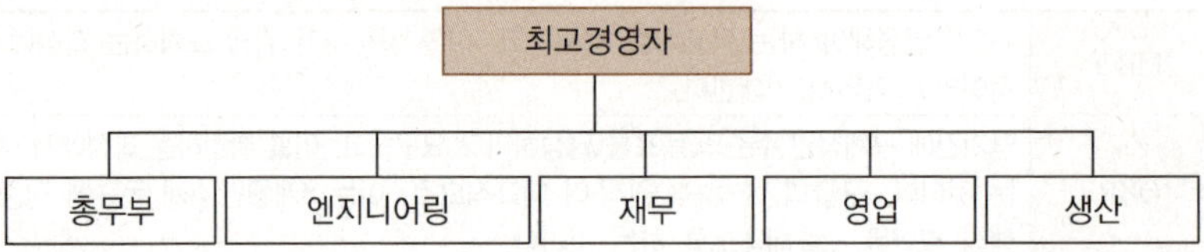

② 사업별 조직 구조

- 급변하는 환경에 대응하고 제품·지역 등의 차이에 신속하게 대응하기 위함
- 의사결정이 분권화되어 이루어짐
- 개별 제품·서비스·프로젝트 등에 따라 조직화됨

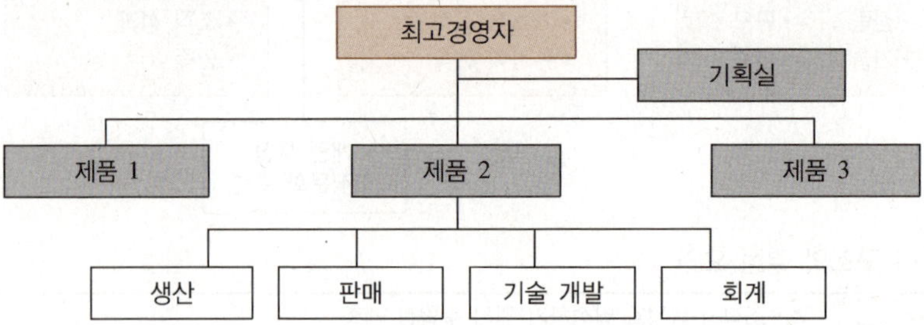

③ 애자일(Agile) 조직 구조

급변하는 시장 환경 속에서 다양한 수요에 유연하고 민첩하게 대응하기 위한 경영방식으로, 부서 간 경계를 허물고 필요에 맞게 소규모 팀을 구성해 업무를 수행하는 조직 구조를 말한다.

(4) 조직 내 집단

① 집단의 유형

공식적인 집단	• 조직의 공식적인 목표를 추구하기 위해 의도적으로 만든 집단 • 목표·임무가 명확하게 규정 • 참여하는 구성원들도 인위적으로 결정 예 각종 위원회, 임무 수행을 위한 태스크포스
비공식적인 집단	• 조직 구성원들의 요구에 따라 자발적으로 형성된 집단 • 공식적인 업무 수행 이외의 다양한 요구에 의해 이루어짐 예 스터디 모임, 봉사활동 동아리, 각종 친목회

② 집단 간 경쟁

조직 내의 한정된 자원을 더 많이 가지려 하거나, 서로 상반되는 목표를 추구하기 때문에 발생하게 된다.

순기능	집단 내부에서는 응집성이 강화되고, 집단의 활동이 더욱 조직화됨
역기능	경쟁이 과열되면 자원의 낭비, 업무 방해, 비능률 등의 문제가 발생

③ 팀

- 구성원들이 공동의 목표를 이루기 위해 기술을 공유하고 공동으로 책임을 지는 집단
- 상호 공동 책임을 중요시 하나, 자율성을 가지고 스스로 관리하는 경향이 강함
- 생산성을 높이고 의사를 신속하게 결정하며 창의성 향상을 도모하기 위해 구성
- 조직 구성원들의 협력과 관리자층의 지지가 필수적임

PART 1

OX 문제

01 조직 목표 중 공식적인 목표인 조직 사명은 측정 가능한 형태로, 기술되는 단기적인 목표이다. [ ]

02 유기적 조직에서는 비공식적인 상호 의사소통이 원활히 이루어지며, 규제나 통제의 정도가 낮아 변화에 따라 쉽게 변할 수 있는 특징을 가진다. [ ]

01 [×] 조직 목표는 공식적이고 장기적인 목표인 조직 사명과 이를 달성하기 위한 단기적 관점의 세부목표로 이루어진다.

02 [○]

04 업무이해능력

(1) 업무의 의의와 특성

① 업무의 의의

상품이나 서비스를 창출하기 위한 생산적인 활동으로, 조직의 목적 달성을 위한 근거가 된다.

② 업무의 특성

공통된 목적 지향	업무는 조직 목적의 효과적 달성을 위해 세분화된 것이므로 궁극적으로 같은 목적을 지향한다.
적은 재량권	개인이 선호하는 업무를 임의로 선택할 수 있는 재량권이 적다.
다른 업무와의 관련성	업무는 서로 독립적으로 이루어지지만 업무 간에는 서열이 있어서 순차적으로 이루어지기도 하며, 서로 정보를 주고받기도 한다.
업무권한	구성원들이 업무를 공적으로 수행할 수 있는 힘을 말하며, 구성원들은 이에 따라 자신이 수행한 일에 대한 책임도 부여받는다.

(2) 업무 수행 계획 수립의 절차

① 업무 지침 확인

- 개인이 임의로 업무를 수행하지 않고 조직의 목적에 부합될 수 있도록 안내함
- 업무 지침을 토대로 작성하는 개인의 업무 지침은 업무 수행의 준거가 됨
- 개인의 업무 지침 작성 시에는 조직의 업무 지침, 장·단기 목표, 경영 전략 등을 고려
- 개인의 업무 지침은 3개월에 한 번 정도로 지속적인 개정이 필요

② 활용 자원 확인

- 물적 자원과 인적 자원 등의 업무 관련 자원을 확인
- 자원은 무한정하지 않으므로 효과적인 활용이 필요함
- 업무 수행에 필요한 지식, 기술이 부족하면 이를 함양하기 위한 계획의 수립이 필요

③ 업무 수행 시트의 작성

- 구체적인 업무 수행 계획을 수립하여 가시적으로 나타냄
- 주어진 시간 내에 일을 끝낼 수 있게 동기부여
- 단계별로 협조를 구해야 할 사항과 처리해야 할 일을 체계적으로 알 수 있음
- 문제 발생시 발생 지점을 정확히 파악할 수 있음

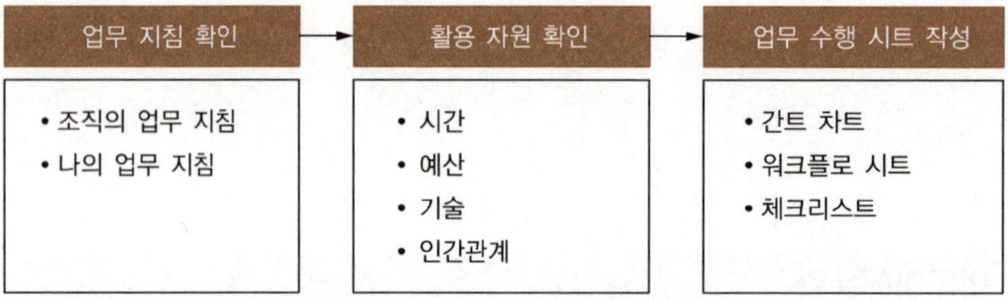

(3) 업무 수행 시트의 종류

① 간트 차트

단계별로 업무를 시작해서 끝내는 데 걸리는 시간을 바 형식으로 표시한다. 전체 일정을 한 눈에 볼 수 있고, 단계별로 소요되는 시간과 각 업무활동 사이의 관계를 파악할 수 있다.

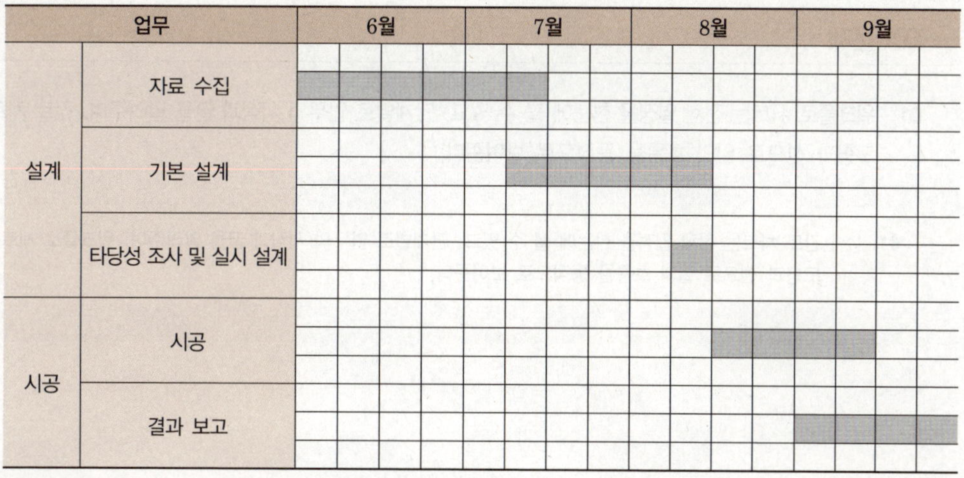

업무
6월
7월
8월
9월
설계
자료 수집
기본 설계
타당성 조사 및 실시 설계
시공
시공
결과 보고

② 워크플로 시트

일의 흐름을 동적으로 보여주는 데 효과적이며, 사용되는 도형을 다르게 표현함으로써 각각의 작업의 특성을 구분하여 표현할 수 있다.

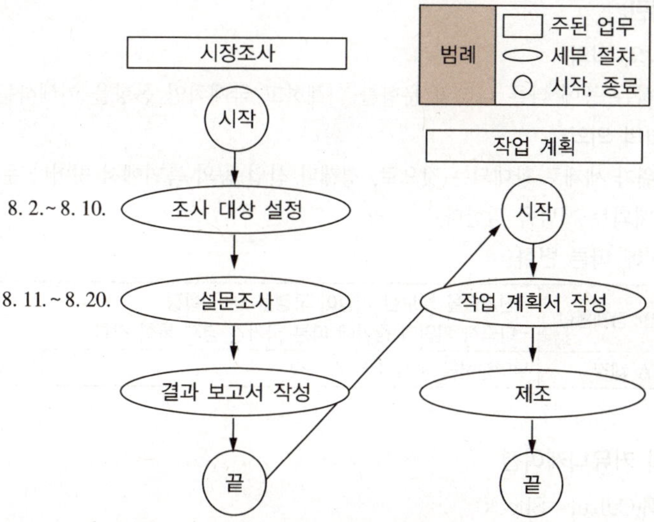

③ 체크리스트

업무의 각 단계를 효과적으로 수행했는지 자가 점검해볼 수 있으며, 활동별로 기대되는 수행 수준을 달성했는지를 확인하는 데 효과적이다. 단, 시간의 흐름을 표현하기는 어렵다.

업무		체크	
		YES	NO
고객관리	고객 대장을 정비하였는가?		
	3개월에 한 번씩 고객 구매 데이터를 분석하였는가?		
	고객의 청구 내용 문의에 정확하게 응대하였는가?		
	고객 데이터를 분석하여 판매 촉진 기획에 활용하였는가?		

OX 문제

01 워크플로 시트는 전체 일정을 한눈에 볼 수 있고, 단계별로 업무의 시작과 끝을 알려주며, 간트 차트는 도형과 선으로 일의 흐름을 동적으로 보여준다. [ ]

01 [×] 간트 차트는 전체 일정을 한눈에 볼 수 있고, 단계별로 업무의 시작과 끝을 알려주며, 워크플로 시트는 도형과 선으로 일의 흐름을 동적으로 보여준다.

05 국제감각

(1) 국제감각이란

① 국제감각의 의의

업무를 하는 중에 다른 나라의 문화를 이해하고 국제적인 동향을 이해하는 능력을 말한다.

② 글로벌화의 의의

활동 범위가 세계로 확대되는 것으로, 경제나 산업 등의 측면에서 벗어나 문화나 정치 등 다른 영역까지 확대되는 개념을 말한다.

③ 글로벌화에 따른 변화

세계적인 경제통합	• 신기술을 확보한 기업이 국경을 넘어 확장 • 다국적 기업의 증가에 따른 국가간 경제 통합 강화
FTA 체결	무역장벽을 없애기 위한 노력

(2) 외국인과의 커뮤니케이션

① 문화충격(Culture Shock)

- 한 문화권에 속한 사람이 다른 문화를 접하게 되었을 때 체험하는 충격이다.
- 상대문화를 이질적으로 대하게 되고, 위화감 · 심리적 부적응 상태를 경험하게 된다.
- 문화충격에 대비하려면 다른 문화에 대해 개방적인 태도를 견지해야 한다.
- 자신의 기준으로 다른 문화를 평가하지 않되, 자신의 정체성은 유지해야 한다.

② 이문화(Intercultural) 커뮤니케이션

언어적 커뮤니케이션	• 언어를 통해 의사소통하는 것으로 상대방에게 의사를 전달할 때 직접적으로 이용되는 것이다. • 외국어 사용능력과 직결된다.
비언어적 커뮤니케이션	• 생활양식 · 행동규범 등을 통해 상대방과 의사소통하는 것이다. • 외국어 능력이 유창해도 문화적 배경을 잘 모르면 언어에 내포된 의미를 오해하거나 수용하지 못할 수 있다.

OX 문제

01 국제감각은 자신의 업무와 관련하여 국제적인 동향을 파악하고, 이를 적용할 수 있는 능력이다. [ ]

02 문화충격에 대비해서 가장 중요한 것은 자신이 속한 문화를 기준으로 다른 문화를 객관적으로 평가하는 일이다. [ ]

01 [O]

02 [×] 문화충격에 대비해서 가장 중요한 것은 자신이 속한 문화를 기준으로 다른 문화를 평가하지 말고, 자신의 정체성은 유지하되 다른 문화를 경험하는 데 개방적이고 적극적 자세를 취하는 것이다.

PART 1

SECTION

02 조직이해능력 맛보기

※ 다음 글을 읽고 이어지는 질문에 답하시오. [1~2]

K사의 교육팀에 신입사원이 입사를 하게 되었다. 교육팀장은 교육운영을 맡았던 박대리에게 그간의 업무는 신입사원에게 인수인계를 하고, 같은 팀 최과장을 도와 교육을 기획하는 업무를 담당하라고 이야기했다. 박대리는 신입사원이 출근하기에 앞서 교육팀에서 지난 2년간 수행했던 업무들을 정리하여 인수인계서를 작성했다. 인수인계서를 모두 작성하고 팀장의 결제를 받기 전에 내용이 빠짐없이 작성되었는지 확인할 필요가 있다고 판단되어 박대리는 팀 내에서 공통으로 활용하는 다음과 같은 점검표를 활용하기로 했다.

업무		확인	
		YES	NO
현황	담당업무에 대한 구분 및 정의는 명확하게 기술되었는가?		
	주요 업무계획 및 진행사항은 구체적으로 서술되었는가?		
	현안사항 및 문제점은 빠짐없이 작성되었는가?		
	주요 미결사항은 리스트와 세부 내용이 서술되었는가?		
⋮	⋮		

01 다음 중 박대리가 업무 인수인계서를 작성할 때 필수적으로 고려해야 할 항목으로 적절하지 않은 것은?

① 조직의 업무 지침
② 업무 요령 및 활용 팁
③ 요구되는 지식, 기술, 도구
④ 관련 업무 및 유관부서 담당자
⑤ 요구되는 태도 및 재량권

02 다음 중 박대리는 업무수행을 점검하기 위해 어떤 도구를 활용하였는가?

① 체크리스트
② 간트 차트
③ 워크플로 시트
④ 벤 다이아그램
⑤ 스프레드 시트

01

정답 ②

업무 수행에 필요한 요령이나 활용 팁 등은 인수인계서 작성 시 필수적으로 고려해야 할 항목은 아니다.

오답분석

업무 인수인계서를 작성할 때 필수적으로 고려해야 할 항목으로는 조직의 업무 지침, 요구되는 지식, 기술, 도구, 태도, 관련 업무 및 관련 부서 담당자, 자율권 및 재량권, 업무에 대한 구분 및 정의 등이 해당된다.

02

정답 ①

박대리는 팀 내에서 공통으로 활용하는 체크리스트로 업무를 점검하였다.

업무 수행 시트의 종류

시트	내용
체크리스트 (Checklist)	업무의 각 단계를 효과적으로 수행했는지 스스로 점검해 볼 수 있는 도구로, 시간의 흐름을 표현하는 데에는 한계가 있지만 업무를 세부적인 활동들로 나누고 활동별로 기대되는 수행수준을 달성했는지를 확인하는 데에는 효과적이다.
간트 차트 (Gantt Chart)	미국의 간트가 1919년에 창안한 작업진도 도표로, 단계별로 업무 전체 시간을 바(Bar) 형식으로 표시한 것이다. 일정을 한눈에 볼 수 있고, 단계별로 소요되는 시간과 각 업무활동 사이의 관계를 보여준다.
워크플로 시트 (Work Flow Sheet)	일의 흐름을 동적으로 보여 주는 데 효과적이다. 특히 도형을 다르게 표현함으로써 주된 작업과 부차적인 작업, 혼자 처리할 수 있는 일과 다른 사람의 협조를 필요로 하는 일, 주의해야 할 일, 컴퓨터와 같은 도구를 사용해서 할 일 등을 구분해서 표현할 수 있다.

풀이 전략!

조직이해능력에서는 조직 자체에 대한 내용과 그 조직이 수행하는 업무에 대한 이해력을 묻는 두 가지의 유형으로 출제된다. 전자의 경우는 본 교재에서 설명하고 있는 조직이해론을 이해하고 있으면 충분히 풀이가 가능하나, 후자의 경우는 업무 자체에 대한 이해와 그 업무를 수행하는 데 필요한 절차 및 도표에 대한 문제들이 복합적으로 연결되어 출제되는 편이다. 의외로 이 유형의 문제에서 난도가 높은 문제가 종종 출제되므로 주의하기 바란다.

※ 다음 K그룹의 부서별 업무소개 자료를 읽고 이어지는 질문에 답하시오. **[3~4]**

> 1. ___㉠___ 직무 특성 및 소개
> 시설투자 · 공사지원 · 유지관리로 회사의 자산 가치를 극대화하고 임직원과의 소통과 원활한 경영활동 지원을 위한 업무를 수행합니다. 효율적인 공간 활용 및 쾌적한 사무환경 구축, 임직원 복지 증진으로 업무 효율성을 높이는 등 총체적인 업무지원 제반 활동을 진행합니다. 세부적으로 본사 및 사업장 부동산 자산관리, 임대차 자산 계약관리 등을 담당하는 관재업무, 설비 총괄 관리 및 시설물 관리로 쾌적한 근무 환경 조성 업무, 주주총회 기획 · 운영 · 관리 업무, 임직원 복리후생 제도 기획 · 운영 및 사회공헌 프로그램을 진행하는 복지관련 업무, 경영진 및 VIP 의전 및 대민 · 대관 관련 업무 등을 수행합니다.
>
> 2. 구매직무 주요 업무 내용
> – 시장조사 : 환율, 원부자재 가격 변동 등 Trend 조사 및 분석
> – 업체발굴 : TCO관점에서 QCD 만족시키는 협력사 검토
> – 협상/계약 : 가격 협상 및 납기 조율
> – 자재관리 : 시스템상 재고와 실 창고 재고 일치화 및 재고 수량 조사
> – 협력사 관리 및 협력사 기술 · 품질지원 : SRM시스템 구축 및 운영
> – 원가절감 활동 : 통합구매, 구매방식 다양화, 구매 시기 조정

03 **다음 중 빈칸 ㉠에 들어갈 업무로 옳은 것은?**

① 총무
② 인사
③ 회계
④ 생산
⑤ 기획

04 **다음 중 구매 직무를 수행하기 위해 필요한 능력으로 옳지 않은 것은?**

① 원가에 대한 이해력
② 데이터 분석 및 가공능력
③ 협상 및 설득능력
④ 생산 제품에 대한 지식
⑤ 협력사 검토 및 관리력

03

정답 ①

총무 업무는 일반적으로 주주총회 및 이사회 개최 관련 업무, 의전 및 비서업무, 집기비품 및 소모품의 구입과 관리, 사무실 임차 및 관리, 차량 및 통신시설의 운영, 국내외 출장 업무 협조, 복리후생업무, 법률자문과 소송관리, 사내외 홍보 광고업무 등이 있다.

오답분석

② 인사 업무 : 조직기구의 개편 및 조정, 업무분장 및 조정, 직원수급계획 및 관리, 직무 및 정원의 조정 종합, 노사관리, 평가관리, 상벌관리, 인사발령, 교육체계 수립 및 관리, 임금제도, 복리후생제도 및 지원업무, 복무관리, 퇴직관리 등

③ 회계 업무 : 회계제도의 유지 및 관리, 재무상태 및 경영실적 보고, 결산 관련 업무, 재무제표 분석 및 보고, 법인세, 부가가치세, 국세 지방세 업무자문 및 지원, 보험가입 및 보상업무, 고정자산 관련 업무 등

④ 생산 업무 : 생산계획 수립 및 총괄, 생산실행 및 인원관리, 원자재 수급 및 관리, 공정관리 및 개선업무, 원가관리, 외주관리 등

⑤ 기획 업무 : 경영계획 및 전략 수립, 전사기획업무 종합 및 조정, 중장기 사업계획의 종합 및 조정, 경영정보 조사 및 기획보고, 경영진단업무, 종합예산수립 및 실적관리, 단기사업계획 종합 및 조정, 사업계획, 손익추정, 실적관리 및 분석 등

04

정답 ④

생산 제품에 대한 지식은 품질관리 직무를 수행하기 위해 필요한 능력이다.

오답분석

① 원가절감 활동을 하기 위해서는 원가에 대한 이해력이 있어야 한다.

② 시장조사를 하기 위해서는 각종 데이터 분석 및 가공능력이 있어야 한다.

③ 협상 및 계약을 하기 위해서는 설득능력이 있어야 한다.

⑤ 업체 발굴 및 협력사 관리를 위해 필요한 능력이다.

풀이 전략!

업무 자체에 대한 이해를 묻는 문제로, 경우에 따라서는 실제 회사의 조직도가 주어지고 이와 연계하여 출제되는 경우도 종종 있는 편이다. 회사별로 업무 분장이 차이가 있을 수 있으나 총무, 인사 등과 같은 기본 업무들은 그 내용이 대동소이하므로 지원하는 곳의 조직도를 미리 구해 각 부서들이 실제로 수행하는 업무들을 살펴보는 것이 좋다. 이는 NCS 직업기초능력평가뿐만 아니라 필기시험 합격 후 면접 시험을 대비할 때에도 큰 도움이 된다.

SECTION

03 대표유형 적중문제

정답 및 해설 p.043

| 01 | 모듈형

01 다음 중 기업의 핵심 역량을 연구개발에 집중하는 기술혁신형 중소기업의 명칭은?

① 모듈 기업
② 이노비즈 기업
③ 벤처 기업
④ 가상 기업
⑤ 전문 기업

02 다음은 세계적 기업인 맥킨지(McKinsey)에 의해서 개발된 7－S 모형이다. 빈칸 ㉠, ㉡에 들어갈 요소를 바르게 나열한 것은?

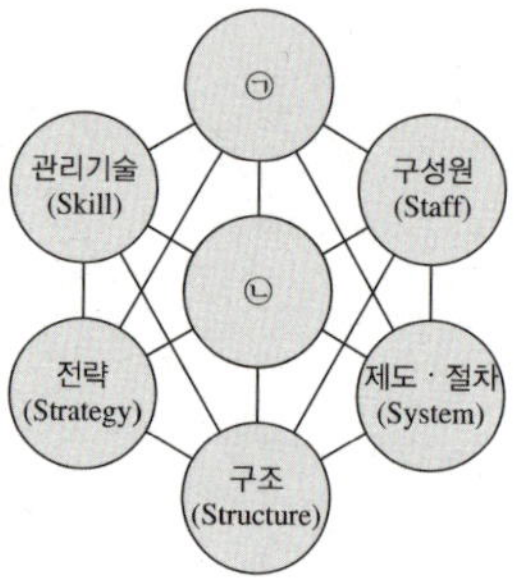

	㉠	㉡
①	스타일	공유가치
②	최고경영자	기술혁신
③	최고경영자	공유가치
④	기술혁신	스타일
⑤	공유가치	기술혁신

※ 다음의 대화를 읽고 이어지는 질문에 답하시오. **[3~4]**

김희연 : 좋은 직장과 안 좋은 직장을 알 수 있는 기준은 참 많지만, 하나를 골라보라면 ___㉠___을/를 고를 겁니다. 전임자가 회사를 도망치듯 나오거나 회사 자체가 ___㉠___의 중요성을 모르거나 후임자가 알아서 적응하는 것을 당연히 여기는 모습을 관행으로 여긴다면 좋은 회사일 리가 없죠.

김동원 : 저도 그렇게 생각해요. ___㉠___을/를 잘하는 것이 조직의 경쟁력 중에 하나가 될 수 있는데 말이죠. 앞서 일을 맡은 사람이 긴 시간 동안 보고 듣고 느낀 내용 중 가장 중요한 것만 전달할 수 있는 학습의 장이자, 업무의 질을 한 단계 올릴 수 있는 시간으로 만들 수도 있는데요.

임영훈 : 그러게 말이에요. 제가 지금 딱 그 상황입니다. 이번 달에 부서 이동을 해서 업무를 진행하기 전 ___㉠___ 자료를 보면서 업무 파악을 하고 있어요. 그런데 전임자였던 김호중씨가 정말 기본적인 정보 외에는 주지 않더군요. 물어볼 사항이 한두 가지가 아닌데… 경쟁자로 의식하나 봅니다. ㉡ <u>이전에 김호중씨가 작성했던 보고서를 참고하려고 자료를 요청했는데 자신이 직접 작성한 거라 공유하기가 어렵다고 하더군요</u>. 그나마 시급한 문제들은 장민호 계장이 도와준 덕분에 잘 해결되었으니 다행이죠.

이준원 : 저도 곧 인사발령이 나면 제 업무를 누군가가 담당해야 할 것인데 김호중씨처럼 본인의 담당업무 외에 일을 안 맡으려는 분이 있으니 마음이 좀 무겁네요. 서로 도우면 좋을 텐데.

03 **다음 대화의 빈칸 ㉠에 공통으로 들어갈 내용으로 가장 적절한 것은?**

① 업무지침
② 체크리스트
③ 인수인계
④ 직무기술서
⑤ 간트 차트

04 **다음 대화의 밑줄 친 ㉡과 같은 상황에서의 주의사항으로 옳지 않은 것은?**

① 전임자의 업무 경험과 같이 파일을 공유해야 한다.
② 팀 단위의 상황에서는 과거 사례를 바탕으로 팀원의 핵심역량에 대해 인계해야 한다.
③ 맡았던 모든 일을 일일이 디테일하게 다 알려주어야 한다.
④ 조직 내에서 현재 진행하고 있는 일에 대해 주요 이슈별로 정리해서 현재 진척 상황을 공유해야 한다.
⑤ 정식 인수인계 문서를 작성하고 관리자와 기타 영향을 받을 주요 직원들과 함께 문서를 검토해야 한다.

※ 다음 D기업의 경영전략의 자료를 읽고 이어지는 질문에 답하시오. [5~6]

> 지난 해 D기업은 총매출 1조 2,490억 원을 달성했다. 이는 대한민국 인구 5,000만 명을 기준으로 했을 때, 인당 D기업 제품을 연간 약 20개를 구입한 셈이다. 평균가 1,200원 제품을 기준으로 했을 때는 연간 총 약 10억 개가 팔린 수치다. 하루 평균 약 273만개, 시간당 약 11만개, 분당 약 1,830개, 초당 약 30개가 팔린 것이다. 하루 D기업 매장을 이용하는 고객수도 일일 60만 명에 이르고 있다. 요즘 SNS상에는 D기업이라는 이름보다 '다있소'라는 말이 더 많이 검색된다. "오늘 다있소에서 득템했어.", "다있소의 희귀템 추천합니다." 등은 없는 것이 없는 D기업을 지칭하는 말이다. 이같이 인식시킬 수 있었던 비결에는 D기업만의 차별화된 콘셉트와 마케팅 전략이 숨어 있기 때문이라고 회사는 설명한다. ㉠ 1,000원 상품 비중이 50% 이상, 국산 제품 비중이 50% 이상이어야 한다는 기본 경영철학하에 가격 고정이라는 카테고리 전략을 펼친 것이다. 이것에 승부를 걸어온 D기업은 전국 어디에서나 일상생활에 필요한 모든 상품을 공급한다는 차별화된 정책을 지속시키고 있다. 과거에는 불황시대의 산물로써 비춰진 적도 있었지만, 불황이나 호황에 구애받지 않는 것 또한 D기업만의 차별화된 행보다. 매월 600여 개의 신제품을 쏟아내는 것 또한 D기업만의 차별화된 소싱 능력으로 꼽을 수 있다.

05 다음 중 윗글의 밑줄 친 ㉠에 해당하는 D기업의 경영전략에 해당하는 것은?

① 원가우위전략
② 차별화전략
③ 집중화전략
④ 혁신전략
⑤ 비차별화전략

06 경영전략은 전략 목표 설정, 전략 환경 분석, 경영전략 도출, 경영전략 실행, 전략평가 및 피드백의 단계로 실행된다. 경영전략의 5단계 추진 과정 중 윗글의 사례에 해당하는 것은?

① 전략 환경 분석
② 경영전략 도출
③ 경영전략 실행
④ 전략 평가 및 피드백
⑤ 전략 목표 설정

※ 다음 글을 읽고 이어지는 질문에 답하시오. **[7~8]**

최근 서울 강서구에 있는 L전자제품 유통채널인 'B샵'에 한 손님이 찾아왔다. 이 손님은 건물 1~2층에 위치한 고객 체험형 가전공간과 연계한 인테리어 숍인숍, 3층 서비스센터 등 매장 곳곳을 살펴봤다. 이 손님은 코로나 사태로 힘든 시기임에도 제품 판매와 A/S, 배송 등 서비스 제공을 위해 최선을 다하는 직원들에게 감사를 표하고 매장을 떠났다. 이 손님은 바로 L그룹 대표였다. 그는 직원들 업무에 지장을 주지 않도록 B샵 담당 임원과 책임급 실무자 3~4명과 함께 이 매장을 찾았다. 당시 매장에는 고객들이 적지 않았지만, L그룹 회장의 방문을 눈치챈 사람은 한 명도 없었던 것으로 알려졌다.

L그룹 대표는 불필요한 형식과 격식은 과감하게 없애고, 진심을 갖고 구성원과 이해관계자들을 대하면서 L그룹의 미래를 위한 새로운 변화를 이끌고 있다. L그룹 대표는 2022년 6월 29일 L그룹 대표이사 회장에 취임한 직후 임직원들에게 '회장'이 아닌 '대표'로 불러 달라 당부했다. 또 문자나 이메일 등으로 임직원과 격의 없이 소통한다. L그룹 내에는 대표의 문자를 받고 깜짝 놀랐다는 임원이 적지 않은 것으로 알려졌다. 또한 코로나19 등의 감염병 확산 방지를 염두에 두고, 올해부터 아예 온라인 시무식으로 전환해 신년사를 담은 영상을 전 세계 25만 명의 임직원에게 이메일로 전달했다. 회의문화도 철저히 실용적으로 변화시켰다.

07 **다음 중 윗글을 읽고 유추할 수 있는 L그룹의 경영전략으로 적절하지 않은 것은?**

① 대표는 실용성과 진정성, 이 두 가지 리더십을 가지고 회사를 경영하고 있다.
② 회장이라는 직위보다는 지주회사 대표라는 직책이 갖는 의미를 강조하고 있다.
③ 1등 전략을 통해 국내 선도기업을 목표로 하고 있다.
④ 직원들과 격의 없이 소통하며 직원들을 동반자의 관계로 존중하고 있다.
⑤ 코로나 시대에 직원 간 소통을 비대면으로 하며 효과적으로 대응하고 있다.

08 **조직문화에 가장 많은 영향을 주는 사람은 CEO이다. 다음 조직문화를 구성하는 7가지 요소 중 윗글의 사례에 해당하는 것은?**

〈조직문화를 구성하는 7요소〉

공유가치(Shared Value), 전략(Strategy), 조직구조(Structure), 제도(System), 구성원(Staff), 관리기술(Skill), 리더십스타일(Style)

① 리더십스타일
② 구성원
③ 제도
④ 관리기술
⑤ 공유가치

09 **다음 중 직무수행교육(OJT; On the Job Training)의 네 가지 단계를 순서대로 바르게 나열한 것은?**

> ㉠ 시켜보고 잘못을 시정한다. 시켜보면서 작업을 설명하도록 한다. 다시 한 번 시켜보면서 급소를 말하도록 한다. 완전히 이해할 때까지 확인한다.
> ㉡ 편안하게 한다. 어떤 작업을 하는지 말한다. 그 작업에 대해서 어느 정도 알고 있는지 확인한다. 작업을 배우고 싶은 기분이 되도록 한다. 올바른 위치에 자세를 취하도록 한다.
> ㉢ 중요한 스텝(Step)을 하나씩 말해서 들려주고, 해 보이고, 기록해 보인다. 급소를 강조한다. 확실하게, 빠짐없이, 끈기 있게, 이해하는 능력 이상으로 하지 않는다.
> ㉣ 작업에 종사시킨다. 모를 때에 답변할 사람을 지정해 둔다. 몇 번이고 조사한다. 질문하도록 작용한다. 차츰 지도를 줄인다.

① ㉠－㉢－㉡－㉣
② ㉡－㉠－㉢－㉣
③ ㉡－㉢－㉠－㉣
④ ㉢－㉠－㉣－㉡
⑤ ㉢－㉡－㉠－㉣

10 **다음은 경영참가제도의 유형에 대한 자료이다. 밑줄 친 ㉠～㉢에 대한 설명으로 옳지 않은 것은?**

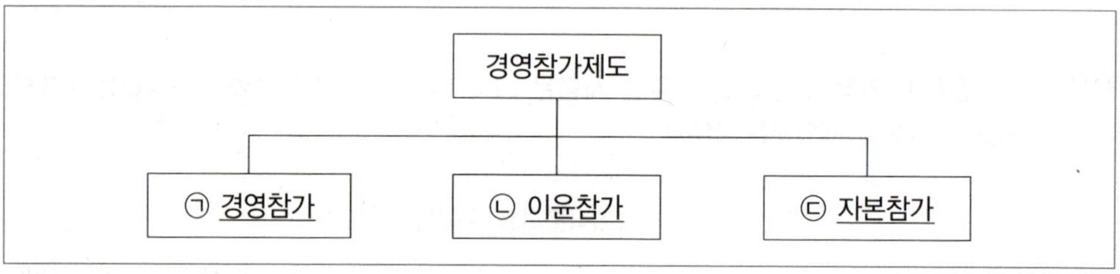

① ㉠의 경우 초기단계에서는 경영자가 경영 관련 정보를 근로자에게 제공한다.
② ㉡은 구성원의 몰입과 관심을 높일 수 있는 방법이다.
③ ㉡은 생산의 판매가치나 부가가치의 증대를 기준으로 성과배분을 하기도 한다.
④ ㉢은 근로자들이 퇴직 후에 생활자금을 확보할 수 있는 방법이 될 수 있다.
⑤ ㉢의 사례로는 공동의사결정제도와 노사협의회제도를 볼 수 있다.

| 03 | 피듈형

01 **현재 시각은 오전 11시이다. 오늘 중 마쳐야 하는 ㄱ ~ ㄹ 네 가지의 업무가 있을 때 업무의 우선순위는?(단, 업무시간은 오전 9시부터 오후 6시까지이며, 점심시간은 12시부터 1시간이다)**

업무 내용	처리 시간
ㄱ. 기한이 오늘까지인 비품 신청	1시간
ㄴ. 오늘 내에 보고해야 하는 보고서 초안을 작성해 달라는 부서장의 지시	2시간
ㄷ. 가능한 빨리 보내 달라는 인접 부서의 협조 요청	1시간
ㄹ. 오전 중으로 고객에게 보내기로 한 자료 작성	1시간

① ㄱ－ㄴ－ㄷ－ㄹ
② ㄴ－ㄷ－ㄹ－ㄱ
③ ㄷ－ㄴ－ㄹ－ㄱ
④ ㄴ－ㄱ－ㄷ－ㄹ
⑤ ㄹ－ㄴ－ㄷ－ㄱ

02 **경영참가제도는 자본참가, 성과참가, 의사결정참가 유형으로 구분된다. 다음 중 '자본참가' 유형의 사례로 가장 적절한 것은?**

① 임직원들에게 저렴한 가격으로 일정 수량의 주식을 매입할 수 있게 권리를 부여한다.
② 위원회제도를 활용하여 근로자의 경영참여와 개선된 생산의 판매가치를 기초로 성과를 배분한다.
③ 부가가치의 증대를 목표로 하여 이를 노사협력체제를 통해 달성하고, 이에 따라 증가된 생산성 향상분을 노사 간에 배분한다.
④ 천재지변의 대응, 생산성 하락, 경영성과 전달 등과 같이 단체교섭에서 결정되지 않은 사항에 대하여 노사가 서로 협력할 수 있도록 한다.
⑤ 노동자 또는 노동조합의 대표가 기업의 최고결정기관에 직접 참가해서 기업경영의 여러 문제를 노사 공동으로 결정한다.

※ 다음 K회사의 조직구성표를 보고 이어지는 질문에 답하시오. **[3~4]**

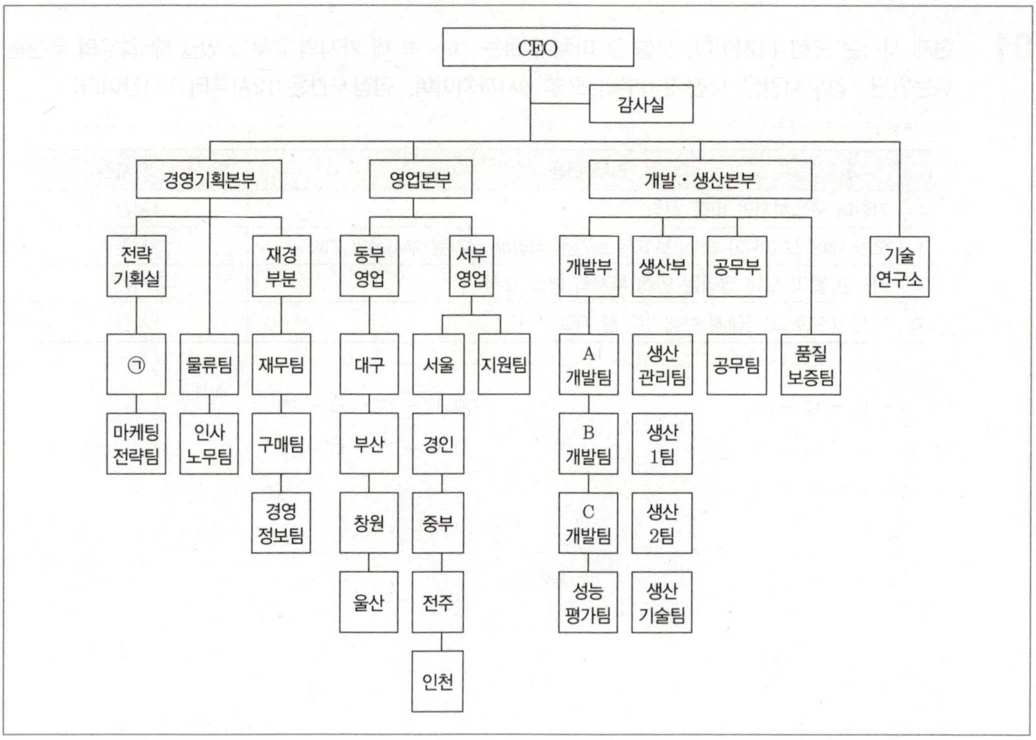

03 다음 중 빈칸 ㉠에 들어갈 팀으로 적절하지 않은 것은?

① 전략지원팀　　② 경영기획팀
③ 시설관리팀　　④ 기획홍보팀
⑤ 인력지원팀

04 다음은 S씨가 담당하고 있는 업무의 소개이다. S씨는 어느 본부 소속인가?

> S씨는 생산 제품의 영업기획, 영업계획 수립, 견적, 계약, 판매관리, 채권관리, 홍보관리 등의 업무를 담당한다. 영업기획은 시장, 경쟁사 동향 파악은 물론 신제품 개발 및 신규사업 수요조사를 통한 장・단기 수요, 판매를 예측하고 대응전략을 수립한다. 그리고 영업계획 수립은 월별 견적, 수주, 판매, 수금 계획을 작성 및 관리하며, 사양 및 원가를 검토해 견적서를 제출한다. 이외에 계약 전반적인 사항의 검토 및 협의, 기준 판매 가격 책정, 영업실적 및 출하일정 관리, 국내 딜러 및 고객사 관리・지원 등의 업무를 수행한다.

① 경영기획본부　　② 영업본부
③ 개발・생산본부　　④ 기술 연구소
⑤ 감사실

※ 다음은 어떤 기관에서 공지한 교육 홍보물의 내용 중 일부를 발췌한 자료이다. 이어지는 질문에 답하시오. [5~6]

- 상략 -

▶ 신청 자격 : 중소기업 재직자, 중소기업 관련 협회·단체 재직자
- 성공적인 기술 연구개발을 통해 기술 경쟁력을 강화하고자 하는 중소기업
- 정부의 중소기업 지원 정책을 파악하고 국가 연구개발 사업에 신청하고자 하는 중소기업

▶ 교육비용 : 100% 무료교육(교재 및 중식 제공)

▶ 교육일자 : 모든 교육과정은 2일 16시간 과정, 선착순 60명 마감

과정명	교육내용	교육일자	교육장소	접수마감
정규(일반)	연구개발의 성공을 보장하는 R&D 기획서 작성	8. 19(월) ~ 20(화)	B대학교	8. 18(일)
정규(종합)	R&D 기획서 작성 및 사업화 연계	8. 28(수) ~ 29(목)	A센터	8. 23(금)

※ 선착순 모집으로 접수마감일 전 정원 초과 시 조기 마감될 수 있음

본 교육과 관련하여 보다 자세한 정보를 원하시면 ___㉠___ K사원(123-4567)에게 문의하여 주시기 바랍니다.

05 다음 중 K사원이 속해 있을 부서에서 수행하고 있을 업무로 적절하지 않은 것은?

① 중소기업 R&D 지원 사업 기획 및 평가·관리
② R&D 교육 관련 전문 강사진 관리
③ 연구개발 기획 역량 개발 지원 사업 기획·평가·관리
④ R&D 관련 장비 활용 지원 사업 기획 및 평가·관리
⑤ R&D 사업화 연계·지원 관리

06 교육 홍보물에 공지한 교육과 관련된 고객의 질문에 대해 K사원이 대답하기 어려운 질문은?

① 교육 과정을 신청할 때 한 기업에서 참여할 수 있는 인원수 제한이 있습니까?
② 본 교육의 내용을 바탕으로 기획서를 작성한다면 저희 기업도 개발 지원이 가능합니까?
③ 접수 마감일인 18일 현재 신청이 마감되었습니까? 혹시 추가 접수도 가능합니까?
④ 이전 차수에서 동일한 교육 과정을 이수했을 경우 이번 교육은 참여가 불가능합니까?
⑤ 일반과 종합과정을 모두 신청하는 것도 가능합니까?

CHAPTER 08

대인관계능력

합격 CHEAT KEY

대인관계능력은 직장생활에서 접촉하는 사람들과 원만한 관계를 유지하고 조직구성원들에게 도움을 줄 수 있으며 조직 내부 및 외부의 갈등을 원만히 해결하고 고객의 요구를 충족할 수 있는 능력을 의미한다. 또한, 직장생활을 포함한 일상에서 스스로를 관리하고 개발하는 능력을 말한다. 세부 유형은 팀워크, 갈등 관리, 협상, 고객 서비스로 나눌 수 있다.

01 일반적인 수준에서 판단하라!

일상생활에서의 대인관계를 생각하면서 문제에 접근하면 어렵지 않게 풀 수 있다. 그러나 수험생들 입장에서 직장 내에서의 상황, 특히 역할(직위)에 따른 대인관계를 묻는 문제는 까다롭게 느껴질 수 있고 일상과는 차이가 있을 수 있기 때문에 이런 유형에 대해서는 따로 알아둘 필요가 있다.

02 이론을 먼저 익혀라!

대인관계능력 이론을 접목한 문제가 종종 출제된다. 물론 상식 수준에서도 풀 수 있지만 정확하고 신속하게 해결하기 위해서는 이론을 정독한 후 자주 출제되는 부분들은 암기를 필수로 해야 한다. 자주 출제되는 부분은 리더십과 멤버십의 차이, 단계별 협상 과정, 고객 불만 처리 프로세스 등이 있다.

03 실제 업무에 대한 이해를 높여라!

출제되는 문제의 수는 많지 않으나, 고객과의 접점에 있는 서비스직군 시험에 출제될 가능성이 높은 영역이다. 특히 상황 제시형 문제들이 많이 출제되므로 실제 업무에 대한 이해를 높여야 한다.

04 애매한 유형의 빈출 문제, 선택지를 파악하라!

대인관계능력의 출제 문제들을 보면 이것도 맞고, 저것도 맞는 것 같은 선택지가 많다. 하지만 정답은 하나이다. 출제자들은 대인관계능력이란 공부를 통해 얻는 것이 아닌 본인의 독립적인 성품으로부터 자연스럽게 나오는 것이라고 생각한다. 수험생들이 선택하는 보기로 그 수험생들을 파악한다. 그러므로 대인관계능력은 빈출 유형의 문제와 선택지를 파악하고 가는 것이 애매한 문제들의 정답률을 높이는 데 도움이 될 것이다. 내가 맞다고 생각하는 선택지가 답이 아닐 가능성이 있기 때문이다.

SECTION

01 모듈이론

01 대인관계능력의 의의

(1) 대인관계능력이란?

① 대인관계의 의의

조직 구성원 간에 협조적인 관계를 유지하고, 구성원들에게 도움을 줄 수 있으며, 조직 내 · 외부의 갈등을 원만히 해결하는 능력을 말한다.

② 대인관계능력의 하위능력

종류	내용
팀워크 능력	다른 구성원들과 목표를 공유하고 원만한 관계를 유지하며, 책임감 있게 업무를 수행하는 능력
리더십 능력	조직 구성원들의 업무 향상에 도움을 주며 동기화시킬 수 있고, 조직의 목표 및 비전을 제시할 수 있는 능력
갈등관리 능력	조직 구성원 사이에 갈등이 발생하였을 경우, 이를 원만히 조절하는 능력
협상 능력	협상 가능한 목표를 세우고 상황에 맞는 협상 전략을 선택하여 다른 사람과 협상하는 능력
고객서비스 능력	고객서비스에 대한 이해를 바탕으로 실제 현장에서 다양한 고객에 대처하고 고객만족을 이끌어 낼 수 있는 능력

(2) 대인관계 양식의 유형과 특징

유형	특징
지배형	• 대인관계에 자신이 있으며 자기주장이 강하고 주도권을 행사함 • 지도력과 추진력이 있음 • 강압적 · 독단적 · 논쟁적이어서 마찰이 발생할 가능성이 높음 • 지시에 순종하지 않고 거만하게 보임
실리형	• 이해관계에 예민하며 성취 지향적임 • 자기중심적 · 경쟁적이며, 이익을 우선시함 → 타인에 대한 관심과 배려가 부족함 • 타인을 신뢰하지 못함 • 불공평한 대우에 예민함
냉담형	• 이성적이고 냉철하며, 의지가 강하고 타인과 거리를 둠 • 타인의 감정에 무관심함 • 긍정적인 감정 표현을 어려워함 • 오랜 기간 깊게 사귀기 어려움
고립형	• 혼자 일하는 것을 좋아하며, 감정을 드러내지 않음 • 사회적 상황을 회피하며 감정을 지나치게 억제함 • 침울하고 우유부단하여 고립될 가능성이 있음

복종형	• 수동적이고 의존적임 • 자신감이 낮고 주목받는 일을 피함 • 자신의 의사를 전달하기 어려워함 • 상급자의 위치에서 일하는 것에 부담을 느낌
순박형	• 단순하고 솔직하며, 너그럽고 겸손함 • 주관 없이 끌려다니기 쉬움 → 이용당할 가능성이 높음 • 원치 않을 때에도 타인의 의견에 반대하지 못함
친화형	• 타인을 배려하며 자기희생적 태도 • 요구를 잘 거절하지 못하고 타인의 필요를 자신보다 앞세움 • 타인과의 정서적 거리 유지 노력 • 본인의 이익도 중요함을 인식
사교형	• 외향적, 인정받고자 하는 욕구 • 타인에게 간섭하는 경향 • 흥분, 충동적 성향 • 개인적인 일을 타인에게 너무 알리는 경향이 있음 • 자신의 내면적 생활에 관심을 가지고, 인정받고자 하는 욕구에 대해 성찰할 필요가 있음

OX 문제

01 대인관계능력이란 조직원들과 협조적인 관계 유지, 조직 구성원들에게 업무상의 도움, 조직 내부 및 외부의 갈등 해결, 고객의 요구를 충족시켜줄 수 있는 능력 등을 포괄하는 개념이다. [ ]

02 친화형 인간의 경우는 나의 이익보다는 타인의 이익이 중요하다는 것을 인식함으로써 문제점을 해결할 수 있다. [ ]

03 대인관계 유형 중 순박형은 겸손하고 너그러운 경향이 있으며, 본인이 원치 않는 것에 대해서는 반대 의견을 잘 표현한다. [ ]

01 [○]

02 [×] 친화형의 경우 타인의 요구를 잘 거절하지 못하고 타인의 필요를 자신의 것보다 앞세우는 경향이 있기 때문에, 타인의 이익만큼이나 나의 이익이 중요하다는 것을 인식하는 게 중요하다.

03 [×] 순박형은 겸손하고 너그러운 경향이 있으며, 본인이 원치 않는 것에 대해서는 반대 의견을 잘 표현하지 못한다. 이에 자신의 의견을 표현하고 주장하는 노력이 필요하다.

02 팀워크능력

(1) 팀워크의 의의와 특징

① 팀워크의 정의

'Team'과 'Work'의 합성어로, 팀 구성원이 공동의 목적을 달성하기 위해 상호 관계성을 가지고 협력해 업무를 수행하는 것을 말한다.

② 팀워크와 응집력의 차이

팀워크	응집력
구성원이 공동의 목적을 달성하기 위해 상호 관계성을 가지고 서로 협력해 업무를 수행하는 것	사람들로 하여금 집단에 머물도록 하고, 그 집단의 구성원으로 계속 남아 있기를 원하게 만드는 힘

③ 팀워크의 유형

협력・통제・자율 등의 3가지 기제를 통해 구분되는데, 조직이나 팀의 목적, 추구하는 사업 분야에 따라 서로 다른 유형의 팀워크를 필요로 한다.

④ 팀워크를 저해하는 요소

- 조직에 대한 이해 부족
- 이기주의
- 자아의식 과잉
- 질투나 시기로 인한 파벌주의
- 그릇된 우정과 인정
- 사고방식의 차이에 대한 무시

(2) 리더십과 팔로워십

① 팔로워십의 의의

리더를 따르는 것으로, 따르는 사람들은 헌신, 전문성, 용기, 정직하고 현명한 평가 능력, 융화력, 겸손함이 있어야 하며, 리더가 결점이 보일 때 덮어주는 아량도 있어야 한다. 리더십과 팔로워십은 상호 보완적이며 필수적인 관계를 이룬다.

② 팔로워십의 유형

구분	자아상	동료 / 리더의 시각	조직에 대한 자신의 느낌
소외형	• 자립적 • 일부러 반대의견 제시 • 조직의 양심	• 냉소적 • 부정적 • 고집이 셈	• 자신을 인정하지 않음 • 적절한 보상의 부재 • 불공정하며 문제가 있음
순응형	• 기쁜 마음으로 과업수행 • 팀플레이 • 리더나 조직을 믿고 헌신	• 아이디어 없음 • 인기 없는 일은 하지 않음 • 조직을 위해 자신과 가족의 요구를 양보	• 기존 질서 존중 • 리더의 의견을 거스르지 못함 • 획일적인 태도
실무형	• 조직의 운영방침에 민감 • 균형 잡힌 시각 • 규정과 규칙	• 개인의 이익 극대화 • 적당한 열의와 평범한 수완	• 규정 준수 강조 • 명령과 계획의 잦은 변경 • 리더와 부하 간의 비인간적 풍토

수동형	• 리더에 의존 • 지시에 의한 행동	• 제 몫을 하지 못함 • 감독이 반드시 필요	• 조직이 자신의 아이디어를 원치 않음 • 노력과 공헌은 소용없음
주도형	이상적인 유형		

(3) 팀워크의 촉진방법

① 건설적 피드백

문제 제기	해당 팀원으로 하여금 업무 수행이나 근무태도의 특정 사안에 대해 시정해야 할 부분이 있음을 알게 하는 것으로, 업무목표 달성과 관련된 경우나 자신이 해야 할 일이 아닌 업무를 하고 있을 때 문제를 제기하는 단계
상황 이해	업무 수행과 근무태도가 부서에 미치는 영향에 관해 기술하고, 상호 이해에 도달함으로써 해당 팀원이 무엇이 문제인지를 알게 하는 단계
문제 해결	바람직한 결과를 끌어내기 위해서 해당 팀원이 현재 상황을 개선할 수 있도록 행동을 취하게 하는 단계

② 갈등의 해결

㉠ 성공적으로 운영되는 팀은 갈등의 해결에 능숙하다. 효과적인 갈등관리로 혼란과 내분을 방지하고, 팀 진전 과정에서의 방해 요소를 미리 없앤다.

㉡ 팀원 사이의 갈등을 발견하면 제3자로서 신속히 개입해 중재해야 한다.

③ 훌륭한 결정이 되기 위해서 고려해야 할 2가지 측면

결정의 질	• 쟁점의 모든 측면을 다루었는가? • 모든 팀원과 협의하였는가? • 추가 정보나 조언을 얻기 위해 팀 외부와 협의할 필요가 있는가?
구성원의 참여	• 모든 팀원이 결정에 동의하는가? • 팀원들은 결정을 실행함에 있어서 각자의 역할을 이해하고 있는가? • 팀원들은 결정을 열성적으로 실행하고자 하는가?

OX 문제

01 응집력이란 사람들로 하여금 집단에 머물도록 만들고, 그 집단의 멤버로서 계속 남아 있기를 원하게 만드는 힘을 의미한다. [ ]

02 팔로워십 유형 중 실무형은 조직의 운영방침에 민감하며 사건을 균형 잡힌 시각으로 보는 특징을 가진다. [ ]

03 팔로워십의 유형 중 소외형은 조직이 자신을 인정해 주지 않는다고 느끼며, 다른 사람이 볼 때 다소 냉소적 · 부정적으로 보인다. [ ]

01 [O]
02 [O]
03 [O]

03 리더십 능력

(1) 리더십의 의의

① 리더십의 의의

모든 조직 구성원이 각자의 위치에서 가질 수 있는 것으로, '조직의 공통된 목적을 달성하기 위하여 개인이 조직원들에게 영향을 미치는 과정'을 의미한다.

② 리더십에 대한 일반적인 정의·개념

- 조직 구성원들로 하여금 조직의 목표를 위해 자발적으로 노력하도록 영향을 주는 행위
- 어떤 주어진 상황 내에서 목표 달성을 위해 개인 또는 집단에 영향력을 행사하는 과정
- 자신의 주장을 소신 있게 나타내고 다른 사람들을 격려하는 힘

③ 리더와 관리자

리더	관리자
• 새로운 상황 창조자 • 혁신지향적 • '내일'에 초점을 맞춘다. • 사람을 중시 • 정신적 • 계산된 리스크를 취한다. • '무엇을 할까?'를 생각한다.	• 상황에 수동적 • 유지지향적 • '오늘'에 초점을 맞춘다. • 체제나 기구를 중시 • 기계적 • 리스크를 회피한다. • '어떻게 할까?'를 생각한다.

④ 리더십의 발휘 구도

산업 사회에서 정보 사회로 이행되면서 상사가 하급자에게 발휘하는 형태뿐만 아니라 조직원이 동료나 상사에게까지도 발휘해야 하는 전방위적 형태로 바뀌었다.

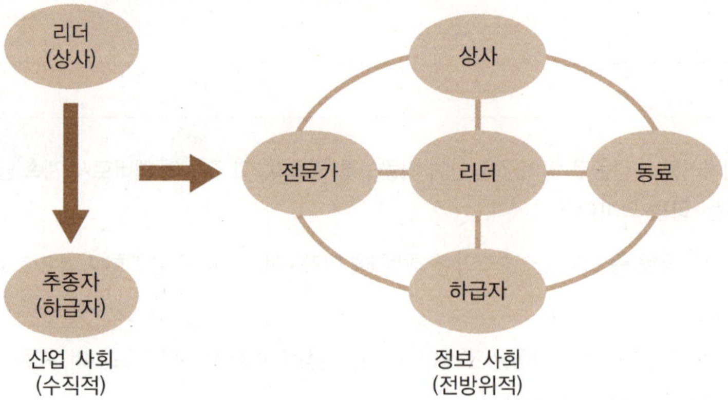

(2) 리더십의 유형

① 독재자 유형

㉠ 정책의사결정과 대부분의 핵심 정보를 자신에게만 국한해 소유한다.

㉡ 통제가 없이 방만한 상태에 있을 때 혹은 가시적인 성과물이 보이지 않을 때 효과적이다.

㉢ 특징 : 질문 금지, 모든 정보는 내 것, 실수를 용납하지 않음

② 민주주의 근접 유형

㉠ 독재자 유형보다는 관대하다. 전체 그룹 구성원 모두를 목표 방향 설정에 참여시킴으로써 구성원들에게 확신을 심어주려고 노력한다.

㉡ 혁신적이고 탁월한 부하 직원들을 거느리고, 그런 방향을 계속적으로 지향할 때 가장 효과적이다.

㉢ 특징 : 참여, 토론의 장려, 거부권

③ 파트너십 유형

㉠ 리더와 집단 구성원 사이의 구분이 희미하다.

㉡ 소규모 조직에서 풍부한 경험과 재능을 소유한 개개인들에게 적합하고 신뢰, 정직, 구성원들의 능력에 대한 믿음이 파트너십의 핵심 요소이다.

㉢ 특징 : 평등, 집단의 비전, 책임 공유

④ 변혁적 유형

㉠ 개개인과 팀이 유지해 온 업무 수행 상태를 뛰어넘으려 한다.

㉡ 특징 : 카리스마, 자기 확신, 존경심과 충성심, 풍부한 칭찬, 감화

(3) 동기부여

① 동기부여의 의의

'동기부여'는 리더십의 핵심 개념이다. 성과와 목표의 실현은 동기부여의 직접적인 결과이며, 자신에게 동기를 부여해야 좋은 결과를 얻을 수 있다.

② 동기부여의 방법

긍정적 강화법	목표달성을 높이 평가하여 곧바로 보상하는 행위
새로운 도전의 기회 부여	환경 변화에 따라 조직원에게 새로운 업무를 맡을 기회를 제공하여 발전과 창조성을 고무
창의적인 문제 해결법 발견	문제를 해결하도록 지도하고 개입하지만, 해결책은 스스로 찾을 수 있도록 분위기를 조성
역할과 행동에 책임감 부여	업무에 책임을 지도록 하는 환경 조성 → 안정감을 느끼고 의미 있는 일을 하고 있다는 긍지를 가짐
코칭	문제 및 진척 상황을 팀원들과 함께 살피고 지원하며, 지도 및 격려
변화를 두려워하지 않음	위험을 감수해야 할 이유와 목표 제시를 통해 팀원이 안전지대를 벗어나 높은 목표를 향하도록 격려
지속적 교육	지속적인 교육과 성장의 기회 제공을 통해 상사로부터 인정받고 있으며, 권한을 위임받았다고 느낄 수 있도록 동기부여

(4) 임파워먼트(Empowerment)

① 임파워먼트의 의의

직원들에게 일정 권한을 위임하면 자신의 능력을 인정받았다고 인식해 업무 효율성이 높아지므로 훨씬 쉽게 목표를 달성할 수 있다.

② 임파워먼트 환경의 특징

- 도전적이고 흥미 있는 일
- 학습과 성장의 기회
- 높은 성과와 지속적인 개선을 가져오는 요인들에 대한 통제
- 긍정적인 인간관계
- 개인들이 공헌하며 만족한다는 느낌
- 상부로부터의 지원

③ 임파워먼트의 장애요인

개인 차원	주어진 일을 해내는 역량의 결여, 동기의 결여, 결의의 부족, 책임감 부족, 의존성
대인 차원	다른 사람과의 성실성 결여, 약속 불이행, 성과를 제한하는 조직의 규범, 갈등 처리 능력 부족, 승패의 태도
관리 차원	통제적 리더십 스타일, 효과적 리더십 발휘 능력 결여, 경험 부족, 정책 및 기획의 실행 능력 결여, 비전의 효과적 전달 능력 결여
조직 차원	공감대 형성이 없는 구조와 시스템, 제한된 정책과 절차

(5) 변화관리의 단계

① 1단계 : 변화의 이해

리더는 먼저 변화의 실상을 정확히 파악한 다음, 익숙했던 것들을 버리는 데서 오는 감정과 심리적 상태를 어떻게 다룰 것인가에 대해 심사숙고해야 한다. 변화관리에서 변화를 다루는 방법만큼 중요한 것은 없다.

- 변화가 왜 필요한가?
- 무엇이 변화를 일으키는가?
- 변화는 모두 좋은 것인가?

② 2단계 : 변화의 인식

리더는 직원들에게 변화와 관련된 상세한 정보를 제공하여 직원들 자신이 변화를 주도하고 있다는 마음이 들도록 이끌어야 한다.

- 개방적인 분위기를 조성한다.
- 구성원들의 감정을 세심하게 살핀다.
- 변화의 긍정적인 면을 강조한다.
- 변화에 적응할 시간을 준다.

③ 3단계 : 변화의 수용

- 부정적인 행동을 보이는 구성원은 개별 면담을 통해 늘 관심 있게 지켜보고 있다는 사실과 언제든지 대화를 나눌 수 있다는 점을 주지시킨다.
- 변화에 스스로 대처하려는 직원들에게도 도움을 주어야 한다. 이런 구성원들에게는 '인간은 자기 실현적 예언자'라는 점을 인식시키면 좋다.

OX 문제

01 독재자 유형의 리더십은 집단이 통제가 없이 방만한 상태에 있을 때 혹은 가시적인 성과물이 보이지 않을 때 사용한다면 효과적일 수 있다. [ ]

02 목표달성을 높이 평가하여 곧바로 보상하는 행위를 긍정적 강화라고 한다. [ ]

03 지속적으로 동기부여하기 위해 가장 좋은 방법은 금전적인 보상이나 편익, 승진 등의 외적인 동기유발이다. [ ]

04 성공적인 임파워먼트를 위해서는 권한 위임의 한계를 명확하게 하여야 한다. [ ]

01 [○]

02 [○]

03 [×] 외적인 동기유발제는 일시적으로 효과를 낼 수 있으며, 단기간에 좋은 결과를 가져오고 사기를 끌어올릴 수 있지만, 그 효과는 오래가지 못한다.

04 [○]

04 갈등관리능력

(1) 갈등의 의의

① '갈등'의 일반적 의미

조직을 구성하는 개인과 집단, 조직 간에 잠재적 또는 현재적으로 대립하고 마찰하는 사회적·심리적 상태를 말한다.

② 갈등과 조직성과 사이의 관계

갈등수준이 전혀 없거나 낮을 때에는 조직 내부는 의욕이 상실되고 환경 변화에 대한 적응력도 떨어져 조직성과가 낮아지게 된다. 그러나 갈등수준이 적절(X_1)할 때는 조직 내부에 생동감이 넘치고 변화지향적이며 문제해결 능력이 발휘된다.

[갈등과 조직성과]

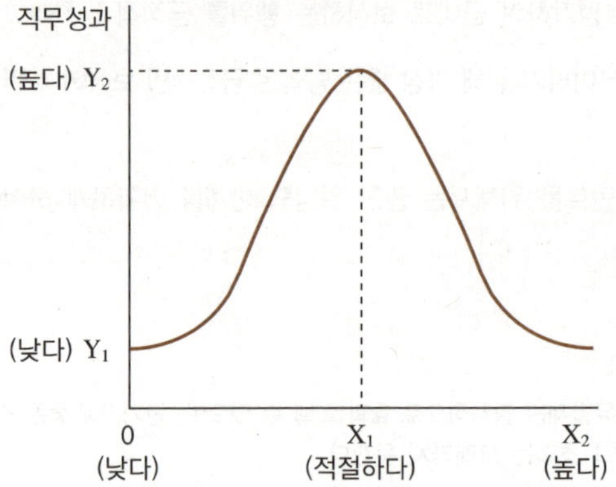

③ 갈등의 증폭원인

적대적 행동	• 팀원은 '승리·패배의 경기'를 시작한다. • 팀원은 문제를 해결하기보다는 '승리하기'를 원한다.
입장 고수	• 팀원은 공동의 목표를 달성할 필요성을 느끼지 않는다. • 팀원은 각자의 입장만을 고수하고, 의사소통의 폭을 줄이며, 서로 접촉하는 것을 꺼린다.
감정적 관여	• 팀원은 자신의 입장에 감정적으로 묶인다.

(2) 갈등의 두 가지 쟁점

핵심적인 문제들은 대부분 갈등의 밑바닥에 깔려 있는 반면에, 감정적인 문제들은 갈등을 복잡하게 만든다. 갈등을 해결하기 위해서는 핵심적인 문제부터 해결해야 한다.

핵심 문제	감정적 문제
• 역할 모호성 • 방법에 대한 불일치 • 목표에 대한 불일치 • 책임에 대한 불일치 • 가치에 대한 불일치	• 공존할 수 없는 개인적 스타일 • 통제나 권력 확보를 위한 싸움 • 자존심에 대한 위협 • 질투 • 분노

(3) 갈등을 해결하기 위한 방법

① 갈등의 과정

의견 불일치	상대방에게 생각과 동기를 설명할 수 있는 기회를 주고 대화를 나누다 보면 오해가 사라지고 더 좋은 관계로 발전할 수 있지만, 그냥 내버려 두면 심각한 갈등으로 발전하게 된다.
대결 국면	상대방의 입장은 부정하면서 자기주장만 하려고 하며, 서로의 입장을 고수하려는 강도가 높아지면서 서로 간의 긴장은 더욱 높아지고 감정적인 대응이 더욱 격화되어 간다.
격화 국면	상대방에 대하여 더욱 적대적으로 발전해 나가며, 상대방의 생각이나 의견·제안을 부정하고, 그에 대한 반격으로 대응함으로써 자신들의 반격을 정당하게 생각한다.
진정 국면	흥분과 불안이 가라앉고 이성과 이해의 원상태로 돌아가려 하며, 협상이 시작된다. 협상과정을 통해 쟁점이 되는 주제를 논의하고 새로운 제안을 하며 대안을 모색하게 된다.
갈등의 해소	갈등 당사자들은 문제를 해결하지 않고는 자신들의 목표를 달성하기 어렵다는 것을 알게 된다. 서로 간에 쌓인 갈등의 해소는 회피형, 지배 또는 강압형, 타협형, 순응형, 통합 또는 협력형 등의 방법으로 이루어진다.

② 갈등 해결 방법

회피형 (Avoiding)	• 자신과 상대방에 대한 관심이 모두 낮은 경우 • 개인의 갈등상황으로부터 철회 또는 회피하는 것 • '나도 지고, 너도 지는 방법(I Lose-You Lose)'
경쟁형 (Competing)	• '지배형'이라고도 함 • 자신에 대한 관심은 높고, 상대방에 대한 관심은 낮은 경우 • '나는 이기고, 너는 지는 방법(Win-Lose)', 제로섬(Zero Sum)
수용형 (Accomodating)	• 자신에 대한 관심은 낮고, 상대방에 대한 관심은 높은 경우 • '나는 지고, 너는 이기는 방법(I Lose-You Win)' • 상대방이 거친 요구를 해오는 경우에 전형적으로 나타나는 반응
타협형 (Compromising)	• 서로가 받아들일 수 있는 결정을 하기 위하여 타협적으로 주고받는 방식(Give and Take) • 갈등 당사자들이 반대의 끝에서 시작하여 중간 정도 지점에서 타협하여 해결점을 찾는 것
통합형 (Integrating)	• '협력형(Collaborating)'이라고도 함 • 자신은 물론 상대방에 대한 관심이 모두 높은 경우로서, '나도 이기고, 너도 이기는 방법(Win-Win)' • 가장 바람직한 갈등 해결 유형

(4) 윈-윈(Win-Win) 갈등관리법

① 윈-윈 갈등관리법의 의미

문제해결을 위해 서로의 관점과 공동의 책임을 수용하도록 하는 방법으로, 팀원들에게 서로의 역할을 바꾸어서 수행해보도록 하는 것 등을 예시로 들 수 있다(어떤 모델을 적용할지 미리 결정하는 것보다 팀 내에서 대립이 있을 때마다 적절한 모델을 적용하는 것이 중요).

② 윈-윈 전략에 의거한 갈등해결 7단계

㉠ 1단계 : 충실한 사전 준비

㉡ 2단계 : 긍정적인 접근 방식

㉢ 3단계 : 두 사람의 입장을 명확히 하기

㉣ 4단계 : Win-Win에 기초한 기준에 동의하기

㉤ 5단계 : 몇 가지 해결책을 생각해내기

㉥ 6단계 : 몇 가지 해결책을 평가하기

㉦ 7단계 : 최종 해결책을 선택하고, 실행하는 것에 동의하기

OX 문제

01 '윈-윈(Win-Win) 갈등 관리법'이란 갈등을 피하거나 타협으로 예방하기 위한 방법이다. [ ]

01 [×] 갈등을 피하거나 타협으로 예방하려고 하는 접근법은 상당히 효과적이기는 하지만 문제를 근본적으로 해결해 주는 데에는 한계가 있다.

05 협상능력

(1) 협상의 의의

차원	내용
의사소통 차원	이해당사자들이 자신들의 욕구를 충족시키기 위해 상대방으로부터 최선의 것을 얻어내려고 상대방을 설득하는 커뮤니케이션 과정
갈등 해결 차원	개인·조직 또는 국가가 가지고 있는 갈등의 문제를 해결하기 위해서 갈등관계에 있는 이해당사자들이 대화를 통해서 상반되는 이익은 조정하고, 공통되는 이익은 증진시키는 상호작용 과정
지식과 노력 차원	우리가 얻고자 원하는 것을 어떻게 다른 사람들보다 더 우월한 지위를 점유하면서 얻을 수 있을 것인가 등에 관련된 지식이며, 노력의 장
의사결정 차원	둘 이상의 이해당사자들이 여러 대안들 가운데 이해당사자들 모두가 수용 가능한 대안을 찾기 위한 의사결정 과정
교섭 차원	선호가 서로 다른 당사자들이 합의에 도달하기 위해 의사결정하는 과정

(2) 협상의 단계

협상 시작	• 협상 당사자들 사이에 상호 친근감을 쌓음 • 간접적인 방법으로 협상 의사를 전달함
상호 이해	• 적극적으로 경청하고 자기주장을 제시함 • 협상을 위한 협상 대상 안건을 결정함
실질 이해	• 겉으로 주장하는 것과 실제로 원하는 것을 구분하여 실제로 원하는 것을 찾아냄 • 분할과 통합 기법을 활용해 이해관계를 분석함
해결 대안	• 협상 안건마다 대안들을 평가함 • 대안 이행을 위한 실행 계획을 수립함
합의 문서	• 합의문을 작성함 • 합의문 상의 합의 내용·용어 등을 재점검한 후 서명함

(3) 협상 전략의 종류

종류	내용
협력전략 : 문제해결전략 (Cooperative Strategy)	• 협상 참여자들이 협동과 통합으로 문제를 해결하고자 하는 협력적 문제해결전략 • 문제를 해결하는 합의에 이르기 위해서 협상 당사자들이 서로 협력하는 것 • 'I Win, You Win, We Win' 전략 • 협상전술 : 협동적 원인 탐색, 정보수집과 제공, 쟁점의 구체화, 대안들에 대한 공동평가, 협동하여 최종안 선택
유화전략 : 양보전략 (Smoothing Strategy)	• 상대방이 제시하는 것을 일방적으로 수용하여 협상의 가능성을 높이려는 전략 • 상대방의 욕구와 주장에 자신의 욕구와 주장을 조정하고 순응시켜 굴복 • 'I Lose, You Win' 전략 • 협상전술 : 유화, 양보, 순응, 수용, 굴복, 요구사항의 철회 등
회피전략 : 무행동전략 (Avoiding Strategy)	• 협상을 피하거나 잠정적으로 중단 또는 철수하는 전략 • 협상의 가치가 낮거나 중단하고자 할 때 혹은 상대방에게 필요한 양보를 얻어내고자 할 때, 또는 협상 이외의 방법으로 대안이 존재할 경우에 회피전략 사용 • 'I Lose, You Lose, We Lose' 전략 • 협상전술 : 협상을 회피 · 무시, 상대방의 도전에 대한 무반응, 협상안건을 타인에게 넘겨주기, 협상으로부터 철수 등
강압전략 : 경쟁전략 (Forcing Strategy)	• 상대방의 주장을 무시하고 자신의 힘으로 일방적으로 밀어붙여 상대방에게 자신의 입장을 강요하는 전략 • 상대방에 비해 자신의 힘이 강하거나 서로 인간관계가 나쁘고, 신뢰가 전혀 없는 상황에서 자신의 실질적 결과를 극대화하고자 할 때 강압전략을 사용 • 'I Win, You Lose' 전략 • 협상전술 : 위압적인 입장 천명, 협박과 위협, 협박적 설득, 확고한 입장에 대한 논쟁, 협박적 회유와 설득, 상대방 입장에 대한 강압적 설명 요청

(4) 상대방을 설득하는 방법

① See – Feel – Change 전략

See (시각화해 이해시킨다)	⇨	Feel (느끼게 해 감동시킨다)	⇨	Change (변화시켜 설득에 성공한다)

② 상대방 이해 전략

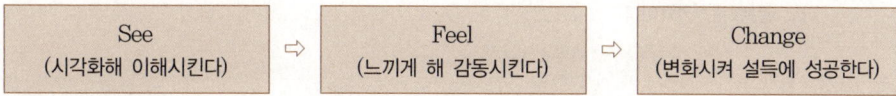

협상 전략에 있어서 상대방 이해란 협상 과정상의 갈등해결을 위해서 상대방에 대한 이해가 선행되어 있으면 갈등해결이 용이하다는 것이다.

③ 호혜관계 형성 전략

협상 당사자 사이에 어떤 혜택들을 주고받는 관계가 형성되어 있으면 그 협상 과정상의 갈등해결에 용이하다.

④ 헌신과 일관성 전략

협상 당사자 사이에 기대하는 바에 일관성 있게 헌신적으로 부응해 행동하게 되면 협상 과정상의 갈등해결이 용이하다.

⑤ 사회적 입증 전략

어떤 과학적인 논리보다도 동료나 이웃의 언행에 의해서 상대방 설득을 진행하는 것이 협상 과정상의 갈등해결이 더 쉽다.

⑥ 연결 전략

협상 과정상의 갈등상태가 발생했을 때 그 갈등 문제와 갈등관리자를 연결하는 것이 아니라 그 갈등을 야기한 사람과 관리자를 연결하면 갈등해결이 용이해진다.

⑦ 권위 전략

직위나 전문성, 외모 등을 이용하면 협상 과정상의 갈등해결에 도움이 될 수 있다.

⑧ 희소성 해결 전략

사람들은 시간적으로 희소하고 사회경제적으로 희소한 것을 소유하고자 하는 강력한 욕구가 있을 때 목숨을 걸 정도로 설득을 잘 당한다.

⑨ 반항심 극복 전략

반대가 심화될수록 희소성이 강화되고 반항심을 더욱 자극해 설득에 실패할 확률이 높아진다.

OX 문제

01 협상에서 성공하기 위해서는 시종 협상의 통제권을 잃지 않도록 해야 한다. [ ]

02 협력전략은 협상 당사자들이 자신들의 목적이나 우선순위에 대한 정보를 서로 교환하여 통합적으로 해결하고자 할 때 사용한다. [ ]

03 유화전략은 자신의 주장을 견지하면서 자신과 상대방의 주장을 절충하여 서로 양보하고자 할 때 사용한다. [ ]

01 [×] 협상은 통제권을 확보하는 것이 아니라 함께 의견 차이를 조정하면서 최선의 해결책을 찾는 것이다.

02 [○]

03 [×] 유화전략은 상대방과의 충돌을 피하고자 상대방의 주장에 대하여 자신의 욕구와 주장을 순응시켜 양보하고 굴복하는 전략이다.

06 고객서비스 능력

(1) 고객서비스의 의의와 고객의 불만

① 고객서비스의 의의

다양한 고객의 요구를 파악하고, 대응법을 마련하여 양질의 서비스를 제공하는 것을 말한다.

② 고객의 불만표현 유형

유형	내용
거만형	• 자신의 과시욕을 드러내고 싶어 하는 고객으로, 보통 제품을 폄하하는 사람들이 많다. • 대응법 : 정중하게 대하는 것이 좋고, 자신의 과시욕이 충족되도록 제지하지 않는 것이 좋다.
의심형	• 직원의 설명이나 제품의 품질에 대해 의심을 많이 하는 고객을 말한다. • 대응법 : 분명한 증거나 근거를 제시해 스스로 확신을 갖도록 유도하고, 때로는 책임자로 하여금 응대하도록 하는 것도 좋다.

트집형	• 사소한 것으로 트집을 잡는 까다로운 고객을 말한다. • 대응법 : 이야기를 경청하면서 맞장구치거나 추켜세우고 설득하는 방법이 효과적이다. 잠자코 고객의 의견을 경청하고 사과를 하는 응대가 바람직하다.
빨리빨리형	• 성격이 급하고, 확신 있는 말이 아니면 잘 믿지 않는 고객을 말한다. • 대응법 : 애매한 화법의 사용은 피하도록 하고, 여러 가지 일을 신속하게 처리하는 모습을 보이면 응대하기 쉽다.

③ 고객불만 처리 프로세스

경청	고객의 항의를 경청하며, 선입관을 버리고 문제를 파악한다.
감사와 공감 표시	• 일부러 시간을 내서 해결의 기회를 준 것에 감사를 표시한다. • 고객의 항의에 공감을 표시한다.
사과	문제점에 대해 인정하고, 잘못된 부분에 대해 사과한다.
해결약속	고객이 불만을 느낀 상황에 대해 관심과 공감을 보이며, 문제의 빠른 해결을 약속한다.
정보파악	• 문제해결을 위해 꼭 필요한 질문만 하여 정보를 얻는다. • 최선의 해결 방법을 찾기 어려우면 고객에게 어떻게 해주면 만족스러울지를 묻는다.
신속처리	잘못된 부분을 신속하게 시정한다.
처리확인과 사과	불만 처리 후 고객에게 처리 결과에 만족하는지를 물어본다.
피드백	고객불만 사례를 회사 및 전 직원에게 알려 다시는 동일한 문제가 발생하지 않도록 한다.

(2) 고객만족 조사

① 고객만족 조사계획 수립

- 조사 분야 및 대상 설정
- 조사 목적 설정
- 조사 방법 및 횟수
- 조사 결과 활용 계획

② 고객만족 조사 시 주의사항

- 조사 방향에 일관성을 부여하기 위하여 조사 결과의 활용계획을 설정한다.
- 1회만 실시하는 조사보다는 연속해서 시행하는 것이 더 정확한 결과를 얻을 수 있다.

OX 문제

01 트집형 고객을 대할 때에는 고객의 주장이 옳지 않다는 것에 대한 분명한 증거나 근거를 제시하여 확신을 갖도록 유도하는 것이 좋다. [ ]

01 [×] 트집형 고객에 대해서는 반박을 하기보다는 고객의 지적이 옳음을 표시하고, 고객의 의견을 들어주며 사과를 하는 응대가 바람직하다.

대인관계능력 맛보기

※ 다음 글을 읽고 이어지는 질문에 답하시오. [1~2]

> 직원 : 안녕하세요. 어떻게 오셨습니까?
> 고객 : 네, 안녕하세요. 다름이 아니라 이 회사가 있는 건물의 주차장 천장에 부착된 안내판이 위험해 보여서요. 제가 며칠 전에도 왔는데 그때도 떨어질 것 같이 흔들거리더니, 오늘도 계속 흔들거리는 게 위험해 보이네요.
> 직원 : ㉠ 그러셨습니까? 고객님. 일부러 찾아오셔서 알려주시니 정말 감사합니다. 그리고 ㉡ 이용에 불편을 드려 죄송합니다.
> 고객 : 아니에요. 그게 떨어지면 큰 사고가 날 것 같은데, 얼른 조치를 취하셔야 할 것 같아요.
> 직원 : 네, 알겠습니다. 확인하는 대로 바로 처리하겠습니다. ㉢ 혹시 몇 층 주차장인지 알려주실 수 있을까요?
> 고객 : 지하 3층 B 구역이요.
> 직원 : 감사합니다. ㉣ 바로 담당 직원을 보내 확인 후 처리하도록 하겠습니다. ㉤ 다시 한 번 이용에 불편을 드려 죄송합니다.

01 다음 중 윗글의 밑줄 친 ㉠~㉤과 이에 해당하는 고객 불만처리 프로세스가 잘못 짝지어진 것은?

① ㉠ : 일부러 시간을 내서 해결의 기회를 준 것에 감사를 표시한다.
② ㉡ : 고객의 이야기를 듣고 잘못된 부분에 대해 사과한다.
③ ㉢ : 문제해결을 위해 꼭 필요한 정보를 얻는다.
④ ㉣ : 고객 불만 사례를 회사 및 전 직원에게 알려 다시는 동일한 문제가 발생하지 않도록 한다.
⑤ ㉤ : 문제점에 대해 인정하며 잘못된 부분에 대해 사과한다.

02 다음 중 윗글의 밑줄 친 ㉢은 고객 불만 처리 과정 중 어느 단계에 해당하는가?

① 정보파악 단계
② 신속처리 단계
③ 처리확인과 사과 단계
④ 피드백 단계
⑤ 감사와 공감 표시 단계

01

정답 ④

㉣은 문제의 빠른 해결을 약속하는 '해결약속' 단계에서 해야 하는 말이다.

오답분석

① 감사와 공감 표시에 대한 설명이다.
②·⑤ 사과에 대한 설명이다.
③ 정보파악에 대한 설명이다.

고객 불만 처리 프로세스

경청	고객의 항의에 선입관을 버리고 끝까지 경청한다.
감사와 공감표시	일부러 시간을 내서 해결의 기회를 준 것에 감사를 표시하며, 고객의 항의에 공감을 표시한다.
사과	고객의 이야기를 듣고 문제점에 대해 인정하며, 잘못된 부분에 대해 사과한다.
해결약속	고객이 불만을 느낀 상황에 대해 관심과 공감을 보이며, 문제의 빠른 해결을 약속한다.
정보파악	문제해결을 위해 꼭 필요한 질문만 하여 정보를 얻고, 최선의 해결방법을 찾기 어려우면 고객에게 어떻게 해주면 만족스러운지를 묻는다.
신속처리	잘못된 부분을 신속하게 시정한다.
처리확인과 사과	불만처리 후 고객에게 처리 결과에 만족하는지를 물어보고, 고객에게 불편을 끼친 점에 대해 사과한다.
피드백	고객 불만 사례를 회사 및 전 직원에게 알려 다시는 동일한 문제가 발생하지 않도록 한다.

02

정답 ①

㉢은 문제해결을 위해 꼭 필요한 질문만 하여 정보를 얻고, 최선의 해결방법을 찾기 어려우면 고객에게 어떻게 해주면 만족스러운지를 묻는 정보파악 단계 과정이다.

풀이 전략!

대인관계능력에서는 주로 고객과 직접 접촉하는 과정에서 발생할 수 있는 상황이 주어지고 이 상황에서 어떻게 대처하는 것이 올바른가를 묻는 문제가 출제된다. 특히 이 문제와 같이 가상의 대화가 주어지고 올바르게 대처하지 않은 부분을 찾게 하는 유형이 대표적이다. 그런데 이 유형의 경우 '이 정도는 괜찮겠지.'라고 생각되는 부분이 오답으로 처리되는 경우가 자주 등장한다. 따라서 대화를 분석할 때에는 일상적인 대화보다는 도덕교과서 수준으로 보다 엄격하게 해석할 필요가 있다.

※ 다음은 K시 시설공단의 고객만족도 조사 시행계획이다. 이어지는 질문에 답하시오. **[3~4]**

> 〈고객만족도 제고를 위한 집단심층면접(FGI; Focus Group Interview) 조사 공고〉
>
> 고객님께 더 나은 서비스를 제공하고자 고객만족도 제고를 위한 집단심층면접 조사를 실시하게 되어 이를 공고합니다.
>
> • 조사개요
> - 조사명 : 고객만족도 제고를 위한 집단심층면접 조사
> - 조사 대상 : 공단 서비스 이용 고객
> - 조사 기간 : 2024년 7월
> - 조사 수행업체 : B리서치(123-456-7890)
>
> • 조사목적 및 내용
> - 선별된 주요 고객과의 심층 인터뷰를 통해 고객의 불만해소, 니즈 파악, 이후의 사업 관련 정보 입수 목적
> - 공단의 사업별 만족 요인 심층 조사
> - 공단의 전반적인 서비스 만족/불만족 주요 요인에 대한 심층 조사
> - 개선이 필요한 서비스 심층 조사

03 **다음 중 윗글에서 나타난 조사의 내용으로 적절하지 않은 것은?**

① 고객에 대한 대응 및 고객과의 관계 유지 파악 목적이다.
② 평균치 계산으로 많은 목적이 달성된다.
③ 고객심리 및 평가의 결정요인에 대한 해명 등이 분석의 대상이다.
④ 공단의 고객에 대한 개선이 필요한 서비스를 조사하고자 하는 목적이다.
⑤ 고객만족도 수준은 어떠한 상황에 있는지, 어떠한 요인에 의해 결정되는지 등 전체적인 관점에서 조사한다.

04 **다음 중 윗글에서 나타난 조사 방법에 대한 설명으로 적절하지 않은 것은?**

① 인터뷰 결과를 사실과 다르게 해석할 수 있다.
② 비교적 빠른 시간 내에 조사를 실시할 수 있다.
③ 다른 방법을 통해 포착할 수 없는 심층적이고, 독특한 정보를 경험적으로 얻을 수 있다.
④ 여러 응답자들을 모아놓고 조사하고자 하는 주제에 대해 서로 토론하도록 하는 방법이다.
⑤ 조사자와 응답자 간의 대면접촉에 의해 응답자의 잠재적 동기, 신념, 태도 등을 발견하는 데 사용된다.

03

정답 ②

제시문에서는 고객만족도 조사에 대한 평균치 계산에 대한 내용은 포함되어 있지 않다. 고객만족도 조사의 목적에는 전체적 경향 파악, 고객에 대한 개별대응 및 고객과의 관계 유지 파악, 평가목적, 개선목적 등이 있다.

04

정답 ②

집단심층면접은 주로 소비자 면접 전용 장소에 6 ~ 12명의 소비자들을 모아놓고 조사하고자 하는 주제에 대해 서로 토론하도록 하는 방법으로, 심층면접법은 일반 면접법에 비해 30분에서 1시간 정도의 비교적 긴 시간이 소요된다.

풀이 전략!

고장난 가전제품을 A/S 받은 상황에서 주로 접하게 되는 고객만족도 조사에 대한 문제도 자주 출제되는 유형이다. 앞서 기술능력의 설명서 문제유형과 같이 자신이 직접 고객만족도 조사에 참여한다고 생각하고 문제를 풀면 의외로 간단하게 풀리는 유형이다. 단, 주의할 것은 문제를 풀 때에 기업의 입장에서 판단해서는 안 된다는 것이다. 반드시 제품 내지는 서비스를 이용하는 고객의 입장에서 판단해야 한다.

SECTION

03 대표유형 적중문제

정답 및 해설 p.046

| 01 | 모듈형

01 다음 〈보기〉에서 올바른 갈등해결방법으로 옳은 것을 모두 고르면?

보기

㉠ 사람들이 당황하는 모습을 보는 것은 되도록 피한다.
㉡ 사람들과 눈을 자주 마주친다.
㉢ 어려운 문제는 피하지 말고 맞선다.
㉣ 논쟁을 통해 해결한다.
㉤ 어느 한쪽으로 치우치지 않는다.

① ㉠, ㉡, ㉣
② ㉠, ㉢, ㉤
③ ㉡, ㉢, ㉣
④ ㉡, ㉢, ㉤
⑤ ㉢, ㉣, ㉤

02 K사에 근무하는 S씨는 최근 매주 금요일 업무시간이 끝나고 한 번씩 진행해야 하는 바닥 청소 당번 문제를 두고 동료인 A사원과 갈등 중에 있다. 둘 중 한 명은 매주 바닥 청소를 해야 하는데, 금요일에 일찍 퇴근하기를 원하는 S씨와 A사원 모두 청소 당번에서 빠지고 싶어 하기 때문이다. 이러한 상황에서 S씨가 A사원과, 갈등의 해결방법 중 하나인 '윈-윈(Win-Win) 관리법'으로 갈등을 해결하고자 할 때, 다음 중 A사원에게 제시할 수 있는 S씨의 제안으로 가장 적절한 것은?

① 우리 둘 다 청소 당번을 피할 수는 없으니, 그냥 공평하게 같이 하죠.
② 제가 그냥 A사원 몫까지 매주 청소를 맡아서 할게요.
③ 저와 A사원이 번갈아가면서 청소를 맡도록 하죠.
④ 우선 금요일 업무시간 전에 청소를 할 수 있는지 확인해 보도록 하죠.
⑤ 저는 절대 양보할 수 없으니, A사원이 그냥 맡아서 해주세요.

03 다음 중 고객서비스 시 금지되는 행위로 옳지 않은 것은?

① 고객을 방치한 채 업무자끼리 대화하는 행위
② 고객 앞에서 서류를 정리하는 행위
③ 관련 업무의 전화 통화를 하는 행위
④ 고객이 보이는 곳에서 흡연을 하는 행위
③ 옷을 벗거나 부채질을 하는 행위

04 다음 중 A부서가 직면한 상황에서 대안으로 제시될 팀워크(Teamwork) 유형의 핵심 가치로 옳은 것을 〈보기〉에서 모두 고르면?

A부서는 최근 도전적인 프로젝트 진행을 위해 새로운 팀워크 유형을 모델로 삼으려고 한다. 빠른 실천과 피드백이 필요한 만큼, 구성원 개인이 거쳐야 하는 결재 절차를 간소화하는 방향의 팀워크 유형을 적용하여 조직 구조를 변화시키고자 한다.

보기

ㄱ. 일관성　　ㄴ. 개인적 책임
ㄷ. 유연성　　ㄹ. 제한된 조망

① ㄱ, ㄴ　　② ㄱ, ㄷ
③ ㄴ, ㄷ　　④ ㄴ, ㄹ
⑤ ㄷ, ㄹ

※ 다음은 K기업의 한 부서에 대한 내용이다. 이어지는 질문에 답하시오. [5~6]

K기업의 신입사원 A씨는 입사 후 현재의 부서로 발령받아 근무를 시작한 지 3개월이 다 되어가고 있다. 팀에 융화되기 위해 A씨가 지금까지 팀의 분위기를 살펴본 결과, 팀이 팀장에게 의존하는 정도가 심하다고 느꼈다. 팀원들은 간단한 문서 작성, 고객과의 접촉, 의사결정에 있어서 무조건 팀장의 판단에 의지하였다. 예를 들어, 보고서 작성 시 스타일을 어떻게 해야 할지, 자신이 만나는 고객인데도 약속 시간을 몇 시로 해야 할지 팀장에게 묻는 것이다. A씨는 그 정도는 팀원 각자 결정해서 해도 될 것 같은데, 매번 팀장에게 물어보고 확인하는 팀원들을 보며 자신도 그렇게 해야 하는지 고민하고 있다. 또한, 팀원들은 팀장의 지시가 있어야 행동하는 특징도 발견되었다. 어떤 프로젝트를 진행하는 데 있어서, 자신이 맡은 부분이 있다 하더라도 팀장의 자세한 설명과 지시가 있어야 일을 시작하는 경향이 있는 것이다. A씨는 자신의 스타일대로 행동해야 할지, 아니면 팀의 분위기에 맞춰서 자신도 팀장에게 의존하면서 업무를 수행해야 할지 고민하고 있다.

05 다음 중 윗글에서 나타난 A사원이 속한 팀의 멤버십 유형은 무엇인가?

① 소외형
② 순응형
③ 실무형
④ 수동형
⑤ 주도형

06 다음 중 윗글에서 나타난 A사원이 속한 팀의 멤버십 유형의 특징으로 가장 적절한 것은?

① 스스로 생각하고 건설적 비판을 하며, 주인의식을 가지고 있다.
② 판단, 사고를 리더에게 의존하며 지시가 있어야 행동한다.
③ 팀플레이를 하며 리더나 조직을 믿고 헌신한다.
④ 조직의 운영방침에 민감하게 반응하고 사건을 균형잡힌 시각으로 본다.
⑤ 일부러 반대의견을 제시하기도 하며 자립적으로 행동한다.

07 다음 〈보기〉의 빈칸에 들어갈 용어를 순서대로 바르게 나열한 것은?

보기

- ___㉠___ : 인간관계를 지향하게 하고 사회적 행동을 유발하는 욕구
- ___㉡___ : 개인이 인간과 인간관계에 대해 가지고 있는 지적인 이해, 믿음
- ___㉢___ : 인간관계를 성공적으로 이끌어 갈 수 있는 사교적 능력

	㉠	㉡	㉢
①	대인신념	대인기술	대인동기
②	대인신념	대인동기	대인기술
③	대인동기	대인신념	대인기술
④	대인동기	대인기술	대인신념
⑤	대인기술	대인동기	대인신념

08 다음은 멤버십 유형별 특징에 대한 자료이다. 이를 참고하여 각 유형의 멤버십을 가진 사원에 대한 리더의 대처방안으로 가장 적절한 것은?

〈멤버십 유형별 특징〉

소외형	순응형
• 조직에서 자신을 인정해 주지 않음 • 적절한 보상이 없음 • 업무 진행에 있어 불공정하고 문제가 있음	• 기존 질서를 따르는 것이 중요하다고 생각함 • 리더의 의견을 거스르는 것은 어려운 일임 • 획일적인 태도와 행동에 익숙함
실무형	**수동형**
• 조직에서 규정준수를 강조함 • 명령과 계획을 빈번하게 변경함	• 조직이 나의 아이디어를 원치 않음 • 노력과 공헌을 해도 아무 소용이 없음 • 리더는 항상 자기 마음대로 함

① 소외형 사원은 팀에 협조하는 경우에 적절한 보상을 주도록 한다.

② 소외형 사원은 팀을 위해 업무에서 배제시킨다.

③ 순응형 사원에 대해서는 조직을 위해 순응적인 모습을 계속 권장한다.

④ 실무형 사원에 대해서는 징계를 통해 규정 준수를 강조한다.

⑤ 수동형 사원에 대해서는 자신의 업무에 대해 자신감을 주도록 한다.

※ 다음 글을 읽고 이어지는 질문에 답하시오. [9~10]

최근 S기업의 강천 생산공장의 생산 실적이 하락하고, 불량품 발생률이 급증하자 본사에서는 김일동 이사를 강천 생산공장으로 긴급 파견하였다. 김일동 이사는 강천 공장에서 20년 이상 근무한 베테랑으로, 현재는 본사의 생산혁신본부를 총괄하고 있다. 김일동 이사는 강천 공장에 있는 2개월 동안 공장 직원들의 역량을 강화하여 생산량을 늘리고 불량품은 줄일 것이라고 포부를 밝혔다. 생산량과 불량품률 등 구체적인 수치의 목표는 공장 상황을 명확하게 파악하고 결정할 계획이다. 이를 위해서 김일동 이사는 본인의 노하우를 공유하면서도, 최우선적으로 직원들의 의견을 적극 경청하여 현장의 문제점과 작업 시 애로사항을 도출하고, 이를 통해 작업 개선 방안을 수립할 계획이다. 작업 개선 방안이 성공적으로 현장에 정착하기 위해서 개선 방안의 수립과 고도화 과정 중 직원 스스로 해결책을 찾도록 유도하고, 일부 권한을 위임하는 등 직원 스스로가 작업 개선에 책임의식을 갖도록 할 것이다.

09 다음 중 윗글에서 나타난 김일동 이사의 리더십 역량 강화에 대한 설명으로 가장 적절한 것은?

① 높은 성과를 달성한 조직원에게는 곧바로 보상을 부여하는 동기부여 방법의 리더십이다.
② 직원들이 안전지대에서 벗어나 더욱 높은 목표를 향해 나아가도록 격려하는 리더십이다.
③ 불량률을 줄이기 위해 실수를 불허하며, 저항하는 직원은 과감하게 해고하려고 한다.
④ 리더가 지식이나 정보를 하달하며 의사결정의 권한을 가지고 있는 전통적인 커뮤니케이션 접근법을 사용하는 리더십이다.
⑤ 지침보다는 질문과 논의를 통해, 통제보다는 경청과 지원을 통해 상황의 발전과 좋은 결과를 이끌어낸다.

10 다음 중 윗글에서 나타난 리더십 역량 강화 방법을 통해 얻을 수 있는 혜택이라고 보기 어려운 것은?

① 개인이 문제 해결 과정에 적극적으로 노력하도록 유도할 수 있다.
② 직원들의 반발심을 줄일 수 있다.
③ 높은 품질의 제품을 생산할 수 있다.
④ 효율성 및 생산성의 전반적인 상승을 기대할 수 있다.
⑤ 동기를 부여받은 직원들이 책임감을 갖고 자신감 있게 업무에 임하게 된다.

11 다음 중 김사원의 업무 스타일에 따라 멤버십 유형을 판단할 때, 〈보기〉에서 김사원에 대한 동료들의 시각으로 옳은 것을 모두 고르면?

> 김사원은 과업이 부여되면 즐거운 마음으로 수행하며, 부서원과 협업하는 것을 어려워하지 않는다. 팀플레이에 익숙하며, 그만큼 조직 구성원들을 신뢰한다. 리더에 대해서도 높은 신뢰도를 보이며, 조직에 헌신한다.

> 보기
> ㄱ. 참신한 아이디어가 없는 편이다.
> ㄴ. 인기가 있거나 촉망받지 않는 일은 수행하지 않는다.
> ㄷ. 조직을 위해 자신 혹은 가족의 요구를 희생할 줄 안다.
> ㄹ. 업무 수행에는 반드시 감독이 필요하다.

① ㄱ, ㄷ
② ㄴ, ㄷ
③ ㄴ, ㄹ
④ ㄱ, ㄴ, ㄷ
⑤ ㄴ, ㄷ, ㄹ

12 다음은 K공사 총무부에 근무하는 최과장과 K공사에 사무용품을 납품하는 협력업체 정사장의 대화이다. 거래처 관리를 위한 최과장의 업무처리 방식으로 가장 적절한 것은?

> 정사장 : 과장님, 이번 달 사무용품 주문량이 급격히 감소하여 궁금해 찾아왔습니다. 저희 물품에 무슨 문제라도 있습니까?
> 최과장 : 사장님께서 지난 7년간 계속 납품해 주고 계시는 것에 저희는 정말 만족하고 있습니다. 그런데 아시다시피 요즘 들어 경기가 침체되어 저희 내부에서도 비용절약운동을 하고 있어요. 그래서 개인책상 및 서랍 정리를 통해 사용 가능한 종이와 펜들이 많이 수거되었지요. 아마 이런 이유 때문이 아닐까요?
> 정사장 : 그렇군요. 그런데 얼마 전 저희에게 주문하시던 종이가방을 다른 업체에서도 견적서를 받으신 것을 우연히 알게 되었습니다. 저희 종이가방에 어떤 하자가 있었나요?
> 최과장 : 아, 그러셨군요. 사실 회사의 임원께서 종이가방의 비용이 많이 든다는 지적을 하셨습니다. 그래서 가격비교 차원에서 다른 업체의 견적서를 받아 본 것입니다.

① 거래할 때마다 다른 거래처와 거래를 함으로써 여러 거래처를 아는 것이 좋다.
② 오래된 거래업체라고 해도 가끔 상호관계와 서비스에 대해 교차점검을 하는 것이 좋다.
③ 사내 임원이나 동료의 추천으로 거래처를 소개받았을 경우에는 기존의 거래처에서 변경하는 것이 좋다.
④ 한 번 선정된 업체는 될 수 있는 대로 변경하지 않고 동일 조건으로 계속 거래를 유지하는 것이 바람직하다.
⑤ 유사 서비스를 제공하는 업체는 많으므로 늘 가격 비교 및 서비스 비교를 통해 업체를 자주 변경하는 것이 유리하다.

13 **다음 중 높은 성과를 내는 임파워먼트 환경의 특징으로 적절하지 않은 것은?**

① 학습과 성장의 기회
② 현상 유지와 순응
③ 개인들이 공헌하며 만족한다는 느낌
④ 도전적이고 흥미 있는 일
⑤ 성과에 대한 지식

14 **S사원은 현재 K공단에서 고객응대 업무를 맡고 있다. 다음과 같이 고객의 민원에 답변하였을 때, 고객 전화 응대법과 관련하여 적절하지 않은 답변은?**

고객 : 저기요. 제가 너무 답답해서 이렇게 전화했습니다.
S사원 : 안녕하세요, 고객님. 상담사 ○○○입니다. 무슨 문제로 전화해 주셨나요? … ①

고객 : 아니, 아직 납부기한이 지나지도 않았는데, 홈페이지에 왜 '납부하지 않은 보험료'로 나오는 건가요? 일 처리를 왜 이렇게 하는 건가요?
S사원 : 고객님, 이건 저희 실수가 아니라 고객님이 잘못 이해하신 부분 같습니다. … ②

고객 : 무슨 소리에요? 내가 지금 홈페이지에서 확인하고 왔는데.
S사원 : 네, 고객님. 홈페이지 '납부하지 않은 보험료'로 표시되는 경우에는 고객님께서 다음 달 10일까지 납부하셔야 할 당월분 보험료라고 이해하시면 됩니다. … ③

고객 : 정말이에요? 나, 참. 왜 이렇게 헷갈리게 만든 건가요?
S사원 : 죄송합니다, 고객님. 참고로 이미 보험료를 납부했는데도 '납부하지 않은 보험료'로 표시되는 경우에는 보험료 납부내역이 공단 전산에 반영되는 기준일이 '납부 후 최장 4일 경과한 시점'이기 때문임을 유의해 주시기 바랍니다. … ④

고객 : 알겠습니다. 수고하세요.
S사원 : 감사합니다. 고객님 좋은 하루 보내세요. 상담사 ○○○이었습니다. … ⑤

15 **다음은 접경도로 개선에 대하여 조정합의가 이루어진 사례이다. 이를 통해 A시에서 취한 갈등해결 방법으로 가장 적절한 것은?**

> A시와 B시의 경계 부근에 위치한 C중소기업의 사장이 민원을 제기하였다. A시와 B시의 접경지역에는 8개의 중소기업 및 인근 경작지 300,000m^2의 통행을 위한 농로가 존재하였으나, 도로폭이 좁아서 차량사고의 위험이 높고, 기업 운영에 애로가 크니 이에 대한 대책을 마련해 달라는 내용이었다.
> A시의 위원회에서는 3차례의 현지 조사를 통해 8개 중소기업의 기업 활동에 애로가 많다고 판단하고 문제의 해결을 위해 A시에서 도로 정비 및 개선에 필요한 부지를 B시와 2분의 1씩 나누어 부담하고, A시에서는 도로 정비 및 개선에 필요한 설계 및 확장·포장 공사를 맡아서 진행하기로 했다. B시는 이에 대해 공사비 60% 부담하는 것을 대안으로 제시하였다. 이후 수십 차례 문제해결 방안을 협의하고, 세 차례의 업무 회의 등을 거쳐 피신청기관의 의견을 계속적으로 조율한 결과, A시 위원회가 작성한 조정서의 내용대로 접경도로 개선을 추진하기로 의견이 모아졌고, A시 위원회가 현지 조정회의를 개최하여 조정서를 작성하고 조정 합의하였다.

① 갈등상황을 회피하면서 위협적인 상황을 피하는 데 사용하는 방법
② 나는 지고, 너는 이기는 방법(I lose, You win)
③ 서로 간에 정보를 교환하면서 모두의 목표를 달성할 수 있는 방법(Win – Win)
④ 서로가 받아들일 수 있는 결정을 하기 위하여 타협적으로 주고받는 방식
⑤ 나는 이기고, 너는 지는 방법(I win, You lose)

CHAPTER 09 자기개발능력

합격 CHEAT KEY

자기개발능력은 직업인으로서 자신의 능력, 적성, 특성 등의 객관적 이해를 기초로 자기 발전 목표를 스스로 수립하고 자기관리를 통하여 성취해 나가는 능력을 의미한다. 또한 직장 생활을 포함한 일상에서 스스로를 관리하고 개발하는 능력을 말한다. 국가직무능력표준에 따르면 세부 유형은 자아 인식 · 자기 관리 · 경력 개발로 나눌 수 있다.

01 개념을 정립하라!

자기개발능력의 문제들은 대부분 어렵거나 특별한 지식을 요구하지는 않는다. 그렇기 때문에 따로 시간을 할애해 학습하지 않아도 득점이 가능하다. 다만, 매슬로의 욕구 단계, 조하리의 창 등의 개념이나 키워드들은 정리해서 미리 알아 둘 필요가 있다.

02 개념과 상황에 대비하라!

자신에 대한 이해를 바탕으로 스스로를 관리하고 나아가 개발하는 것에 대한 문제가 대부분인데, 상식으로 풀 수 있는 내용뿐만 아니라 지식을 알아 두지 않으면 틀릴 수밖에 없는 내용도 많다. 그렇기 때문에 자주 출제되는 개념들은 분명히 정리해야 하고, 출제되는 유형이 지식 자체를 묻기보다는 대화나 예시와 함께 제시되기 때문에 상황과 함께 연결해서 정리해 두어야 한다.

03 업무 사례와 연관 지어라!

자기개발의 정의와 구성 요인을 파악하는 기본적인 이론도 중요하지만, 실제 업무 사례와 연관 짓거나 상황에 적용하는 등의 문제를 통해 자기개발 전략에 대해 이해할 필요가 있다. 스스로 자기개발 계획을 수립하여 실제 업무 수행 시 반영할 수 있어야 한다.

04 출제 이유를 생각하라!

이 영역은 굳이 공부를 하지 않아도 되는 영역이라고 생각하는 사람들이 많다. 그럼에도 공사·공단에서 자기개발능력을 시험으로 출제하는 근본적인 이유를 생각해 볼 필요가 있다. 대부분의 수험생들이 자기개발능력에 공부시간을 전혀 할애하지 않고 시험을 보러 간다. 그렇기 때문에 본인이 찍는 정답이 곧 본인의 가치관을 반영하는 것이라고 할 수 있다. 자기개발은 본인 스스로를 위해서 이루어지고, 직장생활에서의 자기개발은 업무의 성과를 향상시키기 위해 이루어진다. 출제자들은 그것을 파악하려고 하는 것이다. 이는 기본적인 개념을 암기해야 할 이유이다.

SECTION

01 모듈이론

01 자기개발능력의 의의

(1) 자기개발의 의미와 필요성

① 자기개발의 의미

자신의 능력・적성・특성 등에 있어서 강점을 강화하고, 약점을 관리해 성장을 위한 기회로 활용하는 것이다.

② 자기개발능력의 의미

자신의 능력・적성・특성 등의 이해를 기초로 자기 발전 목표를 스스로 수립하고 자기관리를 통해 성취해 나가는 능력을 말한다.

③ 자기개발의 특징

- 자기개발을 통해 지향하는 바와 선호하는 방법 등이 사람마다 다르다.
- 평생에 걸쳐 이루어지는 과정이다.
- 일과 관련해 이루어지는 활동이다.
- 생활 가운데 이루어져야 한다.
- 모든 사람이 해야 하는 것이다.

④ 자기개발의 필요성

- 효과적인 업무 처리, 즉 업무 성과의 향상을 위해 필요하다.
- 빠르게 변화하는 환경에 적응하기 위해 필요하다.
- 주변 사람들과 긍정적인 인간관계를 형성하기 위해 필요하다.
- 달성하고자 하는 목표의 성취를 위해 필요하다.
- 개인적으로 보람된 삶을 살기 위해 필요하다.

(2) 자기개발의 방법

① 자아인식

의미	• 자신의 가치, 신념 등 자신이 누구인지 아는 것 • 자신이 어떠한 특성을 가지고 있는 지를 인식할 수 있어야 함
방법	내가 아는 나를 확인하는 방법, 다른 사람과의 대화를 통해 알아가는 방법, 표준화된 검사 척도를 이용하는 방법 등

② 자기관리

의미	자신을 이해하고, 목표의 성취를 위해 자신의 행동 및 업무수행을 관리하는 것
과정	자신에 대한 이해를 토대로 비전·목표를 수립 → 과제를 발견 → 자신의 일정을 수립·조정해 자기관리를 수행 → 반성 및 피드백

③ 경력개발

경력	일생에 걸쳐서 지속적으로 이루어지는 일과 관련된 경험
경력개발	개인의 경력목표와 전략을 수립하고 실행하며 피드백하는 과정
경력계획	자신과 상황을 인식하고 경력 관련 목표를 설정해 목표를 달성하기 위한 과정
경력관리	경력계획을 준비하고 실행하며 피드백함

(3) 자기개발 계획

① 자기개발 설계 전략

종류	내용
장·단기 목표의 수립	• 장기 목표 : 보통 5 ~ 20년 정도의 목표로, 욕구·가치·흥미·적성·기대를 고려해 수립한다. • 단기 목표 : 보통 1 ~ 3년 정도의 목표로, 장기 목표를 이루기 위한 기본 단계가 된다.
인간관계의 고려	• 인간관계를 고려하지 않고 자기개발 계획을 수립하면 계획을 실행하는 데 어려움을 겪는다. • 다른 사람과의 관계를 발전시키는 것도 하나의 자기개발 목표가 된다.
현재의 직무 고려	• 현재의 직무 상황과 이에 대한 만족도가 자기개발 계획의 수립에 중요한 역할을 한다. • 현재의 직무 담당에 필요한 능력과 이에 대한 자신의 수준, 개발해야 할 능력, 관련된 적성 등을 고려한다.
구체적인 방법 계획	• 자기개발 방법을 명확하고 구체적으로 수립하면, 노력을 집중하고 효율화할 수 있다. • 장기 목표일 경우에는 구체적인 방법을 계획하는 것이 어렵거나 바람직하지 않을 수도 있다.
자신의 브랜드화	• 자신을 알리는 것을 넘어 다른 사람과의 차별화된 특징을 지속적인 자기개발을 통하여 알리는 것을 말한다. • 구체적인 방법으로는 소셜네트워크와 인적네트워크 활용, 경력 포트폴리오의 구성 등이 있다.

② 자기개발 계획 수립의 장애 요인

자기 정보의 부족, 내·외부 작업 정보의 부족, 의사결정 시 자신감의 부족, 일상생활의 요구사항, 주변 상황의 제약

OX 문제

01 자기개발 계획을 수립함에 있어 장기 목표는 단기 목표를 수립하기 위한 기본 단계가 된다. [ ]

02 인간관계는 자기개발 목표를 수립하는 데 고려해야 될 사항인 동시에 하나의 자기개발 목표가 될 수 있다. [ ]

03 자기개발은 일과 관련하여 이루어지는 활동이다. [ ]

04 자기개발은 주변 사람과의 관계에서 우위에 서기 위해 필요하다. [ ]

01 [×] 단기 목표는 장기 목표를 수립하기 위한 기본 단계가 된다.

02 [○]

03 [○]

04 [×] 자기개발은 주변 사람들과 긍정적인 인간관계를 형성하기 위해서 필요한 것이지, 타인과의 관계에서 우위에 서기 위해 필요한 것은 아니다.

02 자아인식능력

(1) 자아인식의 개념

① 자아인식의 의미

자신의 요구를 파악하고 자신의 능력·기술을 이해하여 자신의 가치를 확신하는 것으로, 개인과 팀의 성과를 높이는 데 필수적으로 요구된다.

② 자아존중감

개인의 가치에 대한 주관적인 평가와 판단을 통해 자기결정에 도달하는 과정이며, 스스로에 대한 긍정적 또는 부정적 평가를 통해 가치를 결정짓는 것이다.

종류	내용
가치 차원	다른 사람들이 자신을 가치 있게 여기며 좋아한다고 생각하는 것
능력 차원	과제를 완수하고 목표를 달성할 수 있다는 신념
통제감 차원	자신이 세상에서 경험하는 일들과 거기에 영향을 미칠 수 있다고 느끼는 정도

③ 나를 아는 방법

- 본인 스스로에게 질문하는 방법
- 다른 사람과의 대화를 통하는 방법
- 표준화된 검사도구를 활용하는 방법

(2) 흥미와 적성의 개발 방법과 자아성찰

① 흥미와 적성의 개발 방법

- 마인드 컨트롤을 하라.
- 조금씩 성취감을 느껴라.
- 기업의 문화 및 풍토를 고려하라.

② 자아성찰의 필요성

- 다른 일을 할 때 필요한 노하우의 축적
- 성장의 기회
- 신뢰감 형성
- 창의적인 사고

OX 문제

01 성찰을 하더라도 한 번 한 실수는 반복적으로 하게 되므로, 어떤 경우에도 실수를 하지 않는 것이 중요하다. [ ]

02 자아존중감이란 개인의 가치에 대한 주관적인 평가와 판단을 통해 자기결정에 도달하는 과정이며, 스스로에 대한 긍정적 또는 부정적 평가를 통해 가치를 결정짓는 것이다. [ ]

01 [×] 사람은 누구나 처음에는 실수할 수 있다. 그러나 자아성찰을 통해 과거에 했었던 실수를 반복하지 않을 수 있으며, 이로 인해 업무를 수행하는 능력이 향상될 수 있다.

02 [○]

03 자기관리능력

(1) 자기관리 단계별 계획

① 비전 및 목적 정립

> • 나에게 가장 중요한 것은 무엇인가?
> • 나의 가치관은?
> • 내 삶의 목적은 어디에 있는가?

② 과제 발견

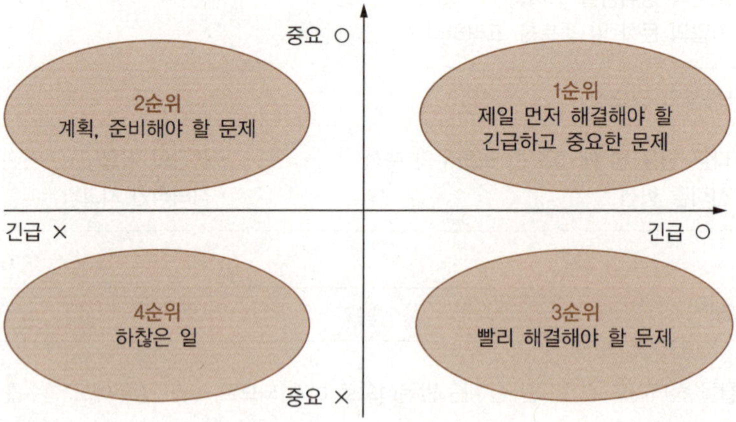

③ 일정 수립

긴급한 문제라고 하여 우선순위를 높게 잡고 계획을 세우면 오히려 중요한 일을 놓칠 수 있다. 앞서 분석한 우선순위에 따라 중요한 일을 모두 수행할 수 있도록 계획을 세워야 한다.

종류	내용
월간 계획	장기적인 관점에서 계획하고 준비해야 될 일을 작성
주간 계획	우선순위가 높은 일을 먼저 하도록 계획을 세움
일간 계획	보다 자세하게 시간 단위로 작성

④ 수행

내가 하려고 하는 일은 무엇인지, 이 일에 영향을 미치는 요소들은 무엇인지, 이를 관리하기 위한 방법은 어떤 것이 있는지 찾아 계획한대로 바람직하게 수행한다.

⑤ 반성 및 피드백

㉠ 일을 수행하고 나면 다음의 질문을 통해 분석한다.

> • 일을 수행하는 동안 어떤 문제에 직면했는가?
> • 어떻게 결정을 내리고 행동했는가?
> • 우선순위, 일정에 따라 계획적으로 수행했는가?

㉡ 분석 결과를 다음 수행에 반영한다.

(2) 합리적인 의사결정

① 합리적인 의사결정 과정

1	문제의 근원을 파악한다.
2	의사결정 기준과 가중치를 정한다.
3	의사결정에 필요한 정보를 수집한다.
4	가능한 모든 대안을 탐색한다.
5	각 대안을 분석 및 평가한다.
6	최적안을 선택한다.
7	의사결정 결과를 평가하고 피드백한다.

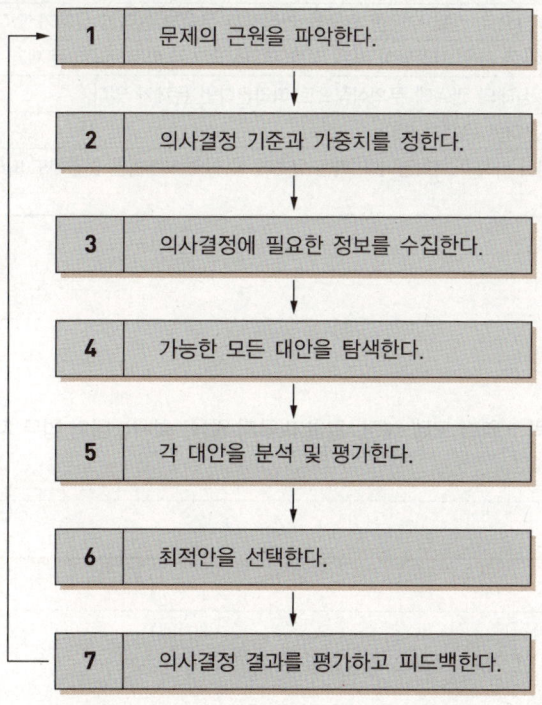

② 거절의 의사결정을 하고 표현할 때 유의할 사항

- 상대방의 말을 들을 때에는 주의를 기울여 문제의 본질을 파악한다.
- 거절의 의사결정은 빠를수록 좋다.
- 거절을 할 때에는 분명한 이유를 만들어야 한다.
- 대안을 제시한다.

(3) 의사결정의 오류

숭배에 의한 논증	권위 있는 전문가의 말을 따르는 것은 일반적으로 옳을 수 있지만, 무작정 따라간다면 문제가 있다.
상호성의 법칙	상대의 호의로 인한 부담으로 인해 부당한 요구를 거절하지 못하게 된다면 문제가 있다.
사회적 증거의 법칙	베스트셀러를 사는 것처럼 많은 사람들이 하는 것을 무의식적으로 따라간다면 문제가 있다.
호감의 법칙	자신에게 호감을 주는 상대의 권유에 무의식적으로 따라간다면 문제가 있다.
권위의 법칙	권위에 맹종하여 따라간다면 문제가 있다.
희귀성의 법칙	'얼마 없습니다.', '이번이 마지막 기회입니다.'라는 유혹에 꼭 필요하지 않은 것임에도 따라간다면 문제가 있다.

(4) 자신의 내면 관리와 성과 향상 방법

- 인내심 키우기
- 긍정적인 마음 가지기
- 업무수행 성과를 높이기 위한 행동전략 : 역할 모델 설정, 일을 미루지 않음, 회사·팀의 업무 지침을 따름, 업무를 묶어서 처리

OX 문제

01 인내심을 키우기 위해서는 일관되게 한 가지 시각으로 상황을 분석한다. [ ]

02 합리적인 의사결정을 위해서는 핵심적으로 연관된 대안들을 찾은 후 분석하여야 한다. [ ]

03 권위 있는 전문가의 말을 따르는 것이 옳다고 생각하는 것은 숭배에 의한 논증 오류(동굴의 우상)에 해당한다. [ ]

01 [×] 인내심을 키우기 위해서는 여러 가지 새로운 시각으로 상황을 분석해야 한다.
02 [×] 합리적인 의사결정을 위해서는 가능한 모든 대안을 찾아야 한다.
03 [○]

04 경력개발능력

(1) 경력개발의 의미

① 경력개발

개인이 경력목표와 전략을 수립하고 실행하며 피드백하는 과정으로, 개인은 한 조직의 구성원으로서 조직과 함께 상호작용하며 자신의 경력을 개발한다.

② 경력개발능력

자신의 진로에 대해 단계적 목표를 설정하고, 목표 성취에 필요한 역량을 개발해 나가는 능력을 말한다.

③ 경력개발능력의 필요성

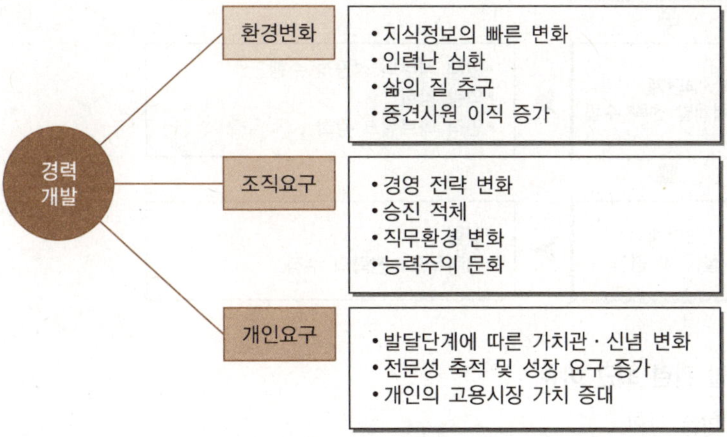

④ 지속적인 경력관리

계속적 · 적극적인 경력관리를 통해 경력목표를 지속적으로 수정하며, 환경 · 조직의 변화에 따라 새로운 미션을 수립해 새로운 경력이동 경로를 만들어야 한다.

(2) 경력단계의 과정

① 경력개발 단계별 세부 내용

직업선택 (0세 ~ 25세)	• 최대한 여러 직업의 정보를 수집하여 탐색 후 나에게 적합한 최초의 직업 선택 • 관련학과 외부 교육 등 필요한 교육 이수
조직입사 (18세 ~ 25세)	• 원하는 조직에서 일자리 얻음 • 정확한 정보를 토대로 적성에 맞는 적합한 직무 선택
경력초기 (25세 ~ 40세)	• 조직의 규칙과 규범에 대해 배움 • 직업과 조직에 적응해 감 • 역량(지식 · 기술 · 태도)을 증대시킴
경력중기 (40세 ~ 55세)	• 경력초기를 재평가함 • 성인 중기에 적합한 선택을 함
경력말기 (55세 ~ 퇴직)	• 자존심 유지 • 퇴직 준비의 자세한 계획

② 경력개발 계획의 단계

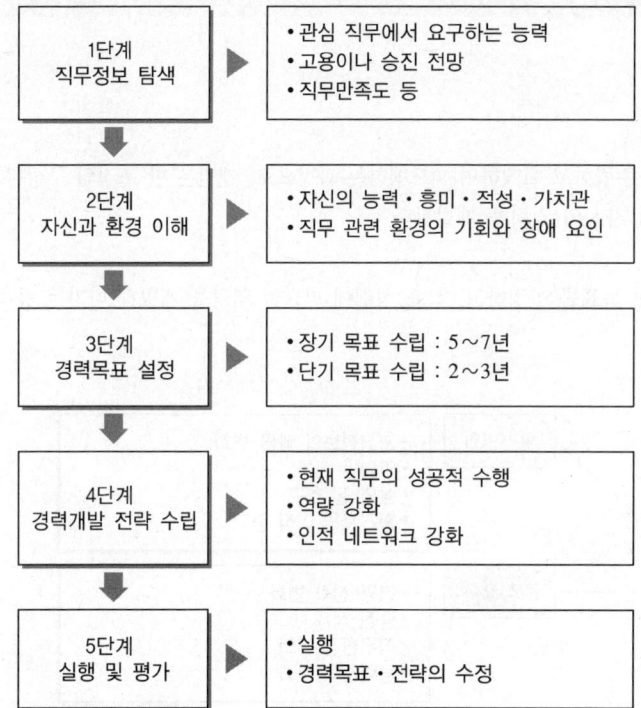

1단계 직무정보 탐색	•관심 직무에서 요구하는 능력 •고용이나 승진 전망 •직무만족도 등
2단계 자신과 환경 이해	•자신의 능력·흥미·적성·가치관 •직무 관련 환경의 기회와 장애 요인
3단계 경력목표 설정	•장기 목표 수립 : 5~7년 •단기 목표 수립 : 2~3년
4단계 경력개발 전략 수립	•현재 직무의 성공적 수행 •역량 강화 •인적 네트워크 강화
5단계 실행 및 평가	•실행 •경력목표·전략의 수정

(3) 경력개발 관련 최근 이슈

① 평생학습 사회

② 투잡스(Two-Jobs)

③ 청년 실업

④ 독립근로자와 같은 새로운 노동 형태의 등장

⑤ 일과 생활의 균형(WLB; Work-Life Balance, 워라밸)

OX 문제

01 경력개발은 자신과 자신의 환경 상황을 인식하고 분석하여 합당한 경력 관련 목표를 설정하는 과정으로, 경력계획과 이를 준비하고 실행하며 피드백 하는 경력관리로 이루어진다. [ ]

02 경력은 개인의 경력목표와 전략을 수립하고 실행하며 피드백하는 과정이며, 이는 자신과 상황을 인식하고 경력 관련 목표를 설정하여 그 목표를 달성하기 위한 과정인 경력계획과, 경력계획을 준비하고 실행하며 피드백하는 경력관리로 이루어진다. [ ]

03 경력개발은 경력을 탐색하고, 자신에게 적합한 경력목표를 설정하며, 이에 따른 전략을 수립해서 실행하고, 평가하여 관리하는 단계로 이루어진다. [ ]

04 경력초기를 재평가하고 업그레이드된 목표로 수정하는 단계는 경력중기 단계에 해당한다. [ ]

01 [○]

02 [×] 경력이 아닌 경력개발에 대한 내용이다. 경력은 일생에 걸쳐서 지속적으로 이루어지는 일과 관련된 경험을 의미한다.

03 [○]

04 [○]

PART 1

SECTION

02 자기개발능력 맛보기

※ 다음 글을 읽고 이어지는 질문에 답하시오. **[1~2]**

> 제과업체 인사부서에서 20년간 일하고 있는 40대 후반의 C씨는 최근 경기상황 악화로 인해 경영전략의 변화, 인사적체로 인해 조직 내에서 퇴사에 대한 압박을 받고 있다. 가장으로서 계속 경제활동을 해야 하는 입장이고, 하고 있는 일 이외에 마땅히 다른 일에 대한 고민도 해 보지 않았던 C씨는 갑자기 심각함을 느꼈다. 며칠 동안 고심하던 중 C씨는 중장년 재취업상담을 하는 기관에서 경력과 심리 상담을 받아보기로 했다. 심리 상담 결과를 분석해보니 C씨는 사람 중심의 업무를 선호하고, 사회봉사와 교육 분야에 특히 관심이 많은 것으로 나타났다. 또한 인사 및 노무 관리, 교육훈련 등 인사 분야의 경험이 많아 이에 대한 전문성을 가지고 있는 것으로 나왔다. C씨는 이를 바탕으로 취업 컨설턴트와 상의를 거쳐 취업 방향을 노인이나 아동복지 기관이나 직업훈련 기관의 교육행정직으로 정하고 몇 군데 기관에 지원서를 제출했다. 얼마 지나지 않아 C씨는 직장에서 퇴사를 하게 되었지만 경력과 직무 강점을 살려 사회복지 관련 기관의 교육훈련팀장으로 재취업을 하는데 성공했다.

01 다음 중 C씨는 경력단계에서 어느 단계에 놓여 있는가?

① 경력초기
② 경력중기
③ 경력말기
④ 직업선택
⑤ 조직입사

02 다음 중 C씨의 경력단계에서 나타나는 현상으로 적절하지 않은 것은?

① 자신이 그동안 성취한 것을 재평가하고, 생산성을 그대로 유지한다.
② 직업 및 조직에서 어느 정도 입지를 굳혀 수직적인 승진가능성이 적은 경력 정체시기에 이른다.
③ 현재의 직종 및 직무와 관련 없는 다른 직업군으로 이동하는 경력변화가 일어나기도 한다.
④ 조직에서 자신의 입지를 확고히 다져나가 승진하는 데 많은 관심을 가지게 된다.
⑤ 개인적으로 현 직업이나 생활스타일에 대한 불만을 느끼며, 매일의 반복적인 일상에 따분함을 느끼기도 한다.

01

정답 ②

C씨는 40 ~ 55세의 성인중기에 위치해 있고, 경력중기 단계에 놓여 있다. 경력중기는 자신이 그동안 성취한 것을 재평가하고, 생산성을 그대로 유지하는 단계로 일반적으로 40 ~ 55세의 성인중기를 일컫는다.

02

정답 ④

경력중기 단계는 자신이 그동안 성취한 것을 재평가하고, 생산성을 그대로 유지하는 단계이다. 그러나 경력중기에 이르면 직업 및 조직에서 어느 정도 입지를 굳히게 되어 더 이상 수직적인 승진가능성이 적은 경력 정체시기에 이르게 되며, 새로운 환경의 변화에 직면하게 되어 생산성을 유지하는데 어려움을 겪기도 한다. 또한 개인적으로 현 직업이나 생활스타일에 대한 불만을 느끼며, 매일의 반복적인 일상에 따분함을 느끼기도 한다. 이에 따라 자신의 경력초기의 생각을 재검토하게 되며, 현재의 경력경로와 관련 없는 다른 직업으로 이동하는 경력변화가 일어나기도 한다.

풀이 전략!

경력개발 단계에 대한 문제는 매우 자주 출제되는 유형이다. 이 유형은 일반적인 상식으로는 풀이가 어려운 경우가 많으므로 본 교재의 이론편에서 설명하고 있는 단계별 세부 내용들을 확실하게 숙지할 필요가 있다. 이 문제와 같이 가상의 사례가 주어지고 주인공이 어느 단계에 해당하는지를 정확하게 잡아낼 수 있어야만 풀이가 가능하므로 주의가 필요하다. 대부분 초반부에 주인공의 연령대가 제시되므로 그 부분만 읽고 곧바로 문제를 풀이해도 큰 무리가 없다.

※ 다음 글을 읽고 이어지는 질문에 답하시오. [3~4]

> 의류회사에 디자이너로 일하고 직장인 A씨는 평소 관심이 많았던 메이크업에 대해 꾸준히 공부하고 기술을 익혀 얼마 전부터 패션 유튜버로 활동하고 있다. 주중에는 회사에서 본연의 업무에 충실하고 주 52시간 근무제가 자리를 잡으면서 저녁 여가시간과 주말을 이용해 메이크업과 코디네이션에 대한 콘텐츠를 만들어 유튜버로 이름을 알리고 있다. 사람들이 평소 관심이 많은 분야라서 그런지 구독자 수는 생각보다 빨리 늘어나기 시작했다.
> 몇 개월 준비기간을 거쳐 일주일에 한 번씩 콘텐츠를 꾸준히 올린 결과 활동 6개월째부터는 많지는 않지만 광고수입도 일부 얻을 수 있었다. A씨는 유튜버로 활동하면서 추가 수입과 자신의 흥미를 충족시킬 수 있어 좋다는 생각도 들었다. 또 시간이 많이 흐르고 조직생활을 끝나면 창업을 하거나 독립을 하게 되어도 자신에게 도움이 될 것이라는 생각도 하게 되었다.

03 다음 중 윗글은 경력개발과 관련된 어떤 이슈와 가장 연관이 깊은가?

① 청년실업
② 창업경력
③ 평생학습사회
④ 투잡(Two Jobs)
⑤ 일과 생활의 균형(Work-Life Balance)

04 다음 중 A씨가 하고 있는 경력개발과 관련된 사회 환경의 변화로 적절하지 않은 것은?

① 꾸준한 경력 개발에 대한 중요성이 커지고 있고, 경력 개발의 방법이 다양해지고 있다.
② 지속적인 경기불황에 따라 2개 혹은 그 이상의 직업을 가지는 사람들이 늘어나고 있다.
③ 주 5일제와 주 52시간 근무제가 시행되면서 직장인들 사이에 확대되는 추세를 보이고 있다.
④ 경제적인 이유와 자아실현, 실직 대비 등이 주요 목적으로 나타난다.
⑤ 지식과 정보의 폭발적인 증가로 새로운 기술개발에 따라 직업에서 요구되는 능력도 변화하고 있다.

03

정답 ④

A씨는 주중에는 회사에서 패션디자이너로 일을 하고, 퇴근 후와 주말시간에는 유튜버로 활동하는 투잡을 가진 사람이다. 최근 사회 환경을 변화에 따라 투잡을 희망하거나 가지고 있는 사람이 꾸준히 증가하고 있다.

오답분석

① 외환위기 이후 우리나라 노동시장에서 부각된 문제로 경기 침체 시 대부분의 기업들은 우선적으로 신규채용을 억제하기 때문에 청년 노동시장은 경기변동에 매우 민감한 특징이 있다.
② 전 세계적으로 창업이 증가하는 추세로, 최근에는 인터넷의 확산으로 공간이나 시간의 제약 없이 손쉽게 창업을 하고 있으며, 여성들의 창업도 증가하고 있다.
③ 지식과 정보의 폭발적인 증가로 새로운 기술개발에 따라 직업에서 요구되는 능력도 변화하고 있으며, 지속적인 능력개발이 필요한 시대가 되었다.
⑤ 우리나라의 경우 경쟁력 있는 복리후생 제도와 일과 삶의 균형에 대한 관심이 증가하고 있다.

04

정답 ⑤

지속적인 경기불황에 따라 2개 혹은 그 이상의 직업을 가지는 사람이 늘고 있다. 특히 주 5일제와 주 52시간 근무제가 시행되면서 이러한 투잡은 더욱 확대되고 있으며, 경제적 이유, 자아실현, 실직 대비 등으로 인해 투잡을 원하는 사람들이 늘어가고 있다. 또한 취업 이후에도 지속적인 경력 개발의 중요성이 점점 커지고 있으며 환경의 변화가 잦고, 평생직장이라는 개념이 약해지면서 취업 이후에도 자신의 직업을 유지하기 위해 노력하는 것이 좋다.

풀이 전략!

자기개발능력에서는 시사적인 문제들이 종종 출제된다. 청년 취업난을 반영한 사례, 창업에 뛰어든 사람들의 사례 등이 주어지고 각 사례들에서 시사하는 바를 찾게 하는 것이 대표적인 유형이다. 이러한 사례들은 주로 신문의 특별기획섹션 내지는 시사잡지 등에서 확인할 수 있으므로 평소 이런 자료들을 유심히 읽으며 자기 나름대로의 분석을 해보는 것이 좋다.

SECTION

03 대표유형 적중문제

정답 및 해설 p.049

| 01 | 모듈형

01 다음 질문에 해당하는 자기개발의 구성요소는?

> • 나의 업무에서 생산성을 높이기 위해서는 어떻게 해야 할까?
> • 다른 사람과의 대인관계를 향상시키기 위한 방법은?
> • 나의 장점을 살리기 위해 어떤 비전과 목표를 수립해야 할까?

① 자아인식
② 자기관리
③ 자기비판
④ 경력개발
⑤ 자기반성

02 다음 C사원의 하소연에 대해서 해줄 수 있는 조언으로 가장 적절한 것은?

> C사원 : 거절을 분명하게 결정하고 이를 표현하는 것은 너무 어려운 것 같아. 사람들이 내가 거절을 할 때, 능력이 없다고 보거나 예의가 없다고 보지는 않을까 걱정되기도 하고, 대인관계가 깨지지 않을까 하는 고민도 있어. 이렇게 고민하다보니 거절을 제대로 하지 못하는 점도 고민이야.

① 거절을 결정했다면 상대방의 말을 더 들을 필요는 없어. 시간 낭비일 뿐이야.
② 거절을 할 때에는 신중하고 천천히 표현하는 것이 좋아.
③ 거절을 할 때에는 이유를 제시할 필요는 없어. 핑계라고 생각할 뿐이야.
④ 거절을 하고, 상대방이 납득할 수 있는 대안을 제시하는 것이 좋아.
⑤ 문제의 본질보다는 너의 판단에 따라 거절하는 것이 중요해.

※ 다음 글을 읽고 이어지는 질문에 답하시오. **[3~4]**

1년 전 회사 송년회 자리에서 김사원은 자신의 사내 멘토이자 대학 동문인 같은 팀 박과장에게 다이어리를 한 권 선물 받았다. 다이어리의 내용은 회사에서 주는 일반 다이어리와는 달리 좀 다르게 구성되어 있었다. 하루 업무를 중요한 순서대로 정리하고 진행 여부를 체크하는 칸이 있었고 일일 단위로 자신이 잘한 일과 제일 상단에는 개선하고 보완할 점을 쓰는 칸이 별도로 마련되어 있었다.
박과장은 자신의 멘토였던 옆 팀 이팀장으로부터 대리 때 같은 다이어리를 선물 받았다고 이야기하며 1년간 꾸준히 작성하고 스스로를 성찰하는 시간을 가지면 회사생활을 하는데 많은 도움이 될 거라고 이야기했다. 박과장의 조언대로 김사원은 지난 1년간 휴가를 제외하고는 업무를 수행하는 날은 하루도 거르지 않고 다이어리를 작성했고, 잘한 점과 개선할 점을 다시금 생각해 보는 시간을 갖게 되었다. 성찰이 거듭될수록 자신에 대해 돌아보게 되고 앞으로 나아갈 수 있는 더 나은 아이디어가 많이 떠올랐다. 그 결과 올해 송년회에서는 업무 개선 아이디어를 가장 많이 제안한 사원으로 대표이사의 표창과 금일봉을 받게 되었다. 김사원은 1년간의 노력이 결실을 맺었다는 생각에 스스로에 대한 동기부여가 되었다.

03 다음 중 김사원이 1년간 다이어리를 작성하고 성찰하는 과정을 거치면서 나아지게 된 점을 〈보기〉에서 모두 고르면?

보기

㉠ 지속적인 성장의 기회 마련
㉡ 다른 일을 하는 데 있어 노하우 축적
㉢ 창의적인 사고 향상

① ㉠
② ㉠, ㉡
③ ㉠, ㉢
④ ㉡, ㉢
⑤ ㉠, ㉡, ㉢

04 다음 중 김사원이 다이어리를 통해 스스로의 성찰을 위해 한 질문으로 적절하지 않은 것은?

① 지금 일이 잘 진행되거나 그렇지 않은 이유는 무엇인가?
② 이 상태를 변화시키거나 혹은 유지하기 위해 해야 하는 일은 무엇인가?
③ 이번 일 중 다르게 수행했다면 더 좋은 성과를 냈을 일은 무엇인가?
④ 이번 일의 문제점이 드러나지 않기 위해서는 무엇을 해야 하는가?
⑤ 했던 일 중에 잘했던 일과 잘못했던 일은 무엇인가?

※ 다음 글을 읽고 이어지는 질문에 답하시오. [5~6]

직장생활 6년 차인 김대리는 올해 과장 승진이 가능한 연차가 되었다. 김대리의 회사는 과장부터 팀장이 될 수 있는 기회가 주어진다. 김대리는 대리가 되면서 조직생활에서 팀장이 되어 리더십을 꼭 발휘해 보겠다는 목표를 세웠고, 궁극적으로는 회사에서 영업담당 임원이 되겠다는 비전을 가지고 직장생활을 하고 있다. 김대리는 대리승진을 하면서부터 지난 몇 년간 매해 자신의 역할과 능력을 생각해 활동목표와 세부목표를 세우고 업무 및 개인생활 등 일정을 세워 꾸준히 실행해 왔다. 사내외 강의도 듣고 공부도 하면서 업무를 좀 더 잘 수행하기 위한 방법도 다양화했다. 하지만 나름 ㉠ 자기관리를 해왔는데 매년 비슷할 뿐 점점 더 나아지고 있다는 생각이 들지 않았고, 이런 활동들이 형식적이 되어가고 있다는 생각도 들었다.

05 다음 중 김대리가 밑줄 친 ㉠과 같은 생각을 하게 되는 이유로 가장 적절한 것은?

① 비전 및 목적이 정립되지 않아서
② 반성 및 피드백을 하지 않아서
③ 과제를 발견하지 못해서
④ 수행에 문제가 있어서
⑤ 계획을 수립하지 않아서

06 다음 중 김대리가 밑줄 친 ㉠과 같은 생각을 극복하기 위해 스스로에게 해야 하는 질문으로 적절하지 않은 것은?

① 어떤 목표를 성취하였는가?
② 일을 수행하는 동안 어떤 문제에 직면했는가?
③ 우선순위, 일정에 따라 계획적으로 수행하였는가?
④ 나에게 가장 중요한 것은 무엇인가?
⑤ 어떻게 결정을 내리고 행동했는가?

PART 1

07 다음은 자아인식, 자기관리, 경력개발의 의미를 설명한 자료이다. 이를 토대로 자기관리에 해당하는 질문을 〈보기〉에서 모두 고르면?

자아인식	직업생활과 관련하여 자신의 가치, 신념, 흥미, 적성, 성격 등을 통해 자신이 누구인지 아는 것이다.
자기관리	자신의 목표성취를 위해 자신의 행동 및 업무수행을 관리하고 조정하는 것이다.
경력개발	개인의 일과 관련된 경험에서 목표와 전략을 수립하고, 실행하며, 피드백하는 과정이다.

보기

(가) 자기관리 계획은 어떻게 수립하는 것일까?
(나) 나의 업무수행에 있어 장단점은 무엇인가?
(다) 나는 언제쯤 승진하고, 퇴직을 하게 될까?
(라) 나의 직업흥미는 무엇인가?
(마) 나의 업무에서 생산성을 높이기 위해서는 어떻게 해야 할까?
(바) 경력개발과 관련된 최근 이슈는 어떤 것이 있을까?
(사) 내가 설계하는 나의 경력은 무엇인가?
(아) 다른 사람과의 대인관계를 향상시키기 위한 방법은?
(자) 나의 적성은 무엇인가?

① (가), (마), (아)
② (나), (라), (바)
③ (다), (마), (사)
④ (라), (사), (자)
⑤ (마), (바), (아)

08 다음 사례의 밑줄 친 ㉠과 관련된 욕구로 가장 적절한 것은?

A사원 : 사내 게시판에 공지된 교육프로그램 참여 신청에 관한 안내문 보셨나요?
B대리 : 봤지. 안 그래도 신청해야 하나 고민 중이야.
A사원 : 대리님이 꼭 따고 싶다고 하셨던 자격증 강의잖아요.
B대리 : ㉠ 아니, 나는 아침잠이 많아서…. 너무 이른 시간이라 참여할 수 있을지 걱정이야.
A사원 : 그런 이유로 고민할 시간도 없어요. 선착순 마감되기 전에 얼른 신청하세요!

① 안전의 욕구
② 사회적 욕구
③ 생리적 욕구
④ 존경의 욕구
⑤ 자기실현의 욕구

※ 다음 글을 읽고 이어지는 질문에 답하시오. [9~10]

성인 여성을 대상으로 의상 코디네이터로 5년간 일하다가 일을 그만 두고 2년 전 여성의류를 파는 인터넷 쇼핑몰을 창업한 B씨는 최근 다시 코디네이터 일자리를 알아보고 있다. 코디네이터 일을 하면서 옷에 대해서는 나름 전문성을 가지고 있다고 생각했고 장시간 노동과 박봉 등 회사의 근무 여건도 너무 열악해서 '이럴 바에는 창업을 해 보자.'라는 생각으로 일단 뛰어들었다. 2년이 지난 지금 사무실을 겸하는 B씨의 집에는 의류재고가 발 딛을 틈 없이 쌓여있고, 같이 일하던 동료도 얼마 전부터 일자리를 알아보고 있다. 2년간 바쁘게 일한 것 같은데 버는 돈은 코디네이터로 일할 때의 월급 기준으로 80% 정도만 겨우 가져가고 서버운영비, 물품대금 등을 지불하고 나니 이 달이 지나면 적자를 면하기 어려운 지경에 놓여 있다. B씨는 코디네이션을 잘하는 것과 장사를 잘하는 것 사이에는 큰 괴리가 있다는 것을 창업 2년 만에 절실히 깨닫게 되었다. 많은 시간을 투자해 창업에 대해 꼼꼼하게 준비하지 못한 점 특히, 들어가는 비용, 자신의 전문분야를 살린 창업 아이템인가에 대한 문제를 심사숙고하지 않은 것이 후회가 되었다.

09 다음 중 B씨가 회사를 그만 두고 창업을 하게 된 계기로 볼 수 없는 것은?

① 회사생활에 대한 불만을 가지고 있었다.
② 인터넷 확산으로 손쉽게 창업을 할 수 있는 환경이 되었다.
③ 정치, 경제적 변화에 민감하게 대응해야 한다고 생각했다.
④ 자신의 전문성을 살려 창업을 해 보고 싶은 욕구가 있었다.
⑤ 회사의 급여에 만족하지 못하고 있었다.

10 다음 중 B씨가 성공적인 창업을 위해 준비했어야 하는 요인으로 보기 어려운 것은?

① 자신의 흥미, 재능, 가치, 라이프스타일을 철저히 이해했어야 한다.
② 자신의 사업을 경영하고 싶다는 열망을 가지고 시작했어야 한다.
③ 업무 환경에 대한 충분한 정보를 조사하고 분석했어야 한다.
④ 창업에 대해 구체적인 목표와 전략을 수립하여 실행해야 한다.
⑤ 코디네이터와 사업 경영이 다른 직무라는 것에 대한 이해가 부족했다.

11 **S사원은 자기개발을 위해 먼저 자신의 흥미 · 적성 · 특성 등을 파악했다. 다음 중 S사원이 얻을 수 있는 효과로 적절하지 않은 것은?**

① 자아정체감을 형성할 수 있다.

② 성장욕구가 증가하게 된다.

③ 자기개발 방법을 결정할 수 있다.

④ 직업생활에서 회사의 요구를 파악할 수 있다.

⑤ 객관적으로 자신을 인식할 수 있다.

12 **다음은 경력개발의 단계를 나타낸 자료이다. 빈칸 ㉠에 대한 설명으로 적절하지 않은 것은?**

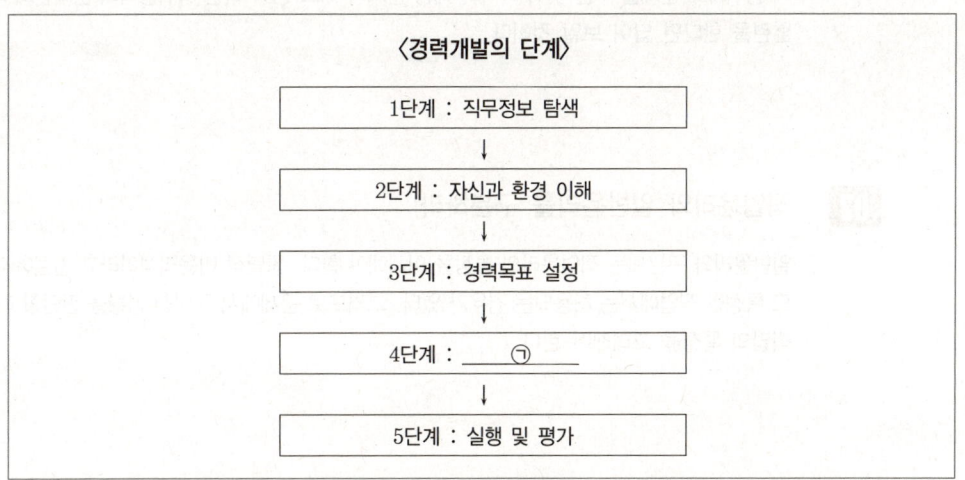

〈경력개발의 단계〉

1단계 : 직무정보 탐색

↓

2단계 : 자신과 환경 이해

↓

3단계 : 경력목표 설정

↓

4단계 : ㉠

↓

5단계 : 실행 및 평가

① 자기인식 관련 워크숍에 참여하거나 특정 직무와 직업에 대한 설명 자료를 확인한다.

② 자신의 역량 개발을 위해 대학원, 교육프로그램 등의 활동에 참여한다.

③ 자신을 알리고 다른 사람과 상호작용할 수 있는 기회를 늘린다.

④ 직장에서 업무시간에 경력개발을 한다.

⑤ 현 직무를 기반으로 성장할 수 있도록 성공적으로 직무를 수행한다.

CHAPTER 10

직업윤리

합격 CHEAT KEY

직업윤리는 업무를 수행함에 있어 원만한 직업생활을 위해 필요한 태도, 매너, 올바른 직업관이다. 직업윤리는 필기시험뿐만 아니라 서류를 제출하면서 자기소개서를 작성할 때와 면접을 시행할 때도 포함되는 항목으로 들어가지 않는 공사·공단이 없을 정도로 필수 능력으로 꼽힌다.

직업윤리의 세부 능력은 근로 윤리·공동체 윤리로 나눌 수 있다. 구체적인 문제 상황을 제시하여 해결하기 위해 어떤 대안을 선택해야 할지에 관한 문제들이 출제된다.

01 오답을 통해 대비하라!

이론을 따로 정리하는 것보다는 문제에서 본인이 생각하는 모범답안을 선택하고 틀렸을 경우 그 이유를 정리하는 방식으로 학습하는 것이 효율적이다. 암기하기보다는 이해에 중점을 두고 자신의 상식으로 문제를 푸는 것이 아니라 해당 문제가 어느 영역 어떤 하위능력의 문제인지 파악하는 훈련을 한다면 답이 보일 것이다.

02 직업윤리와 일반윤리를 구분하라!

일반윤리와 구분되는 직업윤리의 특징을 이해해야 한다. 통념상 비윤리적이라고 일컬어지는 행동도 특정한 직업에서는 허용되는 경우가 있다. 그러므로 문제에서 주어진 상황을 판단할 때는 우선 직업의 특성을 고려해야 한다.

03 직업윤리의 하위능력을 파악해 두어라!

직업윤리의 경우 직장생활 경험이 없는 수험생들은 조직에서 일어날 수 있는 구체적인 직업윤리와 관련된 내용에 흥미가 없고 이를 이해하는 데 어려움이 있을 수 있다. 그러나 문제에서는 구체적인 상황·사례를 제시하는 문제가 나오기 때문에 직장에서의 예절을 정리하고 문제 상황에서 적절한 대처를 선택하는 연습을 하는 것이 중요하다.

04 면접에서도 유리하다!

많은 공사·공단에서 면접 시 직업윤리에 관련된 질문을 하는 경우가 많다. 직업윤리 이론 학습을 미리 해 두면 본인의 가치관을 세우는 데 도움이 되고 이는 곧 기업의 인재상과도 연결되기 때문에 미리 준비해 두면 필기시험에서 합격하고 면접을 준비할 때도 수월할 것이다.

SECTION

01 모듈이론

01 직업윤리의 의의

(1) 윤리란 무엇인가?

① 윤리의 의미

인간과 인간 사이에서 지켜야 할 도리를 바르게 하는 것 또는 인간사회에 필요한 올바른 질서라고 해석할 수 있다.

② 윤리규범의 형성

- 인간의 특성 : 기본적인 욕구 충족에 도움이나 방해가 되는 사물 등에 선호를 가지게 된다.
- 사회적 인간 : 인간은 사회의 공동 목표 달성과 구성원들의 욕구 충족에 도움이 되는 행위는 찬성하고, 반대되는 행위는 비난한다.
- 윤리규범의 형성 : 인간의 기본적인 특성과 사회성에 부합하는 행위가 반복되면서 무엇이 옳고 그른지에 대한 윤리규범이 형성된다.

(2) 비윤리적 행위의 원인과 유형

① 비윤리적 행위의 원인

무지	어떤 사람이 선이라고 생각하고 노력하는 대상이 실제로는 악이라는 사실을 모르거나 그것을 달성하기 위한 수단적 덕목들을 제대로 알지 못하는 경우이다.
무관심	자신의 행위가 비윤리적이라는 것은 알고 있지만, 윤리적인 기준에 따라 행동하는 것을 중요하게 여기지 않는 경우이다.
무절제	자신의 행위가 잘못이라는 것을 알고 그러한 행위를 하지 않으려고 하지만, 자신의 통제를 벗어나는 어떤 요인으로 인하여 비윤리적 행위를 저지르는 것이다.

② 비윤리적 행위의 유형

도덕적 타성	사람의 행동이나 사회현상에도 기존 패턴을 반복하려는 경향, 즉 타성(惰性, Inertia)이 존재한다. 타성은 나태함이나 게으름의 뜻을 내포하고 있는데, 바람직한 행동이 무엇인지 알고 있으면서도 취해야 할 행동을 취하지 않는 무기력한 모습이라고 할 수 있다.
도덕적 태만	비윤리적인 결과를 피하기 위하여 일반적으로 필요한 주의나 관심을 기울이지 않는 것을 말한다.
거짓말	상대를 속이려는 의도로 표현되는 메시지라고 할 수 있다. 주로 말이나 글로 표현되는 것에 한정하며, 상대를 속이려는 의도가 있는 것을 말한다.

(3) 직업과 직업윤리

① 직업의 특징

종류	내용
계속성	주기적으로 일을 하거나 명확한 주기가 없어도 계속 행해지며, 현재 하고 있는 일을 계속할 의지와 가능성이 있어야 함을 의미한다.
경제성	경제적 거래 관계가 성립되는 활동이어야 한다. 따라서 무급 자원봉사나 전업 학생은 직업으로 보지 않으며, 자연 발생적인 이득의 수취나 우연하게 발생하는 경제적 과실에 전적으로 의존하는 활동도 직업으로 보지 않는다.
윤리성	비윤리적인 영리 행위나 반사회적인 활동을 통한 경제적 이윤추구는 직업 활동으로 인정되지 않음을 의미한다.
사회성	모든 직업 활동이 사회 공동체적 맥락에서 의미 있는 활동이어야 한다는 것이다.
자발성	속박된 상태에서의 제반 활동은 경제성이나 계속성의 여부와 상관없이 직업으로 보지 않는다는 것이다.

② 직업윤리의 의미

직업 활동을 하는 개인이 자신의 직무를 잘 수행하고 자신의 직업과 관련된 직업과 사회에서 요구하는 규범에 부응하여 개인이 갖추고 발달시키는 직업에 대한 신념·태도·행위를 의미한다.

③ 직업윤리의 종류

종류	내용
소명의식	자신이 맡은 일은 하늘에 의해 맡겨진 일이라고 생각하는 태도
천직의식	자신의 일이 자신의 능력과 적성에 꼭 맞는다 여기며, 그 일에 열성을 가지고 성실히 임하는 태도
직분의식	자신이 하고 있는 일이 사회나 기업을 위해 중요한 역할을 하고 있다고 믿고, 자신의 활동을 수행하는 태도
책임의식	직업에 대한 사회적 역할과 책무를 충실히 수행하고 책임을 다하는 태도
전문가의식	자신의 일이 누구나 할 수 있는 것이 아니라 해당 분야의 지식과 교육을 밑바탕으로 성실히 수행해야만 가능한 것이라 믿고 수행하는 태도
봉사의식	직업 활동을 통해 다른 사람과 공동체에 대하여 봉사하는 정신을 갖추고 실천하는 태도

④ 직업윤리의 5대 기본원칙

종류	내용
객관성의 원칙	업무의 공공성을 바탕으로 공사 구분을 명확히 하고, 모든 것을 숨김없이 투명하게 처리하는 원칙을 말함
고객 중심의 원칙	고객에 대한 봉사를 최우선으로 생각하고, 현장 중심·실천 중심으로 일하는 원칙을 말함
전문성의 원칙	자기 업무에 전문가로서의 능력과 의식을 가지고 책임을 다하며, 능력을 연마하는 원칙을 말함
정직과 신용의 원칙	업무와 관련된 모든 것을 숨김없이 정직하게 수행하고, 본분과 약속을 지켜 신뢰를 유지하는 원칙을 말함
공정 경쟁의 원칙	법규를 준수하고, 경쟁 원리에 따라 공정하게 행동하는 원칙을 말함

⑤ 개인윤리와 직업윤리의 조화

- 개인윤리를 기반으로 공동의 협력을 추구한다.
- 규모가 큰 공동의 재산, 정보 등을 개인의 권한하에 위임한다.
- '팔은 안으로 굽는다.'로 표현되는 공사 구분의 모호함을 배제한다.

OX 문제

01 직업이란 경제적인 보상이 있어야 하며, 본인의 자발적 의사에 의한 것이어야 한다. 또한 장기적으로 계속해서 일하는 지속성이 있어야 한다. [ ]

02 모든 윤리적 가치는 시대와 상황을 떠나서 절대적이므로 변하지 않는다. [ ]

03 직업윤리의 기본원칙 중 객관성의 원칙이란 업무의 공공성을 바탕으로 공과 사 구분을 명확히 하고, 모든 것을 숨김없이 투명하게 처리하는 원칙을 말한다. [ ]

01 [○]

02 [×] 윤리적 가치는 불변의 진리가 아니라 시대와 사회 상황에 따라 조금씩 다르게 변화하는 것이다.

03 [○]

02 근로윤리

(1) 근면한 태도

① 근면의 개념적 특성

㉠ 고난의 극복 : 근면은 과거의 고난을 극복한 경험을 통해 형성되고, 현재의 고난을 극복할 수 있는 자원이 된다.

㉡ 개인의 절제나 금욕 : 근면은 고난을 극복하기 위해서 금전과 시간, 에너지를 사용할 수 있도록 준비하는 것이다.

㉢ 장기적이고 지속적인 행위 과정 : 근면은 고난을 극복하기 위해서 어려움 속에서도 목표를 완성시킴으로써 결과에 만족하고 이를 마무리하면서 그 가치를 완성하는 것이다.

② 근면의 종류

종류	내용
외부로부터 강요당한 근면	• 삶(생계)의 유지를 위한 필요에 의해서 강요된 근면 예 오직 삶의 유지를 위해 열악한 노동 조건에서 기계적으로 일하는 것
자진해서 하는 근면	• 자신의 것을 창조하며 조금씩 자신을 발전시키고, 시간의 흐름에 따라 자아를 확립시켜 가는 근면 예 세일즈맨이 자신의 성과를 높이기 위해 노력하는 것

(2) 정직과 성실

① 정직의 의의

타인이 전하는 말·행동이 사실과 부합된다는 신뢰가 없다면 일일이 직접 확인해야 하므로 사람들의 행동은 상당한 제약을 피할 수 없으며, 조직과 사회 체제의 유지 자체가 불가능해진다.

② 성실의 의미

사전적 의미	정성스럽고 참됨을 의미하며, 단어의 본질을 살펴보았을 때 그 의미가 근면함보다는 충(忠) 혹은 신(信)의 의미와 더 가까움
심리학적 의미	사회규범이나 법을 존중하고 충동을 통제하며, 목표 지향적 행동을 조직하고 유지하며 목표를 추구하도록 동기를 부여하는 것을 의미하기도 함

③ 현대 사회에서의 성실성

- 성실의 항상성은 다른 덕목들의 모태가 되며, 어떠한 일을 할 때 꾸준히 자신의 정성을 다하도록 만든다. 이는 조직에서 생활을 영위할 때 중요한 요인으로 작동한다.
- 성실이 항상 긍정적인 측면만 지니고 있는 것은 아니다. 성실은 시대 개념적 차원에서 볼 때 현대 사회와 어울리지 않는 한계성 또한 지니고 있다.

OX 문제

01 성실의 항상성은 덕목들로부터 파생된 것으로, 현대에서 필수적인 요소로 작용한다. [ ]

02 성실은 항상 긍정적인 측면만 지니므로 언제나 지켜야 할 사회규범이다. [ ]

03 성실의 사전적 의미는 정성스럽고 참됨으로 풀이할 수 있으며, 단어의 본질을 살펴보았을 때 그 의미가 근면함보다는 충(忠) 혹은 신(信)의 의미에 더 가깝다. [ ]

01 [×] 성실의 특징인 항상성은 다른 덕목들의 모태가 된다.
02 [×] 성실은 현대 사회와 어울리지 않는 한계가 있다.
03 [○]

03 공동체윤리

(1) 봉사와 사회적 책임, 준법의식

① 봉사와 사회적 책임의 의미

봉사	다른 사람과 공동체에 대하여 봉사하는 정신을 갖추고 실천하는 태도를 의미하며, 나아가 고객의 가치를 최우선으로 하는 고객 서비스 개념
책임의식	직업에 대한 사회적 역할과 책무를 충실히 수행하고 책임지려는 태도이며, 맡은 업무를 어떠한 일이 있어도 수행해 내는 태도

② 기업의 사회적 책임(CSR; Corporate Social Responsibility)

단순히 이윤 추구를 하는 집단의 형태를 벗어나 자신들이 벌어들인 이익의 일부분을 사회로 환원하는 개념을 말한다.

③ 준법의 의미

- 민주시민으로서 기본적으로 지켜야 하는 의무이며 생활 자세이다.
- 민주사회의 법과 규칙을 준수하는 것은 시민으로서의 자신의 권리를 보장받고, 다른 사람의 권리를 보호하며 사회질서를 유지하는 역할을 수행하는 것이다.

④ 우리사회의 준법의식

- 여전히 사회적 부패 현상이 만연해 있으며, 이러한 현상은 올바름에 대한 기준과 윤리적 판단 기준을 흐리게 한다.
- 민주주의와 시장경제는 구성원들에게 자유와 권리를 주는 동시에 규율의 준수와 책임을 요구하므로 개개인의 의식 변화와 함께 체계적 접근과 단계별 실행을 통한 제도적·시스템적 기반의 확립이 필요하다.

(2) 직장에서의 예절

① 예절의 의미

일정한 생활문화권에서 오랜 생활습관을 통해 하나의 공통된 생활방법으로 정립되어 관습적으로 행해지는 사회계약적인 생활규범을 말한다.

② 에티켓과 매너

에티켓	사람과 사람 사이에 마땅히 지켜야 할 규범으로서 형식적 측면이 강함
매너	형식을 나타내는 방식으로서 방법적 성격이 강함

③ 비즈니스 매너

㉠ 인사 예절

- 비즈니스에서 가장 일반적인 인사법인 악수는 윗사람이 아랫사람에게, 여성이 남성에게 청한다.
- 소개를 할 때는 연소자를 연장자에게, 내가 속해 있는 회사의 관계자를 타 회사의 관계자에게, 동료를 고객에게 먼저 소개한다.
- 명함을 건넬 때는 왼손으로 받치고 오른손으로 건네는데, 자신의 이름이 상대방을 향하도록 한다. 또한, 손아랫사람이 손윗사람에게 먼저 건네고 상사와 함께라면 상사가 먼저 건네도록 한다.

㉡ 전화 예절

- 전화는 태도나 표정을 보여줄 수 없으므로 상냥한 목소리와 정확한 발음에 유의한다.
- 전화가 연결되면 담당자 확인 후 자신을 소개하고, 간결하고 정확하게 용건을 전달한다. 전화를 끊기 전 내용을 다시 한 번 정리해 확인하며, 담당자가 없을 땐 전화번호를 남긴다.
- 전화를 받을 때는 벨이 3～4번 울리기 전에 받는다.

㉢ 이메일 예절

- 이메일을 쓸 때는 서두에 소속과 이름을 밝힌다.
- 업무 성격에 맞는 형식을 갖추고 올바른 철자와 문법을 사용한다.
- 메일 제목은 반드시 쓰고, 간결하면서 핵심을 알 수 있게 작성한다.

④ 직장 내 괴롭힘

근로기준법에 따른 사용자 또는 근로자가 직장에서의 지위 또는 관계 등의 우위를 이용하여 업무상 적정 범위를 넘어 다른 근로자에게 신체적 · 정신적 고통을 주거나 근무환경을 악화시키는 행위를 말한다.

⑤ 직장 내 성희롱

남녀고용평등과 일 · 가정 양립 지원에 관한 법률에 따른 사업주 · 상급자 또는 근로자가 직장 내의 지위를 이용하거나 업무와 관련하여 다른 근로자에게 성적 언동 등으로 성적 굴욕감 또는 혐오감을 느끼게 하거나 성적 언동 또는 그 밖의 요구 등에 따르지 아니하였다는 이유로 근로 조건 및 고용에서 불이익을 주는 것을 말한다.

OX 문제

01 책임이란 주어진 업무 또는 스스로 맡은 업무를 어떠한 일이 있어도 수행해 내는 태도이다. [ ]

02 직업세계에서 다른 직종에 비해 더 많은 이익을 얻는 집단이라 해도 그들의 이익 분배에 대해 특별히 달리 생각할 필요는 없다. [ ]

03 기업의 사회적 책임이란 단순히 이윤 추구를 하는 집단의 형태를 벗어나 자신들이 벌어들인 이익의 일부분을 사회로 환원하는 개념으로, 최근 들어 핵심적인 가치로 부각되고 있다. [ ]

01 [○]

02 [×] 직업세계에서 다른 직종에 비해 더 많은 이익을 얻는 집단은 그렇지 않은 집단들에게 그들의 이익을 분배할 수 있는 사회 환원 의식도 가져야 할 것이다.

03 [○]

SECTION

02 직업윤리 맛보기

※ 다음 글을 읽고 이어지는 질문에 답하시오. [1~2]

ㅇㅇ동의 지역공동체는 도시재생사업의 일환으로 만들어지게 되었다. 낙후된 지역으로 노인들이 대다수를 차지했던 이 지역은 공동육아시설 운영, 교육 및 커뮤니티 카페사업을 통해 지역 경제 상생발전을 도모하고 있다.
이 지역공동체는 다양한 활동을 통해 지역을 살아있는 공간으로 만들고 커뮤니티 확장과 나눔을 실천해 나갔다. 그로 인해 갈등을 대화로 해결하며 진정한 이웃사촌이 될 수 있었다.
최근 코로나19의 여파로 인해 이 지역공동체의 공동육아시설과 강의실, 카페 등은 운영이 수년째 중단된 상태이다. 이러한 위기 상황에도 불구하고 이 지역공동체는 커뮤니티 구성원을 중심으로 결속력을 보이며, 시설 및 온라인 커뮤니티를 통해 나눔과 정보 교류 등을 꾸준히 진행하고 있다.

01 다음 중 윤리라는 본질적인 의미에서 볼 때, 윗글은 인간의 어떤 특성을 설명하고 있는가?

① 유희적 존재
② 문화적 존재
③ 사회적 존재
④ 정치적 존재
⑤ 윤리적 존재

02 윤리적 가치와 윤리적 규범이라는 측면에서 위기 상황임에도 불구하고 지속적인 운영이 되고 있는 이 공동체의 시사점으로 가장 적절한 것은?

① 지역 주민을 위한 교류 공간 활성화
② 주민 일자리 제공 및 수익 창출을 통한 지역 경제 상생발전
③ 지역 일대 명소로 자리매김
④ 유대감과 결속력 기반의 공동체 의식
⑤ 주민들의 소명의식 증대

01

정답 ③

사회적 존재인 개인의 욕구는 개인의 행동에 따라 충족되는 것이 아니라, 다른 삶의 행동과 협력을 바탕으로 충족된다. 제시문은 지역공동체가 다양한 활동을 통해 다른 구성원들과 소통과 협력하는 장으로 발전하는 인간의 사회적 존재로서의 모습을 설명하고 있다.

오답분석

① 유희적 존재 : 놀이를 하는 존재이다.
② 문화적 존재 : 사회와 소통하면서 서로 공감하는 존재이다.
④ 정치적 존재 : 국가를 이루고 개인과 공동체의 문제에 대한 정치 활동을 하는 존재이다.
⑤ 윤리적 존재 : 인간이 도덕적으로 자율성을 가지고 있는 존재이다.

02

정답 ④

주어진 공동체의 시사점으로 가장 적절한 것은 위기 상황임에도 불구하고 윤리적 측면에서 유대감과 결속력 기반의 공동체 의식에 대한 것이다.

풀이 전략!

최근 중요성이 부각되고 있는 직업윤리 영역은 추상적인 내용들로 가득 차 있는 탓에 학습하기가 만만치 않은 부분이다. 그러나 이 영역은 일부 암기가 필요한 부분을 제외하고는 대부분 '바르게 살아가는 법' 그 이상도 이하도 아니므로 크게 부담을 가질 필요가 없다. 다만, 공공분야에서 근무하는 사람이라면 반드시 알아두어야 할 일명 '김영란 법'에 대한 내용은 정리해둘 필요가 있다.

※ 다음 글을 읽고 이어지는 질문에 답하시오. **[3~4]**

김대리 : (전화벨이 다섯 차례 넘게 울리자) 누가 전화 좀 받아요. 제가 통화 중이라.
홍사원 : (전화를 돌려받으며) 네, 전화 받았습니다. A기업 영업팀 홍길동 사원입니다. 아! 김대리님이요. 지금 통화 중이신데요. 나중에 다시 전화 주세요.
(전화 통화가 끝나고)
김대리 : 홍사원님, 아까 저 찾는 전화인 것 같던데. 어디서 전화 왔어요?
홍사원 : 잘 모르겠는데요. 여자 분이셨어요.
김대리 : 네? 오늘 고객사에서 중요한 전화 올 게 있었는데. 누군지 안 여쭤 봤어요?
홍사원 : 네. 굳이 말씀하시지 않으셔서⋯.

03 **다음 중 홍사원의 전화예절에 대한 문제점으로 적절하지 않은 것은?**

① 전화벨이 3~4번 울리기 전에 받는다.
② 담당자에게 전화와 관련된 내용을 전달한다.
③ 긍정적인 말로서 전화 통화를 마치도록 하고, 전화를 건 상대방에게 감사의 표시를 한다.
④ 자신이 누구인지를 즉시 말한다.
⑤ 상대방의 용건을 물어보지 않았다.

04 **다음 중 김대리가 홍사원의 전화예절에 대해서 난색을 보인 이유로 적절하지 않은 것은?**

① 상대방이 누구인지 물어보지 않았다.
② 전화를 대신 받았는데, 자신의 소속과 성명을 명확하게 밝히지 않았다.
③ 통화를 시작하고 마무리할 때 감사 인사를 하지 않았다.
④ 상대방의 용건이 무엇인지 메모하지 않았다.
⑤ 담당자에게 용건을 전달하지 않았다.

03

정답 ④

홍사원은 자신이 누구인지 즉시 말하였다.

전화예절
- 전화를 받을 때는 벨이 3 ~ 4번 울리기 전에 받는다.
- 회사명과 부서명, 이름을 밝힌 뒤 상대방의 용건을 정확하게 확인한다.
- 용건에 즉답하기 어려우면 양해를 구한 뒤, 회신 가능한 시간을 약속한다.
- 통화 담당자가 없으면 자리를 비운 이유를 간단히 설명하고, 통화가 가능한 시간을 알려준다.
- 용건을 물어본 후 처리할 수 있으면 처리한다.
- 전화를 끊으면 담당자에게 정확한 메모를 전달한다.

04

정답 ②

홍사원은 전화를 대신 받았고, 자신의 소속과 성명을 밝혔다.
김대리가 홍사원의 전화예절에 대해 난색을 표시한 이유는 상대방이 누구이고, 용건이 무엇인지에 대해 파악하지 않고 전화가 왔다는 메모도 남기지 않았다는 점과 전화를 준 고객에 대한 감사 인사를 하지 않고 담당자에게 메모를 전달하지 않는 등 전화예절에 어긋나게 전화를 받은 점이다.

풀이 전략!

의외로 많은 수험생들이 전화 예절 등 비즈니스 매너에 대한 문제들을 잘 처리하지 못한다. 이는 평소 가까운 지인들에게 하는 행동과 업무상 만나게 되는 사람들에게 하는 행동이 다르기 때문인데, 현실적으로 이를 단기간에 체화시키기는 어려우므로 본 교재에서 설명하고 있는 내용들을 암기하는 것도 하나의 방법이다. 다만, 어차피 합격 후 근무를 하게 되면 이 내용들과 같이 실천해야 할 것이니, 지금부터라도 이런 에티켓들을 하나하나 체화시켜 보기로 하자.

SECTION

03 대표유형 적중문제

정답 및 해설 p.051

| 01 | 모듈형

01 **다음 중 개인윤리와 직업윤리에 대한 설명으로 옳은 것은?**

① 개인윤리에서 폭력은 용인될 수 없으나, 직업윤리 측면에서 군인에게는 폭력이 허용된다.
② 개인윤리와 직업윤리가 배치되는 경우 직업인은 개인윤리를 우선한다.
③ 직업윤리는 개인윤리에 포함되지 않는 독립적인 윤리이다.
④ 모든 사람은 직업의 성격에 따라 각각 다른 개인윤리를 지닌다.
⑤ 규모가 큰 공동의 재산, 정보 등을 개인의 권한에 위임하면 개인윤리와 직업윤리가 조화를 이루지 못한다.

02 **다음 사례에 나타난 명함 교환 예절로 적절하지 않은 행동은?**

> A사원은 거래처 직원인 B대리와의 미팅을 위해 K회사를 방문하였다. A사원은 자신을 반갑게 맞아주는 B대리를 보며, 자리에 앉기 전 상의 주머니에서 자신의 명함을 꺼내 건네며 인사했다. “안녕하세요. 저는 W회사의 영업팀 A사원입니다.” B대리는 A사원의 명함을 받아 상의 주머니에 넣으며 자신의 명함을 건넸다. “네, 저는 K회사의 물류팀 B대리입니다. 먼 길 오시느라 고생 많으셨습니다. 자, 이쪽 자리에 앉아서 이야기합시다.”

① A는 상대방보다 먼저 명함을 건넸다.
② A는 명함을 상의 주머니에서 꺼내 건넸다.
③ A가 명함을 일어선 상태에서 건넸다.
④ B는 명함을 받아 그대로 주머니에 넣었다.
⑤ B는 일어선 상태에서 명함을 받았다.

※ 다음 글을 읽고 이어지는 질문에 답하시오. [3~4]

탄력근무제와 주 52시간제가 시행되면서 해외사업팀에서 남미지역을 담당하고 있는 김대리는 아침시간을 활용해 회사 근처 스페인어 학원에 다닐 수 있는 시간을 확보하게 되었다. 과거와는 달리 정해진 출퇴근 시간을 지키다 보니 저녁시간도 여유로워지고 오래 전부터 계획했던 스페인어 공부도 시작할 수 있게 된 것이다. 예전에는 저녁에 알람을 몇 개씩 맞춰 놓고 자도 한 달에 3 ~ 4회 지각을 해서 팀장님께 주의를 받기도 했었는데, 스스로 목표를 세우고 하고 싶은 공부를 시작하게 되니 회사에 지각하는 일도 없어지고 업무에 집중할 수 있게 되었다. 결국 1년 후 김대리는 업무 성과를 인정받게 되어 높은 인사고과를 받게 되었다.

03 다음 중 윗글에서 알 수 있는 근면의 특징으로 적절하지 않은 것은?

① 스스로 자진해서 하는 근면이다.
② 능동적이며 적극적인 태도로 임하게 된다.
③ 시간의 흐름에 따라 자아를 확립시켜 나가게 되는 계기가 된다.
④ 외부로부터 강요당한 근면이다.
⑤ 자신의 것을 창조하며 자신을 발전시키는 태도이다.

04 다음 중 윗글에서 나타나는 직장생활에서 근면하기 위해 필요한 자세로 적절하지 않은 것은?

① 자진해서 하는 일이라고 생각하는 것
② 일상을 대수롭지 않게 느끼고 돈을 받고 하는 일이라고 생각하는 것
③ 능동적이고 적극적인 태도로 임하는 것
④ 자신의 일에 대한 의욕과 즐겁게 시간을 보내는 것에 대한 의미를 생각해 보는 것
⑤ 자신의 것을 창조하며 자신을 발전시키는 일이라고 생각하는 것

※ 다음 글을 읽고 이어지는 질문에 답하시오. [5~6]

> 세계적으로도 우수한 기술을 가지고 있는 A중공업은 지난 해 정부의 해외 발전소 공사 사업 건을 수주하기 위해 기관 관계자에게 수억 원의 뇌물을 건넸다. A중공업의 영업임원과 기관 관계자는 대학 선후배 사이로 수년간 골프모임을 지속한 사실도 파악되었다. 이 사건으로 인해 A중공업은 향후 5년간 공공사업에 대한 입찰이 금지되었다. 대규모 공사 프로젝트 발주가 급격히 감소한 요즘, 정부 사업에 대한 수주가 원천적으로 금지된 것은 회사 입장에서도 정부 입장에서도 엄청난 손실이다.
> A중공업은 발전소 사업 외에 조선 사업도 수행하고 있는 업체라 당장 정부가 발주한 특수신 건조 사업에도 직격탄을 맞게 되었다. A중공업은 과거처럼 업계의 관행을 답습하다가 회사의 존폐에 대한 위기까지 맞게 된 것이다.

05 다음 중 윗글의 내용과 관련된 부패의 원인에 해당하지 않는 것은?

① 사회적 윤리의식의 부재
② 효율적 사회시스템의 미비
③ 공사 구분을 모호하게 하는 문화적 특성
④ 건전한 가치관의 미정립
⑤ 부패한 과거를 답습하는 문화

06 다음 중 윗글에 대한 설명으로 적절하지 않은 것은?

① 거래당사자 간의 부도덕의 문제에 불과하며, 사회적 비용으로 보기에는 무리가 있다.
② 공적인 입장의 사람이 자신의 권한과 권력을 이용해 이익을 취한 사례이다.
③ 사회 전체 시스템의 정상적인 가동을 방해하는 요인이 된다.
④ 막대한 사회적 비용을 수반하게 되며 사회구성원 전체에게 피해를 주게 된다.
⑤ 건전한 이윤추구의 가치를 훼손시키는 사례이다.

07 다음 중 직업윤리의 5대 원칙에 해당하지 않는 것은?

〈직업윤리의 5대 원칙〉

1. 업무의 공공성을 바탕으로 공사구분을 명확히 하고, 모든 것을 숨김없이 투명하게 처리하는 원칙
2. 고객에 대한 봉사를 최우선으로 생각하고 현장중심, 실천중심으로 일하는 원칙
3. 자기업무에 전문가로서의 능력과 의식을 가지고 책임을 다하며, 능력을 연마하는 것
4. 업무와 관련된 모든 것을 숨김없이 정직하게 수행하고, 본분과 약속을 지켜 신뢰를 유지하는 것
5. 법규를 준수하고, 경쟁원리에 따라 공정하게 행동하는 것

① 정직과 신용의 원칙
② 전문성의 원칙
③ 공정경쟁의 원칙
④ 고객중심의 원칙
⑤ 주관성의 원칙

08 다음의 대화에서 K대리가 저지른 전화예절의 실수로 가장 적절한 것은?

K대리 : 안녕하세요. A출판부 K대리입니다. 무엇을 도와드릴까요?
S부장 : 아, K대리! 나 영업부 S부장이네.
K대리 : (펜과 메모지를 준비한다.) 네! S부장님, 안녕하세요. 어떤 일로 전화 주셨습니까?
S부장 : 다음 달에 예정되어 있는 신간도서 계획서를 좀 보고 싶어서 말이야.
K대리 : 네, 부장님. 지금 바로 준비해서 갖다 드리겠습니다.
S부장 : 고맙네. 이따 보지.
K대리 : 네! 이만 전화 끊겠습니다.

① 언제나 펜과 메모지를 곁에 두어 메시지를 받아 적을 수 있도록 한다.
② 전화 받은 사람이 누구인지를 즉시 말한다.
③ 통화를 마칠 때, 전화를 건 상대방에게 감사의 표시를 한다.
④ 천천히, 명확하게 예의를 갖추고 말한다.
⑤ 말을 할 때 상대방의 이름을 함께 사용한다.

※ 다음 글을 읽고 이어지는 질문에 답하시오. **[9~10]**

> 김사원 : 팀장님, 시간 괜찮으시면 이번에 새로 거래를 하게 된 ○○물산 박대표님 오셨는데 함께 미팅하시겠습니까?
> (김사원과 이팀장 모두 박대표와 처음 만나 미팅을 진행하는 경우이다.)
> 이팀장 : 어, 그러지. 회의실로 모셔 와.
> (이팀장보다 연배가 훨씬 위인 거래처 대표가 회의실로 김사원과 함께 들어온다.)
> 김사원 : 팀장님, ○○물산 박한우 대표님이십니다. 박한우 대표님, 여기는 저희 구매팀장님을 맡고 계신 이재현 팀장님입니다.
> 이팀장 : (악수를 청하며) 처음 뵙겠습니다. 이재현입니다. 먼 길 와주셔서 감사합니다. 김사원에게 말씀 많이 들었습니다. 함께 일하게 되어 기쁩니다. 앞으로 좋은 파트너로 서로 도움이 되면 좋겠습니다. 많이 도와 주십시오.
> 박대표 : 처음 뵙겠습니다. 박한우입니다. 기회 주셔서 감사합니다. 열심히 하겠습니다. 과거부터 영업본부장이신 성전무님과 인연이 있어 이팀장님 말씀은 많이 들었습니다. 말씀대로 유능하신 분이라는 생각이 듭니다.
> (박대표는 이팀장과 악수를 한 후 김사원과도 악수를 한다. 왼손잡이인 김사원은 자연스럽게 왼손을 내밀어 미소를 지으며 손을 가볍게 흔들며 '김철수입니다. 잘 부탁드리겠습니다.'라는 인사를 건넨다.)
> 이팀장 : 과찬이십니다. 그럼 잠시 이번 포워딩 건에 대해 말씀 나누죠.
> 이팀장 : (미팅이 끝난 후) 김철수씨, 나랑 잠깐 이야기 좀 할까?

09 다음 중 소개예절에서 김사원이 한 실수로 적절하지 않은 것은?

① 나이 어린 사람을 연장자에게 먼저 소개하지 않았다.
② 내가 속해 있는 회사의 관계자를 타 회사의 관계자에게 먼저 소개하지 않았다.
③ 소개하는 사람에 대해 성과 이름을 함께 말하지 않았다.
④ 동료임원을 고객, 손님에게도 소개하였다.
⑤ 소개할 때 나이를 고려하지 않았다.

10 다음 중 악수예절에서 김사원이 한 실수로 가장 적절한 것은?

① 악수를 할 때 상대를 바라보며 가벼운 미소를 지었다.
② 악수를 할 때 간단한 인사 몇 마디를 주고받았다.
③ 악수를 할 때 너무 강하게 쥐어짜듯이 손을 잡지 않았다.
④ 악수를 할 때 왼손잡이라서 왼손으로 악수했다.
⑤ 악수를 할 때 이름을 말하며 인사를 했다.

PART 2

최종점검 모의고사

제1회 모의고사(필수영역)

문항 수 : 60문항 응시시간 : 70분

정답 및 해설 p.054

| 01 | 의사소통능력

01 다음 글의 내용으로 가장 적절한 것은?

> '청렴(淸廉)'은 현대 사회에서 좁게는 반부패와 동의어로 사용되며 넓게는 투명성과 책임성 등을 포괄하는 통합적 개념으로 사용되고 있다. 유학자들은 청렴을 효제와 같은 인륜의 덕목보다는 하위에 두었지만 군자라면 마땅히 지켜야 할 일상의 덕목으로 중시하였다. 조선의 대표적 유학자였던 이황과 이이는 청렴을 사회 규율이자 개인 처세의 지침으로 강조하였다. 특히 공적 업무에 종사하는 사람이라면 사회 규율로서의 청렴이 개인의 처세와 직결된다는 점에 유념해야 한다고 보았다.
> 청렴에 대한 논의는 정약용의 『목민심서』에서 본격적으로 나타난다. 정약용은 청렴이야말로 목민관이 지켜야 할 근본적인 덕목이며 목민관의 직무는 청렴이 없이는 불가능하다고 강조하였다. 정약용은 청렴을 당위의 차원에서 주장하는 기존의 학자들과 달리 행위자 자신에게 실질적 이익이 된다는 점을 들어 설득하고자 한다. 그는 청렴은 큰 이득이 남는 장사라고 말하며, 지혜롭고 욕심이 큰 사람은 청렴을 택하지만 지혜가 짧고 욕심이 작은 사람은 탐욕을 택한다고 설명한다. 정약용은 "지자(知者)는 인(仁)을 이롭게 여긴다."라는 공자의 말을 빌려 "지혜로운 자는 청렴함을 이롭게 여긴다."라고 하였다. 비록 재물을 얻는 데 뜻이 있더라도 청렴함을 택하는 것이 결과적으로는 지혜로운 선택이라고 정약용은 말한다. 목민관의 작은 탐욕은 단기적으로 보면 눈 앞의 재물을 취하여 이익을 얻을 수 있겠지만 궁극에는 개인의 몰락과 가문의 불명예를 가져올 수 있기 때문이다.
> 정약용은 청렴을 지키는 것은 두 가지 효과가 있다고 보았다. 첫째, 청렴은 다른 사람에게 긍정적 효과를 미친다. 목민관이 청렴할 경우 백성을 비롯한 공동체 구성원에게 좋은 혜택이 돌아갈 것이다. 둘째, 청렴한 행위를 하는 것은 목민관 자신에게도 좋은 결과를 가져다 준다. 청렴은 그 자신의 덕을 높이는 것일 뿐 아니라 자신의 가문에 빛나는 명성과 영광을 가져다 줄 것이다.

① 정약용은 청렴이 목민관이 반드시 지켜야 할 덕목임을 당위론 차원에서 정당화하였다.
② 정약용은 탐욕을 택하는 것보다 청렴을 택하는 것이 이롭다는 공자의 뜻을 계승하였다.
③ 정약용은 청렴한 사람은 욕심이 작기 때문에 재물에 대한 탐욕에 빠지지 않는다고 보았다.
④ 정약용은 청렴이 백성에게 이로움을 줄 뿐 아니라 목민관 자신에게도 이로운 행위라고 보았다.
⑤ 이황과 이이는 청렴을 개인의 처세에 있어 주요 지침으로 여겼으나 사회 규율로는 보지 않았다.

02 다음 글의 뒤에 이어질 내용으로 가장 적절한 것은?

키는 유전적인 요소가 크다. 그러나 이러한 한계를 극복할 수 있는 강력한 수단이 있다. 바로 영양이다. 키 작은 유전자를 갖고 태어나도 잘 먹으면 키가 커질 수 있다는 것이다. 핵심은 단백질과 칼슘이다. 가장 손쉽게 이를 섭취할 수 있는 것은 우유다. 가격도 생수보다 저렴하다. 물론 우유의 효과에 대해 부정적 견해도 존재한다. 아토피 피부염과 빈혈·골다공증 등 각종 질병이 생길 수 있다는 주장이다. 그러나 이는 일부 학계의 의견이 침소봉대(針小棒大)되었다고 본다. 당뇨가 생기니 밥을 먹지 말고, 바다가 오염됐다고 생선을 먹지 않을 순 없지 않은가.

① 키와 건강을 위한 우유 섭취의 권장
② 아이들의 건강을 위한 우유 섭취 금지
③ 아이들의 건강 상태를 위한 각종 우유식품 개발
④ 키의 유전적 요소를 극복하기 위한 방법
⑤ 우유 가격 인상으로 인한 대체 식품

03 다음 중 문서의 종류와 작성이 바르게 연결되지 않은 것은?

① 공문서 : 마지막엔 반드시 '끝' 자로 마무리한다.
② 설명서 : 복잡한 내용은 도표화한다.
③ 기획서 : 상대가 요구하는 것이 무엇인지 고려하여 작성한다.
④ 보고서 : 상대에게 어필해 상대가 채택하게끔 설득력 있게 작성한다.
⑤ 공문서 : 날짜는 연도와 월일을 반드시 함께 언급해야 한다.

※ 다음 글을 읽고 이어지는 질문에 답하시오. **[4~5]**

(가) 1772년 프랑스 기행작가인 피에르 장 그로슬리가 쓴 『런던여행』이라는 책에 샌드위치 백작의 관련 일화가 나온다. 이 책에는 샌드위치 백작이 도박을 하다가 빵 사이에 소금에 절인 고기를 끼워 먹는 것을 보고 옆에 있던 사람이 '샌드위치와 같은 음식을 달라.'고 주문한 것에서 샌드위치라는 이름이 생겼다고 적혀있다. 하지만 샌드위치 백작의 일대기를 쓴 전기 작가 로저는 이와 다른 주장을 한다. 샌드위치 백작이 각료였을 때 업무에 바빠서 제대로 된 식사를 못하고 책상에서 빵 사이에 고기를 끼워 먹었다는 데서 샌드위치 이름이 유래되었다는 것이다.

(나) 샌드위치는 사람의 이름이 아니고, 영국 남동부 도버 해협에 있는 중세풍 도시로 지금도 많은 사람이 찾는 유명 관광지이다. 도시명이 음식 이름으로 널리 알려진 이유는 18세기 사람으로, 이 도시의 영주였던 샌드위치 백작 4세, 존 몬태규 경 때문이다. 샌드위치 백작은 세계사에 큰 발자취를 남긴 인물로 세계 곳곳에서 그의 흔적을 찾을 수 있다.

(다) 샌드위치는 빵과 빵 사이에 햄과 치즈, 달걀 프라이와 채소 등을 끼워 먹는 것이 전부인 음식으로 도박꾼이 노름하다 만든 음식이라는 소문까지 생겼을 정도로 간단한 음식이다. 그러나 사실 샌드위치의 유래에는 복잡한 진실이 담겨 있으며, 샌드위치가 사람 이름이라고 생각하는 경우가 많지만 그렇지 않다.

(라) 샌드위치의 기원에 대해서는 이야기가 엇갈리는데, 그 이유는 ______________________ 일부에서는 샌드위치 백작을 유능한 정치인이며 군인이었다고 말하지만 또 다른 한편에서는 무능하고 부패했던 도박꾼에 지나지 않았다고 평가한다.

04 다음 중 윗글의 빈칸에 들어갈 내용으로 가장 적절한 것은?

① 샌드위치와 관련된 다양한 일화가 전해지고 있기 때문이다.
② 음식 이름의 주인공 직업과 관계가 있다.
③ 대중들이 즐겨 먹었던 음식이기 때문이다.
④ 음식 이름의 주인공이 유명한 사람이기 때문이다.
⑤ 음식 이름의 주인공에 대한 상반된 평가와 관계가 있다.

05 다음 중 윗글의 문단을 논리적 순서대로 바르게 나열한 것은?

① (가) – (다) – (나) – (라)
② (나) – (가) – (라) – (다)
③ (다) – (나) – (가) – (라)
④ (다) – (나) – (라) – (가)
⑤ (라) – (가) – (나) – (다)

06 다음 중 (가)~(마) 문단의 소제목으로 적절하지 않은 것은?

(가) 우리 경제는 1997년을 기준으로 지난 30년간 압축성장을 이룩하는 과정에서 많은 문제점을 안게 되었다. 개발을 위한 물자 동원을 극대화하는 과정에서 가명·무기명 금융거래 등 잘못된 금융 관행이 묵인되어 음성·불로 소득이 널리 퍼진 소위 지하경제가 번창한 것이다.

(나) 이에 따라 계층 간 소득과 조세 부담의 불균형이 심화되었으며, 재산의 형성 및 축적에 대한 불신이 팽배해져 우리 사회의 화합과 지속적인 경제성장의 장애 요인이 되고 있었다. 또한 비실명거래를 통해 부정한 자금이 불법 정치자금·뇌물·부동산투기 등에 쓰이면서 각종 비리와 부정부패의 온상이 되기도 하였다. 이로 인하여 일반 국민들 사이에 위화감이 조성되었으며, 대다수 국민들의 근로의욕을 약화시키는 요인이 되었다.

(다) 이와 같이 비실명 금융거래의 오랜 관행에서 발생되는 폐해가 널리 번짐에 따라 우리 경제가 더 나은 경제로 진입하기 위해서는 금융실명제를 도입하여 금융거래를 정상화할 필요가 절실했으며, 그러한 요구가 사회단체를 중심으로 격렬하게 제기되었다.

(라) 이에 문민정부는 과거 정권에서 부작용을 우려하여 실시를 유보하였던 금융실명제를 과감하게 도입했다. 금융실명제는 모든 금융거래를 실제의 명의(實名)로 하도록 함으로써 금융거래와 부정부패·부조리를 연결하는 고리를 차단하여 깨끗하고 정의로운 사회를 구현하고자 하는 데 의미가 있었다.

(마) 이러한 금융실명제가 도입되면서 금융 거래의 투명성은 진전되었으나 여전히 차명 거래와 같은 문제점은 존재했다. 이전까지는 탈세 목적을 가진 차명 거래가 적발되어도 법률로 계좌를 빌려준 사람과 실소유주를 처벌할 수 없었던 것이다.

① (가) : 잘못된 금융 관행으로 나타난 지하경제
② (나) : 비실명 금융거래의 폐해
③ (다) : 금융실명제의 경제적 효과
④ (라) : 금융실명제의 도입과 의미
⑤ (마) : 금융실명제 도입에서 나타난 허점

07 다음 중 공문서의 특징에 대한 설명으로 가장 적절한 것은?

① 반드시 일정한 양식과 격식을 갖추어 작성하여야 한다.
② 날짜 다음에 괄호를 사용할 경우 반드시 마침표를 찍어야 한다.
③ 복잡한 내용은 도표를 통해 시각화하여 이해도를 높인다.
④ 여러 장에 담아내는 것이 원칙이다.
⑤ 회사 내부로 전달되는 글이므로 누가, 언제, 어디서, 무엇을, 어떻게(혹은 왜)가 드러나지 않아도 된다.

08 다음 글의 논지 전개 구조를 바르게 설명한 것은?

㉠ 중국에 생원이 있듯이 우리나라에는 양반이 있다. 중국의 고정림(顧亭林)이 온 천하 사람이 생원이 되는 것을 우려하였던 것처럼 나는 온 나라 사람이 양반이 되는 것을 우려한다. ㉡ 그런데 양반의 폐단은 더욱 심한 바가 있다. 생원은 실제로 과거에 응시해서 생원 칭호를 얻는 것이지만, 양반은 문무관(文武官)도 아니면서 허명(虛名)만 무릅쓰는 것이다. ㉢ 생원은 정원(定員)이 있으나 양반은 도대체 한절(限節)이 없으며, 생원은 세월이 지남에 따라 변천이 있으나 양반은 한 번 얻으면 백세토록 버리지 않는다. ㉣ 항차 생원의 폐는 양반이 모두 다 겸하여 지녔음에랴. ㉤ 그러하니 내가 바라는 것은, 온 나라 사람이 양반이 되어 온 나라에 양반이 없는 것과 같이 되도록 하는 것이다.

① ㉡, ㉢, ㉣은 ㉤의 근거가 된다.
② ㉠은 이 글의 중심 문단이다.
③ ㉡은 ㉠의 상술 문단이다.
④ ㉢은 ㉠의 상술 문단이다.
⑤ ㉣은 ㉠의 부연 문단이다.

09 다음 중 A의 주장에 효과적으로 반박할 수 있는 진술은?

A : 우리나라는 경제 성장과 국민 소득의 향상으로 매년 전력소비가 증가하고 있습니다. 이런 와중에 환경문제를 이유로 발전소를 없앤다는 것은 말도 안 되는 소리입니다. 반드시 발전소를 증설하여 경제 성장을 촉진해야 합니다. B : 하지만 최근 경제 성장 속도에 비해 전력소비량의 증가가 둔화되고 있는 것도 사실입니다. 더구나 전력소비에 대한 시민의식도 점차 바뀌어가고 있으므로 전력소비량 관련 캠페인을 실시하여 소비량을 줄인다면 발전소를 증설하지 않아도 됩니다. A : 의식의 문제는 결국 개인에게 기대하는 것이고, 희망적인 결과만을 생각한 것입니다. 확실한 것은 앞으로 우리나라 경제 성장에 있어 더욱더 많은 전력이 필요할 것이라는 겁니다.

① 친환경 발전으로 환경과 경제 문제를 동시에 해결할 수 있다.
② 경제 성장을 하면서도 전력소비량이 감소한 선진국의 사례도 있다.
③ 최근 국제 유가의 하락으로 발전비용이 저렴해졌다.
④ 발전소의 증설이 건설경제의 선순환 구조를 이룩할 수 있는 것이 아니다.
⑤ 우리나라 시민들의 전기소비량에 대한 인식조사를 해야 한다.

10 다음 글을 근거로 판단할 때, A학자의 언어체계에서 표기와 그 의미의 연결이 적절하지 않은 것은?

> A학자는 존재하는 모든 사물을 자연적인 질서에 따라 나열하고 그것들의 지위와 본질을 표현하는 적절한 기호를 부여하면 보편언어를 만들 수 있다고 생각했다.
> 이를 위해 A학자는 우선 세상의 모든 사물을 40개의 '속(屬)'으로 나누고, 속을 다시 '차이(差異)'로 세분했다. 예를 들어 8번째 속인 돌은 순서대로 아래와 같이 6개의 차이로 분류된다.
> (1) 가치 없는 돌
> (2) 중간 가치의 돌
> (3) 덜 투명한 가치 있는 돌
> (4) 더 투명한 가치 있는 돌
> (5) 물에 녹는 지구의 응결물
> (6) 물에 녹지 않는 지구의 응결물
> 이 차이는 다시 '종(種)'으로 세분화되었다. 예를 들어, '가치 없는 돌'은 그 크기, 용도에 따라서 8개의 종으로 분류되었다.
> 이렇게 사물을 전부 분류한 다음에 A학자는 속, 차이, 종에 문자를 대응시키고 표기하였다.
> 예를 들어, 7번째 속부터 10번째 속까지는 다음과 같이 표기된다.
> (7) 원소 : de
> (8) 돌 : di
> (9) 금속 : do
> (10) 잎 : gw
> 차이를 나타내는 표기는 첫 번째 차이부터 순서대로 b, d, g, p, t, c, z, s, n을 사용했고, 종은 순서대로 w, a, e, i, o, u, y, yi, yu를 사용했다. 따라서 'di'는 돌을 의미하고 'dib'는 가치 없는 돌을 의미하며, 'diba'는 가치 없는 돌의 두 번째 종을 의미한다.

① ditu – 물에 녹는 지구의 응결물의 여섯 번째 종
② gwpyi – 잎의 네 번째 차이의 네 번째 종
③ dige – 덜 투명한 가치 있는 돌의 세 번째 종
④ deda – 원소의 두 번째 차이의 두 번째 종
⑤ donw – 금속의 아홉 번째 차이의 첫 번째 종

11 다음 글의 내용 전개상 특징으로 가장 적절한 것은?

광고는 문화 현상이다. 이 점에 대해서 의심하는 사람은 거의 없다. 그럼에도 불구하고 많은 사람이 광고를 단순히 경제적인 영역에서 활동하는 상품 판매 도구로만 인식하고 있다. 이와 같이 광고를 경제현상에 집착하여 논의하게 되면 필연적으로 극단적인 옹호론과 비판론으로 양분될 수밖에 없다. 예컨대 옹호론에서 보면 마케팅적 설득이라는 긍정적 성격이 부각되는 반면, 비판론에서는 이데올로기적 조작이라는 부정적 성격이 두드러지는 이분법적 대립이 초래된다는 것이다.
물론 광고는 숙명적으로 상품 판촉수단으로서의 굴레를 벗어날 수 없다. 상품광고가 아닌 공익광고나 정치광고 등도 현상학적으로는 상품 판매를 위한 것이 아니라 할지라도, 본질적으로 상품과 다를 바 없이 이념과 슬로건, 그리고 정치적 후보들을 판매하고 있다.
그런데 현대적 의미에서 상품 소비는 물리적 상품 교환에 그치는 것이 아니라 기호와 상징들로 구성된 의미 교환 행위로 파악된다. 따라서 상품은 경제적 차원에만 머무르는 것이 아니라 문화적 차원에서 논의될 필요가 있다. 현대사회에서 상품은 기본적으로 물질적 속성의 유용성과 문제적 속성의 상징성이 이중적으로 중첩되어 있다. 더구나 최근 상품의 질적인 차별이 없어짐으로써 상징적 속성이 더욱더 중요하게 되었다.
현대 광고에 나타난 상품의 모습은 초기 유용성을 중심으로 물질적 기능이 우상으로 숭배되는 모습에서, 근래 상품의 차이가 사람의 차이가 됨으로써 기호적 상징이 더 중요시되는 토테미즘 양상으로 변화되었다고 한다. 이와 같은 광고의 상품 '채색' 활동 때문에 현대사회의 지배적인 '복음'은 상품의 소유와 소비를 통한 욕구 충족에 있다는 비판을 받는다. 광고는 상품과 상품이 만들어 놓는 세계를 미화함으로써 개인의 삶과 물질적 소유를 보호하기 위한 상품 선택의 자유와 향락을 예찬한다.
이러한 맥락에서 오늘날 광고는 소비자와 상품 사이에서 일어나는 일종의 담론이라고 할 수 있다. 광고 읽기는 단순히 광고를 수용하거나 해독하는 행위에 그치지 않고 '광고에 대한 비판적인 안목을 갖고 비평을 시도하는 것'을 뜻한다고 할 수 있다.

① 대상을 새로운 시각으로 바라보고 이해할 수 있게 하였다.
② 대상의 의미를 통시적 관점으로 고찰하고 있다.
③ 대상의 문제점을 파악하고 나름의 해결책을 모색하고 있다.
④ 대상에 대한 견해 중 한쪽에 치우쳐 논리를 전개하고 있다.
⑤ 대상에 대한 상반된 시각을 예시를 통해 소개하고 있다.

12 A대리는 B사원에게 일일 업무일지 작성 방법을 전달하라는 지시를 받고 B사원의 업무일지를 살펴보았다. B사원이 작성한 업무일지를 보고 B사원에게 말해 줄 유의사항으로 적절하지 않은 것은?

<table>
<tr><td rowspan="2">일일 업무일지</td><td>소속</td><td>출판사업부</td><td>작성자</td><td>B사원</td></tr>
<tr><td>날짜</td><td colspan="3">2024년 8월 2일</td></tr>
<tr><td>분류</td><td colspan="3">일과</td><td>비고</td></tr>
<tr><td>오늘 할 일</td><td colspan="3">1. 원고정리 (△)

2. 출간회의 (○)
- 5월 출간일정 체크

3. 저자미팅
- 오후 3:00 ○○대학 경제학과 김지원 교수님 (○)

4. 디자인팀 업무협조요청 (×)</td><td></td></tr>
<tr><td>내일 할 일</td><td colspan="3"></td><td></td></tr>
</table>

① 일과는 오전과 오후 업무로 나누어 기재해 주세요.
② 끝내지 못한 업무가 있다면 업무일지에서 삭제하는 것이 좋아요.
③ 업무 외의 지시사항은 비고란에 기록하세요.
④ 내부 회의나 외부 사람과의 미팅은 간략하게 내용도 적어주는 것이 좋아요.
⑤ 장·단기 업무를 따로 구분해 기재하면 업무진행에 도움이 됩니다.

13 **A는 공기업 취업스터디에 가입하였다. 첫 모임에서 각자 공기업 분석을 하기로 해 평소 입사하고 싶었던 K공사를 맡아 분석하기로 하였다. 자료를 찾아보던 중 K공사의 친환경 활동에 대한 글을 보게 되었고 내용을 간략히 적어 발표하려고 한다. 다음 중 A가 정리한 주제로 적절하지 않은 것은?**

> 변전소 주거용 복합건물은 전자계에 의한 인체 영향 논란이 지속되는 현실에서 국민에게 전자계에 대한 올바른 정보를 제공하고 전력설비에 대한 새로운 인식을 심어주고자 도심 내에서 혐오시설로 인식되는 변전소를 지하에 배치시키고 그 위에 K공사 직원을 위한 아파트를 건설하는 사업입니다. 실제 주거용 복합건물의 전자계를 측정한 결과 우리가 일상생활에서 늘 사용하는 냉장고, TV 같은 가전제품과 비교해도 현저히 낮은 수치가 발생하는 것이 입증되었습니다. K공사는 앞으로 환경, 사람, 지역과 조화를 이루는 전력설비 건설을 계속 추진해 나갈 계획입니다.
>
> 현재 지중에 설치된 맨홀은 배수시설이 없고 오염물이 유입되어 대부분의 맨홀이 심각하게 오염되었으며 청소과정에서 주변지역으로 배출되기 때문에 주변환경오염에 심각한 원인이 될 수 있습니다. 이에 맨홀에서 발생하는 오수를 정화하여 방류하기 위해서 당사에서는 맨홀청소와 오수처리 작업이 동시에 가능한 장비를 개발하였습니다. 장비의 개발로 인하여 기존 작업의 문제점을 해결하였고, 작업시간의 단축을 실현하였으며, 기존 인력작업으로 인한 경제적 손실을 장비의 활용으로 개선하고, 작업의 효율성을 증대하였습니다. 본 장비의 현장적용으로 작업자의 안전, 도로결빙, 차량정체, 민원발생 등 여러 문제점을 해결할 수 있을 것입니다.
>
> 기존의 전주는 회색콘크리트가 자연경관과 조화를 이루지 못하여 경관을 해치는 혐오시설로 인식되어 왔습니다. 이러한 인식을 불식시키고자 자연경관에 조화를 이루도록 녹색, 적갈색의 천연광물로 만든 도료로 색칠하여 환경친화적인 전주를 만들었습니다. 앞으로도 K공사는 환경과 조화를 이루는 전력설비 건설을 계속 추진해 나갈 계획입니다.
>
> 서울 시내에 지상에 설치되어 있는 기기(변압기, 개폐기)에 대하여 주민들의 이설 및 설치 반대 민원이 증가하고 있습니다. 이에 K공사의 이미지를 압축한 지상기기 설치로 고객친화 홍보효과를 제고하기 위하여 기존의 특성과 기능을 유지한 채 미관을 고려한 새로운 외함을 개발하게 되었습니다. 이를 통하여 도심경관에서도 사랑받을 수 있는 설비가 되도록 지속적으로 디자인을 개발하고 확대보급할 예정입니다.
>
> 가공송전선로 건설공사의 철탑을 설치하기 위하여 필요한 건설 자재는 운반용 자재 운반로를 개설하여 시공하는 것이 경제적이며 일반적으로 적용하는 공법이나, 이로 인한 산림의 훼손이 불가피함에 따라 친환경적인 시공법에 대한 도입이 적극적으로 요구되고 있습니다. K공사는 산림자원 및 자연환경 보전에 대한 인식확산에 따라 가공송전선로 건설공사 시공 시 산림의 형질변경을 최소화하고자 삭도 및 헬기를 이용하여 공사용 자재를 운반함으로써 산림자원 보전에 기여하고 있습니다.

① 친환경 주거용 복합변전소 건설

② 배전용 맨홀 청소 및 오수 처리장비 개발

③ 환경친화 칼라전주 개발 사용

④ 도심미관을 해치는 지상기기의 최소화

⑤ 삭도 및 헬기를 이용한 공사용 자재 운반

14 다음 중 밑줄 친 ㉠에 대한 평가로 가장 적절한 것은?

> 일어나기 매우 어려운 사건이 일어났다고 매우 믿을 만한 사람이 증언했을 때, 우리는 그 사건이 일어났다고 추론할 수 있는가? 증언하는 사람이 거짓말을 자주 해서 믿을 만하지 않은 사람이거나 증언이 진기한 사건에 관한 것이라면, 증언의 믿음직함은 떨어질 수밖에 없다. 흄은 증언이 단순히 진기한 사건 정도가 아니라 기적 사건에 관한 것인 경우를 다룬다. 기적이 일어났다고 누군가 증언했다고 생각해 보자. 흄의 이론에 따르면, 그 증언이 거짓일 확률과 그 기적이 실제로 일어날 확률을 비교해서, 후자가 더 낮다면 우리는 기적 사건이 일어나지 않았다고 생각하고, 전자가 더 낮다면 우리는 그 증언이 거짓이 아니라고 생각해야 한다. 한편 프라이스의 이론에 따르면, 그 증언이 참일 확률이 기적이 일어날 확률보다 훨씬 높으면, 우리는 그 증언으로부터 기적이 실제로 일어났으리라고 추론할 수 있다.
>
> 예컨대 가람은 ㉠ <u>거의 죽어가는 사람이 살아나는 기적</u>이 일어났다고 증언했다. 그런 기적이 일어날 확률은 0.01%이지만, 가람은 매우 믿을 만한 사람이어서 그의 증언이 거짓일 확률은 0.1%이다. 의심 많은 나래는 가람보다 더 믿을 만한 증인이다. 나래도 그런 기적을 증언했는데 그의 증언이 거짓일 확률은 0.001%이다.

① 흄의 이론에 따르면, 나래가 ㉠에 대해 거짓말했다고 생각해야 한다.
② 흄의 이론에 따르면, ㉠에 대한 가람의 증언이 받아들일 만하다고 생각해야 한다.
③ 프라이스의 이론에 따르면, 가람이 ㉠에 대해 거짓말했다고 생각해야 한다.
④ 흄의 이론에 따르든 프라이스의 이론에 따르든, 가람의 증언으로부터 ㉠이 실제로 일어났으리라고 추론할 수 있다.
⑤ 흄의 이론에 따르든 프라이스의 이론에 따르든, 나래의 증언으로부터 ㉠이 실제로 일어났으리라고 추론할 수 있다.

※ 다음은 블라인드 채용에 대한 글이다. 이어지는 질문에 답하시오. **[15~17]**

인사 담당자 또는 면접관이 지원자의 학벌, 출신 지역, 스펙 등을 평가하는 기존 채용 방식에서는 기업 성과에 필요한 직무능력 외 기타 요인에 의한 불공정한 채용이 만연했다. 한 설문조사에서 구직자의 77%가 불공정한 채용 평가를 경험한 적이 있다고 답했으며, 그에 따라 대다수의 구직자는 기업의 채용 공정성을 신뢰하지 않는다고 응답했다. 이러한 스펙 위주의 채용으로 기업, 취업 준비생 모두에게 시간적·금전적 비용이 과잉 발생하게 되었고, 직무에 적합한 인성·역량을 보여줄 수 있는 채용 제도인 블라인드 채용이 대두되기 시작했다.

블라인드 채용이란 입사지원서, 면접 등의 채용 과정에서 편견이 개입돼 불합리한 차별을 초래할 수 있는 출신지, 가족관계, 학력, 외모 등의 항목을 걷어내고 실력, 즉 직무 능력만으로 인재를 평가해 채용하는 방식이다. 서류 전형은 없애거나 블라인드 지원서로 대체하고, 면접 전형은 블라인드 오디션 또는 면접으로 진행함으로써 실제 지원자가 가진 직무 능력을 가릴 수 있는 요소들을 배제하고 직무에 적합한 지식, 기술, 태도 등을 종합적으로 평가한다. 서류 전형에서는 모든 지원자에게 공정한 기회를 제공하고, 필기 및 면접 전형에서는 기존에 열심히 쌓아온 실력을 검증한다. 또한 지원자가 쌓은 경험과 능력, 학교생활을 하며 양성한 지식, 경험, 능력 등이 모두 평가 요소이기에 그간의 노력이 저평가되거나 역차별 요소로 작용하지 않는다.

블라인드 채용의 서류 전형은 무서류 전형과 블라인드 지원서 전형으로 구분된다. 무서류 전형은 채용 절차 진행을 위한 최소한의 정보만을 포함한 입사지원서를 접수하되 이를 선발 기준으로 활용하지 않는 방식이다. 블라인드 지원서 전형에는 입사지원서에 최소한의 정보만 수집하여 선발 기준으로 활용하는 방식과 블라인드 처리되어야 할 정보까지 수집하되 온라인 지원서상 개인정보를 암호화하거나 서면 이력서상 마스킹 처리를 하는 등 채용담당자는 볼 수 없도록 기술적으로 처리하는 방식이 있다. 면접 전형의 블라인드 면접에는 입사지원서, 인·적성검사 결과 등의 자료 없이 면접을 진행하는 무자료 면접 방식과 면접관의 인지적 편향을 유발할 수 있는 항목을 제거한 자료를 기반으로 면접을 진행하는 방식이 있다. 이와 달리 블라인드 오디션은 오디션으로 작업 표본, 시뮬레이션 등을 수행하도록 함으로써 지원자의 능력과 기술을 평가하는 방식이다.

한편 ㉠ <u>기존 채용</u>, ㉡ <u>국가직무능력표준(NCS) 기반 채용</u>, ㉢ <u>블라인드 채용</u>의 3가지 채용 모두 채용 공고, 서류 전형, 필기 전형, 면접 전형 등으로 채용 프로세스는 같지만 전형별 세부 사항과 취지에 차이가 있다. 기존의 채용은 기업이 지원자에게 자신이 인재임을 스스로 증명하도록 요구해 무분별한 스펙 경쟁을 유발했던 반면, NCS 기반 채용은 기업이 직무별로 원하는 요건을 제시하고 지원자가 자신의 준비 정도를 증명해 목표 지향적인 능력·역량 개발을 촉진한다. 블라인드 채용은 선입견을 품을 수 있는 요소들을 전면 배제해 실력과 인성만으로 평가받도록 구성한 것이다.

15 다음 중 윗글에서 설명한 블라인드 채용의 등장 배경으로 적절하지 않은 것은?

① 대다수의 구직자는 기존 채용 방식의 공정성을 신뢰하지 못했다.
② 기존 채용 방식으로는 지원자의 직무에 적합한 인성·역량 등을 제대로 평가할 수 없었다.
③ 구직자의 77%가 불공정한 채용 평가를 경험했을 만큼 불공정한 채용이 만연했다.
④ 스펙 위주의 채용으로 인해 취업 준비생에게 시간적·금전적 비용이 과도하게 발생하였다.
⑤ 지원자의 직무 능력을 가릴 수 있는 요소들을 배제하는 기존의 방식이 불합리한 차별을 초래했다.

16 다음 중 윗글에서 설명한 블라인드 채용을 이해한 내용으로 가장 적절한 것은?

① 무서류 전형에서는 입사지원서를 제출할 필요가 없다.
② 블라인드 온라인 지원서의 암호화된 지원자의 개인정보는 채용담당자만 볼 수 있다.
③ 별다른 자료 없이 진행되는 무자료 면접의 경우에도 인·적성검사 결과는 필요하다.
④ 블라인드 면접관은 선입견을 유발하는 항목이 제거된 자료를 기반으로 면접을 진행하기도 한다.
⑤ 서류 전형을 없애면 기존에 쌓아온 능력·지식·경험 등은 아무런 쓸모가 없다.

17 다음 중 윗글의 밑줄 친 ㉠~㉢에 대한 설명으로 적절하지 않은 것은?

① ㉠의 경우 기업은 지원자에게 자신이 적합한 인재임을 스스로 증명하도록 요구한다.
② ㉠~㉢은 모두 채용 공고, 서류 전형, 필기 전형, 면접 전형 등의 동일한 채용 프로세스로 진행된다.
③ ㉠과 ㉡은 지원자가 자신의 능력을 증명해야 하므로 지원자들의 무분별한 스펙 경쟁을 유발한다.
④ ㉢은 선입견 요소들을 모두 배제하여 지원자의 실력과 인성만을 평가한다.
⑤ ㉡은 ㉠과 달리 기업이 직무별로 필요한 조건을 제시하면 지원자는 이에 맞춰 자신의 준비 정도를 증명해야 한다.

18 **다음 중 밑줄 친 부분의 맞춤법이 옳지 않은 것은?**

① 바리스타로서 자부심을 가지고 커피를 내렸다.
② 어제는 왠지 피곤한 하루였다.
③ 용감한 시민의 제보로 진실이 드러났다.
④ 점심을 먹은 뒤 바로 설겆이를 했다.
⑤ 그 나무는 밑동만 남아 있었다.

19 **다음 사례에 사용할 수 있는 가장 적절한 사자성어는?**

아무개는 어릴 때부터 능력이 뛰어났다. 학교를 다니며 전교 1등을 놓친 적이 없고, 운동도 잘해서 여러 운동부에서 가입을 권유 받기도 하였다. 그런 아무개는 주변 사람들을 무시하면서 살았고, 시간이 지나자 그의 주변에는 아무도 없게 되었다. 후에 아무개는 곤경에 처해 도움을 청해 보려했지만 연락을 해도 아무도 도와주지 않았다. 아무개는 이 상황에 처해서야 지난날의 자신의 삶을 반성하며 돌아보게 되었다. 이후 아무개는 더 이상 주변사람을 무시하거나 우쭐대지 않고, 자신의 재능을 다른 사람을 위해 사용하기 시작했다.

① 새옹지마(塞翁之馬)
② 개과천선(改過遷善)
③ 전화위복(轉禍爲福)
④ 사필귀정(事必歸正)
⑤ 자과부지(自過不知)

20 다음 밑줄 친 결론을 이끌어내기 위해 추리해야 할 전제를 〈보기〉에서 모두 고르면?

> 이미지란 우리가 세계에 대해 시각을 통해 얻는 표상을 가리킨다. 상형문자나 그림문자를 통해서 얻은 표상도 여기에 포함된다. 이미지는 세계의 실제 모습을 아주 많이 닮았으며 그러한 모습을 우리 뇌 속에 복제한 결과이다. 그런데 우리의 뇌는 시각적 신호를 받아들일 때 시야에 들어온 세계를 한꺼번에 하나의 전체로 받아들이게 된다. 즉, 대다수의 이미지는 한꺼번에 지각된다. 예를 들어 우리는 새의 전체 모습을 한꺼번에 지각하지 머리, 날개, 꼬리 등을 개별적으로 지각한 후 이를 머릿속에서 조합하는 것이 아니다.
>
> 표음문자로 이루어진 글을 읽는 것은 이와는 다른 과정이다. 표음문자로 구성된 문장에 대한 이해는 그 문장의 개별적인 문법적 구성요소들로 이루어진 특정한 수평적 연속에 의존한다. 문장을 구성하는 개별 단어들, 혹은 각 단어를 구성하는 개별 문자들이 하나로 결합하여 비로소 의미 전체가 이해되는 것이다. 비록 이 과정이 너무도 신속하고 무의식적으로 이루어지기는 하지만 말이다. 알파벳을 구성하는 기호들은 개별적으로는 아무런 의미도 가지지 않으며 어떠한 이미지도 나타내지 않는다. 일련의 단어군은 한꺼번에 파악될 수도 있겠지만, 표음문자의 경우 대부분 언어는 개별 구성요소들이 하나의 전체로 결합하는 과정을 통해 이해된다.
>
> 남성적인 사고는 사고 대상 전체를 구성요소 부분으로 분해한 후 그들 각각을 개별화시키고 이를 다시 재조합하는 과정으로 진행된다. 그에 비해 여성적인 사고는 분해되지 않은 전체 이미지를 통해서 의미를 이해하는 특징을 지닌다. 그림 문자로 구성된 글의 이해는 여성적인 사고 과정을, 표음문자로 구성된 글의 이해는 남성적인 사고 과정을 거친다. 여성은 대체로 여성적 사고를, 남성은 대체로 남성적 사고를 한다는 점을 고려할 때 <u>표음문자 체계의 보편화는 여성의 사회적 권력을 약화하는 결과를 낳게 된다</u>.

보기

ㄱ. 그림문자를 쓰는 사회에서는 남성의 사회적 권력이 여성의 그것보다 우월하였다.
ㄴ. 표음문자 체계는 기능적으로 분화된 복잡한 의사소통을 가능하도록 하였다.
ㄷ. 글을 읽고 이해하는 능력은 사회적 권력에 영향을 미친다.

① ㄱ　② ㄴ
③ ㄷ　④ ㄱ, ㄴ
⑤ ㄴ, ㄷ

| 02 | 수리능력

21 2025년 상반기 K기업 홍보팀 입사자는 2024년 하반기에 비해 20% 감소하였으며, 2025년 상반기 인사팀 입사자는 2024년 하반기 마케팅팀 입사자 수의 2배이고, 영업팀 입사자는 2024년 하반기보다 30명이 늘었다. 2025년 상반기 마케팅팀의 입사자는 2025년 상반기 인사팀의 입사자와 같다. 2025년 상반기 전체 입사자가 2024년 하반기 대비 25% 증가했을 때, 2024년 하반기 대비 2025년 상반기 인사팀 입사자의 증감률은?

〈K기업 입사자 수〉

(단위 : 명)

구분	마케팅	영업	홍보	인사	합계
2024년 하반기 입사자 수	50		100		320

① －25%　　② －15%

③ 0%　　④ 15%

⑤ 25%

22 다음은 A국과 B국의 축구 대결을 앞두고 양국의 골키퍼, 수비(중앙 수비, 측면 수비), 미드필드, 공격(중앙 공격, 측면 공격) 능력을 영역별로 평가한 결과이다. 이에 대한 설명으로 옳지 않은 것은?(단, 원 중심에서 멀어질수록 점수가 높아진다)

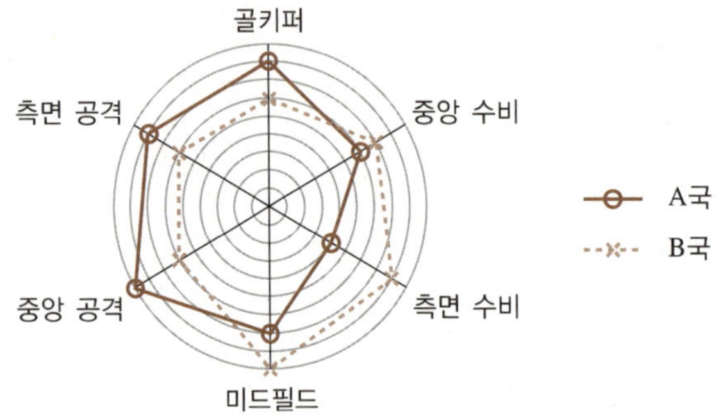

① A국은 공격보다 수비에 약점이 있다.

② B국은 미드필드보다 수비에서의 능력이 뛰어나다.

③ A국과 B국은 측면 수비 능력에서 가장 큰 차이가 난다.

④ A국과 B국 사이에 가장 작은 차이를 보이는 영역은 중앙 수비이다.

⑤ 골키퍼의 역량이 보다 뛰어난 국가는 A국이다.

23 보라는 제주도 맛집 열 곳 중에서 세 곳을 골라 아침, 점심, 저녁을 먹으려고 한다. 가능한 경우의 수는?

① 420가지
② 560가지
③ 600가지
④ 720가지
⑤ 750가지

24 비가 온 날의 다음 날에 비가 올 확률은 0.7, 비가 오지 않는 날의 다음 날에 비가 올 확률은 0.4이다. 수요일에 비가 왔을 때, 금요일에 비가 올 확률은?

① 0.4
② 0.56
③ 0.61
④ 0.77
⑤ 0.82

25 다음과 같이 일정한 규칙으로 수를 나열할 때, 빈칸에 들어갈 수는?

2	12	32	72	152	312	632	( )

① 1,252
② 1,262
③ 1,264
④ 1,272
⑤ 2,280

26 재희는 3시에 학교 수업이 끝난 후 할머니를 모시고 병원에 간다. 학교에서 집으로 갈 때는 4km/h의 속력으로 이동하고 집에서 10분 동안 할머니를 기다린 후, 할머니와 병원까지 3km/h의 속력으로 이동한다고 한다. 학교와 집, 집과 병원 사이의 거리 비가 2 : 1일 때, 병원에 도착한 시각은 4시 50분이다. 다음 중 병원에서 집까지의 거리는?

① 1km
② 2km
③ 3km
④ 4km
⑤ 5km

27 A씨는 미디어 매체별 이용자 분포 자료를 토대로 보고서에 추가할 그래프를 제작하였다. 완성된 보고서를 상사에게 제출하였는데, 그래프 중에서 잘못된 것이 있다고 피드백을 받았다. A씨가 다음의 자료를 토대로 그래프를 검토할 때, 수정이 필요한 것은 무엇인가?

〈미디어 매체별 이용자 분포〉

(단위 : %)

구분		TV	스마트폰	PC / 노트북
사례 수		7,000명	6,000명	4,000명
성별	남자	49.4	51.7	51.9
	여자	50.6	48.3	48.1
연령	10대	9.4	11.2	13.0
	20대	14.1	18.7	20.6
	30대	17.1	21.1	23.0
	40대	19.1	22.2	22.6
	50대	18.6	18.6	15.0
	60세 이상	21.7	8.2	5.8
직업	사무직	20.1	25.6	28.2
	서비스직	14.8	16.6	14.9
	생산직	20.3	17.0	13.4
	학생	13.2	16.8	19.4
	주부	20.4	17.8	18.4
	기타	0.6	0.6	0.6
	무직	10.6	5.6	5.1
소득	상	31.4	35.5	38.2
	중	45.1	49.7	48.8
	하	23.5	14.8	13.0
도시 규모	대도시	45.3	47.5	49.5
	중소도시	37.5	39.6	39.3
	군지역	17.2	12.9	11.2

① 연령대별 스마트폰 이용자 수(단위 : 명)

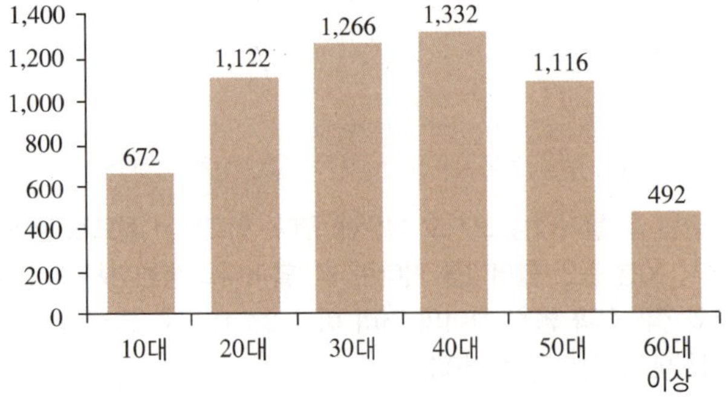

② 성별별 매체이용자 수(단위 : 명)

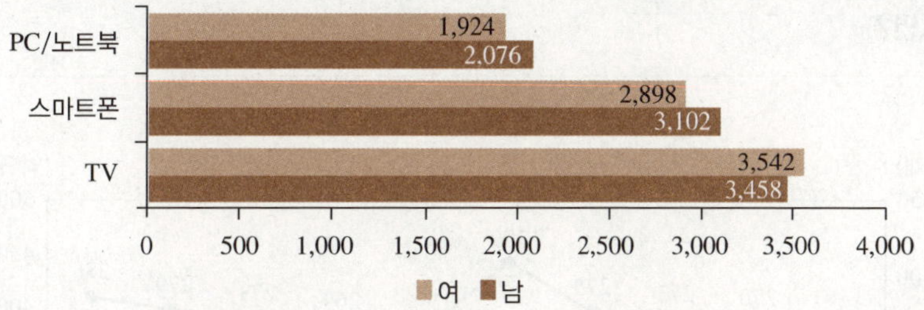

③ 매체별 소득수준 구성비

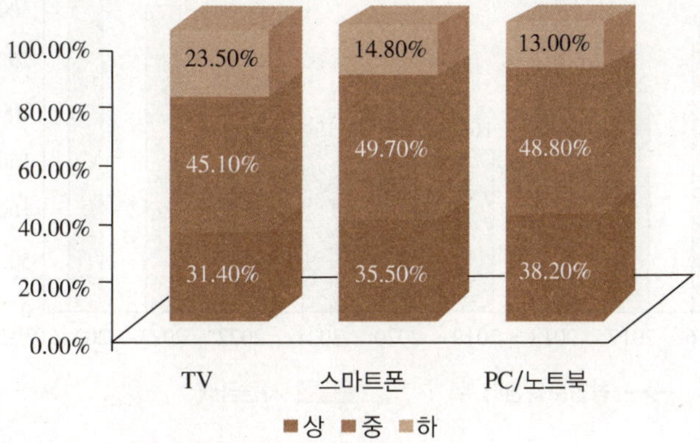

④ TV+스마트폰 이용자의 도시규모별 구성비

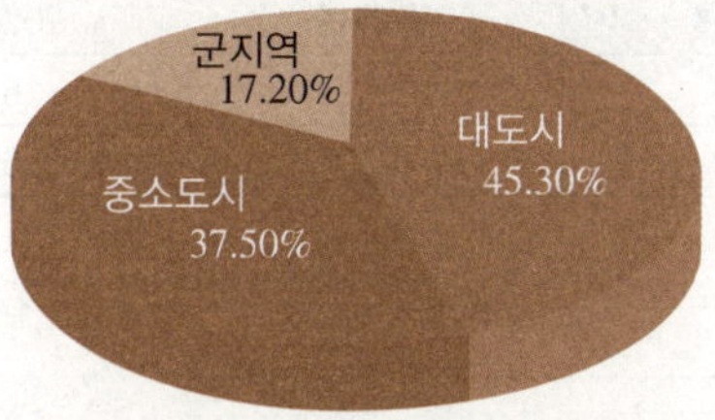

⑤ 사무직 이용자의 매체별 구성비

28 다음은 창업보육센터의 현황에 대한 자료이다. 이에 대한 설명으로 옳지 않은 것을 〈보기〉에서 모두 고르면?

〈연도별 창업보육센터 수 및 지원금액〉

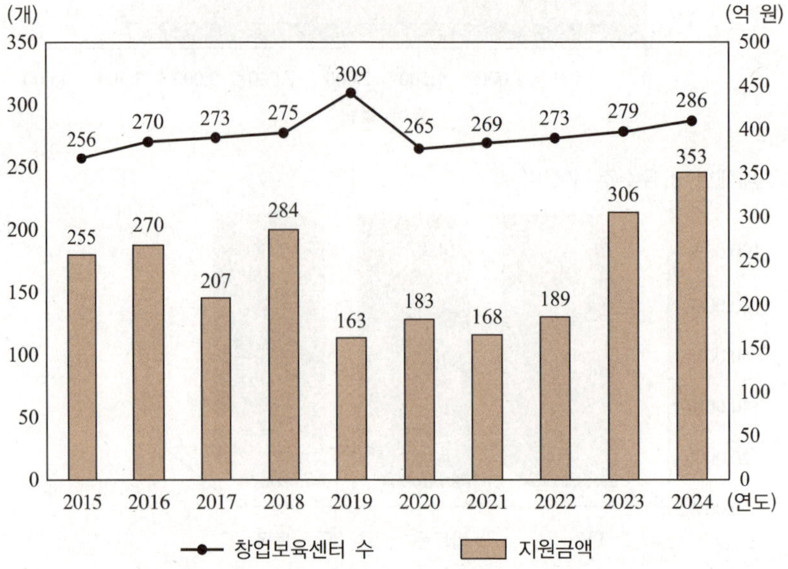

〈연도별 창업보육센터당 입주업체 수 및 매출액〉

(단위 : 개, 억 원)

구분	2022년	2023년	2024년
창업보육센터당 입주업체 수	16.6	17.1	16.8
창업보육센터당 입주업체 매출액	85.0	91.0	86.7

※ 1개의 업체당 1개의 창업보육센터에만 입주함

보기

ㄱ. 2024년 창업보육센터 지원금액의 전년 대비 증가율은 창업보육 센터 수 증가율의 5배 이상이다.
ㄴ. 2024년 창업보육센터의 전체 입주업체 수는 전년보다 적다.
ㄷ. 창업보육센터당 지원금액이 가장 적은 해는 2019년이며, 가장 많은 해는 2024년이다.
ㄹ. 창업보육센터 입주업체의 전체 매출액은 2022년 이후 매년 증가하였다.

① ㄱ, ㄴ
② ㄱ, ㄷ
③ ㄴ, ㄷ
④ ㄴ, ㄹ
⑤ ㄷ, ㄹ

29 다음은 2020 ~ 2024년 K국의 사회간접자본(SOC) 투자규모에 대한 자료이다. 이에 대한 설명으로 옳지 않은 것은?(단, 소수점 둘째 자리에서 반올림한다)

〈K국의 사회간접자본(SOC) 투자규모〉

(단위 : 조 원, %)

구분 \ 연도	2020년	2021년	2022년	2023년	2024년
SOC 투자규모	20.5	25.4	25.1	24.4	23.1
총지출 대비 SOC 투자규모 비중	7.8	8.4	8.6	7.9	6.9

① 2024년 총지출은 300조 원 이상이다.
② 2021년 SOC 투자규모의 전년 대비 증가율은 30% 이하이다.
③ 2021 ~ 2024년 동안 SOC 투자규모가 전년에 비해 가장 큰 비율로 감소한 해는 2024년이다.
④ 2021 ~ 2024년 동안 SOC 투자규모와 총지출 대비 SOC 투자규모 비중의 전년 대비 증감방향은 동일하다.
⑤ 2025년 SOC 투자규모의 전년 대비 감소율이 2024년과 동일하다면, 2025년 SOC 투자규모는 20조 원 이상이다.

30 다음은 K국의 치료감호소 수용자 현황에 대한 자료이다. 빈칸 (가) ~ (라)에 해당하는 수를 모두 더한 값은?

〈치료감호소 수용자 현황〉

(단위 : 명)

구분	약물	성폭력	심신장애자	합계
2020년	89	77	520	686
2021년	(가)	76	551	723
2020년	145	(나)	579	824
2022년	137	131	(다)	887
2023년	114	146	688	(라)
2024년	88	174	688	950

① 1,524
② 1,639
③ 1,751
④ 1,763
⑤ 1,770

31 서울에 위치한 A회사는 거래처인 B, C회사에 소포를 보냈다. 서울에 위치한 B회사에는 800g의 소포를, 인천에 위치한 C회사에는 2.4kg의 소포를 보냈다. 두 회사로 보낸 소포의 총중량은 16kg 이하이고, 택배요금의 합계는 6만 원이다. K택배회사의 요금표가 다음과 같을 때, A회사는 800g 소포와 2.4kg 소포를 각각 몇 개씩 보냈는가?(단, 소포는 각 회사로 1개 이상 보낸다)

〈K택배회사 요금표〉

구분	~ 2kg	~ 4kg	~ 6kg	~ 8kg	~ 10kg
동일지역	4,000원	5,000원	6,500원	8,000원	9,500원
타지역	5,000원	6,000원	7,500원	9,000원	10,500원

	800g	2.4kg
①	12개	2개
②	12개	4개
③	9개	2개
④	9개	4개
⑤	6개	6개

32 정희는 5명으로 구성된 인사팀에서 비품을 담당하고 있다. 비품을 신청할 때가 되어 다음과 같이 비품을 주문하려고 하는데, 정해진 예산은 25,000원이다. 비품을 모두 주문하고 남은 돈으로 1자루에 250원짜리 볼펜을 주문한다고 할 때, 볼펜 몇 타를 살 수 있겠는가?(단, 볼펜 1타는 볼펜 12자루이다)

〈주문 비품 목록〉

물품	가격	개수
지우개	500원	인사팀 인원 수
계산기	5,700원	1개
형광펜	600원	3개

① 2타
② 3타
③ 4타
④ 5타
⑤ 6타

33 다음은 2024년 경제자유구역 입주 사업체 투자재원조달 실태조사 결과이다. 이에 대한 설명으로 옳은 것을 〈보기〉에서 모두 고르면?

〈2024년 경제자유구역 입주 사업체 투자재원조달 실태조사 결과〉

(단위 : 백만 원, %)

구분		전체		국내투자		해외투자	
		금액	비중	금액	비중	금액	비중
국내재원	자체	4,025	57.2	2,682	52.6	1,343	69.3
	정부	2,288	32.5	2,138	42.0	150	7.7
	기타	356	5.0	276	5.4	80	4.2
	소계	6,669	94.7	5,096	100.0	1,573	81.2
해외재원	소계	365	5.3	–	–	365	18.8
합계		7,034	100.0	5,096	100.0	1,938	100.0

보기

ㄱ. 자체 재원조달금액 중 국내투자에 사용되는 금액이 차지하는 비중은 60%를 초과한다.
ㄴ. 해외재원은 모두 해외투자에 사용되고 있다.
ㄷ. 국내재원 중 정부조달금액이 차지하는 비중은 40%를 초과한다.
ㄹ. 국내재원 중 국내투자금액은 해외투자금액의 3배 미만이다.

① ㄱ, ㄴ
② ㄱ, ㄷ
③ ㄴ, ㄷ
④ ㄴ, ㄹ
⑤ ㄷ, ㄹ

34 다음은 주요 온실가스의 연평균 농도 변화 추이를 나타낸 자료이다. 이에 대한 설명으로 옳지 않은 것은?

〈주요 온실가스 연평균 농도 변화 추이〉

구분	2018년	2019년	2020년	2021년	2022년	2023년	2024년
이산화탄소 농도(ppm)	387.2	388.7	389.9	391.4	392.5	394.5	395.7
오존전량(DU)	331	330	328	325	329	343	335

① 이산화탄소의 농도는 계속해서 증가하고 있다.
② 오존전량은 계속해서 증가하고 있다.
③ 2024년 오존전량은 2018년 대비 4DU 증가했다.
④ 2024년 이산화탄소의 농도는 2019년 대비 7ppm 증가했다.
⑤ 전년 대비 2024년 오존전량의 감소율은 2.5% 미만이다.

35 다음은 OECD 국가의 대학졸업자 취업에 대한 자료이다. A ~ L국가 중 전체 대학졸업자 대비 대학졸업자 중 취업자 비율이 OECD 평균보다 높은 국가를 바르게 나열한 것은?

〈OECD 국가의 대학졸업자 취업률 및 경제활동인구 비중〉

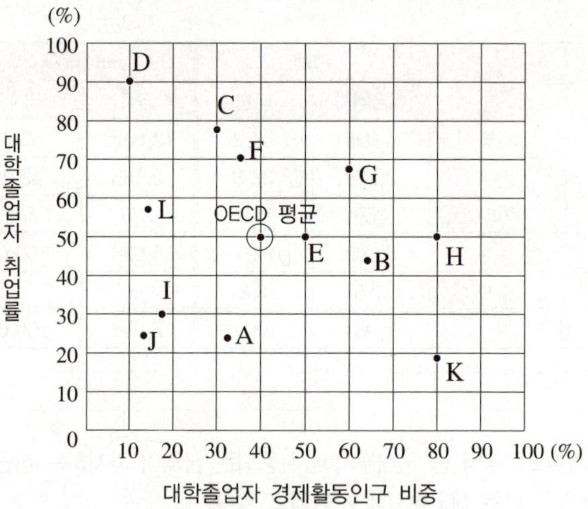

• [대학졸업자 취업률(%)] = $\frac{\text{(대학졸업자 중 취업자)}}{\text{(대학졸업자 중 경제활동인구)}} \times 100$

• [대학졸업자의 경제활동인구 비중(%)] = $\frac{\text{(대학졸업자 중 경제활동인구)}}{\text{(전체 대학졸업자)}} \times 100$

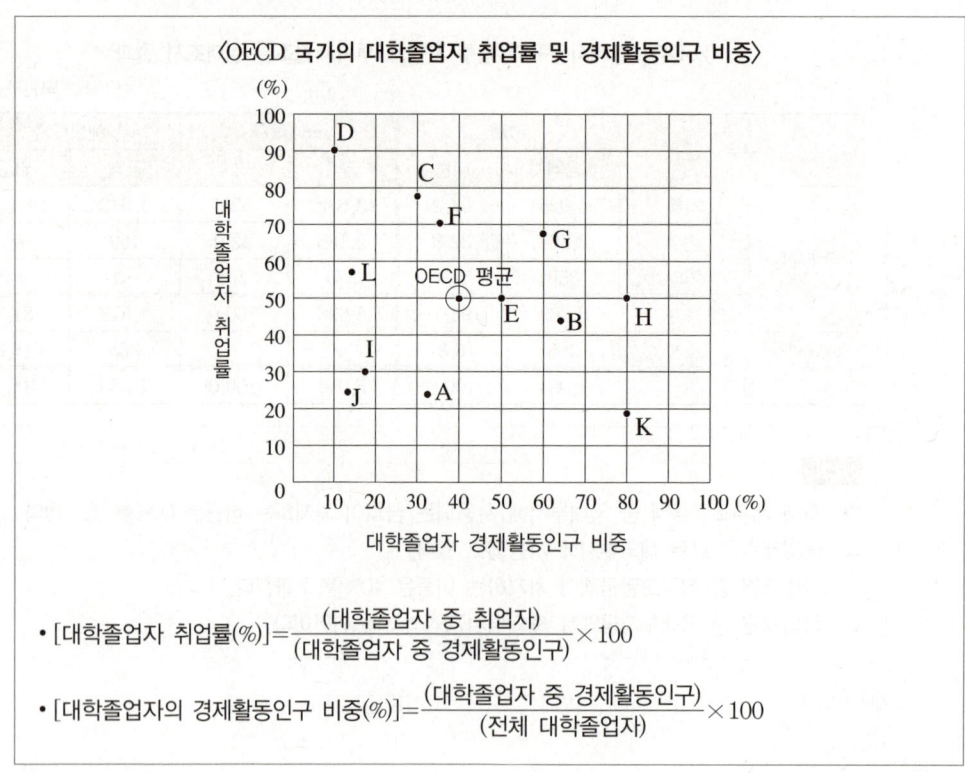

① A, D
② B, C
③ D, H
④ G, K
⑤ H, L

36 다음은 엔화 대비 원화 환율과 달러화 대비 원화 환율 추이 자료이다. 이에 대한 설명으로 옳은 것을 〈보기〉에서 모두 고르면?

〈원/엔 환율 추이〉

〈원/달러 환율 추이〉

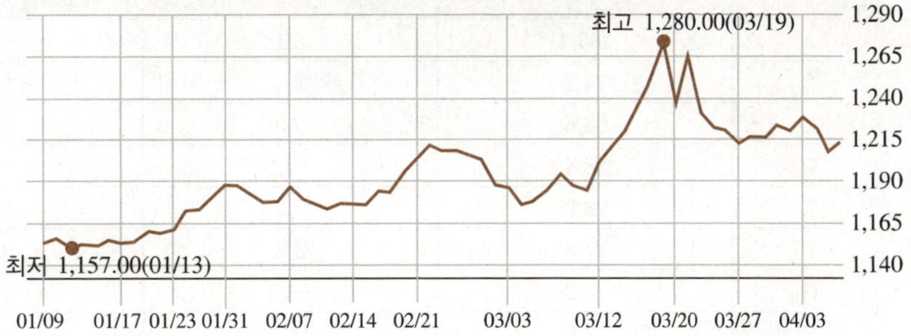

보기

ㄱ. 원/엔 환율은 3월 한 달 동안 1,200원을 상회하는 수준에서 등락을 반복했다.
ㄴ. 2월 21일의 원/달러 환율은 지난주보다 상승하였다.
ㄷ. 3월 12일부터 3월 19일까지 달러화의 강세가 심화되는 추세를 보였다.
ㄹ. 3월 27일의 달러/엔 환율은 3월 12일보다 상승하였다.

① ㄱ, ㄴ
② ㄱ, ㄷ
③ ㄴ, ㄷ
④ ㄴ, ㄹ
⑤ ㄷ, ㄹ

37 다음은 미국이 환율조작국을 지정하기 위해 만든 요건별 판단기준과 A ~ K국에 대한 자료이다. 이에 대한 설명으로 옳은 것을 〈보기〉에서 모두 고르면?

〈요건별 판단기준〉

요건	X	Y	Z
	현저한 대미무역수지 흑자	상당한 경상수지 흑자	지속적 환율시장 개입
판단기준	대미무역수지 200억 달러 초과	GDP 대비 경상수지 비중 3% 초과	GDP 대비 외화자산순매수액 비중 2% 초과

※ 요건 중 세 가지를 모두 충족하면 환율조작국으로 지정됨

※ 요건 중 두 가지만을 충족하면 관찰대상국으로 지정됨

〈환율조작국 지정 관련 자료〉

(단위 : 10억 달러, %)

구분	대미무역수지	GDP 대비 경상수지 비중	GDP 대비 외화자산순매수액 비중
A	365.7	3.1	−3.9
B	74.2	8.5	0.0
C	68.6	3.3	2.1
D	58.4	−2.8	−1.8
E	28.3	7.7	0.2
F	27.8	2.2	1.1
G	23.2	−1.1	1.8
H	17.6	−0.2	0.2
I	14.9	−3.3	0.0
J	14.9	14.6	2.4
K	−4.3	−3.3	0.1

보기

㉠ 환율조작국으로 지정되는 국가는 없다.

㉡ B국은 X요건과 Y요건을 충족한다.

㉢ 관찰대상국으로 지정되는 국가는 모두 4곳이다.

㉣ X요건의 판단기준을 '대미무역수지 200억 달러 초과'에서 '대미무역수지 150억 달러 초과'로 변경하여도 관찰대상국 및 환율조작국으로 지정되는 국가들은 동일하다.

① ㉠, ㉡　② ㉠, ㉢

③ ㉡, ㉣　④ ㉢, ㉣

⑤ ㉡, ㉢, ㉣

38 다음은 2024년 공항철도를 이용한 월별 여객 수송실적이다. 빈칸 (A) ~ (C)에 들어갈 수를 순서대로 바르게 나열한 것은?

〈공항철도 이용 여객 현황〉

(단위 : 명)

구분	수송인원	승차인원	유입인원
1월	209,807	114,522	95,285
2월	208,645	117,450	(A)
3월	225,956	133,980	91,976
4월	257,988	152,370	105,618
5월	266,300	187,329	78,971
6월	(B)	189,243	89,721
7월	328,450	214,761	113,689
8월	327,020	209,875	117,145
9월	338,115	(C)	89,209
10월	326,307	219,077	107,230

※ 유입인원은 환승한 인원임

※ (수송인원)=(승차인원)+(유입인원)

	(A)	(B)	(C)
①	101,195	278,884	243,909
②	101,195	268,785	243,909
③	91,195	268,785	248,906
④	91,195	278,964	248,906
⑤	90,095	278,964	249,902

PART 2

39 다음은 도시폐기물량 상위 10개국의 도시폐기물량지수와 한국의 도시폐기물량을 나타낸 자료이다. 이에 대한 설명으로 옳은 것을 〈보기〉에서 모두 고르면?

〈도시폐기물량 상위 10개국의 도시폐기물량지수〉

순위	2021년		2022년		2023년		2024년	
	국가	지수	국가	지수	국가	지수	국가	지수
1	미국	12.05	미국	11.94	미국	12.72	미국	12.73
2	러시아	3.40	러시아	3.60	러시아	3.87	러시아	4.51
3	독일	2.54	브라질	2.85	브라질	2.97	브라질	3.24
4	일본	2.53	독일	2.61	독일	2.81	독일	2.78
5	멕시코	1.98	일본	2.49	일본	2.54	일본	2.53
6	프랑스	1.83	멕시코	2.06	멕시코	2.30	멕시코	2.35
7	영국	1.76	프랑스	1.86	프랑스	1.96	프랑스	1.91
8	이탈리아	1.71	영국	1.75	이탈리아	1.76	터키	1.72
9	터키	1.50	이탈리아	1.73	영국	1.74	영국	1.70
10	스페인	1.33	터키	1.63	터키	1.73	이탈리아	1.40

※ $(\text{도시폐기물량지수}) = \frac{(\text{해당 연도 해당 국가의 도시폐기물량})}{(\text{해당 연도 한국의 도시폐기물량})}$

〈한국의 도시폐기물량〉

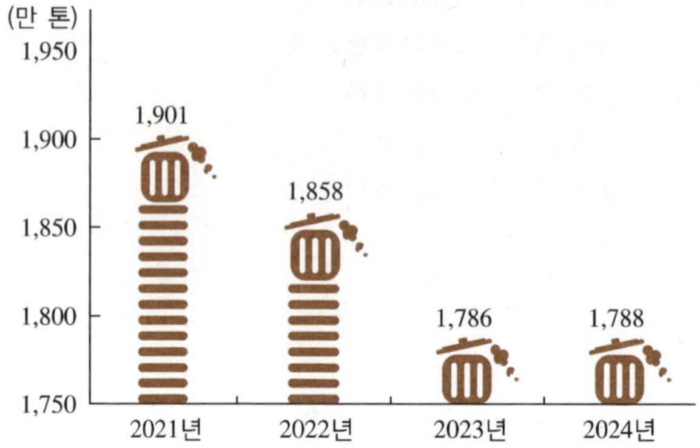

보기

㉠ 2024년 도시폐기물량은 미국이 일본의 4배 이상이다.
㉡ 2023년 러시아의 도시폐기물량은 8,000만 톤 이상이다.
㉢ 2024년 스페인의 도시폐기물량은 2021년에 비해 감소하였다.
㉣ 영국의 도시폐기물량은 터키의 도시폐기물량보다 매년 많다.

① ㉠, ㉢　　② ㉠, ㉣
③ ㉡, ㉢　　④ ㉡, ㉣
④ ㉢, ㉣

40 다음은 세계 음악 시장의 규모에 대한 자료이다. 〈조건〉을 토대로 2025년 음악 시장의 규모를 구하면?(단, 소수점 둘째 자리에서 반올림한다)

〈세계 음악 시장 규모〉

(단위 : 백만 달러)

구분		2020년	2021년	2022년	2023년	2024년
공연음악	후원	5,930	6,008	6,097	6,197	6,305
	티켓 판매	20,240	20,688	21,165	21,703	22,324
	합계	26,170	26,696	27,262	27,900	28,629
음반	디지털	8,719	9,432	10,180	10,905	11,544
	다운로드	5,743	5,986	6,258	6,520	6,755
	스트리밍	1,530	2,148	2,692	3,174	3,557
	모바일	1,447	1,298	1,230	1,212	1,233
	오프라인 음반	12,716	11,287	10,171	9,270	8,551
	합계	30,155	30,151	30,531	31,081	31,640
합계		56,325	56,847	57,793	58,981	60,269

조건

- 2025년 공연음악 후원금은 2024년보다 1억 1천 8백만 달러, 티켓 판매는 2024년보다 7억 4천만 달러가 증가할 것으로 예상된다.
- 스트리밍 시장의 경우 빠르게 성장하는 추세로 2025년 스트리밍 시장 규모는 2020년 스트리밍 시장 규모의 2.5배가 될 것으로 예상된다.
- 오프라인 음반 시장은 점점 감소하는 추세로 2025년 오프라인 음반 시장 규모는 2024년 대비 6%의 감소율을 보일 것으로 예상된다.

	공연음악	스트리밍	오프라인 음반
①	29,487백만 달러	3,711백만 달러	8,037.9백만 달러
②	29,487백만 달러	3,825백만 달러	8,037.9백만 달러
③	29,685백만 달러	3,825백만 달러	7,998.4백만 달러
④	29,685백만 달러	4,371백만 달러	7,998.4백만 달러
⑤	30,298백만 달러	4,371백만 달러	7,598.2백만 달러

41 K자동차 회사에 근무하는 A씨는 올해 출시될 예정인 수소전기차 '럭스'에 대해 SWOT 분석을 진행하기로 하였다. '럭스'의 분석 내용이 다음과 같을 때, 〈보기〉의 밑줄 친 (가) ~ (마) 중 SWOT 분석에 들어갈 내용으로 적절하지 않은 것은?

〈수소전기차 '럭스' 분석 내용〉

- 럭스는 서울에서 부산을 달리고도 절반 가까이 남는 609km에 달하는 긴 주행거리와 5분에 불과한 짧은 충전시간을 볼 수 있다.
- 수소전기차의 정부 보조금 지급 대상은 총 240대로, 생산량에 비해 보조금이 부족한 실정이다.
- 전기차의 경우 전기의 가격은 약 10 ~ 30원/km이며, 수소차의 경우 수소의 가격은 약 72.8원/km이다.
- 럭스의 가격은 정부와 지자체의 보조금을 통해 3천여만 원에 구입이 가능하며, 이는 첨단 기술이 집약된 친환경차를 중형 SUV 가격에 구매한다는 점에서 매력적이지 않을 수 없다.
- 화석연료로 만든 전기를 충전해서 움직이는 전기차보다 물로 전기를 만들어서 움직이는 수소전기차가 더 친환경적이다.
- 수소를 충전할 수 있는 충전소는 전국 12개소에 불과하며, 올해 K자동차 회사는 안에 10개소를 더 설치한다고 발표하였으나 모두 완공될지는 미지수이다.
- 현재 전 세계에서 친환경차의 인기는 뜨거우며, 저유가와 레저 문화의 확산으로 앞으로도 인기가 지속될 전망이다.

보기

강점(Strength)	약점(Weakness)
• (가) <u>보조금 지원으로 상대적으로 저렴한 가격</u> • 일반 전기차보다 깨끗한 수소전기차 • 짧은 충전시간과 긴 주행거리	• (나) <u>충전 인프라 부족</u> • (다) <u>전기보다 비싼 수소 가격</u>
기회(Opportunity)	**위협(Threat)**
• (라) <u>친환경차에 대한 인기</u> • 레저 문화의 확산	• (마) <u>생산량에 비해 부족한 보조금</u>

① (가)　　② (나)
③ (다)　　④ (라)
⑤ (마)

42 이웃해 있는 10개의 건물에 초밥가게, 옷가게, 신발가게, 편의점, 약국, 카페가 있다. 카페가 3번째 건물에 있을 때, 다음 〈조건〉을 토대로 항상 옳은 것은?(단, 1개의 건물에 1가지 업종만 들어갈 수 있다)

조건

- 초밥가게는 카페보다 앞에 있다.
- 초밥가게와 신발가게 사이에 건물이 6개 있다.
- 옷가게와 편의점은 인접할 수 없으며, 옷가게와 신발가게는 인접해 있다.
- 신발가게 뒤에 아무것도 없는 건물이 2개 있다.
- 2번째와 4번째 건물은 아무것도 없는 건물이다.
- 편의점과 약국은 인접해 있다.

① 카페와 옷가게는 인접해 있다.

② 초밥가게와 약국 사이에 2개의 건물이 있다.

③ 편의점은 6번째 건물에 있다.

④ 신발가게는 8번째 건물에 있다.

⑤ 옷가게는 5번째 건물에 있다.

43 K공사 전략기획처 직원 A ~ G 7명은 신입사원 입사 기념으로 단체로 영화관에 갔다. 〈조건〉에 따라 자리에 앉는다고 할 때, 다음 중 항상 옳은 것은?(단, 가장 왼쪽부터 첫 번째 자리로 한다)

조건

- 7명은 1열에 나란히 앉는다.
- 1열에는 7개의 좌석이 있다.
- 양 끝자리 옆에는 비상구가 있다.
- D와 F는 나란히 앉는다.
- A와 B 사이에는 1명이 앉아 있다.
- G는 왼쪽에 사람이 있는 것을 싫어한다.
- C와 G 사이에는 1명이 앉아 있다.
- G는 비상구와 붙어 있는 자리를 좋아한다.

① E는 D와 F 사이에 앉는다.

② G와 가장 멀리 떨어진 자리에 앉는 사람은 D이다.

③ C의 양옆에는 A와 B가 앉는다.

④ D는 비상구와 붙어 있는 자리에 앉는다.

⑤ 두 번째 자리에는 B가 앉는다.

44 L마트에서는 최근 시간관리 매트릭스에 대한 교육을 실시했다. 시간관리 매트릭스는 효율적으로 시간관리를 할 수 있도록 중요한 일과 중요하지 않은 일의 우선순위를 나누는 분류 방법이다. 다음 중 강의를 들은 A씨가 교육 내용을 적용하여 ㉠~㉢을 순서대로 바르게 나열한 것은?

〈시간관리 매트릭스〉

구분	긴급한 일	긴급하지 않은 일
중요한 일	제1사분면	제2사분면
중요하지 않은 일	제3사분면	제4사분면

※ 각 사분면의 좌표의 위치는 우선 순위 정도에 고려하지 않음

A씨는 L마트 고객지원팀 사원이다. A씨는 ㉠ 다음 주에 상부에 보고할 내용을 마무리 하는 도중 고객으로부터 '상품을 먹은 후 두드러기가 나서 일상생활이 힘들 정도다.'라는 ㉡ 불만 접수를 받았다. 고객은 오늘 내로 해결할 방법을 알려달라는 강한 불만을 제기했다. 아직 업무는 다 끝내지 못한 상태고, 오늘 저녁에 ㉢ 친구와 약속이 있다. 약속 시간까지는 2시간 정도 남은 상태이다.

	제1사분면	제2사분면	제3사분면	제4사분면
①	㉠	㉢	㉡	–
②	㉡	㉠	–	㉢
③	㉡, ㉢	–	–	㉠
④	–	㉠	㉢	㉡
⑤	㉢	–	㉠, ㉡	–

45 K씨가 컴퓨터 정보와 〈조건〉에 따라 컴퓨터를 구입하려고 할 때, 구입할 컴퓨터는 무엇인가?

〈컴퓨터 정보〉

항목 / 컴퓨터	램 메모리 용량 (Giga Bytes)	하드 디스크 용량 (Tera Bytes)	가격 (천 원)
A	4	2	500
B	16	1	1,500
C	4	3	2,500
D	16	2	2,500
E	8	1	1,500

조건

- 컴퓨터를 구입할 때, 램 메모리 용량, 하드 디스크 용량, 가격을 모두 고려한다.
- 램 메모리와 하드 디스크 용량이 크면 클수록, 가격은 저렴하면 저렴할수록 선호한다.
- 항목별로 가장 선호하는 경우 100점, 가장 선호하지 않는 경우 0점, 그 외의 경우 50점을 각각 부여한다. 단, 가격은 다른 항목보다 중요하다고 생각하여 2배의 점수를 부여한다.
- 항목별 점수의 합이 가장 큰 컴퓨터를 구입한다.

① A컴퓨터
② B컴퓨터
③ C컴퓨터
④ D컴퓨터
⑤ E컴퓨터

46 다음 문제해결절차에 따라 (가) ~ (마)를 순서대로 바르게 나열한 것은?

〈문제해결절차〉

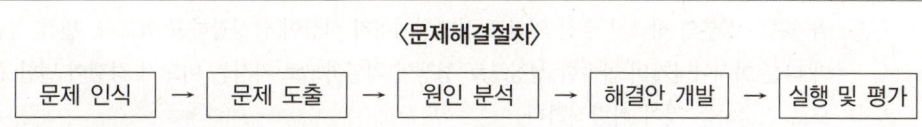

문제 인식 → 문제 도출 → 원인 분석 → 해결안 개발 → 실행 및 평가

(가) 파악된 핵심문제에 대한 분석을 통해 근본 원인을 도출한다.
(나) 실행계획을 실제 상황에 적용하는 활동으로 당초 장애가 되는 문제의 원인들을 해결안을 사용하여 제거한다.
(다) 해결해야 할 전체 문제를 파악하여 우선순위를 정하고, 선정 문제에 대한 목표를 명확히 한다.
(라) 문제로부터 도출된 근본 원인을 효과적으로 해결할 수 있는 최적의 해결방안을 수립한다.
(마) 선정된 문제를 분석하여 해결해야 할 것이 무엇인지를 명확히 한다.

① (가) – (나) – (다) – (라) – (마)
② (나) – (마) – (가) – (라) – (다)
③ (다) – (가) – (마) – (나) – (라)
④ (다) – (마) – (가) – (라) – (나)
⑤ (라) – (나) – (마) – (가) – (다)

47 K공사는 필리핀의 신재생에너지 시장에 진출하려고 한다. 전략기획팀의 M대리는 3C 분석 방법을 통해 다음과 같은 결과를 도출하였다. K공사의 필리핀 시장 진출에 대한 판단으로 가장 적절한 것은?

〈필리핀 시장 진출 3C 분석 결과〉

3C	상황분석
고객(Customer)	• 아시아국가 중 전기요금이 높은 편에 속함 • 태양광, 지열 등 훌륭한 자연환경 조건 기반 • 신재생에너지 사업에 대한 필리핀 정부의 적극적 추진 의지
경쟁사(Competitor)	• 필리핀 민간 기업의 투자 증가 • 중국 등 후발국의 급속한 성장 • 체계화된 기술 개발 부족
자사(Company)	• 필리핀 화력 발전 사업에 진출한 이력 • 필리핀의 태양광 발전소 지분 인수 • 현재 미국, 중국 등 4개국에서 풍력과 태양광 발전소 운영 중

① 풍부한 자연환경 조건을 가진 필리핀 신재생에너지 시장의 성장 가능성은 높지만, 경쟁사에 비해 체계적이지 못한 자사의 기술 개발 역량이 필리핀 시장 진출에 걸림돌이 될 것이다.

② 필리핀 시장에 대한 정보가 부족한 자사가 성장 가능성이 높은 신재생에너지 시장에 진출하기 위해서는 현재 급속한 성장을 보이고 있는 중국 등과 협력하여 함께 진출하는 것이 바람직하다.

③ 필리핀은 전기요금이 높아 국민들의 전력 사용량이 많지 않을 것으로 예상되며, 열악한 전력 인프라로 신재생에너지 시장의 발전 가능성 또한 낮을 것으로 예상되므로 자사의 필리핀 시장 진출은 바람직하지 않다.

④ 훌륭한 자연환경 조건과 사업에 대한 정부의 추진 의지를 바탕으로 한 필리핀의 신재생에너지 시장에서는 필리핀 민간 기업이나 후발국과의 치열한 경쟁이 예상되나, 자사의 진출 이력을 바탕으로 경쟁력을 확보할 수 있을 것이다.

⑤ 필리핀은 정부의 적극적 추진 의지로 신재생에너지 시장이 급성장하고 있으나, 민간 기업의 투자와 다른 아시아국가의 급속한 성장으로 경쟁이 치열하므로 자사는 비교적 경쟁이 덜한 중국 시장으로 진출하는 것이 바람직하다.

※ K공단에 재직 중인 김대리는 조합원 초청행사 안내 현수막의 설치 장소를 선정하고자 장소별로 자료를 만들어 정리했다. 이어지는 질문에 답하시오. **[48~49]**

• 현수막 설치 후보 장소 : 동사무소, K공단 본부, 우체국, 주유소, 마트
• 현수막 설치일자 : 3월 29일 ~ 3월 31일

구분	동사무소	K공단 본부	우체국	주유소	마트
설치가능 일자	3월 31일	3월 29일	3월 30일	3월 31일	4월 2일
게시 기간	3월 31일 ~ 4월 15일	3월 29일 ~ 4월 18일	3월 30일 ~ 4월 8일	3월 31일 ~ 4월 8일	4월 2일 ~ 4월 25일
하루평균 유동인구	230명	300명	260명	270명	310명
설치 비용	200만 원	300만 원	250만 원	200만 원	300만 원
게시 비용	10만 원/일	8만 원/일	12만 원/일	12만 원/일	7만 원/일

※ 현수막은 유동인구가 가장 많은 2곳에 설치할 예정임
※ 유동인구가 하루 20명 이상 차이나지 않는 경우 게시 기간이 긴 장소에 설치함
※ 설치 비용은 한 번만 지불함

48 다음 중 안내 현수막을 설치할 장소들을 모두 고르면?(단, 설치장소 선정에 설치 및 게시 비용은 고려하지 않는다)

① 동사무소, K공단 본부 ② K공단 본부, 우체국
③ 우체국, 주유소 ④ 주유소, 마트
⑤ 동사무소, 마트

49 상부 지시로 다른 조건은 모두 배제하고 설치 및 게시 비용만 고려하여 가장 저렴한 1곳에만 현수막을 설치하기로 하였다. 다음 중 현수막을 설치할 장소는?(단, 현수막은 장소마다 제시되어 있는 게시 기간 모두 사용한다)

① 동사무소 ② K공단 본부
③ 우체국 ④ 주유소
⑤ 마트

PART 2

50 다음 자료와 상황을 토대로 S씨가 취해야 할 적절한 조치로 가장 적절한 것은?

〈K공사의 AMI*를 이용한 사회안전망 시스템 구성도〉

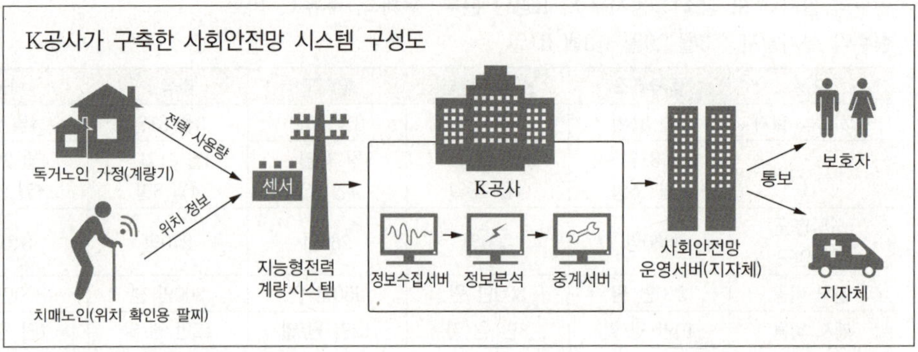

- AMI 2024년까지 전국으로 확대
- 웨어러블 기기 찬 치매환자
- 전봇대에 설치된 센서가 감지
- 일정 거리 벗어나면 보호자에 연락
- K공사 하반기 본격 서비스
- 전력 사용 패턴 분석
- 독거노인 신변 이상도 확인
- AMI(원격검침시스템) 통신을 이용해 전기 사용량을 원격으로 측정하고, 전력 수요·공급 정보를 실시간으로 파악해 전력망 효율을 올리는 시스템

*AMI : Advanced Metering Infrastructure

〈상황〉

나주시에서 사회복지사로 근무하고 있는 S씨는 독거노인을 관리하는 업무를 맡고 있다. S씨의 주된 업무는 마을을 돌며 독거노인과 말동무를 해주며 건강상태를 체크하여 수시로 필요한 조치들을 하는 것이다. 그리고 작년부터 새로운 업무 하나가 추가되었다. 그것은 K공사에서 제공하는 원격검침시스템(AMI)에 표시되는 독거노인의 전력량을 체크하여 안전을 확인하는 업무다. 따라서 S씨는 출근하자마자 독거노인들의 전력사용량과 패턴을 수시로 모니터링하며 변동사항을 기록한다.
S씨는 자신이 관리하는 어느 독거노인의 전력사용량이 전날 오후부터 현저히 떨어져 있는 것을 발견했다. 확인 차 수차례 전화를 걸어보았지만 연락이 닿지 않고 있다.

① 이상하지만 좀 더 상황을 지켜보기로 한다.
② 즉시 가까운 경찰서와 소방서에 신고하고 다른 업무를 본다.
③ 상사에게 보고 후 현장으로 출발하여 확인하고, 이상 시 119에 신고한다.
④ K공사에 전화를 걸어 기기 이상을 체크한다.
⑤ 전력 사용량을 계속 주시하면서 이전에 발생한 유사한 사례를 확인한다.

51 영희는 회사 앞의 빌라에 혼자 살고 있다. 빌라는 A동과 B동으로 각각 5층이며, 층별로 3호까지 있다(1호, 2호, 3호). 또한 빌라에 거주하고 있는 1인 가구는 4가구(남자 2, 여자 2), 2인 가구는 3가구(노부부, 중년부부, 신혼부부), 3인 가구는 1가구, 4인 가구는 1가구이며, 같은 층에 사는 인원은 총 5명을 넘지 않는다. 〈조건〉을 참고할 때, 다음 중 옳지 않은 것은?(단, A동 5층 3호와 B동 1층 2호는 사정상 창고로 사용하고 있다)

> **조건**
> - 여고를 졸업하고 취업 준비를 위해 혼자 상경한 은희는 영희와 학교 동창이고, 혼자 사는 영희의 옆집에 산다.
> - A동에 사는 인원은 총 11명으로, B동에 사는 총 인원보다 5명 더 많다.
> - 부부와 아들 한 명이 사는 집은 부부와 아들과 딸이 사는 집 바로 아래에 있다.
> - 일주일 전에 결혼한 신혼부부인 희수는 4층에 살고 있으며, 아직 같은 층 이웃은 없다.
> - 1인 가구 남자들은 모두 B동에 산다.
> - 노부부는 1층에 살고 있으며, 같은 층에는 총 4명이 산다.
> - A동 5층에는 1인 가구 여자들이 산다.

① 희수는 A동에 산다.
② 4인 가구와 3인 가구가 정확하게 몇 호에 사는지는 알 수 없다.
③ 노부부는 B동에 산다.
④ A동에는 중년부부가 산다.
⑤ B동에 사는 인원의 성비를 비교했을 때, 남자가 여자의 2배이다.

※ K공사는 직원들의 복지를 개선하고자 체육관 개선공사를 계획하고 있다. 다음은 체육관 개선공사 입찰에 참여한 A ~ F기업을 입찰기준에 따라 분야별로 10점 척도로 점수화한 자료이다. 이어지는 질문에 답하시오. **[52~53]**

〈입찰업체의 분야별 점수〉

(단위 : 점)

입찰기준 / 입찰업체	운영건전성 점수	환경친화자재 점수	시공실적 점수	디자인 점수	공간효율성 점수
A기업	6	7	3	4	7
B기업	7	3	9	8	5
C기업	5	9	6	1	3
D기업	8	2	8	2	9
E기업	9	6	5	8	5
F기업	6	4	6	3	4

〈입찰업체별 입찰가격〉

(단위 : 억 원)

입찰업체	입찰가격
A기업	5
B기업	11
C기업	7
D기업	6
E기업	9
F기업	10

52 K공사는 제시된 선정방식에 따라 체육관 개선공사 업체를 선정하고자 한다. 다음 중 최종 선정될 업체는?

- 입찰가격이 9억 원 이하인 업체를 선정대상으로 한다.
- 운영건전성 점수와 시공실적 점수, 공간효율성 점수에 1 : 2 : 2의 가중치를 적용하여 합산한 값이 가장 높은 3개 업체를 중간 선정한다.
- 중간 선정된 업체들 중 디자인 점수가 가장 높은 곳을 최종 선정한다.

① A기업
② C기업
③ D기업
④ E기업
⑤ F기업

53 **K공사가 내부 판단에 따라 환경친화자재 점수도 포함하여 공정하게 업체를 선정하고자 한다. 다음 변경된 선정방식에 따라 최종 선정될 업체는?**

- 입찰가격이 11억 원 미만인 업체를 선정대상으로 한다.
- 운영건전성 점수, 환경친화자재 점수, 시공실적 점수, 디자인 점수의 가중치를 2 : 1 : 3 : 1로 하여 점수를 합산한다.
- 시공실적 점수가 16점 미만인 업체는 선정에서 제외한다.
- 합산한 점수가 가장 높은 2개 업체를 중간 선정한다.
- 중간 선정된 업체들 중 운영건정성 점수가 더 높은 곳을 최종 선정한다.

① A기업
② C기업
③ D기업
④ E기업
⑤ F기업

54 **다음 명제가 참일 때, 항상 옳은 것은?**

- 진달래를 좋아하는 사람은 감성적이다.
- 백합을 좋아하는 사람은 보라색을 좋아하지 않는다.
- 감성적인 사람은 보라색을 좋아한다.

① 감성적인 사람은 백합을 좋아한다.
② 백합을 좋아하는 사람은 감성적이다.
③ 진달래를 좋아하는 사람은 보라색을 좋아한다.
④ 보라색을 좋아하는 사람은 감성적이다.
⑤ 백합을 좋아하는 사람은 진달래를 좋아한다.

※ 다음은 A항만공사의 홍보관인 월드마린센터의 관람 안내문과 예약 내역이다. 이어지는 질문에 답하시오. **[55~56]**

▶ 관람 안내
- 관람일시 : 매주 월 ~ 금요일 / 09:00 ~ 17:40(약 30분 소요)
- 휴일(토 · 일 · 공휴일)은 홍보관 휴관

구분	기존	변경
평일	09:00 ~ 17:00	09:00 ~ 17:40
토요일(공휴일)	09:00 ~ 17:00	휴관
일요일	09:00 ~ 12:00(오전)	휴관

- 홍보관 위치 : 전라남도 광양시 항만대로 465 월드마린센터 19층
- 장소가 협소하여 최대 45명까지 동시 관람이 가능하며, 45인 이상인 경우는 30분씩 교대로 관람 가능
- 1일 최대 관람인원은 70명임

〈6월 예약 내역〉

일	월	화	수	목	금	토
1	2	3 13시 7명	4	5	6 16시 32명	7
8	9 12시 65명	10	11 15시 18명	12 11시 8명	13	14
15	16	17 17시 70명	18 16시 38명	19	20	21
22	23	24 13시 5명	25	26	27	28
29	30					

55 **월드마린센터 예약 관리를 담당하는 C대리는 새롭게 변경된 휴관일과 관람시간을 추가한 안내문을 만들었다. 다음 중 안내문의 내용으로 옳지 않은 것은?**

① 평일 관람 시간은 하루 기준 40분 더 늘었으니 조금 더 여유로운 관람이 가능합니다.
② 홍보관 휴관일은 휴일에 한정하며 토 · 일 · 공휴일이 포함됩니다.
③ 월드마린센터는 서울과 광양 두 곳에 위치하므로 예약 시 지점을 잘 확인해 주세요.
④ 홍보관 관람 시 평균적으로 30분이 소요됩니다.
⑤ 하루 최대 관람인원은 70명이므로 늦지 않게 방문해 주세요.

56 D고등학교는 신청자에 한해 현장학습을 진행한다. 월드마린센터를 현장학습 장소로 선정해 제시된 〈조건〉에 따라 예약하려고 한다. 다음 중 관람예약일로 가장 적절한 날은?

> **조건**
> - 1 ~ 3학년의 현장학습일은 동일하다.
> - 신청자 중 1학년은 33명, 2학년은 27명, 3학년은 3명이다.
> - 학사일정상 최대한 빠른 주에 예약한다.
> - 홀수 주는 현장학습을 할 수 없다.
> - 매주 금요일은 모의고사가 있어 3학년은 현장학습을 할 수 없다.

① 10일 ② 13일
③ 19일 ④ 24일
⑤ 28일

57 A ~ C 세 명은 각각 킥보드, 자전거, 오토바이 중에 한 대를 가지고 있고, 각 기구의 이름을 쌩쌩이, 날쌘이, 힘찬이로 지었다. 다음 〈조건〉에 따라 기구를 가진 사람과 기구의 이름, 종류를 순서대로 바르게 나열한 것은?

> **조건**
> - A가 가진 것은 힘찬이와 부딪힌 적이 있다.
> - B가 가진 자전거는 쌩쌩이와 색깔이 같지 않고, 날쌘이와 색깔이 같다.
> - C의 날쌘이는 오토바이보다 크기가 작다.

① A – 날쌘이 – 오토바이
② A – 쌩쌩이 – 킥보드
③ B – 날쌘이 – 자전거
④ C – 힘찬이 – 자전거
⑤ C – 날쌘이 – 킥보드

58 다음은 일상생활에서 자주 발견되는 논리적 오류에 대해 설명한 글이다. (가) ~ (다)에 해당하는 논리적 오류 유형을 바르게 연결한 것은?

> (가) 상대가 의도하지 않은 것을 강조하거나 허점을 비판하여 자신의 주장을 내세운다. 상대방의 주장과 전혀 상관없는 별개의 논리를 만들어 공격하는 경우도 있다.
> (나) 적절한 증거 없이 몇몇 사례만을 토대로 결론을 내린다. 일부를 조사한 통계 자료나 대표성이 없는 불확실한 자료를 사용하기도 한다.
> (다) 타당한 논거보다는 많은 사람이 수용한다는 것을 내세워 어떤 주장을 정당화하려 할 때 발생한다.

	(가)	(나)	(다)
①	인신공격의 오류	애매성의 오류	애매성의 오류
②	인신공격의 오류	성급한 일반화의 오류	과대 해석의 오류
③	허수아비 공격의 오류	성급한 일반화의 오류	대중에 호소하는 오류
④	허수아비 공격의 오류	무지의 오류	대중에 호소하는 오류
⑤	애매성의 오류	무지의 오류	허수아비 공격의 오류

59 다음 중 정수장 수질검사 현황에 대해 바르게 설명한 사람은?

〈정수장 수질검사 현황〉

급수 지역	항목						검사결과	
	일반세균 100 이하 (CFU/mL)	대장균 불검출 (수/100mL)	NH3-N 0.5 이하 (mg/L)	잔류염소 4.0 이하 (mg/L)	구리 1 이하 (mg/L)	망간 0.05 이하 (mg/L)	적합	기준 초과
함평읍	0	불검출	불검출	0.14	0.045	불검출	적합	없음
이삼읍	0	불검출	불검출	0.27	불검출	불검출	적합	없음
학교면	0	불검출	불검출	0.13	0.028	불검출	적합	없음
엄다면	0	불검출	불검출	0.16	0.011	불검출	적합	없음
나산면	0	불검출	불검출	0.12	불검출	불검출	적합	없음

① A사원 : 함평읍의 잔류염소는 가장 낮은 수치를 보였고, 기준치에 적합하네.
② B사원 : 모든 급수지역에서 일반세균이 나오지 않았어.
③ C사원 : 기준치를 초과한 곳은 없었지만 적합하지 않은 지역은 있어.
④ D사원 : 대장균과 구리가 검출되면 부적합 판정을 받는구나.
⑤ E사원 : 구리가 검출되지 않은 지역은 세 곳이야.

60 다음 자료와 〈조건〉을 토대로 철수, 영희, 민수, 철호가 상품을 구입한 쇼핑몰을 바르게 나열한 것은?

〈이용약관의 주요 내용〉

쇼핑몰	주문 취소	환불	배송비	포인트 적립
A	주문 후 7일 이내 취소 가능	10% 환불수수료+송금수수료 차감	무료	구입 금액의 3%
B	주문 후 10일 이내 취소 가능	환불수수료+송금수수료 차감	20만 원 이상 무료	구입 금액의 5%
C	주문 후 7일 이내 취소 가능	환불수수료+송금수수료 차감	1회 이용 시 1만 원	없음
D	주문 후 당일에만 취소 가능	환불수수료+송금수수료 차감	5만 원 이상 무료	없음
E	취소 불가능	고객 귀책 사유에 의한 환불 시에만 10% 환불수수료	1만 원 이상 무료	구입 금액의 10%
F	취소 불가능	원칙적으로 환불 불가능 (사업자 귀책 사유일 때만 환불 가능)	100g당 2,500원	없음

조건

- 철수는 부모님의 선물로 등산용품을 구입하였는데, 판매자의 업무착오로 배송이 지연되어 판매자에게 전화로 환불을 요구하였다. 판매자는 판매금액 그대로를 통장에 입금해 주었고 구입 시 발생한 포인트도 유지하여 주었다.
- 영희는 옷을 구매할 때 배송료를 고려하여 한 가지씩 여러 번에 나누어 구매하기보다는 가능한 한꺼번에 주문하곤 하였다.
- 인터넷 사이트에서 영화티켓을 20,000원에 주문한 민수는 다음 날 같은 티켓을 18,000원에 파는 사이트를 발견하고 전날 구매한 티켓을 취소하려 했지만 취소가 되지 않아 곤란을 겪은 적이 있다.
- 가방을 100,000원에 구매한 철호는 도착한 물건의 디자인이 마음에 들지 않아 환불 및 송금수수료와 배송료를 감수하는 손해를 보면서도 환불할 수밖에 없었다.

	철수	영희	민수	철호
①	E	B	C	D
②	F	E	D	B
③	E	D	F	C
④	F	C	E	B
⑤	E	C	B	D

제2회 모의고사(핵심영역)

모바일 OMR

문항 수 : 60문항 응시시간 : 70분

정답 및 해설 p.068

| 01 | 의사소통능력

01 다음 글의 주제로 가장 적절한 것은?

> 맹자는 다음과 같은 이야기를 전한다. 송나라의 한 농부가 밭에 나갔다 돌아오면서 처자에게 말한다. "오늘 일을 너무 많이 했다. 밭의 싹들이 빨리 자라도록 하나하나 잡아당겨줬더니 피곤하구나." 아내와 아이가 밭에 나가보았더니 싹들이 모두 말라 죽어 있었다. 이렇게 자라는 것을 억지로 돕는 일, 즉 조장(助長)을 하지 말라고 맹자는 말한다. 싹이 빨리 자라기를 바란다고 싹을 억지로 잡아 올려서는 안 된다. 목적을 이루기 위해 가장 빠른 효과를 얻고 싶겠지만 이는 도리어 효과를 놓치는 길이다. 억지로 효과를 내려고 했기 때문이다. 싹이 자라기를 바라 싹을 잡아당기는 것은 이미 시작된 과정을 거스르는 일이다. 효과가 자연스럽게 나타날 가능성을 방해하고 막는 일이기 때문이다. 당연히 싹의 성장 가능성은 땅 속의 씨앗에 들어있는 것이다. 개입하고 힘을 쏟고자 하는 대신에 잠재력을 발휘할 수 있도록 하는 것이 중요하다.
>
> 피해야 할 두 개의 암초가 있다. 첫째는 싹을 잡아당겨서 직접적으로 성장을 이루려는 것이다. 이는 목적성이 있는 적극적 행동주의로서 성장의 자연스러운 과정을 존중하지 않는 것이다. 달리 말하면 효과가 숙성되도록 놔두지 않는 것이다. 둘째는 밭의 가장자리에 서서 자라는 것을 지켜보는 것이다. 싹을 잡아당겨서도 안 되고 그렇다고 단지 싹이 자라는 것을 지켜만 봐서도 안 된다. 그렇다면 무엇을 해야 하는가? 싹 밑의 잡초를 뽑고 김을 매주는 일을 해야 하는 것이다. 경작이 용이한 땅을 조성하고 공기를 통하게 함으로써 성장을 보조해야 한다. 기다리지 못함도 삼가고 아무것도 안 함도 삼가야 한다. 작동 중에 있는 자연스런 성향이 발휘되도록 기다리면서도 전력을 다할 수 있도록 돕는 노력도 멈추지 말아야 한다.

① 인류사회는 자연의 한계를 극복하려는 인위적 노력에 의해 발전해 왔다.
② 싹이 스스로 성장하도록 그대로 두는 것이 수확량을 극대화하는 방법이다.
③ 어떤 일을 진행할 때 가장 중요한 것은 명확한 목적성을 설정하는 것이다.
④ 잠재력을 발휘하도록 하려면 의도적 개입과 방관적 태도 모두를 경계해야 한다.
⑤ 자연의 순조로운 운행을 방해하는 인간의 개입은 예기치 못한 화를 초래할 것이다.

02 다음 중 효과적인 경청 방법에 대한 설명으로 적절하지 않은 것은?

① 상대방이 전달하려는 메시지가 무엇인가를 생각해보고 자신의 삶, 목적, 경험과 관련지어 본다.
② 대화를 하는 동안 시간 간격이 있으면 다음에 무엇을 말할 것인가를 추측하려고 노력해야 한다.
③ 말하는 사람의 모든 것에 집중해서 적극적으로 들어야 하며, 말하는 사람의 속도와 말을 이해하는 속도 사이에 발생하는 간격을 메우는 방법을 학습해야 한다.
④ 대화 도중에 주기적으로 대화의 내용을 요약하면 상대방이 전달하려는 메시지를 이해하고, 사상과 정보를 예측하는 데 도움이 된다.
⑤ 상대방이 말하는 사이에 질문을 하면 질문에 대한 답이 즉각적으로 이루어질 수 없으므로 되도록 질문하지 않고 상대방의 이야기에 집중한다.

03 다음 대화에서 B사원에게 드러나는 의사소통의 문제점으로 가장 적절한 것은?

> A사원 : 배송 지연으로 인한 고객의 클레임을 해결하기 위해서는 일단 입고된 상품을 먼저 배송하고, 추가 배송료를 부담하더라도 나머지 상품은 입고되는 대로 다시 배송하는 방법이 나을 것 같습니다.
> B사원 : 글쎄요. A사원의 그간 업무 스타일로 보았을 때, 방금 제시한 그 처리 방법이 효율적일지 의문이 듭니다.

① 짐작하기
② 판단하기
③ 조언하기
④ 비위 맞추기
⑤ 대답할 말 준비하기

04 **다음 중 밑줄 친 ㉠의 사례로 적절하지 않은 것은?**

> 어떤 물체가 물이나 공기와 같은 유체 속에서 자유 낙하할 때 물체에는 중력, 부력, 항력이 작용한다. 중력은 물체의 질량에 중력 가속도를 곱한 값으로 물체가 낙하하는 동안 일정하다. ㉠ 부력은 어떤 물체에 의해서 배제된 부피만큼의 유체의 무게에 해당하는 힘으로, 항상 중력의 반대 방향으로 작용한다. 빗방울에 작용하는 부력의 크기는 빗방울의 부피에 해당하는 공기의 무게이다. 공기의 밀도는 물의 밀도의 1,000분의 1 수준이므로, 빗방울이 공기 중에서 떨어질 때 부력이 빗방울의 낙하 운동에 영향을 주는 정도는 미미하다. 그러나 스티로폼 입자와 같이 밀도가 매우 작은 물체가 낙하할 경우에는 부력이 물체의 낙하 속도에 큰 영향을 미친다.
>
> 물체가 유체 내에 정지해 있을 때와는 달리, 유체 속에서 운동하는 경우에는 물체의 운동에 저항하는 힘인 항력이 발생하는데, 이 힘은 물체의 운동 방향과 반대로 작용한다. 항력은 유체 속에서 운동하는 물체의 속도가 커질수록 이에 상응하여 커진다. 항력은 마찰항력과 압력항력의 합이다. 마찰항력은 유체의 점성 때문에 물체의 표면에 가해지는 항력으로, 유체의 점성이 크거나 물체의 표면적이 클수록 커진다. 압력항력은 물체가 이동할 때 물체의 전후방에 생기는 압력 차에 의해 생기는 항력으로, 물체의 운동 방향에서 바라본 물체의 단면적이 클수록 커진다.
>
> 안개비의 빗방울이나 미세 먼지와 같이 작은 물체가 낙하하는 경우에는 물체의 전후방에 생기는 압력차가 매우 작아 마찰항력이 전체항력의 대부분을 차지한다. 빗방울의 크기가 커지면 전체항력 중 압력항력이 차지하는 비율이 점점 커진다. 반면 스카이다이버와 같이 큰 물체가 빠른 속도로 떨어질 때에는 물체의 전후방에 생기는 압력차에 의한 압력항력이 매우 크므로 마찰항력이 전체항력에 기여하는 비중은 무시할 만하다.
>
> 빗방울이 낙하할 때 처음에는 중력 때문에 빗방울의 낙하 속도가 점점 증가하지만, 이에 따라 항력도 커지게 되어 마침내 항력과 부력의 합이 중력의 크기와 같아지게 된다. 이때 물체의 가속도가 0이 되므로 빗방울의 속도는 일정해지는데, 이렇게 일정해진 속도를 종단 속도라 한다. 유체 속에서 상승하거나 지면과 수평으로 이동하는 물체의 경우에도 종단 속도가 나타나는 것은 이동 방향으로 작용하는 힘과 반대 방향으로 작용하는 힘의 평형에 의한 것이다.

① 물이 가득 찬 비커 윗부분에 떠 있는 축구공
② 허리에 납덩이들을 묶은 띠를 감고 물질을 하는 해녀
③ 해금의 줄을 활대로 켜서 음악을 들려주는 연주자
④ 배영을 하기 전에 물에 누워 가만히 떠 있는 수영 선수
⑤ 물탱크에 채운 물의 양을 조절함으로써 수중에서의 높낮이를 조절하는 잠수함

05 다음 빈칸에 들어갈 단어로 가장 적절한 것은?

정부는 선거와 관련하여 신고자에 대한 ________을/를 대폭 강화하기로 하였다.

① 보훈(報勳)
② 공훈(功勳)
③ 공로(功勞)
④ 포상(褒賞)
⑤ 공적(功績)

PART 2

06 다음 글의 빈칸에 들어갈 내용으로 가장 적절한 것은?

________________ 일반적으로 사람과 사람이 직접 얼굴을 맞대고 하는 접촉은 라디오나 텔레비전 등의 매체를 통한 접촉보다 결정적인 영향력을 미친다고 알려져 있다. 매체는 어떤 마음의 자세를 준비하게 하는 구실을 한다. 예를 들어 어떤 사람에게서 새 어형을 접했을 때 그것이 텔레비전에서 자주 듣던 것이면 더 쉽게 그쪽으로 마음의 문을 열게 하는 면에서 영향력을 행사하는 것이다. 하지만, 새 어형이 전파되는 것은 매체를 통해서보다 상면(相面)하는 사람과의 직접적인 접촉에 의해서라는 것이 더 일반적인 견해이다. 사람들은 한두 사람의 말만 듣고 언어 변화에 가담하지 않으며 주위의 여러 사람이 다 같은 새 어형을 쓸 때 비로소 그것을 받아들이게 된다. 매체를 통한 것보다 자주 접촉하는 사람들을 통해 언어 변화가 진전된다는 사실은 언어변화의 여러 면을 바로 이해하는 핵심적인 내용이라 해도 좋을 것이다.

① 언어 변화는 결국 접촉에 의해 진행되는 현상이다.
② 연령층으로 보면 대개 젊은 층이 언어 변화를 주도한다.
③ 접촉의 형식도 언어 변화에 영향을 미치는 요소이다.
④ 매체의 발달이 언어 변화에 중요한 영향을 미치는 것으로 알려져 있다.
⑤ 언어 변화는 외부와의 접촉이 극히 제한되어 있는 곳일수록 그 속도가 느리다.

07 다음 중 '뉴로리더십'에 대한 설명으로 적절하지 않은 것은?

> 미래학자인 다니엘 핑크(Daniel Pink)는 앞으로의 세상은 하이콘셉트(High-Concept), 하이터치(High-Touch)의 시대가 될 것이라고 했다. 하이콘셉트는 예술적, 감성적 아름다움을 창조하는 능력을 말하며, 하이터치는 공감을 이끌어내는 능력을 말한다. 즉, 미래에는 뇌를 쓰는 방식이 달라져야 함을 의미한다.
> 지금까지의 세계는 체계화된 정보를 바탕으로 품질 좋은 제품을 대량생산하여 규모의 경제를 이루고, 시장을 개척해 부지런히 노력하면 어느 정도는 성공할 수 있는 경쟁체제였다. 경쟁사보다 논리적이고 체계적으로 정보를 분석해 소비자의 니즈를 만족시킬 수 있도록 하는 좌뇌형 사회였다고 할 수 있다.
> 하지만 세상은 빠르게 변하고 있다. 정보를 많이 가지고 있는 것보다는 그 정보를 이용해 어떤 새로운 아이디어를 도출해 내느냐가 더욱 중요한 시대가 된 것이다. 동일한 정보를 가지고 남들이 미처 생각하지 못했던 아이디어를 떠올리고 숨겨진 고객의 니즈를 이끌어냄으로써 시장을 주도할 수 있는 통찰력과 창의력이 중요한 성공 포인트가 되고 있다.
> 하지만 4차 산업혁명이 강조되고 있는 오늘날, 우리나라에서는 안타깝게도 창의적인 아이디어를 바탕으로 혁신적인 비즈니스 모델을 만들어낸 기업은 거의 보이지 않는 것 같다. 최근 기술분석 잡지인 〈MIT Technology Review〉의 발표에 따르면 세계 50대 혁신기업 중에 우리나라 기업은 단 하나도 들지 못했다.
> 창의적인 아이디어가 중요한 4차 산업혁명 시대에는 경영의 패러다임도 그에 맞춰 변화해야 한다. 무엇보다 큰 틀에서 세상의 변화를 바라보고 그것을 선도할 수 있는 통찰력이 필요하다. 그러나 아쉽게도 우리나라 기업은 여전히 '일' 중심의 관리문화가 굳건하게 자리잡고 있어 '나무는 보되 숲은 보지 못하는' 근시안적 자세에서 벗어나지 못하고 있다. 아무리 시스템이 잘 갖춰져 있고 관리체계가 뛰어나도 사람이라는 자원이 투입되지 않고서는 좋은 아이디어가 도출될 수 없다. 창의적인 아이디어란 결국 사람의 머리를 거치지 않고서는 나올 수 없기 때문이다.
> 결국 관리의 중심축이 '일'에서 '사람'으로 바뀌지 않으면 안 된다. '일' 중심의 관리문화에서는 초점이 '효율'과 '생산성'에 맞춰져 있으며 사람은 그것을 보조하는 일개 수단에 지나지 않는다. 반면, '사람' 중심의 관리문화에서는 '창조성'과 '가치'에 초점이 맞춰져 있다. 효율과 생산성을 높이기 위한 수단에 불과했던 사람 그 자체가 관리의 중심이 된다. 사람이 관리의 중심이 되기 위해서는 인간이 가진 두뇌의 특성을 이해해야 한다. 두뇌의 작동 메커니즘과 생물학적인 특성이 이해되어야만 그것이 가진 잠재력과 가치를 최대한으로 활용할 수 있다. 이러한 관점에서 인간의 두뇌 특성을 이해하고 모든 조직 구성원이 최대한 창의적으로 뇌를 활용할 수 있게 함으로써 미래의 경영 환경에서 살아남을 수 있도록 만들어주는 혁신적인 툴이 뉴로리더십이라 하겠다.

① 구성원들이 최대한 창의적으로 뇌를 활용할 수 있게 하는 것이다.
② 창조성과 가치가 관리의 중심축이라고 말할 수 있다.
③ 일보다 사람을 우선시하는 관리문화를 말한다.
④ 인간이 가진 두뇌의 특성을 이해하는 것을 바탕으로 한다.
⑤ 근시안적인 자세를 가지고 행동하는 리더십을 말한다.

08 **다음 글을 통해 알 수 있는 내용으로 적절하지 않은 것은?**

> 사물인터넷이 산업 현장에 적용되고, 디지털 관련 도구가 통합됨에 따라 일관된 전력 시스템의 필요성이 높아지고 있다. 다양한 산업시설 및 업무 현장에서의 예기치 못한 정전이나 낙뢰 등 급격한 전원 환경의 변화는 큰 손실과 피해로 이어질 수 있다. 이제 전원 보호는 데이터센터뿐만 아니라 반도체, 석유, 화학 및 기계 등 모든 분야에서 필수적인 존재가 되었다.
> UPS(Uninterruptible Power Supply; 무정전 전원 장치)는 일종의 전원 저장소로, 갑작스럽게 정전이 발생하더라도 전원이 끊기지 않고 계속해서 공급되도록 하는 장치이다. 갑작스러운 전원 환경의 변화로부터 기업의 핵심 인프라인 서버를 보호함으로써 기업의 연속성 유지에 도움을 준다.
> UPS를 구매할 때는 용량을 우선적으로 고려해야 한다. 너무 적은 용량의 UPS를 구입하면 설비 사용량이 초과되어 제대로 작동조차 하지 않는 상황이 나타날 수 있다. 따라서 설비에 필요한 용량의 1.5배 정도인 UPS를 구입해야 한다.
> 또한 UPS 사용 시에는 주기적인 점검이 필요하다. 특히 실질적으로 에너지를 저장하고 있는 배터리는 일정 시점마다 교체가 필요하다. 일반적으로 UPS에 사용되는 MF배터리의 수명은 1년 정도로, 납산배터리 특성상 방전 사이클을 돌 때마다 용량이 급감하기 때문이다.

① UPS 배터리 교체 방법
② UPS의 역할
③ UPS 구매 시 고려사항
④ UPS 배터리 교체 주기
⑤ UPS의 필요성

09 **다음 중 문서작성의 의미와 중요성에 대한 설명으로 적절하지 않은 것은?**

① 문서란 제안서, 보고서, 기획서, 편지, 메모, 공지사항 등이 문자로 구성된 것을 말한다.
② 직장인에게 있어 기획서나 보고서, 공문서 등의 문서를 작성할 수 있는 능력은 중요하다.
③ 문서 내용에는 대상·목적·시기가 포함되어야 한다.
④ 문서는 한 사안을 한 장의 용지에 작성해야 한다.
⑤ 문서를 작성할 때는 주로 한자를 사용하여 상대방이 쉽게 이해할 수 있도록 한다.

10 다음 글의 주장에 대한 비판으로 가장 적절한 것은?

> 저작권은 저자의 권익을 보호함으로써 활발한 저작 활동을 촉진하여 인류의 문화 발전에 기여하기 위한 것이다. 그러나 이렇게 공적 이익을 추구하기 위한 저작권이 현실에서는 일반적으로 지나치게 사적 재산권을 행사하는 도구로 인식되고 있다. 저작물 이용자들의 권리를 보호하기 위해 마련한 공익적 성격의 법조항도 법적 분쟁에서는 항상 사적 재산권의 논리에 밀려 왔다.
> 저작권 소유자 중심의 저작권 논리는 실제로 저작권이 담당해야 할 사회적 공유를 통한 문화 발전을 방해한다. 몇 해 전의 '애국가 저작권'에 대한 논란은 이러한 문제를 단적으로 보여준다. 저자 사후 50년 동안 적용되는 국내 저작권법에 따라 애국가가 포함된 〈한국 환상곡〉의 저작권이 작곡가 안익태의 유족들에게 2015년까지 주어진다는 사실이 언론을 통해 알려진 것이다. 누구나 자유롭게 이용할 수 있는 국가(國歌)마저 공공재가 아닌 개인 소유라는 사실에 많은 사람들이 놀랐다.
> 창작은 백지 상태에서 완전히 새로운 것을 만드는 것이 아니라 저작자와 인류가 쌓은 지식 간의 상호 작용을 통해 이루어진다. "내가 남들보다 조금 더 멀리 보고 있다면, 이는 내가 거인의 어깨 위에 올라서 있는 난쟁이이기 때문"이라는 뉴턴의 겸손은 바로 이를 말한다. 이렇듯 창작자의 저작물은 인류의 지적 자원에서 영감을 얻은 결과이다. 그러한 저작물을 다시 인류에게 되돌려주는 데 저작권의 의의가 있다. 이러한 생각은 이미 1960년대 프랑스 철학자들에 의해 형성되었다. 예컨대 기호학자인 바르트는 '저자의 죽음'을 거론하면서 저자가 만들어내는 텍스트는 단지 인용의 조합일 뿐 어디에도 '오리지널'은 존재하지 않는다고 단언한다.
> 전자 복제 기술의 발전과 디지털 혁명은 정보나 자료의 공유가 지니는 의의를 잘 보여주고 있다. 인터넷과 같은 매체 환경의 변화는 원본을 무한히 복제하고 자유롭게 이용함으로써 누구나 창작의 주체로서 새로운 문화 창조에 기여할 수 있도록 돕는다. 인터넷 환경에서 이용자는 저작물을 자유롭게 교환할 뿐 아니라 수많은 사람과 생각을 나눔으로써 새로운 창작물을 생산하고 있다. 이러한 상황은 저작권을 사적 재산권의 측면에서보다는 공익적 측면에서 바라볼 필요가 있음을 보여준다.

① 저작권의 사회적 공유에 대해 일관성 없는 주장을 하고 있다.
② 저작물이 개인의 지적·정신적 창조물임을 과소평가하고 있다.
③ 저작권의 사적 보호가 초래한 사회적 문제의 사례가 적절하지 않다.
④ 인터넷이 저작권의 사회적 공유에 미치는 영향을 드러내지 못하고 있다.
⑤ 객관적인 사실을 제시하지 않고 추측에 근거하여 논리를 전개하고 있다.

11 다음 글을 읽고 알 수 있는 내용으로 적절하지 않은 것은?

> 고전주의 예술관에 따르면 진리는 예술 작품 속에 이미 완성된 형태로 존재한다. 독자는 작가가 담아 놓은 진리를 '원형 그대로' 밝혀내야 하고 작품에 대한 독자의 감상은 언제나 작가의 의도와 일치해야 한다. 결국 고전주의 예술관에서 독자는 작품의 의미를 수동적으로 받아들이는 존재일 뿐이다. 하지만 작품의 의미를 해석하고 작가의 의도를 파악하는 존재는 결국 독자이다. 특히 현대 예술에서는 독자에 따라 작품에 대한 다양한 해석이 가능하다고 여긴다. 바로 여기서 수용미학이 등장한다.
>
> 수용미학을 처음으로 제기한 사람은 야우스이다. 그는 "문학사는 작품과 독자 간의 대화의 역사로 쓰여야 한다."라고 주장했다. 이것은 작품의 의미는 작품 속에 갇혀 있는 것이 아니라 독자에 의해 재생산되는 것임을 말한 것이다. 이로부터 문학을 감상할 때 작품과 독자의 관계에서 독자의 능동성이 강조되었다.
>
> 야우스에 의해 제기된 독자의 역할을 체계적으로 정리한 사람이 이저이다. 그는 독자의 능동적 역할을 밝히기 위해 '텍스트'와 '작품'을 구별했다. 텍스트는 독자와 만나기 전의 것을, 작품은 독자가 텍스트와의 상호작용을 통해 그 의미가 재생산된 것을 가리킨다. 그런데 이저는 텍스트에는 '빈틈'이 많다고 보았다. 이 빈틈으로 인해 텍스트는 '불명료성'을 가진다. 텍스트에 빈틈이 많다는 것은 부족하다는 의미가 아니라, 독자의 개입에 의해 언제나 새롭게 해석될 수 있다는 것을 의미한다.
>
> 텍스트가 작품이 되기 위해서는 독자 스스로 빈틈을 채우는 '구체화 과정'이 필요하다. 가령, '갈색 커피잔'이 나온다면, 이 잔은 색깔만 가지고 있을 뿐 크기, 무게, 모양 등은 정해져 있지 않다. 반면 실재적 대상으로서 커피 잔은 무한한 속성을 갖고 있고 그 속성들은 모두 정해져 있다. 결국 텍스트에는 정해지지 않은 부분이 있기 마련이며, 이 빈틈은 독자가 스스로 채워 넣어야 할 부분인 것이다.
>
> 여기에서 이저의 독특한 독자관이 나온다. 이저는 텍스트 속에 독자의 역할이 들어 있다고 보았다. 그러나 독자가 어떠한 역할을 수행할지는 정해져 있지 않기 때문에 독자는 텍스트를 읽는 과정에서 텍스트의 내용과 형식에 끊임없이 반응한다. 이러한 상호작용 과정을 통해 독자는 작품을 재생산한다. 텍스트는 다양한 독자에 따라 다른 작품으로 태어날 수 있으며, 같은 독자라도 시간과 장소에 따라 다른 작품으로 생산될 수 있는 것이다. 이처럼 텍스트와 독자의 상호작용을 강조한 이저는 작품의 내재적 미학에서 탈피하여 작품에 대한 다양한 해석의 가능성을 열어주었다.

① 고전주의 예술관이 등장한 배경
② 고전주의 예술관에서 독자의 위상
③ 수용미학에서 작품과 독자의 관계
④ 수용미학과 이전 예술관의 차이점
⑤ 수용미학에서 작품의 재생산 방법

12 다음 문단을 논리적 순서대로 바르게 나열한 것은?

(가) 좋은 체력은 하루 이틀 사이에 이루어지지 않으며 이를 위해서는 공부, 식사, 수면, 운동의 개인별 특성에 맞는 규칙적인 생활관리와 알맞은 영양공급이 필수적이다. 또한 이 시기는 신체적으로도 급격한 성장과 성숙이 이루어지는 중요한 시기로 좋은 영양상태를 유지하는 것은 수험을 위한 체력의 기반을 다지는 것뿐만 아니라 건강하고 활기찬 장래를 위한 준비가 된다는 점을 간과해서는 안 된다.

(나) 우리나라의 중·고교생들은 많은 수가 입시전쟁을 치러야 하는 입장에 있다. 입시 준비 기간이라는 어려운 기간을 잘 이겨내어 각자가 지닌 목표를 달성하려면 꾸준한 노력과 총명한 두뇌가 중요하지만 마지막 승부수는 체력일 것이다.

(다) 그러나 학생들은 많은 학습량, 수험으로 인한 스트레스, 밤새우기 등 불규칙한 생활을 하기도 하고, 식생활에 있어서도 아침을 거르고, 제한된 도시락 반찬으로 인한 불충분한 영양소 섭취, 잦은 야식, 미용을 위하여 무리하게 식사를 거르거나 절식을 하여 건강을 해치기도 한다. 또한 집 밖에서 보내는 시간이 많아 주로 패스트푸드, 편의식품점, 자동판매기를 통해 식사를 대체하고 있다.

① (가) – (나) – (다)
② (가) – (다) – (나)
③ (나) – (가) – (다)
④ (나) – (다) – (가)
⑤ (다) – (가) – (나)

13 다음 글에서 밑줄 친 ㉠~㉤의 수정 방안으로 옳지 않은 것은?

심리학자들은 학습 이후 망각이 생기는 심리적 이유를 다음과 같이 설명하고 있다. 앞서 배운 내용이 나중에 공부한 내용을 밀어내는 순행 억제, 뒤에 배운 내용이 앞에서 배운 내용을 기억의 저편으로 밀어내는 역행 억제, 또한 공부한 두 내용이 서로 비슷해 간섭이 일어나는 유사 억제 등이 작용해 기억을 방해했기 때문이라는 것이다. 이러한 망각을 뇌 속에서 어떤 기억을 잃어버린 것으로 이해해서는 ㉠ <u>안된다</u>. 기억을 담고 있는 세포들은 내용물을 흘려버리지 않는다. 기억들은 여전히 ㉡ <u>머리 속에</u> 있는 것이다. 우리가 뭔가 기억해 내려고 애쓰는데도 찾지 못하는 것은 기억들이 ㉢ <u>혼재</u>해 있기 때문이다. ㉣ <u>그리고</u> 학습한 내용을 일정한 원리에 따라 ㉤ <u>짜임새 있게 체계적으로</u> 잘 정리한다면 학습한 내용을 어렵지 않게 기억해 낼 수 있다.

① ㉠ : 띄어쓰기가 올바르지 않으므로 '안 된다'로 고친다.
② ㉡ : 맞춤법에 어긋나므로 '머릿속에'로 고친다.
③ ㉢ : 문맥에 어울리지 않으므로 '잠재'로 수정한다.
④ ㉣ : 앞 문장과의 관계를 고려하여 '그러므로'로 고친다.
⑤ ㉤ : 의미가 중복되므로 '체계적으로'를 삭제한다.

14 다음 중 빈칸 (가) ~ (마)에 들어갈 내용으로 적절하지 않은 것은?

'방언(方言)'이라는 용어는 표준어와 대립되는 개념으로 사용될 수 있다. 이때 방언이란 '교양 있는 사람들이 두루 쓰는 현대 서울말'로서의 표준어가 아닌 말, 즉 비표준어라는 뜻을 갖는다. 가령 ____(가)____는 생각에는 방언을 비표준어로서 낮잡아 보는 인식이 담겨 있다. 이러한 개념으로서의 방언은 '사투리'라는 용어로 바뀌어 쓰이는 수가 많다. '충청도 사투리', '평안도 사투리'라고 할 때의 사투리는 대개 이러한 개념으로 쓰이는 경우이다. 이때의 방언이나 사투리는 말하자면 표준어인 서울말이 아닌 어느 지역의 말을 가리키거나, 더 나아가 ____(나)____을 일컫는다. 이러한 용법에는 방언이 표준어보다 열등하다는 오해와 편견이 포함되어 있다. 여기에는 표준어보다 못하다거나 세련되지 못하고 규칙에 엄격하지 않다는 것과 같은 부정적 평가가 담겨 있는 것이다. 그런가 하면 사투리는 한 지역의 언어 체계 전반을 뜻하기보다 그 지역의 말 가운데 표준어에는 없는 그 지역 특유의 언어 요소만을 일컫기도 한다. ____(다)____고 할 때의 사투리가 그러한 경우에 해당된다.

언어학에서의 방언은 한 언어를 형성하고 있는 하위 단위로서의 언어 체계 전부를 일컫는 말로 사용된다. 가령 한국어를 예로 들면 한국어를 이루고 있는 각 지역의 말 하나하나, 즉 그 지역의 언어 체계 전부를 방언이라 한다. 서울말은 이 경우 표준어이면서 한국어의 한 방언이다. 그리고 나머지 지역의 방언들은 ____(라)____. 이러한 의미에서의 '충청도 방언'은, 충청도에서만 쓰이는, 표준어에도 없고 다른 도의 말에도 없는 충청도 특유의 언어 요소만을 가리키는 것이 아니다. '충청도 방언'은 충청도의 토박이들이 전래적으로 써 온 한국어 전부를 가리킨다. 이 점에서 한국어는 ____(마)____.

① (가) : 바른말을 써야 하는 아나운서가 방언을 써서는 안 된다
② (나) : 표준어가 아닌, 세련되지 못하고 격을 갖추지 못한 말
③ (다) : 사투리를 많이 쓰는 사람과는 의사소통이 어렵다
④ (라) : 한국어라는 한 언어의 하위 단위이기 때문에 방언이다
⑤ (마) : 표준어와 지역 방언의 공통부분을 지칭하는 개념이다

PART 2

15 다음 글의 집필 의도로 가장 적절한 것은?

> 미술가가 얻어내려고 하는 효과가 어떤 것인지는 결코 예견할 수 없기 때문에 이러한 종류의 규칙을 설정하기는 불가능하며, 또한 이것이 진리이다. 미술가는 일단 옳다는 생각이 들면 전혀 조화되지 않는 것까지 시도하기를 원할지 모른다. 하나의 그림이나 조각이 어떻게 되어 있어야 제대로 된 것인지 말해 줄 수 있는 규칙이 없기 때문에 우리가 어떤 작품을 걸작이라고 느끼더라도 그 이유를 정확한 말로 표현한다는 것은 거의 불가능하다. 그러나 그렇다고 어느 작품이나 다 마찬가지라거나, 사람들이 취미에 대해 논할 수 없다는 뜻은 아니다. 만일 그러한 논의가 별 의미가 없는 것이라 하더라도 그러한 논의들은 우리에게 그림을 더 보도록 만들고, 우리가 그림을 더 많이 볼수록 전에는 발견하지 못했던 점들을 깨달을 수 있게 된다. 그림을 보면서 각 시대의 미술가들이 이룩하려 했던 조화에 대한 감각을 발전시키고, 이러한 조화들에 의해 우리의 느낌이 풍부해질수록 우리는 더욱 그림 감상을 즐기게 될 것이다. 취미에 관한 문제는 논의의 여지가 없다는 오래된 경구는 진실이겠지만, 이로 인해 '취미는 개발될 수 있다.'라는 사실이 숨겨져서는 안 된다. 예컨대 차를 즐겨 마시지 않는 사람들은 여러 가지 차를 혼합해서 만드는 차와 다른 종류의 차가 똑같은 맛을 낸다고 느낄지 모른다. 그러나 만일 그들이 여가(餘暇)와 기회가 있어 그러한 맛의 차이를 찾아내려 한다면 그들은 자기가 좋아하는 혼합된 차의 종류를 정확하게 식별해 낼 수 있는 진정한 감식가가 될 수 있을 것이다.

① 미의 표현 방식을 설명하기 위해
② 미술에 대한 관심을 불러일으키기 위해
③ 미술 교육이 나아갈 방향을 제시하기 위해
④ 미술 작품 감상의 올바른 태도를 제시하기 위해
⑤ 미술을 통해 얻는 효과를 이해시키기 위해

16 다음 글에서 나타나는 경청의 방해요인은?

> 내 친한 친구는 한 번도 약속을 지킨 적이 없던 것 같다. 작년 크리스마스 때의 약속, 지난 주말에 했던 약속 모두 늦게 오거나 당일에 문자로 취소 통보를 했었다. 그 친구가 오늘 학교에서 나에게 다음 주말에 개봉하는 영화를 함께 보러 가자고 했고, 나는 당연히 다음 주에는 그 친구와 만날 수 없을 것이라고 생각했다.

① 판단하기
② 조언하기
③ 언쟁하기
④ 걸러내기
⑤ 비위 맞추기

17 **다음 문단을 논리적 순서대로 바르게 나열한 것은?**

(가) 동아시아의 문명 형성에 가장 큰 영향력을 끼친 책을 꼽을 때, 그중에 『논어』가 빠질 수 없다. 『논어』는 공자(B.C 551 ~ 479)가 제자와 정치인 등을 만나서 나눈 이야기를 담고 있다. 공자의 활동기간으로 따져보면 『논어』는 지금으로부터 대략 2,500년 전에 쓰인 것이다. 지금의 우리는 한나절에 지구 반대편으로 날아다니고, 여름에 겨울 과일을 먹는 그야말로 공자는 상상할 수도 없는 세상에 살고 있다.

(나) 2,500년 전의 공자와 그가 대화한 사람 역시 우리와 마찬가지로 '호모 사피엔스'이기 때문이다. 2,500년 전의 사람도 배고프면 먹고, 졸리면 자고, 좋은 일이 있으면 기뻐하고, 나쁜 일이 있으면 화를 내는 오늘날의 사람과 다름없었다. 불의를 보면 공분하고, 전쟁보다 평화가 지속되기를 바라고, 예술을 보고 들으며 즐거워했는데, 오늘날의 사람도 마찬가지이다.

(다) 물론 2,500년의 시간으로 인해 달라진 점도 많고 시대와 문화에 따라 '사람다움이 무엇인가?'에 대한 답은 다를 수 있지만, 사람은 돌도 아니고 개도 아니고 사자도 아니라 여전히 사람일 뿐인 것이다. 즉, 현재의 인간이 과거보다 자연의 힘에 두려워하지 않고 자연을 합리적으로 설명할 수는 있지만, 인간적 약점을 극복하고 신적인 존재가 될 수는 없는 그저 인간일 뿐인 것이다.

(라) 『논어』의 일부는 여성과 아동, 이민족에 대한 당시의 편견을 드러내고 있어 이처럼 달라진 시대의 흐름에 따라 폐기될 수밖에 없지만, 이를 제외한 부분은 '오래된 미래'로서 읽을 가치가 있는 것이다.

(마) 이론의 생명 주기가 짧은 학문의 경우, 2,500년 전의 책은 역사적 가치가 있을지언정 이론으로서는 폐기 처분이 당연시된다. 그런데 왜 21세기의 우리가 2,500년 전의 『논어』를 지금까지도 읽고, 또 읽어야 할 책으로 간주하고 있는 것일까?

① (가) – (나) – (마) – (라) – (다)
② (가) – (마) – (나) – (다) – (라)
③ (가) – (마) – (다) – (나) – (라)
④ (나) – (다) – (가) – (마) – (라)
⑤ (마) – (가) – (나) – (다) – (라)

18 다음 중 밑줄 친 ㉠~㉢에 들어갈 단어를 순서대로 바르게 나열한 것은?

> 약속은 시간과 장소가 정확해야 한다. 새내기 영업사원 시절의 일이다. 계약 문제로 고객을 만나기 위해 많은 차량으로 ㉠ 혼잡(混雜) / 요란(搖亂)한 회사 부근을 간신히 빠져나와 약속장소로 갔다. 그러나 고객은 그곳에 없었다. 급히 휴대전화로 연락을 해 보니 다른 곳에서 기다리고 있다는 것이었다. 큰 실수였다. 약속 장소를 ㉡ 소동(騷動) / 혼동(混同)하여 고객을 기다리게 한 것이다. 고객과 약속을 정할 때 전에 만났던 곳에서 만나자는 말에 별생각 없이 그렇게 하겠다고 하는 바람에 이런 ㉢ 혼선(混線) / 갈등(葛藤)이 빚어졌던 것이다.

	㉠	㉡	㉢
①	혼잡	소동	갈등
②	요란	소동	혼선
③	요란	혼동	갈등
④	혼잡	혼동	혼선
⑤	혼잡	소동	혼선

19 P사원의 상사가 P사원에게 다음과 같이 문서를 작성해 제출할 것을 요청하였다. P사원이 작성해야 할 문서의 종류는 무엇인가?

> 이번 문서를 토대로 P사원의 업무 결과가 평가되므로 이 점 유의하여 작성해 주시길 바랍니다. 최대한 핵심적인 내용으로 간결하게 작성하시고, 복잡한 내용은 도표나 그림을 활용하는 것이 좋겠죠? 그리고 참고한 자료가 있다면 모두 함께 제시해 주어야 합니다. 최종적으로 부장님께 제출하기 전에 제가 확인을 할 예정이지만, P사원도 제출하기 전에 잘못 작성된 부분은 없는지 등의 점검을 해 주시기 바랍니다.

① 보도자료
② 설명서
③ 보고서
④ 제안서
⑤ 기획서

20 다음 중 밑줄 친 ㉠의 주장으로 가장 적절한 것은?

> 문화가 발전하려면 저작자의 권리 보호와 저작물의 공정 이용이 균형을 이루어야 한다. 저작물의 공정 이용이란 저작권자의 권리를 일부 제한하여 저작권자의 허락이 없어도 저작물을 자유롭게 이용하는 것을 말한다. 비영리적인 사적 복제를 허용하는 것이 그 예이다. 우리나라의 저작권법에서는 오래전부터 공정 이용으로 볼 수 있는 저작권 제한 규정을 두었다.
>
> 그런데 디지털 환경에서 저작물의 공정 이용은 여러 장애에 부딪혔다. 디지털 환경에서는 저작물을 원본과 동일하게 복제할 수 있고 용이하게 개작할 수 있다. 따라서 저작물이 개작되더라도 그것이 원래 창작물인지 이차적 저작물인지 알기 어렵다. 그 결과 디지털화된 저작물의 이용 행위가 공정 이용의 범주에 드는 것인지 가늠하기가 더 어려워졌고 그에 따른 처벌 위험도 커졌다.
>
> 이러한 문제를 해소하기 위한 시도의 하나로 포괄적으로 적용할 수 있는 '저작물의 정한 이용' 규정이 저작권법에 별도로 신설되었다. 그리하여 저작권자의 동의가 없어도 저작물을 공정하게 이용할 수 있는 영역이 확장되었다. 그러나 공정 이용 여부에 대한 시비가 자율적으로 해소되지 않으면 예나 지금이나 법적인 절차를 밟아 갈등을 해소해야 한다.
>
> 저작물 이용자들이 처벌에 대한 불안감을 여전히 느낀다는 점에서 저작물의 자유 이용 허락 제도와 같은 '저작물의 공유' 캠페인이 주목을 받고 있다. 이 캠페인은 저작권자들이 자신의 저작물에 일정한 이용 허락 조건을 표시해서 이용자들에게 무료로 개방하는 것을 말한다. 캠페인 참여자들은 저작권자와 이용자들의 자발적인 참여를 통해 자유롭게 활용할 수 있는 저작물의 양과 범위를 확대하려고 노력한다. 이들은 저작물의 공유가 확산되면 디지털 저작물의 이용이 활성화되고 그 결과 인터넷이 더욱 창의적이고 풍성한 정보 교류의 장이 될 것이라고 본다. 그러나 캠페인에 참여한 저작물을 이용할 때 허용된 범위를 벗어난 경우 법적 책임을 질 수 있다.
>
> 한편 ㉠ <u>다른 시각을 가진 사람들</u>도 있다. 이들은 저작물의 공유 캠페인이 확산되면 저작물을 창조하려는 사람들의 동기가 크게 감소할 것이라고 우려한다. 이들은 결과적으로 활용 가능한 저작물이 줄어들게 되어 이용자들도 피해를 당하게 된다고 주장한다. 또한 디지털 환경에서는 사용료 지불 절차 등이 간단해져서 '저작물의 공정한 이용' 규정을 별도로 신설할 필요가 없었다고 본다. 이들은 저작물의 공유 캠페인과 신설된 공정 이용 규정으로 인해 저작권자들의 정당한 권리가 침해받고 있으므로 이를 시정하는 것이 오히려 공익에 더 도움이 된다고 말한다.

① 이용 허락 조건을 저작물에 표시하면 창작 활동이 더욱 활성화된다.

② 저작권자의 정당한 권리 보호를 위해 저작물의 공유 캠페인이 확산되어야 한다.

③ 비영리적인 경우 저작권자의 동의가 없어도 복제가 허용되는 영역을 확대해야 한다.

④ 저작권자가 자신들의 노력에 상응하는 대가를 정당하게 받을수록 창작 의욕이 더 커진다.

⑤ 자신의 저작물을 자유롭게 이용하도록 양보하는 것은 다른 저작권자의 저작권 개방을 유도하여 공익을 확장시킨다.

| 02 | 수리능력

21 농도가 5%인 설탕물 500g을 가열하였다. 1분 동안 가열하면 50g의 물이 증발할 때, 5분 동안 가열하면 설탕물의 농도는 얼마인가?(단, 설탕물을 가열했을 때 시간에 따라 증발하는 물의 양은 일정하다)

① 7%
② 8%
③ 9%
④ 10%
⑤ 11%

22 다음은 K헬스장의 2024년 하반기 프로그램 회원 수와 2025년 1월 예상 회원 수에 대한 자료이다. 방정식 $2a+b=c+d$가 성립할 때, 〈조건〉에 따라 b에 들어갈 회원 수는 몇 명인가?

〈K헬스장 운동 프로그램 회원 현황〉

(단위 : 명)

구분	2024년 10월	2024년 11월	2024년 12월	2025년 1월
요가	50	a	b	
GX	90	98	c	
필라테스	106	110	126	d

조건

- 2024년 11월 요가 회원은 전월 대비 20% 증가했다.
- 2024년 하반기 필라테스 총회원 수는 GX 총회원 수보다 37명이 더 많다.
- 2025년 1월 필라테스의 예상 회원 수는 2024년 하반기 월평균 회원 수일 것이다.

① 110명
② 111명
③ 112명
④ 113명
⑤ 114명

23 다음은 1호선 지하역사 공기질 측정결과에 대한 자료이다. 이에 대한 설명으로 옳지 않은 것을 〈보기〉에서 모두 고르면?

〈1호선 지하역사 공기질 측정결과〉

역사명	측정항목 및 기준								
	PM-10	CO_2	HCHO	CO	NO_2	Rn	석면	O_3	TVOC
	$\mu g/m^3$	ppm	$\mu g/m^3$	ppm	ppm	Bq/m^3	이하/cc	ppm	$\mu g/m^3$
기준치	140	1,000	100	9	0.05	148	0.01	0.06	500
1호선 평균	91.4	562	8.4	0.5	0.026	30.6	0.01 미만	0.017	117.7
서울역	86.9	676	8.5	0.6	0.031	25.7	0.01 미만	0.009	56.9
시청	102.0	535	7.9	0.5	0.019	33.7	0.01 미만	0.022	44.4
종각	79.4	562	9.5	0.6	0.032	35.0	0.01 미만	0.016	154.4
종각3가	87.7	495	6.4	0.6	0.036	32.0	0.01 미만	0.008	65.8
종로5가	90.1	591	10.4	0.4	0.020	29.7	0.01 미만	0.031	158.6
동대문	89.4	566	9.2	0.7	0.033	28.5	0.01 미만	0.016	97.7
동묘앞	93.6	606	8.3	0.5	0.018	32.0	0.01 미만	0.023	180.4
신설동	97.1	564	4.8	0.4	0.015	44.5	0.01 미만	0.010	232.1
제기동	98.7	518	8.0	0.5	0.024	12.0	0.01 미만	0.016	98.7
청량리	89.5	503	11.4	0.6	0.032	32.5	0.01 미만	0.014	87.5

보기

㉠ CO가 1호선 평균보다 낮게 측정된 역사는 종로5가역과 신설동역이다.
㉡ HCHO가 가장 높게 측정된 역과 가장 낮게 측정된 역의 평균은 1호선 평균 HCHO 수치보다 높다.
㉢ 시청역은 PM-10이 가장 높게 측정됐지만, TVOC는 가장 낮게 측정되었다.
㉣ 청량리역은 3가지 항목에서 1호선 평균이 넘는 수치가 측정됐다.

① ㉠, ㉡
② ㉠, ㉢
③ ㉡, ㉢
④ ㉡, ㉣
⑤ ㉢, ㉣

24 다음은 유아교육 규모에 대한 자료이다. 이에 대한 설명으로 옳지 않은 것을 〈보기〉에서 모두 고르면?

〈유아교육 규모〉

구분	2018년	2019년	2020년	2021년	2022년	2023년	2024년
유치원 수(원)	8,494	8,275	8,290	8,294	8,344	8,373	8,388
학급 수(학급)	20,723	22,409	23,010	23,860	24,567	24,908	25,670
원아 수(명)	545,263	541,603	545,812	541,550	537,822	537,361	538,587
교원 수(명)	28,012	31,033	32,095	33,504	34,601	35,415	36,461
취원율(%)	26.2	31.4	35.3	36.0	38.4	39.7	39.9
교원 1인당 원아 수(명)	19.5	17.5	17.0	16.2	15.5	15.2	14.8

보기

㉠ 유치원 원아 수의 변동은 매년 일정한 흐름을 보이지는 않는다.
㉡ 교원 1인당 원아 수가 적어지는 것은 원아 수 대비 학급 수가 늘어나기 때문이다.
㉢ 취원율은 매년 증가하고 있는 추세이다.
㉣ 교원 수가 매년 증가하는 이유는 청년 취업과 관계가 있다.

① ㉠, ㉡
② ㉠, ㉢
③ ㉡, ㉣
④ ㉢, ㉣
⑤ ㉠, ㉢, ㉣

25 다음은 임직원을 대상으로 한 휴게실 확충에 대한 의견수렴 결과이다. 이에 대한 설명으로 옳지 않은 것은?

〈휴게실 확충에 대한 찬반 의견〉

(단위 : 명)

구분	A본부		B본부	
	여성	남성	여성	남성
찬성	180	156	120	96
반대	20	44	80	104
합계	200	200	200	200

① 남성의 60% 이상이 휴게실 확충에 찬성하고 있다.
② A본부 여성의 찬성 비율은 B본부 여성의 찬성 비율의 1.5배이다.
③ B본부 전체인원 중 여성의 찬성률이 B본부 전체인원 중 남성의 찬성률보다 1.2배 이상 높다.
④ A, B본부 전체인원에서 찬성하는 비율은 성별 차이가 본부별 차이보다 크다.
⑤ A본부에 휴게실이 확충될지 B본부에 휴게실이 확충될지 알 수 없다.

26 다음은 K사진관이 올해 찍은 사진의 용량 및 개수를 나타낸 자료이다. 올해 찍은 사진을 모두 모아서 한 개의 USB에 저장하려고 할 때, 최소 몇 GB의 USB가 필요한가?[단, 1MB=1,000KB, 1GB=1,000MB이며, 합계 파일 용량(GB)은 소수점 첫째 자리에서 버림한다]

〈올해 사진 자료〉

구분	크기(cm)	용량	개수
반명함	3×4	150KB	8,000개
신분증	3.5×4.5	180KB	6,000개
여권	5×5	200KB	7,500개
단체사진	10×10	250KB	5,000개

① 3.0GB
② 3.5GB
③ 4.0GB
④ 4.5GB
⑤ 5.0GB

27 A~H 8명의 후보 선수 중 4명을 뽑을 때, A, B, C를 포함하여 뽑을 확률은?

① $\frac{1}{14}$　　② $\frac{1}{5}$

③ $\frac{3}{8}$　　④ $\frac{1}{2}$

⑤ $\frac{3}{5}$

28 다음은 2024년 우리나라의 LPCD(Liter Per Capital Day)에 대한 자료이다. 1인 1일 사용량에서 영업용 사용량이 차지하는 비중과 1인 1일 가정용 사용량의 하위 두 항목이 차지하는 비중을 순서대로 바르게 나열한 것은?(단, 소수점 셋째 자리에서 반올림한다)

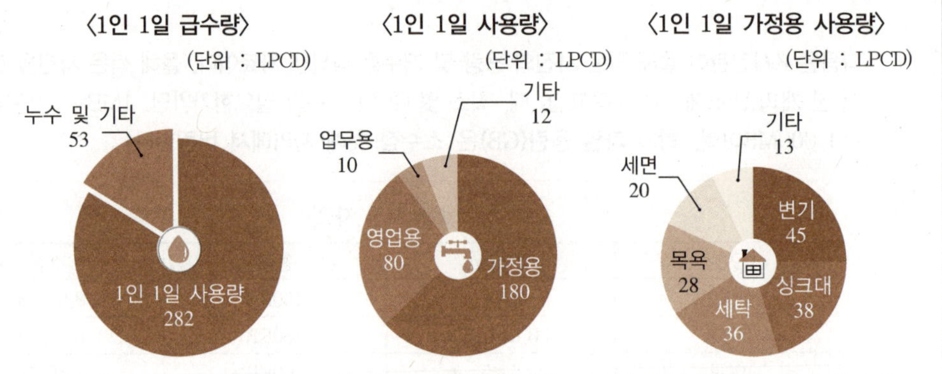

※ LPCD(Liter Per Capital Day) : 1인 1일 물 사용량으로 지역·국가 간 물 사용량을 비교할 수 있게 하고, 수자원을 효율적으로 활용할 수 있게 하는 지표

① 27.57%, 16.25%　　② 27.57%, 19.24%

③ 28.37%, 18.33%　　④ 28.37%, 19.24%

⑤ 30.56%, 20.78%

29 다음은 지역별 지역총생산에 대한 자료이다. 이에 대한 설명으로 옳지 않은 것을 〈보기〉에서 모두 고르면?

〈지역별 지역총생산〉

(단위 : 십억 원, %)

구분	2020년	2021년	2022년	2023년	2024년
전국	869,305	912,926	983,030	1,028,500	1,065,665
서울	208,899	220,135	236,517	248,383	257,598
	(2.2)	(4.3)	(4.4)	(3.0)	(1.7)
부산	48,069	49,434	52,680	56,182	55,526
	(3.0)	(3.4)	(4.6)	(1.0)	(−3.0)
대구	28,756	30,244	32,261	32,714	32,797
	(0.6)	(3.9)	(4.5)	(1.5)	(−4.4)
인천	40,398	43,311	47,780	47,827	50,256
	(3.7)	(6.8)	(7.4)	(1.7)	(0.8)
광주	18,896	20,299	21,281	21,745	22,066
	(6.5)	(6.5)	(3.7)	(−0.6)	(0.3)
대전	20,030	20,802	22,186	23,218	24,211
	(2.6)	(3.4)	(3.2)	(1.5)	(0.5)
울산	41,697	43,214	48,059	52,408	51,271
	(4.6)	(1.9)	(4.6)	(0.2)	(−2.9)
경기	169,315	180,852	193,658	198,948	208,296
	(11.0)	(7.7)	(6.1)	(4.0)	(0.8)

※ ( )은 해당 지역의 성장률임

보기

㉠ 2020년부터 2024년까지 지역총생산이 가장 많은 지역은 서울이고, 두 번째 지역은 경기이다.
㉡ 2024년 지역총생산이 전년 대비 감소한 지역의 수는 2개이다.
㉢ 2020년 성장률이 가장 높은 지역은 광주지역으로, 이때의 성장률은 6.5%이다.
㉣ 2022년 인천지역은 성장률이 가장 높았기 때문에 전년 대비 총생산 증가량도 가장 많다.

① ㉢, ㉣
② ㉠, ㉡, ㉢
③ ㉠, ㉡, ㉣
④ ㉡, ㉢, ㉣
⑤ ㉠, ㉡, ㉢, ㉣

PART 2

30 다음은 지식경제부에서 2024년 11월에 발표한 산업경제지표 추이이다. 이에 대한 설명으로 옳지 않은 것은?

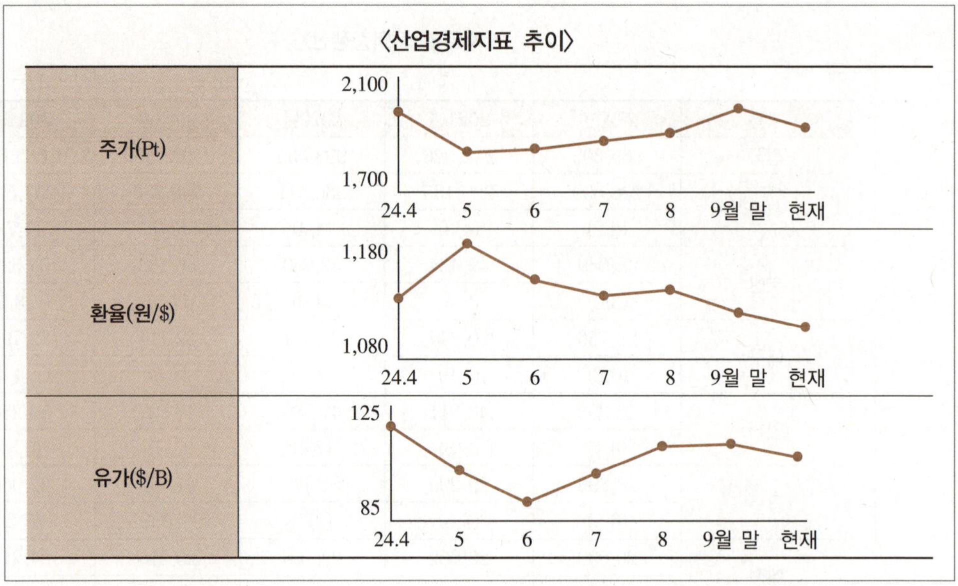

① 2024년 8월을 기점으로 위 세 가지 부분은 모두 하락세를 보이고 있다.

② 환율은 5월 이후 하락세에 있으므로 원화가치는 높아질 것이다.

③ 유가는 6월까지는 큰 폭으로 하락했으나, 그 이후 9월까지 서서히 상승세를 보이고 있다.

④ 숫자상의 변동 폭이 가장 작은 것은 유가이다.

⑤ 주가는 5월에 급락했다가 9월 말까지 서서히 회복세를 보였으나, 현재는 다시 하락해서 2024년 4월선을 회복하지 못하고 있다.

31 A와 B는 휴일을 맞아 B의 집에서 49km 떨어진 전시회에 가기 위해 각자 집에서 출발하여 전시회 주차장에서 만나려고 한다. B는 항상 70km/h의 속력으로 운전하고, A는 항상 55km/h의 속력으로 운전한다. 전시회장에서 B의 집이 A의 집보다 더 멀어 30분 먼저 출발해야 같은 시간에 전시회 주차장에 도착할 수 있을 때, A와 B의 집 사이의 거리는 몇 km인가?(단, A와 B의 운전 방향은 같다)

① 37km ② 38km

③ 39km ④ 40km

⑤ 41km

32 다음은 2024년 K시 5개 구 주민의 돼지고기 소비량에 대한 자료이다. 〈조건〉을 참고할 때 변동계수가 3번째로 큰 곳은?

〈5개 구 주민의 돼지고기 소비량 통계〉

(단위 : kg)

구분	평균(1인당 소비량)	표준편차
A구	( )	5.0
B구	( )	4.0
C구	30	6.0
D구	12	4.0
E구	( )	8.0

※ [변동계수(%)]$=\frac{\text{(표준편차)}}{\text{(평균)}}\times 100$

보기

- A구의 1인당 소비량과 B구의 1인당 소비량을 합하면 C구의 1인당 소비량과 같다.
- A구의 1인당 소비량과 D구의 1인당 소비량을 합하면 E구 1인당 소비량의 2배와 같다.
- E구의 1인당 소비량은 B구의 1인당 소비량보다 6.0kg 더 많다.

① A구
② B구
③ C구
④ D구
⑤ E구

33 반도체 부품을 만드는 공장이 있는데 이 공장에는 구형기계와 신형기계, 두 종류의 기계가 있다. 구형기계 3대와 신형기계 5대를 가동했을 때는 1시간에 부품을 4,200개, 구형기계 5대와 신형기계 3대를 가동했을 때는 1시간에 부품을 3,000개를 만들 수 있다. 구형기계와 신형기계 각각 1대씩을 가동했을 때는 1시간에 몇 개의 부품을 만들 수 있는가?

① 700개
② 800개
③ 900개
④ 1,000개
⑤ 1,200개

34 제품 A는 1개에 600원, 제품 B는 1개에 1,000원이다. H사원이 거스름돈을 전혀 남기지 않고 12,000원으로 제품 A와 B를 살 수 있는 경우의 수는?(단, A제품만 모두 사거나 B제품만 모두 사는 것도 가능하다)

① 4가지
② 5가지
③ 6가지
④ 7가지
⑤ 8가지

35 K건설은 〈조건〉에 따라 자재를 구매·관리하고자 한다. 다음 중 (가)안과 (나)안의 비용 차이는?

구분	(가)안		(나)안	
	2분기	3분기	2분기	3분기
분기별 소요량(개)	30	50	30	50
분기별 구매량(개)	40	40	60	20
자재구매 단가(원)	7,000	10,000	7,000	10,000

조건

- 1분기 동안 80개의 자재를 구매한다.
- 자재의 분기당 재고관리비는 개당 1,000원이다.
- 자재는 묶음 단위로만 구매할 수 있고, 한 묶음은 20개이다.

① 1만 원
② 2만 원
③ 3만 원
④ 4만 원
⑤ 5만 원

| 03 | 문제해결능력

36 K보안회사에서는 하루 동안 A ~ G회사의 보안점검을 실시한다. 〈조건〉을 참고할 때 E가 3번째로 점검을 받는다면, 다음 회사 중 반드시 은행인 곳은?

조건

- 보안점검은 한 번에 한 회사만 실시하게 되며, 하루에 같은 회사를 중복해서 점검하지는 않는다.
- 7개의 회사는 은행 아니면 귀금속점이다.
- 귀금속점은 2회 이상 연속해서 점검하지 않는다.
- F는 B와 D를 점검하기 전에 점검한다.
- F를 점검하기 전에 점검하는 회사 가운데 두 곳은 귀금속점이다.
- A는 6번째로 점검받는다.
- G는 C를 점검하기 전에 점검한다.

① A ② B
③ C ④ D
⑤ E

37 K사는 신제품의 품번을 다음과 같은 규칙에 따라 정한다. 제품에 설정된 임의의 영단어가 'INTELLECTUAL'이라면 이 제품의 품번으로 가장 적절한 것은?

〈규칙〉

- 1단계 : 알파벳 A ~ Z를 숫자 1, 2, 3, …으로 변환하여 계산한다.
- 2단계 : 제품에 설정된 임의의 영단어를 숫자로 변환한 값의 합을 구한다.
- 3단계 : 임의의 영단어 속 자음의 합에서 모음의 합을 뺀 값의 절댓값을 구한다.
- 4단계 : 2단계와 3단계의 값을 더한 다음 4로 나누어 2단계의 값에 더한다.
- 5단계 : 4단계의 값이 정수가 아닐 경우에는 소수점 첫째 자리에서 버림한다.

① 120 ② 140
③ 160 ④ 180
⑤ 200

38 K공사는 우리나라 사람들의 해외취업을 돕기 위해 박람회를 열고자 한다. 국가별 상황과 〈조건〉을 근거로 할 때, K공사가 박람회 장소로 선택할 나라는?

〈국가별 상황〉

국가	경쟁력	비고
인도네시아	한국 기업이 100개 이상 진출해 있으며, 안정적인 정치 및 경제 구조를 가지고 있다.	두 번의 박람회를 열었으나 실제 취업까지 연결되는 성과가 미미하였다.
아랍에미리트	UAE 자유무역지역에 다양한 다국적 기업이 진출해 있다.	석유가스산업, 금융산업에는 외국 기업의 진출이 불가하다.
중국	한국 기업이 170개 이상 진출해 있으며, 현지 기업의 80% 이상이 우리나라 사람의 고용을 원한다.	중국 청년의 실업률이 높아 사회문제가 되고 있다.
미얀마	2013년 기준 약 2,500명의 한인이 거주 중이며, 한류 열풍이 거세게 불고 있다.	내전으로 우리나라 사람들의 치안이 보장되지 않는다.
베트남	여성의 사회진출이 높고 정치, 경제, 사회 각 분야에서 많은 여성이 활약 중이다.	한국 기업 진출을 위한 인프라 구축이 잘 되어 있다.

조건

1. K공사의 해외 EPS센터가 있는 나라여야 한다.
   - 해외 EPS센터(15개국) : 필리핀, 태국, 인도네시아, 베트남, 스리랑카, 몽골, 우즈베키스탄, 파키스탄, 캄보디아, 중국, 방글라데시, 키르기스스탄, 네팔, 미얀마, 동티모르
2. 100개 이상의 한국 기업이 진출해 있어야 한다.

① 인도네시아　② 아랍에미리트
③ 중국　④ 미얀마
⑤ 베트남

39 다음은 제품 생산에 따른 공정 관리를 나타낸 자료이다. 이에 대한 설명으로 옳은 것을 〈보기〉에서 모두 고르면?(단, 각 공정은 동시 진행이 가능하다)

공정 활동	선행 공정	시간(분)
A. 부품 선정	없음	2
B. 절삭 가공	A	2
C. 연삭 가공	A	5
D. 부품 조립	B, C	4
E. 전해 연마	D	3
F. 제품 검사	E	1

※ 공정 간 부품의 이동 시간은 무시하며, A공정부터 시작되어 공정별로 1명의 작업 담당자가 수행함

보기

ㄱ. 전체 공정을 완료하기 위해서는 15분이 소요된다.
ㄴ. 첫 제품 생산 후부터 1시간마다 3개씩 제품이 생산된다.
ㄷ. B공정이 1분 더 지연되어도 전체 공정 시간은 변화가 없다.

① ㄱ
② ㄴ
③ ㄱ, ㄷ
④ ㄴ, ㄷ
⑤ ㄱ, ㄴ, ㄷ

40 K기업에 근무하는 S씨는 부하직원 5명(A ~ E)을 대상으로 마케팅 전략에 대한 의견을 물었다. 이에 대해 직원 5명은 찬성과 반대 둘 중 하나의 의견을 제시했다. 다음 〈조건〉이 모두 참일 때 옳은 것은?

조건

- A 또는 D 둘 중 적어도 하나가 반대하면 C는 찬성하고 E는 반대한다.
- B가 반대하면 A는 찬성하고 D는 반대한다.
- D가 반대하면 C도 반대한다.
- E가 반대하면 B도 반대한다.
- 적어도 한 사람은 반대한다.

① A는 찬성하고 B는 반대한다.
② A는 찬성하고 E는 반대한다.
③ B와 D는 반대한다.
④ C는 반대하고 D는 찬성한다.
⑤ C와 E는 찬성한다.

PART 2

41 K회사는 창립 10주년을 맞이하여 전 직원 단합대회를 준비하고 있다. 이를 위해 사장인 S씨는 여행상품 중 한 가지를 선정하려 하는데, 직원 투표 결과를 통해 결정하려고 한다. 직원 투표 결과와 여행상품별 1인당 경비는 다음과 같고, 추가로 행사를 위한 부서별 고려사항을 참고하여 선택할 경우에 대한 설명으로 옳은 것을 〈보기〉에서 모두 고르면?

〈직원 투표 결과〉

상품내용		투표 결과(표)					
여행상품	1인당 비용(원)	총무팀	영업팀	개발팀	홍보팀	공장1	공장2
A	500,000	2	1	2	0	15	6
B	750,000	1	2	1	1	20	5
C	600,000	3	1	0	1	10	4
D	1,000,000	3	4	2	1	30	10
E	850,000	1	2	0	2	5	5

〈여행상품별 혜택 정리〉

상품명	날짜	장소	식사제공	차량지원	편의시설	체험시설
A	5/10 ~ 5/11	해변	○	○	×	×
B	5/10 ~ 5/11	해변	○	○	○	×
C	6/7 ~ 6/8	호수	○	○	○	×
D	6/15 ~ 6/17	도심	○	×	○	○
E	7/10 ~ 7/13	해변	○	○	○	×

〈부서별 고려사항〉

- 총무팀 : 행사 시 차량 지원이 가능함
- 영업팀 : 6월 초순에 해외 바이어와 가격 협상 회의 일정이 있음
- 공장1 : 3일 연속 공장 비가동 시 제품의 품질 저하가 예상됨
- 공장2 : 7월 중순 공장 이전 계획이 있음

보기

㉠ 여행상품 비용으로 총 1억 500만 원이 필요하다.
㉡ 투표 결과, 가장 인기가 많은 여행상품은 B이다.
㉢ 공장1의 A, B 투표 결과가 바뀐다면 여행상품 선택은 변경된다.

① ㉠　　② ㉠, ㉡
③ ㉠, ㉢　　④ ㉡, ㉢
⑤ ㉠, ㉡, ㉢

42 **다음 기사에 나타난 문제 유형에 대한 설명으로 옳은 것은?**

> 도색이 완전히 벗겨진 차선과 지워지기 직전의 흐릿한 차선이 서울 강남의 도로 여기저기서 발견되고 있다. 알고 보니 규격 미달의 불량 도료 때문이었다. 시공 능력이 없는 업체들이 서울시가 발주한 도색 공사를 따낸 뒤, 브로커를 통해 전문 업체에 공사를 넘겼고, 이 과정에서 수수료를 떼인 전문 업체들은 손해를 만회하기 위해 값싼 도료를 사용한 것이다. 차선용 도료에 값싼 일반용 도료를 섞다 보니 야간에 차선이 잘 보이도록 하는 유리알이 제대로 붙어있지 못해 차선 마모는 더욱 심해졌다. 지난 4년간 서울 전역에서는 74건의 부실시공이 이뤄졌고, 총 공사 대금은 183억 원에 달하는 것으로 밝혀졌다.

① 발생형 문제로, 일탈 문제에 해당한다.
② 발생형 문제로, 미달 문제에 해당한다.
③ 탐색형 문제로, 잠재 문제에 해당한다.
④ 탐색형 문제로, 예측 문제에 해당한다.
⑤ 탐색형 문제로, 발견 문제에 해당한다.

43 **다음 글의 빈칸에 들어갈 내용으로 적절하지 않은 것은?**

> 창의적 사고는 창조적인 가능성이다. 여기에는 '문제를 사전에 찾아내는 힘', '문제해결에 있어서 다각도로 힌트를 찾아내는 힘', 그리고 '문제해결을 위해 끈기 있게 도전하는 태도' 등이 포함된다. 다시 말해서 창의적 사고에는 사고력을 비롯하여 성격, 태도에 걸친 전인격적인 가능성까지도 포함된다. 이러한 창의적 사고는 창의력 교육훈련을 통해 개발할 수 있으며, ________일수록 높은 창의력을 보인다.

① 모험적　　② 적극적
③ 예술적　　④ 객관적
⑤ 자유분방적

※ 다음은 A마트의 배송이용약관이다. 이어지는 질문에 답하시오. **[44~45]**

〈배송이용약관〉

▲ 배송기간

① 당일배송상품은 오전 주문 시 상품 당일 오후 배송(단, 당일 배송 주문마감 시간은 지점마다 상이함)

② 일반배송상품은 전국 택배점 상품은 상품 결제 완료 후 평균 2～4일 이내 배송완료

③ 일반배송상품은 택배사를 이용해 배송되므로 주말, 공휴일, 연휴에는 배송되지 않음

④ 당일배송의 경우 각 지점에 따라 배송정책이 상이하므로 이용매장에 직접 확인해야 함

⑤ 꽃 배송은 전국 어디서나 3시간 내에 배달 가능(단, 도서 산간지역 등 일부 지역 제외, 근무시간 내 주문접수되어야 함)

▲ 배송비

① A클럽(A마트 점포배송)을 제외한 상품은 무료배송이 원칙(단, 일부 상품의 경우 상품가격에 배송비가 포함될 수 있으며, 도서지역의 경우 도선료, 항공료 등이 추가될 수 있음)

② A클럽 상품은 지점별로 배송비 적용 정책이 상이함(해당점 이용안내 확인 필요)

③ 도서상품은 배송비 무료

④ CD / DVD 상품은 39,000원 미만 주문 시 배송비 3,000원 부과

⑤ 화장품 상품은 30,000원 미만 주문 시 배송비 3,000원 부과

⑥ 기타 별도의 배송비 또는 설치비가 부과되는 경우에는 해당 상품의 구매페이지에 게재함

▲ 배송확인

① [나의 e쇼핑 → 나의 쇼핑정보 → 주문 / 배송현황]에서 배송현황의 배송조회 버튼을 클릭하여 확인할 수 있음

② 주문은 [주문완료] → [결제완료] → [상품준비 중] → [배송 중] → [배송완료] 순으로 진행

- [주문완료] : 상품대금의 입금 미확인 또는 결제가 미완료된 접수 상태
- [결제완료] : 대금결제가 완료되어 주문을 확정한 상태
- [상품준비 중] : 공급처가 주문내역을 확인 후 상품을 준비하여 택배사에 발송을 의뢰한 상태
- [배송 중] : 공급처에 배송지시를 내린 상태(공급처가 상품을 발송한 상태)
- [배송완료] : 배송이 완료되어 고객님이 상품을 인수한 상태

※ 배송주소가 2곳 이상인 경우 주문할 상품의 상세페이지에서 [대량주문하기] 버튼을 클릭하면 여러 배송지로 상품 보내기 가능(배송주소를 여러 곳 설정할 때는 직접 입력 또는 엑셀파일로 작성 후 파일업로드 2가지 방식 이용)

44 서울 R대학의 기숙사 룸메이트인 갑과 을은 A마트에서 각각 물건을 구매했다. 두 명 모두 일반배송 상품을 이용하였으며, 갑은 화장품 세트를, 을은 책 3권을 구매하였다. 이때 갑과 을이 배송비를 포함하여 물건을 구매하는 데 사용한 돈을 바르게 나열한 것은?(단, 갑이 구매한 화장품 세트는 29,900원이며, 을이 구매한 책은 각각 10,000원이다)

	갑	을
①	29,900원	30,000원
②	29,900원	33,000원
③	30,900원	33,000원
④	32,900원	33,000원
⑤	32,900원	30,000원

PART 2

45 서울에 사는 병은 A마트에서 해운대에 사시는 부모님께 보내드릴 사과 한 박스를 주문했다. 사과는 A마트 일반배송상품으로 가격은 32,000원인데 현재 25% 할인을 하고 있다. 배송비를 포함하여 상품을 구매하는 데 총 얼마가 들었으며, 상품은 부모님 댁에 늦어도 언제까지 배송될 예정인가?

일	월	화	수	목	금	토
1	2	3	4	5	6 상품 결제완료	7
8	9	10	11	12	13	14

	총가격	배송 완료일
①	24,000원	9일 월요일
②	24,000원	12일 목요일
③	27,000원	10일 화요일
④	32,000원	12일 목요일
⑤	32,000원	13일 금요일

46 다음은 국내 어느 금융그룹의 SWOT 분석 결과이다. 이에 대응하는 전략과 그 내용을 바르게 연결한 것은?

S(강점)	W(약점)
• 탄탄한 국내 시장 지배력 • 뛰어난 위기관리 역량 • 우수한 자산건전성 지표 • 수준 높은 금융 서비스	• 은행과 이자수익에 편중된 수익구조 • 취약한 해외 비즈니스와 글로벌 경쟁력 • 낙하산식 경영진 교체와 관치금융 우려 • 외화 자금 조달 리스크
O(기회)	**T(위협)**
• 해외 금융시장 진출 확대 • 기술 발달에 따른 핀테크의 등장 • IT 인프라를 활용한 새로운 수익 창출 • 계열사 간 협업을 통한 금융 서비스	• 새로운 금융 서비스의 등장 • 은행의 영향력 약화 가속화 • 글로벌 금융사와의 경쟁 심화 • 비용 합리화에 따른 고객 신뢰 저하

① SO전략 : 해외 비즈니스TF팀 신설로 상반기 해외 금융시장 진출 대비
② ST전략 : 금융 서비스를 다방면으로 확대해 글로벌 경쟁사와의 경쟁에서 우위 차지
③ WO전략 : 국내의 탄탄한 시장점유율을 기반으로 핀테크 사업 진출
④ WT전략 : 국내 금융사의 우수한 자산건전성 지표를 홍보하여 고객 신뢰 회복
⑤ WT전략 : 해외 금융시장 진출을 확대하여 안정적인 외화 자금 조달을 통한 위기관리

47 K기업에서는 인건비를 줄이기 위해 다양한 방식을 고민하고 있다. 다음 정보를 참고할 때, 가장 적절한 방법은 무엇인가?(단, 한 달은 4주이다)

〈정보〉

- 정직원은 오전 8시부터 오후 7시까지 평일·주말 상관없이 주 6일 근무하며, 1인당 월 급여는 220만 원이다.
- 계약직원은 오전 8시부터 오후 7시까지 평일·주말 상관없이 주 5일 근무하며, 1인당 월 급여는 180만 원이다.
- 아르바이트생은 평일 3일, 주말 2일로 하루 9시간씩 근무하며, 평일은 시급 9,000원, 주말은 시급 12,000원이다.
- 현재 정직원 5명, 계약직원 3명, 아르바이트생 3명이 근무 중이며 전체 인원을 줄일 수는 없다.

① 계약직원을 정직원으로 전환한다.
② 계약직원을 아르바이트생으로 전환한다.
③ 아르바이트생을 정직원으로 전환한다.
④ 아르바이트생을 계약직원으로 전환한다.
⑤ 직원을 더 이상 채용하지 않고 아르바이트생만 채용한다.

※ 다음은 자동차에 번호판을 부여하는 규칙이다. 이어지는 질문에 답하시오. **[48~49]**

〈자동차 번호판 부여 규칙〉

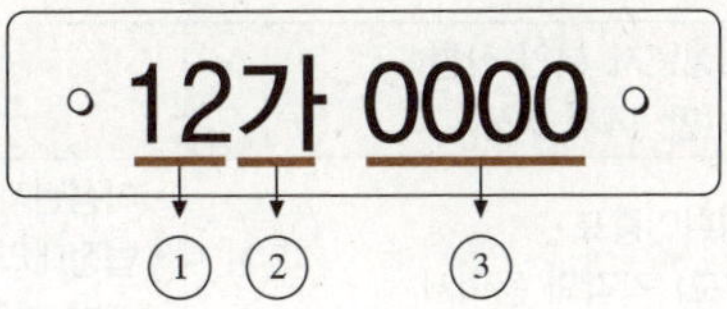

각 숫자는 다음의 사항을 나타낸다.
① 자동차의 종류
② 자동차의 용도
③ 자동차의 등록번호

▶ 자동차의 종류

구분	숫자 기호
승용차	01 ~ 69
승합차	70 ~ 79
화물차	80 ~ 97
특수차	98 ~ 99

▶ 자동차의 용도

구분		문자 기호
비사업용		가, 나, 다, 라, 마, 거, 너, 더, 러, 머, 서, 어, 저, 고, 노, 도, 로, 모, 보, 소, 오, 조, 구, 누, 두, 루, 무, 부, 수, 우, 주
사업용	택시	아, 바, 사, 자
	택배	배
	렌터카	하, 허, 호

▶ 자동차의 등록번호
차량의 고유번호로 임의로 부여

48 A씨는 이사를 하면서 회사와 거리가 멀어져 출퇴근을 위해 새 승용차를 구입하였다. 다음 중 A씨가 부여받을 수 있는 자동차 번호판으로 옳지 않은 것은?

① 23겨 4839
② 67거 3277
③ 42서 9961
④ 31주 5443
⑤ 12모 4839

49 다음 중 나머지와 성격이 다른 자동차 번호판은?

① 80가 8425
② 84배 7895
③ 92보 1188
④ 81오 9845
⑤ 97주 4763

50 다음은 미성년자(만 19세 미만)의 전자금융서비스 신규·변경·해지 신청에 필요한 서류와 관련된 자료이다. 이를 이해한 내용으로 가장 적절한 것은?

<table>
<tr><th>구분</th><th>미성년자 본인 신청
(만 14세 이상)</th><th>법정대리인 신청
(만 14세 미만은 필수)</th></tr>
<tr><td rowspan="2">신청서류</td><td>• 미성년자 실명확인증표
• 법정대리인(부모) 각각의 동의서
• 법정대리인 각각의 인감증명서
• 미성년자의 가족관계증명서
• 출금계좌통장, 통장인감(서명)</td><td>• 미성년자의 기본증명서
• 법정대리인(부모) 각각의 동의서
• 내방 법정대리인 실명확인증표
• 미내방 법정대리인 인감증명서
• 미성년자의 가족관계증명서
• 출금계좌통장, 통장인감</td></tr>
<tr><td colspan="2">※ 유의사항
① 미성년자 실명확인증표 : 학생증(성명·주민등록번호·사진 포함), 청소년증, 주민등록증, 여권 등(단, 학생증에 주민등록번호가 포함되지 않은 경우 미성년자의 기본증명서 추가 필요)
② 전자금융서비스 이용신청을 위한 법정대리인 동의서 법정대리인 미방문 시 인감 날인(단, 한부모가정인 경우 친권자 동의서 필요 – 친권자 확인 서류 : 미성년자의 기본증명서)
③ 법정대리인이 자녀와 함께 방문한 경우 법정대리인의 실명확인증표로 인감증명서 대체 가능
※ 법정대리인 동의서 양식은 '홈페이지 → 고객센터 → 약관·설명서·서식 → 서식자료' 중 '전자금융게시' 내용 참고</td></tr>
</table>

① 만 13세인 희수가 전자금융서비스를 해지하려면 반드시 법정대리인이 신청해야 한다.

② 법정대리인이 자녀와 함께 방문하여 신청할 경우, 반드시 인감증명서가 필요하다.

③ 법정대리인 동의서 양식은 지점 방문 시 각 창구에 갖춰져 있다.

④ 법정대리인 신청 시 동의서는 부모 중 한 명만 있으면 된다.

⑤ 올해로 만 18세인 지성이가 전자금융서비스를 변경하려면 신청서류로 이름과 사진이 포함된 학생증과 법정대리인 동의서가 필요하다.

| 04 | 자원관리능력

51 K사는 역량평가를 통해 등급을 구분하여 성과급을 지급한다. K사의 성과급 등급 기준이 다음과 같을 때, 〈보기〉에서 S등급에 해당하는 사람은?

〈성과급 점수별 등급〉

S등급	A등급	B등급	C등급
90점 이상	80점 이상	70점 이상	70점 미만

〈역량평가 반영 비율〉

구분	기본역량	리더역량	직무역량
차장	20%	30%	50%
과장	30%	10%	60%
대리	50%	–	50%
사원	60%	–	40%

※ 성과급 점수는 역량 점수(기본역량, 리더역량, 직무역량)를 직급별 해당 역량평가 반영 비율에 적용한 합산 점수임

보기

구분	직급	기본역량 점수	리더역량 점수	직무역량 점수
갑	대리	85점	–	90점
을	과장	100점	85점	80점
병	사원	95점	–	85점
정	차장	80점	90점	85점
무	과장	100점	85점	80점

① 갑대리
② 을과장
③ 병사원
④ 정차장
⑤ 무과장

※ 다음은 K공사의 출장여비 기준에 대한 자료이다. 이어지는 질문에 답하시오. **[52~53]**

〈K공사의 출장여비 기준〉

항공	숙박(1박)	교통비	일비	식비
실비	• 1・2급 : 실비 • 3급 : 80,000원 • 4・5・6급 : 50,000원	• 서울・경기 지역 : 1일 10,000원 • 나머지 지역 : 1일 15,000원	30,000원/일	20,000원/일

※ 항공은 외국으로 출장을 갈 경우에 해당함

1급	2급	3급	4급	5급	6급
이사장	이사	부장	차장	과장	대리

※ 2급 이상 차이 나는 등급과 출장에 동행하게 된 경우, 높은 등급이 묵는 호텔에서 묵을 수 있는 금액을 지원함

52 다음 중 자료에 대한 설명으로 옳은 것은?

① 외국으로 출장을 다니는 B과장이 항상 같은 객실에서 묵는다면 총비용은 언제나 같다.
② 서울・경기 지역으로 1박 2일 출장을 가는 C차장의 출장비는 20만 원 이상이다.
③ 같은 조건으로 출장을 간다면 이사장이 이사보다 출장비를 많이 받는다.
④ 이사장과 함께 출장을 가게 된 A대리는 이사장과 같은 호텔, 같은 등급의 객실에서 묵을 수 있다.
⑤ 자동차를 이용해 1박 2일간 지방 출장을 가는 부장과 차장의 비용은 같다.

53 S부장과 P차장이 9박 10일로 함께 제주도 출장을 가게 되었다. 동일한 출장비를 제공하기 위하여 P차장의 호텔을 한 단계 업그레이드할 때, P차장이 원래 묵을 수 있는 호텔보다 얼마나 이득인가?

① 230,000원
② 250,000원
③ 270,000원
④ 290,000원
⑤ 310,000원

54 K회사는 사내 요리대회를 진행하고 있다. 최종 관문인 협동심 평가는 이전 평가를 통과한 참가자 A ~ D 4명이 한 팀이 되어 역할을 나눠 제한시간 내에 하나의 요리를 만드는 것이다. 재료손질, 요리보조, 요리, 세팅 및 정리 4개의 역할이 있고, 협동심 평가 후 참가자별 기존 점수에 가산점을 더하여 최종 점수를 계산할 때, 참가자들의 의견을 모두 수렴하여 역할을 선정한 것은?

〈참가자별 점수 분포〉

(단위 : 점)

구분	A참가자	B참가자	C참가자	D참가자
기존 점수	90	95	92	97

〈각 역할을 성실히 수행 시 가산점〉

(단위 : 점)

구분	재료손질	요리보조	요리	세팅 및 정리
가산점	5	3	7	9

※ 협동심 평가의 각 역할은 한 명만 수행할 수 있음

조건

- C참가자는 손에 습진이 있어 재료손질 역할을 원하지 않는다.
- A참가자는 깔끔한 성격으로 세팅 및 정리 역할을 원한다.
- D참가자는 손재주가 없어 재료손질 역할을 원하지 않는다.
- B참가자는 적극적인 성격으로 어떤 역할이든지 자신 있다.
- 최종점수는 100점을 넘을 수 없다.

	재료손질	요리보조	요리	세팅 및 정리
①	A	D	C	B
②	B	C	D	A
③	B	D	C	A
④	C	A	D	B
⑤	D	C	A	B

55 K공사는 신입사원 입사를 맞아 워크숍을 가려고 한다. 총 13명의 임직원이 워크숍에 참여한다고 할 때, 다음 중 가장 저렴한 비용으로 이용할 수 있는 교통편의 조합은 무엇인가?

〈이용 가능한 교통편 현황〉

구분	탑승 인원	비용	주유비	비고
소형버스	10명	200,000원	0원	1일 대여 비용
대형버스	40명	500,000원	0원	-
렌터카	5명	80,000원(대당)	50,000원	동일 기간 3대 이상 렌트 시 렌트비용 5% 할인
택시	3명	120,000원(편도)	0원	-
대중교통	제한 없음	13,400원 (1인당, 편도)	0원	10명 이상 왕복티켓 구매 시 총금액에서 10% 할인

① 대형버스 1대
② 소형버스 1대, 렌터카 1대
③ 소형버스 1대, 택시 1대
④ 렌터카 3대
⑤ 대중교통 13명

56 다음 글의 빈칸 ㉠～㉢에 들어갈 내용을 순서대로 바르게 나열한 것은?

> 인적자원 배치의 유형에는 세 가지가 있다. 먼저 양적 배치는 작업량과 조업도, 여유 또는 부족 인원을 감안하여 소요인원을 결정하여 배치하는 것을 말한다. 반면, 질적 배치는 효과적인 인력배치의 세 가지 원칙 중 __㉠__주의에 따른 배치를 말하며, __㉡__ 배치는 팀원의 __㉢__ 및 흥미에 따라 배치하는 것을 말한다.

	㉠	㉡	㉢
①	균형	적성	능력
②	적재적소	균형	능력
③	적재적소	적성	적성
④	능력	적성	적성
⑤	능력	균형	적성

57 **다음 중 A씨가 시간관리를 통해 일상에서 얻을 수 있는 효과로 적절하지 않은 것은?**

> A씨는 일과 생활의 균형을 유지하기 위해 항상 노력한다. 매일 아침 가족들과 함께 아침 식사를 하며 대화를 나눈 후 출근 준비를 한다. 출근길 지하철에서는 컴퓨터 자격증 공부를 틈틈이 하고 있다. 업무를 진행하는 데 있어서 컴퓨터 사용 능력이 부족하다는 것을 스스로 느꼈기 때문이다. 회사에 출근 시간보다 여유롭게 도착하면 먼저 오늘의 업무 일지를 작성하여 무슨 일을 해야 하는지 파악한다. 근무 시간에는 일정표를 바탕으로 정해진 순서대로 일을 진행한다. 퇴근 후에는 가족과 영화를 보거나 저녁 식사를 하며 시간을 보낸다. A씨는 철저한 시간관리를 통해 후회 없는 생활을 하고 있다.

① 스트레스 감소
② 균형적인 삶
③ 생산성 향상
④ 목표 성취
⑤ 사회적 인정

58 **다음은 K공사 인사팀의 8월 스케줄이다. G사원은 휴가를 신청하기 위해 8월 하계휴가 스케줄을 확인하였다. 인사팀 팀장인 A부장은 25 ~ 28일은 하계 워크숍 기간이므로 휴가 신청이 불가능하며, 하루에 6명 이상은 사무실에 반드시 있어야 한다고 팀원들에게 공지했다. G사원이 휴가를 쓸 수 있는 기간으로 옳은 것은?**

구분	8월 휴가																			
	3	4	5	6	7	10	11	12	13	14	17	18	19	20	21	24	25	26	27	28
	월	화	수	목	금	월	화	수	목	금	월	화	수	목	금	월	화	수	목	금
A부장	■	■	■																	
B차장								■	■	■										
C과장	■	■	■	■	■															
D대리										■	■	■	■							
E주임														■	■	■				
F주임											■	■	■	■						
G사원																				
H사원						■	■	■												

※ 스케줄에 색칠된 부분은 해당 직원의 휴가 예정일임
※ G사원은 4일 이상 휴가를 사용해야 함(토, 일 제외)

① 8월 7 ~ 11일
② 8월 6 ~ 11일
③ 8월 11 ~ 16일
④ 8월 13 ~ 18일
⑤ 8월 19 ~ 24일

59 A사원은 K호텔에서 연회장 예약 일정을 관리하고 있다. 다음과 같은 고객의 전화를 받았을 때, A사원의 판단으로 옳지 않은 것은?

〈12월 연회장 예약 일정〉

*예약 : 연회장 이름(시작시간)

일	월	화	수	목	금	토
1 라벤더(13) 팬지(17)	2 팬지(15)	3 민트(14) 세이지(16)	4 세이지(14)	5 라벤더(11) 세이지(16)	6 민트(13) 세이지(18)	7 민트(11) 세이지(16)
8 민트(12) 라벤더(17)	9 민트(17)	10 세이지(15)	11 라벤더(13) 팬지(16)	12 라벤더(15) 세이지(16)	13 세이지(14) 팬지(15)	14 민트(11) 팬지(16)

〈호텔 연회장 현황〉

구분	수용 가능 인원	최소 투입인력	이용시간
민트	300명	35명	3시간
라벤더	300명	30명	2시간
팬지	250명	25명	3시간
세이지	200명	20명	2시간

※ 오전 10시부터 시작하여 오후 9시에 모든 업무를 종료함

※ 연회부의 동시간대 투입인력은 총 50명을 넘을 수 없음

※ 연회시작 전, 후 1시간씩 연회장 세팅 및 정리

〈고객〉

저희 회사에서 연말을 맞이하여 12월 초에 송년회를 개최하려고 합니다. 그래서 연회장을 예약하려고 하는데, 가능한지 확인 부탁드립니다. 인원은 총 250명이고, 월, 화, 수요일은 피하고 싶습니다. 그리고 행사는 정오에서 저녁 7시 사이에 진행할 수 있도록 알아봐 주십시오.

① 12월 초에 행사를 진행하길 원하니까 최대한 첫 번째 주에 예약이 될 수 있도록 검토해야겠군.

② 송년회 참석인원을 고려했을 때, 세이지를 제외한 나머지 연회장은 모두 가능하겠군.

③ 저녁 7시 이전에 마칠 수 있는 시간대를 고려하여 일자를 확인해야 해.

④ 목요일부터 일요일까지 일정을 검토했을 때, 주말은 예약이 불가능해.

⑤ 만약 팬지가 가능하다면 최소 투입인력은 25명이 되어야겠어.

60 다음은 임직원 출장여비 지급규정과 T차장의 출장비 지출 내역이다. T차장이 받을 수 있는 여비는?

〈임직원 출장여비 지급규정〉

- 출장여비는 일비, 숙박비, 식비, 교통비로 구성된다.
- 일비는 출장일수에 따라 매일 10만 원씩 지급한다.
- 숙박비는 숙박일수에 따라 실비 지급한다. 다만, 항공 또는 선박 여행 시 항공기 내 또는 선박 내에서의 숙박은 숙박비를 지급하지 아니한다.
- 식비는 일수에 따라 식사 여부에 상관없이 1일 3식으로 지급하며, 1끼니당 1만 원씩 지급한다. 단, 항공 또는 선박 여행 시에는 기내식이 포함되지 않을 경우만 지급하며, 출장 마지막 날 저녁은 지급하지 않는다.
- 교통비는 교통편의 운임 혹은 유류비 산출액을 실비 지급한다.

〈T차장의 2박 3일 출장비 지출 내역〉

8월 8일	8월 9일	8월 10일
• 인천 – 일본 항공편 84,000원 (아침 기내식 포함 ×) • 점심 식사 7,500원 • 일본 J공항 – B호텔 택시비 10,000원 • 저녁 식사 12,000원 • B호텔 숙박비 250,000원	• 아침 식사 8,300원 • 호텔 – 거래처 택시비 16,300원 • 점심 식사 10,000원 • 거래처 – 호텔 택시비 17,000원 • B호텔 숙박비 250,000원	• 아침 식사 5,000원 • 일본 – 인천 항공편 89,000원 (점심 기내식 포함)

① 880,000원　② 1,053,000원

③ 1,059,100원　④ 1,086,300원

⑤ 1,106,300원

모바일 OMR

제3회 모의고사(통합)

문항 수 : 80문항 응시시간 : 90분

정답 및 해설 p.081

| 01 | 의사소통능력

01 다음 글의 내용으로 가장 적절한 것은?

> 쿤이 말하는 과학혁명의 과정을 명확하게 하기 위해 세 가지 질문을 던져보자. 첫째, 새 이론을 제일 처음 제안하고 지지하는 소수의 과학자들은 어떤 이유에서 그렇게 하는가? 기존 이론이 이상 현상 때문에 위기에 봉착했다고 판단했기 때문이다. 기존 이론은 이미 상당한 문제해결능력을 증명한 바 있다. 다만 기존 이론이 몇 가지 이상 현상을 설명할 능력이 없다고 판단한 과학자들이 나타났을 뿐이다. 이런 과학자들 중 누군가가 새 이론을 처음 제안했을 때 기존 이론을 수용하고 있는 과학자 공동체는 새 이론에 호의적이지 않을 것이다. 당장 새 이론이 기존 이론보다 더 많은 문제를 해결할 리가 없기 때문이다. 그럼에도 불구하고 기존 이론이 설명하지 못하는 이상 현상을 새 이론이 설명한다는 것이 과학혁명의 출발점이다.
> 둘째, 다른 과학자들은 어떻게 기존 이론을 버리고 새로 제안된 이론을 선택하는가? 새 이론은 여전히 기존 이론보다 문제 해결의 성과가 부족하다. 하지만 선구적인 소수 과학자들의 연구활동과 그 성과에 자극을 받아 새 이론을 선택하는 과학자들은 그것이 앞으로 점점 더 많은 문제를 해결하리라고, 나아가 기존 이론의 문제해결능력을 능가하리라고 기대한다. 이러한 기대는 이론의 심미적 특성 같은 것에 근거한 주관적 판단이고, 그와 같은 판단은 개별 과학자의 몫이다. 물론 이러한 기대는 좌절될 수도 있고, 그 경우 과학혁명은 좌초된다.
> 셋째, 과학혁명이 일어날 때 과학자 공동체가 기존 이론을 버리고 새 이론을 선택하도록 하는 결정적인 요인은 무엇인가? 이 물음에서 선택의 주체는 더 이상 개별 과학자가 아니라 과학자 공동체이다. 하지만 과학자 공동체는 결국 개별 과학자로 이루어져 있다. 그렇다면 문제는 과학자 공동체를 구성하는 과학자들이 어떻게 이론을 선택하는가이다. 하지만 이 단계에서 모든 개별 과학자의 선택 기준은 더 이상 새 이론의 심미적 특성이나 막연한 기대가 아니다. 과학자들은 새 이론이 해결하는 문제의 수와 범위가 기존 이론의 그것보다 크다고 판단할 경우 새 이론을 선택할 것이다. 과학자 공동체의 대다수 과학자가 이렇게 판단하게 되면 그것은 과학자 공동체가 새 이론을 선택한 것이고, 이로써 쿤이 말하는 과학혁명이 완성된다.

① 과학혁명 초기 과정은 소수의 과학자들이 문제 해결의 성과가 큰 새 이론을 선택하는 것이다.
② 기존 이론과 새 이론이 어떤 현상을 모두 설명하면 과학자들은 새 이론을 선택할 확률이 높다.
③ 과학혁명의 계기는 기존의 이론이 설명하지 못하는 현상이 존재할 때이다.
④ 과학자들은 어떤 이론을 판단할 때 심미적 특성과 같은 주관적 판단을 철저히 배제한다.
⑤ 과학자 공동체의 움직임은 권위 있는 과학자들의 의견에 따른 것이기 때문에 개별 과학자의 입장과 차이가 있다.

02 다음 글을 통해 추론할 수 있는 내용으로 가장 적절한 것은?

> 옛날 사람들은 그저 활과 창과 검으로만 싸웠을까? 그 당시에도 로켓과 같은 병기가 있었다면 쉽게 전투에서 승리를 거두지 않았을까? 수백 년 전 우리나라에도 이러한 병기가 있었을까? 이런 의문에 많은 사람은 그러한 병기는 없었을 것이라고 생각할 것이다. 그러나 실제 우리나라에는 지금의 로켓과 같은 첨단 병기가 있었다. 고려 말 화통도감에서 활약한 최무선에 의해 개발된 '달리는 불'이라는 뜻을 가진 '주화(走火)'가 그것이다. 주화는 우리나라 최초의 로켓 병기라고 할 수 있는데, 신기하게도 지금의 로켓과 유사한 구조와 동작 원리를 갖추고 있다.
>
> 주화는 1448년(세종 30년) 이전에 불린 이름이고, 그 이후에는 '신기전(神機箭)'으로 불렸다. 〈병기도설〉에는 신기전을 대신기전, 산화신기전, 중신기전, 소신기전으로 나누어 그 크기와 구조를 자세히 설명하였다. 그중 가장 큰 형태인 대신기전은 당시의 실제 전투에서 큰 위력을 발휘하였다.
>
> 대신기전은 발화통과 약통으로 구분된다. 이 발화통과 약통은 쇠 촉이 부착되지 않은 대나무의 위 끝부분에 묶어 놓았으며, 아래 끝부분에는 발사체가 안정적으로 날아갈 수 있도록 균형을 유지해 주는 날개를 달아 놓았다. 폭발물인 발화통과 달리 약통은 목표물을 향해 날아가게 하는 역할을 한다.
>
> 대신기전의 몸체 역할을 하는 대나무의 맨 위에는 폭탄인 발화통을 장착하고, 그 발화통의 아래 부분에는 화약을 넣어 위 끝을 종이로 여러 겹 접어 막은 약통을 연결한다. 약통 밑부분의 점화선에 불을 붙이면 점화선이 타들어 가면서 약통 속의 화약에 불이 붙어 연소 가스를 만들고 이 연소 가스는 약통 아래에 뚫려 있는 분사 구멍을 통하여 약통 밖으로 내뿜어진다. 이때 만들어지는 힘이 추진력이다. 그리고 약통의 윗면과 발화통 아랫면의 중앙에 각각 구멍을 뚫어 둘을 도화선으로 연결한다. 이와 같이 약통의 윗면에 폭탄인 발화통을 부착시켜 놓고 도화선으로 연결하는 것은 목표 지점으로 신기전이 날아가는 도중이거나 거의 날아갔을 즈음에 폭탄인 발화통이 자동으로 폭발하게 하기 위함이다. 이 발화통이 신기전의 핵심적인 폭발체라고 할 수 있는데, 발화통 안에 화약 무게의 약 27% 정도에 해당하는 거친 쇳가루를 섞기 때문에 이 쇳가루가 파편 역할을 한다.
>
> 발화통까지 포함된 대신기전은 전체 길이가 약 5.6m의 대형 로켓으로 한 번에 여러 개를 날릴 수 있는 화차를 개발하여 사용하였다. 화차에는 바퀴가 달려 있어 적진의 위치에 따라 이동해 가는 데 매우 편리했다.

① 대신기전의 맨 위에 있는 약통 바로 아래에는 발화통과 날개가 순서대로 구성되어 있다.
② 약통이 없어도 발화통의 폭발만 있다면 대신기전은 목표물을 향해 날아갈 수 있다.
③ 고려 말에 개발된 주화는 태조의 조선 건국 이후에도 주화로 불리며 사용되었다.
④ 대신기전의 추진력은 연결된 도화선을 통해 발화통이 폭발할 때 만들어진다.
⑤ 발화통의 길이가 1m라면 대신기전의 전체 길이는 6.6m이다.

PART 2

03 **다음 글의 빈칸에 들어갈 내용으로 가장 적절한 것은?**

> 스마트팩토리는 인공지능(AI), 사물인터넷(IoT) 등 다양한 기술이 융합된 자율화 공장으로, 제품 설계와 제조, 유통, 물류 등의 산업 현장에서 생산성 향상에 초점을 맞췄다. 이곳에서는 기계, 로봇, 부품 등의 상호 간 정보 교환을 통해 제조 활동을 하고, 모든 공정 이력이 기록되며, 빅데이터 분석으로 사고나 불량을 예측할 수 있다. 스마트팩토리에서는 컨베이어 생산 활동으로 대표되는 산업 현장의 모듈형 생산이 컨베이어를 대체하고 IoT가 신경망 역할을 한다. 센서와 기기 간 다양한 데이터를 수집하고, 이를 서버에 전송하면 서버는 데이터를 분석해 결과를 도출한다. 서버는 AI 기계학습 기술이 적용돼 빅데이터를 분석하고 생산성 향상을 위한 최적의 방법을 제시한다.
>
> 스마트팩토리의 대표 사례로는 고도화된 시뮬레이션 '디지털 트윈'을 들 수 있다. 디지털 트윈은 데이터를 기반으로 가상공간에서 미리 시뮬레이션하는 기술이다. 시뮬레이션을 위해 빅데이터를 수집하고 분석과 예측을 위한 통신·분석 기술에 가상현실(VR), 증강현실(AR)과 같은 기술을 더한다. 이를 통해 산업 현장에서 작업 프로세스를 미리 시뮬레이션하고, VR·AR로 검증함으로써 실제 시행에 따른 손실을 줄이고, 작업 효율성을 높일 수 있다.
>
> 한편 '에지 컴퓨팅'도 스마트팩토리의 주요 기술 중 하나이다. 에지 컴퓨팅은 산업 현장에서 발생하는 방대한 데이터를 클라우드로 한 번에 전송하지 않고, 에지에서 사전 처리한 후 데이터를 선별해서 전송한다. 서버와 에지가 연동해 데이터 분석 및 실시간 제어를 수행하여 산업 현장에서 생산되는 데이터가 기하급수로 늘어도 서버에 부하를 주지 않는다. 현재 클라우드 컴퓨팅이 중앙 데이터센터와 직접 소통하는 방식이라면 에지 컴퓨팅은 기기 가까이에 위치한 일명 '에지 데이터 센터'와 소통하며, 저장을 중앙 클라우드에 맡기는 형식이다. 이를 통해 데이터 처리 지연 시간을 줄이고 즉각적인 현장 대처를 가능하게 한다.
>
> 이러한 스마트팩토리의 발전은 ______________________________ 최근 선진국에서 나타나는 주요 현상 중의 하나는 바로 '리쇼어링'의 가속화이다. 리쇼어링이란 인건비 등 각종 비용 절감을 이유로 해외에 나간 자국 기업들이 다시 본국으로 돌아오는 현상을 의미하는 용어이다. 2000년대 초반까지는 국가적 차원에서 세제 혜택 등의 회유책을 통해 추진되어 왔지만, 스마트팩토리의 등장으로 인해 자국 내 스마트팩토리에서의 제조 비용과 중국이나 멕시코와 같은 제3국에서 제조 후 수출 비용에 큰 차이가 없어 리쇼어링 현상은 더욱 가속화되고 있다.

① 공장의 제조 비용을 절감시키고 있다.
② 공장의 세제 혜택을 사라지게 하고 있다.
③ 공장의 위치를 변화시키고 있다.
④ 수출 비용을 줄이는 데 도움이 된다.
⑤ 공장의 생산성을 높이고 있다.

04 다음 글의 (가)~(라) 중 〈보기〉의 문장이 들어갈 위치로 가장 적절한 곳은?

오늘날 인류가 왼손보다 오른손을 선호하는 경향은 어디서 비롯되었을까? 오른손을 귀하게 여기고 왼손을 천대하는 현상은 어쩌면 산업화 이전 사회에서 배변 후 사용할 휴지가 없었다는 사실과 관련이 있을 법하다. (가)
맨손으로 배변 뒤처리를 하는 것은 불쾌할 뿐더러 병균을 옮길 위험을 수반하는 일이었다. 이런 위험의 가능성을 낮추는 간단한 방법은 음식을 먹거나 인사할 때 다른 손을 사용하는 것이었다. 기술 발달 이전의 사회는 대개 왼손을 배변 뒤처리에, 오른손을 먹고 인사하는 일에 사용했다. (나)
나는 이런 배경이 인간 사회에 널리 나타나는 '오른쪽'에 대한 긍정과 '왼쪽'에 대한 반감을 어느 정도 설명해 줄 수 있으리라고 생각한다. 그러나 이 설명은 왜 애초에 오른손이 먹는 일에, 그리고 왼손이 배변 처리에 사용되었는지 설명해주지 못한다. 동서양을 막론하고, 왼손잡이 사회는 확인된 바 없다. (다)
한쪽 손을 주로 쓰는 경향은 뇌의 좌우반구의 기능 분화와 관련되어 있는 것으로 보인다. 보고된 증거에 따르면, 왼손잡이는 읽기와 쓰기, 개념적·논리적 사고 같은 좌반구 기능에서 오른손잡이보다 상대적으로 미약한 대신 상상력, 패턴 인식, 창의력 등 전형적인 우반구 기능에서는 상대적으로 기민한 경우가 많다. (라)
나는 이성 대 직관의 힘겨루기, 뇌의 두 반구 사이의 힘겨루기가 오른손과 왼손의 힘겨루기로 표면화된 것이 아닐까 생각한다. 즉, 오른손이 원래 왼손보다 더 능숙했기 때문이 아니라 뇌의 좌반구가 인간의 행동을 지배하는 권력을 갖게 되었기 때문에 오른손 선호에 이르렀다는 생각이다. (마)

보기

따라서 근본적인 설명은 다른 곳에서 찾아야 할 것 같다.

① (가)
② (나)
③ (다)
④ (라)
⑤ (마)

05 **다음 글을 읽고 추론할 수 있는 내용으로 가장 적절한 것은?**

> 최근 환경에 대한 관심이 증가하면서 상표에도 '에코, 녹색' 등 친환경을 표방하는 상표 출원이 꾸준히 증가하는 것으로 나타났다. 특허청에 따르면, '친환경' 관련 상표 출원은 최근 10여 년간 연평균 1,200여 건이 출원돼 꾸준한 관심을 받아온 것으로 나타났다. 친환경 관련 상표는 제품의 친환경적 측면을 나타내는 대표적인 문구인 '친환경, 에코, ECO, 녹색, 그린, 생태' 등의 문자를 포함하고 있는 상표이며 출원 건수는 상품류를 기준으로 한다. 즉, 단류 출원은 1건, 2개류에 출원된 경우 2건으로 계산한다.
> 작년 한 해 친환경 상표가 가장 많이 출원된 제품은 화장품(79건)이었으며, 그다음으로 세제(50건), 치약(48건), 샴푸(47건) 순으로 조사됐다. 특히, 출원 건수 상위 10개 제품 중 7개가 일상생활에서 흔히 사용하는 미용, 위생 등 피부와 관련된 상품인 것으로 나타나 깨끗하고 순수한 환경에 대한 관심이 친환경 제품으로 확대되고 있는 것으로 분석됐다.
> 2007년부터 2017년까지의 친환경 관련 상표의 출원 실적을 보면, 영문자 'ECO'가 4,820건으로 가장 많이 사용되어 기업이나 개인은 제품의 '친환경'을 나타내는 상표 문구로 'ECO'를 가장 선호하는 것으로 드러났다. 다음으로는 '그린'이 3,862건, 한글 '에코'가 3,156건 사용됐고 '초록', '친환경', '녹색', '생태'가 각각 766건, 687건, 536건, 184건으로 그 뒤를 이었다. 특히, '저탄소 · 녹색성장'이 국가 주요 정책으로 추진되던 2010년에는 '녹색'을 사용한 상표 출원이 매우 증가한 것으로 나타났고, 친환경 · 유기농 먹거리 등에 대한 수요가 늘어나면서 2015년에는 '초록'이 포함된 상표 출원이 상대적으로 증가한 것으로 조사됐다.
> 최근 환경과 건강에 대한 관심이 증가하면서 이러한 친환경 관련 상표를 출원하여 등록받는 것이 소비자들의 안전한 구매를 촉진하는 길이 될 수 있다.

① 친환경 상표가 가장 많이 출원된 제품인 화장품의 경우 대부분 안전하다고 믿고 사용해도 된다.
② 국가 주요 정책이나 환경에 대한 관심이 상표 출원에 많은 영향을 미친다.
③ 환경과 건강에 대한 관심이 증가하지만 '친환경'을 강조하는 상표 출원의 증가세가 주춤할 것으로 전망된다.
④ 영문 'ECO'와 한글 '에코'의 의미가 동일하므로 한글 '에코'의 상표 문구 출원이 높아져 영문 'ECO'를 역전할 가능성이 높다.
⑤ 친환경 세제를 개발한 P사는 ECO 달세제, ECO 별세제 2개의 상품을 모두 '표백제 및 기타 세탁용 제제'의 상품류로 등록하여 출원건수는 2건으로 계산될 수 있다.

06 다음 글의 내용으로 적절하지 않은 것은 〈보기〉에서 모두 몇 개인가?

> 2024년 10월 기준 러시아의 자동차 시장에서 국내의 K자동차 기업이 자국 업체와 유명 해외 기업들을 제치고 23.7%의 점유율로 시장 1위를 차지했다. K기업이 뒤늦게 뛰어든 러시아 시장에서 선두에 오를 수 있었던 비결로는 무엇보다 뚝심 있는 현지화 전략이 꼽힌다.
> 2017년 294만 대에 달했던 러시아의 자동차 시장은 2019년 우크라이나 사태로 인한 경제제재 등을 겪으며 2021년 시장 규모가 143만 대로 주저앉았다. 시장이 반토막 나자 미국의 B기업은 2020년에, 독일의 C기업은 지난 6월에 러시아 내 공장 운영을 중단했다. 일본의 D기업은 물론 러시아의 자국 업체도 대대적인 인원 감축에 들어갔다. 그러나 K기업은 오히려 2019년 2,204명이었던 직원을 지난해 2,309명으로 늘리는 등 러시아 시장에 대한 변함없는 신뢰를 보여줬다.
> 러시아의 추운 기후와 소비자 특성 등 시장의 여건을 면밀히 분석해 최적화된 현지전략 모델을 투입·생산한 점도 판매 1위 비결이다. K기업의 한 관계자는 "러시아 직원이 '도난이 많아 차량 구매가 망설여진다.'고 말할 정도로 인기"라며, "다른 모델은 언제 나오느냐는 문의도 자주 받는다."라고 말했다. 러시아에서 가파른 성장세를 보이는 K기업은 오는 2025년 10월 양산을 목표로 연간 24만 대 규모의 엔진공장도 설립할 계획이다. K기업 측은 엔진공장 건설을 통해 현재 평균 46% 수준인 부품의 현지화율이 높아질 경우 수익성도 크게 상승할 것으로 기대하고 있다.

보기

㉠ K기업은 다른 해외 기업들보다 먼저 러시아 시장에 진출하였다.
㉡ 2024년 러시아의 자동차 시장은 2014년에 비해 150만 대가량 규모가 축소되었다.
㉢ K기업은 2020년부터 2023년까지 100명 이상의 직원을 더 채용하였다.
㉣ K기업은 지난 10월 엔진공장을 설립하여 부품의 현지화율을 평균 46%까지 높였다.

① 없음
② 1개
③ 2개
④ 3개
⑤ 4개

07 다음은 에너지 기술 활용 방안과 관련한 기사와 K공사의 사업 수행 내역에 대한 글이다. 밑줄 친 단어가 의미하는 다섯 가지 용어로 옳은 것은?

(가) K공사는 오는 20일 고양시 일산 킨텍스에서 4차 산업혁명의 핵심기술인 AICBM과 관련한 에너지 정책이 나아갈 방향을 조명하고 발전방안을 논의하기 위한 '4차 산업혁명 대응 AICBM · 에너지 융합 BIZ 전략 세미나'를 개최한다고 12일 밝혔다. 이번 세미나는 최근 전 세계의 트렌드인 4차 산업혁명의 핵심기술과 에너지 분야가 접목된 다양한 사례들을 소개하고, 그간의 성과를 공유하기 위해 마련된 자리이다. 세미나 세션은 통신사를 중심으로 한 정보통신 분야, 신규 비즈 산업을 소개하는 건물관리 분야, 4차 산업혁명 시대의 에너지제도 추진전략 등 총 세 분야로 짜여졌다.
먼저 정보통신 세션에서는 각 통신사가 에너지 분야와 결합해 추진 중인 각종 에너지 솔루션과 비즈니스 모델을 소개하고, 건물관리 세션에서는 건물에너지 진단이나 분석 · 제어 · 운영 등의 최신 기술과 에너지저장장치(ESS)를 활용한 수요자원 거래시장 참여방안 및 구체적인 사례 등을 소개할 예정이다. 또한 K공단이 ICT(정보통신기술)를 활용해 추진에 박차를 가하고 있는 보일러 성능검사, 에너지 진단제도 등에 관한 앞으로의 추진방향과 서울시를 모델로 스마트 에너지 시티를 구현하기 위한 추진전략을 발표할 계획이다.

(나) K공사에서는 AICBM을 활용하여 S/W 플랫폼 기술을 확보하고 계통운영분야에 적용을 확대하고 있다. 또한 4차 산업혁명에 대한 선도적 대응과 미래 에너지 사업 지원을 위한 AICBM Solution은 전력계통 전반의 운영시스템 고도화 · 지능화 · 최적화와 함께 미래에너지 시장창출을 위한 핵심 융합기술로서 전방위로 확산될 것이 예상된다. 이를 위한 중점 사업 방향으로 경영지원 및 전력계통 전 분야에 활용이 가능한 전력시장 특화 AI솔루션을 확보하고, 유무선 융합 및 고정밀 기술을 적용하여 전력설비 감시용 지능형 단말장치를 개발하며, K공사 및 전력그룹사를 지원하는 에너지 클라우드 실증센터를 구축 및 운영하고, 빅데이터를 분석하고 시각화 도구를 탑재하여 플랫폼의 고도화를 이루고 있다. 또한, 스마트 시티 및 미래 에너지 사업에 대비한 모바일 어플리케이션 개발 및 서비스 확대에도 주력하고 있다.

① AR(증강현실), ICT, Cloud, Biomass, Mobile
② AI, IoT, Computer Networking, Big Data, Machine Learning
③ AI, IoT, Cloud, Big Data, Mobile
④ AR(증강현실), ICT, Cloud, Biomass, Machine Learning
⑤ AI, ICT, Cloud, Big Data, Mobile

08 다음 글의 밑줄 친 ㉠~㉤ 중 전체 흐름과 맞지 않는 한 곳을 찾아 수정한 내용으로 옳은 것은?

> '단일환자방식'은 숫자가 아닌 문자를 암호화하는 가장 기본적인 방법이다. 이는 문장에 사용된 문자를 일정한 규칙에 따라 일대일 대응으로 재배열하여 문장을 암호화하는 방법이다. 예를 들어, 철수가 이 방법에 따라 영어 문장 'I LOVE YOU'를 암호화하여 암호문으로 만든다고 해보자. 철수는 먼저 알파벳을 일대일 대응으로 재배열하는 규칙을 정하고, 그 규칙에 따라 'I LOVE YOU'를 'Q RPDA LPX'와 같이 암호화하게 될 것이다. 이때 철수가 사용한 규칙에는 ㉠ 'I를 Q로 변경한다.', 'L을 R로 변경한다.' 등이 포함되어 있는 셈이다.
>
> 우리가 단일환자방식에 따라 암호화한 영어 문장을 접한다고 해보자. 그 암호문을 어떻게 해독할 수 있을까? ㉡ 우리가 그 암호문에 단일환자방식의 암호화 규칙이 적용되어 있다는 것을 알고 있다면 문제가 쉽게 해결될 수도 있다. 알파벳의 사용 빈도를 파악하여 일대일 대응의 암호화 규칙을 추론해낼 수 있기 때문이다. 이제 통계 자료를 통해 영어에서 사용되는 알파벳의 사용 빈도를 조사해 보니 E가 12.51%로 가장 많이 사용되었고 그 다음 빈도는 T, A, O, I, N, S, R, H의 순서라는 것이 밝혀졌다고 하자. ㉢ 물론 이러한 통계 자료를 확보했다고 해도 암호문이 한두 개밖에 없다면 암호화 규칙을 추론하기는 힘들 것이다. 그러나 암호문을 많이 확보하면 할수록 암호문을 해독할 수 있는 가능성이 높아질 것이다.
>
> 이제 누군가가 어떤 영자 신문에 포함되어 있는 모든 문장을 단일환자방식의 암호화 규칙 α에 따라 암호문들로 만들었다고 해보자. 그 신문 전체에 사용된 알파벳 수는 충분히 많기 때문에 우리는 암호문들에 나타난 알파벳 빈도의 순서에 근거하여 규칙 α가 무엇인지 추론할 수 있다. ㉣ 만일 규칙 α가 앞서 예로 든 철수가 사용한 규칙과 동일하다면, 암호문들에 가장 많이 사용된 알파벳은 E일 가능성이 높을 것이다. 그런데 조사 결과 암호문들에는 영어 알파벳 26자가 모두 사용되었는데, 그 중 W가 25,021자로 가장 많이 사용되었고, 이후의 빈도는 P, F, C, H, Q, T, N의 순서라는 것이 밝혀졌다. 따라서 우리는 철수가 정한 규칙은 규칙 α가 아니라고 추론할 수 있다. 또한 규칙 α에 대해 추론하면서 암호문들을 해독할 수 있다. 예를 들어, ㉤ 암호문 'H FPW HP'는 'I ATE IT'를 암호화한 것이라는 사실을 알 수 있게 될 것이다.

① ㉠ : 'Q를 I로 변경한다.', 'R을 L로 변경한다.'로 수정한다.

② ㉡ : '우리가 그 암호문에 단일환자방식의 암호화 규칙이 적용되어 있지 않다고 생각한다 해도 문제는 쉽게 해결될 수 있다.'로 수정한다.

③ ㉢ : '이러한 통계 자료를 확보하게 되면 자동적으로 암호화 규칙을 추론할 수 있게 될 것이다.'로 수정한다.

④ ㉣ : '만일 규칙 α가 앞서 철수가 사용한 규칙과 동일하다면, 암호문들에 가장 많이 사용된 알파벳은 A일 가능성이 높을 것이다.'로 수정한다.

⑤ ㉤ : '암호문 'I ATE IT'는 'H FPW HP'를 암호화한 것이라는 사실을 알 수 있게 될 것이다.'로 수정한다.

PART 2

※ 다음 글을 읽고 이어지는 질문에 답하시오. [9~10]

> K기업은 도자기를 판매하고 있다. K기업의 영업팀에 근무하는 김대리는 도자기 원재료의 납기와 가격을 논의하기 위하여 공급업체 담당자와 회의를 진행하려고 한다. 공급업체 담당자는 가격 인상과 납기 조정을 계속적으로 요청하고 있지만, 현재 매출 부분에서 위기를 겪고 있는 상황이라 제안을 받아들일 수 없는 김대리는 어떻게든 상황을 이해시키고자 한다.

09 다음 상황에서 김대리가 상대방을 이해시키고자 할 때 사용하는 의사표현방법으로 가장 적절한 것은?

① 구체적이고 공개적인 칭찬을 해서 상대방을 더욱 기쁘게 한다.
② 먼저 사과를 한 다음, 모호한 표현보다 단호하게 의사를 밝힌다.
③ 자신의 의견에 공감할 수 있도록 논리적으로 이야기한다.
④ 구체적인 기간과 순서를 명확하게 제시한다.
⑤ 먼저 칭찬을 하고, 잘못된 점을 질책한 후 격려를 한다.

10 다음 〈보기〉에서 김대리가 우선적으로 취해야 하는 의사표현방법으로 적절한 것을 모두 고르면?

> **보기**
> ㉠ 가장 먼저 사과를 한 다음, 타당한 이유를 밝힌다.
> ㉡ 모호한 태도보다는 단호한 방식의 의사표현 테크닉이 필요하다.
> ㉢ 직설적인 화법보다 비유를 통해 상대방의 자존심을 지켜준다.
> ㉣ 하나를 얻기 위해 다른 하나를 양보하겠다는 자세가 필요하다.

① ㉠, ㉡
② ㉠, ㉣
③ ㉡, ㉢
④ ㉡, ㉣
⑤ ㉢, ㉣

11 다음 제시된 단어와 동의 또는 유의 관계인 단어는 무엇인가?

항거

① 굴복
② 투항
③ 저항
④ 손실
⑤ 손해

12 다음 중 밑줄 친 (가), (나)의 예시로 적절하지 않은 것은?

> 사회적 관계에 있어서 상호주의란 '행위자 갑이 을에게 베푼 바와 같이 을도 갑에게 똑같이 행하라.'는 행위 준칙을 의미한다. 상호주의 원형은 '눈에는 눈, 이에는 이'로 표현되는 탈리오의 법칙에서 발견된다. 그것은 일견 피해자의 손실에 상응하는 가해자의 처벌을 정당화한다는 점에서 가혹하고 엄격한 성격을 드러낸다. 만약 상대방의 밥그릇을 빼앗았다면 자신의 밥그릇도 미련 없이 내주어야 하는 것이다. 그러나 탈리오 법칙은 온건하고도 합리적인 속성을 동시에 함축하고 있다. 왜냐하면 누가 자신의 밥그릇을 발로 찼을 경우 보복의 대상은 밥그릇으로 제한되어야지 밥상 전체를 뒤엎는 것으로 확대될 수 없기 때문이다. 이러한 일대일 방식의 상호주의를 (가) <u>대칭적 상호주의</u>라 부른다. 하지만 엄밀한 의미의 대칭적 상호주의는 우리의 실제 일상생활에서 별로 흔하지 않다. 오히려 '되로 주고 말로 받거나, 말로 주고 되로 받는' 교환 관계가 더 일반적이다. 이를 대칭적 상호주의와 대비하여 (나) <u>비대칭적 상호주의</u>라 일컫는다.
>
> 그렇다면 교환되는 내용이 양과 질의 측면에서 정확한 대등성을 결여하고 있음에도 불구하고, 교환에 참여하는 당사자들 사이에 비대칭적 상호주의가 성행하는 이유는 무엇인가? 그것은 셈에 밝은 이른바 '경제적 인간(Homo Economicus)'들에게 있어서 선호나 기호 및 자원이 다양하기 때문이다. 말하자면 교환에 임하는 행위자들이 각인각색인 까닭에 비대칭적 상호주의가 현실적으로 통용될 수밖에 없으며, 어떤 의미에서는 그것만이 그들에게 상호 이익을 보장할 수 있는 것이다.

① (가) : A국과 B국 군대는 접경지역에서 포로 5명씩을 맞교환했다.
② (가) : 오늘 우리 아이를 옆집에서 맡아주는 대신 다음에 옆집 아이를 하루 맡아주기로 했다.
③ (가) : 동생이 내 발을 밟아서 볼을 꼬집어주었다.
④ (나) : 필기노트를 빌려준 친구에게 고맙다고 밥을 샀다.
⑤ (나) : 옆집 사람이 우리 집 대문을 막고 차를 세웠기에 타이어에 펑크를 냈다.

13 다음 글에서 나타나는 경청을 방해하는 C씨의 습관은?

> C씨는 상대방이 상담을 요청하면 상담자의 말에 빠르게 대답한다. 상대방이 "나 요즘 너무 힘들어."라고 하면, "그래. 네 말이 맞아." 또는 "미안해요. 앞으로 안 그럴게요."라고 바로 대답하는 등 상대방이 걱정이나 불안을 말하자마자 지지하고 동의하는 데 치중해서 상대방에게 자신의 생각이나 감정을 충분히 표현할 시간을 주지 않는다.

① 걸러내기
② 다른 생각하기
③ 조언하기
④ 자존심 세우기
⑤ 비위 맞추기

14 S씨가 다음 기사문을 읽고 가족들과 함께하는 시간을 갖기 위해 '가족의 밤'을 진행하기로 결심했을 때, 이는 문서이해 과정 중 어느 단계에 해당하는가?

> 〈6남매를 성공적으로 키운 K씨〉
>
> K씨 부부는 처음부터 집안에 책상 18개를 구해놓고 애들이 보든 말든 거기서 책을 읽었다. K씨는 공부습관을 들이는 데는 '규칙적 학습'이 열쇠라는 평범한 경험담을 강조했다. K씨는 아이들의 나이와 성향에 맞춰 공부 시간과 양을 함께 정했다. 계획에 무리가 없도록 했고, 아이들은 자신이 정한 양을 해낼 수 있었다. 또한, K씨 가족은 무슨 일이 있어도 아침 식사를 같이 했다. 매주 금요일 밤은 '가족의 밤'으로 TV를 함께 보며 의견을 나누었고, 토요일 아침 식사 후에도 반드시 가족회의를 열었다.

① 문서의 목적 이해
② 문서 작성의 배경 · 주제 파악
③ 문서에 쓰인 정보와 제시된 현안 파악
④ 자신에게 요구되는 행동에 관한 내용 분석
⑤ 문서에서 이해한 목적 달성을 위해 취해야 할 행동 결정

15 다음 글을 토대로 판단할 때, 〈보기〉에서 적절한 것을 모두 고르면?

하와이 원주민들이 사용하던 토속어는 1898년 하와이가 미국에 병합된 후 미국이 하와이 학생들에게 사용을 금지하면서 급격히 소멸되었다. 그러나 하와이 원주민들이 소멸한 토속어를 부활시키기 위해 1983년 '아하 푸나나 레오'라는 기구를 설립하여 취학 전 아동부터 중학생까지의 원주민들을 대상으로 집중적으로 토속어를 교육한 결과 언어 복원에 성공했다.

한편, 언어의 다양성을 지키려는 노력뿐만 아니라 언어의 통일성을 추구하려는 노력도 있었다. 안과 의사였던 자멘호프는 유태인, 폴란드인, 독일인, 러시아인들이 서로 다른 언어를 사용함으로써 갈등과 불화가 생긴다고 판단하고 예외와 불규칙이 없는 문법과 알기 쉬운 어휘에 기초해 국제공통어 에스페란토를 만들어 1887년 발표했다. 그의 구상은 '1민족 2언어주의'에 입각하여 같은 민족끼리는 모국어를, 다른 민족과는 중립적이고 배우기 쉬운 에스페란토를 사용하자는 것이었다.

에스페란토의 문자는 영어 알파벳 26개 문자에서 Q, X, W, Y의 4개 문자를 빼고 영어 알파벳에는 없는 Ĉ, Ĝ, Ĥ, Ĵ, Ŝ, Ŭ의 6개 문자를 추가하여 만들어졌다. 문법의 경우 가급적 불규칙 변화를 없애고 각 어간에 품사 고유의 어미를 붙여 명사는 –o, 형용사는 –a, 부사는 –e, 동사원형은 –i로 끝낸다. 예를 들어 '사랑'은 amo, '사랑의'는 ama, '사랑으로'는 ame, '사랑하다'는 ami이다. 시제의 경우 어간에 과거형은 –is, 현재형은 –as, 미래형은 –os를 붙여 표현한다.

또한, 1자 1음의 원칙에 따라 하나의 문자는 하나의 소리만을 내고, 소리 나지 않는 문자도 없으며, 단어의 강세는 항상 뒤에서 두 번째 모음에 있기 때문에 사전 없이도 쉽게 읽을 수 있다. 특정한 의미를 갖는 접두사와 접미사를 활용하여 많은 단어를 파생시켜 사용하므로 단어 암기를 위한 노력이 크게 줄어드는 것도 중요한 특징이다. 아버지는 patro, 어머니는 patrino, 장인은 bopatro, 장모는 bopatrino인 것이 그 예이다.

※ 에스페란토에서 모음은 A, E, I, O, U이며 반모음은 Ŭ임

보기

ㄱ. 에스페란토의 문자는 모두 28개로 만들어졌다.
ㄴ. 미래형인 '사랑할 것이다.'는 에스페란토로 amios이다.
ㄷ. '어머니'와 '장모'를 에스페란토로 말할 때 강세가 있는 모음은 같다.
ㄹ. 자멘호프의 구상에 따르면 동일한 언어를 사용하는 하와이 원주민끼리도 에스페란토만을 써야 한다.

① ㄱ, ㄷ
② ㄱ, ㄹ
③ ㄴ, ㄹ
④ ㄱ, ㄴ, ㄷ
⑤ ㄴ, ㄷ, ㄹ

| 02 | 수리능력

16 민주는 3시에 학교 수업이 끝난 후 집에 들렀다가 바로 학원에 간다. 학교에서 집으로 갔다가 학원으로 갈 때 3km/h의 일정한 속력으로 걸어서 이동한다고 한다. 학교와 집, 집과 학원 사이의 거리 비가 2 : 1일 때, 학원에 도착한 시각은 4시이다. 집에서 학원까지의 거리는?

① 1km ② 2km
③ 3km ④ 4km
⑤ 5km

17 12층에 사는 수진이는 출근하려고 나왔다가 중요한 서류를 깜빡한 것이 생각나 다시 집에 다녀오려고 한다. 엘리베이터 고장으로 계단을 이용해야 할 때, 1층부터 6층까지 쉬지 않고 올라가면 35초가 걸리고, 7층부터는 한 층씩 올라갈 때마다 5초씩 쉬려고 한다. 수진이가 1층부터 12층까지 올라가는 데 걸린 시간은?(단, 6층에서는 쉬지 않는다)

① 102초 ② 107초
③ 109초 ④ 112초
⑤ 114초

18 대리 혼자서 프로젝트를 진행하면 완료하기까지 16일이 걸리고 사원 혼자 진행하면 48일이 걸릴 때, 두 사람이 함께 프로젝트를 진행하는 데 소요되는 기간은?

① 12일 ② 13일
③ 14일 ④ 15일
⑤ 16일

19 다음은 K공장에서 근무하는 근로자들의 임금수준 분포를 나타낸 자료이다. 근로자 전체에게 지급된 임금(월 급여)의 총액이 2억 원일 때, 이에 대한 설명으로 옳은 것을 〈보기〉에서 모두 고르면?

〈공장 근로자의 임금수준 분포〉

임금수준(만 원)	근로자 수(명)
월 300 이상	4
월 270 이상 300 미만	8
월 240 이상 270 미만	12
월 210 이상 240 미만	26
월 180 이상 210 미만	30
월 150 이상 180 미만	6
월 150 미만	4
합계	90

보기

㉠ 근로자당 평균 월 급여액은 230만 원 이하이다.
㉡ 절반 이상의 근로자들이 월 210만 원 이상의 급여를 받고 있다.
㉢ 월 180만 원 미만의 급여를 받는 근로자의 비율은 약 14%이다.
㉣ 적어도 15명 이상의 근로자가 월 250만 원 이상의 급여를 받고 있다.

① ㉠
② ㉠, ㉡
③ ㉠, ㉡, ㉣
④ ㉡, ㉢, ㉣
⑤ ㉠, ㉡, ㉢, ㉣

20 고등학생들을 대상으로 가장 좋아하는 색깔을 조사하니 빨간색, 파란색, 검은색이 차지하는 비율이 2 : 3 : 5라면 학생 2명을 임의로 선택할 때, 좋아하는 색이 다를 확률은?(단, 조사 인원은 충분히 많다)

① $\frac{27}{50}$
② $\frac{29}{50}$
③ $\frac{31}{50}$
④ $\frac{33}{50}$
⑤ $\frac{32}{45}$

21 다음은 A ~ D국의 성별 평균소득과 대학진학률의 격차지수로 계산한 간이 성평등지수에 대한 자료이다. 이에 대한 설명으로 옳은 것을 〈보기〉에서 모두 고르면?(단, 격차지수와 간이 성평등지수는 소수점 셋째 자리에서 반올림한다)

〈A ~ D국의 성별 평균소득, 대학진학률 및 간이 성평등지수〉

(단위 : 달러, %)

국가 \ 항목	평균소득			대학진학률			간이 성평등지수
	여성	남성	격차지수	여성	남성	격차지수	
A국	8,000	16,000	0.50	68	48	1.00	0.75
B국	36,000	60,000	0.60	( )	80	( )	( )
C국	20,000	25,000	0.80	70	84	0.83	0.82
D국	3,500	5,000	0.70	11	15	0.73	0.72

※ 격차지수는 남성 항목값 대비 여성 항목값의 비율로 계산하며, 그 값이 1을 넘으면 1로 함

※ 간이 성평등지수는 평균소득 격차지수와 대학진학률 격차지수의 산술 평균임

보기

ㄱ. A국의 여성 평균소득과 남성 평균소득이 각각 1,000달러씩 증가하면 A국의 간이 성평등지수는 0.80 이상이 된다.

ㄴ. B국의 여성 대학진학률이 85%이면 간이 성평등지수는 B국이 C국보다 높다.

ㄷ. D국의 여성 대학진학률이 4% 상승하면 D국의 간이 성평등지수는 0.80 이상이 된다.

① ㄱ
② ㄴ
③ ㄷ
④ ㄱ, ㄴ
⑤ ㄱ, ㄷ

22 다음과 같은 유통과정에서 상승한 최종 배추가격은 협동조합의 최초 구매가격 대비 몇 % 상승했는가?

판매처	구매처	판매가격
산지	협동조합	재배 원가에 10% 이윤을 붙임
협동조합	도매상	산지에서 구입가격에 20% 이윤을 붙임
도매상	소매상	협동조합으로부터 구입가격이 판매가의 80%
소매상	소비자	도매상으로부터 구입가격에 20% 이윤을 붙임

① 90%
② 80%
③ 70%
④ 60%
⑤ 50%

23 A씨는 25% 농도의 코코아 700mL를 즐겨 마신다. A씨가 마시는 코코아에 들어간 코코아 분말의 양은 얼마인가?(단, 1mL=1g이다)

① 170g
② 175g
③ 180g
④ 185g
⑤ 190g

※ 다음은 일정한 규칙으로 배열한 수열이다. 빈칸에 들어갈 알맞은 수를 고르시오. **[24~25]**

24

4 4 8 24 96 ( )

① 400
② 420
③ 440
④ 460
⑤ 480

25

2 5 2 ( ) 9 6 18

① 3
② 4
③ 5
④ 6
⑤ 7

26 K고등학교 운동장은 다음과 같이 양 끝이 반원 모양이다. 한 학생이 운동장 가장자리를 따라 한 바퀴를 달린다고 할 때, 학생이 달린 거리는 몇 m인가?(단, 원주율 $\pi \fallingdotseq 3$으로 계산한다)

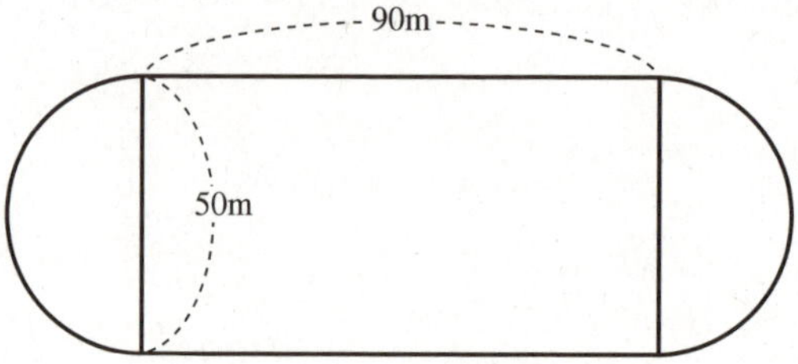

① 300m
② 310m
③ 320m
④ 330m
⑤ 340m

27 다음 상황과 〈조건〉을 토대로 판단할 때, 2순위와 4순위를 바르게 나열한 것은?

심야에 오토바이 폭주족들이 굉음을 내고 도로를 질주하여 주민들이 잠을 잘 수가 없다는 민원이 경찰청에 끊임없이 제기되고 있다. 경찰청은 이 문제를 해결하기 위해 대책을 논의하였다. 그 결과 안전그물 설치, 전담반 편성, CCTV 설치, 처벌 강화, 시민자율방범의 5가지 대안을 마련하였고, 그 대안별 우선순위를 알고자 한다.

조건

대안 / 평가 기준	㉠ 안전그물 설치	㉡ 전담반 편성	㉢ CCTV 설치	㉣ 처벌강화	㉤ 시민자율방범
효과성	8	5	5	9	4
기술적 실현가능성	7	2	1	6	3
경제적 실현가능성	6	1	3	8	1
행정적 실현가능성	6	6	5	5	5
법적 실현가능성	6	5	5	5	5

- 우선순위는 대안별 평가 기준 점수의 합계가 높은 순으로 정한다.
- 합계점수가 같은 경우에는 법적 실현가능성 점수가 높은 대안이 우선순위가 높고, 법적 실현가능성 점수도 같은 경우에는 효과성 점수, 효과성 점수도 같은 경우에는 행정적 실현가능성 점수, 행정적 실현가능성 점수도 같은 경우에는 기술적 실현가능성 점수가 높은 대안 순으로 우선순위를 정한다.

	2순위	4순위
①	㉠	㉡
②	㉡	㉣
③	㉣	㉡
④	㉣	㉢
⑤	㉣	㉤

※ 다음은 음식 업종 사업자 수 현황에 대한 자료이다. 이어지는 질문에 답하시오. **[28~29]**

〈음식 업종 사업자 수 현황〉

(단위 : 명)

구분	2021년	2022년	2023년	2024년
커피음료점	25,151	30,446	36,546	43,457
패스트푸드점	27,741	31,174	32,982	34,421
일식전문점	12,997	13,531	14,675	15,896
기타외국식전문점	17,257	17,980	18,734	20,450
제과점	12,955	13,773	14,570	15,155
분식점	49,557	52,725	55,013	55,474
기타음식점	22,301	24,702	24,818	24,509
한식전문점	346,352	360,209	369,903	375,152
중식전문점	21,059	21,784	22,302	22,712
호프전문점	41,796	41,861	39,760	37,543
간이주점	19,849	19,009	17,453	16,733
구내식당	35,011	31,929	29,213	26,202
합계	632,026	659,123	675,969	687,704

28 2021년 대비 2024년 사업자 수의 감소율이 두 번째로 큰 업종의 감소율을 바르게 구한 것은?(단, 소수점 둘째 자리에서 반올림한다)

① 25.2%
② 18.5%
③ 15.7%
④ 10.2%
⑤ 9.9%

29 다음 중 자료에 대한 설명으로 옳지 않은 것은?

① 기타음식점의 2024년 사업자 수는 전년보다 309명 감소했다.
② 전체 음식 업종 사업자 수 중 구내식당의 비중은 2021년이 가장 높다.
③ 사업자 수가 해마다 감소하는 업종은 두 곳이다.
④ 2021년 대비 2023년 일식전문점 사업자 수의 증감률은 약 15.2%이다.
⑤ 2022년의 전체 음식 업종 사업자 수에서 분식점 사업자 수가 차지하는 비중과 패스트푸드점 사업자 수가 차지하는 비중의 차이는 5%p 미만이다.

30 다음은 2014 ~ 2024년 국내 5급 공무원과 7급 공무원 채용인원 현황에 대한 자료이다. 이에 대한 설명으로 옳은 것을 〈보기〉에서 모두 고르면?(단, 비율은 소수점 둘째 자리에서 반올림한다)

〈연도별 공무원 채용인원〉

(단위 : 백 명)

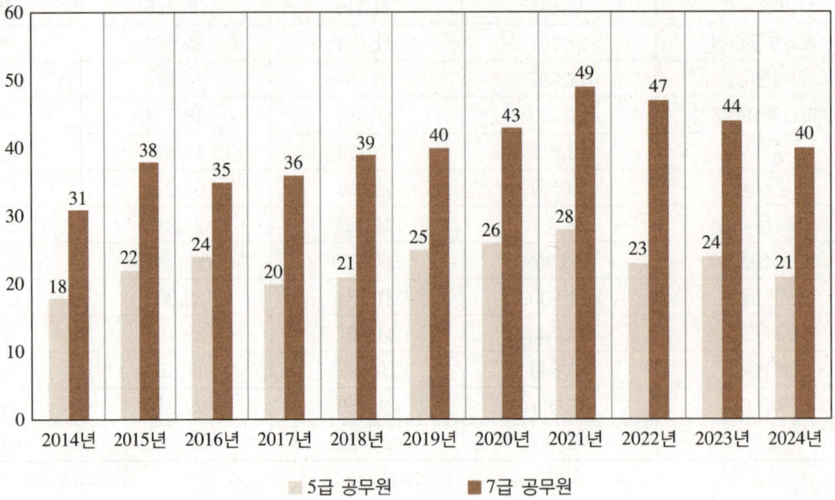

보기

ㄱ. 2017 ~ 2022년 동안 5급 공무원과 7급 공무원 채용인원의 증감추이는 동일하다.
ㄴ. 2014 ~ 2024년 동안 채용인원이 가장 적은 해와 가장 많은 해의 인원 차이는 5급 공무원이 7급 공무원보다 크다.
ㄷ. 2015 ~ 2024년 동안 전년 대비 채용인원의 증감량이 가장 많은 해는 5급 공무원과 7급 공무원 모두 동일하다.
ㄹ. 2014 ~ 2024년 동안 매년 7급 공무원 채용인원이 5급 공무원 채용인원의 2배 미만이다.

① ㄱ
② ㄷ
③ ㄱ, ㄴ
④ ㄱ, ㄷ
⑤ ㄷ, ㄹ

| 03 | 문제해결능력

31 상준이는 월요일부터 일요일까지 3일을 선택하여 오전 또는 오후에 운동을 하기로 했다. 다음 〈조건〉을 토대로 상준이가 운동을 시작한 첫 주 월요일부터 일요일까지 운동한 날은 언제인가?

> 조건
> - 운동을 하려면 마지막 운동을 한 지 최소 12시간이 지나야 한다.
> - 상준이는 주말에 약속이 있어서 운동을 하지 못했다.
> - 상준이는 금요일 오후에 운동을 했다.
> - 상준이는 금요일을 제외한 나머지 날 오후에 운동을 하지 못했다.
> - 금요일, 월요일을 제외한 두 번은 이틀 연속으로 했다.

① 월요일 오전, 화요일 오후, 금요일 오후
② 화요일 오전, 화요일 오후, 금요일 오후
③ 화요일 오전, 수요일 오전, 금요일 오후
④ 수요일 오전, 목요일 오전, 토요일 오후
⑤ 목요일 오후, 금요일 오후, 토요일 오전

32 다음은 문제해결절차의 문제 인식 단계에 대한 설명이다. 빈칸 ㉠~㉢에 들어갈 말을 바르게 나열한 것은?

> 문제 인식 단계에서는 일련의 절차를 통해 해결해야 할 문제를 파악한다. 문제가 발생하였을 때, 가장 먼저 해야 하는 일은 ___㉠___으로, 주로 3C 분석이나 SWOT 분석이 사용된다. ___㉠___을 통해 현상을 파악한 후에는 ___㉡___의 단계를 거친다. ___㉡___을 위해서는 다양한 후보안을 찾는 것이 바람직하다. 마지막으로 ___㉢___에서는 여러 과제안 중 각각의 효과 및 실행 가능성 등을 평가해 우선순위를 부여하여 가장 우선순위가 높은 안을 선정한다. 우선순위 평가 시에는 과제의 목적, 목표 등을 종합적으로 고려한다.

	㉠	㉡	㉢
①	과제 도출	과제 선정	과제 실행
②	과제 분석	주요 과제 도출	과제 선정
③	과제 분석	과제 선정	주요 과제 도출
④	환경 분석	과제 선정	주요 과제 도출
⑤	환경 분석	주요 과제 도출	과제 선정

33 다음은 A ~ E리조트의 1박 기준 일반요금 및 회원할인율에 대한 자료이다. 이에 대한 설명으로 옳은 것을 〈보기〉에서 모두 고르면?

〈비수기 및 성수기 일반요금(1박 기준)〉

(단위 : 천 원)

구분 \ 리조트	A	B	C	D	E
비수기	300	250	200	150	100
성수기	500	350	300	250	200

〈비수기 및 성수기 회원할인율(1박 기준)〉

(단위 : %)

구분	회원유형 \ 리조트	A	B	C	D	E
비수기 회원할인율	기명	50	45	40	30	20
	무기명	35	40	25	20	15
성수기 회원할인율	기명	35	30	30	25	15
	무기명	30	25	20	15	10

※ $[\text{회원할인율}(\%)]=\frac{(\text{일반요금})-(\text{회원요금})}{(\text{일반요금})}\times 100$

보기

ㄱ. 리조트 1박 기준 성수기 일반요금이 낮은 리조트일수록 성수기 무기명 회원요금이 낮다.
ㄴ. 리조트 1박 기준 B리조트의 회원요금 중 가장 비싼 값과 가장 싼 값의 차이는 125,000원이다.
ㄷ. 리조트 1박 기준 각 리조트의 기명 회원요금은 성수기가 비수기의 2배를 넘지 않는다.
ㄹ. 리조트 1박 기준 비수기 기명 회원요금과 비수기 무기명 회원요금 차이가 가장 작은 리조트는 성수기 기명 회원요금과 성수기 무기명 회원요금 차이도 가장 작다.

① ㄱ, ㄴ
② ㄱ, ㄷ
③ ㄷ, ㄹ
④ ㄱ, ㄴ, ㄹ
⑤ ㄴ, ㄷ, ㄹ

34 다음은 두 고생물학자 간에 벌어진 가상 대화이다. 두 사람의 보고와 주장이 모두 참이라고 가정할 경우, 항상 거짓인 것을 〈보기〉에서 모두 고르면?

A : 지난해 일본 북해도에서는 다양한 암모나이트 화석이 많이 발견되었고, 그 때문에 북해도는 세계적으로 유명한 암모나이트 산지로 알려지게 되었습니다. 중생대 표준화석은 여러 가지가 있지만, 그중에서도 암모나이트는 세계적으로 대표적인 표준화석입니다. 표준화석은 지층의 지질 시대를 지시하는 화석으로, 특징 있는 형태와 넓은 분포, 다량의 산출 및 한정된 지질 시대에 생존했다는 조건을 갖춘 화석을 의미합니다.

B : 그렇습니다. 암모나이트는 중생대 바다를 지배한 동물이었고, 중생대 육지에서는 공룡이 군림하였습니다. 공룡 화석은 다양한 지역에서 산출되며, 중생대에만 한정되어 생존하였습니다. 그런데 우리나라에서는 경상도 지역을 중심으로 분포된 중생대 지층에서 암모나이트 화석은 발견되지 않았고, 공룡 화석만 발견된다고 들었습니다.

A : 말씀하신 것처럼, 경상도 지역에서 표준화석인 암모나이트가 산출되고 있지 않지만 공룡 화석들은 많이 산출되고 있습니다. 그리고 지금까지는 경상도 지역의 바다 환경에서 퇴적된 중생대 지층이 확인되었다는 보고가 없습니다.

B : 저는 가까운 일본에서 암모나이트가 발견되는 것을 보면 경상도 지역에서도 분명히 암모나이트가 나올 가능성이 있다고 생각합니다. 중생대에 우리나라 바다에서 퇴적된 해성층이 있었을 가능성이 있으므로 다시 조사해야 할 필요가 있습니다.

보기

ㄱ. 우리나라 경상도 지역은 옛날 중생대 때에는 모두 육지였다.
ㄴ. 공룡 화석은 암모나이트 화석과 같은 중생대 표준화석이 아니다.
ㄷ. 우리나라에서도 암모나이트 화석이 발견될 가능성이 있다.
ㄹ. 세계적으로 중생대에는 육지와 바다가 모두 존재하였다.
ㅁ. 일본 북해도 지역에는 바다에서 퇴적된 해성층이 분포되어 있다.
ㅂ. 경상도에서 암모나이트 화석이 산출되지 않는 것을 보면, 경상도 지역에는 중생대 지층이 없다.

① ㄱ, ㄴ, ㄷ
② ㄱ, ㄴ, ㄹ
③ ㄱ, ㄴ, ㅂ
④ ㄴ, ㅁ, ㅂ
⑤ ㄷ, ㄹ, ㅂ

※ K아파트의 자전거 보관소에서는 입주민들의 자전거를 편리하게 관리하기 위해 다음과 같은 방법으로 자전거에 일련번호를 부여한다. 이어지는 질문에 답하시오. **[35~36]**

• 일련번호 순서

종류	무게	동	호수				-	등록순서
A	L	1	1	1	0	1	-	1

• 자전거 종류 구분

일반 자전거			전기 자전거
성인용	아동용	산악용	
A	K	T	B

• 자전거 무게 구분

10kg 이하	10kg 초과 20kg 미만	20kg 이상
S	M	L

• 동 구분 : 101동부터 110동까지의 끝자리를 1자리 숫자로 기재(예 101동 - 1)
• 호수 : 4자리 숫자로 기재(예 1101호 - 1101)
• 등록순서 : 동일 세대주당 자전거 등록순서를 1자리로 기재

35 다음 중 자전거의 일련번호가 바르게 표기된 것은?

① MT1109-2
② AM2012-2
③ AB10121-1
④ KS90101-2
⑤ BL82002-01

36 다음 중 일련번호가 'TM41205-2'인 자전거에 대한 설명으로 옳은 것은?

① 전기 모터를 이용해 주행할 수 있다.
② 자전거의 무게는 10kg 이하이다.
③ 204동 1205호에 거주하는 입주민의 자전거이다.
④ 자전거를 2대 이상 등록한 입주민의 자전거이다.
⑤ 해당 자전거의 소유자는 더 이상 자전거를 등록할 수 없다.

37 다음 자료와 국제해양기구의 의견을 근거로 판단할 때, 국제행사의 개최도시로 선정될 곳은?

K사무관은 대한민국에서 열리는 국제행사의 개최도시를 선정하기 위해 다음과 같은 후보 도시 평가표를 만들었다. 후보 도시 평가표에 따른 점수와 국제해양기구의 의견을 모두 반영하여, 합산점수가 가장 높은 도시를 개최도시로 선정하고자 한다.

〈후보 도시 평가표〉

구분	서울	인천	대전	부산	제주
1) 회의 시설 1,500명 이상 수용 가능한 대회의장 보유 등	A	A	C	B	C
2) 숙박 시설 도보거리에 특급 호텔 보유 등	A	B	A	A	C
3) 교통 공항 접근성 등	B	A	C	B	B
4) 개최 역량 대규모 국제행사 개최 경험 등	A	C	C	A	B

※ A : 10점, B : 7점, C : 3점

〈국제해양기구의 의견〉

- 외국인 참석자의 편의를 위해 '교통'에서 A를 받은 도시의 경우, 추가로 5점을 부여해 줄 것
- 바다를 끼고 있는 도시의 경우, 추가로 5점을 부여해 줄 것
- 예상 참석자가 2,000명 이상이므로 '회의 시설'에서 C를 받은 도시는 제외할 것

① 서울　　② 인천
③ 대전　　④ 부산
⑤ 제주

PART 2

38 **다음은 논리적 사고를 개발하기 위한 방법을 그림으로 나타낸 자료이다. 이에 대한 내용으로 가장 적절한 것은?**

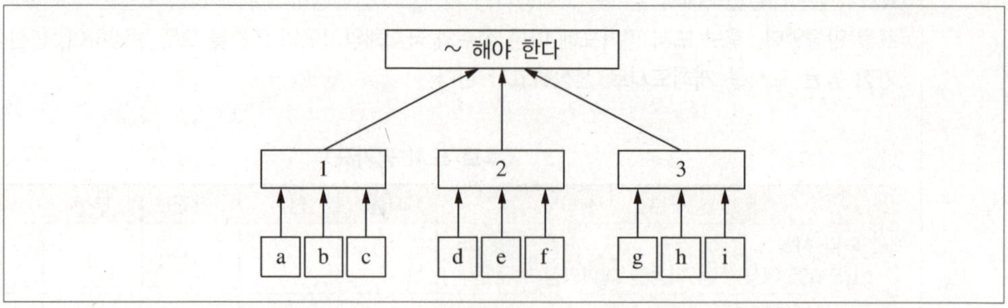

① 눈앞에 있는 정보로부터 의미를 찾아내어 가치 있는 정보를 이끌어낸다.
② 논리적으로 분해한 문제의 원인을 나무 모양으로 나열하여 문제를 해결한다.
③ 하위의 사실이나 현상부터 사고하여 상위의 주장을 만들어간다.
④ 내·외부적으로 발생되는 장점 및 단점을 종합적으로 고려하여 해결 방안을 찾는다.
⑤ '중복 없이, 누락 없이'를 통해 상위의 개념을 하위의 개념으로 논리적으로 분해한다.

39 **A~E사원이 강남, 여의도, 상암, 잠실, 광화문 다섯 지역에 각각 출장을 간다. 다음 대화에서 한 명은 거짓말을 하고 나머지 네 명은 진실을 말하고 있을 때, 항상 거짓인 것은?**

A사원 : B사원은 상암으로 출장을 가지 않는다.
B사원 : D사원은 강남으로 출장을 간다.
C사원 : B사원은 진실을 말하고 있다.
D사원 : C사원은 거짓말을 하고 있다.
E사원 : C사원은 여의도, A사원은 잠실로 출장을 간다.

① A사원은 광화문으로 출장을 가지 않는다.
② B사원은 여의도로 출장을 가지 않는다.
③ C사원은 강남으로 출장을 가지 않는다.
④ D사원은 잠실로 출장을 가지 않는다.
⑤ E사원은 상암으로 출장을 가지 않는다.

40 **다음 중 SWOT 분석에 대한 설명으로 적절하지 않은 것은?**

강점, 약점, 기회, 위협요인을 분석·평가하고, 이들을 서로 연관 지어 전략을 개발하고 문제해결 방안을 개발하는 방법이다.

	강점 (Strengths)	약점 (Weaknesses)
기회 (Opportunities)	SO	WO
위협 (Threats)	ST	WT

① 강점과 약점은 외부환경요인에 해당하며, 기회와 위협은 내부환경요인에 해당한다.
② SO전략은 강점을 살려 기회를 포착하는 전략을 의미한다.
③ ST전략은 강점을 살려 위협을 회피하는 전략을 의미한다.
④ WO전략은 약점을 보완하여 기회를 포착하는 전략을 의미한다.
⑤ WT전략은 약점을 보완하여 위협을 회피하는 전략을 의미한다.

41 다음은 K회사 신제품개발1팀의 하루 업무 스케줄에 대한 자료이다. 신입사원 A씨는 스케줄을 토대로 금일 회의 시간을 정하려고 한다. 1시간 동안 진행될 팀 회의의 가장 적절한 시간대는?

〈K회사 신제품개발1팀 스케줄〉

시간	직급별 스케줄				
	부장	차장	과장	대리	사원
09:00 ~ 10:00	업무회의				
10:00 ~ 11:00					비품요청
11:00 ~ 12:00			시장조사	시장조사	시장조사
12:00 ~ 13:00	점심식사				
13:00 ~ 14:00	개발전략수립		시장조사	시장조사	시장조사
14:00 ~ 15:00		샘플검수	제품구상	제품구상	제품구상
15:00 ~ 16:00			제품개발	제품개발	제품개발
16:00 ~ 17:00					
17:00 ~ 18:00			결과보고	결과보고	

① 09:00 ~ 10:00
② 10:00 ~ 11:00
③ 14:00 ~ 15:00
④ 16:00 ~ 17:00
⑤ 17:00 ~ 18:00

42 수인이는 베트남 여행을 위해 K국제공항에서 환전하기로 하였다. 다음은 L환전소의 당일 환율 및 수수료를 나타낸 자료이다. 수인이가 한국 돈으로 베트남 현금 1,670만 동을 환전한다고 할 때, 수수료까지 포함하여 필요한 돈은 얼마인가?(단, 모든 계산과정에서 구한 값은 일의 자리에서 버림한다)

〈L환전소 환율 및 수수료〉

- 베트남 환율 : 483원/만 동
- 수수료 : 0.5%
- 우대사항 : 50만 원 이상 환전 시 70만 원까지 수수료 0.4%로 인하 적용
  100만 원 이상 환전 시 총금액 수수료 0.4%로 인하 적용

① 808,840원
② 808,940원
③ 809,840원
④ 809,940원
⑤ 810,040원

43 다음 글을 근거로 판단할 때, 이에 대한 설명으로 옳은 것을 〈보기〉에서 모두 고르면?

K국의 영유아보육법은 영유아가 안전하고 쾌적한 환경에서 건강하게 성장할 수 있도록 다음과 같이 어린이집의 보육교사 최소 배치 기준을 규정하고 있다.

연령	보육교사 대비 영유아 비율
(1) 만 1세 미만	1 : 3
(2) 만 1세 이상 만 2세 미만	1 : 5
(3) 만 2세 이상 만 3세 미만	1 : 7

위와 같이 연령별로 반을 편성하고 반마다 보육교사를 배치하되, 다음 기준에 따라 혼합반을 운영할 수 있다.

혼합반 편성	보육교사 대비 영유아 비율
(1)과 (2)	1 : 3
(2)와 (3)	1 : 5
(1)과 (3)	편성 불가능

보기

ㄱ. 만 1세 미만 영유아 4명, 만 1세 이상 만 2세 미만 영유아 5명을 보육하는 어린이집은 보육교사를 최소 3명 배치해야 한다.

ㄴ. 만 1세 이상 만 2세 미만 영유아 6명, 만 2세 이상 만 3세 미만 영유아 12명을 보육하는 어린이집은 보육교사를 최소 3명 배치해야 한다.

ㄷ. 만 1세 미만 영유아 1명, 만 2세 이상 만 3세 미만 영유아 2명을 보육하는 어린이집은 보육교사를 최소 1명 배치해야 한다.

① ㄱ ② ㄴ

③ ㄷ ④ ㄱ, ㄴ

⑤ ㄱ, ㄷ

※ 다음은 K기업의 팀장들이 나눈 대화이다. 이어지는 질문에 답하시오. [44~45]

오팀장 : 저는 주로 팀원들이 자신의 적성에 맞고 흥미를 가지고 있는 업무를 할 때 성과가 높아진다고 생각합니다.
이팀장 : 저는 인력 배치를 통해 팀원 개개인이 자신들의 역량을 발휘해 줄 것을 기대하고 있습니다. 그래서 저는 팀원들은 개개인의 능력이나 성격 등과 가장 적합한 위치에 배치해 팀의 효율성을 높이고 싶습니다. 즉, 작업이나 직무가 요구하는 요건과 개인이 보유하고 있는 역량을 균형 있게 배치하는 것을 선호하는 편입니다.
김팀장 : 저는 인력 배치를 할 때 작업량과 여유 또는 부족 인원을 감안하여 소요 인원을 결정하여 배치하는 것을 선호합니다.
박부장 : 팀장님들의 의견 잘 들었습니다. 말씀해 주신 인력 배치 유형들을 적절하게 조화하여 팀을 운영한다면 더 좋은 성과를 낼 수 있겠네요.

44 다음 중 각 팀장이 가장 선호하는 인력 배치 유형을 바르게 나열한 것은?

	오팀장	이팀장	김팀장
①	양적배치	질적배치	적성배치
②	질적배치	적성배치	양적배치
③	적성배치	질적배치	양적배치
④	적성배치	양적배치	질적배치
⑤	양적배치	적성배치	질적배치

45 다음 중 오팀장이 선호하는 인력 배치 유형의 특징으로 옳은 것은?

① 자신의 업무에 흥미를 느낄 수 있는 곳으로 배치된다.
② 작업량과 조업도, 여유 또는 부족 인원을 감안하여 소요 인원을 결정 및 배치한다.
③ 능력이나 성격 등과 가장 적합한 위치에 배치하는 것이다.
④ 개인에게 능력을 발휘할 수 있는 기회와 장소를 부여한다.
⑤ 모든 팀원을 평등하게 고려해서 배치한다.

※ 다음은 K회사의 원재료 정리에 대한 내용이다. 이어지는 질문에 답하시오. **[46~47]**

〈K회사의 원재료 재고 현황〉

원재료	입고 일시	무게(kg)	원재료	입고 일시	무게(kg)
ⓐ	2024.05.01, 09:00	5	ⓐ	2024.05.01, 16:14	2
ⓑ	2024.05.01, 10:12	7	ⓒ	2024.05.01, 16:49	3
ⓒ	2024.05.01, 13:15	4	ⓐ	2024.05.01, 17:02	5
ⓑ	2024.05.01, 14:19	6	ⓑ	2024.05.01, 17:04	4
ⓒ	2024.05.01, 15:20	8	ⓒ	2024.05.01, 19:04	8
ⓐ	2024.05.01, 15:30	6	ⓑ	2024.05.01, 21:49	5

〈K회사의 보관 방식〉

- K회사는 원재료 ⓐ, ⓑ, ⓒ를 받으면 무게에 따라 상자에 담아 포장한 후 보관한다.
- 원재료 ⓐ, ⓑ, ⓒ는 1개의 상자에 같이 포장이 가능하지만, 1개의 상자는 12kg을 초과할 수 없다.
- 원재료 ⓐ, ⓑ, ⓒ는 입고될 때 무게 그대로 분리하지 않고 포장한다.

46 K회사의 보관 방식에 따라 입고 순서대로 원재료를 상자에 담아 보관할 때 필요한 상자의 개수는?

① 6개
② 7개
③ 8개
④ 9개
⑤ 10개

47 원재료를 무게 순으로 하여 무거운 것부터 K회사의 보관 방식에 따라 보관한다면, 4번째 상자에 있는 원재료는?

① ⓐ
② ⓐ, ⓑ
③ ⓐ, ⓒ
④ ⓑ, ⓒ
⑤ ⓐ, ⓑ, ⓒ

48 대학교 입학을 위해 지방에서 올라온 대학생 N씨는 자취방을 구하려고 한다. 대학교 근처 자취방의 월세와 대학교까지 거리는 다음과 같다. 한 달을 기준으로 N씨가 지출하게 될 자취방 월세와 자취방에서 대학교까지 왕복 시 거리비용을 합산할 때, 선택할 수 있는 가장 저렴한 비용의 자취방은?

구분	월세	대학교까지 거리
A자취방	330,000원	1.8km
B자취방	310,000원	2.3km
C자취방	350,000원	1.3km
D자취방	320,000원	1.6km
E자취방	340,000원	1.4km

※ 대학교 통학일(한 달 기준) : 15일

※ 거리비용 : 1km당 2,000원

① A자취방 ② B자취방
③ C자취방 ④ D자취방
⑤ E자취방

49 다음 중 예산에 대한 설명으로 옳지 않은 것은?

① 사전적 의미는 필요한 비용을 미리 헤아려 계산하는 것이다.
② 좁은 범위에서는 개인의 수입·지출에 관한 것도 포함된다.
③ 예산은 유한하기 때문에 예산관리를 해야 한다.
④ 대부분 정해진 예산범위 안에서 계획을 세우게 된다.
⑤ 예산관리는 예산을 수립하고 집행하는 데 있어 필요하다.

50 다음 중 빈칸에 들어갈 용어로 가장 적절한 것은?

K회사에 근무 중인 S씨는 물품을 효과적으로 관리하기 위해 ______의 원칙에 따라 안 쓰는 이면지를 서랍 하단에 별도로 모아두고 있다.

① 동일성 ② 유사성
③ 구분성 ④ 명료성
⑤ 변별성

| 05 | 정보능력

51 다음 중 추세선을 추가할 수 있는 차트 종류는?

① 방사형
② 분산형
③ 원형
④ 표면형
⑤ 도넛형

52 컴퓨터 시스템 구성요소 중 다음 설명에 해당하는 것은?

- Main Memory이다.
- CPU 가까이에 위치하며 반도체 기억장치 칩들로 고속 액세스 가능을 담당한다.
- 가격이 높고 면적을 많이 차지한다.
- 저장 능력이 없으므로 프로그램 실행 중 일시적으로 사용된다.

① 중앙처리장치
② 주기억장치
③ 보조저장장치
④ 입출력장치
⑤ LAN

53 다음 글을 토대로 2차 자료에 해당하는 것은?

우리는 흔히 필요한 정보를 수집할 수 있는 원천을 정보원(Sources)이라 부른다. 정보원은 정보를 수집하는 사람의 입장에서 볼 때 공개된 것은 물론이고 비공개된 것도 포함되며 수집자의 주위에 있는 유형의 객체 가운데서 발생시키는 모든 것이 정보원이라 할 수 있다.
이러한 정보원은 크게 1차 자료와 2차 자료로 구분할 수 있다. 1차 자료는 원래의 연구성과가 기록된 자료를 의미한다. 2차 자료는 1차 자료를 효과적으로 찾아보기 위한 자료 혹은 1차 자료에 포함되어 있는 정보를 압축·정리해서 읽기 쉬운 형태로 제공하는 자료를 의미한다.

① 학술회의자료
② 학위논문
③ 출판 전 배포자료
④ 백과사전
⑤ 신문

54 다음 워크시트와 같이 평점이 3.0 미만인 행 전체에 셀 배경색을 지정하고자 한다. 이를 위해 조건부 서식 설정에서 사용할 수식으로 옳은 것은?

	A	B	C	D
1	학번	학년	이름	평점
2	20959446	2	강혜민	3.38
3	21159458	1	김경식	2.60
4	21059466	2	김병찬	3.67
5	21159514	1	장현정	1.29
6	20959476	2	박동현	3.50
7	21159467	1	이승현	3.75
8	20859447	4	이병훈	2.93
9	20859461	3	강수빈	3.84

① =$D2<3
② =$D&2<3
③ =D2<3
④ =D$2<3
⑤ =D2>3

55 다음은 K사의 일일판매내역이다. (가) 셀에 〈보기〉와 같은 함수를 입력했을 때 나타나는 값으로 옳은 것은?

	A	B	C	D
1				(가)
2				
3	제품이름	단가	수량	할인적용
4	K소스	200	5	90%
5	K아이스크림	100	3	90%
6	K맥주	150	2	90%
7	K커피	300	1	90%
8	K캔디	200	2	90%
9	K조림	100	3	90%
10	K과자	50	6	90%

보기

=SUMPRODUCT(B4:B10,C4:C10,D4:D10)

① 2,610
② 2,700
③ 2,710
④ 2,900
⑤ 2,910

| 06 | 기술능력

56 **다음 중 산업재해에 대한 원인에 해당하지 않은 것은?**

> 전선 제조 사업장에서 고장난 변압기 교체를 위해 K전력 작업자가 변전실에서 작업 준비하던 중 특고압 배전반 내 충전부 COS 1차 홀더에 접촉 감전되어 치료 도중 사망하였다. 증언에 따르면 변전실 TR-5 패널의 내부는 협소하고, 피재해자의 키에 비하여 경첩의 높이가 높아 문턱 위에 서서 불안전한 작업자세로 작업을 실시하였다고 한다. 또한 피재해자는 전기 관련 자격이 없었으며, 복장은 일반 안전화, 면장갑, 패딩점퍼를 착용한 상태였다.

① 불안전한 행동
② 불안전한 상태
③ 작업 관리상 원인
④ 기술적 원인
⑤ 작업 준비 불충분

57 **다음 설명에 해당하는 벤치마킹으로 옳은 것은?**

> 동일한 업종의 기업을 대상으로 상품이나 기술 및 경영방식 등을 배워 자사에 맞게 재창조하는 것으로, 동일한 업종이긴 하나 윤리적 문제가 발생할 여지가 없기 때문에 정보에 대한 접근 및 자료 수집이 용이하다. 하지만 문화나 제도적인 차이가 있기 때문에 이로 인해 발생할 문제에 대한 분석을 철저히 하지 않는다면 잘못된 결과를 얻을 수 있다.

① 내부 벤치마킹
② 경쟁적 벤치마킹
③ 비경쟁적 벤치마킹
④ 글로벌 벤치마킹
⑤ 간접적 벤치마킹

※ A씨는 K음식물 처리기를 사용하기 전 주의사항을 알아보고자 설명서를 읽었다. 이어지는 질문에 답하시오. **[58~59]**

〈K음식물 처리기 사용 시 주의사항〉

■ 음식물 쓰레기 투입 전 주의사항
- 씻어서 넣어 주세요.
- 수분을 제거 후 넣어 주세요.
- 잘라서 조금씩 넣어 주세요.
- 투입 가능한 물질만 넣어 주세요.

※ 투입 가능한 물질과 투입 불가능한 물질

투입 가능한 물질	투입 불가능한 물질
- 과일, 야채류 - 어류 및 육류 - 과자 등의 곡류 - 김치류 - 생선뼈 - 계란	- 동물 뼈 - 조개껍데기류 - 줄기류 - 씨앗류 - 질기거나 딱딱한 껍질류 - 약품류 - 커피찌꺼기 - 고무 등의 기타 비음식류

■ 제품 보관 방법
- 단기간(10일 미만) 미사용 시
  - 전원 플러그를 뽑지 말고 연결한 상태를 유지해 주세요. 전원 플러그를 뽑으면 재사용 시 미생물 활동이 저하되거나 악취가 발생할 수 있습니다.
  - 재사용 시 내부가 건조하면 수분기가 조금 있는 음식물 쓰레기 또는 소량의 물을 함께 넣어 주세요.
- 장기간(10일 이상) 미사용 시
  - 장기간 미사용 시 2일 전부터 음식물 쓰레기 투입을 멈추고 제습모드를 작동시켜 분해물이 건조 상태를 유지할 수 있도록 해 주세요.
  - 분해 잔여물을 모두 배출하여 완벽하게 밀폐 후 보관하면 제품 재사용 시 잔여물을 재사용할 수 있습니다.
  - 수개월 이상 미사용할 경우에는 분해 잔여물을 모두 폐기하고 제품 재사용 시 미생물을 재구입하여 사용해 주세요.
  - 제품 보관 시 전원 플러그를 뽑고 필터, 뚜껑 등을 깨끗하게 청소 후 건조하고 통풍이 잘 되는 곳에 보관해 주세요.

■ 고장신고 전 확인사항

증상	발생원인	해결방법
전원이 들어오지 않습니다.	전원 플러그 연결 불량	전원 플러그를 연결하고 전원버튼을 눌러 주세요.
	전원버튼 미입력	
소음이 발생합니다.	무엇인가 부딪히는 소리	딱딱한 이물질을 제거해 주세요.
	'뽀드득' 등의 마찰음	소량의 수분을 공급해 주세요.
분해 잔해물에서 악취가 납니다.	청국장 냄새	정상입니다.
	시큼한 냄새	사용을 중단하고 밥 등을 투입해 주세요. 그 후에도 이상 발생 시 미생물 교환 또는 고객센터로 문의해 주세요.
악취가 유출됩니다.	각종 악취	제품의 덮개가 잘 덮여 있는지 확인해 주시고 덮여 있다면 필터를 교체해 주세요.
발효분해가 안 됩니다.	음식물 과다 투입	하루 정도 음식물 투입을 중단하고 제습모드를 작동해 주세요.
	섬유질이 많은 음식 투입	시간이 지나면 분해됩니다. 꼭 잘라서 넣어 주세요.
벌레가 꼬입니다.	완전분해되지 않은 채 전원 중단	미생물을 교체해 주세요.

■ 고장신고 : 다음과 같은 증상이 지속되면 고객센터로 문의해 주세요.
- 모터 등의 기계적인 소음
- 음식물이 잘 안 섞이는 경우(모터 불량일 수 있습니다)
- 점검 불이 들어오는 경우
- 기타 제품 이상

58 다음 중 음식물 처리기에 넣을 수 없는 음식물 쓰레기는?

① 콩밥
② 감기약
③ 고등어구이
④ 껍질을 깐 삶은 달걀
⑤ 데친 브로콜리

59 K음식물 처리기 고객센터 B직원은 여러 건의 고객 문의를 받았다. 다음 중 바로 고장신고를 접수해야 하는 문의는?

① 음식물이 잘 안 섞입니다.
② 분해 잔여물에서 청국장 냄새가 납니다.
③ 제품에서 벌레가 나옵니다.
④ 내부에서 무엇인가 부딪히는 소리가 납니다.
⑤ 작동 시 눈 밟는 듯한 '뽀드득' 소리가 납니다.

60 다음은 기술선택을 위한 절차를 나타낸 자료이다. 빈칸 (ㄱ)~(ㄹ)에 들어갈 내용을 순서대로 바르게 나열한 것은?

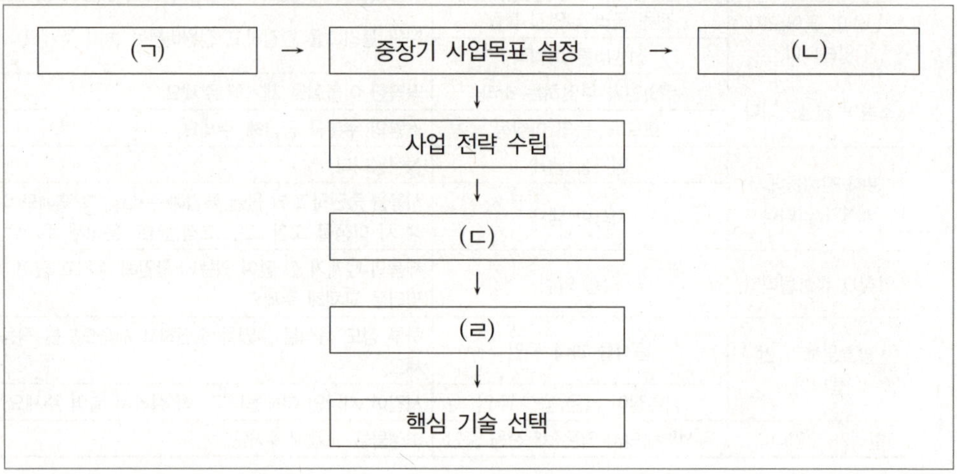

	(ㄱ)	(ㄴ)	(ㄷ)	(ㄹ)
①	내부 역량 분석	외부 환경 분석	요구 기술 분석	기술 전략 수립
②	내부 역량 분석	외부 환경 분석	기술 전략 수립	요구 기술 분석
③	외부 환경 분석	내부 역량 분석	요구 기술 분석	기술 전략 수립
④	외부 환경 분석	내부 역량 분석	기술 전략 수립	요구 기술 분석
⑤	외부 환경 분석	기술 전략 수립	내부 역량 분석	요구 기술 분석

| 07 | 조직이해능력

61 **다음 중 조직목표의 기능에 대한 설명으로 옳지 않은 것은?**

① 조직이 나아갈 방향을 제시해 주는 기능을 한다.
② 조직 구성원의 의사결정 기준의 기능을 한다.
③ 조직 구성원의 행동에 동기를 유발시키는 기능을 한다.
④ 조직을 운영하는 데에 융통성을 제공하는 기능을 한다.
⑤ 조직구조나 운영과정과 같이 조직 체제를 구체화할 수 있는 기준이 된다.

62 **다음 기사를 읽고 K공단 필리핀 지부에서 근무 중인 S대리가 취할 행동으로 적절하지 않은 것은?**

최근 필리핀에서 한국인을 노린 범죄행위가 기승을 부리고 있다. 외교부 보고에 따르면 최근 5년간 해외에서 우리 국민을 대상으로 벌어진 살인 사건이 가장 많이 발생한 국가가 필리핀인 것으로 나타났다. 따라서 우리나라는 자국민 보호를 위해 한국인 대상 범죄 수사를 지원하는 필리핀 코리안 데스크에 직원을 추가 파견하기로 했다.

① 저녁에 이루어지고 있는 필리핀 문화 교육 시간을 오전으로 당겨야겠군.
② 우리 국민이 늦은 시간에 혼자 다니지 않도록 해야겠어.
③ 주필리핀 한국대사관과 연결하여 자국민 보호 정책을 만들 수 있도록 요청해야겠어.
④ 경찰과 연합해서 우리 국민 보호에 더 신경을 써야겠네.
⑤ 우리나라에 취업하기 위해 들어오는 필리핀 사람들에 대한 규제를 강화해야겠어.

63 **다음은 다수의 조직에서 활용하고 있는 부서명과 담당 업무의 예를 나타낸 자료이다. 이를 토대로 할 때, 부서명과 그 담당 업무의 내용이 적절하지 않은 것은?**

부서명	담당 업무 내용
총무부	주주총회 및 이사회개최 관련 업무, 의전 및 비서업무, 집기비품 및 소모품의 구매와 관리, 사무실 임차 및 관리, 차량 및 통신시설의 운영, 국내외 출장 업무 협조, 복리후생 업무, 법률자문과 소송관리, 사내외 홍보 광고업무
인사부	조직기구의 개편 및 조정, 업무분담 및 조정, 인력수급계획 및 관리, 직무 및 정원의 조정 종합, 노사관리, 평가관리, 상벌관리, 인사발령, 교육체계 수립 및 관리, 임금제도, 복리후생제도 및 지원업무, 복무관리, 퇴직관리
기획부	경영계획 및 전략 수립, 전사기획업무 종합 및 조정, 중장기 사업계획의 종합 및 조정, 경영정보 조사 및 기획보고, 경영진단업무, 종합예산수립 및 실적관리, 단기사업계획 종합 및 조정, 사업계획, 손익추정, 실적관리 및 분석
회계부	회계제도의 유지 및 관리, 재무상태 및 경영실적 보고, 결산 관련 업무, 재무제표 분석 및 보고, 법인세, 부가가치세, 국세 지방세 업무자문 및 지원, 보험가입 및 보상업무, 고정자산 관련 업무
영업부	판매 계획, 판매예산의 편성, 시장조사, 광고 선전, 견적 및 계약, 제조지시서의 발행, 외상매출금의 청구 및 회수, 제품의 재고 조절, 거래처로부터의 불만처리, 제품의 사후관리, 판매원가 및 판매가격의 조사 검토

① 사옥 이전에 따르는 이전 비용 산출과 신사옥 입주를 대내외에 홍보해야 할 업무는 기획부 소관 업무이다.

② 작년 판매분 중 일부 제품에 하자가 발생하여 고객의 클레임을 접수하고 하자보수 등의 처리를 담당하는 것은 영업부의 주도적인 역할이다.

③ 회사의 지속 가능 경영보고서에 수록되어 주주들에게 배포될 경영실적 관련 자료를 준비하느라 회계부 직원들은 연일 야근 중이다.

④ 사무실 이전 계획에 따라 새로운 사무실의 층간 배치와 해당 위치별 공용 사무용기 분배 관련 작업은 총무부에서 실시한다.

⑤ 지난달 퇴직자의 퇴직급여 수령액에 문제가 있어 인사부 직원은 회사 퇴직급여 규정을 찾아보고 정정 사항을 바로잡았다.

※ 다음은 K공사 연구소의 주요 사업별 연락처이다. 이어지는 질문에 답하시오. [64~65]

〈주요 사업별 연락처〉

주요 사업	담당부서	연락처
고객 지원	고객지원팀	033-739-7001
감사, 부패방지 및 지도 점검	감사실	033-739-7011
국제협력, 경영 평가, 예산 기획, 규정, 이사회	전략기획팀	033-739-7023
인재 개발, 성과 평가, 교육, 인사, ODA사업	인재개발팀	033-739-7031
복무노무, 회계 관리, 계약 및 시설	경영지원팀	033-739-7048
품질 평가 관리, 품질 평가 관련 민원	평가관리팀	033-739-7062
가공품 유통 전반(실태조사, 유통정보), 컨설팅	유통정보팀	033-739-7072
대국민 교육, 기관 마케팅, 홍보 관리, CS, 브랜드 인증	고객홍보팀	033-739-7082
이력 관리, 역학조사 지원	이력관리팀	033-739-7102
유전자 분석, 동일성 검사	유전자분석팀	033-739-7111
연구사업 관리, 기준 개발 및 보완, 시장 조사	연구개발팀	033-739-7133
정부3.0, 홈페이지 운영, 대외자료 제공, 정보 보호	정보사업팀	033-739-7000

64 다음 중 K공사 연구소의 주요 사업별 연락처를 본 채용 지원자의 반응으로 적절하지 않은 것은?

① K공사 연구소는 1개의 실과 11개의 팀으로 이루어져 있구나.
② 예산 기획과 경영 평가는 같은 팀에서 종합적으로 관리하는구나.
③ 평가업무라 하더라도 평가 특성에 따라 담당하는 팀이 달라지는구나.
④ 홈페이지 운영은 고객홍보팀에서 마케팅과 함께 하는구나.
⑤ 부패방지를 위한 부서를 따로 두었구나.

65 다음 민원인의 요청을 듣고 난 후 민원을 해결하기 위해 연결해 주어야 할 부서로 가장 적절한 것은?

민원인	얼마 전 신제품 품질 평가 등급 신청을 했습니다. 신제품 품질에 대한 등급에 대해 이의가 있습니다. 관련 건으로 담당자분과 통화하고 싶습니다.
상담직원	불편을 드려서 죄송합니다. ________________ 연결해 드리겠습니다. 잠시만 기다려 주십시오.

① 지도 점검 업무를 담당하고 있는 감사실로
② 연구사업을 관리하고 있는 연구개발팀으로
③ 기관의 홈페이지 운영을 전담하고 있는 정보사업팀으로
④ 이력 관리 업무를 담당하고 있는 이력관리팀으로
⑤ 품질 평가를 관리하는 평가관리팀으로

| 08 | 대인관계능력

66 **다음과 같은 상황에서의 대응방안으로 가장 적절한 것은?**

고객이 상품을 주문했는데 배송이 일주일이 걸렸다. 상품을 막상 받아보니 사이즈가 작아 반품을 했으나, 주문처에서 갑자기 반품 배송비용을 청구하였다. 고객은 반품 배송비용을 고객이 부담해야 한다는 공지를 받은 적이 없어 당황해 했으며 기분 나빠했다.

① 배송을 빨리 하도록 노력하겠습니다.
② 사이즈를 정확하게 기재하겠습니다.
③ 반품 배송비가 있다는 항목을 제대로 명시하겠습니다.
④ 주문서를 다시 한 번 확인하겠습니다.
⑤ 고객에게 사이즈를 교환해 주겠습니다.

67 **다음 상황에서 나타나는 협상전략으로 가장 적절한 것은?**

K먹자골목에 있는 상가들은 수십 년간 역사를 이어온 상가들이 대부분이다 보니 서로 부모님은 물론 조부모님까지 아는 사이들이 대다수이다. 이로 인해 상가들끼리는 관계가 매우 돈독해 손님들이 지나가도 과도한 고객행위를 하지 않고 영업을 하는 비교적 조용한 골목이었다. 하지만 최근에 근처에 신도시가 들어서면서 많은 상가가 들어와 K먹자골목에는 손님들이 눈에 띄게 줄어들었다. 이에 대부분의 상가들이 적자를 보는 상황임에도 불구하고 타지역처럼 손님들에게 과도한 호객행위를 하는 대신 상가들끼리 힘을 합쳐 K먹자골목을 손님들이 방문하고 싶도록 새롭게 바꾸기로 하였다.

① 협력전략
② 유화전략
③ 회피전략
④ 무행동전략
⑤ 경쟁전략

68 **다음 중 훌륭한 팀워크를 유지하기 위한 기본요소로 적절하지 않은 것은?**

① 팀원 간 공동의 목표의식과 강한 도전의식을 가진다.
② 팀원 간에 상호 신뢰하고 존중한다.
③ 서로 협력하면서 각자의 역할에 책임을 다한다.
④ 팀원 개인의 능력이 최대한 발휘되는 것이 핵심이다.
⑤ 강한 자신감으로 상대방의 사기를 드높인다.

69 **다음 중 바람직한 리더십의 사례로 적절하지 않은 것은?**

① 김팀장은 팀의 목표를 명확히 정의하고, 팀원들에게 팀의 현안에 대해 구체적으로 인지시켰다.
② 이팀장은 팀원들이 자발적으로 과제를 해결해 나갈 수 있도록 지원하였다.
③ 장팀장은 각 팀원이 업무를 적극적으로 수행할 수 있도록 개개인을 격려하였다.
④ 박팀장은 '무엇을 할까?'보다 '어떻게 할까?'에 초점에 두고 팀을 지휘하였다.
⑤ 양팀장은 팀원들이 소신 있게 자신의 의견을 나타낼 수 있도록 개방적 분위기를 조성하였다.

70 **다음 중 갈등에 대한 설명으로 가장 적절한 것은?**

① 의사소통의 폭을 줄이면서, 서로 접촉하는 것을 꺼리게 된다.
② 갈등이 없으면 항상 의욕이 상승하고, 조직성과가 높아진다.
③ 승리하기보다는 문제를 해결하는 것을 중시한다.
④ 목표달성을 위해 노력하는 팀은 갈등이 없다.
⑤ 갈등은 부정적인 요소만 만든다.

| 09 | 자기개발능력

71 **다음 중 매슬로(A. H. Maslow)의 5단계 욕구이론에 대한 설명으로 적절하지 않은 것은?**

① 최상의 욕구인 자기실현 욕구는 하위 기본 욕구들이 충족되어야만 추구될 수 있다.
② 생리적 욕구는 최하위 욕구로, 인간의 기본적인 식욕·수면욕 등이 이에 해당한다.
③ 사회적 욕구는 다른 사람과의 관계에 대한 욕구로, 인간은 원만한 대인관계를 추구한다.
④ 자기실현의 욕구는 한 번 충족되면 더 이상 추구되지 않는다.
⑤ 성공적인 자기개발을 위해서는 욕구를 다스릴 필요가 있다.

72 **다음은 인사팀 직원들이 경력개발을 하는 이유에 대해 나눈 대화 내용이다. 〈보기〉에서 같은 이유를 이야기하고 있는 사람들을 모두 고르면?**

보기

Q사원 : 경력개발은 좋은 인간관계를 위해 꼭 필요한 것 같아요.
R대리 : 현대사회는 빠르게 변화하고 있어. 지식정보사회에 적응하려면 경력을 개발해야 해.
S과장 : 요즘 사회에는 평생직장이라는 개념이 사라졌잖아. 우리 나이 때에도 이직하는 사람들이 늘어났을 정도니까…. 이러한 이직을 준비하기 위해서라도 경력개발은 쉬지 않고 이뤄져야 해.
T사원 : 전 자기 만족을 위해서 경력개발을 해야 한다고 생각해요. 한자리에 서 있지 않고 끊임없이 앞으로 나아간다는 기쁨이 있잖아요.

① Q사원, S과장
② Q사원, T사원
③ R대리, S과장
④ R대리, T사원
⑤ S과장, T사원

73 직장인 A씨는 그동안 자기개발을 통해 능력을 신장시키고 다른 사람과 차별성을 갖추었다. 그러나 이에 대한 PR을 하지 않아 자신의 가치에 대한 각인이 부족한 상태이다. 다음 중 자신을 PR하는 방법으로 옳지 않은 것은?

① 소셜 네트워크를 활용한다.
② 인적 네트워크를 활용한다.
③ 자신만의 명함을 만든다.
④ 업무를 더욱 성실하게 수행한다.
⑤ 경력 포트폴리오를 만든다.

PART 2

74 신입사원 A씨는 회사에 입사한 후 자신의 능력을 높은 업무성과를 통해 발휘하고 싶다는 생각이 들었다. 그래서 A씨는 앞으로 회사생활에서의 행동전략을 세웠다. A씨가 세운 행동전략으로 옳은 것을 〈보기〉에서 모두 고르면?

보기

㉠ 그날 할 일은 바로바로 처리해야겠다.
㉡ 회사 내 일을 잘한다고 소문이 난 B대리님이 어떻게 일하시는지 살펴보고 참고해야겠다.
㉢ 다른 사람들이 일하는 방법을 보고 그 방법대로 일해야겠다.
㉣ 회사의 업무 지침은 참고만 하고 나에게 맞는 업무 지침을 세워야겠다.

① ㉠
② ㉠, ㉡
③ ㉠, ㉡, ㉢
④ ㉡, ㉢, ㉣
⑤ ㉠, ㉡, ㉢, ㉣

75 다음 중 자기관리의 단계를 순서대로 바르게 나열한 것은?

㉠ 일정 수립
㉡ 과제 발견
㉢ 수행
㉣ 반성 및 피드백
㉤ 비전 및 목표 정립

① ㉠－㉢－㉡－㉤－㉣
② ㉠－㉢－㉤－㉡－㉣
③ ㉠－㉣－㉡－㉢－㉤
④ ㉤－㉡－㉠－㉢－㉣
⑤ ㉤－㉢－㉡－㉠－㉣

| 10 | 직업윤리

76 **다음 중 직장에서의 전화 예절로 적절하지 않은 것은?**

① 자신의 정확한 소속과 이름을 밝혀야 한다.
② 가벼운 농담을 계속하여 친근한 분위기를 유지해야 한다.
③ 언제나 메모를 받아 적을 수 있도록 펜과 노트를 준비해 두어야 한다.
④ 전화를 끊기 전 통화 내용을 다시 한 번 확인해야 한다.
⑤ 전화를 대신 받은 경우 대신 받은 이유를 밝혀야 한다.

77 **다음은 A사 사보에 올라온 영국 처칠 수상의 일화이다. 직장생활과 관련하여 다음 일화가 주는 교훈으로 가장 적절한 것은?**

> 어느 날 영국의 처칠 수상은 급한 업무 때문에 그의 운전기사에게 차를 빠르게 몰 것을 지시하였다. 그때 교통 경찰관은 속도를 위반한 처칠 수상의 차량을 발견하고 차를 멈춰 세웠다. 처칠 수상은 경찰관에게 말했다. "이봐, 내가 누군지 알아?" 그러자 경찰관이 대답했다. "얼굴은 우리 수상 각하와 비슷하지만, 법을 지키지 않는 것을 보니 수상 각하가 아닌 것 같습니다." 경찰관의 답변에 부끄러움을 느낀 처칠은 결국 벌금을 지불했고, 교통 경찰관의 근무 자세에 감명을 받았다고 한다.

① 무엇보다 고객의 가치를 최우선으로 생각해야 한다.
② 업무에 대해서는 스스로 자진해서 성실하게 임해야 한다.
③ 모든 결과는 나의 선택으로 일어난 것으로 여긴다.
④ 조직의 운영을 위해서는 지켜야 하는 의무가 있다.
⑤ 직장동료와 신뢰를 형성하고 유지해야 한다.

78 **명함은 비즈니스맨에게는 없어서는 안 될 업무상 소도구 중 하나라고 할 수 있다. 다음 중 명함을 교환하는 예절로 가장 적절한 것은?**

① 명함은 한 손으로 건네도 예의에 어긋나지 않는다.
② 명함은 고객이 바로 볼 수 있도록 건넨다.
③ 이름의 한자 발음을 물어보는 것은 실례이다.
④ 명함을 동시에 주고받을 때는 왼손으로 주고 오른손으로 받는다.
⑤ 정중하게 인사를 하고 나서 명함을 내밀 때는 회사명과 이름을 밝히지 않아도 된다.

79 **다음 글을 읽고 직장생활에 바르게 적용한 사람은?**

> 정의는 선행이나 호의를 베푸는 것과 아주 밀접한 관련이 있다. 그러나 선행이나 호의에도 몇 가지 주의할 점이 있다. 첫째, 받는 자에게 피해가 되지 않도록 주의해야 하고 둘째, 베푸는 자는 자신이 감당할 수 있는 능력 내에서 베풀어야 하며 셋째, 각자 받을 만한 가치에 따라서 베풀어야 한다.
>
> – 키케로 『의무론』
>
> 공자께서 말씀하시기를 "윗사람으로서 아랫사람을 너그럽게 관용할 줄 모르고, 예도를 행함에 있어 공경심이 없으며, 사람이 죽어 장례를 치르는 문상자리에서도 애도할 줄 모른다면 그런 인간을 어찌 더 이상 볼 가치가 있다 하겠느냐?"라고 하였다.
>
> – 『논어』 팔일 3-26

① A사원 : 며칠 후에 우리 부장님 생신이라 비상금을 털어서 고급 손목시계 하나 해 드리려고.
② B사원 : 지난주에 장례식장에 갔는데 육개장이 그렇게 맛있더라고.
③ C사원 : 내가 준 김밥을 먹고 배탈이 났다고? 냉장보관을 안 하긴 했는데….
④ D부장 : G사원이 어제 회식자리에서 내 옷에 김칫국물을 흘렸으니 세탁비를 받아야겠어.
⑤ E과장 : 출근해서 사원들과 즐겁게 아침인사를 나누었어. 내가 먼저 반갑게 아침인사를 건네면 기분이 좋아져 좋은 하루를 보낼 수 있거든.

80 **다음은 직업의 의미에 대한 설명이다. 이를 참고할 때, 직업의 사례로 가장 적절한 것은?**

> 직업은 경제적 보상이 있어야 하고, 본인의 자발적 의사에 의한 것이어야 하며, 장기적으로 계속해서 일하는 지속성을 가지고 있어야 한다.

① 보드게임을 좋아하는 승호는 퇴근 후 보드게임 동아리에 참여하고 있다.
② 커피를 좋아하는 현희는 카페에서 커피를 연구하며 바리스타로 일하고 있다.
③ 영희는 동네 요양원을 찾아가 청소, 빨래 등을 하며 봉사활동을 하였다.
④ 꽃을 좋아하는 민정이는 주말마다 꽃꽂이를 취미활동으로 하고 있다.
⑤ 지연이의 할아버지는 일본 제철소에서 강제노동에 시달린 경험을 갖고 계시다.

M E M O

PART 3

채용 가이드

CHAPTER 01

블라인드 채용 소개

1. 블라인드 채용이란?

채용 과정에서 편견이 개입되어 불합리한 차별을 야기할 수 있는 출신지, 가족관계, 학력, 외모 등의 편견요인은 제외하고, 직무능력만을 평가하여 인재를 채용하는 방식입니다.

2. 블라인드 채용의 필요성

- 채용의 공정성에 대한 사회적 요구
  - 누구에게나 직무능력만으로 경쟁할 수 있는 균등한 고용기회를 제공해야 하나, 아직도 채용의 공정성에 대한 불신이 존재
  - 채용상 차별금지에 대한 법적 요건이 권고적 성격에서 처벌을 동반한 의무적 성격으로 강화되는 추세
  - 시민의식과 지원자의 권리의식 성숙으로 차별에 대한 법적 대응 가능성 증가
- 우수인재 채용을 통한 기업의 경쟁력 강화 필요
  - 직무능력과 무관한 학벌, 외모 위주의 선발로 우수인재 선발기회 상실 및 기업경쟁력 약화
  - 채용 과정에서 차별 없이 직무능력중심으로 선발한 우수인재 확보 필요
- 공정한 채용을 통한 사회적 비용 감소 필요
  - 편견에 의한 차별적 채용은 우수인재 선발을 저해하고 외모·학벌 지상주의 등의 심화로 불필요한 사회적 비용 증가
  - 채용에서의 공정성을 높여 사회의 신뢰수준 제고

3. 블라인드 채용의 특징

편견요인을 요구하지 않는 대신 직무능력을 평가합니다.

※ 직무능력중심 채용이란?
기업의 역량기반 채용, NCS기반 능력중심 채용과 같이 직무수행에 필요한 능력과 역량을 평가하여 선발하는 채용방식을 통칭합니다.

4. 블라인드 채용의 평가요소

직무수행에 필요한 지식, 기술, 태도 등을 과학적인 선발기법을 통해 평가합니다.

평가기준 = 직무수행에 필요한 직무능력

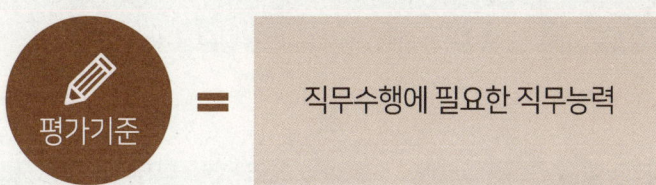

※ 과학적 선발기법이란?
직무분석을 통해 도출된 평가요소를 서류, 필기, 면접 등을 통해 체계적으로 평가하는 방법으로 입사지원서, 자기소개서, 직무수행능력평가, 구조화 면접 등이 해당됩니다.

5. 블라인드 채용 주요 도입 내용

- 입사지원서에 인적사항 요구 금지
  - 인적사항에는 출신지역, 가족관계, 결혼여부, 재산, 취미 및 특기, 종교, 생년월일(연령), 성별, 신장 및 체중, 사진, 전공, 학교명, 학점, 외국어 점수, 추천인 등이 해당
  - 채용 직무를 수행하는 데 있어 반드시 필요하다고 인정될 경우는 제외
    예 특수경비직 채용 시 : 시력, 건강한 신체 요구
    연구직 채용 시 : 논문, 학위 요구 등
- 블라인드 면접 실시
  - 면접관에게 응시자의 출신지역, 가족관계, 학교명 등 인적사항 정보 제공 금지
  - 면접관은 응시자의 인적사항에 대한 질문 금지

6. 블라인드 채용 도입의 효과성

- 구성원의 다양성과 창의성이 높아져 기업 경쟁력 강화
  - 편견을 없애고 직무능력 중심으로 선발하므로 다양한 직원 구성 가능
  - 다양한 생각과 의견을 통하여 기업의 창의성이 높아져 기업경쟁력 강화
- 직무에 적합한 인재선발을 통한 이직률 감소 및 만족도 제고
  - 사전에 지원자들에게 구체적이고 상세한 직무요건을 제시함으로써 허수 지원이 낮아지고, 직무에 적합한 지원자 모집 가능
  - 직무에 적합한 인재가 선발되어 직무이해도가 높아져 업무효율 증대 및 만족도 제고
- 채용의 공정성과 기업이미지 제고
  - 블라인드 채용은 사회적 편견을 줄인 선발 방법으로 기업에 대한 사회적 인식 제고
  - 채용과정에서 불합리한 차별을 받지 않고 실력에 의해 공정하게 평가를 받을 것이라는 믿음을 제공하고, 지원자들은 평등한 기회와 공정한 선발과정 경험

CHAPTER

02 서류전형 가이드

01 채용공고문

1. 채용공고문의 변화

기존 채용공고문	변화된 채용공고문
• 취업준비생에게 불충분하고 불친절한 측면 존재 • 모집분야에 대한 명확한 직무관련 정보 및 평가기준 부재 • 해당분야에 지원하기 위한 취업준비생의 무분별한 스펙 쌓기 현상 발생	• NCS 직무분석에 기반한 채용공고를 토대로 채용전형 진행 • 지원자가 입사 후 수행하게 될 업무에 대한 자세한 정보 공지 • 직무수행내용, 직무수행 시 필요한 능력, 관련된 자격, 직업기초능력 제시 • 지원자가 해당 직무에 필요한 스펙만을 준비할 수 있도록 안내
• 모집부문 및 응시자격 • 지원서 접수 • 전형절차 • 채용조건 및 처우 • 기타사항	• 채용절차 • 채용유형별 선발분야 및 예정인원 • 전형방법 • 선발분야별 직무기술서 • 우대사항

2. 지원 유의사항 및 지원요건 확인

채용 직무에 따른 세부사항을 공고문에 명시하여 지원자에게 적격한 지원 기회를 부여함과 동시에 채용과정에서의 공정성과 신뢰성을 확보합니다.

구성	내용	확인사항
모집분야 및 규모	고용형태(인턴 계약직 등), 모집분야, 인원, 근무지역 등	채용직무가 여러 개일 경우 본인이 해당되는 직무의 채용규모 확인
응시자격	기본 자격사항, 지원조건	지원을 위한 최소자격요건을 확인하여 불필요한 지원을 예방
우대조건	법정·특별·자격증 가점	본인의 가점 여부를 검토하여 가점 획득을 위한 사항을 사실대로 기재
근무조건 및 보수	고용형태 및 고용기간, 보수, 근무지	본인이 생각하는 기대수준에 부합하는지 확인하여 불필요한 지원을 예방
시험방법	서류·필기·면접전형 등의 활용방안	전형방법 및 세부 평가기법 등을 확인하여 지원전략 준비
전형일정	접수기간, 각 전형 단계별 심사 및 합격자 발표일 등	본인의 지원 스케줄을 검토하여 차질이 없도록 준비
제출서류	입사지원서(경력·경험기술서 등), 각종 증명서 및 자격증 사본 등	지원요건 부합 여부 및 자격 증빙서류 사전에 준비
유의사항	임용취소 등의 규정	임용취소 관련 법적 또는 기관 내부 규정을 검토하여 해당여부 확인

02 직무기술서

직무기술서란 직무수행의 내용과 필요한 능력, 관련 자격, 직업기초능력 등을 상세히 기재한 것으로 입사 후 수행하게 될 업무에 대한 정보가 수록되어 있는 자료입니다.

1. 채용분야

설명

NCS 직무분류 체계에 따라 직무에 대한 「대분류 – 중분류 – 소분류 – 세분류」 체계를 확인할 수 있습니다. 채용 직무에 대한 모든 직무기술서를 첨부하게 되며 실제 수행 업무를 기준으로 세부적인 분류정보를 제공합니다.

채용분야	분류체계			
사무행정	대분류	중분류	소분류	세분류
분류코드	02. 경영·회계·사무	03. 재무·회계	01. 재무	01. 예산
				02. 자금
			02. 회계	01. 회계감사
				02. 세무

2. 능력단위

설명

직무분류 체계의 세분류 하위능력단위 중 실질적으로 수행할 업무의 능력만 구체적으로 파악할 수 있습니다.

능력단위	(예산)	03. 연간종합예산수립 05. 확정예산 운영	04. 추정재무제표 작성 06. 예산실적 관리
	(자금)	04. 자금운용	
	(회계감사)	02. 자금관리 05. 회계정보시스템 운용 07. 회계감사	04. 결산관리 06. 재무분석
	(세무)	02. 결산관리 07. 법인세 신고	05. 부가가치세 신고

3. 직무수행내용

설명

세분류 영역의 기본정의를 통해 직무수행내용을 확인할 수 있습니다. 입사 후 수행할 직무내용을 구체적으로 확인할 수 있으며, 이를 통해 입사서류 작성부터 면접까지 직무에 대한 명확한 이해를 바탕으로 자신의 희망직무인지 아닌지, 해당 직무가 자신이 알고 있던 직무가 맞는지 확인할 수 있습니다.

직무수행내용	(예산) 일정기간 예상되는 수익과 비용을 편성, 집행하며 통제하는 일
	(자금) 자금의 계획 수립, 조달, 운용을 하고 발생 가능한 위험 관리 및 성과평가
	(회계감사) 기업 및 조직 내·외부에 있는 의사결정자들이 효율적인 의사결정을 할 수 있도록 유용한 정보를 제공, 제공된 회계정보의 적정성을 파악하는 일
	(세무) 세무는 기업의 활동을 위하여 주어진 세법범위 내에서 조세부담을 최소화시키는 조세전략을 포함하고 정확한 과세소득과 과세표준 및 세액을 산출하여 과세당국에 신고·납부하는 일

4. 직무기술서 예시

태도	(예산) 정확성, 분석적 태도, 논리적 태도, 타 부서와의 협조적 태도, 설득력
	(자금) 분석적 사고력
	(회계 감사) 합리적 태도, 전략적 사고, 정확성, 적극적 협업 태도, 법률준수 태도, 분석적 태도, 신속성, 책임감, 정확한 판단력
	(세무) 규정 준수 의지, 수리적 정확성, 주의 깊은 태도
우대 자격증	공인회계사, 세무사, 컴퓨터활용능력, 변호사, 워드프로세서, 전산회계운용사, 사회조사분석사, 재경관리사, 회계관리 등
직업기초능력	의사소통능력, 문제해결능력, 자원관리능력, 대인관계능력, 정보능력, 조직이해능력

5. 직무기술서 내용별 확인사항

항목	확인사항
모집부문	해당 채용에서 선발하는 부문(분야)명 확인 예 사무행정, 전산, 전기
분류체계	지원하려는 분야의 세부직무군 확인
주요기능 및 역할	지원하려는 기업의 전사적인 기능과 역할, 산업군 확인
능력단위	지원분야의 직무수행에 관련되는 세부업무사항 확인
직무수행내용	지원분야의 직무군에 대한 상세사항 확인
전형방법	지원하려는 기업의 신입사원 선발전형 절차 확인
일반요건	교육사항을 제외한 지원 요건 확인(자격요건, 특수한 경우 연령)
교육요건	교육사항에 대한 지원요건 확인(대졸 / 초대졸 / 고졸 / 전공 요건)
필요지식	지원분야의 업무수행을 위해 요구되는 지식 관련 세부항목 확인
필요기술	지원분야의 업무수행을 위해 요구되는 기술 관련 세부항목 확인
직무수행태도	지원분야의 업무수행을 위해 요구되는 태도 관련 세부항목 확인
직업기초능력	지원분야 또는 지원기업의 조직원으로서 근무하기 위해 필요한 일반적인 능력사항 확인

03 입사지원서

1. 입사지원서의 변화

기존지원서		능력중심 채용 입사지원서
직무와 관련 없는 학점, 개인신상, 어학점수, 자격, 수상경력 등을 나열하도록 구성	VS	해당 직무수행에 꼭 필요한 정보들을 제시할 수 있도록 구성

- 직무기술서
- 직무수행내용
- 요구지식 / 기술
- 관련 자격증
- 사전직무경험

➡

인적사항	성명, 연락처, 지원분야 등 작성 (평가 미반영)
교육사항	직무지식과 관련된 학교교육 및 직업교육 작성
자격사항	직무관련 국가공인 또는 민간자격 작성
경력 및 경험사항	조직에 소속되어 일정한 임금을 받거나(경력) 임금 없이(경험) 직무와 관련된 활동 내용 작성

2. 교육사항

- 지원분야 직무와 관련된 학교 교육이나 직업교육 혹은 기타교육 등 직무에 대한 지원자의 학습 여부를 평가하기 위한 항목입니다.
- 지원하고자 하는 직무의 학교 전공교육 이외에 직업교육, 기타교육 등을 기입할 수 있기 때문에 전공 제한 없이 직업교육과 기타교육을 이수하여 지원이 가능하도록 기회를 제공합니다.
  (기타교육 : 학교 이외의 기관에서 개인이 이수한 교육과정 중 지원직무와 관련이 있다고 생각되는 교육내용)

구분	교육과정(과목)명	교육내용	과업(능력단위)

3. 자격사항

- 채용공고 및 직무기술서에 제시되어 있는 자격 현황을 토대로 지원자가 해당 직무를 수행하는 데 필요한 능력을 가지고 있는지를 평가하기 위한 항목입니다.
- 채용공고 및 직무기술서에 기재된 직무관련 필수 또는 우대자격 항목을 확인하여 본인이 보유하고 있는 자격사항을 기재합니다.

자격유형	자격증명	발급기관	취득일자	자격증번호

4. 경력 및 경험사항

- 직무와 관련된 경력이나 경험 여부를 표현하도록 하여 직무와 관련한 능력을 갖추었는지를 평가하기 위한 항목입니다.
- 해당 기업에서 직무를 수행함에 있어 필요한 사항만을 기록하게 되어 있기 때문에 직무와 무관한 스펙을 갖추지 않아도 됩니다.
- 경력 : 금전적 보수를 받고 일정기간 동안 일했던 경우
- 경험 : 금전적 보수를 받지 않고 수행한 활동

※ 기업에 따라 경력 / 경험 관련 증빙자료 요구 가능

구분	조직명	직위 / 역할	활동기간(년 / 월)	주요과업 / 활동내용

Tip

입사지원서 작성 방법

○ 경력 및 경험사항 작성

- 직무기술서에 제시된 지식, 기술, 태도와 지원자의 교육사항, 경력(경험)사항, 자격사항과 연계하여 개인의 직무역량에 대해 스스로 판단 가능

○ 인적사항 최소화

- 개인의 인적사항, 학교명, 가족관계 등을 노출하지 않도록 유의

부적절한 입사지원서 작성 사례

- 학교 이메일을 기입하여 학교명 노출
- 거주지 주소에 학교 기숙사 주소를 기입하여 학교명 노출
- 자기소개서에 부모님이 재직 중인 기업명, 직위, 직업을 기입하여 가족관계 노출
- 자기소개서에 석·박사 과정에 대한 이야기를 언급하여 학력 노출
- 동아리 활동에 대한 내용을 학교명과 더불어 언급하여 학교명 노출

04 자기소개서

1. 자기소개서의 변화

- 기존의 자기소개서는 지원자의 일대기나 관심 분야, 성격의 장·단점 등 개괄적인 사항을 묻는 질문으로 구성되어 지원자가 자신의 직무능력을 제대로 표출하지 못합니다.
- 능력중심 채용의 자기소개서는 직무기술서에 제시된 직업기초능력(또는 직무수행능력)에 대한 지원자의 과거 경험을 기술하게 함으로써 평가 타당도의 확보가 가능합니다.

1. 우리 회사와 해당 지원 직무분야에 지원한 동기에 대해 기술해 주세요.

2. 자신이 경험한 다양한 사회활동에 대해 기술해 주세요.

3. 지원 직무에 대한 전문성을 키우기 위해 받은 교육과 경험 및 경력사항에 대해 기술해 주세요.

4. 인사업무 또는 팀 과제 수행 중 발생한 갈등을 원만하게 해결해 본 경험이 있습니까? 당시 상황에 대한 설명과 갈등의 대상이 되었던 상대방을 설득한 과정 및 방법을 기술해 주세요.

5. 과거에 있었던 일 중 가장 어려웠었던(힘들었었던) 상황을 고르고, 어떤 방법으로 그 상황을 해결했는지를 기술해 주세요.

Tip

자기소개서 작성 방법

① 자기소개서 문항이 묻고 있는 평가 역량 추측하기

예시

- 팀 활동을 하면서 갈등 상황 시 상대방의 니즈나 의도를 명확히 파악하고 해결하여 목표 달성에 기여했던 경험에 대해서 작성해 주시기 바랍니다.
- 다른 사람이 생각해내지 못했던 문제점을 찾고 이를 해결한 경험에 대해 작성해 주시기 바랍니다.

② 해당 역량을 보여줄 수 있는 소재 찾기(시간×역량 매트릭스)

예시

시간 ⟷ / 평가역량 ↕

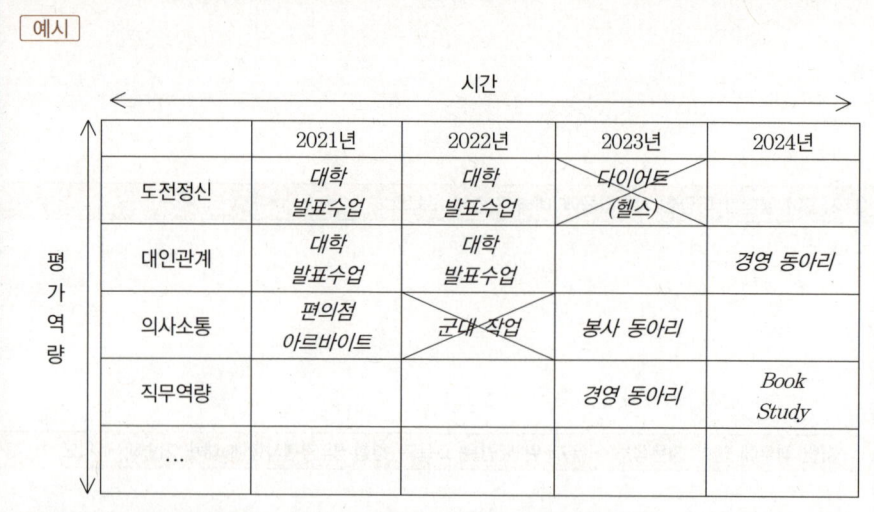

	2021년	2022년	2023년	2024년
도전정신	*대학 발표수업*	*대학 발표수업*	~~*다이어트(헬스)*~~	
대인관계	*대학 발표수업*	*대학 발표수업*		*경영 동아리*
의사소통	*편의점 아르바이트*	~~*군대 작업*~~	*봉사 동아리*	
직무역량			*경영 동아리*	*Book Study*
…				

③ 자기소개서 작성 Skill 익히기

- 두괄식으로 작성하기
- 구체적 사례를 사용하기
- '나'를 중심으로 작성하기
- 직무역량 강조하기
- 경험 사례의 차별성 강조하기

CHAPTER

03 인성검사 소개 및 모의테스트

01 인성검사 유형

인성검사는 지원자의 성격특성을 객관적으로 파악하고 그것이 각 기업에서 필요로 하는 인재상과 가치에 부합하는가를 평가하기 위한 검사입니다. 인성검사는 KPDI(한국인재개발진흥원), K-SAD(한국사회적성개발원), KIRBS(한국행동과학연구소), SHR(에스에이치알) 등의 전문기관을 통해 각 기업의 특성에 맞는 검사를 선택하여 실시합니다. 대표적인 인성검사의 유형에는 크게 다음과 같은 세 가지가 있으며, 채용 대행업체에 따라 달라집니다.

PART 3

1. KPDI 검사

조직적응성과 직무적합성을 알아보기 위한 검사로 인성검사, 인성역량검사, 인적성검사, 직종별 인적성검사 등의 다양한 검사 도구를 구현합니다. KPDI는 성격을 파악하고 정신건강 상태 등을 측정하고, 직무검사는 해당 직무를 수행하기 위해 기본적으로 갖추어야 할 인지적 능력을 측정합니다. 역량검사는 특정 직무 역할을 효과적으로 수행하는 데 직접적으로 관련 있는 개인의 행동, 지식, 스킬, 가치관 등을 측정합니다.

2. KAD(Korea Aptitude Development) 검사

K-SAD(한국사회적성개발원)에서 실시하는 적성검사 프로그램입니다. 개인의 성향, 지적 능력, 기호, 관심, 흥미도를 종합적으로 분석하여 적성에 맞는 업무가 무엇인가 파악하고, 직무수행에 있어서 요구되는 기초능력과 실무능력을 분석합니다.

3. SHR 직무적성검사

직무수행에 필요한 종합적인 사고 능력을 다양한 적성검사(Paper and Pencil Test)로 평가합니다. SHR의 모든 직무능력검사는 표준화 검사입니다. 표준화 검사는 표본집단의 점수를 기초로 규준이 만들어진 검사이므로 개인의 점수를 규준에 맞추어 해석·비교하는 것이 가능합니다. S(Standardized Tests), H(Hundreds of Version), R(Reliable Norm Data)을 특징으로 하며, 직군·직급별 특성과 선발 수준에 맞추어 검사를 적용할 수 있습니다.

02 인성검사와 면접

인성검사는 특히 면접질문과 관련성이 높습니다. 면접관은 지원자의 인성검사 결과를 토대로 질문을 하기 때문입니다. 일관적이고 이상적인 답변을 하는 것이 가장 좋지만, 실제 시험은 매우 복잡하여 전문가라 해도 일정 성격을 유지하면서 답변을 하는 것이 힘듭니다. 또한, 인성검사에는 라이 스케일(Lie Scale) 설문이 전체 설문 속에 교묘하게 섞여 들어가 있으므로 겉치레적인 답을 하게 되면 회답태도의 허위성이 그대로 드러나게 됩니다. 예를 들어 '거짓말을 한 적이 한 번도 없다.'에 '예'로 답하고, '때로는 거짓말을 하기도 한다.'에 '예'라고 답하여 라이 스케일의 득점이 올라가게 되면 모든 회답의 신빙성이 사라지고 '자신을 돋보이게 하려는 사람'이라는 평가를 받을 수 있으므로 주의해야 합니다. 따라서 모의테스트를 통해 인성검사의 유형과 실제 시험 시 어떻게 문제를 풀어야 하는지 연습해 보고 체크한 부분 중 자신의 단점과 연결되는 부분은 면접에서 질문이 들어왔을 때 어떻게 대처해야 하는지 생각해 보는 것이 좋습니다.

03 유의사항

1. 기업의 인재상을 파악하라!

인성검사를 통해 개인의 성격 특성을 파악하고 그것이 기업의 인재상과 가치에 부합하는지를 평가하는 시험이기 때문에 해당 기업의 인재상을 먼저 파악하고 시험에 임하는 것이 좋습니다. 모의테스트에서 인재상에 맞는 가상의 인물을 설정하고 문제에 답해 보는 것도 많은 도움이 됩니다.

2. 일관성 있는 대답을 하라!

짧은 시간 안에 다양한 질문에 답을 해야 하는데, 그 안에는 중복되는 질문이 여러 번 나옵니다. 이때 앞서 자신이 체크했던 대답을 잘 기억해뒀다가 일관성 있는 답을 하는 것이 중요합니다.

3. 모든 문항에 대답하라!

많은 문제를 짧은 시간 안에 풀려다 보니 다 못 푸는 경우도 종종 생깁니다. 하지만 대답을 누락하거나 끝까지 다 못했을 경우 좋지 않은 결과를 가져올 수도 있으니 최대한 주어진 시간 안에 모든 문항에 답할 수 있도록 해야 합니다.

04 KPDI 모의테스트

※ 모의테스트는 질문 및 답변 유형 연습을 위한 것으로 실제 시험과 다를 수 있습니다.
※ 인성검사는 정답이 따로 없는 유형의 검사이므로 결과지를 제공하지 않습니다.

번호	내용	예	아니요
001	나는 솔직한 편이다.	☐	☐
002	나는 리드하는 것을 좋아한다.	☐	☐
003	법을 어겨서 말썽이 된 적이 한 번도 없다.	☐	☐
004	거짓말을 한 번도 한 적이 없다.	☐	☐
005	나는 눈치가 빠르다.	☐	☐
006	나는 일을 주도하기보다는 뒤에서 지원하는 것을 선호한다.	☐	☐
007	앞일은 알 수 없기 때문에 계획은 필요하지 않다.	☐	☐
008	거짓말도 때로는 방편이라고 생각한다.	☐	☐
009	사람이 많은 술자리를 좋아한다.	☐	☐
010	걱정이 지나치게 많다.	☐	☐
011	일을 시작하기 전 재고하는 경향이 있다.	☐	☐
012	불의를 참지 못한다.	☐	☐
013	처음 만나는 사람과도 이야기를 잘 한다.	☐	☐
014	때로는 변화가 두렵다.	☐	☐
015	나는 모든 사람에게 친절하다.	☐	☐
016	힘든 일이 있을 때 술은 위로가 되지 않는다.	☐	☐
017	결정을 빨리 내리지 못해 손해를 본 경험이 있다.	☐	☐
018	기회를 잡을 준비가 되어 있다.	☐	☐
019	때로는 내가 정말 쓸모없는 사람이라고 느낀다.	☐	☐
020	누군가 나를 챙겨주는 것이 좋다.	☐	☐
021	자주 가슴이 답답하다.	☐	☐
022	나는 내가 자랑스럽다.	☐	☐
023	경험이 중요하다고 생각한다.	☐	☐
024	전자기기를 분해하고 다시 조립하는 것을 좋아한다.	☐	☐

025	감시받고 있다는 느낌이 든다.	☐	☐
026	난처한 상황에 놓이면 그 순간을 피하고 싶다.	☐	☐
027	세상엔 믿을 사람이 없다.	☐	☐
028	잘못을 빨리 인정하는 편이다.	☐	☐
029	지도를 보고 길을 잘 찾아간다.	☐	☐
030	귓속말을 하는 사람을 보면 날 비난하고 있는 것 같다.	☐	☐
031	막무가내라는 말을 들을 때가 있다.	☐	☐
032	장래의 일을 생각하면 불안하다.	☐	☐
033	결과보다 과정이 중요하다고 생각한다.	☐	☐
034	운동은 그다지 할 필요가 없다고 생각한다.	☐	☐
035	새로운 일을 시작할 때 좀처럼 한 발을 떼지 못한다.	☐	☐
036	기분 상하는 일이 있더라도 참는 편이다.	☐	☐
037	업무능력은 성과로 평가받아야 한다고 생각한다.	☐	☐
038	머리가 맑지 못하고 무거운 느낌이 든다.	☐	☐
039	가끔 이상한 소리가 들린다.	☐	☐
040	타인이 내게 자주 고민상담을 하는 편이다.	☐	☐

05 SHR 모의테스트

※ 모의테스트는 질문 및 답변 유형 연습을 위한 것으로 실제 시험과 다를 수 있습니다.
※ 인성검사는 정답이 따로 없는 유형의 검사이므로 결과지를 제공하지 않습니다.

※ 이 성격검사의 각 문항에는 서로 다른 행동을 나타내는 네 개의 문장이 제시되어 있습니다. 이 문장들을 비교하여, 자신의 평소 행동과 가장 가까운 문장을 'ㄱ' 열에 표기하고, 가장 먼 문장을 'ㅁ' 열에 표기하십시오.

01 나는 ______________________

	ㄱ	ㅁ
A. 실용적인 해결책을 찾는다.	☐	☐
B. 다른 사람을 돕는 것을 좋아한다.	☐	☐
C. 세부 사항을 잘 챙긴다.	☐	☐
D. 상대의 주장에서 허점을 잘 찾는다.	☐	☐

02 나는 ______________________

	ㄱ	ㅁ
A. 매사에 적극적으로 임한다.	☐	☐
B. 즉흥적인 편이다.	☐	☐
C. 관찰력이 있다.	☐	☐
D. 임기응변에 강하다.	☐	☐

03 나는 ______________________

	ㄱ	ㅁ
A. 무서운 영화를 잘 본다.	☐	☐
B. 조용한 곳이 좋다.	☐	☐
C. 가끔 울고 싶다.	☐	☐
D. 집중력이 좋다.	☐	☐

04 나는 ______________________

	ㄱ	ㅁ
A. 기계를 조립하는 것을 좋아한다.	☐	☐
B. 집단에서 리드하는 역할을 맡는다.	☐	☐
C. 호기심이 많다.	☐	☐
D. 음악을 듣는 것을 좋아한다.	☐	☐

05 나는 ____________________

	ㄱ	ㅁ
A. 타인을 늘 배려한다.	☐	☐
B. 감수성이 예민하다.	☐	☐
C. 즐겨하는 운동이 있다.	☐	☐
D. 일을 시작하기 전에 계획을 세운다.	☐	☐

06 나는 ____________________

	ㄱ	ㅁ
A. 타인에게 설명하는 것을 좋아한다.	☐	☐
B. 여행을 좋아한다.	☐	☐
C. 정적인 것이 좋다.	☐	☐
D. 남을 돕는 것에 보람을 느낀다.	☐	☐

07 나는 ____________________

	ㄱ	ㅁ
A. 기계를 능숙하게 다룬다.	☐	☐
B. 밤에 잠이 잘 오지 않는다.	☐	☐
C. 한 번 간 길을 잘 기억한다.	☐	☐
D. 불의를 보면 참을 수 없다.	☐	☐

08 나는 ____________________

	ㄱ	ㅁ
A. 종일 말을 하지 않을 때가 있다.	☐	☐
B. 사람이 많은 곳을 좋아한다.	☐	☐
C. 술을 좋아한다.	☐	☐
D. 휴양지에서 편하게 쉬고 싶다.	☐	☐

09 나는 ______________________

A. 뉴스보다는 드라마를 좋아한다.
B. 길을 잘 찾는다.
C. 주말엔 집에서 쉬는 것이 좋다.
D. 아침에 일어나는 것이 힘들다.

ㄱ	ㅁ
☐	☐
☐	☐
☐	☐
☐	☐

10 나는 ______________________

A. 이성적이다.
B. 할 일을 종종 미룬다.
C. 어른을 대하는 게 힘들다.
D. 불을 보면 매혹을 느낀다.

ㄱ	ㅁ
☐	☐
☐	☐
☐	☐
☐	☐

11 나는 ______________________

A. 상상력이 풍부하다.
B. 예의 바르다는 소리를 자주 듣는다.
C. 사람들 앞에 서면 긴장한다.
D. 친구를 자주 만난다.

ㄱ	ㅁ
☐	☐
☐	☐
☐	☐
☐	☐

12 나는 ______________________

A. 나만의 스트레스 해소 방법이 있다.
B. 친구가 많다.
C. 책을 자주 읽는다.
D. 활동적이다.

ㄱ	ㅁ
☐	☐
☐	☐
☐	☐
☐	☐

CHAPTER 04

면접전형 가이드

01 면접 주요사항

1. 면접전형의 변화

기존 면접전형에서는 일상적이고 단편적인 대화나 지원자의 첫인상 및 면접관의 주관적인 판단 등에 의해서 입사 결정 여부를 판단하는 경우가 많았습니다. 이러한 면접전형은 면접 내용의 일관성이 결여되거나 직무 관련 타당성이 부족하였고, 면접에 대한 신뢰도에 영향을 주었습니다.

기존 면접(전통적 면접)		능력중심 채용 면접(구조화 면접)
• 일상적이고 단편적인 대화 • 인상, 외모 등 외부 요소의 영향 • 주관적인 판단에 의존한 총점 부여 ⇩ • 면접 내용의 일관성 결여 • 직무관련 타당성 부족 • 주관적인 채점으로 신뢰도 저하	VS	• 일관성 – 직무관련 역량에 초점을 둔 구체적 질문 목록 – 지원자별 동일 질문 적용 • 구조화 – 면접 진행 및 평가 절차를 일정한 체계에 의해 구성 • 표준화 – 평가 타당도 제고를 위한 평가 Matrix 구성 – 척도에 따라 항목별 채점, 개인 간 비교 • 신뢰성 – 면접진행 매뉴얼에 따라 면접위원 교육 및 실습

2. 능력중심 채용의 면접 유형

① 경험 면접
- 목적 : 선발하고자 하는 직무 능력이 필요한 과거 경험을 질문합니다.
- 평가요소 : 직업기초능력과 인성 및 태도적 요소를 평가합니다.

② 상황 면접
- 목적 : 특정 상황을 제시하고 지원자의 행동을 관찰함으로써 실제 상황의 행동을 예상합니다.
- 평가요소 : 직업기초능력과 인성 및 태도적 요소를 평가합니다.

③ 발표 면접
- 목적 : 특정 주제와 관련된 지원자의 발표와 질의응답을 통해 지원자 역량을 평가합니다.
- 평가요소 : 직무수행능력과 인지적 역량(문제해결능력)을 평가합니다.

④ 토론 면접
- 목적 : 토의과제에 대한 의견수렴 과정에서 지원자의 역량과 상호작용능력을 평가합니다.
- 평가요소 : 직무수행능력과 팀워크를 평가합니다.

02 면접유형별 준비 방법

1. 경험 면접

① 경험 면접의 특징

- 주로 직업기초능력에 관련된 지원자의 과거 경험을 심층 질문하여 검증하는 면접입니다.
- 직무능력과 관련된 과거 경험을 평가하기 위해 심층 질문을 하며, 이 질문은 지원자의 답변에 대하여 '꼬리에 꼬리를 무는 형식'으로 진행됩니다.

> - 능력요소, 정의, 심사 기준
>   - 평가하고자 하는 능력요소, 정의, 심사기준을 확인하여 면접위원이 해당 능력요소 관련 질문을 제시합니다.
> - Opening Question
>   - 능력요소에 관련된 과거 경험을 유도하기 위한 시작 질문을 합니다.
> - Follow-up Question
>   - 지원자의 경험 수준을 구체적으로 검증하기 위한 질문입니다.
>   - 경험 수준 검증을 위한 상황(Situation), 임무(Task), 역할 및 노력(Action), 결과(Result) 등으로 질문을 구분합니다.

경험 면접의 형태

〈일대다 면접〉 〈다대다 면접〉

② 경험 면접의 구조

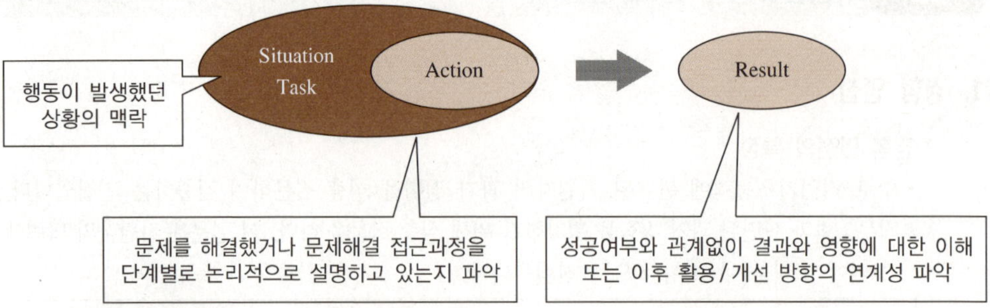

S(Situation)	귀하가 처해 있던 상황에 대해 말해 보시오.
T(Task)	귀하가 수행한 과제 / 과업은 무엇인가?
A(Action)	어떻게 행동(대응)했는가?
R(Result)	그 행동의 결과는 어땠는가?

(　　　　　)에 관한 과거 경험에 대하여 말해 보시오.

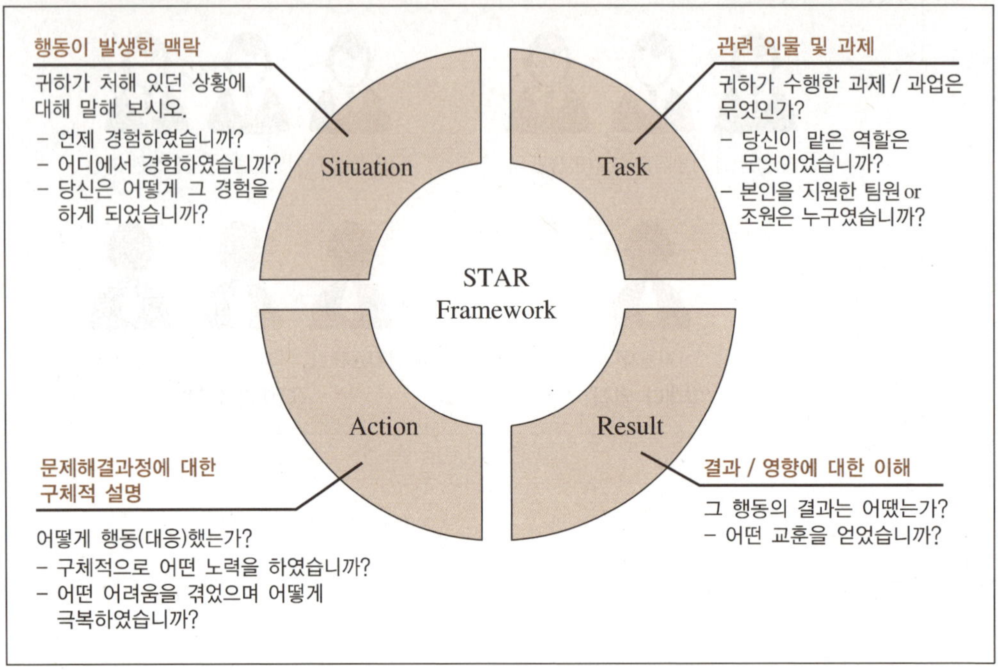

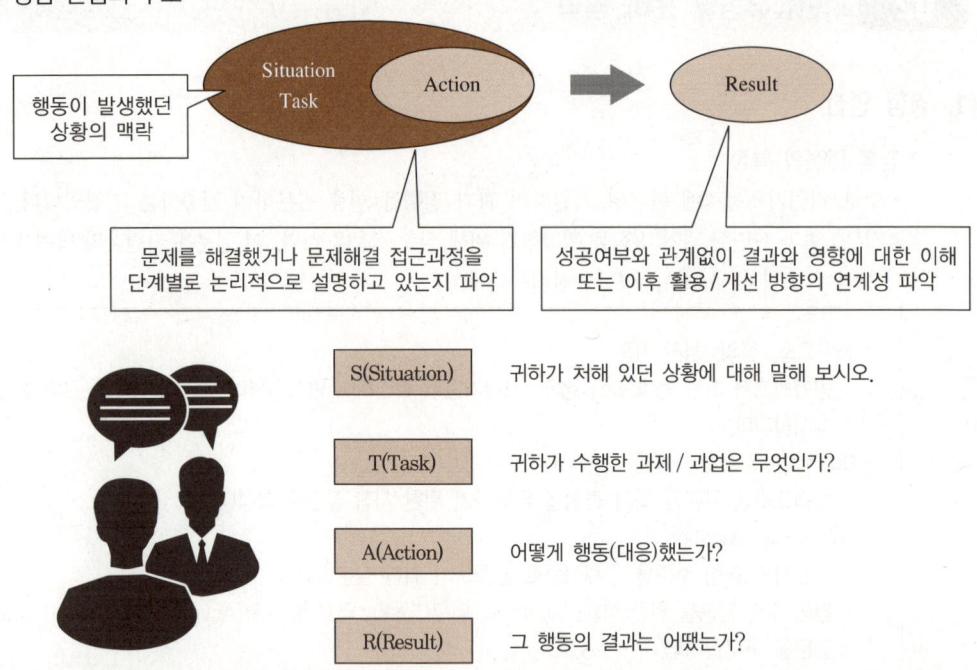

③ 경험 면접 질문 예시(직업윤리)

시작 질문	
1	남들이 신경 쓰지 않는 부분까지 고려하여 절차대로 업무(연구)를 수행하여 성과를 낸 경험을 구체적으로 말해 보시오.
2	조직의 원칙과 절차를 철저히 준수하며 업무(연구)를 수행한 것 중 성과를 향상시킨 경험에 대해 구체적으로 말해 보시오.
3	세부적인 절차와 규칙에 주의를 기울여 실수 없이 업무(연구)를 마무리한 경험을 구체적으로 말해 보시오.
4	조직의 규칙이나 원칙을 고려하여 성실하게 일했던 경험을 구체적으로 말해 보시오.
5	타인의 실수를 바로잡고 원칙과 절차대로 수행하여 성공적으로 업무를 마무리하였던 경험에 대해 말해 보시오.

후속 질문		
상황 (Situation)	상황	구체적으로 언제, 어디에서 경험한 일인가?
		어떤 상황이었는가?
	조직	어떤 조직에 속해 있었는가?
		그 조직의 특성은 무엇이었는가?
		몇 명으로 구성된 조직이었는가?
	기간	해당 조직에서 얼마나 일했는가?
		해당 업무는 몇 개월 동안 지속되었는가?
	조직규칙	조직의 원칙이나 규칙은 무엇이었는가?
임무 (Task)	과제	과제의 목표는 무엇이었는가?
		과제에 적용되는 조직의 원칙은 무엇이었는가?
		그 규칙을 지켜야 하는 이유는 무엇이었는가?
	역할	당신이 조직에서 맡은 역할은 무엇이었는가?
		과제에서 맡은 역할은 무엇이었는가?
	문제의식	규칙을 지키지 않을 경우 생기는 문제점 / 불편함은 무엇인가?
		해당 규칙이 왜 중요하다고 생각하였는가?
역할 및 노력 (Action)	행동	업무 과정의 어떤 장면에서 규칙을 철저히 준수하였는가?
		어떻게 규정을 적용시켜 업무를 수행하였는가?
		규정은 준수하는 데 어려움은 없었는가?
	노력	그 규칙을 지키기 위해 스스로 어떤 노력을 기울였는가?
		본인의 생각이나 태도에 어떤 변화가 있었는가?
		다른 사람들은 어떤 노력을 기울였는가?
	동료관계	동료들은 규칙을 철저히 준수하고 있었는가?
		팀원들은 해당 규칙에 대해 어떻게 반응하였는가?
		규칙에 대한 태도를 개선하기 위해 어떤 노력을 하였는가?
		팀원들의 태도는 당신에게 어떤 자극을 주었는가?
	업무추진	주어진 업무를 추진하는 데 규칙이 방해되진 않았는가?
		업무수행 과정에서 규정을 어떻게 적용하였는가?
		업무 시 규정을 준수해야 한다고 생각한 이유는 무엇인가?

결과 (Result)	평가	규칙을 어느 정도나 준수하였는가?
		그렇게 준수할 수 있었던 이유는 무엇이었는가?
		업무의 성과는 어느 정도였는가?
		성과에 만족하였는가?
		비슷한 상황이 온다면 어떻게 할 것인가?
	피드백	주변 사람들로부터 어떤 평가를 받았는가?
		그러한 평가에 만족하는가?
		다른 사람에게 본인의 행동이 영향을 주었다고 생각하는가?
	교훈	업무수행 과정에서 중요한 점은 무엇이라고 생각하는가?
		이 경험을 통해 느낀 바는 무엇인가?

2. 상황 면접

① 상황 면접의 특징

직무 관련 상황을 가정하여 제시하고 이에 대한 대응능력을 직무관련성 측면에서 평가하는 면접입니다.

- 상황 면접 과제의 구성은 크게 2가지로 구분
  - 상황 제시(Description) / 문제 제시(Question or Problem)
- 현장의 실제 업무 상황을 반영하여 과제를 제시하므로 직무분석이나 직무전문가 워크숍 등을 거쳐 현장성을 높임
- 문제는 상황에 대한 기본적인 이해능력(이론적 지식)과 함께 실질적 대응이나 변수 고려능력(실천적 능력) 등을 고르게 질문해야 함

상황 면접의 형태

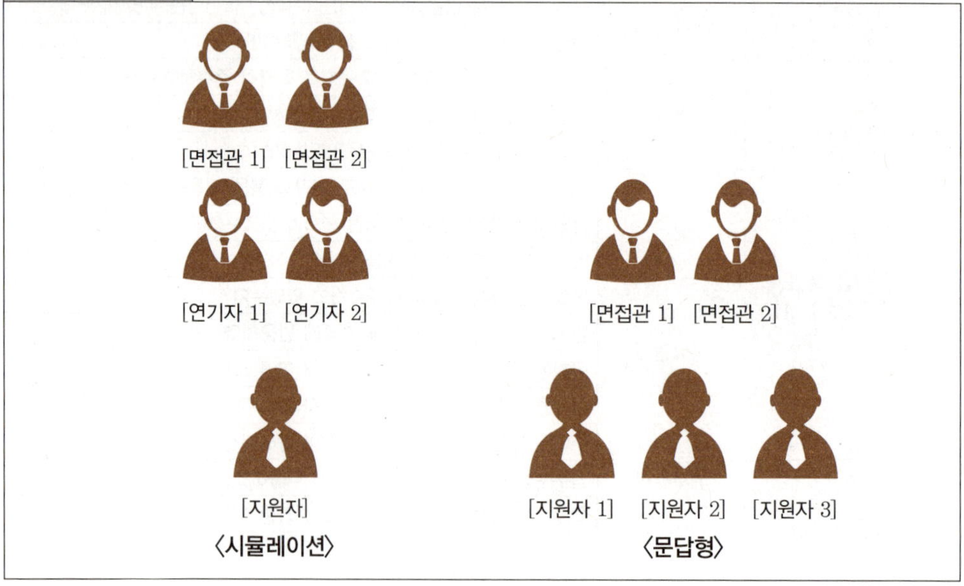

② 상황 면접 예시

상황 제시	인천공항 여객터미널 내에는 다양한 용도의 시설(사무실, 통신실, 식당, 전산실, 창고 면세점 등)이 설치되어 있습니다.	실제 업무 상황에 기반함
	금년에 소방배관의 누수가 잦아 메인 배관을 교체하는 공사를 추진하고 있으며, 당신은 이번 공사의 담당자입니다.	배경 정보
	주간에는 공항 운영이 이루어져 주로 야간에만 배관 교체 공사를 수행하던 중, 시공하는 기능공의 실수로 배관 연결 부위를 잘못 건드려 고압배관의 소화수가 누출되는 사고가 발생하였으며, 이로 인해 인근 시설물에 누수에 의한 피해가 발생하였습니다.	구체적인 문제 상황
문제 제시	일반적인 소방배관의 배관연결(이음)방식과 배관의 이탈(누수)이 발생하는 원인에 대해 설명해 보시오.	문제 상황 해결을 위한 기본 지식 문항
	담당자로서 본 사고를 현장에서 긴급히 처리하는 프로세스를 제시하고, 보수완료 후 사후적 조치가 필요한 부분 및 재발방지 방안에 대해 설명해 보시오.	문제 상황 해결을 위한 추가 대응 문항

3. 발표 면접

① 발표 면접의 특징

- 직무관련 주제에 대한 지원자의 생각을 정리하여 의견을 제시하고, 발표 및 질의응답을 통해 지원자의 직무능력을 평가하는 면접입니다.
- 발표 주제는 직무와 관련된 자료로 제공되며, 일정 시간 후 지원자가 보유한 지식 및 방안에 대한 발표 및 후속 질문을 통해 직무적합성을 평가합니다.

- 주요 평가요소
  - 설득적 말하기 / 발표능력 / 문제해결능력 / 직무관련 전문성
- 이미 언론을 통해 공론화된 시사 이슈보다는 해당 직무분야에 관련된 주제가 발표면접의 과제로 선정되는 경우가 최근 들어 늘어나고 있음
- 짧은 시간 동안 주어진 과제를 빠른 속도로 분석하여 발표문을 작성하고 제한된 시간 안에 면접관에게 효과적인 발표를 진행하는 것이 핵심

발표 면접의 형태

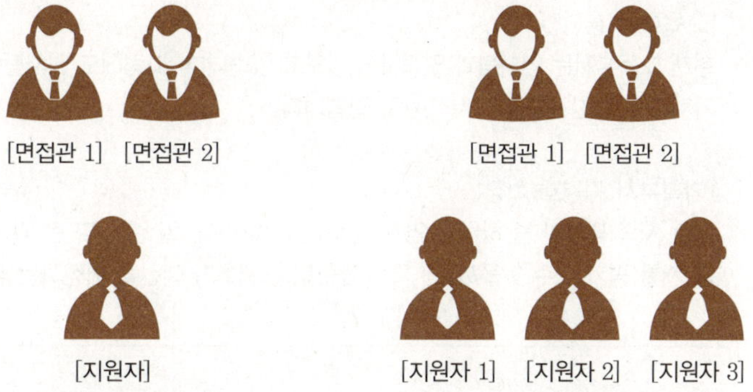

〈개별 과제 발표〉 〈팀 과제 발표〉

※ 면접관에게 시각적 효과를 사용하여 메시지를 전달하는 쌍방향 커뮤니케이션 방식

※ 심층면접을 보완하기 위한 방안으로 최근 많은 기업에서 적극 도입하는 추세

② 발표 면접 예시

1. 지시문

당신은 현재 A사에서 직원들의 성과평가를 담당하고 있는 팀원이다. 인사팀은 지난주부터 사내 조직문화관련 인터뷰를 하던 도중 성과평가제도에 관련된 개선 니즈가 제일 많다는 것을 알게 되었다. 이에 팀장님은 인터뷰 결과를 종합하려 성과평가제도 개선 아이디어를 A4용지에 정리하여 신속 보고할 것을 지시하셨다. 당신에게 남은 시간은 1시간이다. 자료를 준비하는 대로 당신은 팀원들이 모인 회의실에서 5분 간 발표할 것이며, 이후 질의응답을 진행할 것이다.

2. 배경자료

〈성과평가제도 개선에 대한 인터뷰〉

최근 A사는 회사 사세의 급성장으로 인해 작년보다 매출이 두 배 성장하였고, 직원 수 또한 두 배로 증가하였다. 회사의 성장은 임금, 복지에 대한 상승 등 긍정적인 영향을 주었으나 업무의 불균형 및 성과보상의 불평등 문제가 발생하였다. 또한 수시로 입사하는 신입직원과 경력직원, 퇴사하는 직원들까지 인원들의 잦은 변동으로 인해 평가해야 할 대상이 변경되어 현재의 성과평가제도로는 공정한 평가가 어려운 상황이다.

[생산부서 김상호]
우리 팀은 지난 1년 동안 생산량이 급증했기 때문에 수십 명의 신규인력이 급하게 채용되었습니다. 이 때문에 저희 팀장님은 신규 입사자들의 이름조차 기억 못할 때가 많이 있습니다. 성과평가를 제대로 하고 있는지 의문이 듭니다.

[마케팅 부서 김흥민]
개인의 성과평가의 취지는 충분히 이해합니다. 그러나 현재 평가는 실적기반이나 정성적인 평가가 많이 포함되어 있어 객관성과 공정성에는 의문이 드는 것이 사실입니다. 이러한 상황에서 평가제도를 재수립하지 않고, 인센티브에 계속 반영한다면, 평가제도에 대한 반감이 커질 것이 분명합니다.

[교육부서 홍경민]
현재 교육부서는 인사팀과 밀접하게 일하고 있습니다. 그럼에도 인사팀에서 실시하는 성과평가제도에 대한 이해가 부족한 것 같습니다.

[기획부서 김경호 차장]
저는 저의 평가자 중 하나가 연구부서의 팀장님인데, 일 년에 몇 번 같이 일하지 않는데 어떻게 저를 평가할 수 있을까요? 특히 연구팀은 저희가 예산을 배정하는데, 저에게는 좋지만….

4. 토론 면접

① 토론 면접의 특징

- 다수의 지원자가 조를 편성해 과제에 대한 토론(토의)을 통해 결론을 도출해가는 면접입니다.
- 의사소통능력, 팀워크, 종합인성 등의 평가에 용이합니다.

> - 주요 평가요소
>   - 설득적 말하기, 경청능력, 팀워크, 종합인성
> - 의견 대립이 명확한 주제 또는 채용분야의 직무 관련 주요 현안을 주제로 과제 구성
> - 제한된 시간 내 토론을 진행해야 하므로 적극적으로 자신 있게 토론에 임하고 본인의 의견을 개진할 수 있어야 함

토론 면접의 형태

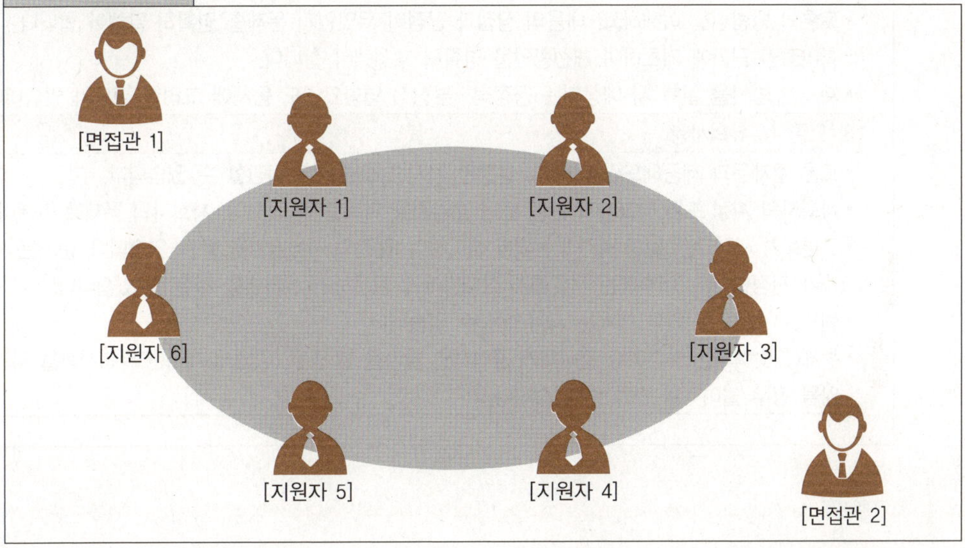

② 토론 면접 예시

고객 불만 고충처리
1. 들어가며
최근 우리 상품에 대한 고객 불만의 증가로 고객고충처리 TF가 만들어졌고 당신은 여기에 지원해 배치받았다. 당신의 업무는 불만을 가진 고객을 만나서 애로사항을 듣고 처리해 주는 일이다. 주된 업무로는 고객의 니즈를 파악해 방향성을 제시해 주고 그 해결책을 마련하는 일이다. 하지만 경우에 따라서 고객의 주관적인 의견으로 인해 제대로 된 방향으로 의사결정을 하지 못할 때가 있다. 이럴 경우 설득이나 논쟁을 해서라도 의견을 관철시키는 것이 좋을지 아니면 고객의 의견대로 진행하는 것이 좋을지 결정해야 할 때가 있다. 만약 당신이라면 이러한 상황에서 어떤 결정을 내릴 것인지 여부를 자유롭게 토론해 보시오.
2. 1분 자유 발언 시 준비사항
• 당신은 의견을 자유롭게 개진할 수 있으며 이에 따른 불이익은 없습니다. • 토론의 방향성을 이해하고, 내용의 장점과 단점이 무엇인지 문제를 명확히 말해야 합니다. • 합리적인 근거에 기초하여 개선방안을 명확히 제시해야 합니다. • 제시한 방안을 실행 시 예상되는 긍정적·부정적 영향요인도 동시에 고려할 필요가 있습니다.
3. 토론 시 유의사항
• 토론 주제문과 제공해드린 메모지, 볼펜만 가지고 토론장에 입장할 수 있습니다. • 사회자의 지정 또는 발표자가 손을 들어 발언권을 획득할 수 있으며, 사회자의 통제에 따릅니다. • 토론회가 시작되면, 팀의 의견과 논거를 정리하여 1분간의 자유발언을 할 수 있습니다. 순서는 사회자가 지정합니다. 이후에는 자유롭게 상대방에게 질문하거나 답변을 하실 수 있습니다. • 핸드폰, 서적 등 외부 매체는 사용하실 수 없습니다. • 논제에 벗어나는 발언이나 지나치게 공격적인 발언을 할 경우, 위에서 제시한 유의사항을 지키지 않을 경우 불이익을 받을 수 있습니다.

03 면접 Role Play

1. 면접 Role Play 편성

- 교육생끼리 조를 편성하여 면접관과 지원자 역할을 교대로 진행합니다.
- 지원자 입장과 면접관 입장을 모두 경험해 보면서 면접에 대한 적응력을 높일 수 있습니다.

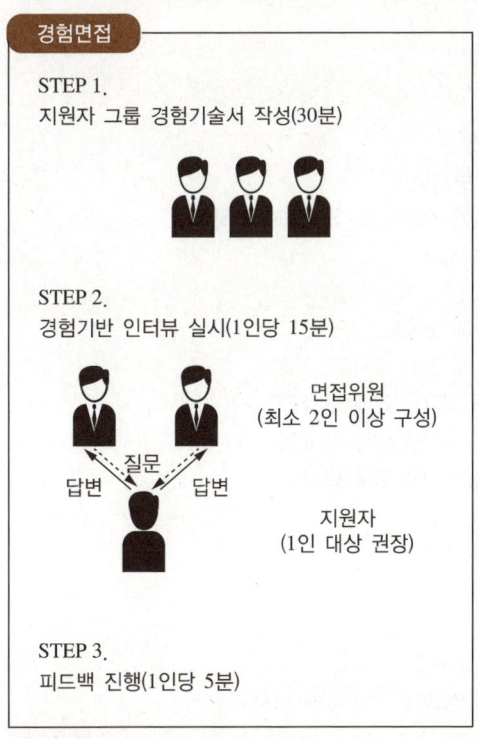

경험면접

STEP 1.
지원자 그룹 경험기술서 작성(30분)

STEP 2.
경험기반 인터뷰 실시(1인당 15분)

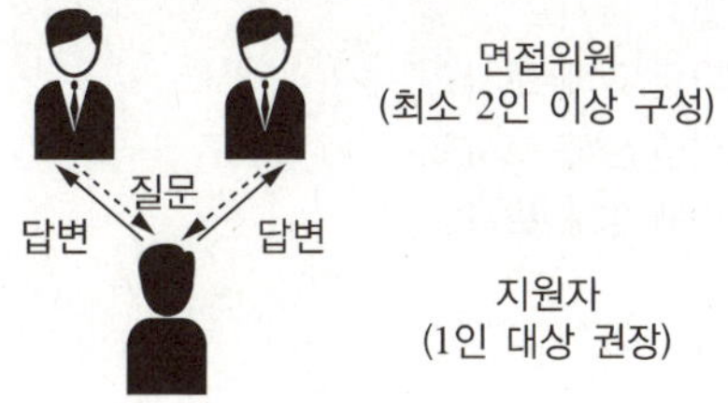

STEP 3.
피드백 진행(1인당 5분)

발표면접

STEP 1.
지원자 그룹 발표 내용 작성(30분)

STEP 2.
발표 5분+추가질의 5분(1인당 10분)

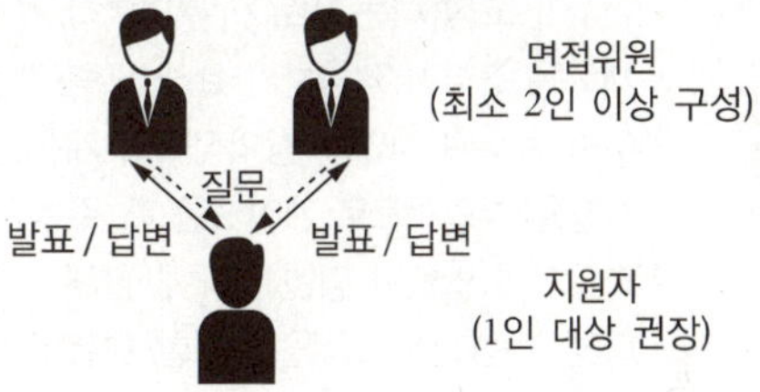

STEP 3.
피드백 진행(1인당 5분)

Tip

면접 준비하기

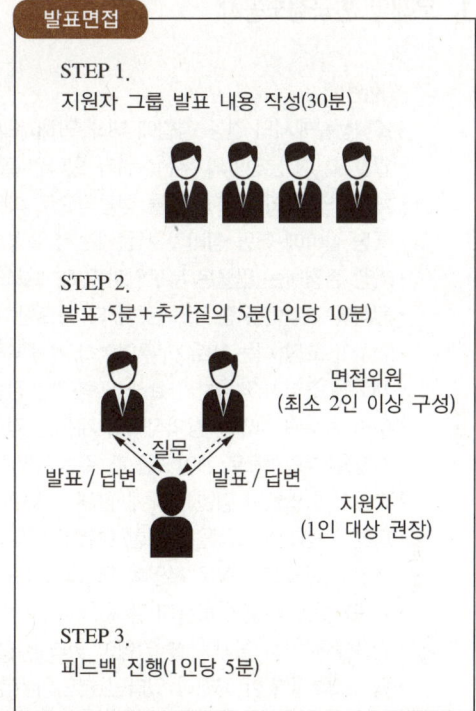

1. 면접 유형 확인 필수
   - 기업마다 면접 유형이 상이하기 때문에 해당 기업의 면접 유형을 확인하는 것이 좋음
   - 일반적으로 실무진 면접, 임원면접 2차례에 거쳐 면접을 실시하는 기업이 많고 실무진 면접과 임원 면접에서 평가요소가 다르기 때문에 유형에 맞는 준비방법이 필요
2. 후속 질문에 대한 사전 점검
   - 블라인드 채용 면접에서는 주요 질문과 함께 후속 질문을 통해 지원자의 직무능력을 판단
     → STAR 기법을 통한 후속 질문에 미리 대비하는 것이 필요

CHAPTER

05 주요 공기업 최신 면접 기출질문

1. 코레일 한국철도공사

[경험면접]

- 조직생활에서의 갈등 경험에 대해 말해 보시오.
- 일을 할 때 본인만의 우선순위가 있다면 말해 보시오.
- 체계적인 계획을 통해 일을 성공적으로 마무리한 경험이 있다면 말해 보시오.
- 특정 설비에 어떤 장비가 사용되는지 설명해 보시오.
- 가장 존경하는 인물은 누구인지 말해 보시오.
- 원칙과 고객만족 중 어느 것이 더 중요한지 말해 보시오.
- 기차가 고장 나는 이유가 무엇이라고 생각하는지 말해 보시오.
- 새로운 조직에 적응하기 위해 노력했던 경험이 있다면 말해 보시오.
- 이미 완수된 작업을 창의적으로 개선한 경험이 있다면 말해 보시오.
- 작업을 창의적으로 개선했을 때 주변인의 반응에 대해 말해 보시오.
- 타인과 협업했던 경험에 대해 말해 보시오.
- 다른 사람과의 갈등을 해결한 경험이 있다면 말해 보시오.
- 추가로 어필하고 싶은 본인의 역량에 대해 말해 보시오.
- 자기개발을 어떻게 하는지 말해 보시오.
- 인생을 살면서 실패해 본 경험이 있다면 말해 보시오.
- 팀워크를 발휘한 경험이 있다면 본인의 역할과 성과에 대해 말해 보시오.
- 본인의 장점과 단점은 무엇인지 말해 보시오.
- 본인의 장단점을 업무와 연관지어 말해 보시오.
- 성공이나 실패의 경험으로 얻은 교훈이 있다면 이를 직무에 어떻게 적용할 것인지 말해 보시오.
- 본인이 중요하게 생각하는 가치관에 대해 말해 보시오.
- 공공기관의 직원으로서 중요시해야 하는 덕목이나 역량에 대해 말해 보시오.
- 인간관계에서 스트레스를 받은 경험이 있다면 말해 보시오.
- 코레일의 직무를 수행하기 위해 특별히 더 노력한 부분이 있다면 말해 보시오.

[직무상황면접]

- 실제 역무원이 되었다고 가정하고 안내방송을 해 보시오.
- 기관사로 근무하던 중 졸아서 신호기가 황색일 때 비상제동을 했고, 전동차는 이미 빨간 신호를 현시하고 있는 신호기를 넘어섰다. 사업소로 복귀한 후 기관사로서 어떻게 행동할 것인지 말해 보시오.
- 동료가 일하기 싫다며 일을 제대로 하지 않을 경우 어떻게 대처할 것인지 말해 보시오.
- 노력한 프로젝트의 결과가 안 좋을 경우 어떻게 해결할 것인지 말해 보시오.
- 상사와 가치관이 대립한다면 어떻게 해결할 것인지 말해 보시오.
- 상사가 불법적인 일을 시킨다면 어떻게 행동할 것인지 말해 보시오.

2. 국민건강보험공단

[토론면접]

- 불법의료기관 개설 방지를 위한 특별사법경찰권의 실효성 재고 방안을 제시해 보시오.
- 아동청소년 정신건강 사회공헌활동을 고안해 보시오.
- 노인장기요양기관 부당청구 신고 활성화 방안을 제시해 보시오.
- 출생신고제와 보호출산제의 병행 방향을 제시해 보시오.
- 섭식장애에 대한 지원 방향을 제시해 보시오.
- 저소득층의 당뇨 관리 방안은 무엇인가?
- 공단에 제시하고 싶은 개인정보보호 강화 방안은 무엇인가?

[상황면접]

- 본인이 프로젝트 자료 조사 및 데이터 수집을 담당하였고, 이를 바탕으로 제작한 성과물이 좋은 반응을 얻었다. 하지만 자료에 오류가 있었고, 이 사실을 본인만 알고 있다면 어떻게 할 것인가?
- 함께 일하는 직원이 매우 내향적이라 본인에게만 이야기하려고 하고, 모든 활동을 본인과 하려고 하며 다른 직원들과는 잘 어울리지 않는다. 이럴 때 본인은 어떻게 할 것인가?
- 데이터 분석 역량이 뛰어난 본인은 사내 데이터 분석 동호회에 가입했다. 동호회 상사가 데이터 분석 관련 일을 부탁하였고, 처음에는 그 부탁을 들어줬으나 이제는 본인 업무에 무리가 될 정도로 부탁하고 있다. 이럴 때 본인은 어떻게 할 것인가?
- 선임이 나에게는 잡일을 시키고 동기에게는 중요한 일을 시킨다면 본인은 어떻게 할 것인가?
- 열심히 자료 조사를 했는데 선임이 상사에게 본인이 찾았다고 하는 상황에서 어떻게 대처할 것인가?
- 선임 A와 선임 B의 업무방식이 다른데 각자의 방식대로 업무를 처리하라고 하는 경우 본인은 어떻게 할 것인가?
- 갑작스럽게 전산 시스템이 먹통이 되어 고객 응대가 불가능한 상황일 때 어떻게 대처할 것인가?
- 공단 사업에 불만을 가진 고객들이 지사 앞에서 시위를 하여 내방 민원인들이 지사를 들어오지 못하고 있다면 어떻게 행동할 것인가?
- 지사에 방문한 고객이 비효율적인 제도를 논리적으로 지적하면서 화를 내고 있다면 신입사원으로서 어떻게 대응할 것인가?

[경험행동면접]

- 업무상 스스로 한계를 느낀 경험과 그것을 어떻게 해결했는지 말해 보시오.
- 적응에 어려움을 겪는 동료를 도운 경험에 대해 말해 보시오.
- 평소 어떤 상황에서 스트레스를 받으며, 어떻게 해소하는지 말해 보시오.
- 목표를 초과 달성한 경험과 그 동기에 대해 말해 보시오.
- 예의 없는 동료와 협력한 경험이 있다면 말해 보시오.
- 사회복지와 관련된 경험이 적은 편인데, 관련된 지식은 어떤 것들이 있는지 말해 보시오.
- 성장의 동력이 되었던 실패 경험이 있는가?
- 성실하다는 평을 들어본 경험이 있다면 이야기해 보시오.
- 상사와 가치관이 대립된다면 어떻게 대처할 것인지 말해 보시오.
- 본인이 가지고 있는 역량 중 어떤 업무에 전문성이 있다고 생각하는가?
- 가장 자신 있는 업무와 이와 관련된 이슈를 아는 대로 말해 보시오.
- 업무 중 모르는 것이 있다면 어떻게 대처하겠는가?
- 업무를 숙지하는 노하우가 있다면 말해 보시오.

3. 한국전력공사

- 많은 회사들 중 한국전력공사에 입사하고 싶은 이유를 말해 보시오.
- 본인에게 어떤 역량이 있고, 그것을 회사에 어떤 방식으로 기여할 수 있는지 말해 보시오.
- 전기요금에 대한 홍보 방안이 있다면 말해 보시오.
- 고령층 대상, 공공성 측면으로 홍보하게 된다면 어떻게 진행할 것인지 설명해 보시오.
- 한국인 노동자와 외국인 노동자의 임금격차에 대한 본인의 생각을 말해 보시오.
- ESG의 개념과 한국전력공사에서의 ESG 적용 방안이 있다면 말해 보시오.
- 한국전력공사로 이직을 생각하게 된 이유를 말해 보시오.
- 공기업 관련 법령에 대한 목적과 본인의 생각을 말해 보시오.
- 가공전선 배열 방식에 대해 아는 대로 설명해 보시오.
- 타인과의 갈등 상황이 발생했을 때, 지원자만의 해결 방안이 있는가?
- 우리 공사에 관련한 최신 기사에 대하여 간략하게 말해 보시오.
- 정확성과 신속성 중 무엇을 더 중요하게 생각하는가?
- 지원자의 좌우명은 무엇인가?
- 지원자의 단점을 말해 보시오.
- 최근의 시사이슈를 한 가지 말해 보고, 그에 대한 본인의 생각을 말해 보시오.
- 최근에 겪은 변화에 대하여 말해 보시오.
- 지원자의 특별한 장점에 대하여 말해 보시오.

4. 건강보험심사평가원

- 업무를 개선하기 위하여 창의적인 대안을 마련한 경험이 있는지 말해 보시오.
- 업무 개선을 위해 다른 플랫폼의 사용을 생각한 경험이 있는지 말해 보시오.
- 업무에 있어서 전문지식을 향상하기 위해 노력한 경험이 있는지 말해 보시오.
- 업무를 하면서 역량이 부족하다고 느낀 경험이 있다면, 어떤 노력을 했는지 말해 보시오.
- 본인의 역량을 발휘할 수 있는 부서는 어디인지 말해 보시오.
- 원칙과 상황 중 어느 것을 중요하게 생각하는지 말해 보시오.
- 업무를 익히는 노하우에 대해 말해 보시오.
- 본인의 강점을 직무와 연관지어 말해 보시오.
- 본인의 단점으로 인해 발생할 수 있는 문제와 이를 개선하기 위한 방안을 말해 보시오.
- 인생을 살면서 가장 몰입했던 일이 무엇인지 말해 보시오.
- 그 일에 몰입하게 된 이유에 대해 말해 보시오.
- 꾸준히 해온 자기계발이 있다면 말해 보시오.
- 신뢰를 받은 경험이 있다면 말해 보시오.
- 건강보험심사평가원에서 가장 관심 있게 본 것에 대해 말해 보시오.
- 건강보험심사평가원의 업무에서 발휘할 수 있는 자신의 역량은 무엇인지 말해 보시오.
- 고객 서비스 정신이란 무엇이라고 생각하는지 말해 보시오.

5. 서울교통공사

- 혼잡한 시간대에 발생하는 응급환자와 관련한 민원에 어떻게 대응할 것인지 말해 보시오.
- 서울교통공사의 목표와 본인의 목표가 다르다면 어떻게 할 것인지 말해 보시오.
- 서울교통공사에 근무하게 된다면 어떠한 업무를 담당하고 싶은지 말해 보시오.
- 자신의 소통 역량을 어필할 수 있는 경험이 있다면 말해 보시오.
- 본인의 강점과 업무상 필요한 자질을 연관 지어 이야기해 보시오.
- 경쟁하던 상대방을 배려한 경험이 있다면 말해 보시오.
- 책에서 배우지 않았던 지식을 활용했던 경험이 있다면 말해 보시오.
- 타인과의 소통에 실패했던 경험이 있는지, 이를 통해 느낀 점은 무엇인지 말해 보시오.
- 본인의 직업관을 솔직하게 말해 보시오.
- 정보를 수집하는 본인만의 기준이 있다면 말해 보시오.
- 긍정적인 에너지를 발휘했던 경험이 있다면 말해 보시오.
- 서울교통공사와 관련하여 최근 접한 이슈가 있는지, 그에 대한 본인의 생각은 어떠한지 말해 보시오.
- 팀 프로젝트 과정 중에 문제를 겪었던 경험이 있는지, 그런 경험이 있다면 문제를 어떻게 효과적으로 해결했는지 말해 보시오.
- 본인은 주위 사람들로부터 어떤 평가를 받는 사람인지 말해 보시오.
- 본인이 맡은 바보다 더 많은 일을 해 본 경험이 있는지 말해 보시오.
- 평소 생활에서 안전을 지키기 위해 노력했던 습관이 있다면 말해 보시오.
- 기대했던 목표보다 더 높은 성과를 거둔 경험이 있다면 말해 보시오.
- 공공데이터의 활용 방안에 대해 말해 보시오.
- 상대방을 설득하는 본인만의 방법에 대해 말해 보시오.
- 지하철 객차 내에서 느낀 불편한 점이 있는지 말해 보시오.
- 본인의 스트레스 해소 방안에 대해 말해 보시오.
- 서울교통공사에 입사하기 위해 참고했던 자료 중 세 가지를 골라 말해 보시오.
- 본인의 악성민원 응대 방법에 대해 말해 보시오.
- 기획안을 작성하고자 할 때 어떤 자료를 어떻게 참고할 것인지 말해 보시오.

6. LH 한국토지주택공사

[업무직]

- 평소에 계획을 어떻게 세우는 편인가?
- 본인이 경험했던 것 중 가장 자랑스러운 일을 말해 보시오.
- 뉴딜 정책에 대해 어떻게 생각하는가?
- 조별과제를 했던 경험을 말해 보시오
- 본인의 약점을 극복하기 위해 했던 노력을 말해 보시오.
- 본인 주변에서 리더십을 배울 만한 인물이 누구이며 그 이유는 무엇인지 말해 보시오.
- 1분 동안 자기소개를 해 보시오.

[무기계약직]

- 자신이 부족해서 다른 팀원들한테 도움을 요청한 경험이 있는가?
- 다른 사람이 실수한 것을 대신 해결해준 경험이 있는가? 해결하면서 어려웠던 점은 무엇인가?
- 최근에 가장 힘들었던 경험은 무엇이며, 어떤 방법으로 견뎌냈는지 말해 보시오.
- 본인의 인생에서 가장 큰 실패는 무엇이며, 그 원인은 무엇이라고 생각하는지 말해 보시오.
- 불같이 화내는 민원인을 만난다면 어떻게 응대하겠는가?
- 이력서에 기재된 사항을 잘 확인해봤는가?
- 현장근무가 가능한가?
- 현장에서 근무하다 민원 등의 난처한 상황이 발생한다면 어떻게 대처하겠는가?
- LH에서 진행하고 있는 사업 중 관심 있는 사업과 그 이유는 무엇인가?
- LH 계약직에 지원한 이유가 무엇인가?
- 주거급여 수급자가 본인에게 욕을 하거나 민원응대 거부를 하면 어떻게 대응할 것인가?
- 국가에 대해 어떻게 생각하는가?

7. LX 한국국토정보공사

[상황면접]

- 지적측량을 할 때 고려할 사항과 드론을 지적측량 외에 사용할 수 있는 방법은 무엇인가?
- 도해지적의 정확도를 높일 수 있는 방법은 무엇인가?
- MZ세대를 대상으로 LX의 이미지 개선을 위한 홍보방안은 무엇인가?
- 지적 재조사로 인해 민원인의 경계를 조정해야 하는 상황이라면 어떻게 행동하겠는가?
- 상사가 업무와 무관한 지시를 내린다면 어떻게 하겠는가?
- 공금 횡령 등 회사에 재무적 손실을 야기하는 부당한 지시를 내린다면 어떻게 대처하겠는가?

[경험면접]

- 지원자의 강점에 대해 말해 보시오.
- LX에 지원한 이유에 대해 말해 보시오.
- 다른 사람들과 협력한 경험에 대하여 말해 보시오.
- 팀 활동을 할 때, 자신의 노력으로 성과를 보인 경험을 말해 보시오.
- 살면서 힘들었던 경험에 대해 말해 보시오.
- 지원한 직무에 대해서 경험이 없을 때, 어떻게 극복할 것인가?
- 인턴생활을 하면서 어려운 점이 있었는가?
- 자신은 리더형과 팔로워형 중 무엇에 더 가까운가?
- 준비한 자격증은 무엇이며 전공이 무엇인가?
- 협력을 통해 성과를 낸 경험에 대해 말해 보시오.
- 정보의 편향을 막기 위한 본인만의 방법이 있는가?
- 직무와 간접적으로 관련된 자료를 분석한 경험이 있다면, 그 경험에 대해 구체적으로 말해 보시오.

8. 한국산업인력공단

- 한국산업인력공단이 지원자를 꼭 뽑아야 하는 이유에 대해 말해 보시오.
- 자신의 아이디어를 발휘한 경험이 있다면 말해 보시오.
- 한국산업인력공단의 사업 중 관심 있는 것에 대해 말해 보시오.
- 갈등을 해결한 경험이 있다면 말해 보시오.
- 과정과 결과 중 무엇이 더 중요하다고 생각하는지 말해 보시오.
- 역량과 능력의 차이점에 대해 설명해 보시오.
- 민간 자격과 국가공인 자격의 차이점에 대해 설명해 보시오.
- 한국산업인력공단의 ESG 사업에 대해 설명해 보시오.
- 업무적으로 소통이 필요할 때 말과 글 중 어떤 것을 선택하겠는가?
- 한국산업인력공단이 디지털 시대에 맞춰 변화해야 한다고 생각하는 2가지를 말해 보시오.
- 내키지 않는 업무를 했던 경험을 말해 보시오.
- 주변 사람들에게 받았던 피드백에 대해 말해 보시오.
- 주변 사람들이 본인을 어떻게 생각하는지 말해 보시오.
- 한국산업인력공단의 사업을 보다 널리 알릴 수 있는 방안에 대해 말해 보시오.
- 한국산업인력공단의 여러 사업 중 본인이 가장 관심 있는 사업에 대해 설명해 보시오.
- 본인이 지원한 직무에 기여할 수 있는 역량을 말해 보시오.
- 공직자로서 가장 중요하다고 생각하는 것이 무엇인지 말해 보시오.
- 선배에게 피드백을 받기 위해 노력했던 경험을 말해 보시오.

9. 한국농어촌공사

- 살면서 가장 노력해 본 경험이 무엇인지 말해 보시오.
- 세대갈등의 현황과 이를 해결하기 위한 방법에 대해 설명해 보시오.
- 시니어 세대와 MZ 세대의 단점을 각각 세 가지씩 말해 보시오.
- ESG가 무엇인지 설명하고, 각각에 대하여 한국농어촌공사에서 하는 일을 설명해 보시오.
- 창의력을 발휘한 경험이 있다면 말해 보시오.
- 한국농어촌공사가 관리하는 농지가 총 몇 ha인지 설명하고, 1ha에서 몇 톤의 쌀이 생산되는지 말해 보시오.
- 안전 관련 경험에 대해 말해 보시오.
- 회의 문화에 대해 말해 보시오.
- 한국농어촌공사 채용 과정에서 준비한 것을 말해 보시오.
- 한국농어촌공사 채용을 준비하면서 인상 깊었던 공사의 사업을 말해 보시오.
- 동료 또는 상사로부터 받은 긍정적인 피드백에 대해 말해 보시오.
- 동료 또는 상사로부터 받은 부정적인 피드백에 대해 말해 보시오.
- 갈등해결을 위해 중요하다고 생각하는 부분에 대해 말해 보시오.
- 한국농어촌공사에 입사하기 위해 가장 필요한 역량을 말해 보시오.

10. 국민연금공단

- 성격의 장단점과 단점을 극복하기 위해 어떤 노력을 하고 있는지 말해 보시오.
- 회사가 본인을 뽑아야 하는 이유에 대해 말해 보시오.
- 반드시 국민연금공단에 입사해야 하는 이유에 대해 말해 보시오.
- 국민연금공단의 가장 큰 개선점에 대해 말해 보시오,
- 공공기관 직원으로서 가져야 하는 태도에 대해 말해 보시오.
- 본인만의 스트레스 해소법에 대해 말해 보시오.
- 열정적으로 일한 경험에 대해 말해 보시오.
- 실패했던 경험에 대해 말해 보시오.
- 누군가를 설득해 본 경험에 대해 말해 보시오.
- 다른 세대와 소통한 경험에 대해 말해 보시오.
- 리더를 맡은 경험에 대해 말해 보시오.
- 본인을 표현할 수 있는 키워드에 대해 말해 보시오.
- 민원인이 선물을 준다면 어떻게 할 것인지 말해 보시오.
- 상사의 비리를 목격한다면 어떻게 할 것인지 말해 보시오.
- 비연고지 근무 시 대처방안에 대해 말해 보시오.
- 상사와 조직의 규정이 다르다면 어떻게 할 것인지 말해 보시오.
- 회사에 기여할 수 있는 점에 대해 설명해 보시오.
- 국민연금의 주요 고객층에 대해 설명하고, 고객 만족을 높이기 위한 방법에 대해 말해 보시오.
- 국민연금 개혁에 대해 어떻게 생각하는지 말해 보시오.
- 국민연금제도의 특성에 대해 설명해 보시오.
- 내년 증시에 대해 전망해 보시오.

11. 한국가스공사

- 살면서 불합리한 일을 개선한 적이 있는가?
- 자기주도적으로 한 일을 말해 보시오.
- 프로젝트를 진행한 경험이 있는가? 있다면 그 경험을 통해 얻은 것과 보완하고 싶은 것을 말해 보시오.
- 지원한 분야와 관련하여 가장 열정적으로 임했던 업무에 대해 말해 보시오.
- 전공에 대한 지식을 업무에 어떻게 녹여낼 것인지 말해 보시오.
- 분쟁 시 어떻게 해결할지 그 과정을 말해 보시오.
- 포기하지 않고 일을 완수한 경험을 말해 보시오.
- 창의적인 경험으로 문제를 해결했던 적이 있는가?
- 트라우마 극복 방법을 말해 보시오.
- 한국가스공사에 지원하게 된 동기는 무엇인가?

답안채점 • 성적분석 서비스

모바일 OMR

로그인 하기 → '시작하기' 클릭 → '응시하기' 클릭 → 나의 답안을 모바일 OMR 카드에 입력 → '성적분석 & 채점결과' 클릭 → 현재 내 실력 확인하기

1. 도서 내 모의고사 우측 상단에 위치한 QR코드 찍기
2. 로그인 하기
3. '시작하기' 클릭
4. '응시하기' 클릭
5. 나의 답안을 모바일 OMR 카드에 입력
6. '성적분석 & 채점결과' 클릭
7. 현재 내 실력 확인하기

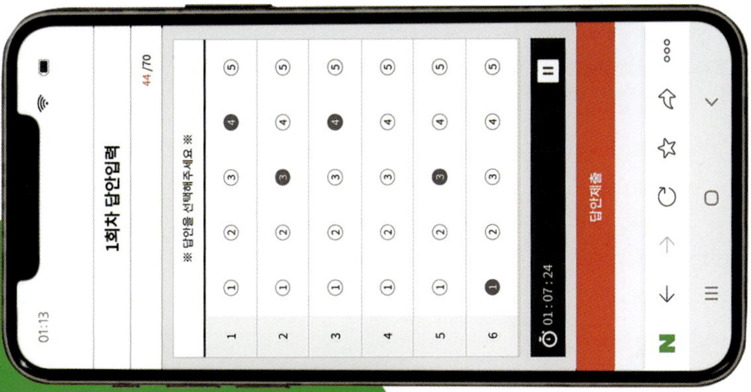

도서에 수록된 모의고사에 대한
객관적인 결과(정답률, 순위)를
종합적으로 분석하여 제공합니다.

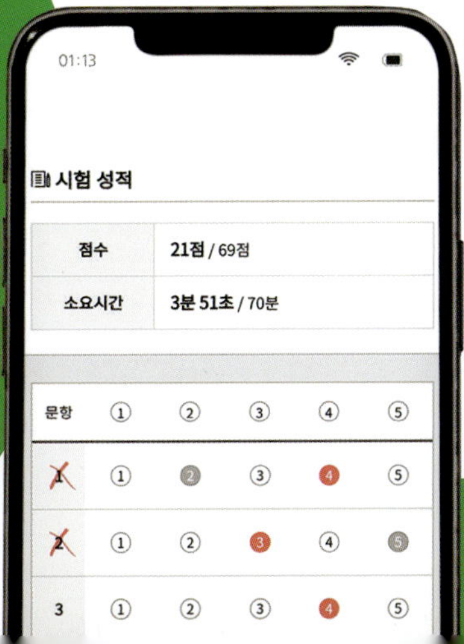

※OMR 답안채점 / 성적분석 서비스는 등록 후 30일간 사용 가능합니다.

2026 최신판

누적 판매량
1위
기업별 NCS 시리즈

공기업 NCS 고졸채용

편저 | SDC(Sidae Data Center)

SDC는 시대에듀 데이터 센터의 약자로 약 30만 개의 NCS · 적성 문제 데이터를 바탕으로 최신 출제경향을 반영하여 문제를 출제합니다.

- 모바일 OMR 답안채점/성적분석 서비스
- NCS 핵심이론 및 대표유형 PDF
- [합격시대] 온라인 모의고사 무료쿠폰
- 무료 NCS 특강

통합기본서

정답 및 해설

시대에듀

Add+

2025년 상반기 주요 공기업 NCS 기출복원문제

2025년 상반기

주요 공기업 NCS 기출복원문제

01	02	03	04	05	06	07	08	09	10	11	12	13	14	15	16	17	18	19	20
②	③	⑤	③	③	①	④	⑤	①	⑤	②	④	②	③	④	①	①	⑤	⑤	③
21	22	23	24	25	26	27	28	29	30	31	32	33	34	35	36	37	38	39	40
③	③	①	①	③	③	①	④	③	④	③	②	②	①	①	②	②	④	①	③
41	42	43	44	45	46	47	48	49	50										
②	③	①	②	③	②	③	③	④	③										

01

정답 ②

마지막 문단을 보면 현재 AI 음성 합성 기술이 사람의 감정까지 담아 표현할 수 없다는 한계점이 존재한다고 했다. 따라서 현재는 AI 음성 합성 기술이 오디오북 제작에서 전문 성우의 역할을 대체할 수 있다고 보기는 어렵다.

오답분석

① 세 번째 문단을 통해 AI 음성 합성 기술이 비용과 시간 측면에서 전문 성우 녹음보다 효율적임을 알 수 있다.
③ 마지막 문단에서 문학 도서의 경우 AI 음성 합성 기술이 사람의 감정까지 담아 표현할 수 없는 반면, 비문학 도서들은 전문 성우가 반드시 필요하지는 않으므로 AI 음성 합성 기술로 제작이 가능하다고 하였다.
④·⑤ 두 번째 문단에서 전문 성우의 오디오북 녹음에는 많은 시간이 필요하며, 비용 또한 많이 들어 현실적인 한계에 부딪히고 있다고 하였다.

02

정답 ③

2024년 설날 노쇼 비율은 46%이지만, 이 중 19만 매가량이 재판매가 되지 않아 공석으로 운행되었다.

오답분석

① 첫 번째 문단에서 명절에 예매 경쟁률이 수십 배에 달하는 경우도 흔하다고 하였다.
② 세 번째 문단에서 노쇼 문제는 사회적 비용 증가로 연결되며, 이에 따른 비용이나 정책 변경은 국민의 부담으로 돌아올 것이라고 하였다.
④ 네 번째 문단에서 노쇼 문제를 해결하기 위해 코레일은 2025년부터 명절 특별수송기간에 출발 후 20분까지의 위약금을 기존 15%에서 30%로 상향 조정한다고 하였다.
⑤ 마지막 문단에서 노쇼 문제는 단순히 코레일의 노력만으로 해결될 수 없고, 근본적인 제도 개선과 국민 인식 변화가 함께 이루어져야 함을 이야기하고 있다.

03

정답 ⑤

선주는 문제점을 자신의 탓으로 돌리며 상대방에게 부탁을 하고 있다. 따라서 관용의 격률에 해당하는 사례이다.

오답분석

① 민재는 상대방을 칭찬하는 표현을 최대화해서 말하고 있다. 따라서 타인에 대한 비난은 최소화하고 칭찬은 최대화하여 말하는 표현법인 찬동의 격률에 해당하는 사례로 볼 수 있다.
② 지우는 문제점을 상대방의 탓으로 돌리며 상대방에게 부탁을 하고 있다. 따라서 관용의 격률에 해당하지 않는다.
③ 다예는 자신의 이익을 위해 상대방에게 부담을 주며 말하고 있다. 따라서 관용의 격률에 해당하지 않는다.
④ 동현은 상대에게 부담이 되는 표현은 최소화하면서 도움을 요청하고 있다. 따라서 상대방의 부담은 최소화하고 이익은 최대화하여 말하는 표현법인 요령의 격률에 해당하는 사례로 볼 수 있다.

04

정답 ③

먼저 분자와 분모를 따로 계산하면 다음과 같다.

- 분자 : $18\times(15^2+12+3)$
  $\rightarrow 18\times(225+12+3)$
  $\therefore 18\times240=4,320$
- 분모 : $90^2-2\times45\times4$
  $\rightarrow 8,100-(2\times45\times4)$
  $\therefore 8,100-360=7,740$

주어진 식을 정리하면 다음과 같다.

$$\frac{4,320}{7,740}+1=\frac{4,320+7,740}{7,740}=\frac{12,060}{7,740}$$

$\frac{12,060}{7,740}$을 기약분수로 만들기 위해 최대공약수 180으로 약분하면 $\frac{67}{43}$이므로 $p=43$, $q=67$이다.

따라서 $p+q=110$이다.

05

정답 ③

K시 전철의 기본요금은 1회 1,500원이고, 아침에 20% 할인을 받으면 $1,500\times0.8=1,200$원이다. A씨의 전철 이용 횟수는 총 $22\times2=44$회이며, 할인은 출근 시간에만 적용된다. 그러므로 퇴근 시 이용하는 전철 요금은 $1,500\times22=33,000$원이다.

한 달 전철 요금을 62,000원 이하로 유지하고자 하므로 출근 시 지불 가능한 전철 요금은 $62,000-33,000=29,000$원이다.

할인을 받은 일수를 x일이라 하면, 할인을 받지 않은 일수는 $(22-x)$일이므로 다음과 같은 식이 성립한다.

$1,200x+1,500(22-x)\le29,000$
$\rightarrow 1,200x+33,000-1,500x\le29,000$
$\rightarrow -300x\le-4,000$
$\therefore x\ge13.33\cdots$

따라서 최소 14일은 할인을 받아야 한 달 전철 요금을 62,000원 이하로 유지할 수 있다.

06

정답 ①

먼저 1부터 6까지 숫자를 사용하여 만들 수 있는 4자리 수의 조합을 계산하면 $6^4=1,296$이다.

조건에 따라 중복된 숫자는 최대 2번 사용할 수 있으므로 같은 숫자가 3번 이상 사용된 경우의 수를 구하여 제외해야 한다.

- 같은 숫자가 4번 사용된 경우는 6가지이다(1111, 2222, …, 6666).
- 같은 숫자가 3번 사용된 경우는 aaab, aaba, abaa, baaa 4가지 경우가 있고, a로 가능한 수는 6가지, b로 가능한 수는 a를 제외한 5가지이므로 $4\times6\times5=120$가지이다.

따라서 조건을 만족하는 4자리 비밀번호는 총 $1,296-(6+120)=1,170$가지이다.

07

정답 ④

조사기간인 1 ~ 4월의 리뷰 수가 판매 건수이므로 월별 판매 건수와 반품 및 환불 건수를 계산하면 다음과 같다.

(단위 : 건)

구분	판매 건수	반품 건수	환불 건수
1월	1,000	1,000×0.03=30	1,000×0.02=20
2월	1,200	1,200×0.02=24	1,200×0.03=36
3월	1,500	1,500×0.04=60	1,500×0.01=15
4월	1,300	1,300×0.03=39	1,300×0.02=26
합계	5,000	153	97

따라서 반품 건수와 환불 건수를 모두 합하면 153+97=250건이다.

08

정답 ⑤

구로디지털단지역 하차 인원은 출근시간대 400명, 퇴근시간대 2,150명이므로 2,150÷400=5.375이다. 따라서 퇴근시간대 하차 인원은 출근시간대 하차 인원의 5배 이상이다.

오답분석

① 역삼역의 점심시간대와 퇴근시간대는 탑승 인원보다 하차 인원이 더 많다.
② 시청역의 탑승 인원은 점심시간대에 530명, 퇴근시간대에 420명으로 점심시간대에 탑승 인원이 더 많다.
③ 역삼역의 출근시간대는 탑승 1,150명, 하차 350명으로 탑승 인원이 더 많다.
④ 시청역의 출근시간대 대비 퇴근시간대 하차 인원의 증가 폭은 1,480−870=610명, 역삼역의 출근시간대 대비 퇴근시간대 하차 인원의 증가 폭은 1,250−350=900명이므로 시청역의 증가 폭이 더 작다.

09

정답 ①

A주임은 복잡한 역사 구조로 승객들이 길을 헤매는 문제를 해결하기 위한 아이디어를 지하철역과 비슷한 대상인 쇼핑센터의 증강현실 지도 기술에서 얻었고, 지하철역에서 이용 가능한 증강현실 길안내 서비스를 기획하였다. 따라서 주어진 사례에서 나타나는 창의적 사고 개발방법으로 가장 적절한 것은 대상과 비슷한 것을 찾아내 그것을 힌트로 새로운 아이디어를 생각해 내는 비교발상법인 NM법이다.

오답분석

② Synectics : 서로 관련이 없어 보이는 것들을 조합하여 새로운 것을 도출해 내는 비교발상법이다.
③ 체크리스트 : 미리 준비된 힌트들을 시각화하고, 주제를 힌트에 연결 지어 발상하는 강제연상법이다.
④ SCAMPER : 체크리스트의 발전된 기법으로, 대체, 결합, 응용, 수정, 전용, 제거, 반전과 같이 7가지 키워드를 주제와 연결 지어 발상하는 강제연상법이다.
⑤ 브레인스토밍 : 어떤 주제에서 자유롭게 생각나는 것을 계속해서 열거하여 창의적인 아이디어를 이끌어 내는 자유연상법이다.

10

정답 ⑤

A씨는 사고로 학생과 부딪힌 사건 하나만을 부풀려 젊은이들이 모두 조심성이 없으며 남을 배려하지 않는다고 주장하고 있다. 이는 특정한 사례 하나를 토대로 집단을 일반화하는 주장이므로 성급한 일반화의 오류에 해당한다.

오답분석

① 무지의 오류 : '외계인이 있다는 증거가 없으므로 외계인은 존재하지 않는다.'처럼 어떠한 주장이 증명되지 않았다고 해서 그 반대의 주장이 참이라고 주장하는 오류이다.
② 결합의 오류 : '머리카락 1개가 빠지면 대머리가 되지 않는다. 2개가 빠져도, 100개가 빠져도 그렇다. 따라서 1만 개가 빠져도 대머리가 되지 않는다.'처럼 하나의 사례에는 오류가 없지만, 여러 사례를 잘못 결합하여 발생하는 오류이다.
③ 애매성의 오류 : '여자는 남자보다 약하다. 따라서 여자는 오래 살지 못한다.'처럼 애매한 어휘의 사용으로 발생하는 오류이다.
④ 과대 해석의 오류 : '퇴근길에 조심하세요.'라는 말을 퇴근길에만 조심하라는 의미로 받아들이는 것처럼 문맥을 무시하고 과도하게 문구에만 집착하여 발생하는 오류이다.

11

정답 ②

ㄱ. 철도 이용객 수 증가는 외부환경요인인 법안에 의한 긍정적 효과이므로 기회에 해당한다.
ㄷ. 민간투자의 확대는 외부환경요인의 긍정적인 효과이므로 기회에 해당한다.
ㅂ. 기업 외부에서 발생한 공동 프로젝트에 참여하는 것은 기술혁신 등 긍정적인 측면이므로 기회에 해당한다.

오답분석

ㄴ. 내부환경요인인 운영 노하우는 기업 내부의 긍정적인 요소로 강점(Strength)에 해당한다.
ㄹ. 외부환경요인인 정부의 교통요금 동결 정책은 위협(Threat)에 해당한다.
ㅁ. 내부환경요인인 직원 수 부족으로 인한 저조한 고객 만족도는 약점(Weakness)에 해당한다.

12

정답 ④

ㄱ. A차장은 노인 이용자 대표와 논리적 토론을 통해 합리적 타협점을 찾고 있다. 이는 상이한 문화적 토양을 가지고 있는 구성원을 가정하여 서로의 생각을 직설적으로 주장하고 논쟁이나 협상을 통해 의견을 조정하는 하드 어프로치에 해당한다.
ㄴ. A센터장은 역할극과 브레인스토밍 기법을 통하여 직원들이 자발적으로 의견을 제시하고, 창의적인 해결방법을 도모할 수 있도록 촉진하고 있다. 이는 어떤 그룹이나 집단이 자발적으로 창의적인 문제해결을 할 수 있도록 촉진하는 퍼실리테이션에 해당한다.
ㄷ. A팀장은 B사원에게 실수에 대한 결과를 시사하여 실수를 줄일 수 있도록 넌지시 제안하였으며, 다른 팀원들에게도 B사원을 잘 도와줄 수 있도록 요청하였다. A팀장은 중재자로서 같은 문화적 토양을 가지고 있는 팀원들이 서로를 이해할 수 있도록 돕고, 권위와 공감에 의지하여 의견을 중재하고 있으므로 소프트 어프로치에 해당한다.

13

정답 ②

'된서리'는 늦가을에 아주 되게 내리는 서리를 의미하며, 이런 특성으로 인해 모진 재앙이나 타격을 비유적으로 이르는 말이다. 따라서 가장 비슷한 어휘는 '어떤 일에서 크게 기를 꺾음. 또는 그로 인한 손해·손실'을 의미하는 '타격(打擊)'이다.

오답분석

① 타계(他界) : 인간계를 떠나서 다른 세계로 간다는 뜻으로, 사람의 죽음 특히 귀인(貴人)의 죽음을 이르는 말
③ 타점(打點) : 붓이나 펜 따위로 점을 찍음, 야구에서 안타 따위로 득점한 점수
④ 타락(墮落) : 올바른 길에서 벗어나 잘못된 길로 빠지는 일
⑤ 타산(打算) : 자신에게 도움이 되는지를 따져 헤아림

14

정답 ③

빈칸에 들어갈 단어의 대상은 앞의 애민주의이므로 '어떤 명목을 붙여 주의나 주장 또는 처지를 앞에 내세움'을 의미하는 '표방(標榜)'이 가장 적절한 단어이다.

오답분석

① 표징(表徵) : 겉으로 드러나는 특징이나 상징
② 표집(標集) : 사회 조사에서 모집단의 특성을 잘 반영할 수 있는 표본을 추출하는 방법
④ 표류(漂流) : 물 위에 떠서 정처 없이 흘러감
⑤ 표리(表裏) : 물체의 겉과 속 또는 안과 밖을 통틀어 이르는 말

15

정답 ④

제시문은 원자력 발전소에서 방사성 물질의 차단과 외부 오염물질 유입 방지를 위해 강력한 공기조화시스템이 필요함을 주장하며, 이 시스템의 핵심 장치인 헤파필터에 대해 상세히 설명하고, 원자력 발전소에서 헤파필터의 역할과 중요성에 대해 서술하고 있다. 따라서 글의 주제로 가장 적절한 것은 '원자력 발전소에서의 헤파필터의 역할'이다.

16

정답 ①

제시문은 잠복결핵감염에 대해 설명하는 글로, 잠복결핵감염의 특성과 치료 방법 등을 서술하면서 잠복결핵감염이 어떻게 개인 건강뿐 아니라 사회 전체의 공중보건에 영향을 주는지 서술하고 있다.
따라서 글의 전체적인 주제는 '잠복결핵감염의 위험성'이 가장 적절하다.

17

정답 ①

메뉴별 손익분기점을 구하면 다음과 같으며, 손익분기점을 넘기 위해서 필요한 판매량은 이보다 1단위 더 많아야 한다.

- 제육볶음 : 2,800,000÷(10,000−2,000)=350 → 351인분
- 오징어볶음 : 3,300,000÷(12,000−2,000)=330 → 331인분
- 돈가스 : 2,600,000÷(9,000−1,500)≒346.7 → 347인분
- 라면 : 1,800,000÷(6,000−800)≒346.2 → 347인분
- 고등어구이 : 3,100,000÷(11,000−2,000)≒344.4 → 345인분

따라서 손익분기점을 넘기 위해 필요한 판매량이 가장 많은 메뉴는 제육볶음이다.

18

정답 ⑤

B지점에서 C지점까지의 거리를 $x$km라고 하고 식을 세우면 다음과 같다.

$(x+110)+x=190$

$\rightarrow 2x=80$

$\therefore x=40$

즉, A지점에서 B지점까지의 거리는 150km, B지점에서 C지점까지의 거리는 40km이다.
K주임은 A지점에서 B지점까지 150km를 100km/h의 속력으로 이동하였으므로 소요된 시간은 1.5시간이고, B지점에서 C지점까지 40km를 80km/h의 속력으로 이동하였으므로 소요된 시간은 0.5시간이다.
그러므로 A지점에서 C지점까지 이동하는 데 걸린 시간은 2시간이다. 단, B지점에서 1시간 동안 업무를 수행하였으므로 C지점에 도착한 시간은 오후 3시이다.

따라서 이동할 때의 평균 속력의 경우 총 190km를 2시간 동안 이동하였으므로 평균 속력은 $\frac{190}{2}$=95km/h이다.

19

정답 ⑤

본회의 시간이 1시간이고, 전후 30분간 회의 준비 및 회의록 작성을 진행해야 하므로 모두 2시간이 필요하다. 제시된 조건에 따라 회의가 불가능한 시간을 표시하면 다음과 같다.

9시		10시		11시		12시		13시		14시		15시		16시		17시	
		예약				점심시간				예약		외부일정					

30분 간격으로 칸을 나누었으므로 회의를 진행하기 위해서는 총 4칸이 필요하다.
따라서 16시부터 회의 준비를 할 수 있으므로 본회의를 시작할 수 있는 가장 빠른 시각은 오후 4시 30분(=16시 30분)이다.

20

정답 ③

약술형에서 48점을 득점하여 과락이 된 D를 제외하고 나머지 4명의 필기시험 점수의 평균과 가점을 더한 값은 다음과 같다.

- A : {(85+52+61+57)÷4}+6=69.75점 → 불합격
- B : (75+71+67+81)÷4=73.5점 → 합격
- C : {(67+81+72+54)÷4}+2=70.5점 → 합격
- E : (66+82+58+78)÷4=71점 → 합격

따라서 J국가자격 필기시험에 합격한 사람은 B, C, E 3명이다.

21

정답 ③

HDD(Hard Disk Drive)는 회전하는 자기 디스크와 기계적인 헤드를 사용해 데이터를 저장하고 읽는 저장장치로 플래시 메모리를 사용해 전자적으로 데이터를 저장하는 SSD(Solid State Drive)에 비해 가격이 저렴하다.

오답분석

① HDD는 움직이는 자기 디스크나 헤드가 필요하므로 SSD에 비해 무겁고, 소형화가 어렵다.
② HDD는 자기 디스크와 헤드를 움직이는 모터 및 회전 부품으로 인해 전력 소모가 SSD에 비해 더 크다.
④ SSD는 읽고 쓰는 데 물리적인 움직임이 필요 없으나, HDD는 회전하는 자기 디스크와 헤드가 데이터 위치를 찾기 위해 움직여야 하므로 데이터 접근이 SSD에 비해 느리다.
⑤ 플래시 드라이브로 구성되어 있는 SSD는 움직이는 부품이 없으나, HDD는 움직이는 기계적 부품이 많으며, 충격으로 인해 헤드가 자기 디스크에 닿아 스크래치가 생기는 등의 심각한 손상이 발생할 수 있다. 따라서 HDD는 SSD보다 외부 충격에 대한 내구력이 낮다.

22

정답 ③

제시된 상황은 조건이 참인지 거짓인지에 따라 서로 다른 값을 반환해야 하므로 IF 함수를 활용해야 한다. IF 함수의 함수식은 「=IF(조건,“참일 때의 값”,“거짓일 때의 값”」이며, 조건은 참조 대상의 값이 90 이상이어야 하므로 “참조 대상>=90”이어야 한다. 따라서 옳은 함수식은 「=IF(참조 대상>=90,“합격”,“불합격”)」이다.

오답분석

① 90점을 초과해야 합격으로 값이 나온다.
② 90점 이상이면 불합격, 90점 이하면 합격으로 값이 나온다.
④·⑤ CHOOSE 함수는 지정된 인덱스 번호를 기준으로 목록에서 특정 값을 선택하여 반환하는 함수로 제시된 상황에는 옳지 않은 함수이다.

23

정답 ①

제시문은 허리 통증을 유발하는 직업적 요인에 대해 서술하고 있다. 따라서 글의 주제로 가장 적절한 것은 ‘허리 통증의 직업적 요인’이다.

오답분석

② 제시문은 허리 통증이나 질환이 어떻게 발생하는지만 서술하고, 관리 방법에 대해서는 서술하고 있지 않다.
③ 허리 질환의 원인을 여러 직업적 요인을 나누어 설명하지만, 직업에 따라 질환이 달라진다고는 서술하고 있지 않다. 오히려 허리 질환의 직업적 요인들이 대부분 추간판탈출증, 척추협착증 같이 비슷한 질환을 유발하는 것을 알 수 있다.
④ 세 번째 문단에서 허리 구부림 자세가 많은 업종이 허리 통증 관련 산재 신청이 많음에 대해 서술하고는 있지만, 글 전체를 포괄하는 주제로 적절하지 않다.

24

정답 ①

A교수의 발표 주제는 사람이 제공하던 서비스를 인공지능 기술로 대체하자는 것이 아닌, 인공지능 기술이 건강보험 가입자의 데이터를 기반으로 가입자에게 필요한 맞춤형 서비스를 제공해 주는지에 대한 것이다. 따라서 제시된 자료의 내용과 일치하지 않는다.

오답분석

② B교수의 발표 주제는 sLLM(소형 언어 모델)을 사용한 고객 서비스의 향상과 공단 근로자의 업무 효율성을 증대 사례이므로 이에 대한 고객과 공단 근로자의 의견이 필요하다.
③ D교수의 발표 주제는 야간 인공조명이 인간의 건강에 미치는 영향에 대한 것이므로, 야간 인공조명을 받은 사람과 이를 받지 않은 사람과의 건강상의 차이에 대한 구분되는 수치가 필요하다.
④ F팀장의 발표 주제는 병원 내에서 발생하는 폐렴의 데이터 분석을 통해 감염관리 체계 마련이 필요함을 제시하는 것이므로, 병원 내 감염병에 대한 데이터 정보가 필요하다. 따라서 병원 내 어느 병동에서 어떠한 상황에서 발생하였는지, 또 어느 연령대에서 주로 발생하는지 등에 대한 데이터가 필요하다.

25

정답 ③

네 번째 문단에 따르면 천식 환자는 심장박동 및 호흡수를 증가시키는 운동은 발작을 일으킬 수 있으므로 피해야 하고, 건조하지 않고 심장 박동이나 호흡수가 급격히 증가하지 않는 수영과 같은 운동이 좋다고 하였다. 따라서 등산의 경우 가파른 오르막이나, 건조한 환경 등 천식 환자에게 좋지 않은 운동 환경일 가능성이 높다.

오답분석

① 세 번째 문단에 따르면 당뇨는 인슐린이 제 기능을 하지 못해 혈당을 낮추지 못하는 질환으로, 유산소 운동을 통해 혈당을 낮출 수 있다.
② 세 번째 문단에 따르면 당뇨 환자와 심장병 환자는 유산소 운동이 좋다고 하였으며, 특히 심장병 환자의 경우 규칙적인 유산소 운동은 심혈관계를 향상시킨다고 하였다.
④ 마지막 문단에 따르면 허리 통증 환자는 유산소 운동보다는 척추를 지지하는 근육을 발달시킬 수 있는 코어 운동이 도움이 된다고 하였다.

26

정답 ③

제시된 문단은 국민건강보험공단이 담배 소송 변론에서 적극적으로 입장을 표명했다고 서술하고 있다. 그러므로 이어질 문단으로 공단의 주장이 포함된 (나) 문단 또는 (다) 문단이 와야 한다. 이 중 (다) 문단은 '마지막으로'로 시작하므로 글의 가장 마지막에 오는 것이 적절하다. 그러므로 첫 문단 뒤에 이어질 문단으로 가장 적절한 것은 (나) 문단이다. 다음 (가) 문단과 (라) 문단을 살펴보면, (가) 문단은 담배와 암 사이에는 인과관계가 있다는 주장, (라) 문단은 담배와 암 사이에 인과관계에 대한 뒷받침 자료로 제출한 증거의 목록에 대한 것이므로 (가) – (라) 순으로 이어져야 한다. 따라서 (나) – (가) – (라) – (다) 순으로 나열하는 것이 적절하다.

27

정답 ①

조사 지역별 법인 기업에서 사단법인이 차지하는 비율은 다음과 같다.

- 수도권 : $\frac{50,000}{60,000}\times100≒83.33\%$
- 강원권 : $\frac{500}{1,000}\times100=50\%$
- 충청권 : $\frac{2,500-800}{2,500}\times100=68\%$
- 호남권 : $\frac{3,000-1,000}{3,000}\times100≒66.67\%$
- 영남권 : $\frac{1,500}{2,500}\times100=60\%$

수도권, 충청권, 호남권, 영남권, 강원권 순으로 높으므로 세 번째로 높은 지역은 호남권이다.

오답분석

② 5대 업종의 대기업 중 IT업이 아닌 기업의 수는 $11,000-6,000=5,000$개소이며, 수도권의 기타 기업도 5,000개소로 같다.
③ 조사 지역에서 대기업이 20% 증가하면 $13,500\times0.2=2,700$개소 증가하고, 중소기업이 10% 감소하면 $25,000\times0.1=2,500$개소 감소하므로 전체 기업 수는 증가한다.
④ 조사 지역의 재단법인 중 강원권 재단법인이 차지하는 비율은 $\frac{1,000-500}{13,300}\times100≒3.76\%$이고, 조사 지역의 대기업 중 강원권 대기업이 차지하는 비율은 $\frac{500}{13,500}\times100≒3.7\%$이므로 옳은 설명이다.

28

정답 ④

조사 지역의 전체 기업 중 운송업에 해당하는 중소기업 및 5인 미만 기업의 비율은 다음과 같다.

• 중소기업 : $\frac{9,000}{25,000}\times100=36\%$

• 5인 미만 : $\frac{100,000}{290,000}\times100≒34.48\%$

따라서 5인 미만 기업의 운송업 비율은 중소기업보다 낮다.

오답분석

① 조사 지역의 전체 기업 중 5인 미만인 기업의 비율은 $\frac{290,000}{405,000}\times100≒71.6\%$로 70% 이상이다.

② 조사 지역의 5인 미만 기업 중 수도권이 차지하는 비율은 $\frac{200,000}{290,000}\times100≒68.97\%$로 60% 이상이다.

③ 조사 지역 전체 기업 중 5대 업종에 해당하지 않는 기업의 수는 다음과 같다.

- 대기업 : 13,500－11,000＝2,500개소
- 중소기업 : 25,000－22,000＝3,000개소
- 5인 미만 : 290,000－235,000＝55,000개소
- 사단법인 : 55,700－20,000＝35,700개소
- 재단법인 : 13,300－9,000＝4,300개소

이에 따라 대기업보단 중소기업이, 중소기업보단 5인 미만이 많고, 사단법인이 재단법인보다 많다.

29

정답 ③

제시된 자료는 7대 주요 범죄 현황이므로 한 해 전체 범죄 현황은 알 수 없다. 따라서 옳지 않은 설명이다.

오답분석

① 살인이 가장 많이 발생한 해는 1995년이며, 절도 역시 1995년에 가장 많이 발생하였다.
② K국 교도소의 잔여 형량별 복역자 수 자료를 통해 잔여 형량이 많을수록 복역자 수가 적음을 알 수 있다.
④ 잔여 형량이 1년 미만인 복역자의 수가 가장 많은 교도소는 F교도소이며, 전체 복역자 수 역시 F교도소가 가장 많다.

30

정답 ④

교도소별 잔여 형량이 1년 미만인 복역자 수 대비 3년 이상 5년 미만인 복역자 수의 비율은 다음과 같다.

• A : $\frac{400}{3,000}\times100≒13.3\%$

• B : $\frac{400}{4,000}\times100=10\%$

• C : $\frac{500}{5,000}\times100=10\%$

• D : $\frac{600}{6,000}\times100=10\%$

• E : $\frac{800}{7,000}\times100≒11.43\%$

• F : $\frac{1,000}{8,000}\times100=12.5\%$

A교도소가 가장 높으므로 옳지 않은 해석이다.

오답분석

① 1990년부터 1995년까지 전년 대비 살인 사건 발생 건수는 100건씩 일정하게 증가하고 있다. 그러나 기준이 되는 전년의 수치가 점점 커지기 때문에 전년 대비 변화율은 점점 감소한다(1990년 20% 증가, 1991년 약 16.6% 증가, …).

② K국 전체 교도소 복역자 수는 5,300+5,700+7,800+10,000+10,300+11,600=50,700명이므로 D교도소에 복역하는 비율은 $\frac{10,000}{50,700}\times 100 \fallingdotseq 19.72\%$이다. 따라서 20% 이하이다.

③ 1993년부터 1995년까지 7대 주요 범죄 중 절도가 차지하는 비율을 구하기 위해 연도별 7대 주요 범죄 발생 건수를 계산하면 다음과 같다.

- 1993년 : 900+3,000+10,000+10,000+20,000+3,000+1,000=47,900건
- 1994년 : 1,000+2,000+20,000+10,000+27,000+5,000+900=65,900건
- 1995년 : 1,100+3,500+17,000+9,000+34,000+2,000+1,100=67,700건

절도가 차지하는 비율을 계산하면 다음과 같다.

$$\frac{20,000+27,000+34,000}{47,900+65,900+67,700}\times 100$$

$$\rightarrow \frac{81,000}{181,500}\times 100 \fallingdotseq 44.63\%$$

따라서 절도가 차지하는 비율은 45% 이하이다.

31

정답 ③

계란 가격은 2024년 7월부터 9월까지 증가하다가, 10월부터 감소한 후 12월에 다시 증가 추세를 보이고 있으므로 옳지 않다.

오답분석

① • 2024년 8월 대비 9월 쌀 가격 증가율 : $\frac{1,970-1,083}{1,083}\times 100 \fallingdotseq 81.90\%$

- 2024년 11월 대비 12월 무 가격 증가율 : $\frac{2,474-2,245}{2,245}\times 100 \fallingdotseq 10.20\%$

따라서 2024년 8월 대비 9월 쌀 가격의 증가율이 2024년 11월 대비 12월 무 가격의 증가율보다 크다.

② 국산, 미국산, 호주산 소 가격 모두 2024년 7월부터 9월까지 증가하다가 10월에 감소하였다.

④ 쌀 가격은 2024년 7월 1,992원에서 8월 1,083원으로 감소했다가, 9월 1,970원으로 증가한 후 10월부터는 감소하고 있다.

32

정답 ②

식재료별 2024년 12월 대비 2025년 1월 증감률을 계산하면 다음과 같다.

- 쌀 : $\frac{1,805-1,809}{1,809}\times 100 \fallingdotseq -0.22\%$
- 양파 : $\frac{1,759-1,548}{1,548}\times 100 \fallingdotseq 13.63\%$
- 무 : $\frac{2,543-2,474}{2,474}\times 100 \fallingdotseq 2.78\%$
- 건멸치 : $\frac{25,200-25,320}{25,320}\times 100 \fallingdotseq -0.47\%$

따라서 증감률이 가장 큰 재료는 양파이다.

33

정답 ②

신입사원 선발 조건에 따라 각 지원자에게 점수를 부여하면 다음과 같다.

(단위 : 점)

구분	학위점수	어학능력점수	면접점수	실무경험점수	총점
A	18	20	30	18	86
B	25	17	24	18	84
C	18	17	24	18	77
D	30	14	18	12	74

따라서 최고득점자는 A이고, 최저득점자는 D이다.

34

정답 ①

A씨의 소규모 카페는 잘못된 위치 선정, 치열한 경쟁, 운영 경험 부족 등 여러 위기를 겪게 되었지만, A씨는 위기를 기회로 삼아 성공한 컨설팅 업체라는 좋은 결과를 얻었다. 따라서 '화를 바꾸어 복이 되게 하다.'의 의미를 지닌 '전화위복(轉禍爲福)'이 가장 관련 있는 한자성어이다.

오답분석

② 사필귀정(事必歸正) : 모든 일은 반드시 바른 길로 돌아감
③ 일취월장(日就月將) : 나날이 다달이 자라거나 발전함
④ 우공이산(愚公移山) : 어떤 일이든 끊임없이 노력하면 반드시 이루어짐

35

정답 ①

①의 '차원'은 '물리학적 구성 요소인 시간'을 의미한다. 반면 나머지는 '사물을 보거나 생각하는 처지. 또는 어떤 생각이나 의견 따위를 이루는 사상이나 학식의 수준'을 의미한다.

36

정답 ②

큐비트는 양자 중첩 특성을 가지고 있기 때문에 0과 1의 상태를 동시에 가진다. 반면 기존의 고전적 컴퓨터는 비트(Bit)를 통해 정보를 0과 1의 형태로 나타낸다.

오답분석

①·③ 큐비트는 측정하기 전에는 0과 1의 값을 동시에 지니지만, 측정과 동시에 하나의 값으로 확정된다.
④ 4개의 큐비트를 활용하면 $2^4=16$번의 상태를 동시에 표현할 수 있다.

37

정답 ②

SMR은 다양한 입지 조건에서 설치가 가능하여 전력망이 없는 지역이나 해상에서도 활용할 수 있다. 또한 크기가 작고 유연한 설계 덕분에 다양한 환경에서 활용이 가능하다.

오답분석

① SMR은 방사성 물질의 저장 및 관리 측면에서 유리하지만, 폐기물이 발생하지 않는다고는 서술되어 있지 않다.
③ SMR은 공장에서 모듈화된 기기를 제작하고, 현장으로 운송해 조립하는 방식이다.
④ 한국을 포함한 여러 국가가 SMR 개발에 적극적으로 나서고 있지만, 현재 기존 원전이 SMR로 전환되었는지는 확인할 수 없다.

38

정답 ④

J공사의 비밀번호 규칙을 정리하면 다음과 같다.

- 첫 번째와 아홉 번째 숫자 : 직원 종류별 코드(1 ~ 3)
- 두 번째 ~ 일곱 번째 숫자 : 입사 연, 월, 일(YYMMDD)
- 여덟 번째 문자 : 앞의 숫자를 모두 더하고 2를 뺀 값에 해당하는 알파벳 대문자

위의 규칙에 맞지 않는 비밀번호를 고르면 다음과 같다.

- 1942131S1 : 월 부분의 숫자가 21로 존재할 수 없다.
- 1241215N2 : 첫 번째와 아홉 번째 숫자가 동일하게 부여되지 않았다.
- 2210830P2 : 여덟 번째 문자가 2+2+1+0+8+3+0−2=14번째 알파벳인 N이 부여되어야 한다.
- 4200817T4 : 4는 없는 직원 종류별 코드이다.
- 2191229Z2 : 여덟 번째 문자가 2+1+9+1+2+2+9−2=24번째 알파벳인 X가 부여되어야 한다.

따라서 J공사 비밀번호 규칙에 맞지 않는 비밀번호는 모두 5개이다.

39

정답 ①

A씨는 고향 친구의 말끔한 정장을 보고, 부자일 확률보다 부자이면서 좋은 차도 끌고 다닐 확률이 높다고 생각하고 있다. 이는 두 사건(부자, 좋은 차 소유)이 동시에 일어날 확률이 실제로는 각 사건 중 하나가 단독으로 일어날 확률보다 항상 작거나 같음에도 불구하고, 두 사건이 동시에 일어날 확률이 더 높다고 잘못 판단하는 인지적 편향이다. 따라서 A씨의 사례는 결합의 오류에 해당한다.

오답분석

② 무지의 오류 : “담배가 암을 일으킨다는 확실한 증거가 없으므로 정부의 금연 정책은 잘못된 것이다.”처럼 어떤 논리가 증명되지 않았다고 해서 그 반대의 주장이 참이라고 단정하는 오류이다.

③ 연역법의 오류 : “TV를 많이 보면 눈이 나빠진다.”, “철수는 TV를 많이 보지 않는다.”, “따라서 철수는 눈이 나빠지지 않는다.”처럼 대전제와 주장이 잘못 연결되었지만, 삼단논법에 의하기 때문에 참이라고 단정하는 오류이다.

④ 과대해석의 오류 : “퇴근길에 조심하세요.”라는 말을 퇴근길에만 조심하라는 의미로 받아들이는 것처럼 문맥을 무시하고 과도하게 문구에만 집착하여 발생하는 오류이다.

40

정답 ③

고속국도를 제외하면 본사와 이어지는 길은 A공장과 B공장밖에 없으므로 S대리는 A공장을 처음 방문하고 마지막으로 B공장을 방문하거나, B공장을 처음 방문하고 A공장을 마지막으로 방문해야 한다. 따라서 S대리는 ‘A → D → C → E → B’ 순서로 방문하거나, 그 반대인 ‘B → E → C → D → A’ 순서로 방문해야 한다.

두 경로의 길이는 같으므로 ‘본사 → A → D → C → E → B → 본사’의 이동 거리를 구하면 8+14+12+20+10+16=80km이다.

따라서 S대리가 일반국도만을 이용하여 본사에서 출발해서 모든 부속 공장을 방문하고 본사로 돌아오는 최단거리는 80km이다.

41

정답 ②

고속국도를 이용한다면 본사에서 출발하거나 본사에 도착할 때, 반드시 E공장을 거쳐야 한다. 따라서 S대리는 ‘E → B → C → D → A’ 또는 ‘A → D → C → B → E’ 순서로 방문해야 한다.

두 경로의 길이는 같으므로 ‘본사 → E → B → C → D → A → 본사’의 이동거리를 구하면 20+10+8+12+14+8=72km이다.

따라서 S대리가 고속국도를 이용할 때의 최단거리는 고속국도를 이용하지 않을 때와 80−72=8km 차이가 난다.

42

정답 ③

문단별 J기업의 기술시스템 발전 단계를 살펴보면 다음과 같다.

• (가) : J기업의 종합관리시스템이 경쟁에서 승리하여 기술표준이 되었으므로 기술 공고화 단계에 해당한다.
• (나) : J기업의 종합관리시스템이 실무적 안정성을 인정받아 다른 분야에서도 차용하였으므로 기술 이전의 단계에 해당한다.
• (다) : J기업의 종합관리시스템이 다른 기술시스템과 경쟁하고 있으므로 기술 경쟁의 단계에 해당한다.
• (라) : J기업의 종합관리시스템이 개발되고 발전한 것이므로 발명, 개발, 혁신의 단계에 해당한다.

기술시스템 발전 단계의 순서는 발명, 개발, 혁신의 단계 → 기술 이전의 단계 → 기술 경쟁의 단계 → 기술 공고화 단계로 진행되므로 J기업 종합관리시스템을 기술시스템의 발전 단계에 따라 순서대로 나열하면 (라) – (나) – (다) – (가)이다.

43

정답 ①

상사가 A주임에게 요청한 작업과 이에 대한 엑셀 단축키는 다음과 같다.

• [F12] 셀에서 왼쪽에 있는 값을 모두 선택하기 : 〈Shift〉+〈Home〉
• 차트 만들기 : 〈Alt〉+〈F1〉
• 오늘 날짜 입력하기 : 〈Ctrl〉+〈;〉

따라서 A주임이 사용하지 않은 단축키는 셀 서식의 단축키인 〈Ctrl〉+〈1〉이다.

44

정답 ②

'맹아(萌芽)'는 '풀이나 나무에 새로 돋아 나오는 싹, 사물의 시초가 되는 것'을 뜻하는 말이다.

오답분석

① 호도(糊塗) : 풀을 바른다는 뜻으로, 명확하게 결말을 내지 않고 일시적으로 감추거나 흐지부지 덮어 버림을 비유적으로 이르는 말
③ 무마(撫摩) : 분쟁이나 사건 따위를 어물어물 덮어 버림
④ 은폐(隱蔽) : 덮어 감추거나 가리어 숨김

45

정답 ③

③에 쓰인 '불이 붙었다'는 비유적으로 어떤 일이나 감정 따위가 치솟기 시작함을 의미한다.

오답분석

①·②·④ '물체에 불이 붙어 타기 시작하다'의 의미로 사용되었다.

46

정답 ②

등변 사다리꼴의 가장자리(변)를 따라 2m 간격으로 의자를 배치하므로 둘레를 구해야 한다. K고등학교의 운동장은 20m의 정사각형 공간에 양쪽에 밑변이 15m, 높이가 20m인 직각삼각형이 붙어있는 형태이므로 피타고라스 정리에 따라 빗변의 길이 xm는 다음과 같다.

$x^2=15^2+20^2=625$

$\therefore\ x=\sqrt{625}=25$

그러므로 K고등학교 운동장의 둘레는 20+25+50+25=120m이며, 2m 간격으로 의자를 배치하므로 120÷2=60개의 의자를 배치할 수 있다(시작점과 끝점이 같은 폐곡선의 형태이므로 1을 더하지 않음).
따라서 의자에 앉을 수 있는 학생의 수는 60명이다.

47

정답 ③

오답분석

① 2021년의 값이 서로 바뀌었다.
② 2024년 충주댐의 발전량 값이 잘못되었다.
④ 2023년 소양강댐의 발전량 값이 잘못되었다.

48

정답 ③

현대사회에서 기업은 일을 수행하는 데 소요되는 시간을 줄이기 위해 많은 노력을 기울이고 있다. 기업의 입장에서 작업 소요 시간의 단축으로 인해 볼 수 있는 효과는 다음과 같다.

- 생산성 향상 : 시간당 산출량이 증가하여 같은 시간 안에 더 많은 제품이나 서비스를 제공할 수 있으므로 노동 생산성이 향상된다.
- 가격 인상 : 일을 수행할 때 소요되는 시간을 단축함으로써 비용이 절감되고, 상대적으로 이익이 늘어남으로써 사실상 가격 인상 효과가 있다.
- 위험 감소 : 위험에 노출되는 시간을 줄이고, 계획적 작업 운영을 통해 불확실성이 감소하므로 위험이 감소하는 효과가 있다.
- 시장 점유율 증가 : 빠르고 효율적인 생산은 납기 준수 능력 향상, 원가 절감, 품질 유지로 이어지므로 고객 만족도를 높이고, 결과적으로 경쟁사보다 유리한 조건을 만들며 시장 점유율 확대에 기여한다.

정확한 예산 분배는 효율적인 예산관리를 통하여 기업이 얻을 수 있는 효과이다.

49

정답 ④

효율적이고 합리적인 인사관리 원칙

- 적재적소 배치의 원칙 : 해당 직무 수행에 가장 적합한 인재를 배치해야 한다.
- 공정 보상의 원칙 : 근로자의 인권을 존중하고 공헌도에 따라 노동의 대가를 공정하게 지급해야 한다.
- 공정 인사의 원칙 : 직무 배당, 승진, 상벌, 근무 성적의 평가, 임금 등을 공정하게 처리해야 한다.
- 종업원 안정의 원칙 : 직장에서 신분이 보장되고 계속해서 근무할 수 있다는 믿음을 갖게 하여 근로자가 안정된 회사 생활을 할 수 있도록 해야 한다.
- 창의력 계발의 원칙 : 근로자가 창의력을 발휘할 수 있도록 새로운 제안, 건의 등의 기회를 마련하고, 적절한 보상을 하여 인센티브를 제공해야 한다.
- 단결의 원칙 : 직장 내에서 구성원들이 소외감을 갖지 않도록 배려하고, 서로 유대감을 가지고 협동, 단결하는 체제를 이루도록 한다.

50

정답 ③

회전대응의 원칙은 입·출하의 빈도가 높은 품목은 출입구 가까운 곳에 보관하는 것으로, 활용빈도가 상대적으로 높은 물품을 가져다 쓰기 쉬운 위치에 먼저 보관하는 방식을 말한다.

오답분석

① 동일성의 원칙 : 같은 품종은 같은 장소에 보관하는 원칙이다.
② 유사성의 원칙 : 유사품은 인접한 장소에 보관하는 원칙이다.
④ 기호화의 원칙 : 바코드, QR코드 등 물품을 기호화하여 관리하는 것을 의미한다.

PART 1

직업기초능력평가

CHAPTER

01 의사소통능력

01 대표유형 적중문제

| 01 | 모듈형

01	02	03	04	05	06	07	08	09	10
④	⑤	④	⑤	①	④	⑤	④	⑤	②

01 정답 ④

비공식적 의사소통은 인간관계를 바탕으로 한 자연스러운 의사소통이므로 친밀감을 느끼고 심리적 만족감을 충족시켜 준다.

오답분석

① 공식적 의사소통의 장점이다.

②·③·⑤ 비공식적 의사소통은 여러 계층을 통해 전해지는 것이 아니기에, 내용의 전달이 더 신속하게 이루어지며, 의사소통의 과정에 융통성과 신축성이 있다.

02 정답 ⑤

재무제표와 다르게, 영업상황을 문장의 형식으로 기재하여 보고하는 문서는 영업보고서이다.

오답분석

① 결산보고서 : 진행됐던 사안의 수입과 지출결과를 보고하는 문서

② 출장보고서 : 회사 업무로 출장을 다녀와 외부 업무나 그 결과를 보고하는 문서

③ 재무보고서 : 재무정보를 수록한 보고서로, 결산총평·재무제표·필수보충정보·부속명세서로 구성

④ 회의보고서 : 회의 내용을 정리하여 기록한 문서

03 정답 ④

언어적인 의사소통은 대화를 통해 상대방의 반응 등을 살펴 실시간으로 상대방을 설득할 수 있으므로 문서적인 의사소통에 비해 유동성이 크다.

04 정답 ⑤

제시된 문장은 과거 의사소통능력 수업에 대한 문제를 제기하고 있다. 따라서 이에 대한 문제점인 ㄷ이 제시된 문장 다음에 이어지는 것이 적절하다. ㄴ은 과거 문제점에 대한 해결법으로 '문제중심학습(PBL)'을 제시하므로 ㄷ 다음에 오는 것이 자연스러우며, ㄱ 역시 '문제중심학습(PBL)'에 대한 장점으로 ㄴ 다음에 오는 것이 적절하다. 마지막으로 ㄹ의 경우 '문제중심학습(PBL)'에 대한 주의할 점으로, 마지막에 오는 것이 가장 적절하다.

05 정답 ①

제시문에서는 악의적인 체납자에 대한 정부의 제재 강화를 언급하며, 대다수 국민에게 상대적 박탈감을 주는 고액 체납자를 강력한 제재로 다스려야 한다고 주장한다. 따라서 제시문과 관련 있는 한자성어로는 '한 사람을 벌주어 백 사람을 경계한다.'라는 뜻의 '다른 사람들에게 경각심을 불러일으키기 위하여 본보기로 한 사람에게 엄한 처벌을 하는 일'을 의미하는 '일벌백계(一罰百戒)'가 가장 적절하다.

오답분석

② 유비무환(有備無患) : 미리 준비가 되어 있으면 걱정할 것이 없음을 이르는 말

③ 일목파천(一目破天) : 일이 미처 때를 만나지 못함을 이르는 말

④ 가정맹어호(苛政猛於虎) : 가혹한 정치는 호랑이보다 무섭다는 뜻으로, 혹독한 정치의 폐가 큼을 이르는 말

⑤ 오십보백보(五十步百步) : 조금 낫고 못한 정도의 차이는 있으나 본질적으로는 차이가 없음을 이르는 말

06 정답 ④

커뮤니케이션 네트워크 형태 중 완전연결형은 가장 이상적인 형태로, 리더가 존재하지 않으며 누구나 커뮤니케이션을 주도할 수 있고 가장 구조화되지 않은 유형이다. 조직 안에서 정보교환이 완전하게 이루어지며 효과적이고, 구성원 간의 만족도와 참여도가 높은 특징이 있다.

07

정답 ⑤

P과장은 직원들에 대한 높은 관심으로 간섭하려는 경향이 있고, 남에게 자신의 업적을 이야기하며 인정받으려 하는 욕구가 강하다. 따라서 P과장은 타인에 대한 높은 관심과 간섭을 자제하고, 지나친 인정욕구에 대한 태도를 성찰할 필요성이 있다.

오답분석

① P과장이 독단적으로 결정했다는 내용은 언급되어 있지 않다.
② 직원들은 P과장의 지나친 관심으로 힘들어하고 있는 상황이므로 적절하지 않은 조언 내용이다.
③ 직원들에게 지나친 관심을 보이는 P과장에게는 적절하지 않은 조언 내용이다.
④ 인정이 많다거나, 직원들의 요구를 거절하지 못한다는 내용은 제시문에서 찾을 수 없다.

08

정답 ④

오답분석

① '왜?'라는 질문은 보통 진술을 가장한 부정적·추궁적·강압적인 표현이므로 사용하지 않는 것이 좋다.
② 요약하는 기술은 상대방에 대한 자신의 이해의 정확성을 확인하는 데 도움이 된다.
③ 상대방이 하는 말의 어조와 억양, 소리의 크기까지도 귀를 기울이는 방법이다.
⑤ 다른 사람의 메시지를 인정하는 것은 당신이 그와 함께하며, 그가 인도하는 방향으로 따라가고 있다는 것을 언어적·비언어적인 표현을 통하여 상대방에게 알려주는 방법이다.

09

정답 ⑤

희준은 민재의 말을 경청하지 않고 민재의 목소리 톤, 표정과 같은 단서들을 찾아 민재의 상황을 추측하는 짐작하기의 자세를 보이고 있다.

오답분석

① 슬쩍 넘어가기에 대한 설명이다.
② 언쟁하기에 대한 설명이다.
③ 다른 생각하기에 대한 설명이다.
④ 판단하기에 대한 설명이다.

10

정답 ②

시험을 포기했다는 민재에 말에 잘 생각했다며 동의하는 맞장구의 경청 태도를 보이고 있다.

오답분석

① 치켜 올리듯 가볍게 하는 맞장구 : "저런!", "그렇습니까?", "아닙니다.", "잘됐습니다.", "그렇게 하십시오."
③ 정리하는 맞장구 : "말하자면 이런 것입니까?", "~라는 것이지요?"
④ 재촉하는 맞장구 : "그래서 어떻게 되었습니까?"
⑤ 감탄하는 맞장구 : "역시", "대단하세요."

| 02 | 피듈형

01	02	03	04	05					
②	④	④	①	①					

01

정답 ②

제시문은 유류세 상승으로 인해 발생하는 장점을 열거함으로써 유류세 인상을 정당화하고 있다. 따라서 글의 제목으로 가장 적절한 것은 '높은 휘발유세의 정당성'이다.

02

정답 ④

제시문에서는 아들이 징역 10년이라는 중형에 처할 수 있는 상황에서 아들의 인생을 바로잡아주기 위해 아들을 직접 신고한 어머니의 사례를 제시하고 있다. 따라서 제시문과 관련 있는 한자성어로는 '큰 도리를 지키기 위하여 부모나 형제도 돌아보지 않음'을 의미하는 '대의멸친(大義滅親)'이 가장 적절하다.

오답분석

① 반포지효(反哺之孝) : 까마귀 새끼가 자라서 늙은 어미에게 먹이를 물어다 주는 효(孝)라는 뜻으로, 자식이 자란 후에 어버이의 은혜를 갚는 효성을 이르는 말
② 지록위마(指鹿爲馬) : 윗사람을 농락하여 권세를 마음대로 함을 이르는 말
③ 불구대천(不俱戴天) : 하늘을 함께 이지 못한다는 뜻으로, 이 세상에서 같이 살 수 없을 만큼 큰 원한을 가짐을 비유적으로 이르는 말
⑤ 권토중래(捲土重來) : 어떤 일에 실패한 뒤에 힘을 가다듬어 다시 그 일에 착수함을 비유하여 이르는 말

03

정답 ④

제시문에서 치사율과 감염률에 대한 관계는 찾을 수 없다.

오답분석

① 첫 번째 문단에서 외부에서 침입하는 물질을 항원으로 취급한다고 하였으므로 수혈 시 항원-항체반응이 발생할 수 있다.
② 두 번째 문단에서 바이러스가 변이하면 우리 몸은 별개의 항원으로 취급한다고 하였으므로 바이러스에 다시 감염될 수 있다.

③ 마지막 문단에서 60대 이상의 고연령층은 백신 접종 권고 대상이라고 하였다.
⑤ 첫 번째 문단에 따르면 항체가 항원(바이러스)의 기능을 억제한다고 하였으므로 항체가 적으면 억제 능력이 떨어져 완치 기간이 더 길어진다는 것을 추측할 수 있다.

04

정답 ①

항체가 너무 많으면 정상 세포를 공격할 수 있는 것은 '지나치면 오히려 없는 것만 못하다'라는 의미의 과유불급이 적절하다.

오답분석

② 오매불망(寤寐不忘) : 자나깨나 잊지 아니함. 매우 간절한 기다림을 일컫는 말
③ 와신상담(臥薪嘗膽) : 섶(땔감) 위에 누워서 쓸개를 맛보다. 어떤 목표를 위해 어떠한 고난과 역경도 참고 견뎌냄을 일컫는 말
④ 금의환향(錦衣還鄕) : 비단옷을 입고 고향으로 돌아가다. 출세하여 고향으로 돌아옴을 비유적으로 일컫는 말
⑤ 막역지우(莫逆之友) : 서로 거스름이 없는 친구. 허물없이 지내는 친구를 일컫는 말

05

정답 ①

'유발하다'는 '어떤 것이 다른 일을 일어나게 하다.'의 의미를 지닌 단어로, 이미 사동의 의미를 지니고 있다. 따라서 사동 접미사 '-시키다'와 결합하지 않고 ㉠과 같이 사용할 수 있다.

| 03 | PSAT형

01	02	03	04	05					
④	④	④	②	⑤					

01

정답 ④

우리 눈은 원추세포를 통해 밝은 곳에서의 노란색 빛을 인식하고, 어두운 곳에서는 막대세포를 통해 초록색 빛을 더 민감하게 인식한다. 또한 밝은 곳에서 눈에 잘 띄던 노란색 경고 표지판은 날이 어두워지면 무용지물이 될 수도 있으므로 어두운 터널 내에는 초록색의 경고 표지판을 설치하는 것이 더 효과적이다.

오답분석

① 막대세포의 로돕신은 빛을 받으면 분해되어 시신경을 자극하고, 이 자극이 대뇌에 전달되어 초록색 빛을 민감하게 인식하지만, 색을 인식하지는 못한다.
② 눈조리개의 초점 부근 좁은 영역에 주로 분포되어 있는 세포는 원뿔 모양의 원추세포이다.
③ 원추세포는 노란색 빛에 민감하며, 초록색 빛에 민감한 세포는 막대세포이다.
⑤ 우리 눈에는 파장이 500나노미터 부근인 노란색 빛에 민감한 원추세포의 수가 많지 않아 어두운 곳보다 밝은 곳에서 인식 기능이 발휘된다. 따라서 밝은 곳에서 눈에 잘 띄는 노란색이나 붉은색으로 경고나 위험 상황을 나타내는 것은 막대세포가 아닌 원추세포의 수와 관련이 있다.

02

정답 ④

㉣은 올해 새롭게 오픈한 영문 포털을 통해 이용 가능한 서비스이므로 전년도 학기 연구 과제에서 사용하였다는 반응은 적절하지 않다.

03

정답 ④

제시문에서는 태학의 명륜당은 종학으로 만들어 국자 즉, 종실의 자제 및 공경의 적자가 다니게 하고, 비천당은 백성들이 다니는 학교로 만들어 별도로 운영해야 한다고 하였다. 즉, 국자와 서민들을 나누어 가르치던 주례의 전통을 따르는 것이 바람직하다고 주장하는 것이다.

오답분석

① 태학의 명륜당은 종학으로 만들어 종실의 자제 및 공경의 적자가 다니게 하고, 비천당은 백성들이 다니는 학교로 만들어 별도로 운영하는 것이 합당할 것이라고 하였으므로 적절하지 않은 내용이다.
② 옛날 태학에서 사람들에게 풍악을 가르쳤기 때문에 명칭을 성균관이라 하였다는 것은 언급되어 있지만, 이러한 전통을 회복해야 한다는 내용은 언급되어 있지 않으므로 적절하지 않은 내용이다.
③ 옛날에 사람을 가르치는 법들 중 하나인 향학이 서민들을 교육하기 위한 기관이라는 것은 언급되어 있지만 이 내용만으로 향학의 설립을 통해 백성에 대한 교육을 강화해야 한다는 내용을 추론하기는 어려우므로 적절하지 않은 내용이다.
⑤ 제시문에서는 종실의 자제 및 공경의 적자와 백성들을 별도로 교육해야 한다고 주장하고 있으므로 이들을 통합하는 교육 과정이 필요하다는 것은 적절하지 않은 내용이다.

04

정답 ②

제시문에서 옵트인 방식은 수신 동의 과정에서 발송자와 수신자 모두에게 비용이 발생한다고 했으므로 수신자의 경제적 손실을 막을 수 있다는 ②는 적절하지 않다.

05

정답 ⑤

번아웃 증후군을 이겨내기 위한 방법 중 하나가 현재의 환경을 바꾸는 것이다. 현재 처해 있는 상황에서 지루함·무기력함에 빠져 있는 것이기 때문에, 환경을 바꾸어 새로운 활력과 자극을 얻을 수 있다.

02 심화문제

01	02	03	04	05	06	07	08	09	10
⑤	③	⑤	②	②	④	④	⑤	⑤	①

01

정답 ⑤

모딜리아니－밀러 이론은 이상적 시장 상태를 가정했을 때 기업의 자본 구조와 가치는 연관이 없다는 이론이고, 이에 반대하여 현실적 요소들을 고려한 상충 이론과 자본 조달 순서 이론이 등장하였다. 반박에 직면하여 밀러는 다양한 현실적 요소들을 고려하였고, 그럼에도 불구하고 기업의 자본 구조와 가치는 연관이 없다는 결론을 도출하였다.

오답분석

①·③ 밀러의 기존 이론이 고려하지 않은 것을 고려하였다.
② 개량된 이론에서는 개별 기업을 고려하였지만, 기존 이론에서 밀러가 개별 기업을 분석 단위로 삼았다고 볼 근거가 없다.
④ 기업의 자본 조달에는 타인의 자본이 소득세를 통해 영향을 준다고 하나, 결국 기업의 가치와는 무관하다는 결론을 재확인했다.

02

정답 ③

다섯 번째 문단에 나타난 내용을 요건에 따라, 이론이 부채와 요건 간의 관계를 어떻게 보고 있는지를 나타내면 다음과 같다.

구분	기업 규모	성장성
상충 이론	비례	반비례
자본 조달 순서 이론	반비례	비례

문제에서 A씨는 상충 이론에 따르므로 2행만 참조하면 된다. B기업은 성장성이 높은 규모가 작은 기업이므로, A씨는 B기업에게 부채 비율을 낮출 것을 권고하는 것이 타당하다. 기업 규모가 작은 경우에는 법인세 감세 효과로 얻는 편익보다 기대 파산 비용이 높다고 판단되고, 성장성이 높은 경우에도 기대 파산 비용이 높다고 보이기 때문이다. 이를 통해서 ①, ②, ④가 옳지 않은 것을 판단할 수 있다.
⑤의 경우에는, 타인 자본에는 부채가 포함되므로 상충 이론과 배치되는 주장이다. 상충 이론은 부채 발생 시의 편익－비용의 비율이 기업 가치에 영향을 끼친다고 주장하므로 이 의견을 다르게 표현하고 있는 ③이 바르게 판단한 것이다.

03

정답 ⑤

바우마이스터에 따르면 개인은 자신이 가지고 있는 제한된 에너지를 자기 조절 과정에 사용하는데, 이때 에너지를 많이 사용한다고 하더라도 긴박한 상황을 대비하여 에너지의 일부를 남겨 두기 때문에 에너지가 완전히 고갈되는 상황은 벌어지지 않는다. 즉, S씨는 식단 조절 과정에 에너지를 효율적으로 사용하지 못하였을 뿐, 에너지가 고갈되어 식단 조절에 실패한 것은 아니다.

오답분석

① 반두라에 따르면 인간은 자기 조절 능력을 선천적으로 가지고 있으며, 자기 조절은 세 가지의 하위 기능인 자기 검열, 자기 판단, 자기 반응의 과정을 통해 작동한다.
② 반두라에 따르면 자기 반응은 자신이 한 행동 이후에 자신에게 부여하는 정서적 현상을 의미하는데, 자신이 지향하는 목표와 관련된 개인적 표준에 부합하지 않은 행동은 죄책감이나 수치심이라는 자기 반응을 만들어 낸다.
③ 반두라에 따르면 선천적으로 자기 조절 능력을 가지고 있는 인간은 가치 있는 것을 획득하기 위해 행동하거나 두려워하는 것을 피하기 위해 행동한다.
④ 바우마이스터에 따르면 자기 조절은 개인적 표준, 모니터링, 동기, 에너지로 구성된다. S씨의 건강관리는 개인의 목표 성취와 관련된 개인적 표준에 해당하며, 이를 위해 S씨는 자신의 행동을 관찰하는 모니터링 과정을 거쳤다.

04

정답 ②

첫 번째 문단에 따르면 범죄는 취잿감으로 찾아내기가 쉽고 편의에 따라 기사화할 수 있을 뿐만 아니라 범죄 보도를 통해 시청자의 관심을 끌 수 있기 때문에 언론이 범죄를 보도의 주요 소재로 삼지만, 지나친 범죄 보도는 범죄자나 범죄 피의자의 초상권을 침해하여 법적·윤리적 문제를 일으킨다. 그러므로 마지막 문단의 내용처럼 범죄 보도가 초래하는 법적·윤리적 논란은 언론계 전체의 신뢰도에 치명적인 손상을 가져올 수도 있다.
따라서 이를 비유하기에 가장 적절한 표현은 '부메랑'이다. 부메랑은 그것을 던진 사람에게 되돌아와 상처를 입힐 수도 있기 때문이다.

오답분석

① 시금석(試金石) : 귀금속의 순도를 판정하는 데 쓰는 검은색의 현무암이나 규질의 암석을 뜻하며, 가치·능력·역량 등을 알아볼 수 있는 기준이 되는 기회나 사물을 비유적으로 이르는 말로도 쓰인다.
③ 아킬레스건(Achilles 腱) : 치명적인 약점을 비유하는 말이다.

④ 악어의 눈물 : 일반적으로 강자가 약자에게 보이는 '거짓 눈물'을 비유하는 말이다.
⑤ 뜨거운 감자 : 삼킬 수도 뱉을 수도 없다는 뜻에서 할 수도 안 할 수도 없는 난처한 경우 또는 다루기 어려운 미묘한 문제를 비유하는 말이다.

05

정답 ②

제시문은 스타 시스템에 대한 문제점을 지적한 다음, 글쓴이 나름대로의 대안을 모색하고 있다.

06

정답 ④

욕망의 주체인 ㉡만 ㉢을 이상적 존재로 두고 닮고자 한다.

07

정답 ④

제시문에서 스타는 스타 시스템에 의해서 소비자들의 욕망을 부추기고 상품처럼 취급되어 소비되는 존재로서, 자신의 의지에 의해서 행위하는 것이 아니라 단지 스타 시스템에 의해 조종되고 있을 뿐이라 보고 있다.

08

정답 ⑤

제시문은 물리학의 근본 법칙들이 사실을 정확하게 기술하기 위해 조건을 추가할 경우 오히려 일반적인 상황이 아닌 특수한 상황만을 설명하게 되는 문제점을 서술하고 있으므로 ⑤가 논지로 가장 적절하다.

09

정답 ⑤

전화를 처음 발명한 사람으로 알려진 알렉산더 그레이엄 벨이 전화에 대한 특허를 받았음을 이야기하는 (라) 문단이 첫 번째 문단으로 적절하며, 다음으로 벨이 특허를 받은 뒤 치열한 소송전이 이어졌다는 (다) 문단이 오는 것이 자연스럽다. 이후 벨은 그레이와의 소송에서 무혐의 처분을 받으며 마침내 전화기의 발명자는 벨이라는 판결이 났다는 (나) 문단과 지금도 벨의 전화 시스템이 세계 통신망에 뿌리를 내리고 있다는 (가) 문단이 차례로 오는 것이 매끄럽다.

10

정답 ①

누가 먼저 전화를 발명했는지에 대한 치열한 소송이 있었지만, (나) 문단의 '1887년 재판에서 전화의 최초 발명자는 벨이라는 판결'에 따라 법적으로 전화를 처음으로 발명한 사람은 벨임을 알 수 있다.

오답분석

② 벨과 그레이는 1876년 2월 14일 같은 날에 특허를 신청했으나, 누가 먼저 제출했는지는 제시문을 통해 알 수 없다.
③ 무치는 1871년 전화에 대한 임시 특허만 신청하였을 뿐, 정식 특허로 신청하지 못하였다.
④ 벨이 만들어낸 전화 시스템은 현재 세계 통신망에 뿌리를 내리고 있다.
⑤ 소송 결과 그레이가 전화의 가능성을 처음 인지하긴 하였으나, 전화를 완성하기 위한 후속 조치를 취하지 않았다고 판단되었다.

CHAPTER

02 수리능력

01 대표유형 적중문제

| 01 | 모듈형

01	02	03	04	05	06	07	08	09	10
③	④	②	④	②	⑤	③	②	①	④

01 정답 ③

A열차의 길이를 xm라고 하자. A열차가 다리를 완전히 통과할 때까지의 이동거리는 (열차의 길이)+(다리의 길이)이므로 다음과 같은 식이 성립한다.

$x+440=20\times30$

$\rightarrow x=600-440$

$\therefore x=160$

따라서 A열차의 길이는 160m이다.

02 정답 ④

소금의 양은 (소금물의 양)$\times\frac{(\text{소금물의 농도})}{100}$로 구한다.

따라서 농도가 7%인 소금물 300g에 들어있는 소금의 양은 $300\times\frac{7}{100}=21$g이다.

03 정답 ②

꺾은선 그래프는 시간이 흐름에 따라 변해가는 모습을 나타내는 데 많이 쓰인다. 따라서 변화의 추이가 중요한 날씨 변화, 에너지 사용 증가율, 물가의 변화 등을 나타내는 데 가장 적절하다.

오답분석

① 막대 그래프는 크거나 작거나, 많거나 적은 것을 한눈에 비교하여 읽는 데 적절하다.

③·④ 원 그래프나 띠 그래프는 전체를 100%로 놓고 그에 대한 부분의 비율을 나타내는 데 많이 쓰인다. 따라서 각각의 항목이 차지하는 비중이 어느 정도인지를 나타내거나 중요도나 우선순위를 고려해야 할 자료에 적절하다.

⑤ 그림 그래프는 지역이나 위치에 따라 수량의 많고 적음을 한눈에 알 수 있도록 하기 때문에, 조사한 자료의 크기를 쉽게 비교할 필요성이 있는 자료에 적절하다.

04 정답 ④

2023년 모든 기계의 구입 가격의 평균은 $(1,900+1,600+1,300)\div3=1,600$만 원이다.

2024년에 (다) 기계는 90회 사용하여 500만 원을 받고 팔 수 있으므로, 모든 기계의 판매 가격의 평균은 $(1,000+500)\div3=500$만 원이다.

05 정답 ②

(가)~(다) 기계를 구입한 후 자가발전 시스템을 도입할 예정이어서 전기요금이 발생하지 않을 것이므로 기계별 발생하는 지불 총액은 '(구입 가격)+[(관리비)×(사용 개월 수)]'만 계산하면 된다. 5년은 60개월이므로 그동안의 지불 총액은 다음과 같다.

- (가) 기계 : $1,900+(10\times60)=2,500$만 원
- (나) 기계 : $1,600+(20\times60)=2,800$만 원
- (다) 기계 : $1,300+(10\times60)=1,900$만 원

따라서 지불 총액이 가장 적은 기계는 (다)이다.

06 정답 ⑤

편차는 변량에서 평균을 뺀 값으로, 편차의 총합은 항상 0이다. 편차의 특성을 이용하면 $0+(-3)+x+3+9+(-3)=0$이 되므로 $x=-6$이다.

07 정답 ③

중앙값은 관찰값을 최솟값부터 최댓값까지 크기순으로 배열하였을 때 순서상 중앙에 위치하는 값을 말하며, 관찰값의 개수가 짝수인 경우에는 중앙에 위치하는 두 관찰값의 평균이 중앙값이 된다.

(가)~(바) 직원의 점수를 크기 순대로 나열하면 91, 85, 83, 79, 76, 75가 되며, 관찰값의 개수가 짝수이므로 중앙에 위치하는 두 관찰값 83과 79의 평균인 81이 중앙값이 된다.

08

정답 ②

5명이 노란색 원피스 2벌, 파란색 원피스 2벌, 초록색 원피스 1벌 중 1벌씩 선택하여 사는 경우의 수는 먼저 5명을 2명, 2명, 1명으로 이루어진 3개의 팀으로 나누는 방법과 동일하므로 ${}_5C_2\times{}_3C_2\times{}_1C_1\times\frac{1}{2!}=\frac{5\times4}{2}\times3\times1\times\frac{1}{2}=15$가지가 된다. 이때, 원피스 색깔 중 2벌인 색은 노란색과 파란색 2가지이므로 선택할 수 있는 경우의 수는 모두 $15\times2=30$가지이다.

09

정답 ①

여학생 수의 비율을 a, 남학생 수의 비율은 $1-a$라고 하면 다음 식이 성립한다.

$60a\times1,000+45(1-a)\times1,000=51\times1,000$

$\rightarrow 60a+45(1-a)=51$

$\therefore a=\frac{2}{5}$

따라서 여학생은 $1,000\times\frac{2}{5}=400$명이다.

10

정답 ④

644와 476을 소인수분해하면 다음과 같다.

- $644=2^2\times7\times23$
- $476=2^2\times7\times17$

즉, 644와 476의 최대공약수는 $2^2\times7=28$이다. 이때, 직사각형의 가로에 설치할 수 있는 조명의 개수를 구하면 $644\div28+1=23+1=24$개이고, 세로에 설치할 수 있는 조명의 개수를 구하면 $476\div28+1=17+1=18$개이다. 따라서 조명의 최소 설치 개수를 구하면 $(24+18)\times2-4=84-4=80$개이다.

| 02 | 피듈형

01	02	03	04	05	06	07	08		
①	④	③	①	⑤	①	②	④		

01

정답 ①

업체별로 구매가격을 정리하면 다음과 같다.

- S전자 : 8대 구매 시 2대를 무료로 증정하기 때문에 32대를 사면 8개를 무료로 증정받아 32대 가격으로 총 40대를 살 수 있다. 32대의 가격은 $80,000\times32=2,560,000$원이고, 구매금액 100만 원당 2만 원이 할인되므로 구매가격은 $2,560,000-40,000=2,520,000$원이다.
- B마트 : 40대 구매금액인 $90,000\times40=3,600,000$원에서 40대 이상 구매 시 7% 할인 혜택을 적용하면 $3,600,000\times0.93=3,348,000$원이다. 1,000원 단위 이하는 절사하므로 구매가격은 3,340,000원이다.

따라서 S전자가 B마트에 비해 $3,340,000-2,520,000=82$만 원 저렴하다.

02

정답 ④

아이들의 수를 x명이라고 하고 식을 세우면 다음과 같다.

$7(x-14)+2=6(x-11)+2$

$\therefore x=32$

즉, 아이들의 수는 32명, 노트의 개수는 $7\times(32-14)+2=128$권이다.

따라서 1명당 나누어줄 노트의 개수는 $128\div32=4$권이다.

03

정답 ③

응답기간 중 하위 두 정당은 항상 D, E로 같다. 이 두 정당의 지지율의 합과 정당 C의 지지율은 다음과 같다.

구분	1월	6월	12월
정당 D·E의 지지율 합	8.9+5.6 =14.5%	5.2+3.3 =8.5%	4.7+7.5 =12.2%
정당 C의 지지율	12.8%	11.2%	10.8%

따라서 하위 두 정당의 지지율의 합이 정당 C의 지지율보다 낮은 때는 2024년 6월뿐이다.

04

정답 ①

- 남자의 고등학교 진학률 : $\frac{861,517}{908,388}\times100 \fallingdotseq 94.8\%$
- 여자의 고등학교 진학률 : $\frac{838,650}{865,323}\times100 \fallingdotseq 96.9\%$

05

정답 ⑤

공립 중학교의 성별별 졸업자 수가 나타나 있지 않으므로 계산할 수 없다.

06

정답 ①

이메일 스팸 수신량이 가장 높은 시기는 2022년 하반기이지만, 휴대전화 스팸 수신량이 가장 높은 시기는 2021년 하반기이다.

오답분석

② 제시된 자료를 통해 모든 기간 이메일 스팸 수신량이 휴대전화 스팸 수신량보다 많음을 확인할 수 있다.
③ 이메일 스팸 수신량의 증가·감소 추이와 휴대전화 스팸 수신량의 증가·감소 추이가 일치하지 않으므로 서로 밀접한 관련이 있다고 보기 어렵다.
④ 이메일 스팸 총수신량의 평균은 0.6이고 휴대전화 스팸 총수신량의 평균은 약 0.19이다.
따라서 $\frac{0.6}{0.19} \fallingdotseq 3.16$으로 3배 이상이다.
⑤ 컴퓨터 사용량과 이메일 스팸 수신량이 정비례 관계에 있으므로, 컴퓨터 사용량이 증가하면 이메일 스팸 수신량도 증가한다. 따라서 이메일 스팸 수신량이 가장 높은 2022년 하반기에 국민의 컴퓨터 사용량이 제일 높았을 것이다.

07

정답 ②

K통신회사의 기본요금을 x원이라 하면 8월과 9월의 요금 계산식은 각각 다음과 같다.

$x+60a+30\times 2a=21,600 \rightarrow x+120a=21,600 \cdots$ ㉠

$x+20a=13,600 \cdots$ ㉡

㉠-㉡을 하면 다음과 같다.

$100a=8,000$

$\therefore a=80$

따라서 2시간 초과 3시간까지의 분당 요금은 80원이다.

08

정답 ④

- 잘 익은 귤을 꺼낼 확률 : $1-\left(\frac{10}{100}+\frac{15}{100}\right)=\frac{75}{100}$
- 썩거나 안 익은 귤을 꺼낼 확률 : $\frac{10}{100}+\frac{15}{100}=\frac{25}{100}$

따라서 한 사람은 잘 익은 귤, 다른 한 사람은 그렇지 않은 귤을 꺼낼 확률은 $2\times\frac{75}{100}\times\frac{25}{100}=37.5\%$이다.

| 03 | PSAT형

01	02	03	04	05					
⑤	①	③	⑤	①					

01

정답 ⑤

ㄷ. 2024년에 케이블PP를 제외한 나머지 매체들의 광고매출액을 더하면 16,033억 원이다. 따라서 2024년 케이블PP의 광고매출액은 15,008억 원이므로 케이블PP의 광고매출액은 매년 감소한다.
ㄹ. 모바일은 2배 가까이 증가한 반면, 나머지는 이에 한참 미치지 못하고 있다.

오답분석

ㄱ. 2022년의 경우 전년에 비해 약 8,000억 원 증가하였고 2023년과 2024년에는 약 9,000억 원씩 증가하였다. 이는 각각 28,659억 원, 36,618억 원, 45,678억 원의 0.3배보다 작다.
ㄴ. 2022년 방송 매체 중 지상파TV 광고매출액이 차지하는 비중은 $\frac{14}{35}$이고, 온라인 매체 중 인터넷(PC)이 차지하는 비중은 $\frac{20}{57}$이므로 온라인 매체 중 인터넷(PC) 광고매출액이 차지하는 비율이 더 작다.

02

정답 ①

㉠ 그래프를 살펴보면 전체 구매액 중 50대 이상 연령대의 구매액 비중은 할인점이 가장 큰 것을 알 수 있다.
㉡ 전체 구매액 중 여성의 구매액 비중이 남성보다 큰 유통업태는 오픈마켓과 할인점이다.
두 업태의 그래프를 살펴보면 오픈마켓의 40세 이상 구매액 비중은 약 67%, 할인점의 40세 이상 구매액 비중은 약 70%로 두 유통업태의 40세 이상 구매액 비중은 모두 60% 이상이다.

오답분석

㉢ 각 유통업태의 연령별 구매액 비중 그래프에서 20대 이하와 50대 이상이 차지하는 면적을 살펴보면 소셜커머스, 오픈마켓, 할인점에서는 50대 이상이 20대 이하보다 큰 비중을 차지함을 알 수 있다. 그러나 일반유통의 경우 50대 이상이 20대 이하보다 작은 비중을 차지한다.
㉣ 40세 미만의 구매액 비중이 50% 미만인 유통업태는 소셜커머스, 오픈마켓, 할인점이다.
오픈마켓과 할인점은 여성의 구매액 비중이 남성보다 크지만, 소셜커머스의 경우 여성의 구매액 비중이 남성보다 작다.

03

정답 ③

이륜차와 관련된 교통사고는 29+11=40%로 2,500×0.4=1,000건이며, 30대 이하 가해자는 38+21=59%로 2,500×0.59=1,475명이다.

따라서 그 비율은 $\frac{1,000}{1,475}\times100≒67.8$%이다.

오답분석

① 60대 이상의 비율은 100−(38+21+11+8)=22%이므로, 30대보다 높다.

② 사륜차와 사륜차 교통사고 사망 건수는 2,500×0.42×0.32=336건이고, 20대 가해자는 2,500×0.38=950명으로, 그 비율은 $\frac{336}{950}\times100≒35.4$%이다.

④ 보행자와 관련된 교통사고는 18+11=29%로 2,500×0.29=725건이며, 그중 40%가 사망사건이라고 했으므로 사망 건수는 725×0.4=290건이다. 이때, 사륜차와 사륜차의 교통사고 사망 건수는 336건이므로 보행자와 관련된 교통사고 사망 건수보다 많다.

⑤ 사륜차와 이륜차 교통사고 사상자 수는 2,500×0.29=725명이고, 이 중 사망자의 비율은 68%이므로 사망 건수는 725×0.68=493건이다. 따라서 사륜차와 사륜차 교통사고 사망 건수인 336건보다 많다.

04

정답 ⑤

이륜차 또는 보행자와 관련된 교통사고는 총 29+18+11=58%로 2,500×0.58=1,450건이다. 이 중 20%의 가해자가 20대라고 했으므로 1,450×0.2=290건이다. 전체 교통사고 중 20대 가해 건수는 2,500×0.38=950건이므로, 이륜차 또는 보행자와 관련된 교통사고 중 20대 가해자는 전체 교통사고 20대 가해자의 $\frac{290}{950}\times100≒30$%를 차지한다.

05

정답 ①

먼저 첫 번째 조건을 살펴보면 두 개의 국가의 제조업 생산액 비중을 더한 것이 다른 국가의 제조업 생산액 비중이 되는 것은 A와 (D, E)의 관계뿐이므로 A가 헝가리, D, E가 각각 루마니아 또는 세르비아임을 알 수 있다.

다음으로 두 번째 조건을 살펴보면, 세르비아(D 혹은 E)와 B, C 중 하나를 더해 남은 하나의 값이 되는 것은 B와 (C, E)의 관계뿐이므로 E는 세르비아, C는 불가리아, B는 체코가 된다.

02 심화문제

01	02	03	04	05					
④	②	③	⑤	②					

01

정답 ④

첫 번째 조건에 따라 E의 재정 자립도는 58.5와 65.7 사이에 위치해야 하므로 ⑤를 소거한다.

두 번째 조건에 따라 주택노후화율이 가장 높은 지역이 I이므로 I의 시가화 면적 비율이 가장 낮아야 한다. 그러기 위해서는 (나)에 20.7보다 적은 수치가 들어가야 하므로 ①을 소거한다.

세 번째 조건에 따라 10만 명당 문화시설 수가 가장 적은 지역이 B이다. 따라서 (다)에는 114.0과 119.2 사이의 숫자가 들어가야 하므로 ②를 소거한다.

네 번째 조건에 따라 H의 주택보급률은 도로포장률보다 높아야 한다. 따라서 (라)에는 92.5보다 큰 수치가 들어가야 하므로 ③을 소거한다.

02

정답 ②

제시된 식으로 응시자와 합격자 수를 계산하였을 때 다음과 같다.

구분	2020년	2021년	2022년	2023년	2024년
응시자	2,810	2,660	2,580	2,110	2,220
합격자	1,310	1,190	1,210	1,010	1,180

응시자 중 불합격자 수는 응시자에서 합격자 수를 뺀 값으로 연도별 알맞은 수치는 다음과 같다.

- 2020년 : 2,810−1,310=1,500명
- 2021년 : 2,660−1,190=1,470명
- 2022년 : 2,580−1,210=1,370명
- 2023년 : 2,110−1,010=1,100명
- 2024년 : 2,220−1,180=1,040명

따라서 제시된 수치는 접수자에서 합격자 수를 뺀 값으로 옳지 않은 그래프이다.

오답분석

① 미응시자 수는 접수자 수에서 응시자 수를 뺀 값이다.
  - 2020년 : 3,540−2,810=730명
  - 2021년 : 3,380−2,660=720명
  - 2022년 : 3,120−2,580=540명
  - 2023년 : 2,810−2,110=700명
  - 2024년 : 2,990−2,220=770명

③·④·⑤ 제시된 자료를 통해 알 수 있다.

03

정답 ③

2021 ~ 2024년 가계대출과 기업대출의 전년 대비 증가액은 다음 같다.

(단위 : 조 원)

구분	2021년	2022년	2023년	2024년
가계대출	583.6−535.7=47.9	620−583.6=36.4	647.6−620=27.6	655.7−647.6=8.1
기업대출	546.4−537.6=8.8	568.4−546.4=22	587.3−568.4=18.9	610.4−587.3=23.1

따라서 2024년 기업대출의 전년 대비 증가액은 가계대출 증가액보다 높으므로 ③은 옳지 않다.

오답분석

① 2020년 대비 2024년 부동산담보대출 증가율을 계산하면 $\frac{341.2-232.8}{232.8}\times 100 \fallingdotseq 46.6\%$이며, 가계대출 증가율은 $\frac{655.7-535.7}{535.7}\times 100 \fallingdotseq 22.4\%$이다. 따라서 부동산담보대출 증가율이 가계대출 증가율보다 더 높다.

② 주택담보대출이 세 번째로 높은 연도는 2022년이며, 해당 연도 부동산담보대출(284.4조 원)이 기업대출의 50%인 $\frac{568.4}{2}=284.2$조 원보다 많다.

④ 2018년 은행대출은 459+462=921조 원이며, 2021년 은행대출은 583.6+546.4=1,130조 원이므로 2018년의 은행대출은 2021년 은행대출의 $\frac{921}{1,130}\times 100 \fallingdotseq 81.5\%$를 차지한다.

⑤ 2017 ~ 2024년 동안 전년 대비 주택담보대출이 가장 많이 증가한 해는 2020년이다.

(단위 : 조 원)

구분	2017년	2018년	2019년	2020년
증가액	300.9−279.7=21.2	309.3−300.9=8.4	343.7−309.3=34.4	382.6−343.7=38.9
구분	2021년	2022년	2023년	2024년
증가액	411.5−382.6=28.9	437.2−411.5=25.7	448−437.2=10.8	460.1−448=12.1

04

정답 ⑤

돼지고기는 2.5인분인 90×2.5=225g이 필요하다. 현재 냉장고에는 필요한 양의 절반인 112.5g 이하의 돼지고기 100g이 있으므로 225−100=125g을 구매해야 한다.

오답분석

① 면은 2.5인분인 200×2.5=500g이 필요하다. 현재 냉장고에는 필요한 양의 절반인 250g 이하의 면 200g이 있으므로 300g을 구매해야 한다.

② 양파는 2.5인분인 60×2.5=150g이 필요하다. 현재 냉장고에는 양파 100g이 있으므로 50g을 구매해야 한다. 그러나 필요한 양의 절반인 75g 이상이 냉장고에 있으므로 양파는 구매하지 않는다.

③ 아들이 성인 1인분의 새우를 먹으므로 새우는 3인분인 40×3=120g이 필요하다. 현재 냉장고에는 새우가 없으므로 새우 120g을 구매해야 한다.

④ 매운 음식을 잘 먹지 못하는 아내로 인해 건고추는 절반만 넣으므로 4×2.5=10g이 필요하다. 현재 냉장고에는 건고추가 없으므로 건고추 10g을 구매해야 한다.

05

정답 ②

㉠ 자료에서 남성 박사학위 취득자 중 50세 이상이 차지하는 비율은 $\frac{1,119}{5,730}\times 100 \fallingdotseq 19.5\%$이고, 여성 박사학위 취득자 중 50세 이상이 차지하는 비율은 $\frac{466}{2,966}\times 100 \fallingdotseq 15.7\%$이다. 따라서 남성 박사학위 취득자 중 50세 이상이 차지하는 비율이 더 높다.

㉢ 남성과 여성의 연령대별 박사학위 취득자 수가 많은 순위는 30세 이상 35세 미만>35세 이상 40세 미만>50세 이상>40세 이상 45세 미만>45세 이상 50세 미만>30세 미만 순서로 동일하다.

오답분석

㉡ 제시된 자료에서 공학계열 박사학위 취득자 중 남성의 비율은 $\frac{2,441}{2,441+332}\times 100 \fallingdotseq 88.0\%$, 사회계열 박사학위 취득자 중 남성의 비율은 $\frac{1,024}{1,024+649}\times 100 \fallingdotseq 61.2\%$, 자연계열 박사학위 취득자 중 남성의 비율은 $\frac{891}{891+513}\times 100 \fallingdotseq 63.5\%$이므로 남성의 비율이 높은 순위는 공학계열>자연계열>사회계열 순서이다.

㉣ 연령별 남녀 박사학위 취득자 수의 차이를 구해보면, 30세 미만은 196−141=55명, 30세 이상 35세 미만은 1,811−825=986명, 35세 이상 40세 미만은 1,244−652=592명, 40세 이상 45세 미만은 783−465=318명, 45세 이상 50세 미만은 577−417=160명, 50세 이상은 1,119−466=653명이다. 따라서 연령대가 올라갈수록 남녀 박사학위 취득자 수의 차이가 점점 커지고 있다는 설명은 옳지 않다.

CHAPTER

03 문제해결능력

01 대표유형 적중문제

| 01 | 모듈형

01	02	03	04	05	06	07	08		
③	④	②	①	②	③	⑤	①		

01 정답 ③

ST전략은 외부 환경의 위협 회피를 위해 내부 강점을 사용하는 전략이며, 내부의 강점을 이용하여 외부의 기회를 포착하는 전략은 SO전략이므로 옳지 않다.

오답분석

① · ④ SWOT 분석의 정의 및 분석방법에 대한 설명이다.
② WO전략에 대한 옳은 설명이다.
⑤ WT전략에 대한 옳은 설명이다.

02 정답 ④

상황을 모두 고려하면 '자동차 관련 기업의 주식을 사서는 안 된다.'는 결론이 옳다.

오답분석

① 두 번째, 세 번째 상황은 고려하고 있지 않다.
② 세 번째 상황을 고려하고 있지 않다.
③ 상황을 모두 고려하고 있으나 자동차 산업과 주식시장이 어떻게 되는가를 전달하고 있지 않다.
⑤ 두 번째 상황을 고려하고 있지 않다.

03 정답 ②

문제란 업무를 수행함에 있어서 답을 요구하는 질문이나 의논하여 해결해야 되는 사항을 의미한다. 문제는 흔히 문제점과 구분하지 않고 사용되는데, 문제점이란 문제의 원인이 되는 사항으로 해결을 위해서 손을 써야 할 대상을 말한다.

04 정답 ①

분석적 사고

1. 성과 지향의 문제 : 기대하는 결과를 명시하고 효과적으로 달성하는 방법을 사전에 구상하고 실행에 옮긴다.
2. 가설 지향의 문제 : 현상 및 원인분석 전에 지식과 경험을 바탕으로 일의 과정이나 결과, 결론을 가정한 다음 검증 후 사실일 경우 다음 단계의 일을 수행한다.
3. 사실 지향의 문제 : 일상 업무에서 일어나는 상식, 편견을 타파하여 사고와 행동을 객관적 사실로부터 시작한다.

05 정답 ②

①~⑤ 모두 미래사업에 대한 토론을 시작하는 것이다. 그러나 ②를 제외한 나머지는 신입직원들에게 부담을 주어, 관련 없는 의견을 내면 반응이 안 좋을 것 같아 선뜻 말하지 못할 것이다. 따라서 ②와 같이 마음껏 의견을 제시할 수 있도록 유도하는 것이 가장 적절한 말임을 알 수 있다.

06 정답 ③

혼잡한 시간대에도 같은 노선의 앞차를 앞지르지 못하는 버스 운행 규칙으로 인해 버스의 배차 간격이 일정하지 않은 문제가 나타났다.

07 정답 ⑤

GE 맥킨지 매트릭스는 산업의 매력도와 사업의 강점을 이용하여 전략사업단위를 평가하는 방법으로, 여러 요인들을 종합적으로 고려하여 정교한 분석이 가능하므로 BCG 매트릭스보다 발전된 기법으로 평가받고 있다. 그러나 각 사업단위 간의 상호작용을 고려하지 않고, 복잡한 매트릭스로 인해 실제 적용이 어렵다는 단점이 있다.

GE 맥킨지 매트릭스

- 좌상의 청신호 지역 : 투자육성전략. 경쟁력 있는 사업으로 지속적인 투자를 통해 성장시키는 전략이 적절하다.
- 대각선상의 주의신호 지역 : 선택적 개선전략. 경쟁력이 있을 것 같은 사업을 선택하여 수익을 창출하는 전략이 적절하다.
- 우하의 적신호 지역 : 퇴출전략. 경쟁력이 약한 사업으로 철수나 최소한의 투자를 하는 전략이 적절하다.

08

정답 ①

A사업은 매력적인 사업으로, 집중적으로 투자하여야 한다. 그러나 시장 지위를 유지하면서 새로운 진출을 모색해야 하는 사업은 B사업이다.

GE 맥킨지 매트릭스 전략

산업매력도 \ 사업의 강점	고	중	저
고	성장 / 집중 투자	시장 지위 유지·구축 투자	선택적 투자 / 회수 및 철수 시기 파악
중	성장을 위한 투자 / 강점 극대화 투자	현상유지 / 선택적 투자	실패를 막기 위한 최소 투자
저	선택적 투자 / 시장 지위 유지 및 신규 진출 탐색	강점이 가능한 곳 투자 / 나머지는 철수	철수에 도움이 되는 최소한 투자 / 철수

| 02 | 피듈형

01	02	03	04	05	06				
⑤	③	④	④	③	⑤				

01

정답 ⑤

글피는 모레의 다음 날로 15일이다. 15일은 비는 내리지 않고 최저기온은 영하이다.

오답분석

① 12 ~ 15일의 일교차를 구하면 다음과 같다.
  - 12일 : 11−0=11℃
  - 13일 : 12−3=9℃
  - 14일 : 3−(−5)=8℃
  - 15일 : 8−(−4)=12℃

  따라서 일교차가 가장 큰 날은 15일이다.

② 제시된 자료에서 미세먼지에 관한 내용은 확인할 수 없다.

③ 14일의 경우 비가 예보되어 있지만 낙뢰에 관한 예보는 확인할 수 없다.

④ 14일의 최저기온은 영하이지만, 최고기온은 영상이다.

02

정답 ③

다음의 논리 순서를 따라 주어진 조건을 정리하면 다음과 같다.

- 첫 번째 조건 : B부장의 자리는 출입문과 가장 먼 10번 자리에 배치된다.
- 두 번째 조건 : C대리와 D과장은 마주봐야 하므로 2·7번 또는 4·9번 자리에 앉을 수 있다.
- 세 번째 조건 : E차장은 B부장과 마주보거나 옆자리이므로 5번과 9번에 배치될 수 있지만, 다섯 번째 조건에 따라 옆자리가 비어있어야 하므로 5번 자리에 배치된다.
- 다섯 번째 조건 : E차장 옆자리는 공석이므로 4번 자리는 아무도 앉을 수가 없어 C대리는 7번 자리에 앉고, D과장은 2번 자리에 앉아야 한다.
- 일곱 번째 조건 : 과장끼리 마주보거나 나란히 앉을 수 없으므로 G과장은 3번 자리에 앉을 수 없고, 6번과 9번에 앉을 수 있다.
- 여섯 번째 조건 : F대리는 마주보는 자리에 아무도 앉지 않아야 하므로 9번 자리에 배치되어야 하고 G과장은 6번 자리에 앉아야 한다.

따라서 주어진 조건에 맞게 자리배치를 정리하면 다음과 같다.

출입문				
1 – 신입사원	2 – D과장	×	×	5 – E차장
6 – G과장	7 – C대리	8 – A사원	9 – F대리	10 – B부장

03

정답 ④

첫 번째 조건을 이용하여 B·C가 참가하는 경우, B·F가 참가하는 경우, C·F가 참가하는 경우로 나누어 본다.

i) B, C가 참가하는 경우 : B, C, D, E가 참가하고, F, G가 참가하지 않는다. 그러므로 A, H 중 한 명이 반드시 참가해야 하지만 마지막 명제의 대우에 의해 A가 참가하면 H도 참가해야 하므로 6명이 산악회에 참가하게 된다. 따라서 모순이다.

ii) B, F가 참가하는 경우 : B, E, F, G가 참가하고, C, D가 참가하지 않는다. 따라서 i)의 경우와 마찬가지로 모순이다.

iii) C, F가 참가하는 경우 : C, D, F, G가 참가하고, B, E는 참가하지 않거나 C, E, F가 참가하고, B, D, G가 참가하지 않는다. 이때, C, D, F, G가 참가하는 경우는 i)과 마찬가지로 모순이지만 C, E, F가 참가하는 경우 A, H는 참가한다.

따라서 반드시 산악회에 참가하는 사람은 H이다.

04

정답 ④

문제 도출은 선정된 문제를 분석하여 해결해야 할 것이 무엇인지를 명확히 하는 단계로, (가) 문제 구조 파악과 (나) 핵심 문제 선정의 절차를 거쳐 수행된다. 이때, 문제 구조 파악을 위해서는 현상에 얽매이지 말고 문제의 본질과 실제를 봐야 하며, 한쪽만 보지 말고 다면적으로 바라보며, 눈앞의 결과만 보지 말고 넓은 시야로 문제를 바라봐야 한다.

05

정답 ③

해결해야 할 전략 과제란 취약한 부분에 대해 보완해야 할 과제를 말한다. 따라서 이미 우수한 고객서비스 부문을 강화한다는 것은 전략 과제로 삼기에 적절하지 않다.

오답분석

① 해외 판매망이 취약하다고 분석되었으므로 중국시장의 판매유통망을 구축하는 전략 과제를 세우는 것은 적절하다.
② 중국시장에서 구매 방식이 대부분 온라인으로 이루어지는데 반해, 자사의 온라인 구매시스템은 미흡하기 때문에 온라인 구매시스템을 강화한다는 전략 과제는 적절하다.
④ 중국기업들 간의 가격 경쟁이 치열하다는 것은 제품의 가격이 내려가고 있다는 의미인데, 자사는 생산원가가 높다는 약점이 있다. 그러므로 원가 절감을 통한 가격경쟁력 강화 전략은 적절하다.
⑤ 중국시장에서 인간공학이 적용된 제품을 지향하고 있으므로 인간공학을 기반으로 한 제품 개발을 강화하는 것은 적절한 전략 과제이다.

06

정답 ⑤

㉢ 이미 우수한 연구개발 인재를 확보한 것이 강점이므로, 추가로 우수한 연구원을 채용하는 것은 WO전략으로 적절하지 못하다. 기회인 예산을 확보하면, 약점인 전력 효율성이나 국민적 인식 저조를 해결하는 전략을 세워야 한다.
㉣ 세계의 신재생에너지 연구(O)와 전력 효율성 개선(W)을 활용하므로 WT전략이 아닌 WO전략에 대한 내용이다. WT전략은 위협인 높은 초기 비용에 대한 전략이 나와야 한다.

| 03 | PSAT형

01	02	03	04	05					
⑤	⑤	④	③	④					

01

정답 ⑤

C주임은 출장으로 인해 참석하지 못하며, B사원과 D주임 중 한 명만 참석이 가능하다. 또한 주임 이상만 참여 가능하므로 A사원과 B사원은 참석하지 못한다. 그리고 가능한 모든 인원이 참석해야 하므로 참석하지 못할 이유가 없는 팀원은 전부 참여해야 한다. 따라서 참석할 사람은 D주임, E대리, F팀장이다.

02

정답 ⑤

규칙에 따라 사용할 수 있는 숫자는 1, 5, 6을 제외한 나머지 2, 3, 4, 7, 8, 9로 총 6개이다. (한 자리 수)×(두 자리 수)=156이 되는 수를 알기 위해서는 156의 소인수를 구해보면 된다. 156의 소인수는 3, 2^2, 13으로 여기서 156이 되는 수의 곱 중에 조건을 만족하는 것은 2×78과 4×39이다. 따라서 선택지 중에 A팀 또는 B팀에 들어갈 수 있는 암호배열은 '39'이다.

03

정답 ④

- A팀 : 견학 희망 인원이 45명, 견학 희망 장소는 발전소 전체이고 견학 희망 시간이 100분 이상이므로 한빛 발전소로 견학을 가야 한다.
- B팀 : 견학 희망 인원이 35명이고 견학 희망 장소는 발전시설을 제외한 곳이므로 고리 발전소 또는 월성 발전소로 견학을 가야 한다. 이때, C팀이 고리 발전소로 견학을 가야 하므로 월성 발전소로 견학을 가야 한다.
- C팀 : 견학 희망 인원이 45명이고 견학 희망 장소는 홍보관이므로 고리 발전소로 견학을 가야 한다.
- D팀 : 견학 희망 인원이 35명이고 견학 희망 장소는 발전소 전체이므로 한빛 발전소, 한울 발전소로 견학을 갈 수 있으나, A팀이 한빛 발전소로 견학을 가야 하므로 한울 발전소로 견학을 가야 한다.
- E팀 : 견학 희망 인원이 35명, 견학 희망 시간은 최소 100분이므로 새울 발전소와 한빛 발전소 중 한 곳으로 견학을 가야 한다. 이때, A팀이 한빛 발전소를 가야 하므로 새울 발전소로 견학을 가야 한다.

따라서 A팀은 한빛 발전소, B팀은 월성 발전소, C팀은 고리 발전소, D팀은 한울 발전소, E팀은 새울 발전소로 견학을 가야 한다.

04

정답 ③

월성 발전소 견학 순서에 따른 발전소별 견학 순서는 다음과 같다.

- 월성 발전소의 견학 순서가 첫 번째일 때
  새울 발전소는 세 번째로 가야 한다. 이때 두 번째, 다섯 번째 조건에 의해 한울 발전소는 두 번째로 가야 하고, 첫 번째 조건에 의해 고리 발전소는 한빛 발전소보다 먼저 견학을 가야 한다. 따라서 견학 순서는 '월성 발전소 – 한울 발전소 – 새울 발전소 – 고리 발전소 – 한빛 발전소'이다.
- 월성 발전소의 견학 순서가 세 번째일 때
  네 번째 조건에 의해 새울 발전소는 다섯 번째로 가야 한다. 이때 한울 발전소를 네 번째로 간다면 월성 발전소보다 먼저 한빛 발전소로 견학을 가야 하므로 첫 번째 조건을 만족하지 않는다. 따라서 견학 순서는 '고리 발전소 – 한울 발전소 – 월성 발전소 – 한빛 발전소 – 새울 발전소'이다.
- 월성 발전소의 견학 순서가 다섯 번째일 때
  월성 발전소보다 먼저 한빛 발전소에 견학을 가야 하므로 첫 번째 조건을 만족하지 않는다.

따라서 항상 두 번째로 견학을 가게 되는 발전소는 한울 발전소이다.

05

정답 ④

파일 이름에 주어진 규칙을 적용해 암호를 구하면 다음과 같다.

1. 비밀번호 중 첫 번째 자리에는 파일 이름의 첫 문자가 한글일 경우 @, 영어일 경우 #, 숫자일 경우 *로 특수문자를 입력한다.
   - 2022매운전골Cset3인기준recipe8 → *
2. 두 번째 자리에는 파일 이름의 총 자리 개수를 입력한다.
   - 2022매운전골Cset3인기준recipe8 → *23
3. 세 번째 자리부터는 파일 이름 내에 숫자를 순서대로 입력한다. 숫자가 없을 경우 0을 두 번 입력한다.
   - 2022매운전골Cset3인기준recipe8 → *23202238
4. 그 다음 자리에는 파일 이름 중 한글이 있을 경우 초성만 순서대로 입력한다. 없다면 입력하지 않는다.
   - 2022매운전골Cset3인기준recipe8 → *23202238ㅁㅇㅈㄱㅇㄱㅈ
5. 그 다음 자리에는 파일 이름 중 영어가 있다면 뒤에 덧붙여 순서대로 입력하되, a, e, i, o, u만 'a=1, e=2, i=3, o=4, u=5'로 변형하여 입력한다(대문자 · 소문자 구분 없이 모두 소문자로 입력한다).
   - 2022매운전골Cset3인기준recipe8 → *23202238ㅁㅇㅈㄱㅇㄱㅈcs2tr2c3p2

따라서 주어진 파일 이름의 암호는 '*23202238ㅁㅇㅈㄱㅇㄱㅈcs2tr2c3p2'이다.

02 심화문제

01	02	03	04	05					
②	①	①	④	③					

01

정답 ②

1라운드와 2라운드의 결과를 토대로 각 참여자가 얻을 수 있는 점수를 정리하면 다음과 같다.

(단위 : 점)

구분	1라운드	2라운드	총점
갑	−3, 0	−3, 0	−6, −3, 0
을	2	−3, 0	−1, 2
병	2	2	4
정	5	−3, 0	2, 5

ㄱ. 정(5점), 병(4점), 갑(0점), 을(−1점)의 경우가 가능하다.

ㄹ. 병이 4점을 얻은 것이 확정되어 있으므로 정이 우승할 수 있는 경우는 5점을 얻는 경우뿐이다.

오답분석

ㄴ. 정이 5점을 얻었다면 병(4점)이 2위로 확정되므로 을과 정이 모두 2점을 얻은 경우를 살펴보자. 이 경우에는 병이 4점으로 1위가 되고 을과 정이 2점으로 동점이 되지만, 동점인 경우는 1라운드 고득점 순으로 순위를 결정한다고 하였으므로 정(1라운드 5점)이 을(1라운드 2점)에 앞서게 된다. 따라서 을이 준우승을 할 수 있는 경우는 없다.

ㄷ. ㄴ에서 살펴본 것처럼 병이 우승했다면 정이 2점을 얻어야 하는데 이렇게 되기 위해서는 정이 2라운드에서 공을 넣지 못해야 한다. 따라서 이 경우 가능한 최솟값은 갑(0개), 을(1개), 병(2개), 정(1개)의 합인 4개이다.

02

정답 ①

오전 심층면접은 9시 10분에 시작하므로 12시까지 170분의 시간이 있고, 한 명당 15분씩 면접을 볼 때 가능한 면접 인원은 170÷15≒11명이다. 또한, 오후 심층면접은 1시부터 바로 진행할 수 있으므로 종료시간까지 240분의 시간이 있으며, 한 명당 15분씩 면접을 볼 때 가능한 인원은 240÷15=16명이다. 즉, 심층면접을 할 수 있는 최대 인원수는 11+16=27명이며, 27번째 면접자의 기본면접이 끝나기까지 걸리는 시간은 10×27+60(점심 및 휴식 시간)=330분이다. 따라서 마지막 심층면접자의 기본면접 종료 시각은 오전 9시+330분=오후 2시 30분이다.

03

정답 ①

세 사람의 판단 및 진술은 눈에 보이는 것은 물론 다른 사람의 대답을 모두 기반으로 한다는 것을 고려하면 다음과 같다.

ⅰ) C는 A와 B의 모자 색깔을 볼 수 있다. 만약 A와 B의 모자가 분홍색 – 노란색 또는 노란색 – 분홍색이었다면 C는 자신의 모자가 하늘색이라는 것을 알 수 있다. 그러나 그렇지 않기 때문에 C는 자신의 모자 색깔을 알 수 없다고 답한 것이다. 따라서 A와 B의 모자 중에 하늘색 모자가 적어도 1개 이상 있다.

ⅱ) B는 A의 모자 색깔을 볼 수 있고, 머릿속에서 ⅰ)의 사고과정을 거친다. 따라서 만약 A의 모자가 노란색이나 분홍색이라면 자신의 모자 색깔이 하늘색이라는 것을 알 수 있다. 그러나 A의 모자가 노란색이나 분홍색이 아니기 때문에 자신의 모자 색깔을 모른다고 대답했음을 추론해 볼 수 있다.

ⅲ) A는 눈앞에 바로 벽이 있으므로, C와 B의 말만 듣고 자신의 모자 색깔을 추측할 수밖에 없다. ⅱ)의 사고과정을 거치며 자신의 모자가 노란색이나 분홍색이 아니라는 것을 알 수 있고, 따라서 자신의 모자 색깔이 하늘색임을 알 수 있다.

04

정답 ④

예산이 가장 많이 드는 B사업과 E사업은 사업기간이 3년이므로, 최소 1년은 겹쳐야 한다는 것을 기반으로 연도별 가용예산을 참고하여 다음과 같은 표를 구성할 수 있다.

가용예산 \ 사업명	1년	2년	3년	4년	5년
	20조	24조	28.8조	34.5조	41.5조
A		1	4		
B		15	18	21	
C					15
D	15	8			
E			6	12	24
실질사용 예산 합	15	24	28	33	39

따라서 D사업을 첫해에 시작한다.

05

정답 ③

여행상품별로 점수를 정리하면 다음과 같다.

(단위 : 표)

여행상품	1인당 비용(만 원)	총무팀	영업팀	개발팀	홍보팀	공장1	공장2	합계
A	50	2	1	2	0	15	6	26
B	75	1	2	1	1	20	5	30
C	60	3	1	0	1	10	4	19
D	100	3	4	2	1	30	10	50
E	85	1	2	0	2	5	5	15
투표 결과 합계		10	10	5	5	80	30	140

㉠ 투표 결과 가장 인기 있는 상품은 D이다. 그러나 공장1의 고려사항은 회사에 손해를 줄 수 있으므로, 2박 3일 상품이 아닌 1박 2일 상품 중 가장 인기 있는 B상품이 선택된다. 따라서 필요 비용은 750,000×140=105,000,000원으로 옳다.

㉢ 공장1의 A, B 투표 결과가 바뀐다면 여행 상품 A, B의 투표수가 각각 31, 25표가 되어 선택되는 여행 상품이 A로 변경된다.

오답분석

㉡ 가장 인기 있는 상품은 D이므로 옳지 않다.

CHAPTER

04 자원관리능력

01 대표유형 적중문제

| 01 | 모듈형

01	02	03	04	05	06			
②	⑤	②	④	①	④			

01

정답 ②

예산수립 절차

필요한 과업 및 활동 규명 → 우선순위 결정 → 예산 배정

02

정답 ⑤

많은 시간을 직장에서 보내는 일 중독자는 최우선 업무보다 가시적인 업무에 전력을 다하는 경향이 있다. 장시간 일을 한다는 것은 오히려 자신의 일에 대한 시간관리능력의 부족으로 잘못된 시간관리 행동을 하고 있다는 것이다. 시간관리를 잘하여 일을 수행하는 시간을 줄일 수 있다면 일 외에 다양한 여가를 즐길 수 있을 것이다.

03

정답 ②

자원관리과정

1. 필요한 자원의 종류와 양 확인하기
2. 이용 가능한 자원 수집하기
3. 자원 활용 계획 세우기
4. 계획대로 수행하기

04

정답 ④

㉠ A는 패스트푸드점이 가까운 거리에 있음에도 불구하고 배달료를 지불해야 하는 배달 앱을 통해 음식을 주문하고 있으므로 편리성을 추구하는 (나)에 해당한다.
㉡ B는 의자 제작에 필요한 재료들인 물적자원만 고려하고 시간은 고려하지 않았으므로 시간이라는 자원에 대한 인식 부재인 (다)에 해당한다.
㉢ C는 자원관리의 중요성을 인식하고 프로젝트를 완성하기 위해 나름의 계획을 세워 수행하였지만, 경험이 부족하여 계획한 대로 진행하지 못하였으므로 노하우 부족인 (라)에 해당한다.
㉣ D는 홈쇼핑 시청 중 충동적으로 계획에 없던 여행 상품을 구매하였으므로 비계획적 행동인 (가)에 해당한다.

05

정답 ①

적응전략방식은 단기 가용인원의 융통성을 최대한 활용할 수 있고, 예측위험성에 대한 비용이 감소하며, 환경이 급변할 경우 그 환경에 적응하면서 필요한 인력을 충원하므로, 직무와 인력 간의 적합성을 극대화 할 수 있다는 장점이 있다. 반면에 미래시점에 부족한 인력을 충원하지 못할 경우, 시장기회를 상실할 수 있고 조직의 효율성이 하락할 수 있다.

계획전략방식은 미래의 직무자격요건을 확보함으로써 외부노동시장의 의존성을 줄일 수 있고, 근로자의 능력개발 및 욕구충족에 따른 조직경쟁력이 강화되며, 인력배치의 유연함이 증가하는 장점이 있다. 반면에 미래의 직무자격요건에 대한 예측에 실패하였을 경우, 예측위험 비용이 발생하고 근로자의 교육비용이 증가될 수 있다.

06

정답 ④

D는 물품을 분실한 경우로 보관 장소를 파악하지 못한 경우와 비슷할 수 있으나, 분실한 경우에는 물품을 다시 구입하지 않으면 향후 활용할 수 없다는 점에서 차이가 있다. 물품을 분실한 경우 물품을 다시 구입해야 하므로 경제적인 손실을 가져올 수 있으며, 경우에 따라 동일한 물품이 시중에서 판매되지 않는 경우가 있을 수 있다.

| 02 | 피듈형

01	02	03	04	05					
④	①	④	③	③					

01 정답 ④

25 ~ 26일은 예측농도가 '약간 나쁨', '보통'이다. 두 번째 조건에 따라 워크숍 마지막 날은 토요일도 가능하며, 27일의 예측농도는 '나쁨'이지만 따로 제한하고 있는 조건이 없으므로 25 ~ 27일이 가장 적절하다.

02 정답 ①

세상에 존재하는 모든 물체는 물적자원에 포함된다.

03 정답 ④

물품 보관 시에는 물품의 특성에 따라 보관 장소를 달리하여야 한다. 제시문처럼 종이와 유리, 플라스틱 같이 재질이 다를 경우에는 서로 부딪힘으로써 발생하는 각종 파손의 우려를 대비해 재질별로 보관하는 장소를 달리하여야 한다. 또한 상대적으로 무게와 부피가 클수록 아래로, 작을수록 위로 보관해야 파손을 줄일 수 있으며, 사용빈도 또한 높은 것은 출입구에 가까운 쪽으로 낮은 것은 출입구에서 먼 쪽으로 보관함으로써 활용빈도가 높은 물품을 반복적으로 가져다 쓸 때의 사고를 줄일 수 있다. 따라서 물품 보관 장소를 선정할 때 고려해야 할 요소로 적절하지 않은 것은 '모양'이다.

04 정답 ③

임유리 직원은 첫째 주 일요일 6시간, 넷째 주 토요일 5시간으로 월 최대 10시간 미만인 당직규정에 어긋나므로 당직 일정을 수정해야 한다.

05 정답 ③

회의실에 2인용 테이블이 4개 있었고 첫 번째 주문 후 2인용 테이블 4개가 더 생겨 총 8개지만 16명만 앉을 수 있기 때문에 테이블 하나를 추가로 주문해야 한다. 의자는 회의실에 9개, 창고에 2개, 주문한 1개를 더하면 총 12개로 5개를 더 주문해야 한다.

| 03 | PSAT형

01	02	03	04	05	06				
②	①	④	④	③	①				

01 정답 ②

A씨와 B씨의 일정에 따라 요금을 계산하면 다음과 같다.

- A씨
  - 이용요금 : 1,310×6×3=23,580원
  - 주행요금 : 92×170=15,640원
  - 반납지연에 따른 페널티 금액 : (1,310×9)×2=23,580원

  ∴ 23,580+15,640+23,580=62,800원
- B씨
  - 이용요금

    목요일 : 39,020원

    금요일 : 880×6×8=42,240원

    → 81,260원
  - 주행요금 : 243×170=41,310원

  ∴ 81,260+41,310=122,570원

02 정답 ①

K씨 가족은 4명이므로 4인용 이상의 자동차를 택해야 한다. 2인용인 B자동차를 제외한 나머지 4종류 자동차의 주행거리에 따른 연료비용은 다음과 같다.

- A자동차 : $\frac{140}{25}\times1,640 \fallingdotseq 9,180$원
- C자동차 : $\frac{140}{19}\times1,870 \fallingdotseq 13,780$원
- D자동차 : $\frac{140}{20}\times1,640=11,480$원
- E자동차 : $\frac{140}{22}\times1,870=11,900$원

따라서 K씨 가족은 A자동차를 이용하는 것이 가장 저렴하다.

03 정답 ④

문화회관 이용 가능 요일표와 주간 주요 일정표에 따라 B지점이 교육에 참석할 수 있는 요일과 시간대는 화요일 오후, 수요일 오후, 금요일 오전이다.

04 정답 ④

주어진 조건에 따라 사고 건수당 벌점을 고려하여 직원별 벌점을 계산하면 다음과 같다.

B, E는 전분기 총사고 건수가 0건으로 이번 분기 차감 혜택이 적용되어야 하지만, E의 경우 이번 분기 발신사고 건수가 5건으로 혜택을 받지 못한다.

(단위 : 점)

직원	수신물 오분류	수신물 분실	미발송	발신물 분실	벌점 차감 혜택	총 벌점
A	–	2×4 =8	–	4×6 =24	×	32
B	2×2 =4	3×4 =12	3×4 =12	–	○ (−5)	23
C	2×2 =4	–	3×4 =12	1×6 =6	×	22
D	–	2×4 =8	2×4 =8	2×6 =12	×	28
E	1×2 =2	–	3×4 =12	2×6 =12	×	26

따라서 두 번째로 높은 벌점을 부여받는 수발실 직원은 D이다.

05

정답 ③

벌점이 낮을수록 등수가 높으므로 이를 고려해 각 직원이 지급받을 성과급을 계산하면 다음과 같다.

직원	총 벌점	등수	지급비율	성과급 지급액
A	32점	5등	50%(30점 초과)	50만 원
B	23점	2등	90%	90만 원
C	22점	1등	100%	100만 원
D	28점	4등	80%	80만 원
E	26점	3등	90%	90만 원

따라서 B직원과 E직원이 지급받을 성과급 총액은 90+90=180만 원이다.

06

정답 ①

평가지표 결과와 지표별 가중치를 이용하여 지원자들의 최종 점수를 계산하면 다음과 같다.

- A지원자
  : (3×3)+(3×3)+(5×5)+(4×4)+(4×5)+5=84점
- B지원자
  : (5×3)+(5×3)+(2×5)+(3×4)+(4×5)+5=77점
- C지원자
  : (5×3)+(3×3)+(3×5)+(3×4)+(5×5)=76점
- D지원자
  : (4×3)+(3×3)+(3×5)+(5×4)+(4×5)+5=81점
- E지원자
  : (4×3)+(4×3)+(2×5)+(5×4)+(5×5)=79점

따라서 K공사에서 올해 채용할 지원자는 A, D지원자이다.

02 심화문제

01	02	03	04	05					
③	④	①	⑤	②					

01

정답 ③

먼저 A씨의 퇴직금을 구하기 위해서는 1일 평균임금을 구해야 한다. 퇴직일 이전 3개월간 지급받은 임금총액은 6,000,000+720,000=6,720,000원이고, 1일 평균임금은 6,720,000÷80=84,000원이다.

따라서 A씨가 받을 퇴직금은 84,000×30×(730÷365)=5,040,000원이다.

02

정답 ④

먼저 조건과 급여명세서가 바르게 표시되어 있는지 확인해 보면, 국민연금과 고용보험은 조건의 금액과 일치한다. 4대 보험 중 건강보험과 장기요양을 계산하면 건강보험은 기본급의 6.24%로 회사와 A씨가 50%씩 부담한다고 하여 2,000,000×0.0624×0.5=62,400원이지만 급여명세서에는 총 67,400−62,400=5,000원이 더 공제되었으므로 다음 달에 5,000원을 돌려받게 된다. 또한 장기요양은 건강보험료의 7.0% 중 50%로 2,000,000×0.0624×0.07×0.5=4,368원이며, 약 4,360원이므로 적절하게 지급되었다.

네 번째 조건에서 야근수당은 기본급의 2%로 2,000,000×0.02=40,000원이며, 이틀 동안 야근하여 8만 원을 받고, 상여금은 5%로 2,000,000×0.05=100,000원을 받아야 하지만 급여명세서에는 5만 원으로 명시되어 있다.

A대리가 다음 달에 받게 될 소급액은 덜 받은 상여금과 더 공제된 건강보험료로 50,000+5,000=55,000원이다.

소급액을 반영한 다음 달 급여명세서는 다음과 같다.

(단위 : 원)

성명 : A	직위 : 대리	지급일 : 2024-7-25	
지급항목	지급액	공제항목	공제액
기본급	2,000,000	소득세	17,000
상여금	–	주민세	1,950
기타	–	고용보험	13,000
식대	100,000	국민연금	90,000
교통비	–	장기요양	4,360
복지후생	–	건강보험	62,400
소급액	55,000	연말정산	–
		공제합계	188,710
지급 총액	2,155,000	차감수령액	1,966,290

따라서 A대리가 받게 될 다음 달 수령액은 1,966,290원이다.

PART 1

03

정답 ①

성과급 지급 기준에 따라 직원들의 성과점수를 산정하면 다음과 같다.

직원	성과점수
갑	(85×0.4)+(70×0.3)+(80×0.3)+4=83점
을	(80×0.4)+(80×0.3)+(70×0.3)−1=76점
병	(75×0.4)+(85×0.3)+(80×0.3)+2=81.5점
정	(70×0.4)+(70×0.3)+(90×0.3)−5=71점
무	(80×0.4)+(65×0.3)+(75×0.3)=74점

따라서 갑, 병만 B등급으로 직원들 중 가장 높은 등급을 받고, 이에 따라 가장 많은 성과급을 받는다.

04

정답 ⑤

가격, 조명도, A/S 등의 요건이 주어진 조건에 모두 부합한다.

오답분석

① 예산이 150만 원이므로 예산을 초과하여 적절하지 않다.
② 신속한 A/S가 조건이므로 해외 A/S만 가능하여 적절하지 않다.
③ 조명도가 5,000lx 미만이므로 적절하지 않다.
④ 가격과 조명도도 적절하고 특이사항도 문제없지만 가격이 저렴한 제품을 우선으로 한다고 하였으므로 E가 적절하다.

05

정답 ②

왕복 시간이 2시간, 배차 간격이 15분이라면 첫차가 재투입되는 데 필요한 앞차의 수는 첫차를 포함해서 8대이다(∵ 15분×8대=2시간이므로 8대 버스가 운행된 이후 9번째에 첫차 재투입 가능).

운전사는 왕복 후 30분의 휴식을 취해야 하므로 첫차를 운전했던 운전사는 2시간 30분 뒤에 운전을 시작할 수 있다. 따라서 8대의 버스로 운행하더라도 운전자는 150분 동안 운행되는 버스 150÷15=10대를 운전하기 위해서는 10명의 운전사가 필요하다.

CHAPTER

05 정보능력

| 01 | 모듈형

01	02	03	04	05	06	07	08	09	10
①	③	③	③	③	⑤	⑤	③	①	①
11	12	13	14	15					
③	④	①	①	③					

01

정답 ①

정보관리의 3원칙

- 목적성 : 사용목표가 명확해야 한다.
- 용이성 : 쉽게 작업할 수 있어야 한다.
- 유용성 : 즉시 사용할 수 있어야 한다.

02

정답 ③

정보란 자료를 일정한 프로그램에 따라 컴퓨터가 처리·가공함으로써 특정한 목적을 달성하는 데 필요하거나 특정한 의미를 가진 것으로 다시 생산된 것으로 특정한 상황에 맞도록 평가한 의미 있는 기록이 되기도 하고, 사용하는 사람과 사용하는 시간에 따라 달라질 수도 있다.

오답분석

A. 정보의 가치는 우리의 요구, 사용 목적, 그것이 활용되는 시기와 장소에 따라서 다르게 평가되기 때문에 상대적이다.

D. 자료는 평가되지 않은 상태의 숫자나 문자들의 나열을 의미하고, 지식은 어떤 특정의 목적을 달성하기 위해 과학적 또는 이론적으로 추상화되거나 정립되어 있는 일반화된 정보이다.

03

정답 ③

정보를 관리하지 않고 그저 머릿속에만 기억해두는 것은 정보관리에 허술한 사례이다.

오답분석

①·④ 정보검색의 바람직한 사례이다.

②·⑤ 정보전파의 바람직한 사례이다.

04

정답 ③

[제품 종류] – [생산 지역] – [일련번호]의 순서로 코드가 부여된다. 여수의 코드는 YE, 제품의 종류는 DSL, 일련번호는 생산된 순서를 나타내기 때문에 여수에서 8번째로 생산된 DSLR 카메라의 코드는 'DSL – YE – 8'이다.

오답분석

① 여수에서 8번째로 생산된 미니 카메라의 일련번호이다.

② 생산된 순서, 생산 지역, 제품의 종류 순으로 나열되어 일련번호 코드의 부여 순서가 옳지 않다.

④ 생산 지역 및 제품 종류 코드와 코드의 순서가 옳지 않다.

⑤ 원주에서 8번째로 생산된 필름 카메라의 일련번호이다.

05

정답 ③

'DFC'는 제품 종류의 코드로 필름 카메라를, 'YE'는 생산지역 코드로 여수를 나타낸다. 일련번호는 생산된 순서를 나타내므로 옳은 것은 ③이다.

오답분석

① 경주에서 20번째로 생산된 미니 카메라를 코드로 표기하면 'DMC – GY – 20'이다.

② 여수에서 20번째로 생산된 미니 카메라를 코드로 표기하면 'DMC – YE – 20'이다.

④ 원주에서 10번째로 생산된 DSLR 카메라를 코드로 표기하면 'DSL– WO – 10'이다.

⑤ 부산에서 10번째로 생산된 디지털 카메라를 코드로 표기하면 'DCA – BU – 10'이다.

06

정답 ⑤

금융 거래 시 신용카드 번호와 같은 금융정보 등을 저장할 경우 암호화하여 저장하고, 되도록 PC방, 공용 컴퓨터와 같은 개방 환경을 이용하지 않도록 해야 한다.

07

정답 ⑤

제시문에서 '응용프로그램과 데이터베이스를 독립시킴으로써 데이터를 변경시키더라도 응용프로그램은 변경되지 않는다.'라고 하였다. 따라서 데이터 논리적 의존성이 아닌, 데이터 논리적 독립성이 특징으로 옳다.

오답분석

① '다량의 데이터는 사용자의 질의에 대한 신속한 응답 처리를 가능하게 한다.'라는 부분이 실시간 접근성에 해당한다.
② '삽입, 삭제, 수정, 갱신 등을 통하여 항상 최신의 데이터를 유동적으로 유지할 수 있으며'라는 부분을 통해 데이터베이스는 그 내용을 변화시키면서 계속적인 진화를 하고 있음을 알 수 있다.
③ '여러 명의 사용자가 동시에 공유가 가능하고'라는 부분에서 동시 공유가 가능함을 알 수 있다.
④ '각 데이터를 참조할 때는 사용자가 요구하는 내용에 따라 참조가 가능함'이라는 부분에서 내용에 의한 참조임을 알 수 있다.

08

정답 ③

피벗 테이블의 셀에 메모를 삽입한 경우 데이터를 정렬하여도 메모는 피벗 테이블의 셀에 고정되어 있다.

09

정답 ①

1차 자료보다는 1차 자료를 가공한 2차 자료가 활용할 때 효율성이 더 높다.

오답분석

㉡ 논문은 2차 자료가 아니라 1차 자료에 해당된다.
㉢ 인포메이션(Information)은 객관적인 단순 정보에 해당되며, 이를 분석 및 가공하여 특정 기능을 하도록 한 것은 인텔리전스(Intelli- gence)에 해당된다. 회의 내용과 같이 예측 기능을 하는 정보는 인텔리전스이다.

1차 자료 · 2차 자료
정보원은 1차 자료와 2차 자료로 구분된다. 1차 자료는 원래의 연구 성과가 기록된 자료를 의미하며, 2차 자료는 1차 자료를 효과적으로 찾아보기 위한 자료 혹은 1차 자료에 포함되어 있는 정보를 압축 · 정리해서 읽기 쉬운 형태로 제공하는 자료를 의미한다. 1차 자료로는 단행본, 학술지와 학술지 논문, 학술회의 자료, 연구보고서, 학위논문, 특허 정보, 표준 및 규격 자료, 레터, 출판 전 배포 자료, 신문, 잡지, 웹 정보자원 등이 있으며, 2차 자료로는 사전, 백과사전, 편람, 연감, 서지 데이터베이스 등이 있다.

10

정답 ①

정보화사회란 정보가 사회의 중심이 되는 사회로서 기술과 정보통신을 활용하여 사회 각 분야에서 필요로 하는 가치 있는 정보를 창출하고, 보다 유익하고 윤택한 생활을 영위하는 사회로 발전시켜 나가는 사회를 의미한다.

11

정답 ③

[폴더 옵션]에서는 파일 및 폴더의 숨김 표시 여부를 설정할 수 있다. 하지만 속성 일괄 해제는 폴더창에서 직접 해야 한다.

12

정답 ④

㉠에 들어갈 내용으로 적절한 것은 '여러 개의 연관된 파일'이며, ㉡에 들어갈 내용으로 적절한 것은 '한 번에 한 개의 파일'이다.

13

정답 ①

피벗 테이블의 결과 표시 장소는 다른 시트도 가능하다.

14

정답 ①

오답분석

② 한 번 복사하거나 잘라낸 내용은 다른 것을 복사하거나 잘라내기 전까지 계속 붙이기를 할 수 있다.
③ 복사와 잘라내기한 내용은 클립보드(Clipboard)에 보관된다.
④ 복사는 문서의 분량에 변화를 주지 않지만, 잘라내기는 문서의 분량을 줄인다.
⑤ 〈Ctrl〉+〈X〉는 잘라내기, 〈Ctrl〉+〈C〉는 복사하기의 단축키이다.

15

정답 ③

메일 내용에서 검색기록 삭제 시 기존에 체크되어 있는 항목 외에도 모든 항목을 체크하라고 되어 있으나, 괄호 안에 '즐겨찾기 웹 사이트 데이터 보존 부분은 체크 해제할 것'이라고 명시되어 있으므로 모든 항목을 체크하는 행동은 옳지 않다.

| 02 | 엑셀형

01	02	03	04	05	06	07		
④	③	②	⑤	②	③	⑤		

01
정답 ④

UPPER은 알파벳 소문자를 대문자로 변경하며 TRIM은 불필요한 공백을 제거하므로 'MNG-002KR'이 결괏값으로 출력된다.

02
정답 ③

VLOOKUP 함수는 「=VLOOKUP(첫 번째 열에서 찾으려는 값,찾을 값과 결과로 추출할 값들이 포함된 데이터 범위,값이 입력된 열의 열 번호,일치 기준)」으로 구성된다. 찾으려는 값은 [B2]가 되어야 하며, 추출할 값들이 포함된 데이터 범위는 [E2:F8]이고, 자동 채우기 핸들을 이용하여 사원들의 교육점수를 구해야 하므로 [$E$2:$F$8]과 같이 절대참조가 되어야 한다. 그리고 값이 입력된 열의 열 번호는 [E2:F8] 범위에서 2번째 열이 값이 입력된 열이므로 2가 되어야 하며, 정확히 일치해야 하는 값을 찾아야 하므로 FALSE 또는 0이 들어가야 한다.

03
정답 ②

(나)의 ISNONTEXT 함수는 값이 텍스트가 아닐 경우 논리값 'TRUE'를 반환한다. [A2] 셀의 값은 텍스트이므로 함수의 결괏값으로 'FALSE'가 산출된다.

오답분석

① ISNUMBER 함수 : 값이 숫자일 경우 논리값 'TRUE'를 반환한다.
③ ISTEXT 함수 : 값이 텍스트일 경우 논리값 'TRUE'를 반환한다.
④ ISEVEN 함수 : 값이 짝수이면 논리값 'TRUE'를 반환한다.
⑤ ISODD 함수 : 값이 홀수이면 논리값 'TRUE'를 반환한다.

04
정답 ⑤

「=SUM(합계를 구할 처음 셀:합계를 구할 마지막 셀)」으로 표시해야 한다. 판매수량과 추가판매를 더하는 것은 비연속적인 셀을 더하는 것이므로 연속하는 영역을 입력하고 ','로 구분해준 뒤 다음 영역을 다시 지정해야 한다. 따라서 [B6] 셀에 들어갈 수식으로 「=SUM(B2:B5,C2,C5)」이 옳다.

05
정답 ②

- [D11] 셀에 입력된 COUNTA 함수는 범위에서 비어있지 않은 셀의 개수를 구하는 함수이다. [B3:D9] 범위에서 비어있지 않은 셀의 개수는 숫자 '1' 10개와 '재제출 요망'으로 입력된 텍스트 2개로, 「=COUNTA(B3:D9)」의 결괏값은 12이다.
- [D12] 셀에 입력된 COUNT 함수는 범위에서 숫자가 포함된 셀의 개수를 구하는 함수이다. [B3:D9] 범위에서 숫자가 포함된 셀의 개수는 숫자 '1' 10개로, 「=COUNT(B3:D9)」의 결괏값은 10이다.
- [D13] 셀에 입력된 COUNTBLANK 함수는 범위에서 비어있는 셀의 개수를 구하는 함수이다. [B3:D9] 범위에서 비어있는 셀의 개수는 9개이므로 「=COUNTBLANK(B3:D9)」의 결괏값은 9이다.

06
정답 ③

SUM 함수는 인수들의 합을 구할 때 사용한다.

- [B12] : 「=SUM(B2:B11)」
- [C12] : 「=SUM(C2:C11)」

오답분석

① REPT : 텍스트를 지정한 횟수만큼 반복한다.
② CHOOSE : 인수 목록 중에서 하나를 고른다.
④ AVERAGE : 인수들의 평균을 구한다.
⑤ DSUM : 지정한 조건에 맞는 데이터베이스에서 필드 값들의 합을 구한다.

07
정답 ⑤

매출액 중 최댓값을 구해야 하므로 MAX 함수를 사용한다. 매출 현황은 [B2] 셀에서 [B11] 셀까지이므로 입력해야 할 함수식은 「=MAX(B2:B11)」이다.

오답분석

①·② MIN 함수는 최솟값을 구하는 함수이다.
③·④ 함수의 참조 범위가 잘못되었다.

| 03 | 코딩형

01	02	03	04							
④	③	②	③							

01

정답 ④

1부터 100까지의 값은 변수 x에 저장한다. 1, 2, 3, …에서 초기값은 1이고, 최종값은 100이며, 증분값은 1씩 증가시키면 된다. 즉, 1부터 100까지를 덧셈하려면 99단계를 반복 수행해야 하므로 결괏값은 5050이 된다.

02

정답 ③

for 반복문은 i 값이 0부터 1씩 증가하면서 10보다 작을 때까지 수행하므로 i 값은 각 배열의 인덱스(0 ~ 9)를 가리키게 되고, num에는 i가 가르키는 배열 요소 값의 합이 저장된다. arr 배열의 크기는 10이고 초기값들은 배열의 크기 10보다 작으므로 나머지 요소들은 0으로 초기화된다. 따라서 배열 arr는 {1, 2, 3, 4, 5, 0, 0, 0, 0, 0}으로 초기화되므로 이 요소들의 합 15와 num의 초기값 10에 대한 합은 25이다.

03

정답 ②

증감 연산자(++, --)는 피연산자를 1씩 증가시키거나 감소시킨다. 수식에서 증감 연산자가 피연산자의 후의에 사용되었을 때는 값을 먼저 리턴하고 증감시킨다.
temp=i++;은 temp에 i를 먼저 대입하고 난 뒤 i 값을 증가시키기 때문에 temp는 10, i는 11이 된다. temp=i--; 역시 temp에 먼저 i 값을 대입한 후 감소시키기 때문에 temp는 11, i는 10이 된다.

04

정답 ③

char *arr[]={"AAA","BBB","CCC"}의 각각 문자열에 접근하기 위해서는 *(arr)=AAA, *(arr+1)=BBB, *(arr+2)=CCC 형태로 접근하여 문자열을 출력할 수 있다. 따라서 *(arr+1)을 출력하게 되면 BBB가 된다.

CHAPTER

06 기술능력

PART 1

| 01 | 모듈형

01	02	03	04	05	06	07	08	09	10
③	④	②	③	①	④	③	①	①	②
11	12	13	14						
②	②	④	④						

01

정답 ③

기술 발전에 있어 환경 보호를 추구하는 점을 볼 때, 지속 가능한 개발의 사례로 볼 수 있다. 지속 가능한 개발은 경제 발전과 환경 보전의 양립을 위하여 새롭게 등장한 개념으로 볼 수 있으며, 미래세대가 그들의 필요를 충족시킬 수 있는 가능성을 손상시키지 않는 범위에서 현재 세대의 필요를 충족시키는 개발인 것이다.

오답분석

① 개발독재 : 개발도상국에서 개발이라는 이름으로 행해지는 정치적 독재를 말한다.
② 연구개발 : 자연과학기술에 대한 새로운 지식이나 원리를 탐색하고 해명해서 그 성과를 실용화하는 일을 말한다.
④ 개발수입 : 기술이나 자금을 제3국에 제공하여 미개발자원 등을 개발하거나 제품화하여 수입하는 것을 말한다.
⑤ 조직개발 : 기업이 생산능률을 높이기 위하여 기업조직을 개혁하는 일을 말한다.

02

정답 ④

하인리히의 법칙은 큰 사고로 인해 산업재해가 일어나기 전에 작은 사고나 징후인 '불안전한 행동 및 상태'가 보인다는 주장이다.

03

정답 ②

교수자와 동료들 간의 인간적인 접촉이 상대적으로 적고 관리가 제대로 되지 않아 중도탈락률이 높은 것은 E-Learning을 활용한 기술교육에 대한 설명이다.

전문 연수원을 통한 기술과정 연수

- 연수 시설이 없어 체계적인 교육을 받기 어려운 회사의 경우, 전문적인 교육을 통해 양질의 인재양성 기회를 제공한다.
- 각 분야의 전문가가 진행하는, 이론을 겸한 실무 중심의 교육을 실시할 수 있다.
- 다년간에 걸친 연수 분야의 노하우를 가지고 체계적이고 현장과 밀착된 교육이 가능하다.
- 최신 실습장비, 시청각 시설, 전산 시설 등 교육에 필요한 각종 부대시설을 활용할 수 있다.
- 산학협력연수 및 국내외 우수연수기관과 협력한 연수도 가능하다.
- 연수비가 자체적으로 교육을 하는 것보다 저렴하며, 고용보험환급을 받을 수 있어 교육비 부담이 적다.

04

정답 ③

OJT(On-The-Job Training)는 조직 안에서 피교육자인 종업원이 직무에 종사하면서 지도교육을 받는 것으로 모든 관리·감독자는 업무 수행상의 지휘감독자이자 업무 수행 과정에서 부하직원의 능력향상을 책임지는 교육자이어야 한다는 생각을 기반으로 한다.

오답분석

① Action Learning : 현실적인 문제들을 해결하면서 진행되는 학습의 형태로, 학습자가 현장의 문제를 해결하면서 아이디어를 도출하고, 이를 실제로 적용하는 과정 등에서 나타나는 학습을 한다.
② E-Learning : 컴퓨터를 이용한 학습방법이다.
④ Off JT(Off-the Job Training) : 직장 내에서 교육훈련을 실시하는 OJT를 보다 효과적으로 하려는 목적에서 직장 밖에서 강의 등을 통한 교육훈련이다.
⑤ Problem Based Learning(문제중심학습; PBL) : 실제 문제를 중심으로 수업 상황을 구조화하는 방법이다. 학습자들이 소그룹 학습에 능동적으로 참여하여 협력적이고 자기 주도적으로 문제를 해결하고, 이를 통해 문제해결능력을 기르도록 하는 교수 학습 형태로서 '문제에 대한 이해와 문제 해결을 위해 이루어지는 활동과정에서 산출되는 학습'을 의미한다.

05

정답 ①

상향식 기술선택(Bottom Up Approach)은 기술자들로 하여금 자율적으로 기술을 선택하게 함으로써 기술자들의 흥미를 유발할 수 있고, 이를 통해 그들의 창의적인 아이디어를 활용할 수 있다는 장점이 있다.

오답분석

② 상향식 기술선택은 기술자들로 하여금 자율적으로 기술을 선택하게 함으로써 시장에서 불리한 기술이 선택될 수 있다.
③ 상향식 기술선택은 기술자들이 자신의 과학기술 전문 분야에 대한 지식과 흥미만을 고려하여 기술을 선택하게 함으로써, 시장의 고객들이 요구하는 제품이나 서비스를 개발하는 데 부적합한 기술이 선택될 수 있다.
④ 하향식 기술선택은 기술에 대한 체계적인 분석을 한 후, 기업이 획득해야 하는 대상기술과 목표기술수준을 결정한다.
⑤ 하향식 기술선택은 먼저 기업이 직면하고 있는 외부환경과 기업의 보유 자원에 대한 분석을 통해 기업의 중·장기적인 사업목표를 설정하고, 이를 달성하기 위해 확보해야 하는 핵심고객층과 그들에게 제공하고자 하는 제품과 서비스를 결정한다.

06

정답 ④

문화 및 제도적인 차이에 대한 부분을 통해 글로벌 벤치마킹을 설명함을 알 수 있다.

오답분석

① 내부 벤치마킹 : 같은 기업 내의 다른 지역, 타 부서, 국가 간의 유사한 활용을 비교 대상으로 한다. 이 방법은 자료 수집이 용이하며, 다각화된 우량기업의 경우 효과가 큰 반면, 관점이 제한적일 수 있고, 편중된 내부 시각에 대한 우려가 있다는 단점을 가지고 있다.
② 경쟁적 벤치마킹 : 동일 업종에서 고객을 직접적으로 공유하는 경쟁기업을 대상으로 한다. 이 방법은 경영성과와 관련된 정보 입수가 가능하며, 업무·기술에 대한 비교가 가능한 반면 윤리적인 문제가 발생할 소지가 있으며, 대상의 적대적 태도로 인해 자료 수집이 어렵다는 단점이 있다.
③ 비경쟁적 벤치마킹 : 제품, 서비스 및 프로세스의 단위 분야에 있어 가장 우수한 실무를 보이는 비경쟁적 기업 내의 유사 분야를 대상으로 하는 방법이다. 이 방법은 혁신적인 아이디어의 창출 가능성은 높은 반면 다른 환경의 사례를 가공하지 않고 적용할 경우 효과를 보지 못할 가능성이 높은 단점이 있다.
⑤ 간접적 벤치마킹 : 벤치마킹을 수행 방식에 따라 분류한 것으로, 인터넷 및 문서 형태의 자료를 통해서 간접적으로 수행하는 방법이다.

07

정답 ③

연구개발에 참가한 연구원과 엔지니어들이 그 기업을 떠나는 경우 기술과 지식의 손실이 크게 발생하는 점을 볼 때, 기술혁신을 새로운 지식과 경험의 축적으로 나타나는 지식 집약적인 활동이라는 특성으로 설명하고 있다.

기술혁신의 특성

기술혁신은 그 과정 자체가 매우 불확실하고 장기간의 시간을 필요로 한다.

08

정답 ①

성과차이 분석에 대한 설명이다.
개선계획 수립은 성과차이에 대한 원인 분석을 진행하고 개선을 위한 성과목표를 결정하며, 성과목표를 달성하기 위한 개선계획을 수립하는 것이다.

벤치마킹의 주요 단계

1. 범위 결정 : 벤치마킹이 필요한 상세 분야를 정의하고 목표와 범위를 결정하며 벤치마킹을 수행할 인력들을 결정
2. 측정범위 결정 : 상세분야에 대한 측정항목을 결정하고, 측정항목이 벤치마킹의 목표를 달성하는 데 적정한가를 검토
3. 대상 결정 : 비교분석의 대상이 되는 기업·기관들을 결정하고, 대상 후보별 벤치마킹 수행의 타당성을 검토하여 최종적인 대상 및 대상별 수행방식을 결정
4. 벤치마킹 : 직접 또는 간접적인 벤치마킹을 진행
5. 성과차이 분석 : 벤치마킹 결과를 바탕으로 성과차이를 측정항목별로 분석
6. 개선계획 수립 : 성과차이에 대한 원인 분석을 진행하고 개선을 위한 성과목표를 결정하며, 성과목표를 달성하기 위한 개선계획을 수립
7. 변화 관리 : 개선목표 달성을 위한 변화사항을 지속적으로 관리하고, 개선 후 변화사항과 예상했던 변화사항을 비교

09

정답 ①

기술시스템(Technological System)은 개별 기술이 네트워크로 결합하는 것을 말한다. 인공물의 집합체만이 아니라 투자회사, 법적 제도, 정치, 과학, 자연자원을 모두 포함하는 것으로 사회기술시스템이라고도 한다.

10 정답 ②

기술선택을 위한 절차

- 외부환경분석 : 수요 변화 및 경쟁자 변화, 기술 변화 등 분석
- 중장기 사업목표 설정 : 기업의 장기비전, 중장기 매출목표 및 이익목표 설정
- 내부역량 분석 : 기술능력, 생산능력, 마케팅·영업능력, 재무능력 등 분석
- 사업전략 수립 : 사업 영역 결정, 경쟁 우위 확보 방안 수립
- 요구기술 분석 : 제품 설계·디자인 기술, 제품 생산 공정, 원재료·부품 제조기술 분석
- 기술전략 수립 : 기술획득 방법 결정

11 정답 ②

전기산업기사, 건축산업기사, 정보처리산업기사 등의 자격 기술은 구체적 직무수행능력 형태를 의미하는 기술의 협의의 개념으로 볼 수 있다.

오답분석

① 기술은 하드웨어를 생산하는 과정이며, 하드웨어는 소프트웨어에 대비되는 용어로, 건물, 도로, 교량, 전자장비 등 인간이 만들어낸 모든 물질적 창조물을 뜻한다.
③ 사회는 기술 개발에 영향을 준다는 점을 볼 때, 산업혁명과 같은 사회적 요인은 기술 개발에 영향을 주었다고 볼 수 있다.
④ 컴퓨터의 발전으로 개인이 정보를 효율적으로 활용·관리하게 됨으로써 현명한 의사결정이 가능해졌음을 알 수 있다.
⑤ 로봇은 인간의 능력을 확장시키기 위한 하드웨어로 볼 수 있으며, 기술은 이러한 하드웨어와 그것의 활용을 뜻한다.

12 정답 ②

기술경영자에게는 빠르고 효과적으로 새로운 기술을 습득하는 능력뿐만 아니라, 기존의 기술에서 탈피하는 능력 또한 필요하다.

기술경영자에게 필요한 능력

- 기술을 기업의 전반적인 전략 목표에 통합시키는 능력
- 기술 전문 인력을 운용할 수 있는 능력
- 빠르고 효과적으로 새로운 기술을 습득하고 기존의 기술에서 탈피하는 능력
- 조직 내의 기술 이용을 수행할 수 있는 능력
- 복잡하고 서로 다른 분야에 걸쳐 있는 프로젝트를 수행할 수 있는 능력
- 효과적으로 평가할 수 있는 능력
- 기술 이전을 효과적으로 할 수 있는 능력
- 제품개발 시간을 단축할 수 있는 능력

13 정답 ④

빌 게이츠는 의뢰사가 요구한 개발을 위해 처음부터 개발에 몰두하기보다 재빠르게 요구에 적합한 시애틀 컴퓨터사의 86-DOS에 대해 알아보고 판권을 구입하였으며, 그것을 근간으로 하여 IBM-PC에 거의 유일하게 알맞은 PC-DOS를 개발하여 자사상표인 MS-DOS로 세계시장을 장악할 수 있었다. 이를 통해 기술경영자는 빠르고 효과적으로 새로운 기술을 습득하여 시장에서 요구하는 적합한 기술혁신을 할 수 있는 능력을 갖추어야 함을 배울 수 있다.

14 정답 ④

○○기업은 동영상 업로드 시 자체 개발한 알고리즘으로 변환 과정을 생략하고 바로 재생할 수 있는 '노 컷 어댑티브 스트리밍' 기술인 에어브로드 기술을 개발하여 기존의 불편함을 개선하였다. 이는 새로운 기술을 습득하고, 기존의 기술에서 탈피하는 기술경영자의 능력을 보여준 사례이다.

| 02 | 피듈형

01	02	03	04	05	06	07	08	09	10
③	⑤	⑤	①	⑤	③	②	⑤	③	④

01
정답 ③

두께가 100 ~ 160micron 사이의 코팅지를 사용할 수 있으므로 120micron 코팅지는 사용할 수 있다.

오답분석

① 스위치를 'ON'으로 놓고 3 ~ 5분 정도 예열을 해야 하며, 예열표시등이 파란불에서 빨간불로 바뀌고 코팅을 할 수 있다.
② 코팅지는 봉합된 부분부터 코팅 투입구에 넣어야 한다.
④ 코팅지는 코팅기를 통과하며 기기 뒷면 코팅 배출구에서 나오고, 임의로 코팅지를 잡아당기면 안 된다.
⑤ 사용 완료 후 1 ~ 2시간 정도 열을 충분히 식힌 후에 이동 및 보관을 해야 한다.

02
정답 ⑤

코팅지가 기기에 걸렸을 경우 앞면의 스위치를 'OFF'로 돌려 전원을 차단시킨 다음 기기 뒷면에 있는 'REMOVE' 스위치를 화살표 방향으로 밀면서 코팅 서류를 조심스럽게 당겨 뽑아야 한다.

03
정답 ⑤

접착액이 다량으로 붙어있는 경우는 기기에 코팅 필름이 들어가지 않을 때의 원인에 해당한다.

04
정답 ①

처음 상태와 바뀐 상태를 비교하면 1번과 4번 기계는 모양이 바뀌지 않고, 2번 기계는 시계 방향으로 90°, 3번 기계는 시계 반대 방향으로 90° 회전했다. 우선 2번 기계가 시계 방향으로 90° 회전하려면 '○' 또는 '□' 스위치를 눌러야 한다. 이때 '□' 스위치를 누를 경우, 결과가 같아지려면 3번 기계가 180° 회전해야 한다. 즉, 스위치를 추가로 2번 눌러야 한다. 그러므로 '□' 스위치를 누르면 안 된다.
따라서 '○'와 '■' 스위치를 누르면 주어진 결과와 같은 형태가 된다.

05
정답 ⑤

처음 상태와 바뀐 상태를 비교하면 1번과 2번 기계는 시계 방향으로 90°, 3번과 4번 기계는 시계 반대 방향으로 90° 회전했다. 우선 1번 기계가 시계 방향으로 90° 회전하려면 '○' 또는 '●' 스위치를 눌러야 한다. 이때 '●' 스위치를 누를 경우, 결과가 같아지려면 4번 기계가 180° 회전해야 한다. 즉, 스위치를 추가로 2번 눌러야 한다. 그러므로 '●' 스위치를 누르면 안 된다.
따라서 '○'와 '◑' 스위치를 누르면 주어진 결과와 같은 형태가 된다.

06
정답 ③

처음 상태와 바뀐 상태를 비교하면 3번 기계만 180° 회전했다. 우선 3번 기계가 180° 회전하려면 '◑'와 '■' 스위치를 반드시 눌러야 한다. 그러면 1번과 4번 기계는 각각 시계 반대 방향으로 90° 회전한 상태가 되므로 추가로 스위치를 한 번 눌러 원상태로 돌려야 한다. 따라서 추가로 누를 스위치는 '●'이다.

07
정답 ②

모니터 드라이버를 설치하는 것은 'UNKNOWN DEVICE' 문구가 뜰 때이다.

08
정답 ⑤

모니터의 전원을 끈 상태에서도 잔상이 남아 있으면 먼저 고장신고를 해야 한다.

09
정답 ③

아이를 혼자 두지 않고, 항상 벨트를 채워야 한다는 것은 유아용 식탁 의자의 장소 선정 시 고려해야 할 사항보다 사용 시 주의해야 할 사항으로 적절하다.

10
정답 ④

연마 세제나 용제는 유아용 식탁 의자를 손상시킬 수 있으므로 사용하지 않는다.

CHAPTER

07 조직이해능력

| 01 | 모듈형

01	02	03	04	05	06	07	08	09	10
②	①	③	③	①	④	③	①	③	⑤

01

정답 ②

이노비즈(Innobiz)는 혁신(Innovation)과 기업(Business)의 합성어로 뛰어난 기술력을 바탕으로 경쟁력을 확보하는 중소기업을 가리킨다.

02

정답 ①

세계적 기업인 맥킨지(McKinsey)에 의해서 개발된 7 – S 모형

1. 공유가치 : 조직 구성원들의 행동이나 사고를 특정 방향으로 이끌어 가는 원칙이나 기준이다.
2. 스타일 : 구성원들을 이끌어 나가는 전반적인 조직관리 스타일이다.
3. 구성원 : 조직의 인력 구성과 구성원들의 능력과 전문성, 가치관과 신념, 욕구와 동기, 지각과 태도 그리고 그들의 행동 패턴 등을 의미한다.
4. 제도 · 절차 : 조직운영의 의사결정과 일상 운영의 틀이 되는 각종 시스템을 의미한다.
5. 구조 : 조직의 전략을 수행하는 데 필요한 틀로서 구성원의 역할과 그들 간의 상호관계를 지배하는 공식요소이다.
6. 전략 : 조직의 장기적인 목적과 계획 그리고 이를 달성하기 위한 장기적인 행동지침이다.
7. 기술 : 하드웨어는 물론 이를 사용하는 소프트웨어 기술을 포함하는 요소를 의미한다.

03

정답 ③

제시된 대화는 인수인계에 대해 이야기하고 있다.

오답분석

① 업무지침 : 업무를 수행할 때 안내자 역할을 하는 것으로, 조직의 업무지침은 개인이 임의로 업무를 수행하지 않고 조직의 목적에 부합할 수 있도록 안내한다.

② 체크리스트 : 업무의 각 단계를 효과적으로 수행했는지를 스스로 점검해 볼 수 있는 도구로, 시간의 흐름을 표현하는 데에는 한계가 있지만 업무를 세부적인 활동들로 나누고 활동별로 기대되는 수행수준을 달성했는지를 확인하는 데에 효과적이며 반복되는 업무의 경우 편리하게 사용할 수 있다.

④ 직무기술서 : 해당 직무의 특징과 직무에 필요한 중요한 것을 기록한 문서이다.

⑤ 간트 차트 : 간트가 창안한 작업진도 도표로, 단계별로 업무 전체 시간을 바(Bar) 형식으로 표시한 것이다. 일정을 한눈에 볼 수 있고, 단계별로 소요되는 시간과 각 업무활동 사이의 관계를 보여준다.

04

정답 ③

인수인계를 할 때는 관리자와 인수인계에 대해 상의하며 인수인계 문서의 초안을 작성하고 동료들과 소통한 후 정식 인수인계 문서를 작성한다. 후임자에게 도움을 주되 맡았던 모든 일을 일일이 디테일하게 인수인계를 하기는 어렵다.

05

정답 ①

D기업은 원가우위전략에 해당하는 가격 고정이라는 카테고리 전략을 실행하였다.

오답분석

② 차별화전략 : 둘 이상의 세분시장들을 표적시장으로 선정하여, 각 세분시장에 적합한 마케팅 믹스프로그램을 제공하는 전략이다.

③ 집중화전략 : 기업이 전체시장을 대상으로 하지 않고 시장의 일부에만 집중적으로 마케팅활동을 하거나 작은 하위시장을 독점상태로 유도하는 마케팅전략이다.

④ 혁신전략 : 기존의 제품을 간단하게 외형만 바꾸지 않고, 의미 있고 독특한 변화를 통해 혁신을 추구하는 전략이다.

⑤ 비차별화전략 : 시장을 세분화하지 않고 전체시장에 대응하는 마케팅 활동이다.

06

정답 ④

전략 평가 및 피드백은 기업 실적을 객관적으로 분석하여 결과에 대한 근본 원인을 도출하는 단계로, D기업의 원가우위 전략과 차별화된 정책이 근본 원인이라고 도출하고 있다.

오답분석

① 전략 환경 분석 : 내·외부 환경을 분석하는 것으로 시장, 경쟁사, 기술 등을 분석하여 경쟁에서 성공요인을 도출하도록 한다.
② 경영전략 도출 : 경쟁우위 전략을 도출하여 기업성장과 효율성 극대화라는 목표를 달성할 수 있도록 지원하는 것이다.
③ 경영전략 실행 : 목표와 미션을 이해하고 조직 역량을 분석하며 세부 실행 계획을 수립하여 업무를 실행한다.
⑤ 전략 목표 설정 : 전략 목표란 조직의 임무를 수행하기 위하여 중장기적으로 계획하여 추진하고자 하는 중점사업방향을 의미하며, 조직의 임무를 좀 더 가시화한 목표라고 할 수 있다. 3 ~ 5개 정도로 설정함이 적정하고 표현형식은 구체적이고 명확하게 서술되어야 한다.

07

정답 ③

제시문에 나타난 L그룹의 경영전략에는 1등 전략과 관련된 내용이 없다.

1등 전략
시장점유율의 유지를 위해 혁신적인 신제품 발매, 가격경쟁전략이나 판매촉진 강화 전략 등을 행함으로써 경쟁회사의 진입장벽을 높이는 방법

08

정답 ①

조직문화를 구성하는 7S 중 리더십스타일은 구성원들을 이끌어 나가는 경영관리자들의 관리스타일로서, 구성원들의 동기부여와 상호작용, 조직분위기와 나아가서는 실무성과에 직접적인 영향을 준다.

오답분석

② 구성원 : 기업의 인력구성, 구성원들의 능력 및 전문성, 신념, 욕구와 동기, 지각과 태도, 행동 등을 포함한다.
③ 제도 : 기업경영의 의사결정, 보상제도와 인센티브, 경영정보와 의사결정시스템, 경영계획과 목적설정시스템, 결과 측정과 조정 및 통제 등 경영 각 분야의 관리제도와 절차를 포함한다.
④ 관리기술 : 기업의 각종 물리적 하드웨어 기술과 이에 탑재된 소프트웨어 기술, 경영기술과 기법 등을 포함한다.
⑤ 공유가치 : 기업 구성원들이 함께 하는 가치관으로써, 다른 조직문화의 구성요소에 영향을 주는 핵심요소이다.

09

정답 ③

OJT에 의한 교육방법의 4단계는 다음과 같다.
㉡ 제1단계 : 배울 준비를 시킨다.
㉢ 제2단계 : 작업을 설명한다.
㉠ 제3단계 : 시켜본다.
㉣ 제4단계 : 가르친 결과를 본다.
따라서 순서대로 바르게 나열한 것은 ㉡ – ㉢ – ㉠ – ㉣이다.

10

정답 ⑤

근로자대표가 기업의 의사결정구조에 사용자와 대등한 지분을 가지고 참여하는 공동의사결정제도와 근로자와 사용자가 상호 협조하여 근로자의 복지증진과 기업의 건전한 발전을 목적으로 구성하는 노사협의회제도는 경영참가의 사례로 볼 수 있다. 자본참가는 근로자가 경영방침에 따라 회사의 주식을 취득하는 종업원지주제도, 노동제공을 출자의 한 형식으로 간주하여 주식을 제공하는 노동주제도 등을 사례로 볼 수 있다.

| 02 | 피듈형

01	02	03	04	05	06				
⑤	①	③	②	④	②				

01

정답 ⑤

현재 시각이 오전 11시이므로 오전 중으로 처리하기로 한 업무를 가장 먼저 처리해야 한다. 따라서 오전 중으로 고객에게 보내기로 한 자료 작성(ㄹ)을 가장 먼저 처리한다. 다음으로 오늘까지 처리해야 하는 업무 두 가지(ㄱ, ㄴ) 중 비품 신청(ㄱ)보다 부서장이 지시한 부서 업무 사항(ㄴ)을 먼저 처리하는 것이 적절하다. 그리고 특별한 상황이 없는 한 개인의 단독 업무보다는 타인·타 부서와 협조된 업무(ㄷ)를 우선적으로 처리해야 한다.

따라서 '고객에게 보내기로 한 자료 작성 – 부서 업무 사항 – 인접 부서의 협조 요청 – 단독 업무인 비품 신청' 순서로 업무를 처리해야 한다.

02

정답 ①

스톡옵션제도에 대한 설명으로 자본참가 유형에 해당한다.

오답분석

② 스캔런플랜에 대한 설명으로 성과참가 유형에 해당한다.
③ 러커플랜에 대한 설명으로 성과참가 유형에 해당한다.
④ 노사협의제도에 대한 설명으로 의사결정참가 유형에 해당한다.
⑤ 노사공동결정제도에 대한 설명으로 의사결정참가 유형에 해당한다.

03

정답 ③

시설관리팀(Facility Management)은 일반적으로 총무 직무 중 하부 직무에 해당하는 팀으로, 다양한 종류의 건물의 시설 운영에 관련된 업무를 도맡아 하는 직종이며 재경부분에 속한다.

04

정답 ②

S씨가 담당하고 있는 업무는 영업업무이다. 영업업무에는 일반적으로 판매 계획, 판매예산의 편성, 시장조사, 광고 선전, 견적 및 계약, 제조지시서의 발행, 외상매출금의 청구 및 회수, 제품의 재고 조절, 거래처로부터의 불만처리, 제품의 애프터서비스, 판매원가 및 판매가격의 조사 검토 등이 있다.

05

정답 ④

교육 홍보물의 교육내용은 '연구개발의 성공을 보장하는 R&D 기획서 작성'과 'R&D 기획서 작성 및 사업화 연계'이므로 K사원이 속한 부서의 업무는 R&D 연구 기획과 사업 연계이다. 따라서 장비 활용 지원은 부서의 업무로 적절하지 않다.

06

정답 ②

교육을 바탕으로 기획서를 작성하여 성과를 내는 것은 교육의 효과성으로, 이는 교육을 받은 회사 또는 사람의 역량이 가장 중요하다. 홍보물과 관련이 적은 개발 지원에 대한 답변은 K사원이 답하기 어려운 질문이다.

CHAPTER

08 대인관계능력

01	02	03	04	05	06	07	08	09	10
④	④	③	④	④	②	③	⑤	⑤	②
11	12	13	14	15					
④	②	②	②	③					

01

정답 ④

올바른 갈등해결방법

- 다른 사람들의 입장을 이해한다. 사람들이 당황하는 모습을 자세하게 살핀다.
- 어려운 문제는 피하지 말고 맞선다.
- 자신의 의견을 명확하게 밝히고 지속적으로 강화한다.
- 사람들과 눈을 자주 마주친다.
- 마음을 열어놓고 적극적으로 경청한다.
- 타협하려 애쓴다.
- 어느 한쪽으로 치우치지 않는다.
- 논쟁하고 싶은 유혹을 떨쳐낸다.
- 존중하는 자세로 사람들을 대한다.

02

정답 ④

'윈-윈(Win-Win) 관리법'은 갈등을 피하거나 타협하는 것이 아닌 모두에게 유리할 수 있도록 문제를 근본적으로 해결하는 방법이다. S씨와 A사원이 공통적으로 가지는 근본적인 문제는 금요일에 일찍 퇴근할 수 없다는 것이므로, 금요일 업무시간 전에 청소를 할 수 있다면 S씨와 A사원 모두에게 유리할 수 있는 갈등 해결방법이 되는 것이다.

오답분석

① '나도 지고 너도 지는 방법'인 회피형에 대한 방법이다.
② '나는 지고 너는 이기는 방법'인 수용형에 대한 방법이다.
③ '서로가 타협적으로 주고받는 방법'인 타협형에 대한 방법이다.
⑤ '나는 이기고 너는 지는 방법'인 경쟁형(지배형)에 대한 방법이다.

03

정답 ③

고객서비스 시 개인 용무의 전화 통화는 금지되지만, 업무와 관련된 전화 통화는 가능하다.

04

정답 ④

A부서는 빠른 실천과 피드백을 위해 개개인의 재량을 확대시키고자 한다. 이를 위해서는 결재 단계를 간소화하여 개인적 책임을 강조하고, 통제를 제한하는 자율적 유형의 팀워크를 적용하는 것이 적합하다. 따라서 자율적 유형의 팀워크의 핵심가치로 옳은 것은 개인적 책임과 제한된 조망이다.

팀워크 유형

- 협력 : 구성원 간 협력과 시너지 효과 강조
- 통제 : 일관성과 전체적 조직 차원에서의 조망 강조
- 자율 : 개인적 책임과 제한된 통제, 제한된 조망 강조

05

정답 ④

A사원이 속한 팀의 직원들은 판단과 사고를 리더에 의존하고 지시가 있어야 행동하는 특징이 있다. 이는 수동형 멤버십에 해당한다.

오답분석

① 소외형 : 자립적이고 일부러 반대의견을 제시하기도 하는 유형이다.
② 순응형 : 기쁜 마음으로 과업을 수행하며, 리더나 조직을 믿고 헌신하고, 팀플레이를 하는 유형이다.
③ 실무형 : 조직의 운영방침에 민감하고, 규정과 규칙에 따라 행동하며 사건을 균형 잡힌 시각으로 보는 유형이다.
⑤ 주도형 : 조직과 팀의 목적달성을 위해 독립적이면서 혁신적으로 사고하고, 역할을 적극적으로 실천하는 이상적인 유형이다.

06

정답 ②

A사원이 속한 팀은 수동형 멤버십에 해당한다. 수동형 팔로워가 가지는 특성은 판단 및 사고를 리더에게 의존하고 지시가 있어야 행동한다는 점이다.

오답분석

① 주도형 팔로워의 특징이다.
③ 순응형 팔로워의 특징이다.
④ 실무형 팔로워의 특징이다.
⑤ 소외형 팔로워의 특징이다.

07
정답 ③

인간관계의 성격적 특성은 크게 대인동기, 대인신념, 대인기술로 구분되며, 대인관계는 각기 다른 성격적 특성을 가진 개인의 상호작용으로 이루어진다.

- 대인동기 : 인간관계를 지향하게 하고 사회적 행동을 유발하는 동기로 내용에 따라 생리적 동기, 심리적 동기로 나뉘며 발생 원인에 따라 선천적 동기(유전), 후천적 동기(학습)로 나뉜다.
- 대인신념 : 개인이 인간과 인간관계에 대해 가지고 있는 지적인 이해나 믿음으로 대인관계에 대한 지속적이고 안정적인 사고 내용이다. 따라서 대인관계 상황에서 개인의 행동을 결정하는 주요한 요인이 된다.
- 대인기술 : 인간관계를 성공적으로 이끌어 갈 수 있는 사교적 능력으로 성장과정에서 후천적 경험을 통해 의식적·무의식적으로 배워 습득하는 언어적·비언어적 행동능력이다.

08
정답 ⑤

수동형 사원은 자신의 능력과 노력을 조직으로부터 인정받지 못해 자신감이 떨어지는 모습을 보인다. 따라서 자신의 업무에 대해 자신감을 키워주는 것이 적절하다.

오답분석

① 적절한 보상이 없다고 느끼는 소외형 사원에게 팀에 대한 협조의 조건으로 보상을 제시하는 것은 적절하지 않다.
② 리더는 팀원을 배제시키지 않고 팀 목표를 위해 팀원들이 자발적으로 업무에 참여하도록 노력해야 한다.
③ 순응형 사원에 대해서는 그들의 잠재력 개발을 통해 팀 발전을 위한 창의적인 모습을 갖도록 해야 한다.
④ 실무형 사원에 대해서는 징계를 통해 규정 준수를 억지로 강조하는 모습보다는 의사소통을 통해 규정을 이해시키는 것이 적절하다.

09
정답 ⑤

김일동 이사의 리더십 역량은 코칭이다. 코칭은 문제 및 진척 상황을 팀원들과 함께 자세하게 살피고 지도 및 격려하는 활동을 의미하며 지침보다는 질문과 논의를 통해, 통제보다는 경청과 지원을 통해 상황의 발전과 좋은 결과를 이끌어낸다. 직원들을 코칭하는 리더는 팀원 자신이, 권한과 목적의식을 가지고 있는 중요한 사람이라는 사실을 느낄 수 있도록 이끌어 주어야 한다. 또한 팀원들이 자신만의 장점과 성공 전략을 활용할 수 있도록 적극적으로 도와야 할 것이다.

오답분석

①·② 동기부여 방법에 대한 설명이다.
③ 독재자 유형의 리더십에 대한 설명이다.
④ 관리자에 대한 설명이다.

10
정답 ②

코칭의 혜택

- 문제 해결 과정에 적극적으로 노력
- 높은 품질의 제품 생산
- 전반적으로 상승된 효율성 및 생산성
- 동기를 부여받은 직원들의 자신감 넘치는 노동력
- 철저한 책임감을 갖춘 직원들
- 기업에 값진 기여를 하는 파트너로서 인식

11
정답 ④

김사원은 과업수행에 거리낌이 없고 순응적이며, 팀플레이에 능숙하고, 리더와 조직을 신뢰하며 헌신하는 순응형 멤버십 유형에 해당한다. 따라서 동료들은 김사원이 참신한 아이디어도 없고 인기 없는 일은 반기지 않지만, 조직을 위해 희생한다고 보고 있다.

오답분석

ㄹ. 업무 수행에 반드시 감독이 필요한 것은 수동형 멤버십에 대한 판단이다.

12
정답 ②

거래처의 관리에 있어서 최초 선정 시 또는 임원이나 동료의 추천 시에는 추천된 업체와 그렇지 않은 업체와의 가격, 서비스 비교를 통해 결정한다. 결정된 업체와는 일정기간을 유지하여 장기거래처로서의 이점을 활용하지만, 오래된 거래업체라고 해도 가끔 타 업체와의 비교분석으로 교차점검을 하는 것이 바람직하다.

13
정답 ②

현상 유지 및 순응은 반(反) 임파워먼트 환경이 만드는 현상이다.

높은 성과를 내는 임파워먼트 환경의 특징

- 도전적이고 흥미 있는 일
- 학습과 성장의 기회
- 높은 성과와 지속적인 개선을 가져오는 요인들에 대한 통제
- 성과에 대한 지식
- 긍정적인 인간관계
- 개인들이 공헌하며 만족한다는 느낌
- 상부로부터의 지원

14

정답 ②

고객이 잘못 이해하고 있다고 하더라도 고객의 말에 반박하지 말고 먼저 공감해야 한다. 즉, 고객이 그렇게 말할 수 있음을 이해하는 것이 중요하다.

15

정답 ③

A시는 문제를 해결하기 위한 방법을 제시했고, B시 역시 같은 목표를 위해 해결할 방법을 제시하여 서로 최선의 해법을 찾아 해결하였다. 이는 '나도 이기고, 너도 이기는 방법(Win-Win)'으로 통합형에 해당된다. 통합형은 서로의 차이를 인정하고 배려하는 신뢰감과 공개적인 대화를 필요로 하며, 가장 적절한 갈등해결 유형이다.

오답분석

① 회피형(Avoiding) : '나도 지고, 너도 지는 방법(I Lose, You Lose)'으로, 자신과 상대방에 대한 관심이 모두 낮다.
② 수용형(Accommodating) : '나는 지고, 너는 이기는 방법(I Lose, You Win)'으로, 자신에 대한 관심은 낮고 상대방에 대한 관심은 높다.
④ 타협형(Compromising) : '서로가 타협적으로 주고받는 방법(Give and Take)'으로, 자신에 대한 관심과 상대방에 대한 관심이 중간 정도이다.
⑤ 경쟁형(Competing=지배형) : '나는 이기고, 너는 지는 방법(I Win, You Lose)'으로, 자신에 대한 관심은 높고 상대방에 대한 관심은 낮다.

CHAPTER

09 자기개발능력

01	02	03	04	05	06	07	08	09	10
②	④	⑤	④	②	④	①	③	③	②
11	12								
④	①								

01 정답 ②

자기개발은 자아인식, 자기관리, 경력개발의 세 과정으로 구성돼 있다. 이 중 자기관리란 목표를 성취하기 위해 자신의 행동 및 업무수행을 관리하고 조정하는 것을 말한다. 자신에 대한 이해를 바탕으로 비전과 목표를 수립하고, 피드백 과정을 통해 부족한 점을 고쳐 나가도록 한다.

오답분석

① 자아인식이란 자신의 흥미, 적성, 특성 등을 이해하고 자기정체감을 확고히 하는 것을 말한다.
③·⑤ 자기개발의 구성요소에 해당되지 않는다.
④ 경력개발이란 자신의 진로에 대해 단계적 목표를 설정하고 목표 성취에 필요한 역량을 개발해 나가는 능력을 말한다.

02 정답 ④

거절의 의사결정에는 이 일을 거절함으로써 발생될 문제들과 자신이 거절하지 못해서 그 일을 수락했을 때의 기회비용을 따져보고, 거절하기로 결정하였다면 이를 추진할 수 있는 의지가 필요하다. 거절의 의사결정을 하고 이를 표현하기 위해서는 다음을 유의하여야 한다.

- 상대방의 말을 들을 때에는 주의하여 귀를 기울여서 문제의 본질을 파악한다.
- 거절의 의사결정은 빠를수록 좋다. 오래 지체될수록 상대방은 긍정의 대답을 기대하게 되고, 의사결정자는 거절을 하기 더욱 어려워진다.
- 거절을 할 때에는 분명한 이유를 만들어야 한다.
- 대안을 제시한다.

03 정답 ⑤

성찰은 잘한 일과 개선할 점을 생각하는 과정을 통해 다른 일을 하는 데 노하우가 축적되며 자기성장의 기회가 된다. 그리고 다른 사람과 신뢰감을 형성할 수 있고 지속적인 사고과정을 통해 창의적인 사고를 할 수 있다. 또한 지속적인 연습을 통하여 보다 잘할 수 있게 되기 때문에 연습이 이루어져서 습관화되면, 중요한 일이 발생했을 때 기존의 성찰을 통해 축적한 노하우를 발현할 수 있다.

04 정답 ④

매일 자신이 오늘 했던 일 중에 잘했던 일과 잘못했던 일을 생각해 보고, 이에 대한 이유와 앞으로의 개선점을 아무 형식 없이 적고, 이것이 모이게 되면 자신의 역량을 향상시켜 줄 나만의 자료가 된다. 일의 문제점이 드러나지 않기 위해서는 무엇을 해야 하는지는 성찰을 위한 질문으로 적절하지 않다.

05 정답 ②

자기관리 단계는 '비전 및 목적 정립 → 과제 발견 → 일정 수립 → 수행 → 반성 및 피드백'이다. 김대리가 자기 성장이 생각만큼 이루어지지 않고 형식적으로 자기관리를 하는 느낌을 받은 것은 반성 및 피드백 단계를 수행하지 않았기 때문이다.

오답분석

① 김대리는 과장이 되어 리더십을 발휘해 보겠다는 목표를 정립했다.
③ 일정을 세워 강의를 듣고 공부를 하는 등의 과제 수행을 했다.
④ 수행에 문제가 있다는 내용은 글에서 찾을 수 없다.
⑤ 일정을 세워 꾸준히 실행했다.

06 정답 ④

반성 및 피드백 단계에서는 일을 수행하고 나면 다음의 질문을 통해 분석하고, 결과를 피드백하여 다음 수행에 반영한다. 여기서는 어떤 목표를 성취하였는지, 일을 수행하는 동안 어떤 문제에 직면했는지, 어떻게 결정을 내리고 행동했는지, 우선순위와 일정에 따라 계획적으로 수행하였는지에 대해 질문해 보아야 한다. 나에게 가장 중요한 것이 무엇인지에 대한 질문은 비전 및 목적 정립의 단계에서 해야 하는 질문이다.

07

정답 ①

자기관리는 자신의 목표성취를 위해 자신의 행동과 자신의 업무수행을 관리하고 조정하는 것이라는 점에서 (가) 자기관리 계획, (마) 업무의 생산성 향상 방안, (아) 대인관계 향상 방안이 자기관리에 해당하는 질문으로 적절하다.

오답분석

- (나), (라), (자) : 자아인식에 해당하는 질문이다.
- (다), (바), (사) : 경력개발에 해당하는 질문이다.

08

정답 ③

㉠은 생리적 욕구가 자기개발을 방해하는 장애요인으로 작용한 것으로, 생리적 욕구는 인간의 생명 자체를 유지시켜 주는 기본적인 욕구로서 음식물, 수면, 성생활 등 본능적 생리현상에 따른 욕구를 말한다.

매슬로의 욕구단계

- 생리적 욕구 : 인간의 생명 자체를 유지시켜 주는 기본적인 욕구
- 안전의 욕구 : 위협으로부터의 해방, 안정을 추구하는 욕구
- 사회적 욕구 : 다른 사람들과 인간관계를 맺고 싶어 하고, 집단에 소속되고 싶어 하는 욕구
- 존경의 욕구 : 다른 사람에게 인정받기를 원하는 욕구
- 자기실현의 욕구 : 자신의 목표를 끊임없이 추구하며 성취를 통해 만족을 얻고자 하는 욕구

09

정답 ③

B씨가 창업한 계기는 장시간 노동과 박봉 등 회사의 열악한 근무조건에 대한 불만과 자신이 여성의류에 대해 전문성을 가지고 있다고 생각한 점, 인터넷과 통신기술의 발달로 공간이나 시간의 제약 없이 손쉽게 창업을 할 수 있었다는 것이다. 정치, 경제적 변화에 대한 부분은 창업의 이유가 될 수 있지만 B씨의 사례에는 언급되어 있지 않다.

10

정답 ②

인터넷의 확산으로 공간이나 시간의 제약 없이 손쉽게 창업을 할 수 있지만, 창업에 성공하기 위해서는 자신의 흥미, 재능, 가치, 라이프스타일을 철저히 이해하고, 업무 환경에 대한 충분한 정보를 얻은 후에 구체적인 목표와 전략을 수립하여 실행해야 한다. B씨는 창업이 본인의 직무를 살려 개발하고 발전하는 일이라 생각하고 도전했지만, 코디네이터와 창업, 즉 사업은 전혀 다른 직무라는 것을 고려하지 않았기 때문에 그에 따른 단계별 준비도 충분히 이뤄질 수 없었다. 또한 B씨는 사업에 대한 열망을 가지고 시작했으나, 창업 준비가 미흡했던 점에 대해 후회하고 있다.

11

정답 ④

자기개발의 첫 단계인 자신의 흥미·적성·특성 등을 파악하는 자아인식을 통해서 직업생활에서 회사가 아닌 자신의 요구를 파악하고 자신의 능력 및 기술을 이해할 수 있다.

12

정답 ①

㉠은 '경력개발 전략수립' 단계로, 전 단계에서 경력목표를 설정하면 이를 달성하기 위해 활동계획을 수립하는 단계이다.

오답분석

② 대학원, 교육프로그램 등의 활동에 참여하는 것은 자신의 현재 직무수행능력을 향상시킴과 동시에 미래의 직무를 위해서도 경력개발이 가능하다.
③ 상사나 직장 선후배 등 경력목표와 관련이 되는 인적 네트워크를 구축하여 정보나 지원을 받을 수 있다.
④ 직장에서는 개인이 외부에서 얻는 것보다 더 풍부한 인적·물적자원, 기술력 등을 얻을 수 있다.
⑤ 성공적인 직무의 수행은 승진의 기회를 확대하는 것은 물론, 미래의 고용 가능성을 높일 수 있다.

CHAPTER

10 직업윤리

01	02	03	04	05	06	07	08	09	10
①	④	④	②	②	①	⑤	③	③	④

01

정답 ①

개인윤리의 덕목에는 타인에 대한 물리적 행사(폭력)가 절대 금지되어 있지만, 직업윤리는 개인윤리에 비해 특수성을 가지고 있어 경찰관이나 군인 등의 경우 필요한 상황(범죄 제압, 전쟁 등)에서 폭력이 허용된다.

오답분석

② 개인윤리와 직업윤리가 배치되는 경우 직업인은 직업윤리를 우선한다.
③ 직업윤리는 개인윤리를 바탕으로 각 직업에서 요구되는 특수한 윤리이다.
④ 모든 사람은 직업의 성격에 따라 각각 다른 직업윤리를 지닌다.
⑤ 규모가 큰 공동의 재산, 정보 등을 개인의 권한에 위임하는 것은 개인윤리와 직업윤리의 조화로운 상황이다.

02

정답 ④

명함을 받으면 그대로 집어넣지 말고 상세히 살핀 다음 읽기 어려운 글자를 물어보거나, 명함에 관해서 한두 마디 대화를 건네는 것이 올바른 명함 교환 예절이다.

오답분석

① 방문한 곳에서는 상대방보다 먼저 명함을 건네야 한다.
② 명함은 상의에서 꺼내야 한다.
③·⑤ 명함은 서 있는 자세로 교환하는 것이 예의이다.

03

정답 ④

근면에는 두 종류가 있다. 첫째는 외부로부터 강요당한 근면이고, 둘째는 스스로 자진해서 하는 근면이다. 제시문의 내용은 자진해서 하는 근면에 대한 설명이다. 김대리가 아침에 하는 외국어 공부는 능동적이며 적극적인 태도가 바탕이 된다. 자진해서 하는 근면은 자신의 것을 창조하며 조금씩 자신을 발전시키고 시간의 흐름에 따라 자아를 확립시켜 나가는 것이다.

04

정답 ②

직장생활에서 일상을 대수롭지 않게 느끼고 돈을 받고 하는 일이라고 생각하는 것은 수동적이고 소극적인 태도로 근면하기 위해 필요한 자세와는 반대의 태도이다. 직업생활에서 근면한 자세를 유지하기 위해서는 직장에서 하는 일의 의의와 가치를 생각하고 적극적으로 임하는 태도가 필요하다.

05

정답 ②

부패의 원인은 사회적 윤리의식의 부재, 공사 구분을 모호하게 하는 문화적 특성, 건전한 가치관의 미정립, 과도한 법규의 규제, 효율적 사회 시스템의 미비, 과거를 답습하는 문화 등 여러 가지가 있을 수 있다.
제시문에서는 사회시스템에 대한 내용은 언급되지 않았다.

06

정답 ①

제시문은 정부 사업을 수주하는 업체가 정부기관의 권력을 이용해 이익을 취하며 기업의 건전한 이윤추구의 가치를 훼손시키는 사례이다. 부패는 사회시스템 전체가 유기적으로 움직이는 데 피해를 주고 다른 사회구성원들로 하여금 엄청난 사회적 비용을 물도록 하여 국가와 사회의 정상적인 발전을 저해하는 것이다. 따라서 거래당사자 간의 문제에 그치는 것이 아니라 사회적 비용으로 보아야 한다.

07

정답 ⑤

업무의 공공성을 바탕으로 공사구분을 명확히 하고, 모든 것을 숨김없이 투명하게 처리하는 원칙은 객관성의 원칙이다.

직업윤리의 5대 원칙

- 객관성의 원칙
- 고객중심의 원칙
- 전문성의 원칙
- 정직과 신용의 원칙
- 공정경쟁의 원칙

PART 1

08

정답 ③

K대리의 전화 모습을 보면 통화를 마칠 때, 전화를 건 상대방에게 감사의 표시를 하지 않았음을 확인할 수 있다. '네! 전화 주셔서 감사합니다. 이만 전화 끊겠습니다.'와 같이 전화를 건 상대방에게 감사의 표시를 하는 것이 적절하다.

09

정답 ③

김사원은 소개예절에 따라 소개하는 사람에 대해 성과 이름을 함께 말했다.

소개예절

- 직장에서 비즈니스 매너상 소개를 할 때는 직장 내에서의 서열과 나이를 고려한다.
- 나이 어린 사람을 연장자에게 먼저 소개한다.
- 내가 속해 있는 회사의 관계자를 타 회사의 관계자에게 소개한다.
- 동료를 고객에게 먼저 소개한다.
- 반드시 성과 이름을 함께 말한다.

10

정답 ④

악수는 오른손으로 하는 것이 일반적인 악수예절이다.

악수예절

- 비즈니스에서 악수를 하는 동안에는 상대에게 집중하는 의미로 눈을 맞추고 미소를 짓는다.
- 악수를 할 때는 오른손을 사용하고, 너무 강하게 쥐어짜듯이 잡지 않는다.
- 악수는 서로의 이름을 말하고 간단한 인사 몇 마디를 주고받는 정도의 시간 안에 끝내야 한다.
- 악수는 윗사람이 아랫사람에게, 여성이 남성에게, 선배가 후배에게 청한다.

PART 2

최종점검 모의고사

제1회 모의고사(필수영역)

01	02	03	04	05	06	07	08	09	10	11	12	13	14	15	16	17	18	19	20
④	①	④	⑤	③	③	①	①	②	②	①	②	④	⑤	⑤	④	③	④	②	③
21	22	23	24	25	26	27	28	29	30	31	32	33	34	35	36	37	38	39	40
⑤	②	④	③	④	②	④	④	④	④	①	④	①	②	②	③	⑤	④	①	②
41	42	43	44	45	46	47	48	49	50	51	52	53	54	55	56	57	58	59	60
③	④	③	②	①	④	④	②	④	③	④	④	③	③	③	①	⑤	③	②	③

| 01 | 의사소통능력

01

정답 ④

마지막 문단에서 정약용은 청렴을 지키는 것의 효과로 '다른 사람에게 긍정적 효과를 미친다.', '목민관 자신에게도 좋은 결과를 가져다 준다.'라고 하였으므로 적절하다.

오답분석

① 두 번째 문단에서 '정약용은 청렴을 당위의 차원에서 주장하는 기존의 학자들과 달리 행위자 자신에게 실질적 이익이 된다는 점을 들어 설득하고자 한다.'라고 하였다.
② 두 번째 문단에서 '정약용은 "지자(知者)는 인(仁)을 이롭게 여긴다."라는 공자의 말을 빌려 "지혜로운 자는 청렴함을 이롭게 여긴다."라고 하였다.'라고 하였으므로 공자의 뜻을 계승한 것이 아니라 공자의 말을 빌려 청렴의 중요성을 강조한 것이다.
③ 두 번째 문단에서 '지혜롭고 욕심이 큰 사람은 청렴을 택하지만 지혜가 짧고 욕심이 작은 사람은 탐욕을 택한다고 설명한다.'라고 하였으므로 청렴한 사람은 욕심이 크기 때문에 탐욕에 빠지지 않는다는 내용이 적절하다.
⑤ 첫 번째 문단에서 '이황과 이이는 청렴을 사회 규율이자 개인 처세의 지침으로 강조하였다.'라고 하였으므로 이황과 이이는 청렴을 사회 규율로 보았다는 것을 알 수 있다.

02

정답 ①

제시문은 우유의 긍정적인 측면을 강조하면서, 마지막에는 우유의 효과에 대한 부정적인 견해를 비판하고 있다. 따라서 글의 뒤에 이어질 내용으로는 우유 섭취를 권장하는 내용이 오는 것이 적절하다.

03

정답 ④

기획서에 대한 설명이다. 보고서는 궁금한 점에 대해 질문 받을 것에 대비하고, 업무상 진행과정에서 작성하므로 핵심내용을 구체적으로 제시해야 한다.

04

정답 ⑤

음식 이름의 주인공인 샌드위치 백작은 일부에서는 유능한 정치인·군인이었던 인물로 평가되는 반면, 다른 한편에서는 무능한 도박꾼으로 평가되고 있는 것을 볼 때 ⑤가 빈칸에 들어갈 내용으로 가장 적절하다.

05

정답 ③

샌드위치를 소개하는 (다) 문단이 가장 먼저 오는 것이 적절하며, 그 다음으로 샌드위치 이름의 유래를 소개하는 (나) 문단이 적절하다. 그 뒤를 이어 샌드위치 백작에 대한 평가가 엇갈림을 설명하는 (가) 문단이, 마지막으로는 이러한 엇갈린 평가를 구체적으로 설명하는 (라) 문단이 이어져야 한다.

06

정답 ③

(다) 문단은 비실명 금융거래의 폐해로 금융실명제 도입의 필요성에 대해 설명하고 있다. 따라서 ③은 소제목으로 적절하지 않다.

07

정답 ①

공문서는 반드시 일정한 양식과 격식을 갖추어 작성해야 한다.

오답분석

② 공문서의 날짜 작성 시 날짜 다음에 괄호를 사용할 경우에는 마침표를 찍지 않는다.
③ 도표를 사용하는 것은 설명서의 특징이며, 공문서의 경우 복잡한 내용은 '–다음–'이나 '–아래'와 같이 항목별로 구분한다.
④ 공문서의 내용은 한 장에 담아내는 것이 원칙이다.
⑤ 공문서는 회사 외부로 전달되는 문서로 누가, 언제, 어디서, 무엇을, 어떻게(혹은 왜)가 정확하게 드러나도록 작성해야 한다.

08

정답 ①

㉡·㉢·㉣은 양반의 폐단에 대해 밝히고 있으며, ㉤은 온 나라의 사람이 모두 양반이 되어 양반이 없도록 할 것을 주장하고 있다. ㉤의 주장을 뒷받침하기 위해서는 양반의 폐단을 설명해야 하므로, ㉡·㉢·㉣이 그 근거가 됨을 알 수 있다.

09

정답 ②

A는 경제 성장에 많은 전력이 필요하다는 것을 전제로 경제 성장을 위해서 발전소를 증설해야 한다고 주장한다. 이러한 A의 주장을 반박하기 위해서는 근거로 제시하고 있는 전제를 부정하는 것이 효과적이므로 경제 성장에 많은 전력이 필요하지 않음을 입증하는 ②를 통해 반박하는 것이 효과적이다.

10

정답 ②

'gw'는 10번째 속인 잎을 의미하며, 'p'는 네 번째 차이, 'yi'는 여덟 번째 종을 의미한다. 따라서 'gwpyi'는 잎의 네 번째 차이의 여덟 번째 종을 의미한다.

11

정답 ①

광고를 단순히 상품 판매 도구로만 보지 않고, 문화적 차원에서 소비자와 상품 사이에 일어나는 일종의 담론으로 해석하여 광고라는 대상을 새로운 시각으로 바라보고 있다.

12

정답 ②

'오늘 할 일' 중 끝내지 못한 업무가 있다면 따로 기재하여 다음 날 처리할 수 있도록 해야 한다. B사원은 '4. 디자인팀 업무협조요청'을 마무리 짓지 못해 (×) 표시를 해놓았다. 이 업무는 '내일 할 일'에 추가로 기재하는 것이 적절하다.

13

정답 ④

지상기기에 K공사의 이미지를 압축한 디자인을 적용한 새로운 외함을 개발했으며 지속적으로 디자인을 개발하고 확대 보급한다고 하였다. 따라서 '도심미관에 적합한 지상기기 외함 개발'이 적절한 주제이다.

14

정답 ⑤

㉠에 대한 가람과 나래의 증언을 흄과 프라이스의 이론에 따라 판단하면 다음과 같다.

- 가람 : 증언이 거짓일 확률 0.1%, 증언이 참일 확률 99.9%
  - 흄의 이론 : 증언이 거짓일 확률(0.1%)>기적이 일어날 확률(0.01%) → 기적이 일어나지 않았을 것
  - 프라이스의 이론 : 증언이 참일 확률(99.9%)>기적이 일어날 확률(0.01%) → 기적이 실제로 일어났을 것
- 나래 : 증언이 거짓일 확률 0.001%, 증언이 참일 확률 99.999%
  - 흄의 이론 : 증언이 거짓일 확률(0.001%)<기적이 일어날 확률(0.01%) → 기적이 실제로 일어났을 것
  - 프라이스의 이론 : 증언이 참일 확률(99.999%)>기적이 일어날 확률(0.01%) → 기적이 실제로 일어났을 것

따라서 흄의 이론에 따르든 프라이스 이론에 따르면 나래의 증언으로부터 ㉠이 실제로 일어났으리라고 추론할 수 있다.

오답분석

① 흄의 이론에 따르면 나래의 증언은 거짓이 아니라고 생각해야 한다.
② 흄의 이론에 따르면 가람의 증언은 받아들일 수 없다고 생각해야 한다.
③ 프라이스의 이론에 따르면 가람의 증언으로부터 기적이 실제 일어났으리라고 추론할 수 있다.
④ 프라이스의 이론에 따르면 가람의 증언으로부터 ㉠이 실제 일어났을 것이라고 추론할 수 있으나, 흄의 이론에 따르면 가람의 증언은 거짓이라고 생각해야 한다.

15

정답 ⑤

지원자의 직무 능력을 가릴 수 있는 요소들을 배제하는 것은 기존의 채용 방식이 아닌 블라인드 채용 방식으로, 이를 통해 직무 능력만으로 인재를 평가할 수 있다. 따라서 ⑤는 블라인드 채용의 등장 배경으로 적절하지 않다.

16

정답 ④

블라인드 면접의 경우 자료 없이 면접을 진행하는 무자료 면접 방식과 면접관의 인지적 편향을 유발할 수 있는 항목을 제거한 자료를 기반으로 면접을 진행하는 방식이 있다.

오답분석

① 무서류 전형은 최소한의 정보만을 포함한 입사지원서를 접수하되 이를 선발 기준으로 활용하지 않는 방식이다.
② 블라인드 처리되어야 할 정보를 수집할 경우, 온라인 지원서상 개인정보를 암호화하여 채용담당자는 이를 볼 수 없도록 기술적으로 처리한다.
③ 무자료 면접 방식은 입사지원서, 인·적성검사 결과 등의 자료 없이 면접을 진행한다.
⑤ 기존에 쌓아온 능력·지식 등은 서류 전형이 아닌 필기 및 면접 전형을 통해 검증된다.

17

정답 ③

㉠은 지원자들의 무분별한 스펙 경쟁을 유발하는 반면, ㉡은 지원자의 목표 지향적인 능력과 역량 개발을 촉진한다.

18

정답 ④

먹고 난 뒤의 그릇을 씻어 정리하는 일을 뜻하는 어휘는 '설거지'이다.

오답분석

① ~로서 : 지위나 신분 또는 자격을 나타내는 격조사

② 왠지 : 왜 그런지 모르게. 또는 뚜렷한 이유도 없이
③ 드러나다 : 가려 있거나 보이지 않던 것이 보이게 됨
⑤ 밑동 : 긴 물건의 맨 아랫동아리

19

정답 ②

개과천선(改過遷善)은 지난날의 잘못을 고쳐 착하게 된다는 의미이다.

오답분석

① 새옹지마(塞翁之馬) : 세상의 좋고 나쁨은 예측할 수 없음을 이르는 말
③ 전화위복(轉禍爲福) : 안 좋은 일이 좋은 일로 바뀜을 이르는 말
④ 사필귀정(事必歸正) : 처음에는 시비(是非) 곡직(曲直)을 가리지 못하여 그릇되더라도 모든 일은 결국에 가서는 반드시 정리(正理)로 돌아감을 이르는 말
⑤ 자과부지(自過不知) : 자신의 잘못을 알지 못함을 이르는 말

20

정답 ③

여성적인 사고는 분해되지 않은 전체 이미지를 통해서 의미를 이해하는 특징을 가지며, 남성적인 사고는 사고 대상 전체를 구성요소 부분으로 분해한 후 그들 각각을 개별화하고 이를 다시 재조합하는 과정으로 진행된다고 하였다. 따라서 글쓴이는 여성들은 그림문자를, 남성들은 표음문자를 이해하는 데 유리하므로, 표음문자 체계의 보편화는 여성의 사회적 권력을 약화하는 결과를 낳았다고 주장하고 있다. 이 결론이 나오기 위해서는 '글을 읽고 이해하는 능력은 사회적 권력에 영향을 미친다.'는 전제가 필요하다.

오답분석

ㄱ. 그림문자를 쓰는 사회에서는 여성적인 사고를 필요로 하기 때문에 여성들의 사회적 권력이 남성보다 우월하였을 것이라고 추측할 수 있다.
ㄴ. 표음문자 체계가 기능적으로 복잡한 의사소통을 가능하게 하였는지는 제시되어 있지 않다.

| 02 | 수리능력

21

정답 ⑤

2024년 하반기 영업팀 입사자 수를 a명, 2024년 하반기 인사팀 입사자 수를 b명이라 하면 다음과 같이 정리할 수 있다.

(단위 : 명)

구분	2024년 하반기 입사자 수	2025년 상반기 입사자 수
마케팅	50	100
영업	a	$a+30$
홍보	100	$100\times\frac{80}{100}=80$
인사	b	$50\times2=100$
합계	320	$320\times\frac{125}{100}=400$

• 2025년 상반기 입사자 수의 합 : $400=100+(a+30)+80+100$ → $a=90$
• 2024년 하반기 입사자 수의 합 : $320=50+90+100+b$ → $b=80$

∴ 2024년 하반기 대비 2025년 상반기 인사팀 입사자 수의 증감률 : $\frac{100-80}{80}\times100=25\%$

22

정답 ②

원 중심에서 멀어질수록 점수가 높아지는데, B국의 경우 수비보다 미드필드가 원 중심에서 먼 곳에 표시가 되어 있으므로 B국은 수비보다 미드필드에서의 능력이 뛰어남을 알 수 있다.

23

정답 ④

10개 중 3개를 선택해 순서대로 나열하는 경우의 수는 ${}_{10}P_3=10\times9\times8=720$가지이다.

24

정답 ③

i) 목요일, 금요일에 비가 올 확률 : $0.7\times0.7=0.49$

ii) 목요일에 비가 오지 않고, 금요일에 비가 올 확률 : $(1-0.7)\times0.4=0.12$

$\therefore 0.49+0.12=0.61$

따라서 금요일에 비가 올 확률은 0.61이다.

25

정답 ④

주어진 수열은 앞의 항에 $+2^0\times10$, $+2^1\times10$, $+2^2\times10$, $+2^3\times10$, $+2^4\times10$, $+2^5\times10$, …인 수열이다.

따라서 ( )$=632+2^6\times10=632+640=1,272$이다.

26

정답 ②

집과 병원 사이의 거리를 $x$km라고 하자. 재희가 집에서 할머니를 기다린 10분을 제외하면, 학교에서 병원까지 총 이동시간은 1시간 40분이다. 1시간 40분은 $1+\frac{40}{60}=1+\frac{2}{3}=\frac{5}{3}$시간이므로 다음과 같은 식이 성립한다.

$\frac{2x}{4}+\frac{x}{3}=\frac{5}{3}$

$\rightarrow \frac{5}{6}x=\frac{5}{3}$

$\therefore x=2$

따라서 병원에서 집까지의 거리는 2km이다.

27

정답 ④

TV+스마트폰 이용자의 도시규모별 구성비는 다음과 같다.

구분	TV	스마트폰
사례 수	7,000명	6,000명
대도시	45.3%	47.5%
중소도시	37.5%	39.6%
군지역	17.2%	12.9%

• 대도시 : $\left(45.3\%\times\frac{7,000}{13,000}+47.5\%\times\frac{6,000}{13,000}\right)\times100 \fallingdotseq 46.32\%$

• 중소도시 : $\left(37.5\%\times\frac{7,000}{13,000}+39.6\%\times\frac{6,000}{13,000}\right)\times100 \fallingdotseq 38.47\%$

• 군지역 : $\left(17.2\%\times\frac{7,000}{13,000}+12.9\%\times\frac{6,000}{13,000}\right)\times100 \fallingdotseq 15.22\%$

오답분석

① 연령대별 스마트폰 이용자 비율에 사례 수(조사인원)를 곱하면 이용자 수를 구할 수 있다.
② 매체별 성별별 이용자 비율에 사례 수(조사인원)를 곱하면 구할 수 있다.
③ 주어진 표에서 확인할 수 있다.
⑤ 각 사례 수(조사인원)에서 사무직에 종사하는 대상의 수를 도출한 뒤, 매체별 비율을 산출하여야 한다.

구분	TV	스마트폰	PC / 노트북
사례 수(a)	7,000명	6,000명	4,000명
사무직 비율(b)	20.1%	25.6%	28.2%
사무직 대상수($a\times b=c$)	1,407명	1,536명	1,128명
합계(d)		4,071명	
비율($c\div d\times 100$)	34.56%	37.73%	27.71%

28

정답 ④

ㄴ. • 2023년 : $279\times 17.1 \fallingdotseq 4{,}771$개
• 2024년 : $286\times 16.8 \fallingdotseq 4{,}805$개

ㄹ. • 2022년 : $273\times 85=23{,}205$억 원
• 2023년 : $279\times 91=25{,}389$억 원
• 2024년 : $286\times 86.7 \fallingdotseq 24{,}796$억 원

오답분석

ㄱ. • 2024년 창업보육센터 지원금액의 전년 대비 증가율 : $\frac{353-306}{306}\times 100 \fallingdotseq 15.4\%$
• 2024년 창업보육센터 수의 전년 대비 증가율 : $\frac{286-279}{279}\times 100 \fallingdotseq 2.5\%$
따라서 2024년 창업보육센터 수의 전년 대비 증가율의 5배는 약 12.5%이다.

ㄷ. 자료를 통해 확인할 수 있다.

29

정답 ④

2021 ~ 2024년 동안 SOC 투자규모의 전년 대비 증감방향은 '증가 – 감소 – 감소 – 감소'이고, 총지출 대비 SOC 투자규모 비중은 '증가 – 증가 – 감소 – 감소'이다.

오답분석

① 2024년 총지출을 a조 원이라고 가정하면 $a\times 0.069=23.1$조 원이므로, $a=\frac{23.1}{0.069}\fallingdotseq 334.8$이므로 300조 원 이상이다.
② 2021년 SOC 투자규모의 전년 대비 증가율은 $\frac{25.4-20.5}{20.5}\times 100 \fallingdotseq 23.9\%$이므로 30% 이하이다.
③ • 2022년 : $\frac{25.1-25.4}{25.4}\times 100 \fallingdotseq -1.2\%$
• 2023년 : $\frac{24.4-25.1}{25.1}\times 100 \fallingdotseq -2.8\%$
• 2024년 : $\frac{23.1-24.4}{24.4}\times 100 \fallingdotseq -5.3\%$
따라서 2021 ~ 2024년 동안 SOC 투자규모가 전년에 비해 가장 큰 비율로 감소한 해는 2024년이다.
⑤ 2025년 SOC 투자규모의 전년 대비 감소율이 2024년과 동일하다면, 2025년 SOC 투자규모는 $23.1\times(1-0.053)\fallingdotseq 21.9$조 원이다.

30

정답 ④

- (가)=723−(76+551)=96
- (나)=824−(145+579)=100
- (다)=887−(131+137)=619
- (라)=114+146+688=948

∴ (가)+(나)+(다)+(라)=96+100+619+948=1,763

31

정답 ①

800g 소포의 개수를 x개, 2.4kg 소포의 개수를 y개라 하면 다음 식이 성립한다.

$800\times x+2{,}400\times y \le 16{,}000 \rightarrow x+3y \le 20 \cdots$ ㉠

B회사는 동일지역, C회사는 타지역이므로

$4{,}000\times x+6{,}000\times y=60{,}000 \rightarrow 2x+3y=30 \rightarrow 3y=30-2x \cdots$ ㉡

㉡을 ㉠에 대입하면

$x+30-2x \le 20 \rightarrow x \ge 10 \cdots$ ㉢

이때 ㉡, ㉢을 동시에 만족하는 값은 $x=12$, $y=2$이다.

따라서 A회사는 800g 소포는 12개, 2.4kg 소포는 2개를 보냈음을 알 수 있다.

32

정답 ④

비품을 주문하고 남은 돈으로 구매할 수 있는 볼펜은 $\{(25{,}000-500\times5-5{,}700-600\times3)\div250\}\div12=5$타이다.

33

정답 ①

ㄱ. 자체 재원조달금액 중 국내투자에 사용되는 금액이 차지하는 비중은 $\frac{2{,}682}{4{,}025}\times100 \fallingdotseq 66.6\%$이므로 옳다.

ㄴ. 주어진 자료를 보면 해외재원은 국내투자와 해외투자로 양분되나 국내투자분에 해당하는 내용이 없으므로 옳다.

오답분석

ㄷ. 국내재원 중 정부조달금액이 차지하는 비중은 $\frac{2{,}288}{6{,}669}\times100 \fallingdotseq 34.3\%$이므로 40% 미만이다.

ㄹ. 국내재원 중 해외투자금액 대비 국내투자금액의 비율은 $\frac{5{,}096}{1{,}573}\times100 \fallingdotseq 323.9\%$이므로 3배 이상이다.

34

정답 ②

오존전량의 증감 추이는 '감소 – 감소 – 감소 – 증가 – 증가 – 감소'이므로 옳지 않은 설명이다.

오답분석

① 이산화탄소의 농도는 계속해서 증가하고 있는 것을 확인할 수 있다.

③ 2024년 오존전량은 2018년 대비 335−331=4DU 증가했다.

④ 2024년 이산화탄소의 농도는 2019년 대비 395.7−388.7=7ppm 증가했다.

⑤ 전년 대비 2024년 오존전량의 감소율은 $\frac{343-335}{343}\times100 \fallingdotseq 2.33\%$이므로 2.5% 미만이다.

35

정답 ②

$\frac{(\text{대학졸업자 취업률})}{(\text{전체 대학졸업자})}\times100=(\text{대학졸업자 취업률})\times(\text{대학졸업자의 경제활동인구 비중})\times\frac{1}{100}$ 이다.

따라서 OECD 평균은 $40\times50\times\frac{1}{100}=20\%$이고, 이보다 높은 국가는 B, C, E, F, G, H이다.

36

정답 ③

ㄴ. 그래프를 통해 2월 21일의 원/달러 환율이 지난주 2월 14일보다 상승하였음을 알 수 있다.

ㄷ. 달러화의 강세란 원/달러 환율이 상승하여 원화가 평가절하되면서 달러의 가치가 높아지는 것을 의미한다. 3월 12일부터 3월 19일까지는 원/달러 환율이 계속해서 상승하는 추세이므로 옳은 설명이다.

오답분석

ㄱ. 3월 원/엔 환율의 경우 최고 환율은 3월 9일의 1,172.82원으로, 3월 한 달 동안 1,100원을 상회하는 수준에서 등락을 반복하고 있다.

ㄹ. 달러/엔 환율은 $\frac{(\text{원/엔 환율})}{(\text{원/달러 환율})}$로 도출할 수 있다. 그래프에 따르면 3월 27일 원/달러 환율은 3월 12일에 비해 상승하였고, 반대로 원/엔 환율은 하락하였다. 즉, 분모는 증가하고 분자는 감소하였으므로 3월 27일의 달러/엔 환율은 3월 12일보다 하락하였음을 알 수 있다.

37

정답 ⑤

ⓛ B국의 대미무역수지와 GDP 대비 경상수지 비중은 각각 742억 달러, 8.5%로 X요건과 Y요건을 충족한다.

ⓒ 세 가지 요건 중 두 가지 요건만 충족하면 관찰대상국으로 지정된다.

- X요건과 Y요건을 충족하는 국가 : A, B, C, E
- X요건과 Z요건을 충족하는 국가 : C
- Y요건과 Z요건을 충족하는 국가 : C, J

C국은 X, Y, Z요건을 모두 충족한다.

따라서 관찰대상국으로 지정되는 국가는 A, B, E, J로 4곳이다.

ⓔ X요건의 판단기준을 '대미무역수지 150억 달러 초과'로 변경할 때, 새로 X요건을 충족하는 국가는 H국이다. 그러나 H국은 Y요건과 Z요건을 모두 충족하지 않으므로 환율조작국이나 관찰대상국으로 지정될 수 없다. 따라서 옳은 설명이다.

오답분석

ⓖ X, Y, Z요건을 모두 충족하면 환율조작국으로 지정된다. 각 요건을 충족하는 국가를 나열하면 다음과 같다.

- X요건을 충족하는 국가 : A, B, C, D, E, F, G
- Y요건을 충족하는 국가 : A, B, C, E, J
- Z요건을 충족하는 국가 : C, J

따라서 환율조작국으로 지정되는 국가는 C국가이다.

38

정답 ④

수송인원은 승차인원과 유입인원의 합이므로 빈칸을 모두 구하면 다음과 같다.

- 208,645=117,450+(A) → (A)=91,195
- (B)=189,243+89,721 → (B)=278,964
- 338,115=(C)+89,209 → (C)=248,906

따라서 바르게 짝지어진 것은 ④이다.

39

정답 ①

㉠ 제시된 자료의 각주에 의해 같은 해의 각국의 도시폐기물량지수는 그 해 한국의 도시폐기물량을 기준해 도출된다. 즉, 같은 해의 여러 국가의 도시폐기물량을 비교할 때 도시폐기물량지수로도 비교가 가능하다. 2024년 미국과 일본의 도시폐기물량지수는 각각 12.73, 2.53이며, $2.53\times4=10.12<12.73$이므로 옳은 설명이다.

㉢ 2021년 한국의 도시폐기물량은 1,901만 톤이므로 2021년 스페인의 도시폐기물량은 1,901만×1.33=2,528.33만 톤이다. 도시폐기물량 상위 10개국의 도시폐기물량지수 자료를 보면 2024년 스페인의 도시폐기물량지수는 상위 10개국에 포함되지 않았음을 확인할 수 있다. 즉, 스페인의 도시폐기물량은 도시폐기물량지수 10위인 이탈리아의 도시폐기물량보다 적다. 2024년 한국의 도시폐기물량은 1,788만 톤이므로 이탈리아의 도시폐기물량은 1,788만×1.40=2,503.2만 톤이다. 즉, 2024년 이탈리아의 도시폐기물량은 2021년 스페인의 도시폐기물량보다 적다. 따라서 2024년 스페인의 도시폐기물량은 2021년에 비해 감소했다.

오답분석

㉡ 2023년 한국의 도시폐기물량은 1,786만 톤이므로 2023년 러시아의 도시폐기물량은 1,786만×3.87=6,911.82만 톤이다.

㉣ 2024년 터키의 도시폐기물량지수는 영국보다 높다. 따라서 2024년 영국의 도시폐기물량은 터키의 도시폐기물량보다 적다.

40

정답 ②

- 공연음악 시장 규모 : 2025년 후원 규모는 6,305백만+118=6,423백만 달러이고, 2025년 티켓 판매 규모는 22,324백만+740=23,064백만 달러이다. 따라서 2025년 공연음악 시장 규모는 6,423백만+23,064=29,487백만 달러이다.
- 스트리밍 시장 규모 : 2020년 스트리밍 시장의 규모가 1,530백만 달러이므로, 2025년의 스트리밍 시장 규모는 1,530백만×2.5=3,825백만 달러이다.
- 오프라인 음반 시장 규모 : 2025년 오프라인 음반 시장 규모를 x백만 달러라 하면, $\frac{x-8,551}{8,551}\times100=-6\%$이므로 $x=-\frac{6}{100}\times8,551+8,551\fallingdotseq8,037.9$이다. 따라서 8,037.9백만 달러이다.

| 03 | 문제해결능력

41

정답 ③

전기의 가격은 10 ~ 30원/km인 반면, 수소의 가격은 72.8원/km로 전기보다 수소의 가격이 더 비싸다. 하지만 원료의 가격은 자사의 내부환경의 약점(Weakness) 요인이 아니라 거시적 환경에서 비롯된 위협(Treat) 요인으로 보아야 한다.

오답분석

① (가) : 보조금 지원을 통해 첨단 기술이 집약된 친환경 차를 중형 SUV 가격에 구매할 수 있다고 하였으므로, 자사의 내부환경의 강점(Strength) 요인으로 볼 수 있다.

② (나) : 충전소가 전국 12개소에 불과하며, 올해 안에 10개소를 더 설치한다고 계획 중이지만 완공 여부는 알 수 없으므로, 자사의 내부환경의 약점(Weakness) 요인으로 볼 수 있다.

④ (라) : 친환경차의 인기가 뜨겁다고 하였으므로, 고객이라는 외부환경에서 비롯된 기회(Opportunity) 요인으로 볼 수 있다.

⑤ (마) : 생산량에 비해 정부 보조금이 부족한 것은 외부환경에서 비롯된 위협(Treat) 요인으로 볼 수 있다.

42

정답 ④

주어진 조건을 정리하면 다음과 같은 순서로 위치한다.

초밥가게 – × – 카페 – × – 편의점 – 약국 – 옷가게 – 신발가게 – × – ×

오답분석

① 카페와 옷가게 사이에 3개의 건물이 있다.

② 초밥가게와 약국 사이에 4개의 건물이 있다.

③ 편의점은 5번째 건물에 있다.

⑤ 옷가게는 7번째 건물에 있다.

43

정답 ③

다음 논리 순서에 따라 주어진 조건을 정리하면 쉽게 접근할 수 있다.

- 여섯 번째, 여덟 번째 조건 : G는 첫 번째 자리에 앉는다.
- 일곱 번째 조건 : C는 세 번째 자리에 앉는다.
- 네 번째, 다섯 번째 조건 : 만약 A와 B가 네 번째, 여섯 번째 또는 다섯 번째, 일곱 번째 자리에 앉으면, D와 F는 나란히 앉을 수 없다. 따라서 A와 B는 두 번째, 네 번째 자리에 앉는다. 이때, 남은 자리는 다섯, 여섯, 일곱 번째 자리이므로, D와 F는 다섯, 여섯 번째 또는 여섯, 일곱 번째 자리에 앉게 되고, 나머지 한 자리에 E가 앉는다.

이 사실을 종합하여 주어진 조건을 표로 정리하면 다음과 같다.

구분	첫 번째	두 번째	세 번째	네 번째	다섯 번째	여섯 번째	일곱 번째
경우 1	G	A	C	B	D	F	E
경우 2	G	A	C	B	F	D	E
경우 3	G	A	C	B	E	D	F
경우 4	G	A	C	B	E	F	D
경우 5	G	B	C	A	D	F	E
경우 6	G	B	C	A	F	D	E
경우 7	G	B	C	A	E	D	F
경우 8	G	B	C	A	E	F	D

따라서 어떠한 경우에도 C의 옆자리에는 항상 A와 B가 앉는다.

오답분석

① 조건에서 D와 F는 나란히 앉는다고 하였다.

②·④ 경우 4, 8인 때에만 성립한다.

⑤ B는 어떠한 경우에나 두 번째 또는 네 번째에 앉는다.

44

정답 ②

㉡ 고객이 당장 오늘 내로 문제 해결 방법을 알려달라는 강한 불만을 제기했으므로 긴급하면서도 중요한 문제이다. 그러므로 제1사분면에 위치하는 것이 가장 적절하다.

㉠ 다음 주에 상부에 보고해야 하는 업무는 중요하지만, 아직 시간이 조금 남아있는 상태이므로 긴급한 업무는 아니다. 그러므로 제2사분면에 위치하는 것이 가장 적절하다.

㉢ 친구와의 약속은 업무에서 중요하지 않고 긴급한 일이 아니다. 그러므로 제4사분면에 위치하는 것이 가장 적절하다.

45

정답 ①

제시된 조건에 따라 각각의 컴퓨터에 점수를 부여하면 다음과 같다.

(단위 : 점)

항목 / 컴퓨터	램 메모리 용량	하드 디스크 용량	가격	총점
A	0	50	200	250
B	100	0	100	200
C	0	100	0	100
D	100	50	0	150
E	50	0	100	150

항목별 점수의 합이 가장 큰 컴퓨터를 구입한다고 하였으므로 K씨는 A컴퓨터를 구입하게 된다.

46

정답 ④

일반적인 문제해결절차는 문제 인식, 문제 도출, 원인 분석, 해결안 개발, 실행 및 평가의 5단계를 따른다. 먼저 해결해야 할 전체 문제를 파악하여 우선순위를 정하고, 선정 문제에 대한 목표를 명확히 한 후 선정된 문제를 분석하여 해결해야 할 것이 무엇인지를 명확히 한다. 다음으로 이 분석 결과를 토대로 근본 원인을 도출하고, 근본원인을 효과적으로 해결할 수 있는 최적의 해결책을 찾아 실행 및 평가한다. 따라서 문제해결절차는 (다) – (마) – (가) – (라) – (나)의 순서로 진행된다.

47

정답 ④

오답분석

① 체계화된 기술 개발 부족은 자사가 아닌 경쟁사에 대한 분석 결과이므로 적절하지 않다.
② 자사는 필리핀 화력 발전 사업에 진출한 이력을 지니고 있으며, 현재 필리핀의 태양광 발전소 지분을 인수하였으므로 중국 등과 협력하기보다는 필리핀 정부와 협력하는 것이 바람직하다.
③ 필리핀의 높은 전기요금은 원료비가 적게 드는 신재생에너지를 통해 낮출 수 있다. 또한 열악한 전력 인프라는 분석 결과에 나타나 있지 않다.
⑤ 자사는 현재 중국 시장에서 풍력과 태양광 발전소를 운영 중에 있으므로 중국 시장으로의 진출은 대안으로 적절하지 않다. 또한 중국 시장이 경쟁이 적은지 알 수 없다.

48

정답 ②

유동인구가 가장 많은 마트 앞에는 설치가능 일자가 일치하지 않아 설치할 수 없고, 나머지 장소는 설치가 가능하다. 유동인구가 많은 순서대로 살펴보면 K공단 본부, 주유소, 우체국, 동사무소 순서이지만 주유소는 우체국과 유동인구가 20명 이상 차이가 나지 않으므로 게시기간이 긴 우체국에 설치한다. 따라서 K공단 본부와 우체국에 설치한다.

49

정답 ④

설치 후보 장소별로 설치 및 게시 비용의 합을 정리하면 다음과 같다.

구분	동사무소	K공단 본부	우체국	주유소	마트
설치 비용	200만 원	300만 원	250만 원	200만 원	300만 원
하루 게시 비용	10만 원	8만 원	12만 원	12만 원	7만 원
게시 기간	16일	21일	10일	9일	24일
합계 비용	200만+(10만×16) =360만 원	300만+(8만×21) =468만 원	250만+(12만×10) =370만 원	200만+(12만×9) =308만 원	300만+(7만×24) =468만 원

따라서 308만 원으로 가장 저렴한 주유소에 설치한다.

50

정답 ③

오답분석

①·④·⑤ 혹시 있을지 모를 독거노인의 건강상 문제에 대한 소극적인 대처방법이다.
② 자신의 업무에 대한 책임감이 결여된 대처방법이다.

51

정답 ④

주어진 조건을 정리하면 다음과 같다.

〈A동 – 11명 거주〉

구분	1호	2호	3호
5층	영희(1) / 은희(1)		창고
4층	신혼부부(2)		
3층			
2층			
1층			

3인 가구(3), 4인 가구(4)

〈B동 – 6명 거주〉

구분	1호	2호	3호
5층			
4층			
3층			
2층			
1층	노부부(2) / 중년부부(2)	창고	중년부부(2) / 노부부(2)

1인 가구(남), 1인 가구(남)

따라서 A동에는 영희・은희(여자 1인 가구), 신혼부부(2인 가구), 3인 가구, 4인 가구가 거주하고(총 11명), B동에는 노부부(2인 가구), 중년부부(2인 가구), 남자 1인 가구 2가구가 거주한다(총 6명).

오답분석

① 얼마 전에 결혼한 희수는 신혼부부로 A동 4층에 거주한다.
② 3인 가구와 4인 가구가 서로 위・아래층에 사는 것은 알 수 있지만, 정확한 호수는 주어진 조건만으로는 알 수 없다.
③ 두 번째와 여섯 번째 조건에 따라 노부부와 중년부부는 B동 1층에 거주한다. 따라서 노부부는 B동에 산다.
⑤ B동은 1인 가구 2가구(모두 남자), 노부부, 중년부부가 거주한다. 따라서 총 인원 6명 중 남자는 4명, 여자는 2명으로 남자가 여자의 2배이다.

52

정답 ④

입찰가격이 9억 원 이하인 업체는 A, C, D, E이고, 이 업체들에 가중치를 적용한 점수와 이에 따른 디자인 점수를 나타내면 다음과 같다.

(단위 : 점)

입찰기준 / 입찰업체	운영건전성 점수	시공실적 점수	공간효율성 점수	총합	디자인 점수
A기업	6	6(=3×2)	14(=7×2)	26(=6+6+14)	4
C기업	5	12(=6×2)	6(=3×2)	23(=5+12+6)	1
D기업	8	16(=8×2)	18(=9×2)	42(=8+16+18)	2
E기업	9	10(=5×2)	10(=5×2)	29(=9+10+10)	8

중간 선정된 A, D, E 중 디자인 점수가 가장 높은 업체는 E이다. 따라서 E기업이 최종 선정된다.

53

정답 ③

입찰가격이 11억 원 미만인 업체는 B를 제외한 A, C, D, E, F이고, 이 업체들에 가중치를 적용한 점수와 이에 따른 최종 선정 결과를 나타내면 다음과 같다.

(단위 : 점)

입찰기준 / 입찰업체	운영건전성 점수	환경친화자재 점수	시공실적 점수	디자인 점수	총합	비고
A기업	12(=6×2)	7	9(=3×3)	4	32(=12+7+9+4)	시공실적 점수 기준미달
C기업	10(=5×2)	9	18(=6×3)	1	38(=10+9+18+1)	중간 선정
D기업	16(=8×2)	2	24(=8×3)	2	44(=16+2+24+2)	중간 선정
E기업	18(=9×2)	6	15(=5×3)	8	47(=18+6+15+8)	시공실적 점수 기준미달
F기업	12(=6×2)	4	18(=6×3)	3	37(=12+4+18+3)	탈락

중간 선정된 C, D 중 운영건전성 점수가 더 높은 업체는 D이다. 따라서 D기업이 최종 선정된다.

54

정답 ③

주어진 명제를 정리하면 '진달래를 좋아함 → 감성적 → 보라색을 좋아함 → 백합을 좋아하지 않음'이므로 진달래를 좋아하는 사람은 보라색을 좋아한다.

55

정답 ③

월드마린센터는 광양시에 있으며, 서울에 있다는 내용은 관람 안내에서 찾아볼 수 없다.

56

정답 ①

홀수 주는 현장학습을 할 수 없으므로 1·3·5째주는 제외한다. 1～3학년의 현장학습일은 동일하므로 하루에 총 63명이 관람한다. 따라서 짝수 주에 1일 최대 관람 인원을 초과하지 않는 날을 고르면 둘째 주 10, 13일, 넷째 주 23～26일이다. 여기서 학사일정상 가장 빠른 주에 홍보관을 가야 하므로 둘째 주 10, 13일 중 선택한다. 금요일은 모의고사가 있어 3학년이 현장학습을 참여할 수 없으므로 13일을 제외한 10일이 가장 적절하다.

57

정답 ⑤

두 번째 조건에 의해 B는 자전거를, 세 번째 조건에 의해 C는 킥보드를 가지고 있음을 알 수 있다. 따라서 A는 오토바이를 가지고 있다. B가 가진 자전거의 색깔은 쌩쌩이와 다르고, 날쌘이와 같다고 하였으므로 자전거의 이름은 '힘찬이'이다. 세 번째 조건에 의해 C의 킥보드의 이름은 '날쌘이'이므로 A의 오토바이 이름은 '쌩쌩이'가 된다. 이를 표로 정리하면 다음과 같다.

구분	킥보드	자전거	오토바이
A			쌩쌩이
B		힘찬이	
C	날쌘이		

따라서 기구를 가진 사람과 기구의 이름, 기구를 순서대로 바르게 나열한 것은 ⑤이다.

58

정답 ③

(가) 허수아비 공격의 오류 : 상대가 의도하지 않은 것을 강조하거나 허점을 비판하여 자신의 주장을 내세운다.
(나) 성급한 일반화의 오류 : 적절한 증거가 부족함에도 불구하고 몇몇 사례만을 토대로 성급하게 결론을 내린다.
(다) 대중에 호소하는 오류 : 타당한 논거를 제시하지 않고 많은 사람이 그렇게 생각하거나 행동한다는 것을 논거로 제시한다.

오답분석

- 인신공격의 오류 : 주장이 아닌 상대방을 공격하여 논박한다.
- 애매성의 오류 : 여러 가지 의미로 해석될 수 있는 용어를 사용하여 혼란을 일으킨다.
- 무지의 오류 : 상대가 자신의 주장을 입증하지 못함을 근거로 상대를 반박한다.

59

정답 ②

오답분석

① 잔류염소에서 가장 낮은 수치를 보인 지역은 나산면(0.12mg/L)이고, 함평읍(0.14mg/L)은 세 번째로 낮다.
③ 기준치를 초과한 곳도 없고, 모두 적합 판정을 받았다.
④ 함평읍과 학교면, 엄다면은 구리가 검출되었지만 적합 판정을 받았다.
⑤ 구리가 검출되지 않은 지역은 이삼읍과 나산면으로 두 곳이다.

60

정답 ③

각각의 조건에서 해당되지 않는 쇼핑몰을 체크하여 선지에서 하나씩 제거하면 다음과 같다.

- 철수 : C, D, F는 포인트 적립이 안 되므로 해당 사항이 없다(②・④ 제외).
- 영희 : A는 배송비가 없으므로 해당 사항이 없다.
- 민수 : A, B, C는 주문 취소가 가능하므로 해당 사항이 없다(①・⑤ 제외).
- 철호 : 환불 및 송금수수료, 배송비가 포함되었으므로 A, D, E, F에는 해당 사항이 없다.

제2회 모의고사(핵심영역)

01	02	03	04	05	06	07	08	09	10	11	12	13	14	15	16	17	18	19	20
④	⑤	②	③	④	③	⑤	①	⑤	②	①	③	③	⑤	④	①	②	④	③	④
21	22	23	24	25	26	27	28	29	30	31	32	33	34	35	36	37	38	39	40
④	③	④	③	④	⑤	①	③	①	①	②	④	③	②	④	③	④	③	③	④
41	42	43	44	45	46	47	48	49	50	51	52	53	54	55	56	57	58	59	60
③	②	④	⑤	②	②	④	①	②	①	③	④	③	③	⑤	③	⑤	②	④	④

| 01 | 의사소통능력

01

정답 ④

마지막 문단에 '기다리지 못함도 삼가고 아무것도 안 함도 삼가야 한다. 작동 중에 있는 자연스런 성향이 발휘되도록 기다리면서도 전력을 다할 수 있도록 돕는 노력도 멈추지 말아야 한다.'를 보면 '잠재력을 발휘하도록 하려면 의도적 개입과 방관적 태도 모두를 경계해야 한다.'가 제시문의 중심 주제로 가장 적절하다.

오답분석

① 인위적 노력을 가하는 것은 일을 조장(助長)하지 말라고 한 맹자의 말과 반대된다.
② 싹이 성장하도록 기다리는 것도 중요하지만 전력을 다할 수 있도록 돕는 노력도 해야 한다.
③ 명확한 목적성을 강조하는 부분은 제시문에 나와 있지 않다.
⑤ 맹자는 '싹 밑의 잡초를 뽑고, 김을 매주는 일'을 통해 '성장을 보조해야 한다'라고 말하며 적당한 인간의 개입이 필요함을 말하고 있다.

02

정답 ⑤

좋은 경청은 상대방과 상호작용하고, 말한 내용에 관해 생각하고, 무엇을 말할지 기대하는 것을 의미한다. 질문에 대한 답이 즉각적으로 이루어질 수 없다고 하더라도 질문을 하려고 하면 오히려 경청하는 데 적극적 태도를 갖게 되고 집중력이 높아질 수 있다.

03

정답 ②

B사원은 현재 문제 상황과 관련이 없는 A사원의 업무 스타일을 근거로 들며 A사원의 의견을 무시하고 있다. 즉, 상대방에 대한 부정적인 판단 때문에 상대방의 말을 듣지 않는 태도가 B사원의 경청을 방해하고 있는 것이다.

오답분석

① 짐작하기 : 상대방의 말을 듣고 받아들이기보다 자신의 생각에 들어맞는 단서들을 찾아 자신의 생각을 확인하는 것이다.
③ 조언하기 : 지나치게 다른 사람의 문제를 본인이 해결해 주고자 하여 상대방의 말끝마다 조언하려고 끼어드는 것이다.
④ 비위 맞추기 : 상대방을 위로하기 위해서 혹은 비위를 맞추기 위해서 너무 빨리 동의하는 것이다.
⑤ 대답할 말 준비하기 : 자신이 다음에 곧 할 말을 생각하기에 바빠 상대방이 말하는 것을 잘 듣지 않는 것이다.

04

정답 ③

제시문은 중력, 부력, 항력 등 유체 속에서 운동하는 물체에 작용하는 힘과 종단 속도를 설명하고 있다. 그중에서 부력은 어떤 물체에 의해서 배제된 부피만큼의 유체의 무게에 해당하는 힘으로, 항상 중력의 반대 방향으로 작용하며, 이때 중력의 방향은 수직(연직) 방향이다. ③은 마찰력을 이용한 사례이므로 적절하지 않다.

05

정답 ④

'포상(褒賞)'이란 '칭찬하고 장려하여 상을 줌. 또는 각 분야에서 나라 발전에 뚜렷한 공로가 있는 사람에게 정부가 칭찬하고 장려하여 상을 주는 것'을 의미한다.

오답분석

① 보훈(報勳) : 공훈에 보답함
② 공훈(功勳) : 나라나 회사를 위하여 두드러지게 세운 공로
③ 공로(功勞) : 일을 마치거나 목적을 이루는 데 들인 노력과 수고. 또는 일을 마치거나 그 목적을 이룬 결과로서의 공적
⑤ 공적(功績) : 노력과 수고를 들여 이루어 낸 일의 결과

06

정답 ③

'얼굴을 맞대고 하는 접촉이 매체를 통한 접촉보다 결정적인 영향력을 미친다.', '새 어형이 전파되는 것은 매체를 통해서보다 사람과의 직접적인 접촉에 의해서라는 것이 더 일반적인 견해이다.' '매체를 통한 것보다 자주 접촉하는 사람들을 통해 언어 변화가 진전된다는 사실은 언어 변화의 여러 면을 바로 이해하는 핵심적인 내용이라 해도 좋을 것이다.' 모두 '접촉의 형식도 언어 변화에 영향을 미치는 요소이다.'로 종합할 수 있다.

07

정답 ⑤

근시안적인 자세를 가지고 행동하는 것, 즉 '나무는 보되 숲은 보지 못하는' 관점의 관리문화는 현재 우리나라의 관리문화를 말하고 있는 것이다. 따라서 ⑤가 적절하지 않다.

08

정답 ①

마지막 문단에서는 UPS 사용 시 배터리를 일정 주기에 따라 교체해 주어야 한다고 이야기하고 있을 뿐, 배터리 교체 방법에 대해서는 알 수 없다.

오답분석

② 두 번째 문단에 따르면 UPS는 일종의 전원 저장소로, 갑작스러운 전원 환경의 변화로부터 기업의 서버를 보호한다.
③ 세 번째 문단에 따르면 UPS를 구매할 때는 용량을 고려하여 필요 용량의 1.5배 정도인 UPS를 구입하는 것이 적절하다.
④ 마지막 문단에 따르면 가정용 UPS에 사용되는 MF배터리의 수명은 1년 정도이므로 이에 맞춰 주기적인 교체가 필요하다.
⑤ 첫 번째 문단에 따르면 일관된 전력 시스템의 필요성이 높아짐에 따라 큰 손실과 피해를 야기할 수 있는 급격한 전원 환경의 변화를 방지할 수 있는 UPS가 많은 산업 분야에서 필수적으로 요구되고 있다.

09

정답 ⑤

의미 전달에 중요하지 않은 경우에는 한자 사용을 자제하도록 하며, 상용한자의 범위 내에서 사용하여야 상대방의 문서이해에 도움이 된다.

10

정답 ②

제시문에서는 저작권 소유자 중심의 저작권 논리를 비판하며 저작권의 의의를 가지려면 저작물이 사회적으로 공유되어야 한다고 주장하고 있다. 따라서 이에 대한 비판으로 ②가 가장 적절하다.

11

정답 ①

오답분석

② 첫 번째 문단의 '독자는 작품의 의미를 수동적으로 받아들이는 존재'에서 알 수 있다.
③ 두 번째와 네 번째 문단의 '독자의 능동성', '독자 스스로 빈틈을 채우는 구체화 과정'을 통해 알 수 있다.
④ 첫 번째 문단에서 수용미학이 등장한 배경이 고전주의 예술관과 관련된다는 내용과, 두 번째 문단에서 '작품의 의미는 작품 속에 갇혀 있는 것이 아니라 독자에 의해 재생산'된다는 내용을 통해 알 수 있다.
⑤ 마지막 문단을 통해 알 수 있다.

12

정답 ③

(나) 입시 준비를 잘하기 위해서는 체력이 관건이다 – (가) 좋은 체력을 위해서는 규칙적인 생활관리와 알맞은 영양공급이 필수적이며, 특히 청소년기에는 좋은 영양상태를 유지하는 것이 중요하다 – (다) 그러나 우리나라 학생들의 식습관을 살펴보면 충분한 영양섭취가 이루어지지 못하고 있다의 순서대로 나열하는 것이 가장 적절하다.

13

정답 ③

글의 맥락상 ⓒ에는 '뒤섞이어 있음'을 의미하는 '혼재(混在)'가 쓰이는 것이 적절하다.

• 잠재(潛在) : 겉으로 드러나지 않고 속에 잠겨 있거나 숨어 있음

14

정답 ⑤

두 번째 문단에서 '한국어를 예로 들면 한국어를 이루고 있는 각 지역의 말 하나하나, 즉 그 지역의 언어 체계 전부를 방언이라 한다.'라는 내용과 '충청도 방언은 충청도 특유의 언어 요소만을 가리키는 것이 아니라 충청도의 토박이들이 전래적으로 써 온 한국어 전부를 가리킨다.'라는 내용을 통해 한국어는 표준어와 지역 방언 전체를 아우르는 개념이라고 이해할 수 있다. 따라서 (마)에서의 '공통부분'은 적절하지 않은 내용이며, '표준어와 지역 방언의 전체를 지칭하는 개념'이라고 고쳐야 한다.

오답분석

① (가)의 바로 뒷부분에 '방언을 비표준어로서 낮잡아 보는 인식이 담겨 있다.'라고 했는데, 이는 ①에서 제시한 내용과 의미가 통한다.
② (나)의 바로 다음 문장에서 '이러한 용법에는 방언이 표준어보다 열등하다는 오해와 편견이 포함되어 있다.'라고 했으므로 (나)에는 방언을 낮추어 부른다는 의미가 들어가야 한다.
③ (다)의 바로 앞 문장에서 '사투리는 그 지역의 말 가운데 표준어에는 없는, 그 지역 특유의 언어 요소만을 일컫기도 한다.'라고 설명했으므로 (다)에서는 다른 지역과 같지 않은 성질을 강조해야 한다.
④ 두 번째 문단에서 '한국어를 이루고 있는 각 지역의 말 하나하나, 즉 그 지역의 언어 체계 전부를 방언이라 한다.'라고 설명했으므로 각 지역의 방언은 한국어의 하위 단위로 볼 수 있다.

15

정답 ④

제시문에서는 작품을 올바르게 이해하기 위해서는 기존의 편협한 사고방식이나 태도에 얽매이지 말고 나름대로의 날카로운 안목과 감수성을 길러야 함을 강조하고 있다. 따라서 글의 집필 의도는 미술 작품을 올바르게 감상하기 위해 우리가 지녀야 할 태도를 제시하는 것이다.

16

정답 ①

제시문은 상대방에 대한 부정적인 판단 때문에 상대방의 말을 듣지 않는 것으로, 이에 해당하는 것은 '판단하기'이다.

오답분석

② 조언하기 : 다른 사람의 문제를 본인이 해결해 주고자 하는 것이다.
③ 언쟁하기 : 반대하고 논쟁하기 위해서만 상대방의 말에 귀를 기울이는 것이다.
④ 걸러내기 : 듣고 싶지 않은 것들을 막아버리는 것이다.
⑤ 비위 맞추기 : 상대방을 위로하기 위해서 혹은 비위를 맞추기 위해서 너무 빨리 동의하는 것을 말한다.

17

정답 ②

제시문은 2,500년 전 인간과 현대의 인간의 공통점을 언급하며 2,500년 전에 쓰인 『논어』가 현대에서 지니는 가치에 대하여 설명하고 있다. 따라서 (가) 『논어』가 쓰인 2,500년 전 과거와 현대의 차이점 – (마) 2,500년 전의 책인 『논어』가 폐기되지 않고 현대에서도 읽히는 이유에 대한 의문 – (나) 인간이라는 공통점을 지닌 2,500년 전 공자와 우리들 – (다) 2,500년의 시간이 흐르는 동안 인간의 달라진 부분과 달라지지 않은 부분에 대한 설명 – (라) 시대가 흐름에 따라 폐기될 부분을 제외하더라도 여전히 오래된 미래로서의 가치를 지니는 『논어』의 순으로 나열하는 것이 적절하다.

18

정답 ④

㉠ 혼잡(混雜) : 여럿이 한데 뒤섞이어 어수선함
㉡ 혼동(混同) : 구별하지 못하고 뒤섞어서 생각함
㉢ 혼선(混線) : 말이나 일 따위를 서로 다르게 파악하여 혼란이 생김

오답분석

- 요란(搖亂) : 시끄럽고 떠들썩함
- 소동(騷動) : 사람들이 놀라거나 흥분하여 시끄럽게 법석거리고 떠들어 대는 일
- 갈등(葛藤) : 개인이나 집단 사이에 목표나 이해관계가 달라 서로 적대시하거나 충돌함. 또는 그런 상태

19

정답 ③

보고서는 업무 진행 과정에서 쓰는 경우가 대부분이므로 무엇을 도출하고자 했는지 핵심내용을 구체적으로 제시해야 한다. 내용의 중복을 피하고 산뜻하고 간결하게 작성하며, 복잡한 내용일 때에는 도표나 그림을 활용한다. 또한 보고서는 개인의 능력을 평가하는 기본요인이므로 제출하기 전에 최종점검을 해야 한다. 따라서 P사원이 작성해야 할 문서는 보고서이다.

20

정답 ④

㉠의 주장을 요약하면 저작물의 공유 캠페인과 신설된 공정 이용 규정으로 인해 저작권자들의 정당한 권리가 침해받고, 이 때문에 창작물을 창조하는 사람들의 동기가 크게 감소한다는 것이다. 이에 따라 활용 가능한 저작물이 줄어들게 되어 이용자들도 피해를 당한다고 말한다. 따라서 ㉠은 저작권자의 권리를 인정해주는 것이 결국 이용자에게도 도움이 된다고 주장함을 추론할 수 있다.

| 02 | 수리능력

21

정답 ④

- 농도 5%의 설탕물 500g에 들어있는 설탕의 양 : $\frac{5}{100}\times500=25$g
- 5분 동안 가열한 뒤 남은 설탕물의 양 : $500-(50\times5)=250$g

따라서 가열한 후 남은 설탕물의 농도는 $\frac{25}{250}\times100=10$%이다.

22

정답 ②

- 첫 번째 조건 : $a=50\times1.2=60$이므로 60명이다.
- 두 번째 조건 : $(90+98+c)+37=106+110+126$ → $c=342-225=117$이므로 117명이다.
- 세 번째 조건 : $d=\frac{106+110+126}{3}=\frac{342}{3}=114$이므로 114명이다.

b를 구하기 위해 방정식 $2a+b=c+d$에 a, c, d에 해당되는 수를 대입하면

$2\times60+b=117+114$

→ $b=231-120$

∴ $b=111$

따라서 2024년 12월 요가 회원 수는 111명이다.

23

정답 ④

㉡ HCHO가 가장 높게 측정된 역은 청량리역이고 가장 낮게 측정된 역은 신설동역이다. 두 역의 평균은 $\frac{11.4+4.8}{2}=8.1\mu g/m^3$로 1호선 평균인 $8.4\mu g/m^3$보다 낮다.

㉣ 청량리역은 HCHO, CO, NO_2, Rn 총 4가지 항목에서 1호선 평균보다 높게 측정되었다.

오답분석

㉠ CO의 1호선 평균은 0.5ppm이며, 종로5가역과 신설동역은 0.4ppm이므로 옳다.

㉢ 시청역은 PM-10이 $102.0\mu g/m^3$으로 가장 높게 측정되었지만, TVOC는 $44.4\mu g/m^3$로 가장 낮게 측정되었으므로 옳다.

24

정답 ③

㉡ (교원 1인당 원아 수)$=\frac{(\text{원아 수})}{(\text{교원 수})}$이다. 따라서 교원 1인당 원아 수가 적어지는 것은 원아 수 대비 교원 수가 늘어나기 때문이다.

㉣ 제시된 자료만으로는 알 수 없다.

25

정답 ④

A, B본부 전체인원 800명 중 찬성하는 비율로 차이를 알아보는 것이므로 인원 차이만 비교해도 된다. 따라서 전체 여성과 남성의 찬성인원 차이는 $300-252=48$명이며, 본부별 차이는 $336-216=120$명으로 성별이 아닌 본부별 차이가 더 크다.

오답분석

① 두 본부 남성이 휴게실 확충에 찬성하는 비율은 $\frac{156+96}{400}\times100=63$%이므로 60% 이상이다.

② A본부 여성의 찬성 비율은 $\frac{180}{200}\times100=90\%$이고, B본부는 $\frac{120}{200}\times100=60\%$이다. 따라서 A본부 여성의 찬성 비율이 B본부 여성의 찬성 비율의 1.5배임을 알 수 있다.

③ B본부 전체인원 중 여성의 찬성률은 $\frac{120}{400}\times100=30\%$로, 남성의 찬성률 $\frac{96}{400}\times100=24\%$의 1.25배이다.

⑤ A본부가 B본부보다 찬성이 많지만, 휴게실 확충에 대해 제시된 자료만으로는 알 수 없다.

26

정답 ⑤

사진별 개수에 따른 총용량을 구하면 다음과 같다.

- 반명함 : 150×8,000=1,200,000KB
- 신분증 : 180×6,000=1,080,000KB
- 여권 : 200×7,500=1,500,000KB
- 단체사진 : 250×5,000=1,250,000KB

사진 용량 단위 KB를 MB로 전환하면 다음과 같다.

- 반명함 : 1,200,000÷1,000=1,200MB
- 신분증 : 1,080,000÷1,000=1,080MB
- 여권 : 1,500,000÷1,000=1,500MB
- 단체사진 : 1,250,000÷1,000=1,250MB

따라서 모든 사진의 용량을 더하면 총 1,200+1,080+1,500+1,250=5,030MB이고, 5,030MB는 5.03GB이므로 필요한 USB의 최소 용량은 5GB이다.

27

정답 ①

8명의 선수 중 4명을 뽑는 경우의 수는 ${}_8C_4=\frac{8\times7\times6\times5}{4\times3\times2\times1}=70$가지이고, A, B, C를 포함하여 4명을 뽑는 경우의 수는 A, B, C를 제외한 5명 중 1명을 뽑으면 되므로 ${}_5C_1=5$가지이다.

따라서 8명의 후보 선수 중 4명을 뽑을 때, A, B, C를 포함하여 뽑을 확률은 $\frac{5}{70}=\frac{1}{14}$이다.

28

정답 ③

- 1인 1일 사용량에서 영업용 사용량이 차지하는 비중 : $\frac{80}{282}\times100≒28.37\%$
- 1인 1일 가정용 사용량의 하위 두 항목이 차지하는 비중 : $\frac{20+13}{180}\times100≒18.33\%$

29

정답 ①

ⓒ 2020년 성장률이 가장 높은 지역은 경기지역으로, 이때의 성장률은 11%이다.

ⓔ 2020년 성장률은 인천지역이 7.4%로 가장 높지만, 인천지역과 경기지역의 전년 대비 총생산 증가량을 비교해 보면 인천지역은 47,780−43,311=4,469십억 원, 경기지역은 193,658−180,852=12,806십억 원으로 경기지역이 더 많다.

30

정답 ①

9월 말을 기점으로 이후의 그래프가 모두 하향곡선을 그리고 있다.

오답분석

② 환율이 하락하면 반대로 원화가치가 높아진다.

③·⑤ 그래프를 통해 확인할 수 있다.

④ 유가 범위는 125～85 사이의 변동 폭을 보이고 있다.

31

정답 ②

A집과 B집 사이의 거리를 $x$km, A집에서 전시회 주차장까지 걸린 시간을 y시간이라고 하자.
A집과 B집 사이의 거리와 B집에서 전시회 주차장까지 거리를 구하면 다음과 같다.

$70\times\left(y+\frac{30}{60}\right)-55\times y=x$ ⋯ ㉠

$70\times\left(y+\frac{30}{60}\right)=49$km

→ $y+\frac{30}{60}=\frac{49}{70}$

→ $y+0.5=0.7$

∴ $y=0.2$

㉠에 y를 대입하여 x를 구하면

∴ $x=49-55\times0.2=38$

따라서 A집과 B집 사이의 거리는 38km이다.

32

정답 ④

A, B, E구의 1인당 소비량을 각각 a, b, e라고 하자.
제시된 조건을 식으로 나타내면 다음과 같다.

- 첫 번째 조건 : $a+b=30$ ⋯ ㉠
- 두 번째 조건 : $a+12=2e$ ⋯ ㉡
- 세 번째 조건 : $e=b+6$ ⋯ ㉢

㉢을 ㉡에 대입하여 식을 정리하면,

$a+12=2(b+6)$ → $a-2b=0$ ⋯ ㉣

㉠−㉣을 하면 $3b=30$ → $b=10$, $a=20$, $e=16$

A～E구의 변동계수를 구하면 다음과 같다.

- A구 : $\frac{5}{20}\times100=25\%$
- B구 : $\frac{4}{10}\times100=40\%$
- C구 : $\frac{6}{30}\times100=20\%$
- D구 : $\frac{4}{12}\times100\fallingdotseq33.33\%$
- E구 : $\frac{8}{16}\times100=50\%$

따라서 변동계수가 3번째로 큰 곳은 D구이다.

33

정답 ③

구형기계와 신형기계가 1시간 동안 만들 수 있는 부품의 수를 각각 x개, y개라고 하자.

$3x+5y=4,200$ ⋯ ㉠

$5x+3y=3,000$ ⋯ ㉡

㉠과 ㉡을 연립하여 식을 정리하면 $x=150$, $y=750$이다.

따라서 $x+y=900$개이다.

34

정답 ②

구입한 제품 A의 개수를 a개, 제품 B의 개수를 b개라고 하자(a, b≥0).

600a+1,000b=12,000

→ 3a+5b=60

a와 b를 (a, b)의 순서쌍으로 나타내면 다음과 같다.

(0, 12), (5, 9), (10, 6), (15, 3), (20, 0)

따라서 구하고자 하는 경우의 수는 5가지이다.

35

정답 ④

- (가)안 : 2·3분기 자재구매 비용은 7,000×40+10,000×40=680,000원이다. 2분기에 재고가 10개가 남으므로 재고관리비는 10×1,000=10,000원이다. 따라서 자재구매·관리 비용은 680,000+10,000=690,000원이다.
- (나)안 : 2·3분기 자재구매 비용은 7,000×60+10,000×20=620,000원이다. 2분기에 재고가 30개가 남으므로 재고관리비는 30×1,000=30,000원이다. 따라서 자재구매·관리 비용은 620,000+30,000=650,000원이다.

따라서 (가)안과 (나)안의 비용 차이는 690,000−650,000=40,000원이다.

| 03 | 문제해결능력

36

정답 ③

다섯 번째 조건에 의해, F의 점검 순서는 네 번째 이후이다. 또한 네 번째·여섯 번째 조건에 의해, F가 네 번째로 점검받음을 알 수 있다. 주어진 조건을 이용하여 가능한 경우를 나타내면 다음과 같다.

- G−C−E−F−B−A−D
- G−C−E−F−D−A−B

따라서 두 번째·세 번째·다섯 번째 조건에 의해 G, E는 귀금속점이고, C는 은행이다.

37

정답 ④

알파벳 순서에 따라 숫자로 변환하면 다음과 같다.

A	B	C	D	E	F	G	H	I	J	K	L	M
1	2	3	4	5	6	7	8	9	10	11	12	13
N	O	P	Q	R	S	T	U	V	W	X	Y	Z
14	15	16	17	18	19	20	21	22	23	24	25	26

'INTELLECTUAL'의 품번을 규칙에 따라 정리하면 다음과 같다.

- 1단계 : 9(I), 14(N), 20(T), 5(E), 12(L), 12(L), 5(E), 3(C), 20(T), 21(U), 1(A), 12(L)
- 2단계 : 9+14+20+5+12+12+5+3+20+21+1+12=134
- 3단계 : |(14+20+12+12+3+20+12)−(9+5+5+21+1)|=|93−41|=52
- 4단계 : (134+52)÷4+134=46.5+134=180.5
- 5단계 : 180.5를 소수점 첫째 자리에서 버림하면 180이다.

따라서 제품의 품번은 '180'이다.

38

정답 ③

우선 아랍에미리트에는 해외 EPS센터가 없으므로 제외한다. 또한, 한국 기업이 100개 이상 진출해 있어야 한다는 두 번째 조건으로 인도네시아와 중국으로 후보를 좁힐 수 있으나 '우리나라 사람들의 해외취업을 위한 박람회'이므로 성공적인 박람회 개최를 위해선 취업까지 이어지는 것이 중요하다. 중국의 경우 청년 실업률은 높지만 경쟁력 부분에서 현지 기업의 80% 이상이 우리나라 사람을 고용하기를 원하므로 중국 청년 실업률과는 별개로 우리나라 사람들의 취업이 쉽게 이루어질 수 있음을 알 수 있다. 따라서 중국이 적절하다.

39

정답 ③

ㄱ. 공정 순서는 A → B·C → D → E → F로 전체 공정이 완료되기 위해서는 15분이 소요된다.

ㄷ. B공정이 1분 더 지연되어도 C공정에서 5분이 걸리기 때문에 전체 공정 시간에는 변화가 없다.

오답분석

ㄴ. 첫 제품 생산 후부터는 5분마다 1개의 제품이 생산되기 때문에 첫 제품 생산 후부터 1시간마다 12개의 제품이 생산된다.

40

정답 ④

주어진 조건에서 적어도 한 사람은 반대를 한다고 하였으므로, 한 명씩 반대한다고 가정하고 접근한다.

- A가 반대한다고 가정하는 경우
  첫 번째 조건에 의해 C는 찬성하고 E는 반대한다. 네 번째 조건에 의해 E가 반대하면 B도 반대한다. 이때, 두 번째 조건에서 B가 반대하면 A가 찬성하므로 모순이 발생한다. 따라서 A는 찬성이다.
- B가 반대한다고 가정하는 경우
  두 번째 조건에 의해 A는 찬성하고 D는 반대한다. 세 번째 조건에 의해 D가 반대하면 C도 반대한다. 이때, 첫 번째 조건의 대우에 의해 C가 반대하면 D가 찬성하므로 모순이 발생한다. 따라서 B는 찬성이다.

위의 두 경우에서 도출한 결론과 네 번째 조건의 대우를 함께 고려해보면 B가 찬성하면 E가 찬성하고 첫 번째 조건의 대우에 의해 D도 찬성이다. 따라서 A, B, D, E 모두 찬성이며, 마지막 조건에 의해 적어도 한 사람은 반대하므로 나머지 C가 반대임을 알 수 있다.

41

정답 ③

제시된 직원 투표 결과를 정리하면 다음과 같다.

(단위 : 표)

여행상품	1인당 비용(원)	총무팀	영업팀	개발팀	홍보팀	공장1	공장2	합계
A	500,000	2	1	2	0	15	6	26
B	750,000	1	2	1	1	20	5	30
C	600,000	3	1	0	1	10	4	19
D	1,000,000	3	4	2	1	30	10	50
E	850,000	1	2	0	2	5	5	15
합계		10	10	5	5	80	30	140

㉠ 가장 인기 있는 여행상품은 D이다. 그러나 공장1의 고려사항은 회사에 손해를 줄 수 있으므로, 2박 3일 여행상품이 아닌 1박 2일 여행상품 중 가장 인기 있는 B가 선택된다. 따라서 750,000×140=105,000,000원이 필요하므로 옳다.

㉢ 공장1의 A, B 투표 결과가 바뀐다면 여행상품 A, B의 투표 수가 각각 31, 25표가 되어 선택되는 여행상품이 A로 변경된다.

오답분석

㉡ 가장 인기 있는 여행상품은 D이므로 옳지 않다.

42

정답 ②

도색이 벗겨진 차선과 지워지기 직전의 흐릿한 차선은 현재 직면하고 있으면서 바로 해결 방법을 찾아야 하는 문제이므로 눈에 보이는 발생형 문제에 해당한다. 발생형 문제는 기준을 일탈함으로써 발생하는 일탈 문제와 기준에 미달하여 생기는 미달 문제로 나누어 볼 수 있는데, 기사에서는 정해진 규격 기준에 미달하는 불량 도료를 사용하여 문제가 발생하였다고 하였으므로 이를 미달 문제로 분류할 수 있다. 따라서 기사에 나타난 문제는 발생형 문제로, 미달 문제에 해당한다.

43

정답 ④

기존의 정보를 객관적으로 분석하는 것은 논리적 사고 또는 비판적 사고와 관련이 있다. 창의적 사고에는 성격, 태도에 걸친 전인격적 가능성이 포함되므로 모험심과 호기심이 많고 집념과 끈기가 있으며, 자유분방하고 적극적·예술적일수록 높은 창의력을 보인다.

44

정답 ⑤

- 갑이 화장품 세트를 구매하는 데 든 비용
  - 화장품 세트 : 29,900원
  - 배송비 : 3,000원(일반배송상품이지만 화장품 상품은 30,000원 미만 주문 시 배송비 3,000원 부과)
- 을이 책 3권을 구매하는 데 든 비용
  - 책 3권 : 30,000원(각각 10,000원)
  - 배송비 : 무료(일반배송상품＋도서상품은 배송비 무료)

따라서 각각 물건을 구매하는 데 드는 비용은 갑은 32,900원, 을은 30,000원이다.

45

정답 ②

- 사과 한 박스의 가격 : 32,000×0.75(25% 할인)＝24,000원
- 배송비 : 무료(일반배송상품, 도서지역에 해당되지 않음)
- 최대 배송 날짜 : 일반배송상품은 결제완료 후 평균 2～4일 이내 배송되므로(공휴일 및 연휴 제외) 금요일 결제 완료 후 토요일, 일요일을 제외하고 늦어도 12일 목요일까지 배송될 예정이다.

46

정답 ②

수준 높은 금융 서비스를 통해 글로벌 경쟁에서 우위를 차지하는 것은 강점을 이용해 글로벌 금융사와의 경쟁 심화라는 위협을 극복하는 ST전략이다.

오답분석

① 해외 비즈니스TF팀을 신설해 해외 금융시장 진출을 확대하는 것은 글로벌 경쟁력이 낮다는 약점을 극복하고 해외 금융시장 진출 확대라는 기회를 활용하는 WO전략이다.
③ 탄탄한 국내 시장점유율이 국내 금융그룹의 핀테크 사업 진출의 기반이 되는 것은 강점을 통해 기회를 살리는 SO전략이다.
④ 우수한 자산건전성 지표를 홍보하여 고객 신뢰를 회복하는 것은 강점으로 위협을 극복하는 ST전략이다.
⑤ 외화 자금 조달 리스크가 약점이므로 기회를 통해 약점을 보완하는 WO전략이다.

47

정답 ④

현재 아르바이트생의 1인당 월 급여는 (평일)＋(주말)＝(3×9×4×9,000)＋(2×9×4×12,000)＝1,836,000원이므로, 월 급여는 정직원＞아르바이트생＞계약직원 순서이다. 따라서 전체인원을 줄일 수 없으므로 현 상황에서 인건비를 가장 많이 줄일 수 있는 방법은 아르바이트생을 계약직원으로 전환하는 것이다.

48

정답 ①

자동차의 용도별 구분을 보면 비사업용 자동차에 사용할 수 있는 문자기호는 'ㅏ, ㅓ, ㅗ, ㅜ' 뿐이다. 따라서 '겨'라고 한 ①은 옳지 않다.

49

정답 ②

84배 7895는 사업용인 택배차량이다.

오답분석

①・③・④・⑤는 비사업용 화물차량이다.

50

정답 ①

오답분석

② 법정대리인이 자녀와 함께 방문한 경우 법정대리인의 실명확인증표로 인감증명서를 대체 가능하다.
③ 법정대리인 동의서 양식은 '홈페이지 → 고객센터 → 약관・설명서・서식 → 서식자료' 중 '전자금융게시'의 내용을 참고하면 된다.
④ 법정대리인 신청 시 부모 각각의 동의서가 필요하다.
⑤ 만 18세인 지성이가 전자금융서비스를 변경하기 위해서는 법정대리인 동의서와 성명・주민등록번호・사진이 포함된 학생증이 필요하다. 학생증에 주민등록번호가 포함되지 않은 경우, 미성년자의 기본증명서가 추가로 필요하다.

| 04 | 자원관리능력

51

정답 ③

갑～무의 성과급 점수를 계산해 보면 다음과 같다.

- 갑대리 : (85×0.5)+(90×0.5)=87.5점
- 을과장 : (100×0.3)+(85×0.1)+(80×0.6)=86.5점
- 병사원 : (95×0.6)+(85×0.4)=91점
- 정차장 : (80×0.2)+(90×0.3)+(85×0.5)=85.5점
- 무과장 : (100×0.3)+(85×0.1)+(80×0.6)=86.5점

따라서 성과급 점수가 90점 이상인 S등급에 해당하는 사람은 병사원이다.

52

정답 ④

대리와 이사장은 2급 이상 차이 나기 때문에 A대리는 이사장과 같은 호텔 등급의 객실에서 묵을 수 있다.

오답분석

① 비행기 요금은 실비이기 때문에 총비용은 변동이 있을 수 있다.
② 숙박비 5만 원, 교통비 2만 원, 일비 6만 원, 식비 4만 원으로 C차장의 출장비는 17만 원이다.
③ 같은 조건이라면 이사장과 이사는 출장비가 같다.
⑤ 부장과 차장은 숙박비가 다르기 때문에 부장이 더 많이 받는다.

53

정답 ③

- S부장의 숙박비 : 80,000×9=720,000원
- P차장의 숙박비 : 50,000×9=450,000원

따라서 P차장의 호텔을 한 단계 업그레이드했을 때, 720,000−450,000=270,000원 이득이다.

54

정답 ③

주어진 조건에 의하면 C참가자는 재료손질 역할을 원하지 않고, A참가자는 세팅 및 정리 역할을 원하고, D참가자 역시 재료손질 역할을 원하지 않는다. A참가자가 세팅 및 정리 역할을 하면 A참가자가 받을 수 있는 가장 높은 점수는 90+9=99점이고, C·D참가자는 요리보조, 요리 두 역할을 나눠하면 된다. 마지막으로 B참가자는 어떤 역할이든지 자신 있으므로 재료손질을 담당하면 된다.

C·D참가자가 요리보조와 요리 역할을 나눠가질 때, D참가자는 기존 점수가 97점이므로, 요리를 선택할 경우 97+7=104점이 되어 100점이 넘어가므로 요리 역할을 선택할 수 없다. 따라서 A참가자는 세팅 및 정리, B참가자는 재료손질, C참가자는 요리, D참가자는 요리보조 역할을 담당하면 모든 참가자들의 의견을 수렴하면서 참가자 모두 최종점수가 100점을 넘지 않는다.

55

정답 ⑤

선택지별 교통편 조합의 비용을 계산해 보면 다음과 같다.

① 대형버스 1대 : 500,000원
② 소형버스 1대, 렌터카 1대 : 200,000+130,000=330,000원
③ 소형버스 1대, 택시 1대 : 200,000+(120,000×2)=440,000원
④ 렌터카 3대 : (80,000×3×0.95)+(50,000×3)=378,000원
⑤ 대중교통 13명 : 13,400×13×2×0.9=313,560원

따라서 주어진 교통편 조합 중 가장 저렴한 방법은 13명 모두 대중교통을 이용하는 것이다.

56

정답 ③

인적자원 배치의 세 가지 유형

- 양적 배치 : 작업량과 조업도, 여유 또는 부족 인원을 감안하여 소요인원을 결정하고 배치하는 것이다.
- 질적 배치 : 적재적소주의에 따른 배치를 의미한다.
- 적성 배치 : 팀원의 적성 및 흥미에 따라 배치하는 것이다.

57

정답 ⑤

시간관리를 통해 스트레스 감소, 균형적인 삶, 생산성 향상, 목표 성취 등의 효과를 얻을 수 있다.

시간관리를 통해 얻을 수 있는 효과

- 스트레스 감소 : 사람들은 시간이 부족하면 스트레스를 받기 때문에 모든 시간 낭비 요인은 잠재적인 스트레스 유발 요인이라 할 수 있다. 따라서 시간관리를 통해 시간을 제대로 활용한다면 스트레스 감소 효과를 얻을 수 있다.
- 균형적인 삶 : 시간관리를 통해 일을 수행하는 시간을 줄인다면, 일 외에 자신의 다양한 여가를 즐길 수 있다. 또한, 시간관리는 삶에 있어서 수행해야 할 다양한 역할들이 균형 잡힐 수 있도록 도와준다.
- 생산성 향상 : 한정된 자원인 시간을 적절히 관리하여 효율적으로 일을 하게 된다면 생산성 향상에 큰 도움이 될 수 있다.
- 목표 성취 : 목표를 성취하기 위해서는 시간이 필요하고, 시간은 시간관리를 통해 얻을 수 있다.

58

정답 ②

하루에 6명 이상 근무해야 하기 때문에 2명까지만 휴가를 중복으로 쓸 수 있다. G사원이 4일 동안 휴가를 쓰면서 최대 휴가 인원이 2명만 중복되게 하려면 6 ~ 11일만 가능하다.

오답분석

① G사원은 4일 이상 휴가를 사용해야 하기 때문에 3일인 7 ~ 11일은 불가능하다.
③·④·⑤ 4일 이상 휴가를 사용하지만 하루에 6명 미만의 인원이 근무하게 되어 불가능하다.

59

정답 ④

주말 예약 현황과 고객의 요구사항을 비교하여 가능한 날이 있는지 판단하면 된다. 7일(토)의 경우에는 16시에 세이지 연회장이 예약되어 있지만, 동시간대 인력이 30명이 남기 때문에 라벤더 연회장을 함께 사용할 수 있다. 라벤더 연회장은 수용인원이 300명까지이고, 세팅 및 정리시간을 포함하여 이용시간을 고려했을 때 저녁 7시 전까지 행사를 진행할 수 있으므로 고객의 요구사항에 모두 부합한다. 반면, 1일(일), 8일(일), 14일(토)은 동시간대 사용 가능한 연회장이 없으므로 예약이 불가능하다.

오답분석

① 고객이 12월 초에 예약하기를 원하므로 최대한 첫 번째 주에 예약을 할 수 있도록 돕는 것은 옳은 판단이다.
② 고객이 250명을 수용할 수 있는 연회장을 요구하였으므로, 세이지를 제외한 나머지 연회장이 가능하다는 판단은 옳다.
③ 고객이 정오부터 저녁 7시 사이에 행사가 진행되길 원하므로 옳은 판단이다.
⑤ 팬지를 기준으로 했을 때 수용 가능 인원인 250명에는 최소 투입인력 25명이 필요하므로 옳은 판단이다.

60

정답 ④

- 일비 : 하루에 10만 원씩 지급 → 100,000×3=300,000원
- 숙박비 : 실비 지급 → B호텔 2박 → 250,000×2=500,000원
- 식비 : 8～9일까지는 3식이고 10일에는 점심 기내식을 제외하여 아침만 포함
  → (10,000×3)+(10,000×3)+(10,000×1)=70,000원
- 교통비 : 실비 지급 → 84,000+10,000+16,300+17,000+89,000=216,300원

∴ 합계 : 300,000+500,000+70,000+216,300=1,086,300원

따라서 T차장이 받을 수 있는 여비는 1,086,300원이다.

제3회 모의고사(통합)

01	02	03	04	05	06	07	08	09	10	11	12	13	14	15	16	17	18	19	20
③	③	③	③	②	④	③	④	③	①	③	③	⑤	⑤	①	①	①	①	②	③
21	22	23	24	25	26	27	28	29	30	31	32	33	34	35	36	37	38	39	40
③	②	②	⑤	④	④	④	③	④	①	③	⑤	④	③	④	④	②	③	⑤	①
41	42	43	44	45	46	47	48	49	50	51	52	53	54	55	56	57	58	59	60
④	④	①	③	①	②	②	④	②	①	②	②	④	①	①	④	④	②	①	③
61	62	63	64	65	66	67	68	69	70	71	72	73	74	75	76	77	78	79	80
④	⑤	①	④	⑤	③	①	④	④	①	④	③	④	②	④	②	④	②	⑤	②

| 01 | 의사소통능력

01

정답 ③

첫 번째 문단 마지막 문장인 '그럼에도 불구하고 ~ 과학혁명의 출발점이다.'를 통해 기존의 이론이 설명 못하는 현상이 존재하면 과학혁명이 발생할 수 있음을 알 수 있다.

오답분석

①·② 첫 번째 문단에 의하면 문제해결의 성과는 기존 이론에 훨씬 못 미치지만, 기존 이론이 설명하지 못하는 어떤 현상을 새 이론이 설명할 수 있을 때 소수의 과학자들이 새 이론을 선택하며, 이것이 과학혁명의 시작이다.

④ 두 번째 문단에서 과학자들은 이론의 심미적 특성 같은 주관적 판단에 의해 새로 제안된 이론을 선택한다고 하였다.

⑤ 마지막 문단에서 과학자 공동체는 결국 개별 과학자로 이루어진 것이라고 명시하고 있다.

02

정답 ③

고려 말 최무선에 의해 개발된 주화는 1448년(세종 30년) 이전까지 주화로 불렸으므로 태조의 건국 이후에도 주화로 불렸음을 알 수 있다.

오답분석

① 대신기전의 몸체 역할을 하는 대나무의 맨 위에는 발화통을 장착하고 발화통 아래에는 약통을 연결하며, 대나무 아래 끝부분에는 날개를 달았다. 따라서 대신기전은 '발화통 – 약통 – 날개'의 순서대로 구성되어 있음을 알 수 있다.

② 발화통은 폭발체일 뿐이며 목표물을 향해 날아가게 하는 역할은 약통이 담당하므로 약통이 없다면 대신기전은 목표물을 향해 날아가지 못할 것이다.

④ 대신기전의 추진력은 약통 속 화약에 불이 붙어 만들어진 연소 가스가 약통 밖으로 내뿜어질 때 만들어지므로 적절하지 않다.

⑤ 발화통까지 포함된 대신기전의 전체 길이는 약 5.6m이므로 적절하지 않다.

03

정답 ③

빈칸 뒤의 문장은 최근 선진국에서는 스마트팩토리로 인해 해외로 나간 자국 기업들이 다시 본국으로 돌아오는 현상인 '리쇼어링'이 가속화되고 있다는 내용이다. 즉, 스마트팩토리의 발전이 공장의 위치를 해외에서 본국으로 변화시키고 있으므로 빈칸에는 ③이 가장 적절하다.

04

정답 ③

보기의 내용으로 볼 때 이전의 내용과 다른 근본적인 설명의 예가 나와야 한다. (다) 앞의 문단은 왜 왼손이 배변 처리에 사용되었는지 설명해 주지 못한다고 하였고, (다) 뒤의 문단은 뇌의 좌우반구 기능 분화의 내용을 다루는 다른 설명이 있다. 따라서 (다)가 보기의 문장이 들어갈 위치로 가장 적절하다.

05

정답 ②

국가 주요 정책이나 환경에 대한 관심이 상표 출원에 많은 영향을 미치고 있음을 알 수 있다.

오답분석

① 친환경 상표가 가장 많이 출원된 제품이 화장품인 것은 맞지만 그 안전성에 대해서는 언급하고 있지 않기 때문에 유추하기 어렵다.
③ 환경과 건강에 대한 관심이 증가하면서 앞으로도 친환경 관련 상표 출원은 증가할 것으로 유추할 수 있다.
④ 2007년부터 2017년까지 영문자 ECO가 상표 출원 실적이 가장 높았으며 그다음은 그린, 에코 순이다. 제시문의 내용만으로는 유추하기 어렵다.
⑤ 출원 건수는 상품류를 기준으로 한다. ECO 달세제, ECO 별세제는 모두 친환경 세제라는 상품류에 속하므로 단류 출원 1건으로 계산한다.

06

정답 ④

㉠ K기업이 뒤늦게 뛰어든 러시아 시장에서 현지화 전략을 통해 선두에 오를 수 있었다고 하였으므로 다른 해외 기업들보다 먼저 러시아 시장에 진출하였다는 설명은 적절하지 않다.
㉡ 2017년 294만 대에 달했던 러시아 자동차 시장은 2021년 143만 대로 150만 대가량 규모가 축소되었음을 알 수 있지만, 2024년의 자동차 시장 규모는 알 수 없다.
㉣ K기업은 2025년 10월을 목표로 엔진공장을 설립할 계획이며, 이를 통해 현재 46% 수준인 부품의 현지화율이 높아질 것으로 기대하고 있다. 즉, 엔진공장은 현재 설립 계획에 있으므로 지난 10월 설립하였다는 내용은 적절하지 않다.

오답분석

㉢ K기업은 2019년 2,204명이었던 직원을 지난해인 2023년 2,309명으로 늘렸으므로 2020년부터 2023년까지 100명 이상의 직원을 더 채용하였음을 알 수 있다.

07

정답 ③

4차 산업혁명 시대를 맞아 산업 전반으로 부상한 기술의 핵심 키워드는 AICBM, 즉 AI(인공지능), IoT(사물인터넷), Cloud(클라우드), Big Data(빅데이터), Moblie(모바일 기기)이다.

(나)에서는 이러한 기술 분야에 대한 간략한 사업 내용을 다음과 같이 소개하고 있다.

- 경영지원 및 전력계통 전 분야 활용 가능한 전력시장 특화 AI솔루션 확보(AI)
- 유무선 융합 및 고정밀 기술을 적용한 전력설비 감시용 지능형 단말장치 개발(IoT)
- K공사 및 전력 그룹사 지원 에너지 클라우드 실증센터 구축 및 운영(Cloud)
- 데이터 분석 및 시각화 도구를 탑재한 빅데이터 통합 플랫폼의 고도화(Big Data)
- 스마트 시티 및 미래 에너지 사업에 대비한 모바일 어플리케이션 개발 및 서비스 확대(Mobile)

08

정답 ④

통계자료에서 가장 많이 사용된 알파벳이 E이므로, 철수가 사용한 규칙 α에서는 E를 A로 변경하게 된다. 따라서 암호문에 가장 많이 사용된 알파벳은 A일 가능성이 높으므로 옳게 수정된 것이다.

오답분석

①·②·③·⑤ 제시문에서 사용된 기존의 문장이 옳은 것들이므로 수정이 필요 없다.

09

정답 ③

제시된 상황은 김대리가 공급업체 담당자를 설득해서 공급업체의 요청을 해결해야 하는 상황이다. 자신의 의견에 공감할 수 있도록 논리적으로 이야기하는 것은 상대방을 설득할 때 사용하는 적절한 의사표현방법이다.

오답분석

① 상대방을 칭찬할 때 사용하는 의사표현방법이다.
② 상대방의 요구를 거절할 때 사용하는 의사표현방법이다.
④ 상대방에게 부탁해야 할 때 사용하는 의사표현방법이다.
⑤ 상대방의 잘못을 지적해야 할 때 사용하는 의사표현방법이다.

10

정답 ①

김대리는 우선적으로 가격 인상과 납기 조정에 대한 공급처 담당자의 요청을 거절해야 한다. ㉠과 ㉡은 상대방의 요구를 거절할 때 사용하는 의사표현방법이다.

오답분석

㉢ 충고를 할 때 사용하는 의사표현방법이다.
㉣ 설득을 할 때 사용하는 의사표현방법이다.

11

정답 ③

제시된 단어 '항거(抗拒)'는 '순종하지 아니하고 맞서서 반항함'의 뜻이다. 이와 비슷한 단어로는 '어떤 힘이나 조건에 굽히지 아니하고 거역하거나 버팀'이라는 뜻의 '저항(抵抗)'이 있다.

12

정답 ③

교환되는 내용이 양과 질의 측면에서 정확히 대등하지 않기 때문에 ③은 비대칭적 상호주의의 예시에 해당한다.

13

정답 ⑤

비위 맞추기는 상대방을 위로하기 위해서 혹은 비위를 맞추기 위해서 너무 빨리 동의하는 것으로 그 의도는 좋지만, 지지하고 동의하는 데 너무 치중함으로써 상대방에게 자신의 생각이나 감정을 충분히 표현할 시간을 주지 못하게 된다.

오답분석

① 걸러내기 : 듣고 싶지 않은 것들을 막아버리는 것이다.
② 다른 생각하기 : 상대방이 말을 할 때 자꾸 다른 생각을 하는 것이다.
③ 조언하기 : 다른 사람의 문제를 본인이 해결해 주고자 지나치게 조언하고 끼어드는 것이다.
④ 자존심 세우기 : 자신이 잘못했다는 말을 받아들이지 않기 위해 거짓말을 하고, 고함을 지르고, 주제를 바꾸고, 변명을 하게 되는 것이다.

14

정답 ⑤

S씨는 기사문을 통해 자식들을 훌륭하게 키운 K씨의 교육 방법을 파악하고, 가족들과 함께 시간을 보낼 수 있는 '가족의 밤'을 진행하기로 하였다. 이는 문서에서 이해한 목적 달성을 위해 취해야 할 행동을 생각하고 결정하는 단계에 해당한다.

문서이해의 구체적인 절차

1. 문서의 목적을 이해하기
2. 이러한 문서가 작성되게 된 배경과 주제를 파악하기
3. 문서에 쓰인 정보를 밝혀내고, 문서가 제시하고 있는 현안문제 파악하기
4. 문서를 통해 상대방의 욕구와 의도 및 내게 요구되는 행동에 관한 내용 분석하기
5. 문서에서 이해한 목적 달성을 위해 취해야 할 행동을 생각하고 결정하기
6. 상대방의 의도를 도표나 그림 등으로 메모하여 요약·정리해 보기

15

정답 ①

ㄱ. 에스페란토의 문자는 영어 알파벳 26개 문자에서 4개 문자를 빼고, 6개 문자를 추가하였으므로 총 $26-4+6=28$개의 문자로 만들어졌다.

ㄷ. 단어의 강세는 항상 뒤에서 두 번째 모음에 있다고 하였으므로 '어머니(patrino)'와 '장모(bopatrino)'에서 강세가 있는 모음은 뒤에서 두 번째 모음인 i로 서로 같다.

오답분석

ㄴ. 에스페란토는 어간에 품사 고유의 어미를 붙이는데, 명사 '사랑(amo)'의 경우 명사를 나타내는 '-o'를 붙인 것이다. 따라서 어간은 'am-'인 것을 알 수 있다. 또한, 미래 시제를 나타내는 경우는 어간에 '-os'를 붙인다. 따라서 에스페란토로 '사랑할 것이다.'는 어간 'am-'에 '-os'가 결합한 'amos'이다.

ㄹ. 자멘호프의 구상은 '1민족 2언어주의'에 입각하여 같은 민족끼리는 모국어를, 다른 민족과는 에스페란토를 사용하자는 것이었다. 따라서 동일한 언어를 사용하는 하와이 원주민끼리는 모국어를 사용해야 한다.

| 02 | 수리능력

16

정답 ①

집과 학원 사이의 거리를 $x$km라고 하면, 학교와 집 사이의 거리는 $2x$km이다.

$$\frac{2x}{3}+\frac{x}{3}=1$$

$\rightarrow 2x+x=3$

$\therefore x=1$

따라서 집에서 학원까지의 거리는 1km이다.

17

정답 ①

수진이가 1층부터 6층까지 쉬지 않고 올라갈 때 35초가 걸린다고 하였으므로, 한 층을 올라가는 데 걸리는 시간은 $\frac{35}{5}=7$초이다.

6층부터 12층까지 올라가는 데 $7\times6=42$초가 걸리고, 7층부터는 한 층을 올라갈 때마다 5초씩 쉰다고 했으므로, 쉬는 시간은 $5\times5=25$초이다($\because$ 6층에서는 쉬지 않는다).

따라서 수진이가 1층부터 12층까지 올라가는 데 걸린 시간은 $35+42+25=102$초이다.

18

정답 ①

두 사람이 함께 일을 하는 데 걸리는 기간을 x일이라고 하고 전체 일의 양을 1이라고 할 때, 대리가 하루에 진행하는 업무의 양은 $\frac{1}{16}$, 사원이 하루에 진행하는 업무의 양은 $\frac{1}{48}$이므로 다음과 같은 식이 성립한다.

$\left(\frac{1}{16}+\frac{1}{48}\right)x=1$

$\therefore x=12$

따라서 두 사람이 함께 일을 하는 데 걸리는 기간은 12일이다.

19

정답 ②

㉠ 근로자가 총 90명이고 전체에게 지급된 임금의 총액이 2억 원이므로 근로자당 평균 월 급여액은 $\frac{2억\ 원}{90명}$≒222만 원이다. 따라서 평균 월 급여액은 230만 원 이하이므로 옳은 설명이다.

㉡ 월 210만 원 이상 급여를 받는 근로자 수는 $26+12+8+4=50$명이다. 따라서 총 90명의 절반인 45명보다 많으므로 옳은 설명이다.

오답분석

㉢ 월 180만 원 미만의 급여를 받는 근로자 수는 $6+4=10$명이다. 따라서 전체에서 $\frac{10}{90}$≒11%의 비율을 차지하고 있으므로 옳지 않은 설명이다.

㉣ 월 240만 원 이상 270만 원 미만의 구간에서 월 250만 원 이상 받는 근로자의 수는 주어진 자료만으로는 확인할 수 없다. 따라서 옳지 않은 설명이다.

20

정답 ③

(좋아하는 색이 다를 확률)$=1-$(좋아하는 색이 같을 확률)

i) 2명 모두 빨간색을 좋아할 확률 : $\left(\frac{2}{10}\right)^2$

ii) 2명 모두 파란색을 좋아할 확률 : $\left(\frac{3}{10}\right)^2$

iii) 2명 모두 검은색을 좋아할 확률 : $\left(\frac{5}{10}\right)^2$

따라서 학생 2명을 임의로 선택할 때, 좋아하는 색이 다를 확률은 $1-\left(\frac{4}{100}+\frac{9}{100}+\frac{25}{100}\right)=1-\frac{38}{100}=\frac{62}{100}=\frac{31}{50}$이다.

21

정답 ③

D국의 여성 대학진학률이 4% 상승하면 15%로 대학진학률 격차지수가 1이 되어 D국의 간이 성평등지수는 $\frac{1.7}{2}=0.85$가 된다.

오답분석

ㄱ. A국의 여성 평균소득과 남성 평균소득이 각각 1,000달러씩 증가하면 A국의 평균소득 격차지수는 $\frac{9,000}{17,000}$≒0.53이 되고, 간이 성평등지수는 0.77이 된다.

ㄴ. B국의 여성 대학진학률이 85%이면 대학진학률 격차지수가 1이 되고, 간이 성평등지수는 0.8이므로 C국(0.82)보다 낮다.

22

정답 ②

산지에서 구매한 가격을 a원이라 하자.

• 협동조합이 도매상에 판매한 가격 : $\left(1+\frac{20}{100}\right)\times a=1.2a$원

도매상의 판매가를 x원이라 하면 $\frac{80}{100}x=1.2a \rightarrow x=1.5a$원이다.

• 소매상의 판매가 : $\left(1+\frac{20}{100}\right)\times 1.5a=1.8a$원

따라서 협동조합의 최초 구매가격 대비 80% 상승했다.

23

정답 ②

용질이 녹아있는 용액의 농도는 다음과 같이 구한다.

$[\text{농도}(\%)]=\frac{(\text{용질의 양})}{(\text{용액의 양})}\times 100$

농도는 25%이고, 코코아 분말이 녹아있는 코코아 용액은 700mL이므로, 코코아 분말의 양은 $700\times 0.25=175$g이다.
따라서 코코아 분말은 175g이 들어있음을 알 수 있다.

24

정답 ⑤

제시된 수열은 ×1, ×2, ×3, …을 하는 수열이다.
따라서 $96\times 5=480$이다.

25

정답 ④

제시된 수열은 +3, −3, ×3이 반복되는 수열이다.
따라서 $2\times 3=6$이다.

26

정답 ④

제시된 그림의 운동장 둘레는 왼쪽과 오른쪽 반원을 합친 지름이 50m인 원의 원주[(지름)×(원주율)]와 위, 아래 직선거리 90m를 더하면 된다. 따라서 윤서가 달린 거리는 $(50\times 3)+(90\times 2)=330$m이다.

27

정답 ④

대안별 평가점수의 합계를 구하면 다음과 같으며, 따라서 2순위는 ㉠과 ㉣, 4순위는 ㉡과 ㉢ 중 하나로 결정된다.

㉠	㉡	㉢	㉣	㉤
33	19	19	33	18

그런데 ㉠과 ㉣은 총점은 동일하지만 법적 실현가능성 점수에서 ㉠이 앞서므로 1순위는 ㉠, 2순위는 ㉣이 되며, ㉡과 ㉢은 총점뿐만 아니라 법적 실현가능성 점수, 효과성 점수까지 동일하므로 행정적 실현가능성에서 점수가 높은 ㉡이 3순위, ㉢이 4순위가 된다.

28

정답 ③

2021년 대비 2024년 사업자 수가 감소한 호프전문점, 간이주점, 구내식당의 감소율은 다음과 같다.

• 호프전문점 : $\frac{41,796-37,543}{41,796}\times 100 \fallingdotseq 10.2\%$

• 간이주점 : $\frac{19,849-16,733}{19,849}\times 100 ≒ 15.7\%$

• 구내식당 : $\frac{35,011-26,202}{35,011}\times 100 ≒ 25.2\%$

따라서 2021년 대비 2024년 사업자 수의 감소율이 두 번째로 큰 업종은 간이주점으로 감소율은 15.7%이다.

29

정답 ④

2021년 대비 2023년 일식전문점 사업자 수의 증감률은 $\frac{14,675-12,997}{12,997}\times 100 ≒ 12.91\%$이다.

오답분석

① 기타음식점의 2024년 사업자 수는 24,509명, 2023년 사업자 수는 24,818명이므로 24,818−24,509=309명 감소했다.

② 전체 음식 업종 사업자 수는 해마다 증가하는 반면 구내식당 사업자 수는 감소하기 때문에 비중이 점점 줄어드는 것을 알 수 있다. 이를 직접 계산하여 나타내면 다음과 같다.

• 2021년 : $\frac{35,011}{632,026}\times 100 ≒ 5.54\%$

• 2022년 : $\frac{31,929}{659,123}\times 100 ≒ 4.84\%$

• 2023년 : $\frac{29,213}{675,969}\times 100 ≒ 4.32\%$

• 2024년 : $\frac{26,202}{687,704}\times 100 ≒ 3.81\%$

③ 제시된 자료를 통해 사업자 수가 해마다 감소하는 업종은 간이주점, 구내식당 두 곳임을 알 수 있다.

⑤ 2022년의 전체 음식 업종 사업자 수에서 분식점 사업자 수가 차지하는 비중은 $\frac{52,725}{659,123}\times 100 ≒ 8.0\%$, 패스트푸드점 사업자 수가 차지하는 비중은 $\frac{31,174}{659,123}\times 100 ≒ 4.73\%$이므로, 둘의 차이는 8.0−4.73=3.27%p이다.

30

정답 ①

5급 공무원과 7급 공무원 채용인원 모두 2017년부터 2021년까지 전년 대비 증가했고, 2022년에는 전년 대비 감소했다.

오답분석

ㄴ. 2014 ~ 2024년 동안 채용인원이 가장 적은 해는 5급과 7급 공무원 모두 2014년이며, 가장 많은 해는 2021년이다. 따라서 2021년과 2014년의 채용인원 차이는 5급 공무원이 28−18=10백 명, 7급 공무원은 49−31=18백 명으로 7급 공무원이 더 크다.

ㄷ. 2015년부터 2024년까지 전년 대비 채용인원의 증감량이 가장 많은 해는 5급 공무원의 경우 2022년에 전년 대비 23−28=−5백 명이 감소했고, 7급 공무원의 경우 2015년에 전년 대비 38−31=7백 명이 증가했다.

ㄹ. 2022년 채용인원은 5급 공무원이 23백 명, 7급 공무원이 47백 명으로 7급 공무원 채용인원이 5급 공무원 채용인원의 2배인 23×2=46백 명보다 많다.

| 03 | 문제해결능력

31

정답 ③

상준이는 토・일요일에 운동하지 못하고, 금요일 오후에 운동을 했다. 또한 월요일과 금요일에는 이틀 연속으로 할 수 없으므로 월요일, 목요일에는 운동을 할 수 없다. 따라서 상준이는 화요일(오전), 수요일(오전), 금요일(오후)에 운동을 하였다.

32

정답 ⑤

문제 인식 단계

㉠ 환경 분석 : 문제가 발생하였을 경우 가장 먼저 해야 하는 일로, 주로 3C 분석이나 SWOT 분석 방법을 사용한다.
㉡ 주요 과제 도출 : 환경 분석을 통해 현상을 파악한 후에는 주요 과제 도출의 단계를 거친다. 과제 도출을 위해서는 다양한 과제 후보안을 도출해내는 일이 선행되어야 한다.
㉢ 과제 선정 : 도출된 여러 과제안 중 효과 및 실행 가능성 등을 평가하여 우선순위를 부여하고 가장 우선순위가 높은 안을 선정한다.

33

정답 ④

ㄱ. 리조트 1박 기준 성수기 일반요금이 낮은 리조트일수록 성수기 무기명 회원할인율도 낮아 회원요금이 낮다.
ㄴ. 리조트 1박 기준 B리조트의 회원요금 중 가장 비싼 값은 성수기 무기명 회원요금이고, 가장 싼 값은 비수기 기명 회원요금이다. 따라서 두 금액의 차이는 350천×(1−0.25)−250천×(1−0.45)=125천 원, 125,000원이다.
ㄹ. 리조트 1박 기준 비수기 기명 회원요금과 비수기 무기명 회원요금 차이가 가장 작은 리조트는 E리조트이며, 성수기 기명 회원요금과 성수기 무기명 회원요금 차이도 가장 작다.

오답분석

ㄷ. 리조트 1박 기준 A리조트와 E리조트의 기명 회원요금은 성수기가 비수기의 2배보다 많다.

34

정답 ③

ㄱ. B의 마지막 발언에 따르면 중생대에 우리나라 바다에서 퇴적된 해성층이 있었을 가능성이 있으므로 거짓이다.
ㄴ. B의 견해에 따르면 공룡 화석은 중생대에만 한정되어 생존하였다고 말하고 있다. 따라서 공룡 화석이 암모나이트 화석과 같은 중생대 표준화석이 아니라고 말할 수 없으므로 거짓이다.
ㅂ. 공룡 화석이 나왔으므로 경상도 지역에는 중생대 지층이 없다는 판단은 거짓이다.

오답분석

ㄷ. B의 마지막 발언에 따르면, 우리나라에서도 우리나라 바다에서 퇴적된 해성층이 있었을 가능성이 있으므로 당연히 암모나이트 화석이 발견될 가능성이 있다.
ㄹ. 육지의 표준화석인 공룡 화석과 바다의 표준화석인 암모나이트 화석이 같이 발견되었으므로 타당한 판단이다.
ㅁ. 일본 북해도에서 암모나이트가 발견되었으므로 바다에서 퇴적된 해성층이 분포되어 있다고 말할 수 있다.

35

정답 ④

'KS90101-2'는 아동용 10kg 이하의 자전거로, 109동 101호 입주민이 2번째로 등록한 자전거이다.

오답분석

① 등록순서를 제외한 일련번호는 7자리로 구성되어야 하며, 종류와 무게 구분 번호의 자리가 서로 바뀌어야 한다.
② 등록순서를 제외한 일련번호는 7자리로 구성되어야 한다.
③ 자전거 무게를 구분하는 두 번째 자리에는 L, M, S 중 하나만 올 수 있다.
⑤ 등록순서는 1자리로 기재한다.

36

정답 ④

마지막의 숫자는 동일 세대주가 자전거를 등록한 순서를 나타내므로 해당 자전거는 2번째로 등록한 자전거임을 알 수 있다. 따라서 자전거를 2대 이상 등록한 입주민의 자전거이다.

오답분석

① 'T'를 통해 산악용 자전거임을 알 수 있다.
② 'M'을 통해 자전거의 무게는 10kg 초과 20kg 미만임을 알 수 있다.
③ 104동 1205호에 거주하는 입주민의 자전거이다.
⑤ 자전거 등록대수 제한에 대한 정보는 나와 있지 않다.

37

정답 ②

국제해양기구의 마지막 의견에서 회의 시설에서 C를 받은 도시는 후보도시에서 제외한다고 하였으므로 대전과 제주를 제외한 서울과 인천, 부산만을 놓고 판단하면 다음과 같다.

구분	서울	인천	부산
회의 시설	10	10	7
숙박 시설	10	7	10
교통	7	10	7
개최 역량	10	3	10
가산점	–	10	5
합산점수	37	40	39

따라서 합산점수가 가장 높은 인천이 개최도시로 선정된다.

38

정답 ③

자료에 나타난 논리적 사고 개발 방법은 피라미드 구조 방법으로, 하위의 사실이나 현상부터 사고함으로써 상위의 주장을 만들어간다. 그림의 'a ~ i'와 같은 보조 메시지들을 통해 주요 메인 메시지인 '1 ~ 3'을 얻고, 다시 메인 메시지를 종합한 최종적인 정보를 도출해낸다.

오답분석

① So What 기법에 대한 내용이다.
② Logic Tree 기법에 대한 내용이다.
④ SWOT 기법에 대한 내용이다.
⑤ MECE 기법에 대한 내용이다.

39

정답 ⑤

다섯 명 중 단 한 명만이 거짓말을 하고 있으므로 C사원과 D사원 중 한 명은 반드시 거짓을 말하고 있다.

1) C사원의 진술이 거짓일 경우
   B사원과 C사원의 말이 모두 거짓이 되므로 한 명만 거짓말을 하고 있다는 조건이 성립하지 않는다.
2) D사원의 진술이 거짓일 경우

구분	A사원	B사원	C사원	D사원	E사원
출장지역	잠실		여의도	강남	

이때, B사원은 상암으로 출장을 가지 않는다는 A사원의 진술에 따라 상암으로 출장을 가는 사람은 E사원임을 알 수 있다. 따라서 ⑤는 항상 거짓이 된다.

40

정답 ①

SWOT 분석은 내부환경요인과 외부환경요인의 2개의 축으로 구성되어 있다. 내부환경요인은 자사 내부의 환경을 분석하는 것으로 자사의 강점과 약점으로 분석되며, 외부환경요인은 자사 외부의 환경을 분석하는 것으로 기회와 위협으로 구분된다.

| 04 | 자원관리능력

41

정답 ④

팀원들의 모든 스케줄이 비어 있는 시간대인 16:00 ~ 17:00가 가장 적절하다.

42

정답 ④

수인이가 베트남 현금 1,670만 동을 환전하기 위해 필요한 한국 돈은 수수료를 제외하고 1,670만 동×483원/만 동=806,610원이다. 우대사항에서 50만 원 이상 환전 시 70만 원까지 수수료가 0.4%로 낮아진다. 70만 원의 수수료는 0.4%가 적용되고 나머지는 0.5%가 적용되어 총수수료를 구하면 700,000×0.004+(806,610−700,000)×0.005=2,800+533.05≒3,330원이다.
따라서 수인이가 원하는 금액을 환전하기 위해서 필요한 총금액은 806,610+3,330=809,940원임을 알 수 있다.

43

정답 ①

개별반 편성 시 만 1세 미만 4명에는 보육교사 2명, 만 1세 이상 만 2세 미만 5명에는 보육교사 1명이 필요하여 총 3명이 필요하다. 혼합반 편성 시에는 영유아가 9명이므로 보육교사 3명이 필요하여 어떤 경우이든 최소 3명의 보육교사가 필요함을 알 수 있다.

오답분석

ㄴ. 개별반 편성 시 만 1세 이상 만 2세 미만 6명에는 보육교사 2명, 만 2세 이상 만 3세 미만 12명에는 보육교사 2명이 필요하여 총 4명이 필요하다. 혼합반 편성 시에는 영유아가 18명이므로 보육교사 4명이 필요하여 어떤 경우이든 최소 4명의 보육교사가 필요함을 알 수 있다.

ㄷ. 개별반 편성 시 만 1세 미만 1명에게는 보육교사 1명, 만 2세 이상 만 3세 미만 2명에도 보육교사 1명이 필요하여 총 2명이 필요하다. 이 그룹은 혼합반 편성이 불가능하므로 최소 2명의 보육교사가 필요함을 알 수 있다.

44

정답 ③

팀장	인력 배치 유형	내용
오팀장	적성배치	팀원들이 자신의 적성에 맞고 흥미를 가지고 있는 업무를 할 때 성과가 높아진다는 가정하에, 각 팀원의 적성 및 흥미에 따라 배치하는 인력 배치 유형이다.
이팀장	질적배치	팀원들을 개개인의 능력이나 성격 등과 가장 적합한 적재적소에 배치하여 팀원 개개인의 능력을 최대로 발휘해 줄 것을 기대하는 것으로서, 작업이나 직무가 요구하는 요건과 개인이 보유하고 있는 조건이 서로 균형 있고 적합하게 대응되어야 하는 인력 배치 유형이다.
김팀장	양적배치	작업량과 여유 또는 부족 인원을 감안해서 소요 인원을 결정하여 배치하는 인력 배치 유형이다.

45

정답 ①

오팀장이 선호하는 인력 배치 유형은 적성배치이다. 이는 팀원들이 각자의 적성에 맞고 흥미를 가지고 있는 업무를 할 때 성과가 높아진다고 가정하여 배치하는 것이다.

오답분석

② 양적배치 : 작업량과 조업도, 여유 또는 부족 인원을 감안하여 소요 인원을 결정 및 배치하는 것에 해당한다.
③ 질적배치 : 능력이나 성격 등과 가장 적합한 위치에 배치하는 것에 해당한다.
④ 능력주의 : 개인에게 능력을 발휘할 수 있는 기회와 장소를 부여하는 것으로 효과적인 인력 배치를 위한 3가지 원칙 중 하나에 해당한다.
⑤ 균형주의 : 효과적인 인력 배치를 위한 3가지 원칙 중 하나로, 모든 팀원에 대한 평등한 적재적소, 즉 팀 전체의 적재적소를 고려할 필요가 있다는 것이다.

46

정답 ②

K회사의 보관 방식에 따라 원재료를 입고 순서대로 보관할 때 필요한 상자 개수는 다음과 같다.

원재료	입고 일시	무게(kg)	필요 상자 개수
ⓐ	2024.05.01. 09:00	5	1
ⓑ	2024.05.01. 10:12	7	
ⓒ	2024.05.01. 13:15	4	2
ⓑ	2024.05.01. 14:19	6	
ⓒ	2024.05.01. 15:20	8	3
ⓐ	2024.05.01. 15:30	6	4
ⓐ	2024.05.01. 16:14	2	
ⓒ	2024.05.01. 16:49	3	
ⓐ	2024.05.01. 17:02	5	5
ⓑ	2024.05.01. 17:04	4	
ⓒ	2024.05.01. 19:04	8	6
ⓑ	2024.05.01. 21:49	5	7

따라서 필요한 상자는 총 7개이다.

47

정답 ②

K회사의 보관 방식에 따라 원재료를 무게 순으로 보관할 때는 다음과 같다.

원재료	무게(kg)	필요 상자 개수
ⓒ	8	1
ⓒ	8	2
ⓑ	7	3
ⓑ	6	4
ⓐ	6	
ⓐ	5	5
ⓐ	5	
ⓑ	5	6
ⓒ	4	
ⓑ	4	7
ⓒ	3	
ⓐ	2	

따라서 4번째 상자에는 ⓐ, ⓑ가 있다.

48

정답 ④

한 달을 기준으로 N씨가 지출하게 될 자취방 월세와 자취방에서 대학교까지 왕복 시 거리비용을 합산하면 다음과 같다.

- A자취방 : 330,000+(1.8×2,000×2×15)=438,000원
- B자취방 : 310,000+(2.3×2,000×2×15)=448,000원
- C자취방 : 350,000+(1.3×2,000×2×15)=428,000원
- D자취방 : 320,000+(1.6×2,000×2×15)=416,000원
- E자취방 : 340,000+(1.4×2,000×2×15)=424,000원

따라서 N씨가 선택할 수 있는 가장 저렴한 비용의 자취방은 D자취방이다.

49

정답 ②

넓은 범위에서 민간기업·공공단체 및 기타 조직체는 물론이고 개인의 수입·지출에 관한 것도 포함된다.

50

정답 ①

동일성의 원칙은 보관한 물품을 다시 활용할 때, 보다 쉽고 빠르게 찾을 수 있도록 같은 품종은 같은 장소에 보관하는 것을 말한다.

오답분석

② 유사성의 원칙 : 유사품은 인접한 장소에 보관한다.

| 05 | 정보능력

51

정답 ②

3차원 대부분의 차트와 원형, 도넛형, 표면형, 방사형과 같은 항목축과 값축의 구분이 명확하지 않은 차트 종류는 추세선을 추가할 수 없다.

52

정답 ②

컴퓨터 시스템의 구성요소

- 중앙처리장치(CPU) : 컴퓨터의 시스템을 제어하고 프로그램의 연산을 수행하는 처리장치이다.
- 주기억장치 : 프로그램이 실행될 때 보조기억장치로부터 프로그램이나 자료를 이동시켜 실행시킬 수 있는 기억장치이다.
- 보조저장장치 : 2차 기억장치, 디스크나 CD-ROM과 같이 영구 저장 능력을 가진 기억장치이다.
- 입출력장치 : 장치마다 별도의 제어기가 있어, CPU로부터 명령을 받아 장치의 동작을 제어하고 데이터를 이동시키는 일을 수행한다.

53

정답 ④

1차 자료	단행본, 학술지와 학술지 논문, 학술회의자료, 연구보고서, 학위논문, 특허정보, 표준 및 규격자료, 레터, 출판 전 배포자료, 신문, 잡지, 웹 정보자원 등
2차 자료	사전, 백과사전, 편람, 연감, 서지데이터베이스 등

54

정답 ①

원하는 행 전체에 서식을 넣고 싶다면 [열 고정] 형태로 조건부 서식을 넣어야 한다. [A2:D9]까지 영역을 잡고 조건부 서식 → 새 규칙 → 수식을 사용하여 서식을 지정할 셀 결정까지 들어간 다음 「=$D2<3」 식을 넣고 서식을 넣으면 적용된다.

55

정답 ①

보기의 SUMPRODUCT 함수는 배열 또는 범위에 대응되는 값끼리 곱해서 그 합을 구하는 함수이다.
「=SUMPRODUCT(B4:B10,C4:C10,D4:D10)」는 (B4×C4×D4)+(B5×C5×D5) … +(B10×C10×D10)의 값으로 나타난다.
따라서 (가) 셀에 나타나는 값은 2,610이다.

| 06 | 기술능력

56

정답 ④

'피재해자는 전기 관련 자격이 없었으며, 복장은 일반 안전화, 면장갑, 패딩점퍼를 착용한 상태였다.'는 문장에서 불안전한 행동·상태, 작업 관리상 원인, 작업 준비 불충분이란 것을 확인할 수 있다. 그러나 기술적 원인은 지문에서 찾을 수 없다.

오답분석

① 불안전한 행동 : 위험 장소 접근, 안전장치 기능 제거, 보호 장비의 미착용 및 잘못 사용, 운전 중인 기계의 속도 조작, 기계·기구의 잘못된 사용, 위험물 취급 부주의, 불안전한 상태 방치, 불안전한 자세와 동작, 감독 및 연락 잘못 등
② 불안전한 상태 : 시설물 자체 결함, 전기 시설물의 누전, 구조물의 불안정, 소방기구의 미확보, 안전 보호 장치 결함, 복장·보호구의 결함, 시설물의 배치 및 장소 불량, 작업 환경 결함, 생산 공정의 결함, 경계 표시 설비의 결함 등
③ 작업 관리상 원인 : 안전 관리 조직의 결함, 안전 수칙 미제정, 작업 준비 불충분, 인원 배치 및 작업 지시 부적당 등
⑤ 작업 준비 불충분 : 작업 관리상 원인의 하나이며, 피재해자는 경첩의 높이가 높음에도 불구하고 작업 준비에 필요한 자재를 준비하지 않은 채 불안전한 자세로 일을 시작함

57

정답 ④

동일한 업종이지만 윤리적 문제가 발생할 여지가 없는 이유는 고객을 공유하지 않는 비경쟁적 관계에 해당하기 때문이다. 또한 문화와 제도적 차이가 있다는 내용으로 보아 국가가 다른 '글로벌 벤치마킹'에 해당된다는 것을 짐작할 수 있다.

58

정답 ②

감기약과 같은 약품류는 투입 불가능한 물질이다.

59

정답 ①

음식물이 잘 안 섞이면 모터 불량일 수 있으므로 고장접수를 해야 한다.

오답분석

② 분해 잔여물에서 청국장 냄새가 나는 것은 정상적인 분해 과정이다.
③ 음식물 쓰레기를 완전 분해하지 않은 상태에서 제품을 끄면 벌레가 발생할 수 있다.
④ 내부에서 부딪히는 소리가 나면 음식물 쓰레기 중 딱딱한 물질이 포함되어 있을 수 있다.
⑤ '뽀드득' 소리는 음식물 쓰레기가 건조할 때 발생할 수 있다.

60

정답 ③

기술선택을 위한 절차는 '(ㄱ) 외부 환경 분석 → 중장기 사업목표 설정 → (ㄴ) 내부 역량 분석' 순서로, 외부 환경 분석은 수요변화 및 경쟁자 변화, 기술 변화 등에 대한 분석이고, 중장기 사업목표 설정은 기업의 장기비전, 중장기 매출목표 및 이익목표 설정이며, 내부 역량 분석은 기술능력, 생산능력, 마케팅·영업능력, 재무능력 등에 대한 분석이다. 또한, 중장기 사업목표 설정은 '사업 전략 수입 → (ㄷ) 요구 기술 분석 → (ㄹ) 기술 전략 수립 → 핵심 기술선택' 순서로, 사업 전략 수립은 사업 영역결정, 경쟁우위 확보 방안에 대한 수립이고, 요구 기술 분석은 제품 설계·디자인 기술, 제품 생산 공정, 원재료·부품 제조기술에 대한 분석이며, 기술 전략 수립은 핵심 기술을 선택하거나, 기술 획득 방법을 결정하는 것이다.

| 07 | 조직이해능력

61
정답 ④

조직목표의 기능

- 조직이 존재하는 정당성과 합법성 제공
- 조직이 나아갈 방향 제시
- 조직 구성원의 의사결정의 기준
- 조직구성원 행동수행의 동기유발
- 수행평가의 기준
- 조직설계의 기준

62
정답 ⑤

필리핀에서 한국인을 대상으로 범죄가 이루어지고 있다는 것은 심각하게 고민해야 할 사회문제이지만, 그렇다고 우리나라로 취업하기 위해 들어오려는 필리핀 사람들을 막는 것은 적절하지 않은 행동이다.

63
정답 ①

일반적으로 기획부의 업무는 제시된 자료처럼 사업계획이나 경영점검 등 경영활동 전반에 걸친 기획 업무가 주를 이루며, 사옥 이전 관련 발생 비용 산출은 회계부, 대내외 홍보는 총무부에서 담당한다.

64
정답 ④

홈페이지 운영 등은 정보사업팀에서 한다.

오답분석

① 1개의 감사실과 11개의 팀으로 되어 있다.
② 예산 기획과 경영 평가는 전략기획팀에서 관리한다.
③ 경영 평가(전략기획팀), 성과 평가(인재개발팀), 품질 평가(평가관리팀) 등 각각 다른 팀에서 담당한다.
⑤ 감사실을 두어 감사, 부패방지 및 지도 점검을 하게 하였다.

65
정답 ⑤

품질 평가에 대한 관련 민원은 평가관리팀이 담당하고 있다.

| 08 | 대인관계능력

66 정답 ③

제시문은 고객에게 사전에 반품 배송비가 있다는 것을 공지하지 않아서 발생한 상황이다.
따라서 반품 배송비가 있다는 항목을 명시하겠다는 내용이 가장 적절하다.

67 정답 ①

제시문은 협상 당사자들은 서로에 대한 정보를 많이 공유하고 있고, 서로에 대해 신뢰가 많이 쌓여있어 우호적 인간관계를 유지하고 있는 상황이므로 이에는 협력전략이 가장 적절하다. 협력전략에는 Win-Win 전략 등이 있다.

오답분석

② 유화전략 : 결과보다는 상대방과의 인간관계 유지를 선호하는 경우로써 상대방과의 충돌을 피해 자신의 이익보다는 상대방의 이익을 고려하는 경우에 필요한 전략이다. 이는 단기적으로는 자신이 손해를 보지만, 장기적 관점에서는 이익이 되는 Lose-Win 전략이 해당된다.
③ 회피전략 : 자신이 얻게 되는 결과나 인간관계 모두에 관심이 없어 협상의 가치가 매우 낮은 경우에 필요한 전략으로, 상대방에게 심리적 압박감을 주어 필요한 것을 얻어내려 하는 경우나 협상 이외의 방법으로 쟁점이 해결될 경우 쓰인다.
④ 무행동전략 : 회피전략에 해당하는 전략이다.
⑤ 경쟁전략 : 인간관계를 중요하게 여기지 않고, 자신의 이익을 극대화하려는 경우 쓰이는 전략으로, 대게 상대방에 비해 자신의 힘이 강한 경우나 상대방과의 인간관계가 나쁘고 신뢰가 전혀 없는 경우에 쓰인다.

68 정답 ④

팀워크는 개인의 능력이 발휘되는 것도 중요하지만 팀원들 간의 협력이 더 중요하다. 팀원 개개인의 능력이 최대치일 때 팀워크가 가장 뛰어난 것은 아니다.

69 정답 ④

리더는 구성원들이 목표 의식을 분명히 할 수 있도록 목표를 명확히 설정하고, 이를 위한 활동을 지원하여 자발적인 노력을 격려함으로써 조직 목표를 달성하기 위해 노력해야 한다. '무엇을 할까?'보다 '어떻게 할까?'에 초점을 두는 것은 리더가 아닌 관리자의 성향이며, 리더는 '무엇을 할까?'에 초점을 맞추어야 한다.

70 정답 ①

갈등이 발생하면 서로에 대해 이해하지 않고, 배척하려는 성향이 있기 때문에 갈등 당사자 간에 의사소통이 줄어들고, 접촉하려 하지 않는 경향이 생긴다.

오답분석

② 조직의 갈등은 없거나 너무 낮으면 조직원들의 의욕이 상실되고, 환경변화에 대한 적응력도 떨어지고 조직성과는 낮아지게 된다.
③ 갈등이 승리를 더 원하게 만든다.
④ 목표달성을 위해 노력하는 팀이라면 갈등은 항상 있기 마련이다.
⑤ 갈등은 새로운 해결책을 만들어 주는 기회가 될 수 있다.

| 09 | 자기개발능력

71

정답 ④

자기실현의 욕구는 자신의 목표를 끊임없이 추구하며 성취를 통해 만족을 얻고자 하는 욕구로, 한 번 충족되면 더 이상 추구되지 않는 하위단계의 욕구들과 달리 완전히 충족되지 않아 끊임없이 자기성장과 실현을 위해 노력하게 하는 욕구이다.

72

정답 ③

R대리와 S과장은 경력개발의 이유로 환경변화를 이야기하고 있다. 환경변화에 따른 개발 요인에는 지식정보의 빠른 변화, 인력난 심화, 삶의 질, 중견사원 이직 증가 등이 있다.

73

정답 ④

자기 브랜드 PR 방법

- 소셜 네트워크 활용 : 소셜 네트워크는 자신의 실무지식과 업무 경험, 성과물 등을 직접적으로 연결할 수 있으며, 형식의 제약 없이 자유롭게 자신을 표현할 수 있다. 또한 별도의 비용이나 전문적인 기술 없이 이용할 수 있어 편리하다는 장점이 있다.
- 인적 네트워크 활용 : 자신에 대한 긍정적인 말을 전하는 적극적인 지지자를 확보하기 위해 인간관계를 잘 관리하는 것도 한 방법이다.
- 자신만의 명함 생성 : 명함은 자신의 얼굴이자 강력한 마케팅의 도구가 될 수 있기 때문에 자신의 명함을 기억할 수 있도록 변화를 주어야 한다.
- 경력 포트폴리오 생성 : 자신의 전문적인 능력이 무엇인지, 자신이 그동안 어떻게 인간관계를 쌓아 왔고, 어떠한 자기개발 노력을 해왔는지를 다른 사람에게 명확하게 보여줄 수 있다.

74

정답 ②

업무수행 성과를 높이기 위한 행동전략

- 일을 미루지 않는다 : 일을 하나둘 미루고 급하게 처리하다 보면 어느새 다른 일도 지속적으로 밀리게 되고, 일을 처리하는 데 최선을 다하지 못하게 된다. 따라서 해야 할 일이 있다면 지금 바로 하는 습관을 들여야 한다.
- 업무를 묶어서 처리한다 : 직업인들이 하는 일은 비슷한 속성을 가진 경우가 많다. 또한 한 번 움직일 때 여러 가지 일을 한 번에 처리해서 다시 같은 곳을 반복해서 가지 않도록 경로를 단축시킨다.
- 다른 사람과 다른 방식으로 일한다 : 다른 사람이 일하는 방식과 다른 방식으로 생각하다 보면, 의외로 창의적인 방법을 발견할 수도 있으며 업무성과도 높일 수 있다.
- 회사와 팀의 업무 지침을 따른다 : 회사와 팀의 업무 지침은 변화하는 환경 속에서 그 일의 전문가들에 의해 확립된 것이므로 기본적으로 지켜야 할 것은 지켜야 한다.
- 역할 모델을 설정한다 : 직장에서 가장 일을 잘한다고 평가받는 사람을 찾아 주의 깊게 살펴보고 그 사람을 참고하도록 노력하면 업무성과를 높일 수 있다.

75

정답 ④

자기관리 단계

1. 비전 및 목표 정립
2. 과제 발견
3. 일정 수립
4. 수행
5. 반성 및 피드백

| 10 | 직업윤리

76

정답 ②

인사나 가벼운 농담 등을 통해 상대를 친근하게 대하는 것은 때에 따라 적절하나, 계속해서 농담을 할 경우 상대가 무례함을 느낄 수 있으므로 유의해야 한다.

77

정답 ④

제시된 일화는 민주 시민으로서 기본적으로 지켜야 하는 의무와 생활 자세인 '준법정신'에 대한 사례이다. 사회가 유지되기 위해서는 준법정신이 필요한 것처럼 직장생활에서도 조직의 운영을 위해 준법정신이 필요하다.

오답분석

① 봉사(서비스)에 대한 설명이다.
② 근면에 대한 설명이다.
③ 책임에 대한 설명이다.
⑤ 정직과 신용에 대한 설명이다.

PART 2

78

정답 ②

오답분석

① 명함은 두 손으로 건네되, 동시에 주고받을 때에는 부득이하게 한 손으로 건넨다.
③ 모르는 한자가 있을 때 물어보는 것은 실례가 아니다.
④ 명함을 동시에 주고받을 때는 오른손으로 주고 왼손으로 받는다.
⑤ 명함을 내밀 때는 정중하게 인사를 하고 나서 회사명과 이름을 밝히고 두 손으로 건네도록 한다.

79

정답 ⑤

E과장은 아랫사람에게 인사를 먼저 건네며 즐겁게 하루를 시작하는 공경심이 있는 예도를 행하였다.

오답분석

① 비상금을 털어 무리하게 고급 생일선물을 사는 것은 자신이 감당할 수 있는 능력을 벗어나는 것이므로 적절하지 않다.
② 장례를 치르는 문상자리에서 애도할 줄 모르는 것이므로 적절하지 않다.
③ 선행이나 호의를 베풀 때에도 받는 자에게 피해가 되지 않도록 주의해야 하므로 적절하지 않다.
④ 아랫사람의 실수를 너그럽게 관용하는 태도에 부합하지 않으므로 적절하지 않다.

80

정답 ②

바리스타로 일하는 것은 경제적 보상이 있으며, 자발적인 의사에 의한 것으로 볼 수 있고, 장기적으로 계속해서 일하는 점을 볼 때 직업의 사례로 적절하다. ①·③·④는 취미활동과 봉사활동으로 경제적인 보상이 없으며, ⑤는 강제노동으로 본인의 자발적인 의사에 위배되었다.

M E M O

공기업 NCS 고졸채용 필기시험 답안카드

성 명

지원 분야

문제지 형별기재란	
(　　　)형	Ⓐ Ⓑ

수 험 번 호						
⓪	⓪	⓪	⓪	⓪	⓪	⓪
①	①	①	①	①	①	①
②	②	②	②	②	②	②
③	③	③	③	③	③	③
④	④	④	④	④	④	④
⑤	⑤	⑤	⑤	⑤	⑤	⑤
⑥	⑥	⑥	⑥	⑥	⑥	⑥
⑦	⑦	⑦	⑦	⑦	⑦	⑦
⑧	⑧	⑧	⑧	⑧	⑧	⑧
⑨	⑨	⑨	⑨	⑨	⑨	⑨

감독위원 확인
㊞ 인

1	①	②	③	④	⑤	21	①	②	③	④	⑤	41	①	②	③	④	⑤
2	①	②	③	④	⑤	22	①	②	③	④	⑤	42	①	②	③	④	⑤
3	①	②	③	④	⑤	23	①	②	③	④	⑤	43	①	②	③	④	⑤
4	①	②	③	④	⑤	24	①	②	③	④	⑤	44	①	②	③	④	⑤
5	①	②	③	④	⑤	25	①	②	③	④	⑤	45	①	②	③	④	⑤
6	①	②	③	④	⑤	26	①	②	③	④	⑤	46	①	②	③	④	⑤
7	①	②	③	④	⑤	27	①	②	③	④	⑤	47	①	②	③	④	⑤
8	①	②	③	④	⑤	28	①	②	③	④	⑤	48	①	②	③	④	⑤
9	①	②	③	④	⑤	29	①	②	③	④	⑤	49	①	②	③	④	⑤
10	①	②	③	④	⑤	30	①	②	③	④	⑤	50	①	②	③	④	⑤
11	①	②	③	④	⑤	31	①	②	③	④	⑤	51	①	②	③	④	⑤
12	①	②	③	④	⑤	32	①	②	③	④	⑤	52	①	②	③	④	⑤
13	①	②	③	④	⑤	33	①	②	③	④	⑤	53	①	②	③	④	⑤
14	①	②	③	④	⑤	34	①	②	③	④	⑤	54	①	②	③	④	⑤
15	①	②	③	④	⑤	35	①	②	③	④	⑤	55	①	②	③	④	⑤
16	①	②	③	④	⑤	36	①	②	③	④	⑤	56	①	②	③	④	⑤
17	①	②	③	④	⑤	37	①	②	③	④	⑤	57	①	②	③	④	⑤
18	①	②	③	④	⑤	38	①	②	③	④	⑤	58	①	②	③	④	⑤
19	①	②	③	④	⑤	39	①	②	③	④	⑤	59	①	②	③	④	⑤
20	①	②	③	④	⑤	40	①	②	③	④	⑤	60	①	②	③	④	⑤

※ 본 답안지는 마킹연습용 모의 답안지입니다.

〈절취선〉

공기업 NCS 고졸채용 필기시험 답안카드

성 명

지원 분야

문제지 형별기재란	
( )형	Ⓐ Ⓑ

수 험 번 호						
⓪	⓪	⓪	⓪	⓪	⓪	⓪
①	①	①	①	①	①	①
②	②	②	②	②	②	②
③	③	③	③	③	③	③
④	④	④	④	④	④	④
⑤	⑤	⑤	⑤	⑤	⑤	⑤
⑥	⑥	⑥	⑥	⑥	⑥	⑥
⑦	⑦	⑦	⑦	⑦	⑦	⑦
⑧	⑧	⑧	⑧	⑧	⑧	⑧
⑨	⑨	⑨	⑨	⑨	⑨	⑨

감독위원 확인
(인)

1	①	②	③	④	⑤	21	①	②	③	④	⑤	41	①	②	③	④	⑤
2	①	②	③	④	⑤	22	①	②	③	④	⑤	42	①	②	③	④	⑤
3	①	②	③	④	⑤	23	①	②	③	④	⑤	43	①	②	③	④	⑤
4	①	②	③	④	⑤	24	①	②	③	④	⑤	44	①	②	③	④	⑤
5	①	②	③	④	⑤	25	①	②	③	④	⑤	45	①	②	③	④	⑤
6	①	②	③	④	⑤	26	①	②	③	④	⑤	46	①	②	③	④	⑤
7	①	②	③	④	⑤	27	①	②	③	④	⑤	47	①	②	③	④	⑤
8	①	②	③	④	⑤	28	①	②	③	④	⑤	48	①	②	③	④	⑤
9	①	②	③	④	⑤	29	①	②	③	④	⑤	49	①	②	③	④	⑤
10	①	②	③	④	⑤	30	①	②	③	④	⑤	50	①	②	③	④	⑤
11	①	②	③	④	⑤	31	①	②	③	④	⑤	51	①	②	③	④	⑤
12	①	②	③	④	⑤	32	①	②	③	④	⑤	52	①	②	③	④	⑤
13	①	②	③	④	⑤	33	①	②	③	④	⑤	53	①	②	③	④	⑤
14	①	②	③	④	⑤	34	①	②	③	④	⑤	54	①	②	③	④	⑤
15	①	②	③	④	⑤	35	①	②	③	④	⑤	55	①	②	③	④	⑤
16	①	②	③	④	⑤	36	①	②	③	④	⑤	56	①	②	③	④	⑤
17	①	②	③	④	⑤	37	①	②	③	④	⑤	57	①	②	③	④	⑤
18	①	②	③	④	⑤	38	①	②	③	④	⑤	58	①	②	③	④	⑤
19	①	②	③	④	⑤	39	①	②	③	④	⑤	59	①	②	③	④	⑤
20	①	②	③	④	⑤	40	①	②	③	④	⑤	60	①	②	③	④	⑤

※ 본 답안지는 마킹연습용 모의 답안지입니다.

공기업 NCS 고졸채용 필기시험 답안카드

성 명

지원 분야

문제지 형별기재란	
(　　　)형	Ⓐ Ⓑ

수 험 번 호						
⓪	⓪	⓪	⓪	⓪	⓪	⓪
①	①	①	①	①	①	①
②	②	②	②	②	②	②
③	③	③	③	③	③	③
④	④	④	④	④	④	④
⑤	⑤	⑤	⑤	⑤	⑤	⑤
⑥	⑥	⑥	⑥	⑥	⑥	⑥
⑦	⑦	⑦	⑦	⑦	⑦	⑦
⑧	⑧	⑧	⑧	⑧	⑧	⑧
⑨	⑨	⑨	⑨	⑨	⑨	⑨

감독위원 확인
㊞ 인

1	① ② ③ ④ ⑤	21	① ② ③ ④ ⑤	41	① ② ③ ④ ⑤	61	① ② ③ ④ ⑤
2	① ② ③ ④ ⑤	22	① ② ③ ④ ⑤	42	① ② ③ ④ ⑤	62	① ② ③ ④ ⑤
3	① ② ③ ④ ⑤	23	① ② ③ ④ ⑤	43	① ② ③ ④ ⑤	63	① ② ③ ④ ⑤
4	① ② ③ ④ ⑤	24	① ② ③ ④ ⑤	44	① ② ③ ④ ⑤	64	① ② ③ ④ ⑤
5	① ② ③ ④ ⑤	25	① ② ③ ④ ⑤	45	① ② ③ ④ ⑤	65	① ② ③ ④ ⑤
6	① ② ③ ④ ⑤	26	① ② ③ ④ ⑤	46	① ② ③ ④ ⑤	66	① ② ③ ④ ⑤
7	① ② ③ ④ ⑤	27	① ② ③ ④ ⑤	47	① ② ③ ④ ⑤	67	① ② ③ ④ ⑤
8	① ② ③ ④ ⑤	28	① ② ③ ④ ⑤	48	① ② ③ ④ ⑤	68	① ② ③ ④ ⑤
9	① ② ③ ④ ⑤	29	① ② ③ ④ ⑤	49	① ② ③ ④ ⑤	69	① ② ③ ④ ⑤
10	① ② ③ ④ ⑤	30	① ② ③ ④ ⑤	50	① ② ③ ④ ⑤	70	① ② ③ ④ ⑤
11	① ② ③ ④ ⑤	31	① ② ③ ④ ⑤	51	① ② ③ ④ ⑤	71	① ② ③ ④ ⑤
12	① ② ③ ④ ⑤	32	① ② ③ ④ ⑤	52	① ② ③ ④ ⑤	72	① ② ③ ④ ⑤
13	① ② ③ ④ ⑤	33	① ② ③ ④ ⑤	53	① ② ③ ④ ⑤	73	① ② ③ ④ ⑤
14	① ② ③ ④ ⑤	34	① ② ③ ④ ⑤	54	① ② ③ ④ ⑤	74	① ② ③ ④ ⑤
15	① ② ③ ④ ⑤	35	① ② ③ ④ ⑤	55	① ② ③ ④ ⑤	75	① ② ③ ④ ⑤
16	① ② ③ ④ ⑤	36	① ② ③ ④ ⑤	56	① ② ③ ④ ⑤	76	① ② ③ ④ ⑤
17	① ② ③ ④ ⑤	37	① ② ③ ④ ⑤	57	① ② ③ ④ ⑤	77	① ② ③ ④ ⑤
18	① ② ③ ④ ⑤	38	① ② ③ ④ ⑤	58	① ② ③ ④ ⑤	78	① ② ③ ④ ⑤
19	① ② ③ ④ ⑤	39	① ② ③ ④ ⑤	59	① ② ③ ④ ⑤	79	① ② ③ ④ ⑤
20	① ② ③ ④ ⑤	40	① ② ③ ④ ⑤	60	① ② ③ ④ ⑤	80	① ② ③ ④ ⑤

※ 본 답안지는 마킹연습용 모의 답안지입니다.

〈절취선〉

성 명

지원 분야

문제지 형별기재란	
(　　　)형	Ⓐ Ⓑ

수 험 번 호						
⓪	⓪	⓪	⓪	⓪	⓪	⓪
①	①	①	①	①	①	①
②	②	②	②	②	②	②
③	③	③	③	③	③	③
④	④	④	④	④	④	④
⑤	⑤	⑤	⑤	⑤	⑤	⑤
⑥	⑥	⑥	⑥	⑥	⑥	⑥
⑦	⑦	⑦	⑦	⑦	⑦	⑦
⑧	⑧	⑧	⑧	⑧	⑧	⑧
⑨	⑨	⑨	⑨	⑨	⑨	⑨

감독위원 확인
㉧

공기업 NCS 고졸채용 필기시험 답안카드

1	①	②	③	④	⑤	21	①	②	③	④	⑤	41	①	②	③	④	⑤	61	①	②	③	④	⑤
2	①	②	③	④	⑤	22	①	②	③	④	⑤	42	①	②	③	④	⑤	62	①	②	③	④	⑤
3	①	②	③	④	⑤	23	①	②	③	④	⑤	43	①	②	③	④	⑤	63	①	②	③	④	⑤
4	①	②	③	④	⑤	24	①	②	③	④	⑤	44	①	②	③	④	⑤	64	①	②	③	④	⑤
5	①	②	③	④	⑤	25	①	②	③	④	⑤	45	①	②	③	④	⑤	65	①	②	③	④	⑤
6	①	②	③	④	⑤	26	①	②	③	④	⑤	46	①	②	③	④	⑤	66	①	②	③	④	⑤
7	①	②	③	④	⑤	27	①	②	③	④	⑤	47	①	②	③	④	⑤	67	①	②	③	④	⑤
8	①	②	③	④	⑤	28	①	②	③	④	⑤	48	①	②	③	④	⑤	68	①	②	③	④	⑤
9	①	②	③	④	⑤	29	①	②	③	④	⑤	49	①	②	③	④	⑤	69	①	②	③	④	⑤
10	①	②	③	④	⑤	30	①	②	③	④	⑤	50	①	②	③	④	⑤	70	①	②	③	④	⑤
11	①	②	③	④	⑤	31	①	②	③	④	⑤	51	①	②	③	④	⑤	71	①	②	③	④	⑤
12	①	②	③	④	⑤	32	①	②	③	④	⑤	52	①	②	③	④	⑤	72	①	②	③	④	⑤
13	①	②	③	④	⑤	33	①	②	③	④	⑤	53	①	②	③	④	⑤	73	①	②	③	④	⑤
14	①	②	③	④	⑤	34	①	②	③	④	⑤	54	①	②	③	④	⑤	74	①	②	③	④	⑤
15	①	②	③	④	⑤	35	①	②	③	④	⑤	55	①	②	③	④	⑤	75	①	②	③	④	⑤
16	①	②	③	④	⑤	36	①	②	③	④	⑤	56	①	②	③	④	⑤	76	①	②	③	④	⑤
17	①	②	③	④	⑤	37	①	②	③	④	⑤	57	①	②	③	④	⑤	77	①	②	③	④	⑤
18	①	②	③	④	⑤	38	①	②	③	④	⑤	58	①	②	③	④	⑤	78	①	②	③	④	⑤
19	①	②	③	④	⑤	39	①	②	③	④	⑤	59	①	②	③	④	⑤	79	①	②	③	④	⑤
20	①	②	③	④	⑤	40	①	②	③	④	⑤	60	①	②	③	④	⑤	80	①	②	③	④	⑤

※ 본 답안지는 마킹연습용 모의 답안지입니다.

2026 최신판 시대에듀
공기업 NCS 고졸채용 통합기본서

개정10판1쇄 발행	2025년 10월 20일 (인쇄 2025년 09월 10일)
초 판 발 행	2015년 07월 20일 (인쇄 2015년 06월 16일)
발 행 인	박영일
책 임 편 집	이해욱
저 자	SDC(Sidae Data Center)
편 집 진 행	여연주 · 황성연
표지디자인	조혜령
편집디자인	양혜련 · 장성복
발 행 처	(주)시대고시기획
출 판 등 록	제10-1521호
주 소	서울시 마포구 큰우물로 75 [도화동 538 성지 B/D] 9F
전 화	1600-3600
팩 스	02-701-8823
홈 페 이 지	www.sdedu.co.kr

I S B N	979-11-383-9998-2 (13320)
정 가	26,000원